Military History of Korea

한국군사사

개설

기획·주간

육군군사연구소
ARMY MILITARY HISTORY INSTITUTE

육군본부

*"역사를 깨닫지 못하는 자에게
비극의 역사는 필연적으로 되풀이 된다"*

인류의 역사에서 전쟁은 한 국가의 명운을 좌우해 왔습니다. 그렇기 때문에 모든 나라들은 전쟁을 대비하는 데 전 국가역량을 집중해 왔습니다. 한 나라의 역사를 이해하기 위해 군사사 분야의 체계적인 연구가 필요한 이유가 여기에 있습니다.

육군에서는 이러한 군사사 연구의 중요성을 인식하고 1960년대부터 지금까지 '한국고전사', '한국의병사', '한국군제사', '한국고대무기체계' 등을 편찬하였습니다. 이는 우리의 군사사 연구 기반 조성에 큰 도움을 주었지만, 단편적인 연구에 국한된 아쉬움이 늘 남아 있었습니다.

이에 육군은 그간의 연구 성과를 바탕으로 군사사 분야를 보다 체계적으로 연구·집대성한 '한국군사사(韓國軍事史)'를 발간하였습니다. 본서는 2008년부터 3년 6개월 동안 비록 짧은 기간이지만, 많은 학계 전문가들이 참여하여 군사, 정치, 외교 등 폭넓은 분야에 걸쳐 역사적 사실을 새롭게 재조명하였습니다. 특히 고대로부터 근·현대에 이르기까지 전쟁사, 군사제도, 강역, 군사사상, 통신, 무기, 성곽 등 군사사 전반이 망라되어 있습니다.

"역사를 깨닫지 못하는 자에게 비극의 역사는 필연적으로 되풀이 된다"라는 말이
있습니다. 미래에 대한 변화와 발전도 과거에 대한 깊은 이해와 성찰을 통해서 이루
어 질 수 있습니다. 이러한 의미에서 우리나라 최초로 군사사 분야를 집대성한 '한국
군사사'가 군과 학계 연구를 촉진시키는 기폭제가 되고, 군사사 발전을 위한 길잡이
가 되길 기대합니다.

그동안 어려운 여건속에서도 연구의 성취와 집필을 위해 열과 성을 다해 준 집필
진과 관계관 여러분의 노고를 치하합니다.

2012년 10월
육군참모총장 대장 김상기

1. 이 책의 집필 원칙은 국난극복사, 민족주의적 서술에서 벗어나 국가와 민족의 생존의 역사로서 군사사(전쟁을 포함한 군사 관련 모든 영역의 역사)를 객관적으로 서술하는데 있다.

2. 한글 맞춤법과 표준어 등은 국립국어원이 정한 어문규정을 따르되, 일부 사항은 학계의 관례를 따랐다.

3. 이 책의 목차는 다음의 순서로 구분, 표기했다.
   : 제1장 - 제1절 - 1. - 1) - (1)

4. 이 책에서 사용한 전쟁 명칭은 다음과 같은 원칙에 따라서 표기했다.
   (1) '전쟁'의 명칭은 다음 기준에 부합되는 경우에 사용했다.
      ① 국가 대 국가 간의 무력 충돌에만 부여한다.
      ② 일정 규모 이상의 대규모 군사활동에만 부여한다.
      ③ 무력충돌 외에 외교활동이 수반되었는지를 함께 고려한다. 외교활동이 수반되지 않은 경우는 군사충돌의 상대편을 국가체로 볼 수 있는지를 검토한다.
   (2) 세계적 보편성, 여러 나라가 공유할 수 있는 명칭 등을 고려하여 전쟁 명칭은 국명 조합방식을 기본적으로 채택했다.
   (3) 국명이 변경된 나라의 경우, 전쟁 당시의 국명을 사용하는 것을 원칙으로 했다.
      (예) 고려-요 전쟁   조선-후금 전쟁
   (4) 동일한 주체가 여러 차례 전쟁을 한 경우는 차수를 부여했다.
      (예) 제1차~제7차 고려-몽골 전쟁
   (5) 일반적으로 널리 알려진 전쟁 명칭은 ( ) 안에 일반적인 명칭을 병기했다.
      (예) 제1차 조선-일본 전쟁(임진왜란)   조선-청 전쟁(병자호란)

5. 연대 표기는 다음과 같은 원칙에 따라서 표기했다.
   (1) 주요 전쟁·전투·역사적 사건과 본문 서술에 일자가 드러난 경우는 서기력(양력)과 음력을 병기했다.
      ① 전근대 : '음력(양력)' 형식으로 병기하는 것을 원칙으로 했다.
      ② 근·현대: 정부 차원의 양력 사용 공식 일자를 기준으로 구분하여, 1895년까지는 '음력(양력)' 형식으로, 1896년 이후는 양력(음력) 형식으로 병기했다.
   (2) 병기한 연대는 ( ) 안에 양력, 음력 여부를 (양), (음)으로 표기했다.
      (예) 1555년(명종 10) 5월 11일(양 5월 30일)
   (3) 「연도」, 「연도 월」처럼 일자가 드러나지 않은 경우는 음력(1895년까지) 혹은 양력(1896년 이후)으로만 단독 표기했다.
   (4) 연도 표기는 '서기력(왕력)' 형태를 기본으로 하되, 필자가 필요하다고 판단한 경우에는 왕력(서기력) 형태의 표기도 허용했다.

6. 외국 인명은 다음과 같은 원칙에 따라서 표기했다.
   (1) 외국 인명은 최대한 원어 발음을 기준으로 표기하는 것을 원칙으로 했다. 단, 적절한 원어 발음으로 표기하지 못한 경우에는 한자음으로 표기했다.

(2) 전근대의 외국 인명은 다음과 같은 원칙에 따라서 표기했다.

　① 중국을 제외한 여타 외국 인명은 원어 발음을 기준으로 표기하고 한자를 병기했다.

　　(예) 누르하치[努爾哈赤]　　도요토미 히데요시[豊臣秀吉]

　② 중국 인명은 학계의 관행에 따라서 한자음으로 표기했다.

　　(예) 명나라 장수 척계광戚繼光

(3) 근·현대의 외국 인명은 중국 인명을 포함하여 모든 인명을 원어 발음 기준으로 표기하는 것을 원칙으로 했다.

　　(예) 위안스카이[袁世凱]　　쑨원[孫文]

7. 지명은 다음과 같은 원칙에 따라서 표기했다.

(1) 옛 지명과 현재의 지명이 다른 경우에는 '옛 지명(현재의 지명)' 형식으로 표기했다. 외국 지명도 이 원칙에 따라서 표기했다.

(2) 현재 외국 영토에 있는 지명은 가능한 원어 발음으로 표기했다.

　　(예) 대마도 정벌 → 쓰시마 정벌

(3) 전근대의 외국 지명은 '한자음(현재의 지명)' 형식으로 표기했다.

　　(예) 대도大都(현재의 베이징[北京])

(4) 근·현대의 외국 지명은 원어 발음으로 표기하는 것을 원칙으로 하되, 학계에서 일반화되어 고유명사처럼 쓰이는 경우에는 한자음으로 표기했다.

　　(예) 상하이[上海]　　상해임시정부上海臨時政府

본문에 사용된 지도와 사진

- 본문에 사용된 지도는 한국미래문제연구원(김준교 중앙대 교수)에서 제작한 것을 기본으로 하여 필자의 의견을 반영해서 재 작성했습니다.
- 사진은 필자와 한국미래문제연구원에서 제공한 것을 1차로 사용했으며, 추가로 장득진 선생이 많은 사진을 제공했습니다. 필자와 한국미래문제연구원, 장득진 제공사진은 ⓒ표시를 하지 않았습니다.
- 이 외에 개인작가와 경기도박물관, 경희대박물관, 고려대박물관, 국립중앙박물관, 국사편찬위원회, 규장각한국학연구원, 독립기념관, 문화재청, 서울대박물관, 연세대박물관, 영집궁시박물관, 육군박물관, 이화여대박물관, 전쟁기념관, 한국학중앙연구원, 해군사관학교박물관, 화성박물관 외 여러 기관에서 소장자료를 제공했습니다. 이 경우 개인은 ⓒ표시, 소장기관은 기관명을 표시했습니다. 사진을 제공해 주신 분들께 감사드립니다.
- 이 책에 실린 사진 중에서 소장처를 파악하지 못해 사용허가를 받지 못한 사진이 있습니다. 이 사진에 대해서는 저작권자가 확인되는 대로 게재 허락을 받고 통상의 기준에 따라 사용허가 및 사용료를 지불하도록 하겠습니다.

제2장 고려의 전쟁과 군대

제3장 조선전기의 국방과 군대

제4장 조선후기 외침과 국방체제

제5장 근·현대 군대와 국가

총설

한국 군사사 연구의 성과와 과제

1. 서문

1945년 8월 광복을 맞이한 후 66년이 흘렀다. 1948년 8월 대한민국 정부 수립을 기준으로 하여도 63년의 세월이 흘렀다. 반세기가 넘는 기간은 신생국가라 하더라도 필요한 국가적 요건은 다 갖추고도 남을 시간이다. 하물며 우리나라처럼 오랜 역사를 가지고 있는 나라의 경우는 말할 것도 없다. 그런데도 대한민국은 그 역사관 정립이 충실하지 못한 약점을 해소하지 못하고 있다. 광복 후 남북 분단으로 민족이 두 국가로 나뉘고 또 동족상잔의 큰 전쟁을 치루기까지 하여 민족사, 특히 근·현대사 정리에서 이데올로기에 따른 역사관의 차이가 충돌하는 부분이 많다. 그래서 현대사를 다룬 통사를 찾아보기 쉽지 않으며, 설사 있다하더라도 이데올로기적인 시비의 대상이 되는 경우가 많다.

군사사는 국가 이념의 차원에서 가장 중요한 요건에 해당하는 것이다. 국가의 발생, 발전이 전쟁을 통해 이루어졌다고 해도 과언이 아닐 정도로 제대로 된 나라라면 자신의 모습을 돌아보는 거울로서 군사사는 반드시 갖추어야 할 대상이다. 그런데도 대한민국은 아직까지 이 분야에 관한 통사적 편찬물을 가지고 있지 못하다. 1960년대, 1970년대에 육군본부에서 육군사관학교 군사편찬연구실에 위탁하여 『한국군제사』 조선전기편, 조선후기편을 냈지만 앞뒤의 역사가 채워지지 못한 채 지금에 이르고 있다. 이것은 굳이 이데올로기 문제라고 할 것도 못된다. 그보다 민족사에서 국가 승계 관계, 즉 조선왕조와 대한제국, 대한제국과 대한민국의 승계관계에 대한 역사학자들의 고찰이 부재한 상황이 민족사 전체를 통관하는 편찬사업의 필요성을 자각하지 못하게 한 것 같다. 상무尙武의 전통이 약한 것도 원인일 듯하다. 통사적 군사사의 필요성은 무武에 대한 인식이 바르게 되어 있을 때 느낄 수 있는 것이다.

이번의 『한국군사사』 편찬 사업은 이러한 국가적 결손 사항을 척결하기위해 고대에서 현대까지 전 시기를 다루기로 하였다. 다만 1945년 이후 대한민국의 국군 역사는 다음의 과제로 남겼다. 대한민국의 국군을 다루기 전에 그 국군의 탄생을 보는 사안史眼의 정립이 먼저 이루어 져야 할 것이므로 우선 이의 정립에 목표를 두기로 하였다. 『한국군사사』는 각 시대별로 활용 가능한 1차 사료를 구사하여 실증적 작업으로 군사사의 여러 면을 자세하게 규명하고 있다. 그 작업은 방대한 것이 되어 독자에게 이에 대한 가이드 역할의 글이 제공될 필요가 있어 앞에 총설을 붙이기로 하였다. 총설은 한국 군사사의 큰 흐름을 정리한 것으로 본론의 숲속으로 들어가기 전에 숲의 전체 모양새를 내려다보는 기회가 되도록 준비하였다.

2. 군사사 연구의 태동과 정립의 방향

1) 한스 델브리크의 『병법사(兵法史)』와 안확의 『조선육해군사(朝鮮陸海軍史)』 구상

서구 근대 군사 사학 초기의 업적으로는 한스 델브리크(Hans Delbrueck: 1848~1929)의 『병법사-정치사의 범주 내에서(Geschichte der Kriegskunst in Rahmen der politischen Geschichte)』가 가장 대표적이다.[1] 저자는 프리드리히 황제의 막내아들의 개인교사를 지낸 경력의 소지자로서 엄밀한 실증적 방법을 구사하여 유럽 군사사의 기반을 닦았다. 유럽 역사를 움직인 수많은 전쟁들, 곧 페르시아 전쟁에서부터 1870년 전쟁까지 전쟁의 규모(병력의 수), 전쟁의 진행 과정, 각 시기의 병법(전술과 병기), 전술 등을 아

병법사를 개척한 한스 델브리크
(1848~1929)

1 한스 델브리크, 『병법사-정치사의 범주내에서- 1-4』(민경길 역), 한국학술정보, 2009, 원본은 1900년 베를린 간행.

한국 군사사의 중요성을 처음 갈파한 안확
(1886~1946)

주 소상하게 밝히려고 하였다. 그의 저서는 후세에 오늘날의 전사戰史의 기초를 닦은 것으로 높이 평가받았다.[2] 그는 서구 근대 역사학의 아버지로 불리는 독일의 레오폴드 폰 랑케(1795~1886)로부터 큰 영향을 받은 것으로 보인다. "정치사의 범주 내에서"란 부제를 단 것이 국가사, 외교사를 중요시 한 랑케 식의 역사학의 영향을 느끼게 한다. 한스 델브리크는 "모든 민족의 생존은 그들의 군대조직에 의해 크게 좌우되고 군대조직은 전투기술과 전술 및 전략과 밀접한 관련이 있다"는 인식아래 정치사로서 병법사를 다루었던 것이다.

우리나라 역사학이 근대적 역사학의 체계를 수립하던 시기에 나온 안확安廓의 『조선육해군사朝鮮陸海軍史』 원고요초原稿要抄는 최초의 군사 관계 전문 논술일뿐더러 한스 델브리크의 『병법사』로부터의 영향을 느끼게 하는 것이어서 흥미롭다. 안확安廓(1886~1946)은 자주, 자유, 자치를 중요시 하여 자산自山이란 자호自號를 즐겨 쓰면서 우리나라의 문화와 역사를 다룬 글을 140여 편이나 남겼다.[3] 그는 1923년에 『조선문명사-일명 조선 정치사-』를 내면서 책머리에 자신의 기간 저술을 포함하여 "안자산 저서 목록"을 아래와 같이 제시하였다.

• 제1부 조선 문명사(전 8책)

『조선민족사고』『조선미술사개론』『조선학예사』『조선문학사』(기간)『조선정치사』

(기간)『조선경제사』『조선외교사』『조선육해군사』

---

2 한스 델브리크, 앞의 책(1), 2009, 역자 서문 참조.
3 이태진, 「안확(1886~1946)의 생애와 국학세계」『고병익선생 회갑기념사학논총: 역사와 인간의 대응』, 1984 참조.

- 제2부 자산 학설집(전 8책)

  『조선문법』(기간, 증정재판)『조선고어학』『조선어학원론』(기간 3정訂)『경언집經言集』(순한문)『평등론』『자각론』(기간, 부附 조선철학사, 4판)『개조론』(기간, 4판)『신윤리학』

- 제3부 자산 문집(전 7책)

  『세계사상사개론』『조선불평사』『말세인가 신시대인가』『반역심』『을소부乙素夫』『오호嗚呼 세상世相』

- 제4부 정치론 (전 20책)

  『흥망론』『조선인의 정치적 사상』『아생활我生活』『학자 및 정치가』『영웅과 지사』『국민독본』『신민론新民論』『정치와 민중』『정객의 생활』『정치의 도덕과 죄악』『외교론』『만국외교정책』『전쟁론』『군사담軍事談』『조선경제실담』『국가재정론』『척식회사』『세계자치제조사』『각국의 정당 및 의회』『세계총독정치의 조사』

　안확의 저술 계획은 그대로 달성되지는 않았다. 이 목록은 제1부 조선 문명사 중 『조선정치사』를 낼 무렵의 생각을 담은 것이었다. 그는 1946년에 61세로 갑자기 세상을 떠날 때까지 140여 편의 글을 썼는데 어떤 것은 계획대로, 어떤 것은 변경된 형식으로 발표하여, 국어, 국사, 국악, 국문학, 사상사 등 분야에서 근대 국학 수립에 큰 업적을 남겼다. 그 업적은 단재 신채호, 육당 최남선 등과 거의 비견되는 것이란 평가를 받는다.[4] 『조선육해군사』는 『조선정치사』의 말미에 30페이지짜리의 '원고요초原稿要抄'로만 제시되고 끝내 완성을 보지 못했다. 그는 「천년 전의 조선朝鮮의 군악軍樂」(1930), 「조선병감고朝鮮兵鑑考」(1931) 등을 발표하면서 군사에 대한 관심을 견지하던 끝에 1940년에 『조선무사영웅전』을 간행하여 우리민족의 대표적 무예인 궁술, 격검, 유술, 경마, 축구, 격구, 석전 등을 소개하면서 조선의 무예를 다른 나라의 것과 비

4　이태진, 「안확(1886~1946)의 생애와 국학세계」 ; 최원식, 「안자산의 국학」 ; 이기문, 「안자산의 국어연구」 ; 유준필, 「자산 안확의 국학사상과 문학사관」 ; 권오성, 「자산 안확 국악연구에 대한 고찰」 ; 김창규, 「안자산의 국문학 연구 성과에 대한 고찰」. 이상 『자산 안확 국학논저집 6』, 여강출판사, 1994. 위 논문들은 각기 개별적으로 발표되었던 것들인데 이 저작집 편찬을 위해 한 자리에 모았다.

교하는 저술을 남겨[5] 당초의 『조선육해군사』 계획에 대한 빚을 갚아 보려는 의지를 담았다.

안확의 『조선육해군사』 구상은 미완에 그쳤지만 '원고요초'의 내용으로 보면 한스 델브리크의 『병법사』로부터의 영향을 생각하지 않을 수 없다. 특히 안확이 이 글을 자신의 주저라고 해도 과언이 아닌 『조선정치사』의 끝에 붙인 점은 델브리크가 "정치사의 범주 내에서in Rahmen der politischen Geschichte라는 부제를 단 것과 상사점을 느끼게 한다. '원고요초'는 곧 개요 소개에 해당하는 것으로 이 글은 다음과 같은 목차로 서술되었다.

1. 軍制의 槪觀(軍備槪觀)   2. 陸軍制   3. 海軍制

4. 軍艦의 沿革   5. 兵器   6. 交通術

7. 要塞   8. 戰法   9. OO

안확은 『조선정치사』에서 우리 민족사를 '태고 부락시대'(선사시대), '상고 소분립정치시대'(고조선시대), '중고 분립정치시대'(삼국 및 삼국통일시대), '근고 귀족정치시대'(고려시대), '근세 군주독재정치시대'(조선시대) 등으로 나누고 각 시대별 정치를 발전적 관점에서 분별하여 민족사의 끊임없는 발전상을 파악하려고 하였다. 그는 한민족은 외문화外文化를 끊임없이 수용하여 개선진화를 통해 발전을 이룬 문화로 본질을 파악하면서 이를 알기위해서는 민족의 생활사를 살펴야 하며 생활사를 살피기 위해 정치사를 먼저 연구해야한다고 하였다. 그는 한민족의 생활사는 태고 부락시대부터의 '자치'의 기반이 확립되어 그것이 각 시대의 여건에 따라 전개된 역사가 곧 생활사이자 정치사라고 파악하였다. 육·해군사는 곧 생활사로서의 정치사의 가장 중요한 국면이라고 보아 먼저 나오게 된 『조선정치사』를 통해 저술 내용을 미리 소개하였던 것이다.

먼저 ① 「군제軍制의 개관」[또는 군비개관軍備槪觀]에서는 인류가 사회와 국가를 조

---

5 안확, 『조선무사영웅전』(심승구 옮김)(『근현대 국학자료총서 4』), 한국국학진흥원, 2005.

직한 이래로 그 단체를 보호하고 발달시키면서 경쟁이 불가피하여 경쟁 중에 도덕과 법률이 쇠퇴함과 동시에 전쟁이 일어난 것이라고 인류사 속에서 전쟁의 의미를 파악하였다. 그러므로 전쟁의 역사와 군비의 문제는 동서 만국은 물론 미개시대부터 문명이 극도로 발달한 지금까지 끊이지 않은 것이라고 하였다. 고조선 시대 이후 5천년 긴 시간 속에 전술戰術의 강구와 전비戰備의 주선을 게을리 하지 않으면서 민국民國 보전을 다한 우리 역사에서 군사사상軍事思想은 어디까지나 안으로 요란[변란의 뜻]을 누르고 밖으로는 강적을 방어하여 평화유지로서 스스로 지키고 보호하는 것이었다. 그 때문에 인민은 조금도 전고戰苦 곧 전쟁의 고통을 기피하거나 싫어하는 마음이 없이 더더욱 무예를 숭상하여 온 것이라고 파악하였다.[6]

② 육군제의 머리에서 그는 "군비軍備는 원칙이 있어 인구, 국가재정, 지리, 이웃 나라의 사정에 따라서 정해지며, 군제 및 그 내용도 전쟁의 경력에 따라 증감하여 무상한 변경을 거치는 것"이라고 하였다. 따라서 "군정軍政은 고정된 제도가 없고 여러 가지 사정에 따라 진화 발달하는 것"이라고 하고, 이것이 곧 제도의 변천을 살피게 되는 까닭이라고 하였다. 안확은 군제를 ② 육군제와 ③ 해군제로 나누어 살피면서 상비병의 규모를 살피는 것을 특별히 중요시 하였다. 이것은 델브리크가 『병법사』에서 '전쟁의 규모'를 가늠하기 위해 '병력의 수'를 가장 중요시 한 것을 바로 연상케 하는 것이다.[7] 나아가 그는 '군수품' 조달의 자기 부담과 국가 부담의 관계, '병사교육兵事敎育'에 대한 고찰의 중요성까지 지적하면서 조선시대의 강무講武와 열병閱兵을 '군정대사軍政大事'라고 지적하였다.

③ 해군제海軍制에서는 육군제와의 상보적 관계, 즉 임무로나 전술상으로 '상대일

---

6 『조선무사영웅전』(1940)은 출판계획의 제4부 정치론 중의 『영웅과 志士』를 실현한 것이기도 하지만 이런 역사관에서 그가 일생 다룬 국어, 문학, 역사, 철학, 예술 등의 국학지식을 武의 관점에서 체계화 한 저서로서 '자산학의 집대성'이라는 평가가 있다(심승구).

7 그가 파악한 상비병의 규모는 다음과 같다. 중고기(삼국시대)에는 고구려 30만, 백제 10만, 신라 10만 합계 50만, 중고 후 남북조시대(신라~발해시대)는 발해 40만, 신라 20만 합계 60만, 근고시대(고려)는 중앙의 8위(2군 6위) 8만2천, 지방 21만 8천 합계 30만, 근세조선시대(조선)는 장부상 120만이나 실제 수는 50만 정도로 각각 파악하였다. 각 수치에 대한 근거는 조선 세조의 신하였던 구치관(具致寬, 1406~1470)의 말이라고 밝혔지만 그 문헌이 무엇인지는 잘 알 수 없다. 해군의 수는 뒤에 나오듯이 군함의 수로 대치하였다.

치相對一致'하여 어느 한쪽으로 치우칠 수 없는 것이라고 하였다. 지리적으로 3면이 바다로 둘러싸여 해적의 침입이 그치지 않은 역사적 조건에서 해군의 중요성을 강조하면서 고대 이래의 해군사의 흐름을 개관하는 가운데 숙종대의 수군 정비를 "조선-일본 전쟁(임진왜란) 후의 대개혁"으로 평가하면서 당시의 군비 규모를 군함 800척, 수군 11만 2천4백으로 파악하고, 이를 '동양의 제일 선진'이라고 평하기까지 하였다. 조선 수군은 해안지역의 민을 바로 수군으로 삼은 점이 큰 장점이라고 하여 해상 강국인 영국조차 군함에 육병을 승선시킨 사실에 비교하였다. 육지의 포대砲臺가 '부동不動의 방어'라면 군함은 곧 '이동移動의 방어'라고 개념화 한 것도 흥미롭다.

⑤ 병기兵器에서는 병기의 종류에 따라 군대의 편제가 결정되는 점, 전쟁의 승리는 전략 전술이 위주이지만 병기가 우세하지 않으면 이길 수 없다는 점도 명확히 지적하였다. ⑥ 교통술은 통신관계로서 봉화와 파발 두 가지를 다루었다. ⑦ 요새는 고대 이래의 성, 책柵, 수보戍堡의 연혁을 간단히 언급하고 『동국여지승람』의 각도별 관련 시설을 영구성永久城, 반영구성半永久城, 진鎭, 보堡, 행성行城, 장성長城, 책柵, 해안요새海岸要塞, 고성古城, 고진古鎭 등으로 나누어 집계하였다. 그의 분류 방식은 승람 기록에 대한 자신의 판단에 따른 것으로 영구성, 반영구성의 개념은 군사사가의 전문적 안목이 느껴지기도 한다.

마지막으로 ⑧ 전법戰法에서는 역사적으로 가장 오랜 대형隊形은 종장縱長의 집단 곧 종대縱隊로, 용감한 자를 전방, 겁이 있는 자는 후방에 배치한다던가, 국민 중 최상위 계층은 갑주를 입고 하위의 민은 가벼운 무장을 한 점, 병기의 발달에 따라 각대가 나뉘어 궁대弓隊, 투석대投石隊, 창대槍隊 등으로 횡렬하게 되고 서로의 회전會戰은 정면으로 이루어지는 점 등을 지적하였다. 3국 시대에 기병의 등장으로 편제가 달라지고, 병기 발달로 전술 전략이 크게 발달한 점, 고려시대에는 걸안, 여진과의 싸움에서 전군全軍을 각도로 나누어 적의 여러 진지를 빼앗은 후 총공격을 가하는 분진합격법分進合擊法이 행해진 점 등이 열거되었다.

『조선육해군사』의 '원고요초'의 이상과 같은 내용으로 볼 때, 안확의 구상은 군사사가 갖추어야 할 요건에 대한 이해가 높았다는 것이 절로 인정된다. 1920년대의 시점에서 우리나라 역사 일반이 아직 체계를 잡지 못한 상황에서 육·해군의 역사에 대한 체계를 8개 분야로 나누어 일목요연하게 구성한 것은 어떤 전문적인 저서에 접하지 않고서는 있기 어려운 일이다. 이 점에서 그가 델브리크의 『병법사』나 이와 같은 계열의 어떤 저서에 접했을 가능성을 상정해 본다. 델브리크의 『병법사』는 600페이지 이상의 책 4권으로 구성된 방대한 저술이다. 그러므로 안확이 설령 이 책에 접했다고 하더라도 과연 독파했을지는 적이 의심스럽다. 이 저서는 이미 영역본Warfare in Antiquity: History of the Art of War이 있었기 때문에 이왕직李王職 아악부雅樂部에서 학생들에게 음악과 영어를 가르친 그의 경력으로 보면[8] 영역본을 읽었을 가능성은 있다. 더욱이 국악 연구를 위해 그가 아악부에서 서양 음악사의 고전으로 알려지는 프랑스의 쥬-르 꼰발류의 『음악의 법칙과 진화』(La Musique: ses lois, son evolution, 1907)를 읽었다는 사실[9]이 있는 만큼 그의 『조선육해군사』의 구상은 『병법사』 류로부터의 영향아래 나온 것이라고 판단해야 할 것이다. 안확은 앞으로 군사사를 연구할 사람들이 읽어야 할 우리의 군사 관련 자료로 무오병법武烏兵法 등 26종[10]을 열거하기도 하였다.

2) 군제사(軍制史)에서 군사사(軍事史)로

한국 최초의 군사 관계 역사서가 서양의 고전적 업적에 접하고 있었지만 일제의 식민지 체제아래서 순탄한 발전을 가질 수는 없었다. 안확 한 사람의 국학세계에서 『조선무사영웅전』과 같은 후속 성과가 나왔지만 델브리크의 『병법사』의 세계와는 거리가 먼 것이었다. 델브리크 저술의 세계는 주요 전쟁 하나하나를 병력의 수, 동원 체계, 지형과 지세, 활용된 전략과 전술 등을 두루 살피는 연구로서 안확처럼 일제로부

---

8 권오성, 앞의 논문(『자산 안확 국학논저집 6』, 여강출판사, 1994 수록).

9 1942년에 나온 일어번역본 『音樂の法則と進化』(園部三郎 譯, 創元社)의 번역자 말에 따르면 1920년 경 田坂崟三郎에 의해 한 차례 번역되었다고 한다. 안확이 1920년대에 이왕직 아악부에 근무했으므로 영어본이 아니라면 이 일본어 번역본을 읽었을 것으로 보인다.

10 안확이 든 26종의 서적은 다음과 같다. 武烏兵法, 金海兵法, 兵將說, 論將篇, 訓營箚論, 陣說, 兵政, 制勝方略, 馬經諺解, 練兵規式, 兵學通, 花鈴圖, 五衛陣法, 兵法大旨, 爲將必覽, 歷代兵要, 東國兵鑑, 續兵將圖說, 兵學指南, 行軍須知, 演機新編, 陣法九篇, 隷陣摠方, 煮硝方, 火砲式, 火砲式諺解.

터 감시 통제를 받는 가운데 개별적으로 수행하는 연구 형태로서는 기대하기 어려운 것이다.

1945년 8월의 광복 후에도 한국은 학문이 쉽게 이루어질 수 없는 상황이었다. 1950년에 일어난 남북 간의 전쟁, 전후 복구 등이 현안으로 닥쳐 있는 가운데 학술활동은 열악한 지경이었다. 그리고 1950년대에는 실존주의를 비롯해 한국의 지성세계는 서양의 신사조를 따라가기에 급급하여 한국의 역사와 문화에 대한 관심은 뒷전이었다. 1960년대에서야 비로소 '국학 붐'이 일기 시작하여 우리 것에 대한 관심이 생기기 시작하였다. 군사관계도 소수의 개별 논문 발표를 넘어 저서 수준의 결과가 나오기 시작한 것도 이즈음이었다. 육군본부 사업으로 육군사관학교 한국군사연구실이 1966년에 착수하여 1968년에 낸 『한국군제사-조선전기편』이 바로 그 대표적 성과였다. 이 편찬사업은 조선전기편을 낸 뒤에 바로 이어 1969년~1972년에 조선후기편 편찬으로 이어져 1977년에 그 결과가 출판되었다.

『한국군제사』는 『조선왕조실록』으로부터 군사 관련 자료들을 직접 발췌, 활용한 최초의 연구서로서 조선시대사 연구 전반에 큰 기여를 한 것으로 평가받았다. 1차 사료를 이용한 조선 시대사 전체를 통관하는 저술이 없는 상황에서 군사제도 변천의 지형을 처음부터 끝까지 그려낸 공적을 인정받았던 것이다. 그러나 이 연구는 협의의 제도사의 틀 속에 갇힌 것이 큰 약점이었다. 실록의 사료 세계를 따라가면서 어떤 제도들이 어떤 배경을 가지고 생기고 운영되었던가를 파악하는 것이 일차적인 과제였기 때문에 군사사의 요건을 헤아릴 겨를이 없는 실정이었다. 자산 안확의 국학 세계도 아직 소개되지 않아서 그가 제시해 놓은 『조선육해군사』의 구상에도 접하지 못한 상태에서 연구가 진행되었다. 그렇다고 따로 델브리크의 『병법사』와 같은 서구 학계의 관련 연구 성과를 살필 기회가 있었던 것도 아니다. 선구적 업적으로부터의 안내를 전혀 받지 않은 상태에서 오로지 『조선왕조실록』의 사료를 따라 군사 관계의 궤적을 추적하는 작업이었기 때문에 제도사 중심의 연구가 될 수밖에 없었다.

군사 관계의 역사는 정치와 가장 밀접한 관계를 가지는 것이기 때문에 그 제도사는 정치사적 성격을 띠기 마련이었다. 이 점은 우연치 않게도 델브리크나 안확이 의식한 정치사와의 불가피한 관계에 닿는 것이 되었지만 군사 관계 역사서로서 요건을 제대로 갖추지 못한 면이 많았다. 델브리크나 안확이 중요시한 "전투기술과 전술 및 전략"은 거의 다루지 못했다. 협의의 군사제도사로부터의 탈피는 한국의 군사사 연구가 속히 해결해야 할 과제이다. 이 약점이 극복되지 않는다면 한국의 군사사는 한국사의 발전에 본격적인 기여를 못 할 것이다. 바꾸어 말하면 군사사의 요건을 제대로 갖춘 연구가 이뤄지지 않은 상태에서 진행되는 설명체계는 불구不具를 면치 못하는 것이다.

한국의 군사 관계 역사 연구가 나아가야 할 방향, 지표는 무엇인가? 델브리크의 『병법사』의 내용이나 안확의 『조선육해군사』 구상에서 얻어야 할 것이 많은 것은 사실이다. 그러나 전범典範을 찾을 곳은 이에 국한되는 것은 결코 아니다. 그 후에 나온 새로운 연구 성과도 아울러 주목해야 할 것이다. 제2차 세계 대전 후에 미국을 중심으로 활발하게 이루어진 '군사사military affairs history, military history'를 주목할 필요가 있다.

제2차 세계대전이 끝난 뒤 미국 정부는 세계 군사사 연구에 새로운 전기를 만들었다. 전쟁이 끝난 뒤 프랭클린 루즈벨트 대통령이 이 전쟁에 대한 "국가적 차원에서 공식 기록official record으로 남겨야 하겠다."고 하여 육군성 군사사 편찬실Office of the Chief of Military History, Department of the Army이 주관하여 제2차 세계대전사 편찬이 시작되었다. 이 편찬사업으로 『제2차 세계대전사World War II』 78권이 간행되었다.[11] 이 사업은 단순히 미국 육군이 제2차 세계대전에서 싸운 역사를 기록으로 남기는 성과만으로 끝나지 않았다. 이 사업은 다수의 민간의 젊은 학자들을 동원하여 이루어 졌고, 그 젊은 학자들은 사업이 끝났을 때 어느 듯 중견 학자들이 되어 1950~60년대에 민간 대학의 역사학 교수로 취직하여 대학에서 군사사military history 과목이 여기저기서 개설되었다. 미국 전국 대학의 3분의 2가 군사사 관련 과목을 개설하고, 군사사 관련 박사학위 논문의 주제가 전체의 10%를 차지할 정도로 역사학에서 군사사가 차지하는 비중을 높여 놓았다. 서구 역사학계에서는 이로써 "전쟁으로부터 자유로운 사람은 없다"는 인식아래 인류문명과 전쟁의 관계에 대한 연구가 활발하게 이루어져 군사사에 대한 인식이 크게 높아졌다. 군사 관계를 중심으로

---

11 이에 대한 서술은 2009년 11월 28일에 한국군사사 편찬위원회에서 있었던 국방대학원의 허남성 교수 (서양 군사사상사 전공)의 "서양군사사의 구조와 연구방법"의 발표문을 근거로 한다.

한 인류사의 연구가 역사학의 주류적 경향의 하나가 되었다. 그것은 19세기에 델브리크의 『병법사』의 시대와는 판이한 상황이었다. 『병법사』는 역사학의 새로운 연구방법을 우수하게 구현한 모범 작이었다면 『제2차 세계대전사World War II』 편찬사업은 역사학의 내용을 바꾸는 역할을 한 것이다.

미국의 군사사 연구는 군사사의 범주를 확실히 하였다. 군사사는 ① 전쟁 ② 제도와 기술 ③ 군대와 사회 ④ 군사사료 편찬 등을 주요 영역으로 하였다. 이 체계는 『병법사』가 추구하던 것과 근본적으로 다른 것은 아니지만, 각 사항의 내용은 크게 충실하게 채워졌다. ①「전쟁」의 부문은 국가전략(전쟁지도), 군사전략, 전술, 지휘 통솔, 군수 등을 포함하며, 국가전략을 제외한 나머지는 군사기술military art로 범주화되기도 한다. ②「제도와 기술」은 교리, 편제, 군사제도(협의), 동원(모병), 교육훈련, 무기체계와 장비(군사과학, military science), 군사위생, 군법, 군종軍宗, 지도와 지리 등을 망라한다. ③「군대와 사회」는 사상(철학), 문화, 군사전략(전쟁 대비), 민군 관계, 군비 관리, 평화 시책 등을 포함한다. 마지막 ④「군사사료 편찬」은 ①, ②, ③의 바탕 위에 이루어진 개인 문서personal paper 곧 보직 수행자의 문서들과 워싱턴(정부) 문서로 구성되었다. 군사사의 지속적인 발전을 위한 사료의 축적을 지향한 부분이다.

미국 육군성의 『제2차세계대전사』 편찬 사업은 곧 군사사 연구 및 체계화의 전형을 제시한 것이었다. 델브리크의 『병법사』를 비롯한 이전의 군사 관련 역사 연구가 사료에 대한 고증을 통해 이루어진 것이었던 반면에 『제2차 세계대전사』 편찬 사업은 바로 직전의 전쟁 중에 생산된 각종 문서 자료를 바탕으로 한 일종의 정리 편찬사업이었기 때문에 필요한 조건에 대한 충족도를 높이고 또 체계를 세우기가 그만큼 유리했던 것이다.

한국 역사학계는 『한국군제사』 편찬이 이루어질 때도 이 편찬사업에 대한 정보를 얻지 못하였다. 민간 역사학자들 가운데 미국사를 전공하는 연구자가 없지 않았지만 제2차 세계 대전 후의 미국 역사학계의 발전 과정에 대해 관심을 두는 사람은 많지 않았다. 서양사 전공자 가운데 군사사를 전공하는 연구자가 거의 없는 실정이었다. 군에서도 사정은 다르지 않았다. 1960년대부터 육군 사관학교의 전사戰史 교육의 교재는 제2차 세계 대전사에 관한 것이 전부였는데, 그것은 아마도 미국 육군 사관학교의 교재를 본 뜬 것일 뿐, 그것이 위에서 서술한 것과 같은 제2차 세계대전사에 대한 국가적 차원의 정책에 따라 거두어진 성과에 근거하는 것이란 사실은 잘 알지 못했을 것이다. 1980년대 이후에서야 군 내부에서 극히 제한된 인원이지만 미국 유학을 통해 미국 역사학계의 군사사 성과에 접하게 되어 이에 대한 지식과 정보를 가질 수 있게 되었던 것이다. 민간 역사학계에서도 1990년대 후반에서야 미국의 민간 역사학자들이 낸 새로운 군사사, 전쟁사Warfare history 성과물에 접하여 이에 관심을 두는 연구자들이 나오기 시작하였다.

서구 역사학계의 '군사사' 바람은 1990년대에서야 동아시아 역사학계에 본격적으로 미쳐왔다. 일본, 중국 역사학계에서 1990년대 말 이후 군제사, 군사제도란 용어보다 군사사란 용어를 쓰기 시작하였다. 예컨대 일본 역사학계의 경우, 『명치군사제론明治軍制史論』(마쯔시다 요시오松下芳男, 유비각有斐閣, 1956), 『평안시대군사제도平安時代軍事制度의 연구研究』(이노우에 반로井上滿郎, 길천홍문관吉川弘文館, 1980) 같은 저술이 있다가 최근에 들어와 『일본군사사日本軍事史』 상권上卷 전전편戰前篇(2006), 하권下卷 전후편戰後篇(후지하라 이끼라藤原彰, 사회비평사社會批評社, 2007), 『일본군사사日本軍事史』(다까하시 노리유끼高橋典幸 등 4인, 길천홍문관吉川弘文館, 2006) 같은 저서들이 나오고 있다. 중국도 마찬가지이다. 1980년대까지도 군사 관련 역사서가 『중국역대군사제도中國歷代軍事制度』(해방군출판사解放軍出版社, 1986)와 같은 이름으로 나왔지만 1990년대 후반에 이르면 『중국군사통사中國軍事通史』(군사과학출판사軍事科學出版社, 1998)처럼 군사사軍事史란 이름이 선호되는 추세를 보인다. 전자는 단행본으로 5제五帝시대부터 중화민국의 군제까지를 망라한 반면, 후자는 하·상·서주夏·商·西周에서 청대전·후기淸代前·後期까지 17시기의 군사사를 17권의 책으로 나눈 거질巨帙의 편찬이다. 그러나 군사사란 이름이 붙여졌다고 하여 모두 군사사의 요건을 갖춘 것은 아니다. 사실상 협의의 군사사로서 과거의 군제사의 내용 그대로이면서 이름만 바꾼 경우도 없지 않다. 『일본군사사日本軍事史』(2006)의 경우, 새로운 군사사의 지향 의지가 분명하게 읽어진다. 이 책은 서문에 "군사軍事라는 것은 군대, 군비軍備, 전쟁 등 문자대로 군에 관한 것"으로 "군제사 개설일수도 있지만, 여기서는 좁은 의미의 제도사에 그치지 않고, 폭넓게 군대와 사회의 관계를 살피는 시점視點에 서서 서술한다."고 하고, 서술 방향을 "전쟁 수행을 위해 동원된 여러 사회적 구조[仕組]에 주안을 두는" 것으로 밝혔다.

한국사의 경우,『한국군제사』근세조선 전기편, 후기편이 나온 기간에 개별 연구자들에 의해서도 조선시대 군에 관한 연구가 적지 않게 나왔지만 대부분 전통적인 군제사의 범주를 넘어서지 못하였다. 이번『한국군사사』편찬 사업은 두 가지 점에서 새로운 지향을 추구하였다. 하나는 고대에서 국군 창설 직전까지의 전 시기를 망라한 점, 다른 하나는 협의의 군제사에서 벗어나 군사사의 틀을 갖추고자 한 점이다. 첫째 과제는 실제로 달성되었다고 할 수 있지만, 두 번째는 목표대로 성과를 거두었다고 자신하기 어렵다. 무엇보다도『제2차 세계대전사』가 추구한 네 가지 요건, ① 전쟁 ② 제도와 기술 ③ 군대와 사회 ④ 군사사료 편찬 가운데 ①의 부면이 미흡한 점이 많다. 편찬 사업의 지침에서는 이의 실현을 위한 노력이 강조 되었지만 사료 제약을 극복하지 못한 경우가 많았다. 현전하는 사료에 대한 심층적 분석을 통한 한국 전쟁사에 대한 본격적 연구와 체계 수립은 다음의 과제로 남기지 않을 수 없었다.

전쟁에 대한 연구 자체는 군사사 정립의 기본 축에 해당하는 것이지만 결코 쉬이 만족할만한 성과를 낼 수 있는 문제는 아니다. 근래 고려시대의 거란과의 전쟁에 관한 군사학적 견지의 전쟁 연구가 이루어져 이번에 활용되었지만 전체적으로 보아 극히 작은 부분이다.[12] 우리에 비해 사료 여건이나 연구 역량 면에서 앞선 일본의 경우도 당대사가 아니라 전 역사 기간의 전쟁사에 대한 연구는 유보된 상태이다. 위『일본군사사日本軍事史』(2006)만 해도 "전쟁을 둘러싼 사람과 물자의 움직임, 전쟁수행을 위해 사람과 물자의 조달이 어떻게 이루어졌는가를 키워드로 각 시대를 통하여 고찰"하는 데 역점을 두고, "전쟁 그것의 서술은 최저한 필요한 것에 그치고 전쟁의 양태나 전쟁을 해나간 시스템에 대해서 구체적인 사례를 들어서 기술한다."고 하였다. 일본의 경우, 더 나은 사료 조건에서, 그리고 개별 사례에 대한 세밀한 분석을 가한 오랜 기간의 연구 성과가 집적되어 있기 때문에 새로운 군사사 체계 확립을 위한 전쟁

---

12 안주섭,『고려 거란 전쟁』, 경인문화사, 2003.

사의 재정리는 우리에 비해 훨씬 유리하다. 그러나 아직 그 작업은 본격적으로 진행되지 않은 상태인 것 같다.

3. 전근대 한국 군사사와 동아시아의 전란, 전술

1) 근대 이전 한국 군사사의 새로운 이해 체계

어느 나라 역사에서나 군사사는 국가가 특정한 상황에서 맞이하게 된 전쟁의 결과, 곧 승패에 대한 고찰과 평가에 주안을 두게 된다. 우리나라 역사에서도 역대의 주요 전쟁들의 결과인 승전과 패전에 따라 그 시대의 역사에 대한 인식이 크게 영향을 받는 경향이 있다. 수, 당과의 전쟁에서 고구려가 이룬 여러 차례의 승전은 고구려의 기상을 찬미하는 역사인식을 남겼다. 고구려에 대한 이런 높은 평가는 뒤이은 삼국통일전쟁에서 신라가 거둔 전과를 객관화시키기 못하는 결과를 가져올 정도였다. 어쨌든 우리나라 역사에서 국민 일반에게 가장 널리 알려진 큰 전쟁은 ① 삼국통일전쟁 ② 고려의 몽골과의 전쟁 ③ 조선-일본 전쟁(임진왜란) ④ 조선-청 전쟁(병자호란) 등을 들 수 있다. ①과 ②는 동아시아의 세계사적 차원으로 연동된 전쟁으로 다시 주목할 필요가 있으며, ③ ④는 유교국가인 조선의 문약文弱의 역사로 인식되어 온 것에 대한 반성적 음미가 필요하다. 고구려의 수, 당과의 전쟁은 곧 ①의 전주前奏에 해당하는 것이므로 이에 포함시켜 언급하고자 한다.

첫째 삼국 통일전쟁에 대한 일반적 인식 가운데는 민족적 감정에 사로잡힌 것도 있다. 즉 같은 민족이면서도 신라가 이민족 국가인 당 나라를 끌어들여 중국에 대해 가장 적극적으로 대적하던 고구려를 패망시켜 우리 역사에 큰 손실을 입혔다는 인식이 한 예이다. 이러한 인식은 어디까지나 일제의 강압적 통치를 받는 가운데 '무위武威'에 대한 열망에서 생성된 것으로 역사적 상황에 대한 객관적 판단에 따른 것이라고 볼 수 없다. 이 전쟁에 대한 최근의 종합적 연구 성과에 따르면 동아시아는 7세기에 접어들어 서쪽으로는 돌궐, 위연, 남쪽으로는 일본, 그리고 중심부에는 당, 고구려,

용장산성(전남 진도) 삼별초가 항쟁하던 곳이다.

신라, 백제 등이 모두 각기 국가적 이해관계로 합종연횡의 외교정책을 폄으로써 삼국 통일전쟁은 실상 고구려, 백제, 신라 삼국만의 전쟁이 아니라 전全 동아시아의 전쟁으로 규정되고 있다.[13] 이런 형세에서는 군비도 중요하지만 외교의 비중이 커지게 된다. 『손자병법』에서 말하듯이 외교가 가장 좋은 군사정책이라는 지적이 적중하는 형세의 시대였다. 3국 나아가 당나라와의 관계에서 신라가 최종 승리자가 된 것은 외교와 군비 두 측면을 가장 잘 융합시킨 결과였으며, 민족사에 대한 탐구에서도 이를 바로 보는 것이 진정한 역사 교훈 획득의 길이다.

둘째, 몽골의 고려 침입은 1218년에 시작하여 1259년까지 6차에 걸쳐 일어났다. 이 전쟁에서 주목되는 것은 이미 세계 대제국의 규모를 갖춘 몽골, 원元을 상대로 동방의 소국인 고려가 41년이란 긴 시간을 버틴 점, 게다가 사이사이 적장을 살해하는 등 적지 않은 전과를 올린 점 등이다. 1259년에 왕이 강화도에서 개성으로 나온 뒤에도 삼별초三別抄가 진도, 제주도로 옮겨서 계속적으로 항전한 것은 상무尙武 교육의 자료가 되기도 하였다. 이번 『한국군사사』 편찬을 통해 얻는 몇 가지 주요한 성과 중

---

13 노태돈, 『삼국통일전쟁사』, 서울대학교 출판부, 2009.

의 하나는 고대, 고려, 조선의 각 군사 방어 체계 간의 차이가 드러난 점이다. 몽골의 군대가 여섯 차례나 동원되어야 했던 것도 고려 특유의 방어체계 때문이었다.

고대는 인구 증가율이 낮고 농업 생산력도 기술적 한계로 낮았다. 고대의 군사조직은 이 조건 위에 짜여 지기 마련이었다.[14] 인구의 한계는 여성까지 국가 운용체계의 인력으로 포함되지 않을 수 없었다. 그리고 적어도 삼국시대에 이르면 중앙 집중적 군단 편성이 이루어졌다. 보유한 인력을 최대로 활용하기 위한 것이었다. 그리고 농업 생산력이 낮은 상태에서는 교역의 비중을 높여도 실농 또는 흉년을 당하면 위기를 맞게 되어 타국으로부터의 약탈성 침략을 받을 위험성이 높았기 때문에 군사적 방어 시설 구축은 국가적으로 중대한 과제였다. 우리나라 고대의 삼국은 외침으로부터 자국을 지키기 위해 모두 산성 구축에 힘썼다. 이 점은 일본, 중국도 마찬가지였다. 고대의 국가 운영체계가 왕 중심의 전제적 성향을 띤 것도 이 때문이었다.

고대국가의 중앙 집중적 군사 체제는 지방 세력의 성장 속에 무너지고 뒤이은 중세적 질서는 지방 세력의 지역 중심의 분권체제로 잡히었다. 통일신라는 후삼국의 각축 속에 무너졌고 후삼국 가운데 고려가 지역 호족세력의 규합정책에 성공하여 최후의 승자가 되었다. 그러나 고려왕조의 왕권은 초기에는 지역적 제한성을 면하지 못하였다. 즉 왕이면서도 본거지인 개경(개성) 일원에만 직접적 지배가 가능하고 다른 지역은 간접적 통솔체제로 이끌어져야 하였다. 초기에는 지방의 호족들이 각기의 본거지에서 성주城主, 장군將軍을 칭하면서 지역별 군사기반을 확보한 상태였고, 중앙의 왕권은 이를 수개월 단위로 관리를 보내 순시하는 정도로 만족하였다. 건국 후 100년 정도의 시간이 지나서야 성주, 장군의 호칭을 지방의 관리란 뜻의 향리鄕吏로 바꾸고 뒤이어 그들이 보유한 병력도 주현군州縣軍으로 이름을 바꾸어 왕의 직접적 통솔권 안으로 들어오는 형식을 밟았다. 고대 이래의 인구와 농업생산력의 조건은 이때까지도 큰 변화가 없는 가운데 거의 같은 규모의 인력과 생산기반을 지역 세력이 고을별로 나누어 차지하는 상태였으며, 그들의 본거지는 교통, 군사상의 요지에 해당하는 곳이 대부분이었다. 고대의 산성 방어 체계에 더하여 지역 세력의 거점에 치소성治

---

14 우리나라 고대, 고려, 조선의 역사 인구 현상에 대해서는 이태진, 『의술과 인구 그리고 농업기술』 (태학사, 2002)의 제2장 「고려후기의 인구증가 요인 생성과 향약의술의 발달」 참조.

所城이라고 불리는 새로운 요새지가 곳곳에 등장한 것은 고대에서 볼 수 없던 새로운 변화였다.

이런 조건에서 국가통치조직의 구성에서는 자연히 치소성 간의 연계를 중요시 하지 않을 수 없었다. 고려는 그리하여 큰 치소성을 연결하는 선을 도道라고 하여 국가통치체제의 근간으로 삼았다. 이 시대의 도는 조선시대처럼 영역적인 것이 아니라 선線 개념의 방면方面 도였다. 예컨대 양광도楊廣道라고 하면 양주楊州와 광주廣州를 잇는 도道 곧 길이었다. 몽골의 침략이 여섯 차례에 걸쳐 고려의 내지 깊숙이 들어온 것은 이런 군사 방어체제를 부수기 위한 것이었으며, 왕과 정부가 강화도에 들어가 있는 것도 일종의 거점 확보의 개념이었다. 몽골은 결국 전국 각 '도道'를 모두 교란하고, 마지막에는 강화도란 중심 거점을 고립시키기 위해 서해연안 지역을 집중 공략하여 왕의 출륙을 이끌어 낸 것이었다.

셋째, 조선왕조 중기에 일어난 조선-일본 전쟁에 대한 인식 문제이다. 초기의 관군의 처참한 패배는 조선왕조 역사 전체를 부정적으로 인식하게 만들었다. 문치 위주의 유교국가의 허점이 여지없이 드러난 국면으로 간주되어 유교 망국론을 등장시키는 데도 결정적 단서가 되었다. 군사사적 측면에서 볼 때, 세종~세조 연간에 잘 짜여진 전국적 방어조직인 진관체제鎭管體制가 전혀 기능을 하지 못한 데 대한 의문도 컸다. 이에 대해서는 관리의 부패에 따른 것으로 전쟁 초기의 관군의 패배는 결국 인재人災의 소치로 간주되었다. 이러한 이해가 전적으로 틀린 것이라고 할 수는 없지만 근원적인 천착을 통한 결론이라고 할 수는 없는 것이다. 이러한 인식상의 문제점을 해소하기 위해서는 조선왕조의 국가통치 기반 자체에 대한 이해를 새롭게 할 필요가 있다.

이번 『한국군사사』 편찬을 통해 고려, 조선 간의 군사기반의 주요한 차이로 고려의 치소성 체제가 조선시대에 들어와 읍성邑城 체제로 바뀐 것이 부각되었다. 고려의 치소성들은 교통 조건이 일차적인 것이었으므로 그 위치가 반드시 농업의 조건에 맞물려 있지 않았다. 평지 또는 평지를 낀 곳이 아니라 고지(구릉지)에 위치할 수도 있는 것이었다. 조선초기의 기록에 고현古縣 유지라고 한 곳은 구릉지에 위치한 것이 많다.

이에 반해 조선시대의 읍성은 중앙에서 내려온 고을 관장官長의 관아를 중심으로 구축된 것으로 평지에 위치하는 것이 대부분이다. 이 변화는 곧 농업조건의 변화에

따른 것이었다. 우리나라 농업은 고려 말부터 기술적으로 큰 변화가 일어났다. 지금까지의 농경은 미고지微高地, upland의 밭농사가 차지하는 비중이 크고 기술은 휴한법의 제약아래 놓여 있었다. 아직 제초 기술의 한계로 인공적 시비가 가해지지 못해 경지의 지력회복 기간으로 1년, 2년 휴한하는 방식이 일반적이었다. 휴한전은 역전易田(해를 바꾸어 경작하는 토지란 뜻)으로 불리면서 널리 분포하였다. 이것이 고려 말, 조선 초에 농경지가 평지로 이동하고 같은 땅을 매년 경작하는 연작상경법으로 바뀌었다.

고려시대의 농업은 농업 노동력으로서 인구가 부족한 한계 아래 휴한방식이 계속 유지될 수밖에 없었다. 고려 중기까지 인구현상은 평균수명이 40세 미만인 상태에서 300만 명 안팎의 규모를 유지한 것으로 파악된다. 이런 한계는 원나라의 내정간섭 체제 아래 중국 양자강 이남의 강남江南지역의 선진농업기술에 접하여 큰 자극을 받아 변하기 시작하였다. 사대부 지식인들은 강남지역의 경제발달과 학문(성리학) 발달의 높은 수준에 대한 정보와 지식을 가지게 되면서 휴한방식을 극복한 강남농법의 실체를 알고 또 이 농업기술이 특장을 발휘하고 있는 벼농사에 대한 큰 기대를 가지고 중국 강남농법을 모델로 한 농업기술 혁신에 매진하였다. 이 운동은 토산 약재의 개발을 통한 의술의 개발, 곧 향약의술鄕藥醫術의 발달을 동시에 추진하여 소아사망률을

낮추고 평균수명도 늘려 인구의 증가율을 높였다.

　고려 말의 사대부들의 성리학 수용은 이러한 사회경제적 발전 방안에 대한 기대를 내포하고 있었다. 그리하여 인구의 수는 대체로 조선왕조 건국 전후에 500만 명의 선에서 출발하여 16세기 중반에 1000만의 선에 이르렀다. 세종대에 국가적 차원에서 이루어진 『농사직설』과 『향약집성방』의 편찬은 이러한 발전적 변화를 상징하는 것이었다. 인구가 증가하면서 늘어난 노동력은 평지 개간에 투입되어 촌락이 미고지 아래서 더 확장되거나 저평지低平地에 새로이 형성되는 변화를 일으켰다. 조선왕조의 읍치邑治로서 읍성이 평지에서 새로이 발달한 것은 이러한 농업경제의 변화를 배경으로 하는 것이었다. 이러한 사회경제적 변화는 군사 체제에도 변화를 가져올 수밖에 없었다.

　조선왕조의 국방체제는 행정체제와 군사체제를 합일시키는 방향에서 수립되었다. 앞에서 언급했듯이 세종대의 정비를 거쳐 세조대에 확립된 국방체제는 진관체제라고 불린다. 이 체제는 관찰사가 거주하는 도내의 수읍首邑을 군사적으로는 주진主鎭이라고 하여 관찰사가 병마절도사를 겸하고, 목사와 부윤이 부임하는 읍은 거진巨鎭이라고 하여 목사, 부윤이 지휘관직으로 첨절제사, 절제사를, 군수, 현령이 부임하는 그 주변의 고을은 제진諸鎭이라고 하여 군수, 현령들을 동첨절제사를 각각 지휘직으로 겸하게 하였다. 국경지대와 해안의 요충지는 만호부萬戶府를 따로 두어 무관직 만호가 전담하게 하였다. 행정 단위의 고을에 군사적 기능을 부여하는 이러한 체제는 왕조 초기부터 여러 차례 변천을 거쳐 세조 12년(1466)에 최종적으로 확정, 반포되었다.

　전국의 행정단위를 바로 군사조직으로 활용하는 체제는 16세부터 60세까지의 남정男丁을 군역의 의무 대상으로 설정하여 일반 농민을 바로 군사로 활용하는 방식을 통해 실현되었다. 위 연령의 모든 남정은 중앙, 지방, 국경 및 연안 지역에 근무하는 여러 병종으로 나누어 1~2년 사이에 2~3개월 정도 군사로서 입역하여 훈련을 받거나 근무하게 하는 방식을 도입하여 운영되었다. 군역 의무자 가운데는 정군正軍으로 근무에 임하는 자와 정군 입역 시 필요한 비용을 대는 임무를 가지는 보인保人 두 가지로 나누어 편성하였다. 대체로 정군의 수는 15세기 후반을 기준으로 기騎·보병步兵 10만 여, 수군水軍 5만 여를 헤아렸고, 보인은 이의 3배 안팎이었다. 조선왕조에서 인구가 늘어난 것은 사실이다. 당시는 농업기술의 발전기로서 농업인구는 국가 경제의 바탕이었다. 그래서 그 노동력을 일차적으로 농경에 투입하는 조건 위에 그 노동력을 다시 군사력으로 활용하는 체제를 취하였다. 새로운 강남농법은 생산력 면에서 고려시대에 비해 4~5배를 능가하는 것으로 상업, 수공업으로부터 기대되는 성과를 훨씬 상회하는 것이었다. 이 때문에 중농정책을 취하게 되었던 것이다. 이런 시대적 조건에 비추어 볼 때 세조대에 완성된 진관체제는 가장 효율적인 통치 조직이었다는 평가도 나올 수 있다. 그러나 이 국방체제는 농업이 타격을 받을 때는 제대로 가동될 수 없는 약점을 가지는 것이었다. 즉 농민이 군사로서 기능하기 어려운 상황이 전개되면 허수아비와 같은 조직이 될 위험성을 안고 있었다. 바로 그러한 상황이 1490년 무렵부터 약 270년 간 전 지구적 현상으로 닥치고 있었다. 소빙기(약 1490~1760년) 대자연재난이 바로 그것이다.[15]

소빙기 현상은 서양 학계에서는 '17세기 위기론'으로 제기되었다. 17세기에 지구 곳곳에서 전쟁, 폭동, 기아 등이 일어난 것은 이 기간에 기온이 내려가 농사가 실농, 폐농을 거듭하여 농업생산량이 크게 감소하여 기근이 자주 들고 동시에 흑사병이 나돌아 위기적 상황이 지속되었다는 견해가 바로 그것이다. 태양흑점 활동의 쇠퇴가 원인이라는 견해도 천문과학 분야에서 제시되었다. 그러나 『조선왕조실록』의 천재지변에 관한 기록들을 발췌, 분석하여 얻은 필자의 연구 결과는 재난의 기간이 1490년에서 1760년으로 확장되고 그 원인도 대량의 유성들이 장기간 지구 대기권에 돌입한 데 따른 것으로 판명되었다. 지구 근접물체(혜성, 유성)를 연구하는 우주 과학계는 오늘날 태양계에서 화성과 목성 사이에 수많은 바위와 돌이 떠도는 소행성 벨트 Asteroid belt가 있으며,[16] 이 벨트에 떠도는 수많은 대소의 돌덩이들은 태양의 중력에 끌려 혜성처럼 타원형 궤도를 그리며 돌다가 지구의 원형 궤도와 만나는 순간 지구의

---

15 소빙기 자연재난에 대해서는 『한국사 30』(국사편찬위원회, 1998)에 수록된 이태진, 「자연재해, 전란의 피해와 농업의 복구」, 「상평창, 진휼청의 설치 운영과 구휼문제」 및 「소빙기(1500~1750)의 天體 현상적 원인-『조선왕조실록』의 관련 기록 분석-」 『국사관논총』 72, 국사편찬위원회, 1996 참조.

16 이태진, 『새한국사』, 까치, 2012 ; Giles Sparrow, *The Planets*, Quercus, 2006, P.10~11, PP. 132~139. 최근 이 벨트는 지구와 같은 한 행성이 형성 중에 해체되었거나 어떤 충격으로 분해된 것으로 보면서 이를 'missing planet'이라고 일컫기도 한다. 현재 소행성 벨트의 소행성수는 2억 개 이상으로 추정한다.

중력에 끌려 지구 대기권으로 들어오는 것으로 분석하고 있다. 그 돌이 초대형일 경우 수억 년에 한번 씩 지구 대기권으로 들어와 지구를 쳐서 지구의 역사를 바꾼 것이 곧 고생대에서 중생대, 중생대에서 신생대로의 변천인 것으로 입증하였다. 이 지질시대 사이에는 또 수많은 대소의 바위덩이들이 낱개로 또는 떼를 지어 들어와 인류의 역사와 문화에 크고 작은 영향을 끼쳤다. 우주 과학계가 지구의 역사에 대해 새로운 해석을 내놓은 것과 궤를 같이 하여 『조선왕조실록』의 천재지변 기록의 분석 결과는 인류의 역사 문화에 대한 새로운 해석의 길을 열었다.[17]

대소의 소행성(유성)의 대기권 돌입은 우주 먼지cosmic dust를 유발한다. 돌덩이가 파열하면서 발생하는 것 외에 작은 돌덩이들을 싸고 들어오는 먼지의 양도 많다고 한다. 만약 유성의 대기권 돌입 곧 외계충격Terrestrial impact 현상이 장기화 하면 대기권에 쌓이는 먼지의 양이 그만큼 많아져 태양의 빛과 열을 차단하여 지구의 기온이 내려가기 마련이다. 소빙기 현상은 바로 이런 메커니즘으로 빚어졌고 이 현상은 기권氣圈에 영향을 주어 기류에도 급격한 이상을 가져와 기온 강하에 더하여 한재와 수재가 빈발하는 사태로 농사가 심대한 타격을 입었다. 이런 자연이상 현상이 수 십 년 또는 100~200년 계속된다면 어느 사회라도 동요하지 않을 수 없다. 서양학계가 처음 제기한 '17세기' 위기론은 상한을 15세기 말, 하한을 18세기 중엽으로 각각 확장하면 이 기간에 일어난 동서양의 많은 파란의 역사를 모두 설득력 있게 해석할 수 있다.

소빙기 장기 재난은 그 본질로 보아 농경사회가 입는 타격이 클 수밖에 없다. 유목사회도 목초지에 영향을 받아 이동이 불가피 하고 탄수화물 공급에 애로를 겪게 되지만 농경사회는 농사 자체가 심대한 피해를 입어 통치체제가 흔들리는 타격을 받았다. 조선-일본 전쟁 초기에 진관체제가 전혀 가동하지 않은 것은 1490년부터 시작된 외계충격 현상에 조선사회가 100년 가까이 시달리면서 농민들이 군사로서의 기능을 전혀 발휘할 수 없는 조건 속에서 빚어진 것이었다. 재난이 장기화 하는 속에 군사조직의 동원체계를 악용하는 관리들의 중간 작폐로부터 빚어지는 손실도 컸지만 근본적인 원인은 천재 天災에 있었던 것이다. 이 점은 이웃 중국도 마찬가지였다. 이 상황은

---

17 이태진, 『새한국사-선사시대에서 조선후기까지』, 까치, 2012.

1592년의 조선-일본 전쟁 뿐만 아니라 1627년, 1636년에 겪게 되는 조선-후금 전쟁, 조선-청 전쟁에서도 그대로 계속되었다.

한국사를 포함하여 지금까지의 역사학은 자연환경, 다시 말하면 지구 환경을 전혀 고려하지 않은 맹점 아래 모든 역사적 사건과 재난을 인간, 인간사회, 국가의 잘 잘못에 해석의 초점을 두었다. 현대 역사학이 성립기부터 인류사회 내부에만 시야를 고정시킨것은 분명한 잘못이다. 역사의 진실에 입각한 해석을 위해 한국 역사학은 이제 『조선왕조실록』을 통해 새로 밝혀진 사실을 적극적으로 활용하는 방향으로 나아갈 필요가 있다.

2) 동아시아 전란 발생의 메커니즘

소빙기 현상에 관한 『조선왕조실록』의 기록 분석은 유성의 대기권 돌입에 수반하는 연관현상에 대한 파악을 가능하게 하였다. 20여 개를 넘는 연관현상의 파악은 앞 시대에도 같은 현상이 있었는지 여부를 『삼국사기』, 『고려사』의 기록을 통해 점검하는 것을 가능하게 하였다. 즉 두 역사서의 기록들에서 『실록』 기록 분석을 통해 확인된 유성의 대기권 돌입에 따라 일어난 연관현상들에 해당하는 것을 발췌하여 점검한 결과, 680~880년, 1100~1200년, 1340~1420년이 다른 외계충격 현상 집중기라는 것이 확인되었다. 이 결과는 유성의 대기권 돌입이 우주적 메커니즘에 따라 반복적으로 일어났다는 것을 의미한다. 그리고 이 시기들은 동서양의 역사에서 모두 중요한 전란기, 사회동요기라는 사실이 확인되어 더 큰 의미를 가지는 것이 되었다.

동아시아 세계는 대체로 중국의 만리장성의 선을 기준으로 그 북방은 유목민족 사회, 남방은 정착 농경사회가 형성되었다. 이 구조아래 외계충격 현상이 장기화하게 되면 대체로 두 지역의 사회는 다음과 같은 반응을 보였다. 먼저 유목사회는 기온 강하로 기존의 목초지가 유지되지 않으면 남쪽으로 이동하면서 새로운 목초지를 찾는 한편 최소의 탄수화물(곡물) 확보를 위해 농경사회에 대해 거래를 요구하거나 약탈행위에 나섰다. 약탈 행위가 잦아지면 두 사회는 국가 차원의 충돌로 발전하게 된다. 한편 농경사회는 거듭하는 실농과 폐농을 만회하기 위해 여러 시책을 강구해 보지만 전근대 국가가 동원할 수 있는 수단은 한계가 있기 마련이었다. 감소하는 사회적 재부를 놓고 관리들은 굶주리는 백성들을 상대로 수탈행위까지 일삼고 이에 따라 농민들은 반발하여 반란을 일으켰다. 이런 상황에서 북쪽의 유목민족이 남하하여 국경을 침범하면 대응력을 제대로 발휘하기 어려웠다. 중국사를 기준으로 하면 유목민족이 중원을 차지하여 왕조의 주역이 되는 역사가 대체로 위의 외계충격기 아니면 그 여파가 미치는 시기에 이루어졌다. 전술상으로도 이 재난의 상황에서는 농경국가에 비해 유목민족의 기동력이 훨씬 우세하여 승패가 결정 지워졌다.

동아시아 전란의 위와 같은 메커니즘은 당 나라와 통일 신라의 몰락, 몽골족의 몽골 고원으로의 이동과 그 후의 흥기, 여진족의 두 차례의 흥기 등에 모두 적용이 된다. 다만 당나라가 제국의 규모를 갖추고 삼국이 쟁패를 겨루는 가운데 벌어졌던 전란(한국사에서 말하는 삼국통일전쟁)은 이 틀의 바깥에 있다. 이 기간에는 대량의 유성 낙하로 인한 자연이상 현상은 일어나지 않았다. 따라서 그것은 세계사적 차원에서 볼 때, 동 아시아세계, 이슬람 세계 및 그 배후의 유럽 세계가 처음으로 교역을 통해 네트워크를 형성하는 가운데 빚어진 교역의 마찰, 곧 재화를 둘러싼 분쟁에서 비롯한 갈등의 전란이었던 것으로 간주된다. 이를 예외로 하면 한국은 중국과 마찬가지로 농경사회의 조건에서 자연재난으로 인한 유목민족 남하에 따라 발생하는 전란의 메커니즘 속에서 전란을 반복적으로 겪어야 했다. 기본적으로 북방의 유목민족은 산해관山海關을 넘어 들어가려 할 때 배후의 위협을 없앨 목적에서 압록강을 건너 들어왔다.

일본의 경우, 중국 한국과 마찬가지로 농경사회였다. 하지만 일본은 섬나라로서 북방 유목민족의 위협권에서 벗어나 있었기 때문에 중국, 한국의 역사와 다른 면을 가졌다. 중국, 한국은 중세 지방세력 분립체제가 형성될 때도 북방 유목민족의 위협에 대응하기 위해 왕조 권력의 중심이 지방세력과 타협하여 중앙집권체제를 어느 정도 견지한 반면, 일본은 고대(야마토[大和] 조정)의 한 시기 외에는 지방 세력의 분립체제로 이어졌다. 이런 체제는 같은 농경사회이면서도 장기 자연재난에 대한 대응력은 상대적으로 유리한 편이었다. 즉 사회적 재원과 운영조직이 중앙집중식으로 편성되지 않았기 때문 자연 재난의 장기화에 따라 입는 피해가 분산되어 와해의 속도가 상대적으로 완만할 수 있었다. 그리고 지방 세력의 중심 곧 번주藩主들이 지역적으로 영위한 수공업과 상업이 재난에 대한 대응력을 나름대로 발휘하여 농업을 강조하는 중앙 집권국가에 비하면 자연재난을 견디는 힘이 상대적으로 더 강하였다. 일본도 소빙기 자연재난 속에서 '전국戰國'의 상황을 겪었다. 그런데도 일본 열도를 평정한 도요토미 시데요시[豊臣秀吉]가 그 여력으로 조선을 거쳐 명나라로 들어가는 구상을 한 것은 이러한 상대적 여유에서 가능한 것이었다. 그러나 그의 침략전쟁도 소빙기 장기 자연재난의 조건 속에 있었다. 그 침략 전쟁은 기본적으로 소빙기 재난으로 농산물을 비롯한 물자의 생산이 감하 내지 고갈되어 가는 상황에서 생산과 교역의 주도권을 장악하려는 데서 나온 것이었다.

3) 동아시아 전통 전술에 대한 이해

한국의 전근대의 전통적 전술은 활을 이용하여 먼 거리에서 적을 먼저 제압하면서 기병을 앞세워 적진을 돌파하는 이른바 장병長兵 전술이었다. 고려 말에 왜구 격퇴를 위해 최무선崔茂宣이 독자적으로 화약 제조법을 발명하여 중국과 마찬가지로 화약병기를 사용하게 됨으로써 장병 전술의 이점은 배가되었다. 한국과 중국의 이런 전술은 주로 북방의 유목민족의 침입을 자주 받으면서 개발된 것이었다. 이에 비해 일본은 창과 검을 주로 사용하면서 근접전을 펼치는 단병短兵 전술을 사용하였다. 14세기 중후반에 한반도 연안지역에 수없이 출몰한 왜구는 소규모 부대로서 단병 전술을 구사하였다. 전술 면에서 단병 전술을 쓰는 왜구는 고려군에 비할 것이 못되었지만 왜구의 출몰지 곧 전선이 예측할 수 없는 것이었기 때문에 고려 군사는 고전을 면치 못하였다. 이때 이들을 위협하는 무기로서 화약병기의 필요성을 크게 느껴 최무선의 발명이 있게 되었고 또 이를 사용한 화포가 조선 초기에 여러 종류가 개발되었다. 특히 함선에 거치하는 대형 화포는 왜구를 제압하는 데 위력적인 유용한 무기였다.

일본은 16세기 소빙기 장기 재난 속에 대소의 번주(다이묘[大名])들이 서로 각축을 벌이는 이른바 전국戰國의 상황에 빠져 들었다. 하늘에 나타나는 각종 이상 현상은 하늘이 주군을 버렸다는 명분을 제공하여 하극상의 난도 자주 발생하여 쟁란은 더욱 가열화 되었다. 이때 일본에 온 포르투갈 상인들이 철포[鐵砲 : 조총鳥銃]를 가져왔다.

명나라 원정군이 순천성 전투를 그린 「征倭紀功圖」
성 안쪽에서 조총을 쏘고 있는 왜병들.
성은 일본군이 쌓은 이른바 왜성倭城이다.

이 무기는 잘 알려진 대로 조준이 가능한 장점을 가지고 있었고 사거리도 명나라와 조선의 소형 화약병기에 비해 우세하였다. 일본의 전통적인 단병전술의 열세를 크게 만회할 수 있게 하는 신무기가 분명하였다. 조선-일본 전쟁 초기에 조선의 관군이 크게 패퇴한 것은 앞서 살핀 대로 진관체제가 가동하지 못한 것에 더하여 일본군이 철포의 무장으로 전날의 열세를 크게 만회한 데도 중요한 이유가 있었다. 일본군은 박래품으로 철포, 곧 조총을 다수 무장하였지만 아직 화약 제조 기술을 터득하지 못한 약점도 있었다. 화기에서는 조선의 우세가 아직 유지되는 측면도 있었다. 성루나 함선에 거치하는 대형 화포는 일본군이 가지지 못한 것이었다. 일본이 침입하기 40~50년 전만 해도 경상도의 여러 고을의 읍성에는 대형 화포가 거치되어 있었다.

그런데 명종 재위(1546~1567) 중에 문정왕후文定王后가 소빙기 재난을 부처의 힘을 빌려 없애 보려고 불교를 우대하였을 때 성루의 화포를 거두어 불교 사찰의 종으로 만들어 쓰게 하였다.[18] 진관체제의 방어력은 이로써 더욱 허물어져 갔다. 이순신李舜臣 장군이 관하의 전함의 화포를 잘 간수하여 일본 수군을 제압한 사실을 상기하면 이는 너무나 큰 손실이었다. 일본군이 철포를 대량으로 구입하여 단병 전술의 약점을 만회한 상황에서 조선의 진관들이 화약병기들을 잘 단속하지 못한 것은 치명적인 잘못이었다.

조선-일본 전쟁을 당하여 지원군으로 온 명나라의 군대는 서로 다른 전술을 구사하는 두 부대로 구성되어 있었다. 조선군과 마찬가지로 장병전술을 사용하는 부대와 조총

---

18 이태진, 「16세기 한국의 天道 사상과 외계충격 현상」『韓國史論』 53, 서울대학교 국사학과, 2007.

을 사용하는 일본군에 제대로 대응할 수 있는 전술을 개발하여 소지한 부대 둘이 있었다. 전자는 총사령관 역할을 한 이여송李如松이 이끄는 북병北兵으로 이 병력은 주로 북쪽 유목민족의 남하에 대비해 온 부대였다. 후자는 절강성浙江省에 본거를 둔 낙상지駱尙志가 이끄는 남병南兵이었다. 남병은 조선-

「정왜기공도征倭紀功圖」 중 성 밖에서 공격하는 명나라 남병들
두꺼운 나무로 짜서 만든 공성용攻城用의 차, 솜으로 누빈 방탄복,
긴 창 등이 남병의 신 전술을 그대로 보여준다.

일본 전쟁(임진왜란) 전 16세기 중반에 조총과 단병 무기로 무장하여 조선과 중국의 연안지역에 출몰하는 왜구들을 격퇴하는 과정에서 개발된 척계광戚繼光의 병법을 사용하는 병력이었다. 척계광의 병법은 왜구에 대해 화포 또는 조총을 구비하여 맞대응하면서 창검의 단병 무기를 저지하는 새로운 휴대무기[낭선狼筅 등]를 개발하여 분대 또는 소대 단위의 방패전을 구사하는 부대였다. 왜구의 출몰이 심하였던 절강성을 중심으로 개발되었다고 하여 남병이라고 불렀다. 조선을 지원하기 위해 평양에 도착한 명나라 군은 처음에 북병이 나서서 평양성 탈환전을 펼쳤다. 그러나 북병은 실패하였고 대신에 남병이 출동하여 성공하였다. 장병 전술의 이여송 부대는 서울 북방의 벽제관碧蹄館 전투에 다시 나섰지만 패배하는 수모를 되풀이 하였다.

동아시아의 전술은 서양 철포(조총)의 전래로 새로운 개발이 불가피한 상황이 되었다. 철포를 먼저 입수한 일본 자체에서도 주요한 전술적 변화가 조선-일본 전쟁(임진왜란) 전에 이미 일어났다. 전국시대 말기에 전통적인 산성山城, 평산성平山城 외에 조총 사용 전술에 유리한 천수성天守城이 평지에 새로이 등장한 것이 바로 그것이다. 전국戰國의 상황을 처음으로 통일할 기세를 보인 오다 노부나가[織田信長]가 본거지 오미[近江] 지역에 세운 안지쯔[安土] 성이 최초였다. 그를 이어 일본 열도 통일에 성공한 도요토미 히데요시는 오사카[大阪] 성을 축조하였고, 도쿠가와[德川] 시대에는 막부의 쇼군[將軍]의 허락아래 번주藩主들이 각 근거지에서 각기의 천수성을 지었다. 이 평지에 세워진 성곽은 철포를 사용하기에 적합한 시설을 여러 가지로 갖추었다. 이 성은 상공업 지역 곧 죠까마찌[城下町] 근처에 자리하는 도시형 방어시설로서 조선의 읍성과 기능은 유사하나 경제적으로는 농업보다 상공업 관리, 보호에 역점을 둔 차이가 있었다. 동아시아의 전술은 이제 산성이나 교통의 요지보다 평지 전투에 유리한 시설물들을 갖추는 변화를 보이고 있었다.

조선-일본 전쟁 후 조선의 방위체제는 조선전기의 진관체제를 바탕에 두되 전술적인 면에서는 새로운 것을 수용하는 형태로 나아갔다. 중국의 남병 전술은 조선-일본 전쟁 중에 훈련도감訓鍊都監을 창설하여 빠르게 수용하기 시작하였다. 그러나 50여 년 뒤 여진족이 남하하자 남병 전술보다 전통적인 장병 전술이 더 필요한 상황에 처하였다. 여진족의 후금 군이 조총이나 화포를 가지고 있지 않으면서도 빠른 기동력으로 명군이나 조선군을 제압하는 상황이 연출되면서 조선의 군사 지휘자들은 한 때 당황하기도 하였다. 여진족의 후금, 청은 빠른 기동력을 발휘하기도 하였지만 적국 장수, 관리들에 대한 회유책을 유용하게 구사하여 자신의 결함을 만회하기도 하였다. 산해관 진입을 앞두고 명나라 관리들을 상대로 편 회유책이 대표적인 예이다.

청은 명 나라의 관리들이 투항해 오면 현직 수준 이상의 처우를 약속하는 회유책을 폈다. 이에 산해관을 지키던 오삼계吳三桂가 투항하고 또 등주登州의 명나라 수군水軍의 최우수 함대를 지휘하던 공유덕孔有德, 경중명耿仲明 등이 청에 내통하였다. 공유덕이 지휘하던 등주의 함대는 당시 동아시아에서 가장 강력한 화포인 홍이포紅夷砲를 보유한 유일한 부대로서, 이들의 투항으로 청군은 가장 큰 약점인 해군과 대형 화포를 소지하는 이득을 얻었다. 청의 회유책의 성공은 단순히 군사력만이 승패를 좌우하는 것이 아니란 점을 그대로 보여주는 것이었다. 청나라는 명나라를 이기면서 명나라가 개발, 소지했던 모든 화약병기를 제 것으로 장악하였다. 1654년(조선 효종 5) 러시아의 하바로프스크를 공격하는 이른바 나선羅禪 정벌 때 청나라는 조선의 포수를 동원하여 활용하기도 하였다.

조선-일본 전쟁 후 조선은 일본에 이어 철포 곧 조총을 자체 생산하는 개발 국의 하나가 되었다. 그러나 조선-후금 전쟁(정묘호란), 조선-청 전쟁(병자호란) 등 두 차례의 전쟁 끝에 국왕이 청나라의 황제 앞에 무릎을 꿇는 수모를 겪었다. 이 장면은, 소빙기 자연재난 속에 농경사회가 유목사회에 비해 더 치명적 타격을 입으면서 대외 방어력을 상실하여 겪는 고초 가운데 가장 심각한 것이었다. 소빙기 자연재난 속에 명나라는 끝내 멸망하였듯이 농경국가가 겪는 고난은 극심하였다. 조선왕조는 그 후 숙종(1674~1720), 영조(1724~1776), 정조(1776~1800) 3대에 걸쳐 국력 회복에 진력하여 동아시아에서는 유일하게 왕조가 멸망하지 않고 소빙기의 재난을 극복해 낸 나라가 되었다.

4 근·현대 군사사 정립의 방향

1) 18세기 탕평군주 정치의 유산 – 방위(防衛) 개념의 변화

한국사학계는 근래 17세기 후반에서 18세기에 이르는 기간에 왕조 통치체제에 큰 변화가 있었다는 것을 여러 측면에서 밝혔다. 숙종, 영조, 정조 3대의 왕정은 소민小民 보호를 기치로 내걸어 붕당을 억제하고 왕권을 강화하는 탕평정치蕩平政治를 구현하였다. 사대부, 사림士林의 붕당의 기반을 제거하는 것은 결코 쉬운 일이 아니었지만 숙종대의 양역良役 변통(정비), 영조대의 균역법均役法의 시행으로 일반 민의 부담을 경감시키면서 소민들의 생활을 안정시키려는 노력은 나름대로 성과를 거두었던 것으로 평가된다. 그리고 군사조직과 방위체제는 진관체제와 중앙 군영제軍營制를 병존시키는 형태로 이끌어 졌다. 행정과 군사를 일치시킨 진관체제는 그대로 존속시키되 일반 군역의무자(양인) 보다는 노비[男奴]들로 구성되는 속오군束伍軍의 비중을 높여 기능하게 하였다. 노비를 향토 방위조직인 속오군으로 편성하는 것은 조선-일본 전쟁(임

영조가 성균관 앞에 세운 탕평비
"두루 하면서 무리 짓지 않는 것이 곧 군자의 공심이고 (周而不比 乃君子之公心), 무리 짓고 두루 하지 않는 것은 바로 소인의 사심이다(比而不周 寔小人之私心)"는 글귀가 새겨져 있다.

영조 만년의 모습
그는 왕정의 권위 확립을 위해 도덕적
원칙주의 성향을 강하게 보였다.

진왜란) 극복 과정에서 생긴 제도였다. 노비들은 양역의 군포軍布를 내지 않는 대신 향토방위의 의무는 지게 했던 것이다.

일반 농민의 일부는 일본과의 전쟁 전의 구 군적軍籍에 근거한 군포 납부자로 남고, 다수는 중앙 군영에 입역하는 정군正軍이 되던지 재정 부담을 지는 보인保人이 되던지 하였다. 양역 변통은 이 정군, 보인의 관계를 둘러싼 정책 개선을 과제로 삼는 것이었다. 농촌 사회를 배경으로 한 군제의 정비 방향은 대체로 이 두 가지를 중심으로 전개되었지만 도성(서울)과 경기를 중심으로 한 군사제도의 정비는 전혀 다른 차원에서 이루어졌다. 즉 농업보다는 상공업에 더 큰 비중을 둔 방위체제의 구축이 기해지고 있었다. 이는 조선왕조 사회가 소빙기 자연재난 극복을 위해 강구한 각종 비상대책이 상업, 공업의 범주에서 강구된 것이 많았기 때문에 그 성과가 도성과 경기 일대를 중심으로 나타남에 따라 일어난 변화였다.

흔히 5군영으로 불리는 중앙 군영은 유사시 수도를 방위하는 임무를 지면서 평시에도 궁성과 도성 호위의 임무를 졌다. 군영은 주로 인조반정仁祖反正(1623)을 계기로 여럿이 등장하였고 붕당정치가 발달하던 17세기에는 집권 붕당의 중심인물들이 군영의 군권을 장악하였다. 붕당정치는 본래 전국의 중소 지주적 경제기반을 가지는 사족, 사대부들이 서원을 중심으로 당론을 모아 중앙정치에 반영하는 체제로서 다분히 농업사회적인 정치 현상이었다. 그러나 현실적으로 정치권력 장악에서 중앙에 위치한 군영이 가지는 절대적 중요성 때문에 각 붕당은 군영의 군권 장악을 게을리 할 수 없었다.

탕평군주들은 군영이 이미 붕당정치의 기반을 이루고 있는 상황을 타개하기 위해 군영의 편제를 통일시키면서 군영 대장에 대한 임명권을 군주가 직접 행사하는 체제로 바꾸었다. 숙종은 난립한 군영들을 5군영 체제로 정비하고(1703), 영조는 병조판서에게 5군영을 통솔하는 권한을 부여하여 수직적 군령체계를 확립하고(1754), 정조는 5군영의 인력과 재력을 친위 군영으로 장용영壯勇營(1793)을 신설하여 이에 이관 결집시키는 형태로 왕권 중심의 군사 기반을 강화하였다.[19]

탕평군주들은 도성(서울)과 한강을 근거로 발달하는 상공업에 대해서도 직접적으로 관심을 가졌다. 숙종은 조선-일본 전쟁 때 붕괴된 도성을 수축하는 사업을 펴는 한편 북한산성을 쌓아 도성 중심의 방어체제의 기틀을 잡고(1703~1712) 도성 내 시전市廛 가운데 가장 유력한 6개 시전, 곧 육의전六矣廛을 선정하여 난전 관리권을 부여하고 그 대가로 시전 상인들이 나라를 위해 필요한 재정 부담을 국역 형태로 지게 하였다.(1691)[20] 영조는 나아가 국역을 지는 도성 안의 시전상인과 공인貢人들을 시민市民이라고 부

1930년대 편찬 『선원계보기략수정등록(璿源系譜記略修正謄錄)』에 실린 정조의 반신상
정조의 어진 도상은 현재 모두 분실되었는데, 이 동판화는 어진을 본 사람이 그린 것으로 전한다.

르면서 "시민이 나라의 근본"이라고 할 정도로 중요시하였다. 이것은 농업, 농민만을 중요시 하던 유교 정치사상의 전통에 비춰볼 때 큰 변화였다.

영조는 3군문(훈련도감, 어영청, 금위영)의 군대와 시민 합동으로 유사시에 대비하는 도성 방어 훈련체제를 세워 가동하기도 하였다.(1747, 1750년) 정조는 장용영 운영의 기반을 경기도 전역으로 설정하여 경기 지역 안에 산재한 역대 왕릉을 참배하면서 경기 고을 군사들로 구성된 장용영으로 하여금 호위를 담당하게 하였다. 왕의 능행陵幸에는 쉬는 곳에서 전국에서 모여든 소민들로부터 상언上言, 격쟁擊錚의 형식으로 민원을 접수하였다.[21] 조선왕조는 소빙기 재난 극복 대책으로 대동법大同法과 균역법을 시행함으로써 서남해안에서 발달한 포구상업이 한강으로 이어져 농업 일변도의 경제체

19 이태진, 『조선후기의 정치와 군영제 변천』, 한국연구원, 1985 참조.
20 고동환, 「18세기 서울의 상업구조 변동」 『서울상업사』, 태학사, 2000, 199쪽.
21 한상권, 『조선후기 사회와 소원 제도』, 일조각, 1996.

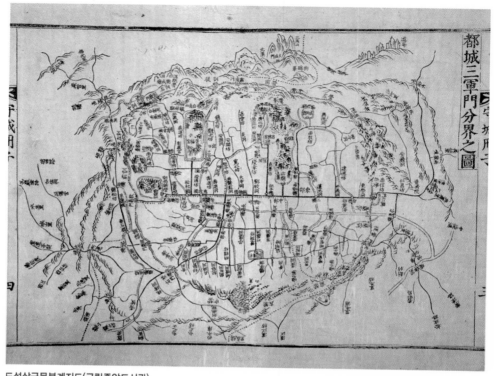

도성삼군문분계지도(국립중앙도서관)
영조가 임진왜란 때 파손된 서울 성곽을 모두 보수한 다음, 훈련도감, 금위영, 어영청 등 3군문의 수비 구역을 정하고,
각 동계, 契의 주민을 이에 배당하여 유사시 동원 수비하게 하였다. 「御製守城綸音」(1751)에 실림.

제에서 벗어나고 있었다. 그리하여 바다의 안전에 대해서도 관심을 기울여야 할 상황
이 되었다. 숙종과 영조는 서해상의 안전을 위해 해방海防의 대책을 강구하는 한편,
도성으로 들어오는 입구에 위치한 강화도를 해방의 중심으로 삼고자 해안을 따라 성
곽과 돈대墩臺를 쌓는 사업을 폈다.

탕평군주 시대의 이러한 새로운 왕정의 흐름은 이제 과거의 농업 일변도에서 강조
된 사대부, 사족 중심의 국가관으로서는 뒷받침되기 어려운 것이었다. 영조 때부터 나
라의 주체는 소민과 왕(국:國)의 것이란 뜻으로 민국民國이란 말을 군주 측에서 자주
사용하는 현상이 나타났다. 원래 국가란 말은 유교 정치사상에서 왕과 귀족가문이 모
여 나라를 이룬다는 뜻으로 가家가 강조된 개념이었다. 탕평군주들은 사대부 귀족들
의 가家 대신에 소민의 민民을 넣어 국체를 새롭게 정의하는 의지를 보인 것이다.

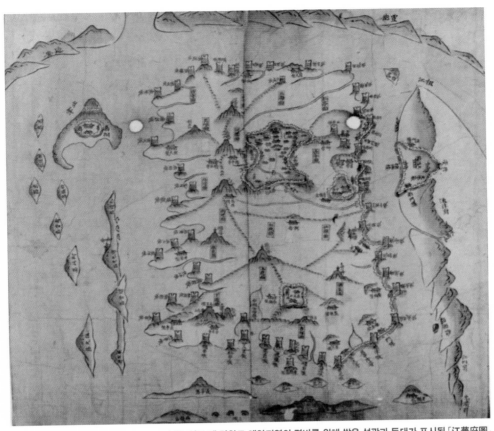

숙종, 영조 때 강화도 해안지역의 경비를 위해 쌓은 성곽과 돈대가 표시된 「江華府圖」

나아가 유교 윤리도 서민의 것이 되도록 하고자 정조대에 『오륜행실도五倫行實圖』(언해본)를 간행하여 널리 보급하였다. 탕평군주들은 사대부들만이 아니라 소민을 포함한 모든 신민으로부터 지지받는 체제로 왕정의 기반을 새롭게 하고자 하였던 것이다. 그것은 유교 정치사상의 근대 지향성을 보이는 것이었다. 17세기 말엽부터 방위체제가 도성과 경기 중심으로 전개된 것은 바로 이런 시대성을 반영하는 것으로 현대 국방 개념에도 주목할 만한 측면이 있다. 조선왕조의 국방체제는 곧 초기의 농업경제 기반 위에 '병농일치兵農一致'의 형식으로 출발하고, 후기에는 상공업 경제의 새로운 사조 위에 중앙 중심의 군영체제와 경기 4도호부(광주, 수원, 강화, 개성) 체제가 더해지는 형태로 발전의 폭을 넓혔다.

대원수 복장 차림의 고종황제
원수부는 1899년에 창설되었다.

탕평정치는 18세기까지 조선사회를 크게 바꾸어 놓으면서 군사제도에도 큰 변화를 가져왔지만 19세기에 접어들어 그 정치가 더 이상 계승되지 못하는 한계를 보였다. 정조 이후로는 어린 왕이 잇따라 즉위하는 가운데 특정한 벌열세력이 관료조직을 장악하여 탕평군주정의 이념을 오히려 차단하는 반동의 세를 보였다. 19세기의 세도정치는 일종의 보수 반동의 흐름으로서 탕평군주정의 성과를 일거에 매몰시켜 버렸다. 탕평군주정의 성과가 이렇게 쉽게 무너진 데는 탕평정치 자체가 관료조직에 절대적으로 의존하는 것이었기 때문이었다. 소수의 문벌 귀족들은 순조가 어린 나이로 재위하는 중에 정조가 키운 친위세력을 천주교 입교자로 몰아 제거하고 관료조직을 장악함으로써 국정을 그들만의 것으로 만들어 버렸다. 소민과 군주 간의 소통이 막히어 버린 상태에서 19세기 중반부터 전국 곳곳에서 민란이 일어났다. 왕정에 실망한 서민 대중은 유교가 아니라 서양의 천주교에 가까이 가기도 하고, 외래 종교로서 천주교를 경계하는 동학東學이 창도되자 그 신도가 되어 소민이 보호 받는 세계를 갈망하였다.

18세기 말엽부터 해안 지역에 나타난 서양 이양선異樣船(모양이 다른 배란 뜻)의 출몰이 잦아지면서 서민들의 불안감은 더욱 높아져 갔다. 1850년대 이후 한반도 해안에도 고성능의 신형 대포를 거치한 증기선이 나타나기 시작하였다. 아편전쟁(1840, 1856)으로 청국의 위신이 크게 실추하고, 일본에서는 미국 해군 페리 제독의 '흑선黑船' 쇼크로 정국이 혼란에 빠졌다. 그러나 일본은 메이지유신[明治維新]으로 양이洋夷 곧 서양 배척에서 서양 문물 수용으로 가닥을 잡았다. 1864년 조선에서는 고종高宗이 12세의 어린 나이로 왕위에 올랐다. 군주가 어려서 아버지 흥선대원군이 집권하여 세도정치가 다시 나타나는 것은 막았다. 대원군은 '선준비 후개방先準備 後開放'의 노선을 취하여 프랑스, 미국의 해군과 강화도에서 부딪히기도 하였다. 그는 숙종, 영조가 쌓았던 해안 성곽과 돈대를 보수하여 외세를 막으려 하였다. 1873년 20세를 넘어선 군주가 아버지 대원군의 집정을 중단시키고 직접 정치를 시작하였다. 그는 '개방開放, 선진문명 수용'의 노선을 분명히 하여 일본뿐만 아니라 서양 열강들과 수교하는 적극성을 보였다.

2) 고종 시대의 군사 근대화에 대한 인식 전환

우리나라 역사 인식에서 조선시대 못지않게 근대, 곧 고종시대도 부정의 늪에 빠져 있다. 이 시대는 조선-일본 전쟁(임진왜란), 조선-청 전쟁(병자호란) 때와 같은 패전보다도 망국의 역사가 있기 때문에 부정적 인식의 정도는 더 깊고 크다. 조선왕조의 문약의 역사에 대한 부정적 인식과 망국에 이른 이 시대의 역사에 대한 인식은 하나로 묶여져 있는 것이나 마찬가지였다. 문약의 역사가 말기에 이르도록 변하지 않아 상무尚武의 전통이 서지 않았던 것이 망국에 이른 근본 원인이라는 인식이 널리 퍼져 있었다. 이런 부정적 인식이 전혀 잘못된 것은 아니지만 조선시대의 상황에 대한 검토에서처럼 사실 관계에서 확인할 것이 많다. 사실 관계 확인을 통한 바른 역사인식만이 내일을 위한 진정한 역사인식을 얻을 수 있을 것이다.

고종은 앞서 언급하였듯이 개방, 개화주의자였다. 최근의 연구에 따르면 그는 연암燕巖 박지원朴趾源의 개방, 선진문명 수용주의에 크게 공감한 것으로 보인다.[22] 실제로 1873년 말에 그는 직접 정치에 나선 후 일본과의 수교修交를 추진한 뒤, 1880년대에 제1차 근대화 사업을 추진할 때 박지원이 내세운 '법고창신法古創新'을 그대로 취하고, 주로 그로부터 사상적 영향을 받은 서울 출신의 개화 사대부들을 기용하여 개화사업을 추진하였다. 일본을 통해 서양 문물에 관한 정보를 수집한 다음 바로 미국과의 수호통상조약을 체결하면서 제1차 근대화 시책이 추진되었다. 그러나 이 근대화 사업은 순탄치 않았다. 1882년 4월(음력)에 미국과의 수호통상조약이 체결된 지 2개월 만에 개화에 반대하는 임오군란壬午軍亂이 일어났고, 이에 격분한 일부 개화주

---

22 『한국사 시민강좌』 48집, 일조각, 2010의 특집 '한국실학 연구 80년' 중의 김태영, 「실학 연구의 어제와 오늘」 ; 김명호, 「실학과 개화사상」 ; 이태진, 「海外를 바라보는 北學」의 글 참조.

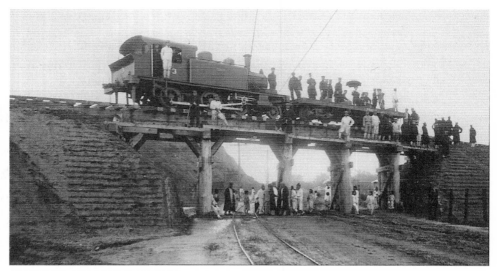

서북철도(서울-의주) 건설의 서울 근처 현장
프랑스, 벨기에의 자본과 기술로 착수했지만 일본의 방해로 늦어지다가 러-일 전쟁 때 일본이 부설권을 앗아갔다.
길 아래 전차 선로로 보아 서울 근교로 추정된다.

의 사대부들이 형세 만회를 꾀하여 갑신정변(1885)을 일으켰지만 이는 오히려 청국의 조선 속국화 정책을 부채질 하여 정작 근대화 시책은 실종 상태가 되다시피 하였다. 1880년대의 제1차 근대화 사업은 의지에 비해 큰 성과를 얻지 못한 것이 되고 말았다.[23]

고종은 1894년 청일전쟁을 전후하여 일본의 침략주의를 직시하면서 근대화 정책의 노선을 바꾸었다. 사대부 중심의 개화정책의 한계를 느끼고 서얼, 군인, 상인 등 신분에 구애됨이 없이 능력이 있는 자들을 기용하여 추진세력으로 삼았다. 그리고 슬로건도 '구본신참舊本新參'으로 바꾸었다. 1895년 10월 왕비 피살의 전대미문의 참극을 겪고 이듬해 2월 러시아공사관으로 이주移駐하여 일본의 압박에서 벗어나 군주권을 다시 찾은 다음, 왕조를 제국(대한제국)으로 재탄생시켜 제2차 근대화 사업을 추진하였다. 대한제국의 근대화 시책은 제1차에 비해 노선과 기반을 혁신함으로써 큰 힘이 실려 적지 않은 성과를 올렸다. 오늘날 광무개혁光武改革으로 평가 되는 대한제국

---

23 고종시대의 근대화 정책에 대해서는 이태진, 『고종시대의 재조명』, 태학사, 2000 ; 『동경대생들에게 들려준 한국사-메이지 일본의 한국침략사-』, 태학사, 2005 참조.

의 근대화 사업은 짧은 기간에도 여러 가지 성과를 거두었다. 일본의 침략주의가 러일전쟁(1904~1905)을 배경으로 대한제국의 국권을 빼앗는 역사가 없었더라면 제2차 근대화 사업은 소기의 성과를 거두어 대한제국을 자주 독립의 신문명 국가로 국제사회에 자리 잡게 했을 것이다.

고종은 어느 모로나 서양 기계문명의 우수성을 인정하고 이를 수용하려고 한 개명군주開明君主였다. 그런데도 그에 대한 평가가 부정적이었던 까닭은 무엇인가? 다름 아닌 일본 침략주의의 역사왜곡의 결과였다. 대한제국을 보호국으로 만든 일본으로서는 한국의 황제와 그 정부가 자력 근대화의 능력을 지닌 것으로 평가 받는다면 보호국화의 명분을 얻을 수 없었던 것이다. 일본의 기자들이나 한국 정책에 관계하던 관리들은 당초 고종이 군주로서 자질을 갖춘 인물이라고 평하던가, 그의 저항으로 시책을 펴기가 어렵다고 불평하였다. 그에 대한 부정적 평가는 1907년 6월에 제2차 만국평화회의에 황제가 특사를 파견한 사실이 드러나 이를 구실로 일본측이 퇴위를 강요할 때 처음 나오기 시작하였다. 그를 '암군暗君'이라고 폄하하는 언급이 이때부터 나오기 시작하였다. 암군이란 일본 정부의 말을 잘 듣지 않는 '어리석은 군주'라는 뜻이었다. 1910년 일본 측은 한국병합을 앞두고 한국의 당대 '영웅호걸'로 대원군과 명성황후明成皇后를 들고 두 사람의 적대 관계를 부각시켜 군주 고종은 그 사이에서 이러지도 저러지도 못하는 '유약한' 군주로 그렸다.[24] 이를 계기로 일본의 침략주의에 맞서 근대화 사업을 추진하면서 국권을 지키려던 고종은 암약한 군주로 포장되기 시작하였다. 이즈음 고종은 모든 권력을 박탈당한 채 경운궁慶運宮(현 덕수궁)에 갇혀 있는 신세였다.

고종시대의 군사 제도와 정책도 제1차, 제2차 근대화 시책 때 서로 차이가 있었다. 1881년부터 시작한 군사제도 정비는 18세기 탕평군주 시대의 정책을 방불케 하는 면이 있었다. 제도적으로 존속하는 도성과 경기 일원에 본거를 둔 금군禁軍과 군영들을 2개 군영으로 통폐합하여 갱장을 도모하였다. 즉 훈련도감, 용호영龍虎營(금군), 호위청扈衛廳(숙위 전담기구) 등을 합하여 무위영武衛營으로, 총융청, 어영청, 금위영을

---

24 이태진, 「역사소설속의 명성황후 이미지」『한국사시민강좌』 41, 일조각, 2007.

무위영 군사들의 호위를 받고 왕궁(건청궁)으로 돌아오는 고종
병사들은 일본제 신식 무라다 소총을 소지하였다.

합쳐 장어영壯禦營으로 편성하였다. 전자는 근위의 역할, 후자는 도성과 경기 일원의 방위의 임무를 각각 담당하게 하였다. 별기군別技軍은 무위영 군사 가운데 제일 먼저 일본 교관을 초빙하여 신식 군사 교육을 받게 한 부대였다. 이 군제 개혁 때 조선정부는 일본에 무라다[村田] 소총 3만정 구입 계약을 맺었다. 무위영, 장어영의 군사들을 모두 신식 소총으로 무장한 병사로 만들 계획이었다.

고종은 무위영, 장어영 탄생에 뒤이어 수군水軍 강화에도 착수하였다. 1883년에 경기도 부평에 통제영統制營 기능을 수행하는 기연해방영畿沿海防營을 설치하고 산하의 연해총제영沿海總制營을 강화도에 두었다. 경기도와 인천 연안의 연안 방어의 임무를 총괄하는 것이 그 임무였다. 이는 80여 년 전 정조 때 강화도 갑곶에 조운선 보호 등의 임무를 수행할 수군 군영을 설치해야 한다는 주장을 연상케 하는 조치였다. 그러나 고종은 여기서 머물지 않고 1890년대 초에 강화 연해총제영 자리에 신식 해군학교를 설치하기로 하였다. 1892년 12월에 영국 총영사에게 해군 교관 파견을 요청하게 하는 한편, 이듬해 3월에 해군학교 설치령을 반포하여 갑곶에 통제영 학당을 설치하고 9월에 15~16세의 남자 청소년으로 생도 38명과 수병 300여명을 모집하였다.

조선 정부의 요청을 받고 영국정부는 1893년 6월에 해군 교관 파견을 승인하고 군사 교관 콜웰W. H. Callwell 대위와 조교 커티스J. W. Curtis 하사를 파견하였다. 그리하여 1894년 4월부터 갑곶에서 군사훈련이 시작되었다. 그러나 일본 해군에서 이를 탐지하여 탐문조사가 된 다음[25] 이해 6월에 동학농민군 진압을 명분으로 일본군이 청군과 함께 조선에 출병하고 이어 7월 25일부터 청일전쟁이 시작된 가운데 영국 교관

---

25 일본 해군대위 미나미 요시요야[南義親]가 정탐 목적으로 강화도 해군관청들을 시찰하고 보고서를 올린 뒤 폐교에 이르는 조치가 나왔다. 해군자료(135) http://daum.net/kwonojn/4640.

단이 철수하여 폐교상태가 되고 말았다.

1892년 전후의 해군 창설을 위한 일련의 조치는 고종의 서양식 군제개혁에 대한 의지를 보여주는 것이다. 한편 육군 쪽은 갑오개혁(1894. 7.이후)과 왕비피살사건(1895. 10) 사이에 외세와의 마찰 속에 개혁의 계기가 만들어지고 있었다. 1894년 6월 초 일본은 청국과 함께

1894년 7월 23일, 청일전쟁 직전 전신 시설 장악을 목적으로 경복궁을 불법 침입하여 장악한 일본군
종군 화가 구보다 비젠(久保田米僊)이 그렸다. 『京城府史』

동학농민군 진압을 구실로 동시 출병을 단행하여 인천을 통해 1개 여단 병력 8천여 명을 서울로 진입시켰다. 이어 청국과 전쟁을 일으키면서 개혁(갑오개혁)이란 미명 아래 일본식 내각제를 도입하여 군주권을 봉쇄하면서 기존의 군영들을 군무아문軍務衙門(병조에 해당) 관리 아래로 편입시켰다. 이어 다음 8월에 훈련대訓鍊隊를 창설하여 약 1천명의 병사를 이에 소속시키고 일본 교관들의 훈련을 받게 하였다. 친일 부대를 만들기 위한 공작이었다.

이에 대해 군주 측은 이듬해 윤 5월에 시위대를 신설하여 궁중 시위 임무를 부여하였다. 이 대결적 상황 속에 10월 8일 왕비 살해사건이 일어났고, 시위대와 훈련대는 교전, 충돌하기도 하였다. 이 때문에 친일내각은 한때 시위대를 훈련대에 소속시켜 버리기도 하였지만 고종은 훈련대를 해산시키데 성공하였고, 11월에 무위, 장어영 계열의 군사들로서 친위대親衛隊 2개 대대를 창설하였다. 그리고 평양, 전주 두 곳에 진위대를 설립하는 계획도 수립하였다. 시위대는 이후 고종이 러시아 공사관에서 경운궁慶運宮으로 환궁할 때 호위를 담당하여 충성을 표하여 대한제국 황제의 근위병의 임무를 수행하였다.

1897년 10월 대한제국이 출범하면서 고종은 시위대와 친위대를 근위와 호위를 담당하는 양대 중앙 군영으로 삼았다. 아직 자세한 계보가 밝혀지지 않았지만 이 체제는 무위영과 장어영 2영 체제를 현대화 한 것이나 마찬가지였다. 두 군영은 연대 규

모로 키워지고 포병대대, 공병중대, 치중병대, 군악대까지 갖추어 임시혼성여단 편성이 가능하도록 하였다. 대한제국은 1899년 6월 원수부元帥府 규칙을 칙령으로 반포하고 1900년 7월에 실제로 황제를 대원수, 황태자를 원수로 하는 원수부를 수립하여 중앙의 시위대(4개대대/2연대), 친위대(4개대대/2연대), 지방의 진위대(6개연대)와 지방대를 통솔하는 군령체계를 세울 정도로 발전하였다.[26] 진위대대鎭衛大隊는 전주全州, 평양平壤에 두고 지방 대대地方大隊는 수원水原, 강화江華, 청주淸州, 공주公州, 광주光州, 대구大邱, 안동安東, 고성固城, 해주海州, 황주黃州, 안주安州, 원주原州, 북청北靑, 종성鍾城에 두었다.[27]

대한제국은 조선왕조가 자주 독립국가로서 새로 태어난 것이었다. 고종은 러시아 공사관에서 왕권을 회복하면서 그간 청일전쟁, 왕비피살 사건 등을 통해 겪은 국가적 수모를 극복하기위해 조선왕조를 거듭 나게 하는 계획을 세워 1897년 10월에 대한제국이 출범하였다. 고종은 이 왕조의 재탄생에서 대한제국大韓帝國이란 국호를 스스로 다음과 같이 제안하였다. 조선은 태조 이래 오래 동안 사용해 온 아름다운 이름이지만 태조 때 국호 제정 과정에서 중국[명明] 천자로부터 추인을 받는 과정이 있었던 것으로, 이는 조약관계를 통해 자주 독립국으로 국교가 새로이 수립되는 지금에서는 결코 그대로 사용할 수 없는 것이라고 하였다. 그러므로 조선과 함께 역사적으로 우리를 가리키는 호칭으로 한韓이 있으니 이를 취하여 대한제국이라고 하자고 하였다. 이 제안이 신하들로부터도 전폭적인 지지를 받아 대한제국이 탄생하였던 것이다. 대한제국으로의 국호 개정은 곧 과거의 책봉조공질서를 청산하려는 강한 의지의 산물로서 2년 뒤 1899년에는 대한제국 황제와 대청제국 황제가 대등한 입장에서 서명한 한청조약韓淸條約이 체결되기도 하였다.

대한제국의 광무개혁은 산업분야에서 전기시설, 광산개발, 철도부설, 서울도시개조사업 등을 착수하여 빠른 성과를 거두었다. 특히 외국 차관의 도입, 무역 다변화 속 관세 수입의 증대, 홍삼 수출의 수입 등으로 재정이 나아지면서 그 수입금에 힘입어

---

26 대한제국 조칙, 칙령집에 근거함. 서울대학교 중앙도서관 간행 규장각자료총서 금호시리즈 근대법령편, 『의안 · 칙령(상)』, 1991 참조.

27 『고종실록』 권39, 고종 37년(1899) 1월 15일. 칙령 제2호, 鎭衛隊地方隊編制改正件.

군사 현대화가 가능하였다. 대한제국 정부는 영국으로부터 야포野砲, 산포山砲, 4회전 크루프 기관포 등을 구입할 정도로 현대화의 속도를 높이고 있었다. 그러나 대한제국의 발전에 비해 일본의 군비 확장은 엄청난 예산 투입으로 몇 배의 규모와 속도로 진행되었다. 일본은 러시아와의 전쟁을 통해 한반도에 대한 배타적 지배권을 목표로 하면서 군비확장을 진행시키고 있었던 것이다. 고종황제는 1880년대 중반부터 서구 열강과의 조약을 통해 국교 수립의 범위를 넓힌 바탕에서 중립국이 되기를 바랐다. 1900년, 1901년에 국제우편연맹, 적십자사 등에 가입한 것은 그 목표에 한 걸음 다가가

대한제국 시위대, 친위대의 장군과 장교들
카르로 로제티, 『한국과 한국인』, 1904. 서울학연구소 번역본(1996)

대한제국 시위대 병사들이 구 삼군부 자리에서 훈련 받는 장면

기 위한 것이었다. 스위스, 벨기에의 예에 따르면 중립국이 되는 데는 국방 병력 3만~5만이 필요하였다. 1903년 3월 15일 황제는 칙령으로 육해군 창설을 위한 징병제 시행을 예고하였다.

1904년 2월 6일 일본은 마침내 러시아를 기습적으로 공격하여 러일전쟁을 일으키고 서울에 1개 사단 병력을 상주시키면서 국권 탈취에 나섰다. 1905년 승전을 배경으로 대한제국의 외교권을 빼앗은 뒤 통감부를 설치하였고, 고종황제는 그 불법성을 열강 각국에 폭로하는 싸움을 치열하게 벌였다. 그러나 그에게 돌아온 것은 강제 퇴위였다. 1907년 6월에 헤이그 제2차 만국평화회의에 황제가 특사 3인을 보낸 사실이 드러난 것과 거의 비슷한 시기에 황제는 법률로서 모병령募兵令을 정했다.(법률 제3호, 1907년 6월 27일)[28] 총 5개장과 부칙으로 22개조로 구성된 이 법률은(50면 참조) 고종

황제의 대한제국 정부가 추구하는 군제개혁의 궁극적인 목표로 간주된다. 대한국 신민臣民인 남자 만 17세 이상 만 40세 이하를 병역 의무의 대상으로 하고 현역은 만 18세에서 25세 사이의 3개년으로 하며, 현역 후는 예비역, 이를 마친 자는 국민병역의 의무자로 한다고 규정하였다. 그리고 현역 기한이 차더라도 전시 또는 본인의 희망에 따라 또는 보충상의 필요가 있을 때는 복무기한을 연장할 수 있다고 하였다. 오늘날의 모병령과 거의 비슷한 내용이다.

고종황제는 1903년 3월 15일 징병제 시행을 위한 조칙에서 나라에 병력兵力이 없으면 나라가 아니라고 하면서 각국의 징병의 규식을 보면 우리의 옛 제도와 거의 비슷할뿐더러 더 자세하다고 하면서 전통적인 것에 근거한 신제도의 수립을 예고하였다.[29] 이는 바로 '구본신참舊本新參'의 근대화 슬로건에 해당하는 것으로 우리 역사상 최초의 국민의무 병역제도가 전통에 근거하여 수립된 것을 알 수 있게 한다. 고종시대의 군제 근대화는 '구본'의 뿌리가 있는 개혁이었다. 그런데 이 법률이 반포되었을 때 일본 통감부는 고종황제의 강제 퇴위를 추진 중이었고 법률에 명시한 시행 월일인 9월에는 황제가 이미 퇴위 당한 상태였다. 대한제국의 근대화 정책은 하나에서 열까지 일본 메이지 정부의 침략주의의 희생물이 되었던 것이다. 일본은 러일전쟁을 일으키고 그 군사력을 배경으로 한국의 외교권을 빼앗고 통감부를 발족시킨 뒤, 황제의 근대화 정책의 중심이었던 궁내부(산업 근대화 담당)와 원수부元帥府를 단계적으로 해체하는 작업을 진행시켰다.

3) 대한의군(大韓義軍)의 하얼빈 의거와 근대적 국군의식

1907년 7월 20일 고종황제는 일본에 의해 강제로 퇴위 당하였다. 황제와 황태자는 3개월여를 버티었지만 영친왕英親王을 인질로 데려가는 압박에 밀려 이해 11월 18일에 황태자[순종純宗]는 종묘에서 즉위를 서고하였다. 고종황제가 퇴위 당하는 날 시

---

28 대한제국 조직, 칙령집에 근거함. 서울대학교 중앙도서관 간행 규장각자료총서 금호시리즈 근대법령편, 『조직·법률』, 1991 참조.
29 위와 같음.

통감 이토 히로부미가 군대해산 조칙의 초안을 잡은 것과
그 내용이 반영된 1907년 7월 31일자 한국 황제의 조칙. 조칙에 황제의 서명이 없다.

위대 병력은 일본의 한국주차군韓國駐箚軍과 시가전을 벌였지만 한국주차군이 미리 시위대, 친위대의 탄약고를 장악하여 시가전은 길게 가지 못하였다. 통감 이토 히로부미伊藤博文는 통감부가 한국의 내정권까지 가지는 조약(한일협약, 1907. 7. 23)을 강제하면서 대한제국 군대의 해산을 동시에 진행시켰다. 7월 31~8월 1일 간에 단행된 군대해산은 이토 히로부미가 작성한 거짓 조칙에 의한 것으로 그 자체가 불법적인 것이었다.[30] 해산 당한 친위대, 시위대 장교와 병사들은 전국으로 흩어져 의병을 조직하였다. 멀리 간도, 연해주에서까지 의병 조직의 기세가 돌았다. 고종황제는 내외의 의병장에게 밀지를 내려 항일 전선을 구축할 것을 독려하였다. 황제는 특히 러시아령 연해주의 블라디보스토크의 독립운동세력에게 큰 기대를 걸었다.

1905년 11월 을사늑약 후 서간도의 독립운동 세력은 모두 블라디보스토크로 모여들었다. 간도 관리사 이범윤을 비롯해 최재형, 최봉준 등 이곳의 유지들이 항일 전선의 구심점이었다. 고종황제는 강제 퇴위 당한 후 이곳 동포들에게 군자금 30만 엔(쌀 10만석 값 상당)을 보내 항일 의병 활동을 펼 것을 독려하였다. 전 궁내부宮內府의 내장원경 이용익李容翊, 전 러시아 공사 이범진 등을 통한 추가 지원금이 보내지기도 하였다. 이에 힘입어 이곳 동포들은 1908년 5월에 동의회同義會, 창의회倡義會 두 조직을 통한 3~4천 명 규모의 대한의군大韓義軍을 창설하였다. 의군 조직은 원로 유인석柳麟錫의 추천으로 전 중추원 의관 및 궁내부 관리 경력을 가진 김두성金斗星을 총독으로 삼은 것으로 알려진다. 그리고 군대해산 후 해외로 나와 이곳에 이른 안중근安重根은 강력한 독립전쟁론자로서 우대장을 맡았다.[31]

대한의군은 두만강을 건너 국내로 진입하여 일본군 수비대와 여러 차례 교전하여 전과를 올리기도 하였다. 1909년 10월 10일 경 전 통감 이토 히로부미가 하얼빈을 방문한다는 사실이 신문에 보도되자 대한의군 참모부[대동공보사大東共報社]는 그를 처단할 것을 결의하였고 안중근, 우덕순, 조도선, 유동하 등으로 특파대를 구성하였다. 안중근은 특파대의 대장인 셈이었다. 이토 히로부미는 추밀원樞密院 의장 자격으

---

30 이태진, 『일본의 대한제국 강점』, 까치, 1995, 139~140쪽.
31 오영섭, 「안중근의 의병운동」 ; 이태진 「안중근의 하얼빈 의거와 고종황제」(이태진 편, 『영원히 타오르는 불꽃-안중근의 하얼빈 의거와 동양평화론』, 지식산업사, 2010 수록) 참조.

로 러시아 정부의 동청철도東淸鐵道 매각 소식을 듣고 이를 일본이 매입할 것을 러시아 재정대신 코코브세프와 만나 협의하기 위해 하얼빈으로 가기로 했다. 하얼빈에서 우스리스크에 이르는 이 철도가 만약 일본에 매각된다면 연해주와 간도의 한국 독립운동세력은 목이 조이는 것이나 마찬가지였다. 대한의군으로서는 이를 적극 저지하지 않을 수 없었던 것이다. 안중근에 의한 하얼빈 역두에서의 이토 히로부미 처단은 계획대로 성공하였다. 적국의 의도에 비추어 이 성공은 의거를 넘어 대첩大捷으로 규정될 만한 것이었다.[32]

1909년 10월 26일 오전 9시 30분 경 하얼빈 철도정거장에서 이토 히로부미를 저격한 뒤 러시아 헌병대에 체포된 직후에 찍힌 안중근 장군의 늠름한 모습.

하얼빈 의거는 지금까지 안중근 개인의 거사로 간주되는 경향이 강했다. 이것은 한국 민족의 조직적 저항을 국제사회에 알리기를 바라지 않는 일본 정부의 의도에 따라 만들어진 하나의 역사 왜곡이었다. 안중근은 여순 법정에서 네 차례에 걸쳐 자신은 대한의군大韓義軍의 참모중장으로서 적장을 저격한 것이라고 주장하였다. 따라서 자신에게 적용할 법은 오로지 1899년 제1차 헤이그 만국평화회의에서 채택된 「육전陸戰 포로에 관한 규정」이라고 강력히 주장하였다. 이 규정은 제2조에 의병도 교전 단체로서 적용대상이 된다고 밝혔다.

대한의군은 이 전과를 배경으로 1910년 6월 21일에 국내 각도의 국민들과 연계를 가지는 조직을 목표로 하여 「13도 의군」으로 재발족하였다. 새 의군 조직의 총수로는 연해주에 와 있던 의암毅菴 유인석柳麟錫이 추천되었고 그는 이 조직의 국가적 대표성을 인식하여 이번에는 이를 받아들였다. 13도 의군 조직은 일본의 방해 공작으로 수

---

32 이태진, 앞의 논문, 2010.

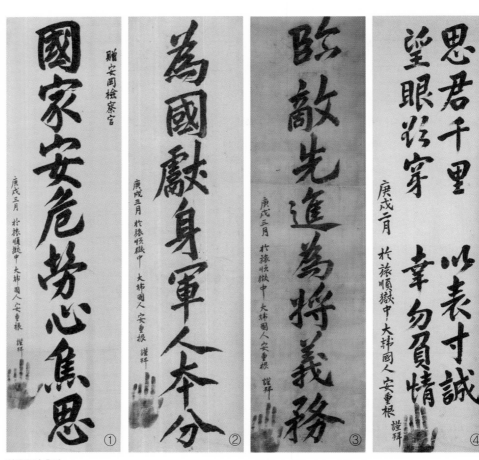

안중근의 유필

안중근은 유필 끝에 '謹拜'(삼가 드린다)라고 쓰면 머리에 '누구에게 드린다'(贈 ***)고 표시하였다.(예 ①) 그런데 ②③④는 받는 사람 표시 없이 '謹拜'라고 썼다. ④는 시로서 "천리밖 임금 걱정하니 바라보는 내 눈이 허공을 뚫으려 한다. 작은 충성 표하였으니 저의 충정 잊지 마소서"라고 하여 남녁 서울에 있는 황제에게 바치는 내용이다. ②③은 의거가 군인, 장군으로서 당연히 한 일이었음을 밝힌 것으로 풀이된다.

난을 입기는 하였지만 1910년 8월 29일의 강제 병합 후 항일 독립 투쟁의 중심을 이루었다. 특히 안중근 특파대의 하얼빈 대첩은 항일 독립운동세력 간에 정신적 기둥이 되었다.

강제 병합 이후 항일 독립운동 세력은 다수가 황제권 회복을 목표로 투쟁하면서 서울의 고종황제를 연해주 또는 서간도로 파천하게 하는 계획을 수립하기도 하였다. 대한제국은 일본의 침략주의로 1910년 8월 29일자로 영토를 빼앗긴 상태였지만 국권이 법적으로 일본에게 넘어간 것은 아니었다. 대한의군을 비롯한 의병 조직의 활동은 부당하게 짓밟힌 영토와 국권을 되찾기 위한 무력 항쟁이었다. 대한의군은 고종황제가 이곳으로 옮겨가 투쟁력을 높이고자 선택한 곳에서 조직된 군사조직이었다. 그리고 하얼빈 의거의 쾌거를 이룬 대한의군은 전국 의병을 대표하는 것이었다. 최근의한 연구는 하얼빈 의거 자체가 서울의 고종황제의 지시에 따라 이루어진 것을 밝혔다.[33] 이 사실은 대한의군의 국가적 대표성을 분명하게 해 주는 것이다.

4) 대한민국 국군 전통의 역사적 기반 정립

1919년 3월 1일 서울 덕수궁(경운궁) 대한문 앞 광장에서는 1월 18일에 홍거한 고종황제의 인산因山(국장)을 위한 준비 행사에 참여한 사람들이 만세시위를 벌였다. 시위 군중은 고종황제가 국권회복을 위해 노력하다가 일본 총독부에 의해 독살되었다는 소문을 믿고 있었기 때문에 시위는 그칠 줄 모르고 방방곡곡으로 퍼져갔다. 4개월여 뒤 상해에서 임시정부가 수립되었다. 임시정부 수립 준비위원회는 새로 서는 나라의 이름을 「조선공화국」으로 준비하였다. 그러나 대의원 회의체인 의정원議政院 회의에서 이견이 제시되었다. 신석우申錫雨 의원이 다음과 같이 긴급동의를 냈다. 지금 우리가 나라를 새로 세우는 것은 지난 3월 1일 덕수궁 대한문 앞에서 시작된 만세 시위의 힘인데 그 만세의 함성은 독살된 고종황제의 죽음을 애도하면서 그에게 보내는 마지막 충성의 소리였다. 그러므로 그 힘으로 새로 세우는 나라의 이름은 마땅히 그의 대한제국을 계승하는 민국으로 해야 한다고 하였다. 이 제안은 전격적으로 받아들여져 대한민국大韓民國이란 국호가 탄생하게 되었던 것이다.[34]

대한민국 상해임시정부는 「대한민국육군임시군제」(1919. 9)를 제정하여 국군의 탄생을 계획하였다. 그러나 임시정부는 탄생 직후부터 독립운동 세력의 계파 간의 알력 특히 1921년의 공산주의 세력의 등장으로 분열이 심화되어 국군의 탄생을 쉽게 보지 못하였다. 21년이 지난 1940년 9월에서야 광복군光復軍의 창설을 보게 되었다. 그러

---

33 이태진, 앞의 논문, 2010.
34 윤대원, 『상해시기 임시정부 연구』, 서울대학교 출판부, 2006.

1919년 3월 1일 고종황제 인산(국장)
예비 행사 때 모인 군중이 조선 총독부가 황제를 독살했다는 소문에 덕수궁 대한문 앞에서
격분을 터뜨린 뒤(좌) 광화문 방향으로 이동하면서 만세시위가 시작되었다(우).

나 그 간에 국군의 탄생에 대한 기대나 당위성에 대한 인식은 한 번도 잊혀 진 적이 없었다. 한국광복군은 1943년 9월에 인도 주둔 영국군의 대일본전을 지원하는 9명의 인도-버마 전군 공작대를 인도에 파견하고, 1944년 초부터 영국군과 일본군 사이의 대접전인 임팔전투, 1945년의 미얀마 총반경전에 참여하였다. 임시정부는 또 태평양전쟁 발발 이후 미국정부 혹은 주중 미군사령부에 한인의 대일작전 참여를 지속적으로 제의하여 1945년에 들어와 광복군은 미국 OSS(전략첩보국, Office of Strategic Service)와 합작하여 한반도에 투입하는 작전에 참가하는 결정을 받아냈다.[35] 광복군은 곧 대한제국을 계승하는 대한민국 임시정부의 정규 국군으로서 1940년대 초반 연합군의 대일 전선에 참가하는 성과를 거두었던 것이다. 1926년 이후 국무령, 주석으로 임시정부를 이끈 김구金九가 1945년 귀국 후, 고종황제의 홍릉과 유인석 선생의 묘소를 찾아 참배한 것은 대한제국과 대한민국의 승계 관계에 대한 명확한 인식, 그리고 유인석 선생이 조직한 「13도 의군」의 역사에 대한 뚜렷한 기억을 보여주는 행보였다.

---

35 김광재, 『광복군의 활동 연구 – 미 전략첩보국(OSS)과의 합작훈련을 중심으로 –』, 동국대학교 사학과 박사학위논문, 2000.

5. 맺음말

『한국군사사』는 1945년 광복 후 60여 년 만에 이루어지는 국가적 사업이다. 총설로서 살핀 우리 한민족의 군사사의 흐름은 우리 민족이 큰 군사적 사건으로 때로는 감격과 환희, 때로는 통분과 수모를 겪었지만 나라와 민족을 수호하려는 충성심은 한번도 꺼지거나 사라진 적이 없는 역사였다. 중국과 같은 거대국가, 일본과 같은 침략성이 강한 나라를 이웃으로 하면서도 엄연히 제 자리를 지키고 있는 진정한 이유는 바로 여기에 있었던 것이다. 군사적으로 가장 고난을 많이 겪은 조선왕조 시대의 역사를 심층적으로 분석한 결과, 조선-일본 전쟁(임진왜란)과 조선-청 전쟁(병자호란)의 패배도 민족성의 문제가 아니라 농경 위주의 국가로서 피하기 어려운 장기 자연재난에 취약한 조건의 문제로 판명되었으며, 중국의 명나라는 같은 조건에서 멸망에 이르기까지 한 것을 살필 수 있었다.

국가적 차원의 군사는 외교, 경제와 밀착되어 있는 것으로, 동아시아 사에서 농경정착 국가는 유목민족에 비해 군사적 기동력이 떨어지고 따라서 패전의 경험을 많이 가졌다. 그러나 그 농업경제력은 유목민족이 부러워하는 것으로 국가적 역량에서 보면 결코 패전 현상만으로 우열을 농단할 수는 없는 문제라는 것을 살필 수 있었다. 우리 역사에서 조선시대 역사는 농업기술의 발달을 통해 국가의 경제력을 크게 신장하여 가던 시기였다. 그것은 중국사에서 송, 남송이 군사적으로는 금나라, 몽골로부터 수모를 당하면서도 선망의 대상이 되었던 것과 흡사하다. 쿠빌라이는 남송을 함락한 뒤, 저 서쪽의 한국汗國들을 모두 형제들에게 내어주고 자신은 중국만의 천자가 되는 것으로 만족하면서 나라 이름을 몽골에서 원元으로 바꾸었다. 조선왕조의 통치자들은 농업적 국가 기반을 온존시킬 의무가 있었고 그 유지를 위해 유교정치에 매달렸던 것이다.

조선왕조는 천재지변과 전란이 겹치는 악조건 속에서도 안민安民 곧 백성의 생활 안정에 노력하여 중국과는 달리 왕조를 존속시키는 데 성공하면서 군주와 백성의 관계를 민국民國 이념의 차원에서 근대 지향적인 것으로 이끌었다. 그 토대는 서양세력이 새롭게 다가온 19세기 고종시대 개화기에 물려져 신분제를 탈각한 근대적 군사기반과 제도 정착의 방향을 잡을 수 있게 하였다. 조선초기의 병농일치의 개병제는 농업사회 유지 하나를 목표로 한 것이지만, 조선 후기에서 고종시대에 이르는 기간에는 상공업 기반과 그 인력의 동원이라는 차원에서 국민 의무병역 제도로 다가가고 있었다. 이 대목에서 일본 침략주의의 재발동으로 순탄한 변신의 기회를 놓치고 말았지만 대한제국의 국군 차원의 군사 기반은 항일 독립의 중추인 대한의군으로 전신하여 치열한 투쟁끝에 대한민국 임시정부의 국군으로 가닥을 잡았다. 국내외적 여건상으로 대한민국 임시정부의 광복군의 규모는 작은 것이었지만 국가에 대한 국민의 병역 의무에 대한 관념은 이미 확고하게 자리 잡아 1948년 8월 대한민국 정부 수립 후 국군 발전의 큰 기틀을 만들어 놓았던 것이다.

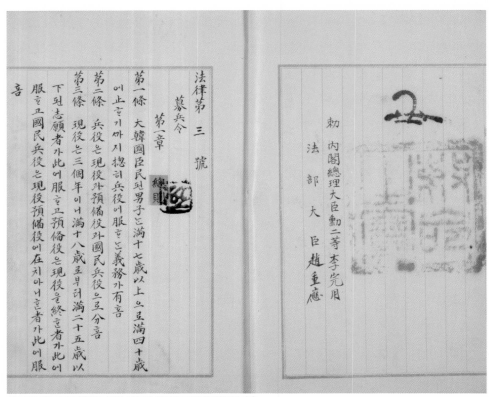

1907년 6월 27일 법률로 정한 모병령 원본(규장각한국학연구원)

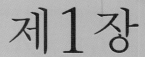

제1장

고대의 국가와 전쟁

제1절

고대국가 초기의 군사기반과 전쟁

1. 청동기·철기문화의 보급

기원전 1000년대 전반기 즈음 동아시아 전역에서는 청동기가 출현하였다. 청동기 문화 단계에서 방어 취락이 형성되었고, 방어 취락 간의 긴장 관계는 청동 무기의 발달과 함께 전쟁으로 나타났다. 이러한 전쟁이 국가 형성의 결정적 요인이라 할 수 있다.

이 시기에 국가 형성을 촉진하는 또 다른 요인은 교역 활동이었다. 중국 동북지방과 한반도 각지의 정치집단들 간에 청동기의 등장과 더불어 활발한 교역 활동이 이루어지고 있었다. 중국의 주초周初에 상商의 유민들로 이루어졌던 상인商人들의 활동은 춘추시대에 들어 원거리 교역, 국제 무역으로 발전하였다. 이러한 중국의 원거리 교역망을 통하여 위만조선이나 삼한 사회 단계에서 행해진 교역은 이들 사회의 발전에 많은 영향을 미쳤다.

철기 문화의 도입 단계에서는 더욱 강력한 형태의 국가가 형성되었다. 중국 동북지방에 철기가 보급되는 기원전 5~4세기가 되면 예맥 계통의 종족과 고조선 세력이 급속히 성장하여 요동~서북한에 걸치는 지역에 '조선후국'을 형성하였다. 요동 지역의 청동기 문화를 바탕으로 성립한 '조선후국朝鮮侯國'은 주변 지역을 일정하게 아우를 수 있는 상당히 강한 지배 권력을 수립했다.

2. 고조선-한 전쟁

1) 고조선의 국가 형성과 군사 기반

기원전 5~4세기 당시 소국연맹 단계에 있던 고조선은 국가로서의 특성을 어느 정도 갖추었지만, 본격적인 의미에서 중앙집권적인 고대국가 단계에 이르지는 않았다. 연맹 단계의 고조선은 '조선후국'이라 부르는 정치권력이 맹주가 되어 그 주변에 위치한 예맥濊貊·진번眞番·임둔臨屯 등 소국 세력에 일정한 영향력을 행사하고 있었다.

고조선에서 군사 문제는 중요했다. 이는 자연히 지배체제에 반영되어 국왕이 군대의 최고사령관이 되었고 군사 문제를 전담하는 고위 부서도 있었다. 군사 문제를 전담하는 고위 부서의 모습은 고조선의 관제가 체계 있게 분화된 위만조선에 이르러서 나타난다.

고조선의 국왕 밑에서 국무를 관장한 귀족세력의 대표적인 직책은 상相이다. 상직相職이 고조선의 문관 임무를 담당했다면 상비군의 지휘자로서 무관의 임무는 장군將軍이 맡았다. 장군 직책은 상설직으로 볼 수 있다. 고대국가의 관직 중에서는 군사 관련 관직이 가장 먼저 분화하는 것이 보편적이기 때문이다.

이밖에 장군 아래 고위 무관직으로 '비왕裨王'이 존재하였다. 비왕은 명칭 그대로 왕을 보좌하는 부왕副王과 같은 존재였다. 비왕은 고조선의 중앙관료조직에서 행정 실무를 처리했을 것으로 본다. 따라서 비왕은 문관직인 상 외에 무관직인 장군 밑에도 있었을 것이다.

고조선은 후기에 이르러 철제 무기를 사용하고 우마牛馬를 군사적으로 이용하기 시작하였다. 특히 기동성이 강한 말을 이용함에 따라 보전步戰 위주의 군사전술은 보전과 기마전을 병행하는 보기步騎전술로 변하게 되었다. 고조선은 멸망 당시 한의 5만 군사를 맞아 싸울 만한 군대와 무장이 있었을 정도로 경제 및 군사조직이 대단히 강했다.

2) 고조선—한 전쟁

기원전 2세기, 한은 서방에서는 흉노의 공세에 밀리고 있었고 동방에서는 흉노와 연합한 고조선의 압박을 받고 있었다. 한 무제의 고조선 정벌은 흉노의 세력을 견제하고 고립시키는 전략의 일환이었다. 그러나 한이 흉노에 대한 방어 차원에서만 고조선 정벌을 단행한 것은 아니었다.

당시 고조선은 주변 소국들이 한과 교류하는 것을 통제·독점하여 부를 쌓고 국력을 강화하고 있었다. 이러한 고조선에 대한 한의 정벌은 중국적 국제질서로부터 이탈하거나 그 사상적 틀을 벗어나는 외이外夷의 존재를 허용할 수 없다는 의지의 표현이었다.

한 무제는 흉노와 손을 잡으려는 고조선을 회유하고자 섭하涉何을 파견했으나 고조선은 한과의 타협을 거절했다. 중재에 실패한 섭하가 고조선 장수를 살해하자 한 무제는 섭하에게 요동의 군사권을 주었다. 분노한 우거왕은 즉시 군사를 동원해 섭하를 제거하였다.

이 사건을 계기로 한 무제는 기원전 109년 가을에 육군과 수군을 동원하여 육지와 바다 양쪽에서 대대적으로 고조선을 공격하였다. 그러나 한의 1차 침공은 실패하였다. 기원전 108년 한의 2차 침공이 시작되었다. 한의 육군과 수군은 왕검성을 포위했으나, 고조선의 완강한 저항으로 수개월 동안 별반 성과를 얻지 못했다. 하지만 고조선 지배층은 너무 오래동안 포위당한 채 있게 되자, 강화파와 주전파로 나뉘어 대립하였다. 결국 우거왕까지 살해되는 사태에 이르렀고, 마침내 왕검성은 함락되고 고조선은 멸망했다.

한은 고조선 땅에 4개의 '군郡'을 설치하였다. 이른바 낙랑군, 임둔군, 진번군, 현도군이다. 이들 4개 군 중 3개 군은 얼마 지나지 않아 폐지되었

낙랑군이 존속했던 때의 고분(대동강변 석암리)

고, 낙랑군은 우여곡절을 겪으며 존속하다가 313년에 고구려에게 복속되었다.

3. 부여의 성장과 한군현과의 관계

1) 부여의 지배 체제와 군사기반

부여는 왕을 중심으로 그 밑에 국무를 관장하는 귀족세력인 마가馬加 · 우가牛加 · 저가猪加 · 구가狗加 등에 의한 귀족회의체에 의해 운영되었다. 부여의 연맹체제에 의한 지방 통치는 지역 단위 집단인 읍락 집단을 일원적으로 통제할 만큼 중앙집권체제가 갖추어지지 않았기 때문에 지역 수장층인 제가의 자치력을 인정하는 가운데, 이들을 통한 간접 지배방식을 취했던 것으로 보인다.

부여는 크고 작은 전투를 수행하기 위해서 주민집단을 군사조직화하지 않으면 안되었고, 이 주민집단은 읍락 공동체를 방위하기 위해 전 읍락 구성원이 무장하여 싸우는 체제로 체계화되었다. 고대 사회 초기의 특징인 병농일치의 모습이다.

부여에서 병역을 담당하였던 호민豪民은 자체로 무장을 갖출 수 있는 경제력을 가진 층들이었다. 그들은 집집마다 여러 가지 병장기를 갖추고 있다가 전투가 벌어지면 자체로 무장하고 전투 대오에 편입되어 싸웠다. 그리고 군량 등을 운반하는 일반민 하호下戶들이 있었다. 전쟁이 벌어지면 제가의 지휘 아래 호민과 하호들이 기본 전투 대오의 성원으로서 군대에 참가하였다.

호민과 하호들로 편성된 부여의 전투부대는 기병과 보병으로 구성되었던 것으로 보인다. 부여는 오랜 목축업의 전통을 가졌고 좋은 말의 산지였기 때문에 주변의 다른 나라들에 비하여 병종 구성에서 기병의 지위가 높았을 것으로 보인다.

2) 부여와 한군현의 관계

부여는 한과 밀접하게 교류하였다. 한은 부여와 관계를 맺음으로서 부여 서쪽의 선비와 남쪽의 고구려를 견제할 수 있었다. 부여 역시 일찍부터 고구려나 서북쪽의 유목민들과는 적대적인 관계에 있었으므로 한과의 우호관계를 바라고 있었다.

2세기는 부여와 고구려가 서로 견제하면서 요동평야로 진출을 시도하던 시기였다. 당시는 후한이 적극적인 동방정책을 취하고 있지 않았기 때문에, 요동태수를 중심으로 하는 중국 군현 세력, 그리고 부여와 고구려 3자간의 요동 쟁탈기라고 할 수 있다.

이처럼 부여와 중국의 관계는 초기부터 비교적 우호적이었으며, 일시적으로 정략 결혼과 공수 동맹을 맺기도 하였다. 그러나 중국이 5호 16국의 혼란기에 접어들면서 부여는 중국 동북 방면에서 크게 강성해진 모용씨慕容氏 연나라의 침략을 받게 되어 세력이 약해지게 된다.

4. 옥저, 동예와 삼한의 성장 및 한군현과의 관계

1) 옥저, 동예와 한군현의 관계

원래 두만강 유역의 옥저는 후기 고조선의 영역에 속해 있었다. 한군현 성립 이후에는 현도군에 속하였다가 현도군이 고구려 서북방으로 이동한 후에는 예·맥과 함께 낙랑군에 속하고, 다시 영동 7현으로 분립되어 낙랑군 동부도위 관할로 되었다.

옥저 가운데 북옥저 지역은 비교적 농업 조건이 양호한 지역일 뿐만 아니라 철 자원의 확보가 용이한 지역이었다. 그러나 정치적 구심체로서의 국가를 형성한 바 없는 옥저인들은 조직적 군사 역량을 효율적으로 운용할 수 없었다. 더구나 옥저인들은 기병 전력과 병선을 매개로 한 수전水戰에 취약하여 외부 세력의 침투에 주로 보병 전력에 의존하여 생존 영역을 지키기에 급급하였다.

옥저와 동예의 읍락민들은 평상시에는 농경에 종사하다가 위급한 때에는 군사적 목적을 위해 동원되어 싸웠다. 옥저와 동예에서는 대개 장창을 가지고 상대방의 선봉을 공격하는 보전이 가장 주된 군사전술이었던 것으로 나타난다.

한군현 설치 이후 옥저와 동예 지역의 각 현縣에는 현령縣令과 현장縣長이 파견되었다. 군현 설치 초기에는 속리屬吏를 요동에서 데리고 왔으나 이후에는 토착인을 속리로 임명하였다. 이는 토착 지배 세력을 한의 지배구조에 끌어 들여 토착민의 반발을 무마하고 군현 통치를 효율적으로 수행하기 위해서였다.

낙랑군의 관할 하에 있던 토착 읍락민들은 낙랑군에 대하여 일정한 의무를 이행하였는데, 그것은 군역軍役과 조부租賦였다. 이러한 군역과 조부의 부과는 낙랑태수가 속현의 현령과 현장을 통하여 읍락의 거수渠帥들에게 전하였던 것 같다. 거수들은 이러한 일을 수행하는 대가로 세습적인 지위를 인정받은 것으로 보인다. 옥저와 동예의 거수들이 한군현의 관작과 의책을 탐했던 것은 한군현의 토착 사회 분열 정책이 성공했음을 보여준다.

2) 삼한과 한군현의 관계

삼한의 소국들은 중심 읍락인 국읍國邑과 다수의 일반 읍락으로 구성되었다. 삼한 소국 연맹체는 마한왕인 진왕辰王을 중심으로 느슨한 연맹 관계를 형성하고 있었다. 마한의 진왕은 78개 소국에 대한 지배를 강화하기 위하여 소국 통치자들의 신속臣屬 관계를 공고히 하였다.

진왕은 소국들을 군사 단위로 편성하고 병역 의무를 지게 하였으며, 특히 변방 소국들인 경우에는 그들 자체의 군사력에 의거하여 국경을 지키게 하였다. 변방 지역에 적의 침입을 물리칠 수 있는 군사력을 둠으로써 중심 깊이 적을 끌어들이지 않고 변방 지역

삼한시대 소국이었던 조문국 고분군(경북 의성)

에서 저지시킬 수 있었던 것이다. 3세기 당시 말갈·낙랑의 침입을 백제국을 비롯한 변방 소국들이 좌절시킬 수 있었던 것도 소국 자체가 하나의 군사 단위이기 때문이었다.

삼한의 군대는 보병과 기병으로 구성되어 있었으며, 그 가운데 주된 병력은 보병이었고 주요 전술은 옥저와 동예처럼 보전이었다. 군대의 무장에는 초기에는 사격 무기로서 활이 있었고 육박전에 쓰이는 무기로서 세형동검, 세형동모가 있었다. 기원전 2세기 이후에는 육박 전투에 쓰인 무기가 급속히 늘어나면서 쇠도끼, 청동과 등이 나타났는데, 이것은 고조선 지역이었던 서북 지방에서 유입된 것이었다.

기원전 1세기에 새롭게 철제 장검이 나타났으나 널리 보급되지 못하고 세형동검이 기본 무기로 쓰였다. 그러나 기원 후에는 철제 장검이 주요한 무기로 등장하였다. 단검이 사라지고 철제 장검이 주요한 무기로 등장한 것은 무기 발전에서 큰 전진이었다. 그것은 삼한의 멸망과 백제, 신라의 출현과 시기적으로 일치하였다.

삼한의 대외 교역에서 가장 큰 비중을 차지한 상대는 한군현이었다. 특히 낙랑군은 군현의 영역 밖으로부터 필요한 생산품을 얻어내기 위하여 삼한의 토착지배세력에게 관작·인수·의책 등을 주어 그들과 조공 관계를 맺었다. 특히 낙랑군의 진한에 대한 지배방식은 영서嶺西의 예 세력을 장악하여 진한과 직접 통교하고, 이를 통해 마한의 영향력이 진한에 직접 미치는 것을 막는 방식이었다. 그러나 후한대에 들어 삼한 사회가 성장하면서 이러한 통제 방식은 통하지 않게 되었다. 특히 대방군의 설치 이후에는 중부 이남 지역 정치체에 대한 낙랑군의 장악력은 현저히 떨어졌다.

세형동검 등 철기류 일괄(평양 상리 출토, 국립중앙박물관)

제2절

삼국의 군사적 성장과 군사제도의 발달

1. 삼국의 성장과 주변 소국의 정복

1) 고구려와 한군현의 전쟁 및 주변세력의 정복

(1) 고구려의 주변세력 정복

고구려는 건국 초기부터 주변에 대한 정복에 나섰기 때문에 여러 세력과 충돌이 빈번하였다. 한군현 세력을 제외하면, 주로 충돌했던 세력은 크게 둘로 나눌 수 있다. 첫째는 고구려 지역의 공통된 문화 기반을 갖고 있던 주변의 여러 소국으로, 행인국, 개마국, 조나, 주나, 황룡국 등이 대표적이다. 이들은 복속 후 고구려의 연맹체 내부로 편입되었다. 둘째는 고구려 세력의 외곽에 위치하고 있는 여러 국가와 이종족들로서 대표적으로 부여, 양맥, 낙랑국, 동옥저, 북옥저, 숙신 등 세력이다.

고구려는 연맹체의 외곽에 존재하는 이들 이종족을 차례로 정복한 후 지배권을 지속적으로 확보하기 위해 국왕이 수시로 이들 지역에 대한 순수巡狩를 실시하였다. 이들 지역은 그 사회의 독자성을 유지시키는 간접 지배였기 때문에 고구려 지배력의 약화 내지 중국 군현의 세력 침투가 있으면 고구려 지배에서 쉽게 떨어져 나갈 가능성이 큰 지역들이었다.

(2) 고구려와 한군현의 전쟁

한군현 중의 하나인 현도군은 동옥저 지역과 고구려 지역을 아울러 설치된 군현으로, 압록강 중류 일대에는 고구려현이 설치되었다. 따라서 고구려의 성장 과정은 현도군의 축출 과정과 깊이 연관되어 있었다. 유리명왕 33년에 고구려는 현도군 관할의 고구려현을 습격하여 빼앗았으며, 이때의 공격으로 현도군은 서쪽으로 옮겨가지 않으면 안 되었다. 이후 고구려와 한군현의 주요 충돌 지점은 요동 지역 일대가 되었다.

태조왕대에 들어서 고구려는 후한의 군현에 대한 본격적인 공세에 들어갔다. 특히 121년~122년에 고구려는 요동군과 현도군에 집중적인 공세를 이어갔다. 146년에는 요동군 서안평을 공격하였다. 서안평은 요동군과 낙랑군을 잇는 요충지로서 서안평에 대한 공격은 고구려가 낙랑군을 약화시키기 위한 우회 전략이었다. 신대왕대에는 주로 후한의 군현 쪽에서 고구려에 대한 공세를 벌였다.

후한 말 각 지방 호족과 군벌들이 독자의 세력을 구축하면서 후한은 통제 불능의 상태가 되었다. 이러한 정세에서 189년 요동에 공손씨 정권이 들어서자 고구려와의

국내성 성벽(중국 집안)

충돌이 잦아지고 있었다. 특히 공손강의 동방 정책은 한반도의 낙랑군 지역에 대해 적극적인 기지화 정책을 펴는 것이었고, 그 일환으로 대방군을 설치하였다.

그러나 위, 오, 촉의 삼국이 성립된 후 위의 공격으로 공손씨 정권은 붕괴되었다. 공손씨 정권이 무너지면서 고구려는 위와 직접 세력을 맞대는 상황이 되었다. 위의 고구려 정책은 강경했다. 242년에 고구려가 서안평을 공격하자, 위는 유주자사 관구검으로 하여금 고구려 정벌을 추진케 하였다. 고구려는 이 전쟁에서 크게 패하여 동천왕은 남옥저를 거쳐 북옥저까지 피신해야 했고, 고구려의 수도 국내성이 함락당하는 타격을 입었다.

2) 백제의 주변세력 정복

(1) 낙랑, 말갈, 마한과의 충돌

백제는 주변의 여러 세력들과 충돌하면서 영역을 확보해갔다. 백제의 주변 세력으로는 낙랑, 말갈, 마한, 신라 등이 있었다. 백제는 이들 주변 세력과 군사적으로 충돌하거나 혹은 외교적인 교섭을 통해 3세기 무렵에는 한강 유역에서 국가로 성장하였다.

백제 초기에 가장 빈번하게 충돌하는 세력은 말갈과 낙랑이었다. 말갈은 임진강 상류 일대에 분포하고 있는 예족 세력이고, 낙랑은 춘천 일대를 중심으로 분포하고 있는 예족 세력이었다. 3세기 전반기에 집중되고 있는 말갈과 낙랑과의 충돌은 백제가 북쪽으로는 임진강, 예성강 상류 일대까지 진출하고, 동쪽으로는 낙랑군과 진한 또는 신라로 이어지는 교통로 상에 분포하는 춘천, 홍천 일대 지역까지 진출하는 과정을 보여준다.

한강 유역에서 백제가 등장할 무렵 이미 한반도 서남부 지역에서는 곳곳에서 마한의 소국이 성립해 있었다. 다수의 소국으로 이루어진 마한 연맹체의 맹주국은 목지국目支國이었다. 마한의 소국 세력은 지금의 경기, 충남 일대에서 전남 일대에 걸쳐 분포하고 있었기 때문에 백제는 남쪽으로 세력을 확장하면서 마한 세력과 충돌하지 않을 수 없었다.

3세기 중반 백제는 마한의 국읍을 병합하여 안성천을 넘어 천안 일대를 확보하였다. 이후 백제는 금강 유역으로 진출하였다. 백제가 금강 지역을 확보한 시기는 전라도 지역으로 진출한 근초고왕 이전으로 추정된다. 즉 고이왕에서 비류왕 혹은 근초고왕대로 볼 수 있다. 고이왕대에서 근초고왕에 이르는 시기에 백제가 남진하면서 아산만 일대의 마한 세력과 금강 유역의 마한 세력을 차례로 복속시켰던 것이다.

(2) 중국 군현과의 관계

백제가 마한 세력의 맹주로 등장할 무렵 중국의 위는 동방정책을 강화하고 있었다. 특히 246년 위 관구검의 고구려 정벌이 성공함으로써 동방의 세력 관계는 크게 변화하였다. 고구려 정벌 후 위는 한韓 지역에 대한 영향력을 확대하고자 했고, 위의 통제력 강화 정책은 백제에 적지 않은 부담을 주었다. 특히 마한 소국인 신분고국臣濆沽國이 대방군의 공격으로 멸망당한 후에는 마한 북부 지역에서 백제와 대방군과의 직접적인 대치는 불가피해졌다.

백제는 중국 군현과의 교섭과 충돌을 거듭하고 있었다. 고이왕의 아들 책계왕은 대방태수의 딸과 결혼하였으며, 286년에 고구려 공격을 받은 대방군이 백제에게 구원을 청하자 백제의 책계왕은 군사를 보내어 대방군을 구원하기도 하였다. 그러나 백제가 팽창하면서 중국 군현과의 충돌은 피할 수 없었다. 책계왕의 뒤를 이은 분서왕은 307년에 군사를 보내 낙랑의 서쪽 현을 습격하여 빼앗았고, 이에 낙랑태수는 자객을 보내 분서왕을 살해하기도 하였다. 이와 같이 백제는 영역을 확대하는 과정에서 낙랑군, 대방군과 충돌과 교섭을 거듭하여 마침내 4세기 초반에는 대방군을 축출시키고 황해도 일대를 장악하였다.

3) 신라와 왜의 전쟁

(1) 초기 왜의 성장

왜가 중국 문헌에 최초로 등장하는 것은 기원전 1세기 중반이다. 57년 경 왜의 노국왕奴國王이 낙랑에 사신을 보냈고 광무제가 내린 인수印綬를 받았다. 물론 노국왕이 왜의 전체를 대표하는 것은 아니었다. 왜노국 후에 여왕 비미호가 통치하는 야마일국이 성립했다. 그러나 3세기 중반에도 왜인 사회에서 왕권은 확립되지 않았다. 왜에서 세속적 왕권은 4세기 후반부터 5세기 후반에 걸쳐 나라 분지에서 야마토 정권이 성립하면서 등장하였다.

왜는 초기의 신라사와 밀접한 관계가 있다. 박혁거세 8년(기원전 50)부터 소지왕 22년(500)까지 신라사 초기는 왜와의 전쟁으로 점철되어 있다. 당시 왜는 단지 신라의 물건과 사람들을 약탈하는 해적집단일 뿐이었다. 4세기 초반까지는 일본 열도에서 대규모 선단을 이끌고 바다를 건너 한반도에서 전쟁을 할 수 있는 세력이 존재했다고 보기 어렵다.

그러나 그 후 100년도 지나지 않은 4세기 후반에 이르면 왜인들은 대규모 병력을 동원하여 바다를 건너 신라의 왕도를 점령할 정도의 대외작전을 벌이고 있으며, 5세기 초반에는 황해도에서 고구려 군대와 전쟁을 벌일 만큼 성장해 있었다.

(2) 왜의 신라 침공로

왜의 신라에 대한 공격은 쉼없이 계속되었다. 신라는 왜의 공격을 피하기 위해 혼인과 인질 외교를 펼쳤다. 실성왕은 내물왕의 아들 미사흔을 인질로 보내기도 했다. 그래도 왜인들은 계속 신라를 침공했다. 왜의 공격을 받으면 신라의 대처 방식은 주로 농성이었고, 왜군이 피로해지거나 식량이 떨어지면 반격을 하는 방식이었다.

왜의 신라 침공로로는 세 길이 있었다. 감포에서 왕경에 이르는 길, 포항 영일만 길, 양산단층 길이다. 감포에서 왕경에 이르는 길은, 문무왕의 수중릉으로 전해지는 대왕암이 위치한 감포 부근에서 신라 왕경으로 이르는 길이다. 대종천과 바다와 만나는 대왕암에서 토함산으로 향하는 길은 왜인의 상습적인 침공로였다. 동해안에서 경주로 가는 최단거리 길이기도 했다.

왜가 포항 영일만 길을 이용한 예로는 내물왕 9년(364)에 신라 왕경에 쳐들어왔던 왜군이 퇴각하다가 독산에서 격멸되었던 전투에서 볼 수 있다. 독산의 위치를 고려해보면 왜군의 퇴로 방향은 북쪽의 포항 부근이었던 것으로 생각된다. 바다로 가는 길이 신라 기병에게 막히자 방향을 돌려 포항 신광면 독산으로 들어갔던 것으로 보인다.

낙동강을 거슬러 올라온 왜인들이 경주로 가기 위해서는 반드시 양산에 상륙해야

지산동 고분군(경남 고령, 문화재청)

한다. 이때 가장 먼저 확보해야 하는 요새가 삽량성이다. 그곳은 양산에서 경주로 이어지는 양산단층이 시작되는 곳이다. 463년 왜인이 신라의 삽량성을 공격했던 것은 바로 이 침공로를 이용하기 위해서였다.

4) 가야의 정치적 성장과 대외전쟁

(1) 전기 가야의 성립과 대외전쟁

기원전 1세기 무렵 한반도 남부 지역에서는 변한이나 진한의 중심 소국으로 발전하는 정치세력들이 생겨나고 있었다. 그 후 1세기 무렵에 김해 구야국狗邪國(가야국, 금관가야)이 낙랑과의 해상 교섭을 주도하면서 등장하였다. 대체로 3세기 전반에 변진 12국은 김해의 구야국을 중심으로 통합되어 완만한 형태의 변한 소국연맹, 즉 전기 가야연맹을 이루고 있었다. 3세기 후반에는 사로국과 구야국을 중심으로 진한 소국들과 변한 소국들이 통합되어 신라 연맹체와 가야 연맹체로 정치세력화하였다.

4세기 초반 낙랑군·대방군의 멸망은 한반도 동남부에서 그들과의 원거리 무역을 통해 발전하던 김해 가야국의 영도력에 큰 지장을 초래하였다. 김해 가야국의 우월성을 인정치 않는 포상팔국浦上八國이 가야를 침략하였다. 김해 가야국은 낙동강 중·상류의 소국들과 동해 남부의 소국 등을 규합하고 신라에 구원을 요청하여 포상팔국의 침략을 물리쳤다.

이후 가야는 팽창을 거듭하였다. 4세기 후반에 이루어진 비약적인 가야의 팽창에는 백제와 왜의 협력이 있었다. 가야는 백제 근초고왕의 사주를 받아 왜와 통하면서 신라를 공략하였고, 백제는 고구려를 밀어붙여 옛 대방 지역을 차지하였다. 그러나 고구려의 백제에 대한 전면적인 반격이 시작되면서 전기 가야연맹은 해체 위기를 맞게 되었다.

396년에 고구려가 백제의 58성을 빼앗고 도성을 포위 공격하자 백제는 가야군과 왜군을 동원하였다. 400년에 고구려 광개토왕이 보낸 5만의 군대는 신라군과 함께 왜군을 추격하여 임나가라任那加羅에서 가야-왜 연합군을 패퇴시켰다.

이때의 고구려군의 가야 지역 원정으로 신라는 가야보다 앞설 수 있게 되었으며, 백제는 가야 지역을 중개 기지로 하는 대왜교역망을 상실하게 되었다. 고구려군의 남정은 전기 가야연맹을 해체시키면서 한반도의 세력 판도를 고구려 위주로 바꾸어 놓았으며, 그 중에서 가장 큰 희생의 제물은 가야였던 것이다.

(2) 후기 가야의 성장과 대외전쟁

고구려-신라 연합군의 임나가라 정벌 이후 낙동강변의 성주, 창녕, 부산 지역 세력들은 신라에게 저항 없이 투항하였다. 낙동강 서쪽의 나머지 가야 지역은 멸망하지 않고 지속적으로 존속하고 있었으나, 고령권, 함안-고성-진주권, 김해권의 3개 권역으로 나뉘면서 전기 가야시대와는 다른 양상이 나타났다.

김해권의 가야는 세력이 위축된 반면, 전기 가야시대에 후진 지역이었던 고령, 합천 등의 경상 내륙 산간지대의 가야는 발전하였다. 특히 고령 지방의 반파국이 성장하였다. 반파국은 대가야로 국명을 바꾸고 주변 세력들을 모아 후기 가야연맹을 결성하였다. 5세기 후반에 대가야는 서부 경남에서 소백산맥을 넘어 서쪽으로 전북의 남원, 임실, 전남의 여수, 순천, 광양 등지의 세력들을 종속적으로 연합하면서 영역을 확장하였다.

5세기 후반의 한반도 정세는 고구려의 남진에 대처하여 백제-신라-가야가 군사

동맹을 맺어 방어하는 형국이었다. 가야는 경우에 따라 신라를 지원하기도 하고 백제를 지원하기도 하면 고구려와 적대적인 입장에 섰지만, 이는 모두 자국의 이익을 위해서였다. 신라나 백제를 지원할 때도 어떤 대가를 취하는 것이 기본적이었고, 경우에 따라서는 고구려와 내통하여 백제를 배반하기도 하였다.

6세기 초에 백제는 왜와의 직접적인 교역을 위해 가야 세력권에 있던 호남 동부 지역을 관통하는 섬진강 유역과 그 하구를 모두 잠식하였다. 백제에게 소백산맥 서쪽의 가야 소국들을 빼앗긴 대가야는 자신의 영도력이 미치는 사방에 성을 쌓아 방어체제를 강화하였다.

그러나 대가야는 529년 탁기탄국啄己呑國(경남 창녕군 영산면)에 대한 신라 공격을 막아내지 못함으로써 가야연맹의 남부 소국들에 대한 통제권을 잃게 되었다. 남부 소국들은 함안의 안라국을 중심으로 자체 내의 단결을 도모하였다. 안라국의 대두로 가야연맹은 남북으로 분열되어 대가야-안라 이원체제가 되었다. 가야 북부 지역의 맹주인 대가야는 백제에 의지하였고, 가야 남부 지역의 맹주인 안라국은 신라나 왜국을 선호하였다.

가야연맹은 551년 대가야 주도 하에 백제와 종속적으로 연합하여 고구려로부터 한강 유역을 탈환하는 전쟁에 참여하였다. 그러나 탈환한 한강 하류를 신라에게 빼앗긴 백제의 성왕이 554년에 관산성(충북 옥천) 전투에서 전사하자 백제는 큰 혼란에 빠지게 되었고, 백제를 의지하던 가야연맹 제국諸國은 신라와 결전을 치르지 않는 한 독립 유지가 어렵게 되었다. 560년에 안라국이 먼저 신라에게 투항하고 562년에 대가야마저 신라에게 정복당하자 가야연맹 제국이 차지하고 있던 영역은 모두 신라의 수중에 들어가게 되었다.

2. 고구려의 군사제도와 방어체계

1) 군사조직과 무기·무장

(1) 군사조직

고구려 군사제도의 변화 과정은 고구려 국가체제의 변화 과정에 대응하여 대체로 3시기로 나눌 수 있다. 제1기는 국가 성립에서 3세기까지로 나부那部체제의 국가운영 체제기의 군사제도, 제2기는 4~5세기로 고구려가 중앙집권체제를 갖추고 대외정복 활동이 활발한 시기의 군사제도, 제3기는 6세기 이후 전 영역에 대한 일원적인 지배를 운영하던 시기의 군사제도이다.

나부체제 아래에서 지방통치는 나那집단이나 곡谷집단을 세력기반으로 갖는 재지 수장층인 제가諸加세력의 자치권에 의해 이루어졌다. 이러한 나부체제에서는 각 나부와 나부 내부의 단위집단이 곧 군사동원체제의 단위가 되어, 동원된 군사조직의 하부 구성단위가 되었다.

4세기에 들어 나부체제가 해체되고 왕권에 의한 집권력이 강화되면서 대가들이 통솔하는 나부병들도 점차 왕권 아래의 군사조직 내로 편제되었다. 나부체제의 해체에 따라 나부 지역도 지방통치 단위로 재편되었다. 즉 각 단위 곡谷집단이 지방행정단위로서 성城과 곡谷으로 편제되었으며, 아울러 곡谷집단 내부의 소집단들은 촌村으로 편제되었다.

6세기 이후의 고구려 군사조직은 중앙군사조직과 지방군사조직으로 나눌 수 있다. 중앙군사조직으로는 수도의 5부部 조직을 들 수 있다. 본래 수도의 5부는 행정조직과 군관구적 성격을 동시에 지니고 있어, 각 부에는 일정 수의 군사가 배치되어 중앙군으로서 수도의 방위 임무를 담당하였을 것으로 추정된다.

중앙군의 무관직을 보면, 최고위급 무관으로는 대모달大模達가 있으며, 그 아래에는 말객末客이 있어 병사 천 명을 통솔하였다. 말객 아래에는 당주幢主가 있어 군사 1백 명을 거느렸던 것으로 추측된다.

지방군사조직은 지방통치조직과 맞물려 구성되었다. 고구려 멸망기에 전국에는

176개의 성이 있었는데, 지방행정조직은 이들 성을 단위로 하여 중층적으로 편제하여 구성하였다. 지방관을 중심으로 볼 때에는 욕살褥薩 - 처려근지處閭近支(도사道使) - 가라달可邏達·루초婁肖의 3단계로 구성되었고, 이들은 지방의 행정과 군사를 함께 책임지고 있었다.

(2) 무기 무장과 군사훈련

고구려 무기의 다양한 양상은 4세기부터 나타났다. 극戟, 삭矟, 모矛는 중국 위진남북조 시대의 대표적인 장병기로 사용되었는데, 이들과 활발하게 접촉한 고구려에서도 이들 무기를 사용하였다. 특히, 삭矟은 4세기 이후 개마기병의 주력 무기로 이용되면서 고구려 무장체계에 큰 변화를 일으켰다. 반대로 극戟은 중장기병에 대항하는 보병의 방어용 무기로 활용되었다. 단병기인 도, 검 등은 보조 무기로 사용되었는데, 고구려의 무장체계가 중기 이후에는 창 중심으로 재편되었기 때문이다. 창 중심의 무기체계는 중장기병을 중핵으로 하는 새로운 병종 구성을 바탕으로 성립되었다.

군사의 무장도 기병과 보병이 달랐다. 기병의 주무기는 궁시·긴창·칼이었으며, 찰갑札甲과 투구로 온몸을 무장하였다. 보병은 궁시·칼·짧은창·도끼·갈고리 등을 주무기로 하고, 투구와 단갑으로 무장한 병사와 갑옷 없이 무기만 지닌 병사로 이루어졌다. 이러한 기병과 보병, 그리고 보병 내에서의 무장의 차이는 신분이나 사회경제적 차이에 의한 것이었다.

창을 든 기병(무용총 벽화)

고구려의 대표적 군사 훈련은 수렵 행사였다. 초기부터 고구려왕은 잦은 수렵행사를 통하여 자신의 군사적 능력도 함양하고 병사들의 군사 훈련도 겸하였다. 수렵 행사는 온달의 예에서 보듯이 무예가 뛰어난 자를 선발하는 인재 등용의 통로이기도 하였다. 미성년자의 교육기관인 경당扃堂도 군사 훈련의 중요한 장이었다. 평민일환이

자제들은 이곳에서 독서와 활쏘기를 익혔다. 또 매년 초에 대동강에서 왕이 지켜보는 가운데 두 패로 나뉘어 석전石戰 행사를 벌인 것도 군사 훈련의 일환이었다.

2) 성곽시설과 방어체계

(1) 고구려 성곽의 특성과 변천

고구려의 성곽은 크게 평지성과 산성으로 나눌 수 있다. 산성과 평지성을 결합한 경우는 평산성平山城으로 분류하기도 한다. 대부분의 고구려 성은 산성이다. 특기할 것은 고구려의 도성은 평지성과 산성이 하나의 세트로 이루어져 있다는 점이다. 고구려 최초의 수도인 환인에는 하고성자성과 오녀산성, 두번째 수도인 집안에는 집안현성과 산성자산성, 그리고 장수왕대에 천도한 평양에는 대성산성과 안학궁성이 산성과 평지성의 대응관계를 이루고 있다. 평원왕대에 축조한 평양의 장안성은 아예 산성과 평지성을 결합한 형태로 축조되었다.

고구려 산성은 축조시기에 따라 초기, 중기, 후기로 나눌 수 있다. 초기 산성은 대

오녀산성 서문 성벽(중국 환인)

체로 2~3세기대에 축조된 성으로, 고구려 초기 영역 내에 위치하고 있다. 이들 초기 산성은 그 위치가 대체로 산정상부에 자리잡고 있어 유사시에 군사적 방어력은 뛰어나지만 평상시의 거주성은 확보하지 못했다.

중기 산성은 3세기 말에서 4세기 중엽에 걸쳐 축조되었다. 이들 산성은 규모가 대형화되고, 산성의 위치나 구조가 평지에서의 접근이 용이한 형태를 띠고 있다. 이는 산성이 평상시에도 정치적·행정적 중심지로서 기능하였을 가능성을 보여주는 것이다.

후기 산성은 5세기 이후 요동 지역을 장악하면서 이 지역 일대에 대거 축조되었다. 또 군사상 중요한 요충성의 주위에는 소규모 성을 배치하여 서로 긴밀한 연결 속에 방어 능력을 최대화할 수 있도록 하였다. 예컨대 요동 지역을 관장하는 욕살이 파견된 오골성(지금의 봉성현 봉황성)은 주위에 10여개 이상의 소규모성이 배치된 위성방어체계를 갖추고 있다.

(2) 성곽의 축조와 구성요소

고구려의 성곽은 성곽을 축조하는 재료에 따라 토성, 석성, 토석혼축성 등으로 나눌 수 있다. 고구려 산성은 대부분 석축법을 사용하여 축조되었다. 고구려성의 성곽 시설로는 성벽을 비롯하여 성문, 장대將臺, 치雉와 여장女墻, 수원水源 시설, 수구문과 배수구, 봉수대, 기타 건물지 등이 있다.

성문은 외부와 출입하는 통로로 적의 공격이 집중되기 마련이다. 따라서 성문 주위의 성벽은 높고 견고하게 성벽을 구축하였으며, 성문의 바깥에는 성문의 방어력을 높이기 위해 별도의 옹성을 설치하거나 이중 성벽을 쌓기도 하고, 혹은 성문 주위의 성벽을 어긋나게 하여 축조하기도 한다.

장대는 전투 지휘소로서 성안의 가장 높은 곳이나 정문 근처에 설치되며, 성벽 곳곳의 전망이 좋은 곳에는 성 밖을 감시하는 초소로서 망대가 설치된다. 치는 적의 공격으로부터 방어력을 높이기 위해 설치한 시설물이다. 주로 경사가 완만한 지형에 성벽을 앞으로 돌출시켜 쌓음으로써 성벽에 기어오르는 적을 측면에서 공격할 수 있는 기능을 한다. 성벽에는 여장을 설치하기도 하는데 병사들이 몸을 숨기고 성에 접근하는 적들을 사격할 때 쓰는 시설이다. 또 평지성의 경우에는 성벽 밖에 큰 도랑인 해자를 파고 물을 채우기도 하였다.

(3) 산성과 방어체계

고구려 산성은 대체로 큰 하천과 강을 끼고 위치하고 있다. 이는 고대의 교통로가 대체로 강을 따라 만들어졌고, 또 강변의 농경지를 중심으로 취락이 발달했기 때문이다. 주민들의 취락을 통제한다는 점에서 지방통치의 중심지적 역할, 그리고 교통로의 통제한다는 점에서 군사적 방어 성격을 띠고 있음을 그 입지에서도 확인할 수 있다.

외곽 성곽에서 수도인 국내성 지역으로 이어지는 교통로에는 성보와 차단성이 겹겹이 축조되어 있다. 즉 국내성의 방어선은 최전선에서 2중 3중으로 구축되어 있는 것이다. 또한 4세기 말 5세기에 들어 요동 지역을 완전히 확보하고 평양으로 천도한 뒤에는, 요동 지역에서 압록강을 거쳐 평양으로 이어지는 교통로에 다수의 산성을 축조하여 겹겹이 방어망을 구축하였다.

이러한 방어망들이 효과적으로 기능하면서 수와 당의 대규모 침공을 요동 지역에서 격퇴할 수 있었다. 요동 지역 일대에 널리 산재하고 있는 산성들은 지역별로 독립된 방어망을 구축하는 동시에 다른 지역의 성들과 유기적으로 연결됨으로써 방어 효과를 극대화시키고 있었다.

3. 백제의 군사제도와 방어체계

1) 한성도읍기의 군사제도

국가 형성기의 백제는 소국 단계에 있었다. 백제 소국의 군사조직은 읍락의 거수층과 호민층, 그리고 약간의 상층 하호층이 국읍의 주수主帥인 백제 소국의 왕의 지휘 아래 편성되어 주로 방어 전쟁에 투입되는 임시적인 것이었다. 그 군사력의 성격은 전쟁에 참여하는 자체가 의무이자 권리이기도 했던 일종의 명망군으로 규정할 수 있다.

한성백제 모형
(한성백제박물관)

백제 소국은 점차 연맹체로 발전하였다. 연맹체 단계의 백제의 군사조직은 소국에서 재편된 동부·서부·남부·북부·중부의 군사력인 5부병이었다. 성립 초기의 5부병 조직은 각 부의 지배세력이 부별로 부병部民을 징발하여 부 단위로 편제한 형태였다. 이 부병은 백제 국왕보다는 각 5부의 지배자의 영향력이 강하게 관철되어 부 단위로 운용되었다.

고이왕대에 이르면, 군령권을 위임받은 관직으로서 좌장이 설치되면서 5부병에 대한 단일한 지휘·통솔체계가 수립되어 5부병에 대한 국왕의 통솔권이 강화되었다. 그러나 5부병은 여전히 소속 부민을 징발하여 부 단위로 편성되는 군사조직이었으므로 원래의 독자성이 완전히 소멸되지는 않았다. 5부병의 이러한 한계는 4세기 중엽 근초고왕대에 이르러 백제가 중앙집권체제의 틀을 갖추게 되면서 극복되어 갔다.

근초고왕은 전국가적 차원의 새로운 군사조직을 중앙군과 지방군으로 이원화하여 편제하였다. 새로운 군사조직의 효율적인 운용을 위해 복수의 장군직을 두었고, 군정 업무를 담당하는 병관좌평을 설치하였다. 나아가 병졸 집단을 지속적이고 안정적으로 충원하기 위하여 정남丁男을 중심으로 하는 일정 연령층의 백성들에게 병역 의무를 부과하고 의무 부담자를 징발·편성하는 제도적 장치도 마련했던 것으로 보인다.

2) 웅진 천도 이후 군사제도의 재정비

근초고왕대에 골격이 짜이고 이후 고구려와의 전쟁과정에서 지속적으로 보완·정비되어 왔던 백제의 군사조직은 개로왕 21년(475) 고구려 장수왕의 공격을 받아 한성이 함락되고 개로왕이 전사하는 참패를 겪으면서 거의 붕괴되었다. 475년 웅진 천도 후에는 군사조직 자체가 부재한 상황에서 불안한 정국이 이어지고 있었다.

백제의 군사조직 복원은 동성왕대에 추진되었다. 동성왕은 빈번한 전렵을 통해 지방민을 안정시키고 군사력을 확보하고자 하였다. 또한 여러 지역에 축성 사업을 진행하였다. 지방군의 재건을 목적으로 하고 있었다. 또한 동성왕은 새로운 왕도인 웅진 지역민을 근간으로 하여 새로운 중앙군을 복원하고자 노력하였다.

이와 같은 동성왕의 노력으로 백제의 군사조직은 일정 수준 복원된 것으로 여겨진다. 신라와 군사동맹을 체결하고 고구려에 대항하는 과정에서 군사적 원조를 주고받을 수 있는 수준에 이르렀고, 480년(동성왕 20)에는 탐라를 정벌하기 위해 무진주까지 동성왕이 친히 군대를 이끌고 행군해 갔을 만큼 백제의 군사조직이 복원되었다.

동성왕의 군사조직의 복원과 재정비 양상 중 특징적인 것은 국왕 시위군이 제도적으로 정착되고 강화되었다는 것이다. 웅진 천도 초기의 동요하던 왕권을 안정시키고 강력한 왕권 확립을 추진하기 위해서는 친위 군사력인 시위군에 대한 개혁이 필요했다. 이를 위해 유력 귀족인 백가苩加를 기용하여 국왕 시위군을 관장하게 하였으며, 그 과정에서 시위군의 규모도 확대되었다.

3) 사비도읍기 군사조직의 재편

(1) 국왕 시위군의 강화

국왕 시위군은 국왕의 직접적인 통제 하에 놓인 친위 군사력이다. 동성왕대에 강화된 국왕 시위군을 사비 도읍기에 다시 한번 개편, 강화되었다.

사비 도읍기에 개편된 국왕 시위군은 왕도 5부에 상주했다는 2천 5백 명의 군사력으로 보인다. 사비 도읍기 백제의 왕도가 5부로 나누어져 있었고, 부마다 5백 명의 병사가 존재했으며, 이들을 각각 달솔이 통솔하였다.

　이때의 국왕 시위군은 이전과는 차이가 있었다. 병력의 규모가 커졌고, 그 임무도 크게 확대되었다. 또한 위사좌평이라는 일급 귀족이 국왕 시위군을 장악했던 데서 벗어나 달솔이 시위군을 지휘하게 되었다. 시위군에 대한 유력 귀족의 영향력이 배제되면서, 국왕의 시위군에 대한 장악력이 높아지게 되어 말 그대로 국왕의 친위 군사력으로 기능하게 되었다.

(2) 중앙군의 운용

　백제의 출전 지휘관은 크게 다섯 유형이 있었다. 국왕이나 태자와 같은 '친솔형親率形'의 경우, 좌장左將인 경우, 장군將軍인 경우, 방령인 경우, 관등 소지자인 경우 등이다. 이 중 지방장관인 방령이 거느린 군사는 지방군이 분명하므로 중앙군과는 명백하게 구별되는 군사력이다.

　국왕이나 태자가 최고 지휘관으로 출전한 '친솔형'의 경우, 휘하 군사력으로 국왕을 호위하기 위한 약간의 국왕 시위군도 포함되어 있겠지만 주력은 역시 중앙군이었다. 좌장은 중앙군의 지휘관으로, 군사 업무를 총괄하는 관직이었다. 그러나 병관좌평이 설치된 후 좌장은 국왕으로부터 군령권을 위임받은 최고 군령권자, 즉 총사령관이 되었다. 좌장은 보통 1만 명 정도의 병력을 인솔하고 출정했던 것으로 보인다.

　백제 지휘관의 또 다른 칭호로 보이는 것이 장군이다. 사비 도읍기에는 장군은 전문적인 군사 지휘관인 무관 직명으로 정착된 것으로 보인다. 이들이 인솔했던 병력의 규모는 다양하지만, 병력 성격은 중앙군일 가능성이 크다. 달솔이 지휘관인 경우 지휘 병력 규모가 8천 명으로 나오고 있다. 군사력의 성격은 파악되지 않지만 병력 규모에서

백제의 장군 모형(한성백제박물관)

중앙군으로 보는 것이 옳다.

　이상을 통해 볼 때, 백제의 중앙군은 좌장이나 장군에 의해 지휘되고 병력의 규모는 1만 명 정도를 상한으로 하고 있다는 것을 알 수 있다. 이 중앙군을 구성하는 병졸은 상비군이었다. 중앙군은 왕도 주민과 일부 지방민을 징발 편성하여 평상시에는 도성 주위의 산성이나 병영에 개별 부대 단위로 주둔해 있었다. 그러나 전시 출정의 상황에서는 좌장이나 장군의 인솔 하에 출정하여 국가의 보위와 정복활동을 수행했던 핵심적인 군사력이었다.

(3) 지방군의 운용

　백제의 지방군도 평상시와 전시 출동의 상황에서 군단상이 달라지는 군사조직이었다. 지방의 상비군으로 먼저 꼽을 수 있는 것이 방성에 주둔하고 있는 군사력이다. 이들 7백~1천 2백 명의 병력은 방의 치소인 방성方城에 주둔하고 있으면서 방령의 지휘를 받았다. 말하자면 평상시에도 상비되어 있는 방령의 직할부대라고 할 수 있다.

　이밖에 평상시의 지방 상비군으로 주요 거점에 주둔하고 있는 진수병이 있다. 이와 비슷한 성격의 존재로 변경 요충지의 수병戍兵을 들 수 있다. 진수병과 수병은 병농일치적인 둔전병적 존재인 토착 주민들과 왕도 혹은 내지의 군·성의 군역 의무자들로 징발된 존재로 구성되어 있었다.

　백제 내지의 방方·군郡·성城 등의 단위 행정구역에도 군사적 성격을 지닌 존재들이 있었다. 성병城兵이 그것이다. 성병은 복무 방식이 느슨했지만, 일반 주민과는 구별되는 점에서 상비병적 성격을 가진 것으로 이해될 수 있다.

　이러한 지방군들은 전시 출동의 상황에서는 다른 양상을 보인다. 방령이 인솔하는 방령군은 전시 출정의 상황에서는 평상시보다 군사조직의 규모가 확대되었다. 평상시 방성의 주둔 병력과 방 관내의 성병들이 군을 단위로 하여 방령군에 합쳐졌다. 이럴 경우 방령이 최고의 지휘권을 장악하였으며, 군장은 군의 성병으로 이루어진 단위 소부대의 지휘자로 참전했다. 그래서 방령은 때로는 장군으로 인식되기도 하였다. 그것은 방령의 성격이 평상시에도 군사적 성격이 강했기 때문이지만, 전시 출동의 상황에서 방을 군관구로 하는 방군을 지휘하는 최고 지휘권자였기 때문이다.

4. 신라의 군사제도와 방어체계

1) 연맹왕국기 6부병(六部兵)의 성격과 활동

사로 소국 단계를 지난 연맹왕국기의 신라 군사력의 핵심은 6부병이었다. 6부병은 왕경 6부인을 부별로 징발하여 부 단위로 편제한 군사조직이었다. 6부병은 왕경의 방어를 기본적인 임무로 하고 있었지만, 야전군으로 참전하여 대외 전쟁의 주력군으로 활동하였다. 6부병은 신라 초기의 성장 과정에서 대외 팽창의 주역이었으며, 국가 보위의 핵심적인 군사력이었다.

초기 6부병의 군사적 성격은 전쟁에의 참여가 특권이자 명예로 인식되었던 명망군이었다. 그러나 6부병의 구성원이 된 왕경인의 범주가 시대의 흐름에 따라 확대되면서 6부병의 성격도 변화하였다. 원래의 왕경인이란 사로 소국을 구성한 읍락민이었지만, 신라의 성장 과정에서 내투해 왔거나 투항해 온 세력들을 6부에 나누어 살게 했으므로 점차 그 범위는 확대되어 갔다. 이렇게 6부민으로 편입된 주민들까지 군사력으로 활용하게 되면서 일반 부민들 역시 6부병의 자원이 되었다.

대체로 5세기 중엽을 전환점으로 하여 6부병의 운용 방식에는 변화가 일어났다. 성립 초기 6부병의 징발과 편제는 각 부의 지배자에 의해 각 부 단위로 이루어졌다. 실제의 운용에 있어서도 각 부의 지배자들이 부병의 지휘에 강한 영향력을 행사하였다. 그러나 5세기 중엽에 이르러 징발과 실제 야전에서 국왕이 6부병을 친솔하는 빈도가 높아지면서 6부병에 대한 영향력이 높아졌고, 군령권의 행사에 있어서도 국왕의 의지가 관철되는 경우가 많아졌다.

5세기 후반에 이르러 6부병의 최고 지휘관으로 장군직이 설치되었다. 장군은 국왕에 의하여 군령권을 제도적으로 위임받은 군관직이므로, 장군직 설치를 통하여 6부병은 이제 외형상 장군에 의해 지휘되어 국왕의 지배력이 보다 강화된 군대가 되었다.

부 단위의 자율성이 강한 연맹군적 성격의 군사조직이었던 6부병이 국왕의 독점적 지배력이 관철되는 단일한 군사조직으로 변화하자, 이 같은 변화를 제도적으로 수렴하여 진흥왕 5년(544)에 6부병의 해체와 대당의 설치로 나타나게 되었다.

2) 중고기 중앙 군사조직 대당(大幢)의 성립과 활동

6세기에 이르러 6부병은 군사조직으로서의 모순과 한계를 드러내고 있었다. 이는 이 시기에 추진된 일련의 왕권 강화 과정에서 해결해야 할 과제였다. 군사조직에 대한 직접적 지배와 효율적인 운용은 왕권 강화에 필수적인 요건이기 때문이다.

법흥왕 3년(516)·4년(517)에 병부령과 병부가 설치되었다. 병부령과 병부의 설치는 군정 업무를 전담하는 관직과 관부가 성립되었음을 의미한다. 이로써 군사조직의 인적 기반이 되는 병력 자원에 대한 파악이 가능해졌다. 이러한 군제 관련 제도 정비는 6부병을 해체하고 대당을 설치할 수 있는 제도적 배경이었다.

진흥왕대에 이르러 백제·고구려와의 전쟁이 빈번해졌던 상황도 6부병 해체의 배경이 되었다. 대외전쟁을 효율적으로 수행하기 위해서는 국왕의 의지가 효과적으로 관철되는 군사조직이 필요했다. 6부의 성격 변화도 6부병 해체의 배경으로 작용하고 있었다. 6부 지배자들의 부인部人들에 대한 지배 강도는 약화되고 있었고, 반면 왕경은 그 자체가 지방에 대비되는 하나의 지역 단위로 정착되고 있었다. 이러한 육부의 변화를 토대로 진흥왕 5년에 6부병을 해체하고 왕경을 하나의 군관구로 묶는 대당을 설치할 수 있었던 것이다.

대당은 진흥왕 5년에 창설된 이후 통일전쟁에 이르기까지 신라의 주력군으로서 활동했다. 대당의 지휘권을 가진 장군직에는 평상시에는 특정 인물이 취임해 있지 않았다. 각 부대가 출동하게 되는 상황에서 복수의 인물이 각 부대 장군직에 임명, 배속되었다. 그들은 평소 장군이라는 관직을 지니고 있었다. 이 장군은 진골만이 취임할 수 있었다. 이러한 중고기 대당 장군의 운용 방식은 왕권과 진골귀족의 연합적인 병권 지배를 반영하고 있다.

장군 예하 군관직의 운용 방식도 장군직과 동일하였다. 평상시에는 특정 부대와 무

단양적성비(충북 단양)
진흥왕의 업적과는 달리 지나치게 검소하다.

관하게 대감·제감·소감 등의 군관직을 보유하고 있다가 부대가 출동하는 상황이 되면 각 부대에 임명, 배속되었던 것이다. 군관직의 운용 방식과는 달리 대당의 병졸 집단은 왕경인 가운데서 징발되어 군인으로 복무하고 있었던 상비군이었다.

3) 중고기 삼천당(三千幢)의 성립과 활동

삼천당은 신라 군사조직으로서는 비교적 이른 시기에 속하는 진흥왕 5년에 설치되었다. 삼천당의 군관직은 삼천당주-삼천감-삼천졸의 체제를 갖추고 있었으며, 이는 삼천당이 보병부대였음을 말해준다. 이러한 군관직 체계의 예하에는 다수의 일반 병졸 집단이 존재했다. 이들 일반 병졸은 국왕에 의해 소모된 왕경인들이었다. 그러므로 삼천당은 왕경인 출신 소모병으로 구성된 보병부대인 중앙 군사조직의 하나로서, 국왕의 친위 군사력을 목표로 설치되었다고 할 수 있다.

삼천당이 설치된 것은 6세기 초부터 추진되어 온 일련의 왕권 강화와 국가 체제 정비를 위한 개혁의 일환이었지만, 같은 해에 설치된 대당의 한계를 보완하려는 의도가 보다 직접적인 배경이라 할 수 있다. 대당은 6부 귀족의 영향력이 잔존하고 있어 국왕의 친위 군사력으로서는 일정한 한계를 지녔으므로 이를 보완하기 위해 국왕에 의한 소모병으로 구성된 삼천당을 설치했던 것이다.

문무왕릉(경북 경주, 한국학중앙연구원)
대왕암이라 부르는 수중 릉이다.

이와 같은 삼천당의 성립이 가능했던 것은 6부의 단위정치체적인 지역공동체로서의 성격이 약화되어 가면서 공동체에서 일탈된 존재가 나타나고 있었던 왕경 사회 내부의 구조적 변화가 진행되고 있었기 때문이다. 이러한 의미에서 삼천당은 중앙 군사조직인 대당이나 지방군인

정제와는 범주를 달리하는 유형의 군사조직이었다고 할 수 있다.

통일전쟁 이후 문무왕대를 전후한 시기의 대대적인 군제 재편성 과정에서 삼천당은 10개의 삼천당, 곧 10정 군단으로 확대, 발전되었다. 이는 단순한 양적 증가만이 아니라 질적인 변화도 수반하고 있었다. 우선 10곳의 지방에 주둔하게 되었고, 대대감-소감-화척의 군관직 계열이 부가되어 기병부대의 성격이 더해졌고, 일반 병졸 집단 가운데는 지방민이 포함되는 등의 변화가 일어났다.

문무왕 12~16년에는 원래의 성격이 계승되면서 지방에 새로운 군사조직으로서 신삼천당이 설치되었다. 그러므로 삼천당은 통일기의 새로운 군제 재편성의 주요한 모태가 되었던 셈이다. 삼천당은 무열왕대 이후 변질되었으며, 결국은 소멸되었다.

4) 지방군 정제(停制)의 성립과 변화

정제에서의 정停은 그 명칭에서 주명州名을 띠고 있다. 이는 정이 주에 설치된 군사조직이라는 의미를 갖고 있었음을 말한다. 따라서 일단 주치정은 주치에 두어진 군사조직인 것으로, 광역정은 광역주를 지역적 존립기반으로 하는 군사조직으로 구별할 수 있다. 이는 양자의 군사조직으로서의 실체가 달랐음을 시사한다.

주치정은 군주軍主의 직접적인 지휘 아래에 놓여 있었던 군주 직할 군사조직이었다. 그러나 이러한 주치정은 그 기본적 성격이나 구조가 정이라 칭해지지 않았던 군의 지방관에 의해 통솔되는 군 단위의 군사력과 크게 다르지 않았다.

이러한 성격으로 말미암아 주치정은 점차 군사조직으로서보다 지방통치조직의 거점인 주치로 고정되기에 이르렀으며, 더 이상 군사조직으로서의 위상을 유지할 수 없었던 것으로 생각된다. 이에 대해 광역정은 광역주를 지역적 존립기반으로 하여 성립된 군사조직으로서, 광역주 내부의 모든 지역단위의 군사력을 결집한 것이었다.

주치정과 광역정이라는 이원적 구조를 가지고 있었던 정제는 변질되어 갔다. 주치정은 군사조직으로서의 정이 아니라 지방통치의 거점인 주치로서 정착되어 갔다. 신라는 통일전쟁이 마무리된 시점인 신문왕 5년(685) 전국의 지방통치제도를 9주체제로 개편하였다. 아울러 새롭게 설치된 광역정을 정리하는 일대 군제 개편을 단행하여 군호 6정을 설치하였다.

기존의 왕경을 기반으로 하고 있는 대당과 지방의 광역주를 기반으로 한 기존의 한산정·우수정·하서정 등 4개의 부대를 구성부대로 하였고, 신문왕 5년에 신설된 광역정인 완산정을 포함시켰으며, 그리고 그 이전부터 존재해 왔던 귀당도 묶어 도합 여섯 개 부대를 묶어 군호 6정으로 정리했던 것이다.

이러한 군호 6정의 성립과 더불어 이들을 제외한 광역주를 기반으로 하는 광역정들은 소멸되었다. 그러나 이렇게 군호 6정으로 정리된 군사조직들은 군사조직 본연의 기능을 발휘하지 못하였던 것으로 생각된다.

5. 가야의 군사체계

1) 가야의 성과 방어체계

가야의 토성 축조는 백제나 신라에 비하여 1세기 이상 늦었던 것으로 나타난다. 백제나 신라와 달리 가야 지역은 국읍의 방어체계가 매우 취약했다고 볼 수 있다. 그러나 영남 지역의 초기 토성들에 고분군들이 인접해 있고 그 고분군에서 출토되는 토기들이 대개 4세기부터 시작된다고 할 때, 전기 가야의 토성 유적들도 4세기에는 축조되었을 가능성이 높다.

5세기 후반 가야연맹의 복구 움직임에 따라 금관가야, 즉 남가야에서는 왕성 주변에 토성을 축조하여 방어체계를 구축하였다. 후기 가야연맹의 약소국이었던 남가야국이 늦어도 5세기 후반까지는 토성이 축조했다는 것은, 이 시기의 다른 가야 소국들도 방어를 위하여 토성을 널리 축조하였음을 짐작하게 한다. 뿐만 아니라 5세기에 가야는 국읍이나 도읍 중심지에 토성을 쌓는 것을 넘어 그 주변에 산성을 축조하여 중심지에 대한 방어체계를 구축해 나가고 있었다.

2) 가야의 무기, 무장체계

(1) 가야의 무기체계

영남 지역에서는 기원전 3세기 초기 철기시대 이후에 청동으로 만든 검과 화살촉 등이 출토되고 있다. 이는 서북한이나 충남 지역 등에서 비싼 값을 치르고 구입한 것이며, 실제 전쟁에서는 돌로 만든 무기가 사용되었을 것이다.

이러한 상황은 기원전 1세기 이후에는 바뀌게 된다. 철기 유물이 다량 출토되었는데, 여기서 출토되는 청동 및 철제 무기들은 유입품이 아니고 자체적 생산기반에 의하여 제조된 것이었다. 이때의 병기는 근접전 용도의 단검과 투겁창이 주류를 이루고 있는 것으로 보아, 조직적인 전술 구사나 집단 간의 대규모 전투는 없었다고 할 수 있다.

가야 지역의 철제 무기는 2세기 후반 3세기에 걸쳐 다시 변화한다. 실전에 쓰이는 쇠투겁창과 쇠화살촉의 출토량이 상대적으로 많고 형태가 다양해지고 있는 것은 원거리 전투와 집단 간 전투가 벌어지고 있는 것을 의미한다. 이는 소국 병합 과정에서 상호간의 전쟁이 늘어났기 때문이다.

가야의 무기는 3세기 후반부터 4세기 전반에 걸쳐 한 차례 더 진화하였다. 검이 사라지고 무기의 가장 많은 비중을 차지하는 것이 쇠투겁창으로 바뀌었다. 이 창은 기병의 충격 무기로 사용하기에 매우 적합한 형태로서 이 단계에 수용된 실용 마구와 함께 북방 기마문화의 영향으로 일괄 유입되었다고 보인다. 이는 4세기에 들어 가야 지역 내부의 소국 사이 또는 신라와 가야 사이에 전쟁이 치열하게 일어나면서 지배층들이 치명적인 무기 개발에 주력했다는 사실을 보여준다.

5세기 이후 6세기 중엽까지 공격용 무기로는 쇠화살촉의 촉 뒷부분이 더욱 길어져서 공

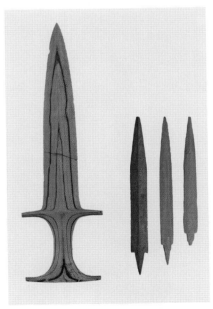

가야 지역에서 출토된 간돌검과
간돌화살촉(육군박물관)

격력이 강화된 목긴쇠화살촉長頸式鐵鏃이 나타난다. 이때에는 무력에 의한 권력 집중과 동시에 전문 전사 집단이 나타나고, 기마전과 원거리 공격이 주요한 전술로서 자리 잡았다.

(2) 가야의 무장체계

무장체계와 직접적인 관련을 가지는 것은 갑주甲冑와 마구馬具이다. 이는 무기를 다루는 무사들의 공격력 향상 및 방호를 위한 보조적인 도구들이기 때문이다. 3세기 이전 가야 지역의 갑옷과 투구, 즉 갑주는 나무 혹은 가죽 등으로 제작되었을 것으로 추측되나, 현재까지 실물로 출토된 것은 없다. 그런데 4세기 전반에 북방계 마구 문화가 도입됨에 이르러 갑주가 철제로 전환되었다. 가야 지역에서 철제 갑옷과 투구가 만들어지게 된 것은 3세기 후반부터 4세기 전반에 걸쳐서 원거리 공격용 무기인 창과 화살촉의 증대된 관통력에 대응하기 위해서였다.

5세기가 되면 가야의 갑주에 일대 변혁이 나타난다. 즉 4세기 철제 갑옷의 주류를 이루었던 판갑옷이 현저하게 줄고 그 대신 미늘갑옷이 급속히 확산된다. 이와 같은 갑옷의 변화는 5세기 초에 고구려가 가야 지역에서 행한 중장기병을 중핵으로 한 기마전과 원거리 공격이 주요한 군사 전술로서 자리 잡게 된 때문이라고 보인다.

가야의 철제 갑옷과 투구(김해박물관)

말투구와 말갑옷이 출토되는 것도 같은 현상의 일환이다. 미늘갑옷의 증가와 함께 갑주의 부장 양상도 변화한다. 즉 소형 고분의 갑주 부장이 확산되고, 한편으로는 최고 계층에의 갑주 집중화 현상도 함께 나타난다. 이는 군사력의 장악을 통해 무력에 의한 권력 집중이 이루어지면서 전문 전사 집단이 등장한 것을 반영한다.

3) 가야의 군사조직과 병력 동원체계

(1) 가야의 군사조직

가야가 소국연맹체 또는 초기 고대국가의 단계였던 사실을 생각하면, 그들의 군사 조직은 각 소국 사이의 역학관계에 의하여 조성되었다고 볼 수 있다. 3세기 전반에 변진 12국은 김해의 가야국(=구야국=금관가야)을 중심으로 완만하게 통합되어 변한 소국연맹체, 즉 전기 가야연맹을 이루고 있었다. 3세기 후반 이후로는 영남 지역 내에서 무장적인 분위기가 조성되면서 그러한 연합 관계가 좀 더 강화되어 정치세력화하고 있었다.

후기 가야시대에 이르면, 적어도 5세기 중엽 이후부터 6세기 중엽까지 고령에 중심을 둔 대가야가 연맹 전체의 군사조직을 주도하고 나머지 가야 소국들이 일정한 독립성을 유지한 채로 유사시에 회의를 거쳐 연맹 전체의 군사력 행사에 참여하는 수준이었다.

그 중에서도 대가야가 가야 북부 지역에 고대국가를 성립시킨 510년~520년대에는 대가야의 명령이 해당 지역 내에서 좀 더 강압적이고 유기적으로 작용하였다. 529년 이후로는 안라국 및 가야 남부 지역의 일부 세력들이 별도의 지역 연맹을 이루게 되어 6세기의 안라국은 대가야에 버금가는 군사조직을 갖추어 상당한 독립성을 유지하였다.

(2) 가야의 병력 동원체계

전기 가야연맹은 소국들이 각자 병력을 동원하고 있었다. 그들은 연맹 전체의 이익을 위하여 맹주국인 가야국의 동원 명령에 따르기도 하나, 사정이 맞지 않으면 독자 행동을 하기도 하고 심지어는 몇몇 소국이 뭉쳐서 맹주국인 가야국을 공격하기도 하였다.

가야는 유사시에 신라나 왜의 병력을 동원하기도 하였다. 그러나 이런 형태의 병력 동원에는 상당한 대가가 요구되어, 가야는 포상팔국 전쟁 때 신라의 병력을 요청한 대가로 왕자를 신라에 볼모로 보내기도 하였다. 가야는 자신의 힘을 외부적으로 또는 내부적으로 과시할 때 신라군보다는 왜군을 동원하는 것이 더욱 빈번하였다.

한반도의 복잡한 국제관계 속에서 가야인과 왜인이 연합한 군대가 출동할 때는 그 배후에 백제의 존재가 드리워져 있었다. 4세기 후반 5세기 초에는 백제-가야-왜의 삼국 동맹이 고구려-신라의 양국 동맹을 공격하는 태세였다. 반면에 5세기 후반 백제와 신라의 나제동맹이 고구려의 남하정책에 대항할 때는 가야가 백제와 함께 신라를 구원하였다. 왜군이 가야를 위해 동원되는 군대였던 것처럼 가야군은 백제를 위해 동원되는 군대였다고 할 수 있다.

가야군은 상호 이해관계 속에서 대가를 받고 백제를 지원했으나, 그 이해관계가 맞지 않으면 언제든지 백제가 아닌 다른 세력과도 손을 잡을 수 있는 독립적인 군대였다. 대가야-안라 이원체제를 이루고 있던 540년~550년대 가야연맹의 병력 동원은 제한기회의諸旱岐會議를 통해 이루어졌다. 제한기회의에서 각 가야 소국 사이의 복잡한 이해관계를 조정한 후에 병력 동원이 결정되고 실행되었던 것이다.

6. 고구려의 요동 진출과 백제의 성장

1) 고구려의 요동 진출과 고구려-전연 전쟁

(1) 4세기 초 국제정세

고구려를 영역 팽창의 측면에서 볼 때, 4세기는 한반도 서북부와 요동 지역으로 진출하면서 이를 확보해 가는 시기였다. 고구려의 입장에서 양 지역은 밀접히 연관되어 있다. 요동 지역의 확보 없이는 한반도 서북부의 안정적인 운영이 어렵고, 마찬가지로 한반도 서북부를 차지하지 않고서는 요동으로 진출할 수 있는 기반을 확보할 수 없었다.

고구려의 요동 진출에는 국제정세가 중요한 배경을 이루고 있다. 291년 8왕의 난으로 시작된 서진西晉의 혼란이 주변 이민족에 영향을 미치면서 대외관계가 크게 변동하였다. 이러한 정세 불안을 틈타 선비족을 이끌던 모용외慕容廆가 세력을 확대하여

310년경에 요동 지역에서 세력을 구축해 갔다.

이 시기에 고구려 역시 중국 군현에 대한 적극적인 공세에 나섰다. 302년 현도군에 대한 공세를 시작으로 하여 311년에는 요동과 낙랑군을 잇는 요충지인 서안평을 공취하였고, 313~314년에 낙랑군과 대방군을 차례로 점령하였다. 315년에는 현도군을 공격하면서 요동 지역 진출을 본격적으로 시도하였다. 이 시기에 모용씨의 전연은 이미 요동 지역에서 상당한 정도로 세력을 구축한 상태였다.

(2) 고구려 – 전연 전쟁

고구려와 전연의 충돌은 4세기에 들어 빈번해지고 있었다. 339년 이후 요서 일대에서 전연과 후조의 공방전이 격화되고 있었는데, 후조는 우문부와 고구려로 이어지는 연합 전선을 구축하여 전연을 압박하였다. 342년 전연은 이 연합 전선을 붕괴시키기 위한 대대적인 반격에 나서게 되면서 먼저 고구려 정벌을 단행하였다.

수도인 조양에서 출발한 전연군은 요하를 건너 공격군을 둘로 나누었다. 주력 부대 4만 명은 남도를 통하여 진격하였고, 왕우가 거느린 1만 5천 명은 북도를 통하여 진격하였다. 고구려는 주력 부대 5만 명을 북도에 배치하였고, 남도에는 고국원왕 자신이 소수 군사를 이끌고 대비하였다. 고구려의 대응은 전연이 예상했던 대로였던 것이다. 고국원왕이 거느린 소수의 군사로는 전연의 주력군을 막아낼 수가 없었다. 전연군은 패주하는 고구려군을 추격하여 수도인 국내성을 점령하였다.

전연은 고국원왕의 어머니 주씨와 왕비를 사로잡았고, 부왕인 미천왕의 시체를 도굴하여 남녀 5만 명의 포로와 함께 전연으로 이송하였다. 고구려 정벌을 성공리에 끝낸 전연은 이어서 344년에 우문부를 공격하여 멸망시켰다. 346년에는 농안農安 지역의 부여를 공격하여 멸망시켰다. 이렇게 동방 지역에 대한 통제력을 갖게 된 전연은 중원으로 진출하여 352년에는 후조를 멸망시키고 화북 일대를 장악하였다.

2) 고구려와 백제의 전쟁

(1) 백제 근초고왕대의 대외관계

근초고왕대에 백제는 대고구려 전략에 치중하여 신라와의 교섭은 크게 염두에 두지 않았다. 오히려 대외교섭에서 가장 중요한 대상은 가야, 왜와의 관계였다. 4세기 초 낙랑군과 대방군이 고구려에 의해 한반도에서 축출된 후 백제는 낙랑군과 대방군을 대신하여 과거의 교역망을 회복하고자 하였다. 이미 3세기 후반에서 4세기 전반에 백제는 금강 하구까지의 해상 교역망을 장악하고 있었는데, 4세기 중반 근초고왕대에 들어 서남해안-남해안-왜로 이어지는 교역망을 다시 복원하고자 했던 것이다.

백제는 가야나 왜 지역 세력과 연결하여 과거 교역망의 복원을 시도하였지만, 이를 지속적으로 유지하기 위해서는 이 교역망의 중심지였던 대방군, 이와 연결된 중원 세력과의 교역망을 복원해야 했다. 근초고왕이 과거 대방군 지역이었던 황해도 지역을 놓고 고구려와 일대 쟁패를 벌인 것이나, 이 전쟁에서 승리한 이후 동진과의 교섭에 나섰던 것도 이러한 배경에서였다.

372년에 근초고왕은 동진으로부터 '진동장군령낙랑태수鎭東將軍領樂浪太守'의 책봉을 받았다. 이 책봉은 당시의 국제정세 속에서 중요한 의미가 있었다. 고구려는 372년(소수림왕 2)에 전진前秦과 외교 관계를 맺었다. 전진이 북중국의 패자로 등장하자 동진은 긴장하지 않을 수 없었다. 이러한 정황에서 근초고왕에 대한 책봉은 전진의 등장과 전진과 고구려의 연결이라는 당시 국제정세에 대한 백제와 동진의 공통된 인식이 담겨 있었다.

이와 같이 360년대 중후반에 백제는 발 빠른 외교 활동으로 주변 여러 나라들의 침략 위협을 우려하지 않고 오로지 고구려의 남침에 군사력을 집중시킬 수 있었다. 그 결과 백제는 369년에 고구려의 남침을 저지하고 나아가 371년 평양성 전투에서 대승을 거둘 수 있었다.

(2) 고구려와 백제의 전쟁과 평양성 전투

4세기 후반에 백제와 고구려는 과거의 대방군, 낙랑군 지역을 놓고 한바탕 격전을

벌였다. 그러나 이를 단지 황해
도 지역에 대한 영역 확보를 위
한 전쟁으로만 보기는 어렵다.
시야를 넓혀 보면 이 시기 백제
와 고구려 양국이 추구했던 국
제 전략과도 밀접하게 연관되어
있다.

3세기 후반 중원의 혼란으로
낙랑군과 대방군의 통제력이 약
화되다가 4세기 초에는 고구려
에 의해 낙랑군과 대방군이 멸
망하였다. 이후 고구려와 백제
는 각각 한반도를 중심으로 과

안악 3호분 벽화의 중장기병 모습

거 서진 이래의 교역망을 복원하여 자신의 세력권과 교섭망을 구축해갔는데, 그 결
과 양국 사이에는 한반도 내에서의 주도권을 둘러싸고 대결의 장이 펼쳐지게 되었던
것이다.

공격의 포문을 먼저 연 것은 고구려였다. 369년에 고구려는 2만 군사로 백제를 공
격하였으나 치양 전투에서 대패하였다. 371년에는 근초고왕이 3만 대군을 거느리고
고구려를 공격하여 평양성 전투에서 고국원왕이 전사하였다.

고국원왕 전사 이후 고구려는 소수림왕 때 국가체제를 일신하면서 다시 국력을 비
축하였다. 전열을 정비한 고구려가 다시 백제를 공격한 때는 375년이다. 이때 고구려
는 백제의 북변인 수곡성(신계)을 공격하여 함락시켰고, 다음해에 또 다시 북변을 침
략하였다. 백제의 근구수왕은 여기에 대응하여 377년에 3만 군사로 고구려의 평양성
을 공격하였다. 이에 대하여 고구려는 백제에 역공을 취하였다. 양국은 이제 비로소
호각지세를 이루며 예성강 일대를 경계로 치열하게 공방을 벌였다.

제3절

고구려의 정복전쟁과
백제, 신라의 대응

1. 고구려의 대외전쟁과 영역의 확장

1) 4세기 후반의 국제정세

370년 전진은 전연을 멸망시키고 요서·요동 지역을 장악했다. 고구려는 전진과 별다른 충돌 없이 우호관계를 유지하였다. 369년과 371년 백제와의 전쟁에서 잇따라 패배한 고구려는 백제를 견제할 필요가 있었다. 그런데 385년 전진이 후연으로 교체되면서 화북 지방은 다시 혼란에 빠졌다.

절호의 기회를 놓치지 않고 요동을 장악하기 위해 고구려는 385년(고국양왕 2)에 4만 대군을 일으켜 요동군과 현도군을 함락시켰지만, 후연의 반격으로 2군을 빼앗기고 말았다. 당시 고구려는 연이은 백제와의 공방전으로 요동 지역에서의 군사 활동에 제약이 적지 않았다.

광개토왕의 즉위 후 주어진 과제는 남방 전선의 안정과 이를 전제로 요동의 완전한 장악이었다. 이와 관련하여 고국양왕 말경에 이미 대백제전을 위한 준비가 진행되고 있었다. 이는 고구려와 신라의 관계를 통해 엿볼 수 있다. 고국양왕 말년인 392년 신라가 왕족인 실성實聖을 인질로 고구려에 보냄으로써 양국은 공식적으로 상하 외교관계를 체결하였다. 이는 백제와 신라가 연결되는 것을 원천적으로 봉쇄하기 위한 고구려의 외교 전략이었다. 신라의 입장에서도 백제와 연결된 왜가 한반도에 출몰하면서 위협을 느끼고 있었기 때문에 고구려의 인질 요청을 마다할 형편이 아니었다.

2) 백제와의 전쟁과 영역의 확보

고구려와 백제는 369년에 첫 전투를 벌인 이래 여러 차례 공방을 주고 받았지만 어느 쪽도 우위를 정하지 못했다. 대략 지금의 예성강 하류에서 상류로 이어지는 지역을 경계로 서로 공방을 거듭하며 교착 상태가 지속되고 있었다.

광개토왕이 즉위하면서 백제에 대한 공세가 시작되었다. 392년 백제의 10성을 빼앗았고, 백제 서북의 요충지인 관미성을 함락하면서 주도권을 잡았다. 이듬해인 393년에는 관미성을 되찾기 위한 백제의 반격이 있었으나 패퇴하였다.

394년 7월에 백제가 수곡성을 침공하였으며, 이어 8월에는 고구려가 백제와의 접경 지역에 7성을 축조하였다. 또 394년에는 고구려군과 백제군이 패수浿水에서 격돌

광개토왕비(중국 집안)

하는 등 거의 매년 고구려와 백제의 공방이 이어졌다. 396년에는 고구려군의 공격으로 백제는 58성을 잃었다. 이때 고구려는 한강 하류의 한강 이북 지역과 남한강·북한강의 중상류 지역을 모두 장악한 것으로 보인다.

3) 후연과의 전쟁과 요동 장악

전연의 공격으로 수도 국내성이 함락되고 또 왕모가 전연에 포로로 잡혀있는 상황에서 고구려의 요동 지역으로의 진출은 어려웠다. 고구려가 다시 요동으로 진출을 추진한 때는 고국양왕 때였다. 고국양왕 때 후연과 요동·현도 2군을 두고 공방을 벌이는 즈음에 고구려는 그 연도는 정확히 알 수 없지만 요동의 일정 지역을 확보한 것으로 보인다. 이후 고구려와 후연의 충돌은 대체로 요동성 이북 지역에서 요하 상류 지역의 루트를 둘러싸고 전개되었다. 이는 요동성 이남의 요동반도 지역은 고구려가 이미 안정적으로 지배력을 확보하고 있음을 시사한다.

그러나 400년에 후연 모용성은 고구려의 신성과 남소성을 공격 함락시켰다. 신성과 남소성은 고구려가 요동으로 진출하는 중요 출입구이다. 모용성이 신성과 남소성을 공격한 것은 곧 고구려의 요동 출입구를 봉쇄하려는 작전이다. 그러나 407년 고구려와 후연의 최후의 전투는 고구려의 승리로 끝났다. 이 전투의 승리로 고구려의 서쪽 전선이 안정되었으며, 요동 일대에 대한 지배권도 확실하게 굳히게 되었다.

4) 신라구원전과 동부여 정벌

(1) 신라의 구원과 임나가라 정벌

4세기 후반 한반도는 고구려와 백제라는 서로 대립하는 큰 두 세력이 있었고, 이 두 세력을 주축으로 하여 고구려와 신라가 한 축을 이루고 백제를 중심으로 가야와 왜가 연합한 한 축이 서로 대치하였다. 이들 두 진영 사이에 다양한 형태로 전쟁이 전개되었다.

399년 왜의 신라 침공은 백제가 배후에서 조정한 것으로 짐작된다. 고구려는 이듬해인 400년에 5만에 이르는 군대를 신라에 파견하여 왜군을 퇴각시키는 전과를 거두었다. 고구려군의 주목적은 신라의 구원 자체가 아니었다. 오히려 퇴각하는 왜군을 추격하여 가야 지역까지 진출하는데 있었다. 이때 고구려군의 공격 목표는 백제와 왜를 연결하는 핵심지역인 임나가라任那加羅였다.

고구려군은 퇴각하는 왜군을 추격하여 임나가라로 진격하였으며, 왜군은 변변히 저항도 못하고 항복하였다. 고구려는 평정한 임나가라성에 순라병을 두어 지키게 하였다. 이 사건의 여파로 백제의 우군이면서 김해 가야국을 대표로 하는 전기 가야연맹은 막을 내렸고, 이와 함께 임나가라라는 말은 실체를 잃어버렸다.

(2) 동부여 정벌

410년 단행된 광개토왕의 동부여 정벌은 고구려 북쪽 일대의 영역의 확보 정책과 연관되어 있다. 이 방면으로 고구려는 이미 398년에 숙신 지역에 대한 군사 작전을 벌인 바 있었다. 여기서의 숙신은 아마도 두만강 하류 지역의 북옥저 지역과 경계를 맞대고 있던 숙신 세력으로 추정된다.

398년의 숙신 지역에 대한 군사 작전, 그리고 410년의 광개토왕의 친정에 의한 동부여 정벌로 고구려는 동북 지역에 대한 통제력을 완전히 확보하였다. 이 지역은 고구려의 배후 기지로서의 성격을 갖고 있었으며, 고구려의 멸망 시까지 고구려에 충실하게 복속되었던 지역이기도 하였다.

2. 고구려의 남진과 나제동맹

1) 5세기 초반 고구려의 대중국 정책

5세기 초반 화북 지역을 통일하고 있던 북위는 최종적으로 요서 지역의 북연을 압박하여 436년 본격적인 정벌에 나섰다. 이러한 북위의 동향에 대해 고구려 역시 군사적인 행동으로 대응하였다. 고구려 장수왕은 수만의 군대를 보내 북 북연의 왕 풍홍과 북연의 주민들을 고구려로 이주시켰다. 북위는 고구려에 북연왕 풍홍을 송환해줄 것을 요청했지만 장수왕은 거절하였다.

고구려는 풍홍의 신변 처리 문제를 둘러싸고 남조 송宋과도 갈등을 빚었다. 풍홍이 438년에 송에 군대의 개입을 요청함으로써, 요동에서 고구려군과 송군 사이에 군사적 충돌이 일어나게 되었다. 그러나 양국은 충돌을 더 이상 확대하지 않았다. 북위라는 현실적인 적대 세력을 눈앞에 두고 있던 공통된 처지 때문이었다.

462년에 고구려는 북위에 사신을 파견하여 교섭을 재개하였다. 고구려가 북위와 교섭을 재개하자 불안감을 느낀 송은 이듬해인 463년 고구려에 사신을 보내장수왕을 책봉하였는데, 그 이전보다 책봉호를 높였다. 고구려도 북위와 교섭이 재개되었다고 하여 송과의 교섭을 단절할 의사는 없었다.

북연의 멸망으로 고구려와 북위는 직접 국경을 맞대게 되었으나, 양국은 북위의 멸망 시까지 어떠한 전투 상황에도 이르지 않았다. 과거 요동 지역 패권을 둘러싸고 선비 모용씨의 왕조인 전연이나 후연과 격렬한 충돌을 거듭하였던 상황과 비교된다. 이는 당시와는 다른 국제정세에 힘입은 바이기도 하지만, 고구려의 새로운 대외 전략과 맞물려 나타난 점도 고려해야 할 것이다. 그것은 바로 고구려의 남진 정책이었다.

2) 나·제동맹의 결성과 고구려의 한성 공격

427년 고구려 장수왕이 평양으로 천도하고 남진 정책을 적극적으로 추진하자, 위협을 느낀 백제와 신라는 433년에 나·제동맹을 결성하였다. 고구려의 남진에 직접적인 위협을 느낀 것은 백제였지만 신라 역시 고구려의 남진을 적극 경계하고 있었다. 왜의 침략 시에 고구려 광개토왕의 도움을 받았던 신라는 이후 계속된 고구려의 간섭과 통제에서 벗어나고자 하였다.

이제 한반도 내에서 삼국간의 역학 관계는 크게 바뀌게 되었다. 그동안 고구려가 주축이 되고 신라가 연합하였으나, 이제는 백제가 중심이 되고 신라와 가야가 연합 세력으로 참여함으로써 고구려를 고립시키게 되었다. 그러나 지나친 고립은 오히려 고구려로부터 역습을 불러일으켰다. 475년 백제는 고구려 장수왕의 공격을 받아 수도 한성이 함락되고 개로왕이 살해당하는 등 일대 위기를 겪게 되었다.

　고구려의 백제 공격으로 나·제동맹은 군사적인 동맹으로 확고하게 자리잡아갔다. 백제와 신라의 동맹은 고구려의 세력 확대에 대처하는 양국의 생존 전략이었다. 이후 삼국 관계는 고구려와 나제 연합의 대결 구도로 전개되었다. 나·제동맹에 의한 공동 방어의 결과, 고구려의 남진은 죽령·조령 일대에서 남양만을 연결하는 선에서 저지되었다.

3) 고구려의 남진과 백제·신라의 대응

　475년 고구려 장수왕의 대규모 공격으로 한성이 함락되고 개로왕이 피살되면서 백제는 부득이 웅진으로 천도하지 않을 수 없었다. 이후 삼국의 정세는 고구려를 한 축으로, 그리고 백제와 신라 및 가야를 한 축으로 하는 충돌이 약 80년 간 지속되었다.

　고구려와 신라의 군사적 충돌은 450년에 시작되었다. 450년에 고구려의 변장이 실직悉直(삼척)에서 사냥을 하다가 신라의 하슬라阿瑟羅(강릉)의 성주 삼직三直에게 살해당하는 사건이 벌어졌다. 이 사건은 신라의 사과로 일단 무마되었다. 고구려의 본격적인 공세는 468년 이루어졌다. 말갈 군사 1만 명을 동원하여 신라의 실직주성을 공격하여 빼앗았다. 신라는 이 해 9월에 신라는 하슬라의 주민을 동원하여 니하泥河에 성을 쌓아 고구려의 침입에 대비하였다.

　480년 고구려는 말갈 즉 예족濊族을 동원하여 신라의 북쪽 경계를 침입하였으며, 이듬해에는 다시 말갈병과 함께 신라에 대한 본격적인 공세를 가하였다. 그 결과 호명성狐鳴城 등 7성을 빼앗고 또 미질부彌秩夫(흥해)까지 진출하였으나, 백제·가야의 지원을 얻은 신라의 반격으로 다시 니하 선으로 후퇴하고 말았다. 480년 이후 고구려와 신라의 주된 충돌 지역은 그 이전의 동해안 일대가 아니라 중부 내륙 지역으로 집중되고 있다.

　백제는 웅진으로 천도한 이후 대내적 안정을 이룬 동성왕대부터 고구려와의 전투를 다시 시작하였다. 특히 동성왕 초년인 481년과 484년의 전투는 고구려가 신라를 공격할 때 백제가 신라에 구원군을 보내는 방식으로 이루어졌다. 백제와 신라의 군사

동맹이 웅진 천도 이후에도 여전히 작동하고 있음을 보여주는 예이다.

3. 백제와 신라의 한강 유역 쟁탈전

1) 고구려의 내분과 대내외적 위기상황

고구려는 안장왕대부터 왕권의 약화와 귀족세력 간의 분열 등으로 정국이 불안정해졌다. 대외적으로도 서북변에서의 위기가 고조되고 있었다. 523년에 고구려와 가장 우호적인 관계를 유지하였던 북위가 멸망하였다. 더욱이 신흥 돌궐이 몽고고원의 새로운 주인으로 등장하는 세력 교체가 일어났다. 이러한 혼란 속에서 북제의 군사 행동이 계속되었다.

552년 북제는 북위 말기의 혼란기에 고구려로 이주한 유민 5천 호를 쇄환해 갔다. 이듬해에도 북제는 거란족에 대한 대규모 정벌을 감행하면서 요서의 창려성까지 직접 순행하였다. 요해 지역에 깊은 이해관계를 갖고 있던 고구려로서는 이 일대에서 전개된 북제의 무력시위에 커다란 위협을 느끼지 않을 수 없었다.

한강 유역의 상실과 요해 지역에서의 군사적 긴장감의 고조라는 남북 양쪽에서 조성된 대외적 위기를 맞아, 고구려 지배층은 우선 내부 분쟁을 수습하며 귀족연립체제를 성립시켰다. 대외적으로는 남조 진陳과의 적극적인 연결을 통해 북제에 대한 견제를 꾀하였다. 또한 돌궐의 동진도 저지하여 종전의 상태를 큰 변동 없이 유지하였다. 한반도 내에서도 나제동맹의 결렬 이후에는 백제와 신라의 상쟁이 계속되어 고구려는 한숨을 돌릴 수 있었다.

이렇게 대내적 정쟁과 대외적 위기를 수습한 고구려는 다시 세력 재건을 꾀하였다. 거란·말갈에 대한 지배권을 강화해가며 요해 지역으로의 진출을 적극적으로 시도하였으며, 한편으로 한강 유역을 탈환하기 위해 신라에 대해 공세를 취하였다.

2) 백제와 신라의 한강 유역 쟁탈과 관산성 전투

백제는 고구려에게 빼앗긴 한강 유역을 회복하기 위해 끊임없이 노력하였고, 신라 역시 소백산맥을 넘어 한강 유역으로 진출하고자 하였다. 551년에 백제의 성왕과 신라의 진흥왕은 손을 잡고 고구려를 공격하기 위한 북진군을 일으켰다.

백제와 가야의 연합군은 한성을 공파하여 한강 하류의 6군을 차지하였고, 신라군은 죽령을 넘어 고현까지 진출하여 한강 상류의 10군을 확보하였다. 이때 빼앗은 6군은 서울을 비롯한 한강 하류 지역이며, 10군은 한강 상류인 충주·제천에서 철원까지의 지역으로 추정된다. 그러나 신라는 553년 동맹을 일방적으로 파기하고 백제가 탈

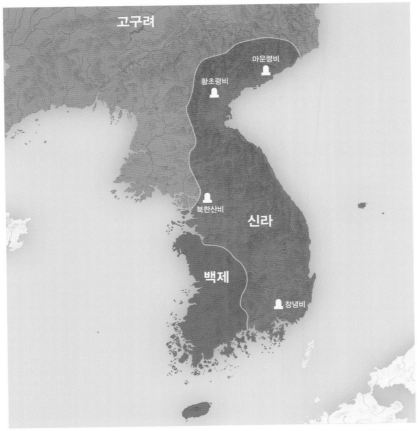

6세기 중엽 신라의 성장

환한 한강 하류 지역을 기습 공격하여 차지하였다.

신라의 배신으로 오랜 염원이었던 한강 유역을 회복했다가 다시 잃게 된 백제는 상당한 타격을 받았다. 백제는 가야와 왜의 군사적 지원을 받아 신라에 대한 공격을 꾀하였다. 554년 백제와 가야, 왜의 연합군은 신라의 관산성을 공격하였다. 관산성은 현재의 옥천 지역으로 비정된다. 이 관산성 전투에서 백제 성왕이 전사하였다. 이후 신라군의 총반격으로 백제군은 궤멸적 타격을 입고 퇴각하였다.

관산성 전투는 한반도의 백제와 가야, 신라는 물론 왜도 참여함으로써 동북아시아의 국제전의 양상을 띠고 전개된 전쟁이었다. 고구려는 관산성 전투에 직접 참여하지 않았지만, 고구려군은 554년에 웅천성(지금의 공주)을 공격함으로써 신라를 지원하였다. 당시 신라가 한강 하류 지역을 차지하고 있었기 때문에 고구려군이 웅천성을 공격하기 위해서는 신라의 양해가 있어야 했다. 따라서 이 웅천성 공격은 고구려와 신라가 동맹을 맺고 백제를 압박하는 상황을 보여준다고 하겠다.

이처럼 관산성 전투는 한반도의 4국과 왜 모두 이해관계가 교차하는 국제전이었다. 이제 나제동맹은 완전히 깨지고 이후 백제와 신라 간의 격돌이 치열해졌다. 관산성 전투의 결과, 한강 하류 지역에 대한 신라의 지배권이 공고해졌다. 신라는 이 지역을 근거지로 대중국 외교를 전개하여 동아시아 국제무대에 등장할 수 있었다.

제4절

삼국통일전쟁의 전개

1. 동아시아 국제정세의 변동과 전략 전술의 변화

1) 5~6세기 동아시아의 국제정세

5세기 이래의 안정적인 동아시아의 국제질서는 523년 북위에서 내란이 시작되면서 균열이 일어났다. 534년 북위는 동위와 서위로 분열되었고 이후 각각 북제와 북주가 세워졌다. 양梁에서도 진패선이 556년에 진陳을 건국하였다. 중국 대륙은 이제 북제·북주·진의 3국으로 세력 개편이 이루어졌다.

몽골고원에도 세력 교체가 일어나고 있었다. 552년에 신흥 돌궐이 유연을 격파하고 몽골고원의 새로운 주인으로 등장한 것이다. 이후로 돌궐은 끊임없이 세력을 확장하여 점차 동쪽으로 밀려왔다.

일찍부터 몽골고원의 세력과 관계를 맺으면서 북위를 견제하였던 고구려로서는 이러한 세력 교체를 예의 주시하였다. 돌궐에 의해 격파된 유연의 무리들이 남쪽으로 이동해 오면서 요하 상류의 거란족 지역과 북제의 북경에 연쇄적인 파동이 일어나고 있었다. 더욱이 돌궐의 동진이 계속되어 흥안령을 넘어 거란족과 말갈족에 그 세력이 미치고, 심지어 고구려 국경을 침범하는 사태에 이르자 고구려는 돌궐과 대립하게 되었다.

2) 고구려, 백제, 신라의 대외정책과 삼국의 정세 변화

(1) 고구려의 대외정책

5세기 동안 고구려와 동아시아의 여러 국가간에는 평화로운 관계가 유지되고 있었다. 고구려는 북중국의 국가와는 5세기 초에 후연과의 전쟁을 치룬 이후 598년 수와의 전쟁을 치루기까지 한차례의 전쟁도 없었고, 북방 유목국가와도 6세기 후반 돌궐과의 충돌이 일어나기까지 우호적인 관계를 지속하고 있었다.

6세기 이후 북위의 분열에 따른 대륙의 정세 변동이 급격하게 이루어지고 있었다. 고구려도 6세기 초부터 귀족세력간의 갈등으로 정치적으로 상당한 내분의 진통을 겪고 있었다. 531년에는 안장왕이 피살되었고, 또 안원왕 말년인 544년에는 외척들 사이에 왕위계승전이 벌어졌다.

이러한 내분이 전개되는 과정에서 고구려는 급격한 국제정세의 변동과 대외적 위기를 맞게 되었다. 즉 551년에는 백제와 신라의 연합군에게 한강 유역을 빼앗겼고, 돌궐 세력이 동진해 오면서 서북변에서의 긴장도 고조되어 갔으며, 여기에 새로 등장한 북제와 북주는 이전의 북위와의 우호적인 관계와는 달랐다.

대외적 위기에 대처하기 위해 고구려 귀족세력은 분쟁 수습을 모색하였다. 그 결과 고구려의 정치운영 체제는 귀족연립체제로 정착되게 되었다. 한반도 내의 삼국간 관계에 있어서도 고구려는 여유를 가질 수 있었다. 553년에 신라가 백제의 한강 하류 지역을 기습 공격하여 빼앗은 것을 계기로 백제와 신라의 동맹 관계가 깨져 버린 것이다. 이후 백제와 신라 사이의 상쟁이 치열해짐에 따라 고구려의 남부 국경은 상대적으로 안정될 수 있었다.

(2) 백제, 신라의 대외정책

백제는 전통적으로 남조와 밀접한 외교 관계를 맺고 있었다. 그러나 그것은 고구려 견제를 위한 정치적 목적보다는 국내의 정치 상황 혹은 문물 교류의 측면이 강하였다. 남조와 긴밀한 관계를 맺고 있었지만, 백제가 대고구려 전략의 일환으로 교섭한 대상은 북위였다. 472년 개로왕은 고구려 공격을 요청하는 사절을 북위에 보냈지만,

북위는 백제의 요청을 거절하였다.

북위의 분열 이후 백제는 북조 국가들과의 교섭을 다시 시작하여 570년에는 북제, 577년에는 북주와 각각 외교관계를 맺었다. 북제·북주가 등장하면서 고구려와 대립하게 되자, 백제는 이들 북조 국가와의 연결을 모색하여 고구려를 견제하고자 했던 것이다. 또한 백제는 신라를 견제하기 위해서도 북조 국가들과의 교섭이 필요하였다. 554년의 관산성 전투 이후 적대적 관계로 돌아선 신라가 564년에 북제와 외교 관계를 맺자, 이를 외교적으로 견제하려는 측면에서도 북조 국가들과 연결을 모색했을 것이다.

한편, 신라도 한강 유역을 차지한 후 적극적으로 중국의 여러 국가와 외교 활동을 전개하고 있었다. 이 무렵 신라는 남조 국가인 진과 활발한 교섭을 맺고 있었다. 이 역시 백제를 견제하려는 외교 정책이었을 것이다.

3) 수·당의 등장과 국제정세의 변동

(1) 수의 등장과 국제질서의 변동

581년에 양견楊堅이 북주 정권을 탈취하여 수를 건국하였다. 그가 수 문제이다. 5세기 이래 다원적인 국제질서, 즉 중국의 남·북조 국가와 북방의 유목세력, 그리고 고구려를 중심축으로 유지되어 오던 국제질서는 수에 의해 중국과 북방 세력이 통합됨으로써 급격히 와해되었다. 고구려도 수에 의한 중원 통일로 외교 전략을 바꾸지 않을 수 없었다. 고구려는 수의 침입에 대한 군사적 대비를 갖추는 한편 전통적인 외교 방식인 조공-책봉제에 의한 외교 교섭도 재개하였다.

돌궐은 6세기 중엽부터 말엽까지 요해 지역에 진출하였다. 요해 지역의 거란은 돌궐의 세력이 미쳐오자 일부 세력이 고구려로 귀부해 왔다. 이를 계기로 고구려는 돌궐과 충돌하게 되었다. 수가 요해 지역으로 세력을 확대하자 고구려의 지배를 받던 거란의 일부가 586년에 수에 귀부하였다. 이처럼 요해 지역에 대한 지배권 다툼이 계속되면서 고구려와 수 사이에는 소규모 군사 충돌이 거듭되었다.

고구려는 돌궐과 왜와의 교섭에도 적극적이었다. 595년 무렵에 고구려는 왜와의 본격적인 교섭을 재개하였다. 또한 고구려는 돌궐과의 외교 교섭에도 노력하였다. 그러나 수는 중국 중심의 일원적 국제질서를 수립하고자 했고, 수의 이러한 의지는 4차례에 걸칠 고구려 정벌로 나타났다.

(2) 당의 등장과 국제질서의 변동

628년에 당이 중국을 재통일하였다. 당은 629년 동돌궐에 대한 대규모 정벌을 단행하여 이듬해 동돌궐을 와해시켰다. 당은 남북 몽고 일대의 북방 민족들을 도독부와 자사부로 편입시켜 소위 '기미체제羈縻體制'를 건설하였다. 634년 토욕혼을 멸망시키고, 640년에는 고창국을 정복하여 서역에 대한 지배력을 확보하였다. 641년에는 돌궐을 대신하여 서북방의 위협으로 떠오른 설연타마저 정벌하였다. 서역을 확보한 후 당은 고구려 정벌을 준비하였다.

한편 왜를 둘러싸고 삼국 및 당의 외교전도 전개되었다. 630년에 고구려와 백제는 공동으로 왜에 사신을 파견하였으며, 왜도 630년에 처음으로 사신을 당에 파견하였다. 당도 왜를 반反고구려 진영으로 끌어들이고자 하여 632년 왜 사신의 귀국 시에 고표인高表仁을 왜에 파견하였다.

대외 정세의 변동 과정에서 고구려 내부에서도 정치적 변화가 일어났다. 642년 연개소문이 정변을 일으켜 영류왕을 살해하고 보장왕을 세워 정권을 장악한 것이다. 연개소문은 집권 직후 당에 대해서는 유화책을 구사하였으나, 신라에 대해서는 강경한 입장을 보였다. 그러나 당시의 국제정세로 볼 때 이러한 연개소문의 대신라 정책은 큰 실책이었다. 당과의 전쟁을 앞두고 배후의 신라를 적대 세력으로 돌린 것은 이후 고구려 멸망의 대외적 요인이 되었다.

2. 고구려와 수, 당의 전쟁

1) 고구려-수 전쟁

(1) 수 문제의 침공

598년에 고구려 영양왕이 1만의 군사를 이끌고 요서를 공격하면서 고구려와 수 사이에 본격적인 전쟁이 시작되었다. 고구려의 군사 활동에 대응하기 위해 수 문제는 수륙 30만의 군사를 일으켰다.

수는 598년 6월에 임유관에서 병력을 출발시켜 동쪽 400리 지점에 있던 유성柳城으로 진군하였다. 수의 육군은 임유관 → 유성 → 요하 → 압록강 → 평양성으로 진격하고자 했다. 한편 수의 수군은 동래에서 출항하여 지금의 산동반도 북쪽 해안인 액현掖縣에서 묘도열도를 따라 북상하여 요동반도에 이른 다음 남쪽 연안을 따라 동진한 후 한반도 서해안을 끼고 남하하여 대동강 하구에 이르고, 대동강을 거슬러 올라가 평양성에 닿는 항로였을 것으로 추정된다.

이 최초의 고구려 원정에서 수는 출정 시기를 잘못 선택하는 결정적 실수를 저질렀다. 임유관에서 평양성까지 이동 거리와 중간 전투를 감안하면 수개월이 소요될 것인데, 음력 6~9월은 바로 장마와 태풍기였던 것이다. 실제로 육군은 유성에 이르러 홍수를 만나고 군수품 보급이 끊어졌으며 전염병이 돌아 군사를 되돌릴 수밖에 없었다. 수군 또한 풍랑을 만나 수많은 배가 침몰했다. 결국 수의 1차 고구려 정벌은 고구려 영내를 밟아 보지도 못하고 실패하고 말았다.

(2) 수 양제의 1차 침공

수 양제의 고구려 정벌 준비는 610년부터 시작되어 이듬해 2월에는 전국에 동원령이 내려졌다. 1백만을 훨씬 넘는 대군으로 고구려 원정군이 편성되었다.

수의 육군은 612년 정월에 탁군을 출발했다. 탁군을 출발한 원정군은 요하선까지는 임유관 → 유성 → 요하에 이르는 1차 원정의 교통로를 이용한 듯하다. 여기까지는 진군이 순조로워서 3월에 요하에 닿을 수 있었다. 하지만 요하를 건너는 과정에서 미숙한 부교浮橋 가설과 고구려군의 공격 때문에 4월에야 요하를 건넜다.

요하를 건넌 수 군대의 주요 공격 대상은 고구려의 요동성이었다. 3개월이 지나도록 요동성을 함락시키지 못하자 초초해진 수 양제는 우문술宇文述과 우중문于仲文에게 30만 5천 명의 별동대를 주어 평양을 직접 공격케 하였다. 이들은 요동성을 우회하여 압록강을 건너 평양성으로 진격했다. 보급부대의 지원 없이 평양성까지 먼 거리를 행군해야 하는 별동대는 상당한 어려움을 겪고 있었다.

고구려의 총사령관 을지문덕은 수군의 허실을 정탐하고, 하루에 7번 싸워 7번 모두 패주하면서 적을 영내로 깊숙히 끌어들였다. 매번 전투에서 승리한 수군은 을지문덕의 계략대로 살수를 건너 평양성에서 30리 떨어진 곳까지 유인되었다. 이때 을지문덕은 적을 희롱하는 유명한 오언시五言詩를 지어 수군의 진중으로 보냈다. 수군은 고구려의 거짓 항복을 구실 삼아 후퇴하기 시작하였다. 살수에 이르러 고구려군은 대공세를 퍼부었다. 이 때 압록강을 건너 살아 돌아간 수의 군사는 2천 7백 명에 지나지 않았다고 한다. 이것이 유명한 살수대첩이다.

백만이 넘는 대군을 동원한 정벌에서 수가 얻은 것이라곤 고구려의 전초 기지였던 무려라武勵邏 지역을 빼앗아 요동군과 통정진을 설치한 데 불과하였으나, 고구려로서도 돌궐과의 연결과 요서로의 진출이 차단당하고 말았다.

(3) 수 양제의 2, 3차 침공

613년 수 양제는 친히 군사를 거느리고 요하를 건너 재차 고구려 정벌을 시도하였다. 우문술을 다시 기용하여 평양을 공격케 하고, 왕인공王仁恭의 군대로 고구려 서북의 요충지인 신성新城을 치게 하였다. 수 양제 자신은 1차 정벌 때 수군의 진격을 가로 막았던 요동성을 공격하였다.

이번에도 고구려군은 성을 굳게 지키고 청야전술로 수의 대군에 맞섰다. 그런데 때마침 수군의 후방 여양黎陽에서 군량 수송의 책임을 맡고 있던 예부상서 양현감楊玄感이 반란을 일으켰다는 급보가 날아들었다. 본국의 사정이 급박하게 되자 요동성 함락을 목전에 둔 수 양제도 군사를 돌이키지 않을 수 없었다. 본국으로 회군한 수 양제는 양현감의 반란을 진압하고 614년 다시 고구려 정벌에 나섰다.

그러나 수 양제는 섣불리 진격하지 못하고 회원진懷遠鎭에 머물러 있었다. 당시 고구려는 거듭되는 수와의 전쟁에서 지쳐 있었기 때문에 영양왕의 입조를 조건으로 강화를 청하였다. 수 양제 역시 실질적인 고구려 정벌보다는 고구려의 항복을 받아 천자의 자존심을 세우려는 의도였기 때문에 기꺼이 고구려의 항복을 받아들이고 군사를 돌이켰다. 전국 각지에서 농민 봉기가 확대되었던 수는 통제불능의 상태가 되었다. 617년 수 양제는 친위군의 쿠데타에 의해 살해되었고, 수는 40년이 채 못 되어 멸망하고 말았다.

수는 이와 같이 4차에 걸쳐 대규모 고구려 원정을 감행했다. 수의 군대는 원정이 거듭될수록 출정 시기, 지휘·명령 체계, 공격 방법, 무기 체계가 개선되고 새로운 전술적 시도를 했지만 실효를 거둘 수 없었다. 여기에는 고구려의 군사력과 전략이 결정적인 역할을 했다. 고구려는 589년 수가 천하를 통일하기 이전부터 전쟁에 대비한 군사력 보강을 추진했으며, 선제공격·화전和戰 양면전술·기만책·이간술·유인 및 기습전·장기 농성·복병 전술 등을 유기적으로 결합하여 수의 대규모 침공을 저지했다. 이는 수가 방대한 병력을 동원함으로써 야기된 조직과 명령 체계의 경직성 그리고 장거리를 이동함으로써 파생된 긴 보급선의 약점을 효과적으로 파고든 것이라고 평가할 수 있다.

2) 고구려 – 당 전쟁

(1) 당의 1차 침공

644년 11월 당 태종은 고구려 정벌을 결정하였다. 이듬해 1월 당 육군의 주력부대는 유주幽州에 집결하여 출발하였으며, 이어서 3월에는 당 태종도 정주定州를 출발하여 요동으로 향하였다.

당은 수와는 다른 요동 공격 전략을 세웠다. 즉 이세적이 거느린 당군은 회원진으로부터 나오는 것처럼 위장하고는 군대를 북으로 돌려 통정진에서 요하를 건너 현도성을 공격하였다. 또 강화왕 도종은 고구려 서북의 요충지인 신성을 공격하였다. 영주도독 장검은 요하를 건너 건안성을 공격하였으며, 장량이 거느린 수군도 요동반도 남단에 자리잡은 비사성을 공격하였다. 이러한 작전은 과거 수 양제 정벌의 실패를 거울 삼아 주도면밀하게 짜여진 것이었다.

고구려는 당군과 첫 전투에서 현도성과 신성·건안성을 지켜냈다. 첫 공격에 실패한 당군은 우회하여 개모성을 공격하여 함락시키고 요동성으로 진격하였다. 한편 장량이 이끄는 당의 수군은 비사성을 공격하여 함락시키고 요동성 공격을 배후에서 지원하였다. 당 태종도 본군을 거느리고 요하를 건너 요동성에 도착하였다.

당군이 요동성으로 속속 밀려들자 고구려도 국내성과 신성의 군사 4만을 보내어 요동성을 구원하게 하였으나 당군의 반격을 받아 대패하였고, 결국 요동성은 당군의 포위에 고립되고 말았다. 당군은 요동성을 수백 겹으로 둘러싸고 연일 공격하였다. 공방전이 계속된 지 10여 일 후 요동성은 함락되고 말았다.

(2) 안시성 전투

요동성의 함락은 고구려의 방어선에 심대한 타격을 주었다. 당은 계속해서 백암성을 공격하여 함락시켰고, 개모성·요동성·백암성·비사성 등이 차례로 함락되었다. 이제 요하선에 배치된 고구려의 거점은 신성·건안성과 안시성만 남게 되었다.

곧이어 당군은 안시성으로 밀려들었다. 안시성이 무너지면 오골성(지금의 요녕성 봉성 봉황산산성)을 제외하고는 당군의 평양성 공격로를 막을 만한 방어선이 없었다. 고구려의 유일한 희망은 안시성이었다. 당군은 안시성을 맹렬하게 공격하였다. 그러나 안시성은 당군의 총공세를 막아냈다. 9월에 접어들자 요동에는 벌써 찬바람이 불기 시작하였다. 군량이 떨어져가던 당군은 마침내 포위를 풀고 철수하지 않을 수 없었다.

당 태종의 고구려 정벌은 수 양제의 정벌과는 달리 성과가 있었다. 요동성·비사성·개모성 등 10성을 함락하였으며, 옮겨간 고구려 민호만도 7만 인이었다. 그러나 안시성 전투의 패배로 고구려 정복이라는 애초의 정벌 목적은 이룰 수 없었다.

3. 삼국의 각축과 고구려, 백제의 멸망

1) 7세기 초반 삼국의 충돌과 대외관계

(1) 7세기 초반 백제와 신라의 전쟁

관산성 전투(554년) 이후 백제와 신라의 전쟁은 일시 소강상태가 되었다. 백제의 신라에 대한 공세는 602년에 신라 아막산성을 공격하는 것으로 시작되어 대체로 지금의 경남의 함양~합천 일대, 충북의 괴산 일대에서 양국의 전투가 벌어졌다.

624년에 백제는 운봉 일대를 넘어서 속함성 등 6성을 차지하였다. 이는 백제가 소백산맥을 넘어서 신라의 영토 내로 진입할 수 있는 거점을 확보하였음을 의미한다. 당시 백제는 함양의 동북쪽으로 낙동강 중류 지역으로 진출을 시도하고, 동남쪽으로는 낙동강 하류 지역으로 진출을 시도하고 있었다. 이러한 일련의 공세 속에서 백제는 함양 일대를 거점으로 진주까지 영역을 확보한 것으로 짐작된다.

백제는 한강 상류 지역으로도 진출을 시도하고 있었다. 사실 성왕대에 일시 회복하였던 한강 유역을 신라에게 빼앗긴 백제로서는 한강 유역을 되찾는 것이 가장 중요한 숙원사업이었다. 따라서 백제는 소백산맥을 넘어 신라의 서쪽 영역을 위협하는 한편 한강 유역으로 진출을 꾀하는 양면 작전을 펼쳤던 것으로 보인다.

백제의 이러한 양면 작전은 무왕대에 이어 의자왕대에도 나타나는데, 바로 642년의 대야성 공격과 당항성 공격이 대표적이다.

아차산 고구려 보루

(2) 7세기 초반 신라, 고구려, 백제의 관계

신라가 한강 유역을 완전히 차지한 후 50여 년 동안 신라와 고구려 양국은 별다른

칠중성(경기 파주)

충돌이 없었다. 612년 이후 고구려에 대한 수의 대규모 원정이 이어지면서, 고구려는 백제나 신라에 공세를 취할 여유가 없었다. 고구려가 남방을 돌볼 겨를이 없었던 이 시기에는 백제와 신라 양국간의 치열한 공방전이 계속되고 있었을 뿐이다.

이 무렵 중원에서는 커다란 정세 변화가 있었다. 수가 무리한 고구려 원정으로 인하여 멸망하고 618년에 당이 건국되었다. 당은 서방과 북방을 안정시킨 뒤에 고구려 정벌을 준비하였다. 고구려도 당의 위협을 현실적으로 받아들이고 백제와 왜 등 주변국과의 외교 전략에 큰 비중을 두었다.

638년에 고구려가 신라의 칠중성七重城(경기도 파주)을 공격한 것은 백제가 신라의 서변에 대해 지속적인 공세를 취하고 있는 것과 보조를 맞추어, 북방에서 신라를 압박하여 신라의 전력을 분산시키기 위한 군사전략으로 추정된다.

2) 7세기 중반 삼국의 충돌과 대외관계

(1) 7세기 중반 백제와 신라의 충돌

642년은 삼국간의 역학 관계에 큰 변화가 드러난 시기이다. 642년에 일어난 대야성 전투와 당항성 전투는 이후 한반도 내에서의 세력 재편을 알리는 가는 서곡이었다. 여기에 당 세력까지 만주와 한반도로 밀려들어옴으로써 동북아시아 전체가 격렬하게 변동하고 있었다.

641년 왕위에 오른 의자왕은 이듬해 신라의 40여 성을 공격하여 빼앗았다. 미후성 등 40성은 의령, 합천, 고령, 성산, 칠곡, 구미 등 낙동강 서쪽 일대의 대부분 지역으로 추정된다. 신라는 주요한 영역을 잃음으로써 커다란 타격을 받았다. 그러나 결정적인 충격은 이어서 벌어진 대야성 전투에서 패배하여 서부 방어망의 근거지인 대야성을 상실한 것이다.

대야성을 비롯하여 낙동강 서쪽 영역을 상당수 잃게 된 642년의 전투는 신라에 커다란 충격을 주었다. 더욱이 그 해 11월에 백제와 고구려가 연합하여 신라의 당항성을 공격하였다. 당항성은 신라가 중국과 통교하는 주요 항구였다. 신라가 당에 사신을 보내 구원을 요청하자 백제군과 고구려군이 물러났다.

645년 고구려 정벌을 계획한 당은 백제와 신라군을 동원하여 고구려를 협공하려고 하였다. 당시 신라는 당과의 동맹에 힘을 기울이고 있었던 반면, 백제는 고구려와 당양국에 대해 양면 외교를 전개하고 있었다. 백제는 당과의 교섭에 노력하였지만 당은이미 신라를 신뢰성 있는 파트너로 선택한 뒤였다. 그리하여 백제의 대당 교섭은 중단되고, 이는 결국 나당연합군에 의한 공격을 받게 되는 배경이 되었다.

654년 신라에서 김춘추가 즉위하면서 삼국 간에 다시 정세 변화가 나타났다. 김춘추가 왕위에 오름으로써 신라와 당의 연결이 보다 적극화될 가능성이 높아진 것이다. 이에 백제와 고구려도 동맹을 강화하여 신라를 압박하고자 하였다. 이듬해인 655년 백제는 고구려와 말갈과 연합하여 신라를 공격하여 한강 하류 일대의 30여 성을 함락시켰다. 한강 하류 일대를 상실한 신라왕 김춘추는 당에 사신을 보내 나당연합군의 백제 공격을 적극적으로 추진하였다.

(2) 7세기 중반 고구려와 신라의 관계

642년의 대야성 함락 이후 신라는 백제와의 일전을 앞두고 고구려와 동맹하기 위하여 김춘추를 고구려로 파견하였다. 김춘추는 강화를 요구하였으나, 고구려의 연개소문은 한강 유역의 땅을 돌려줄 것을 조건으로 내세웠다. 결국 김춘추는 아무런 성과도 거두지 못하고 신라로 돌아올 수밖에 없었다.

서방과 북방을 안정시킨 당은 645년 고구려를 침공하였다. 이때 신라는 당의 요구에 따라 3만 군사를 보내어 임진강을 건너 고구려 수구성을 공격하였다. 그러나 그 빈틈을 이용하여 백제가 신라를 공격함으로써 신라군은 퇴각하지 않을 수 없었고, 고구려는 백제의 도움으로 남쪽 전선에 대한 우려를 씻고 요동에서 당군과의 전쟁에 주력할 수 있었다.

이와 같이 당시 동북아시아의 패권을 다투는 645년의 전쟁에서 신라는 당의 진영으로, 백제는 고구려의 진영으로 각자 서로 다른 길을 선택하였다. 645년 전쟁 이후 동아시아 국제관계는 고구려-백제, 당-신라의 양진영으로 재편된 것이다.

당이 고구려 정벌에서 패퇴한 이후 백제는 신라에 대한 공세를 보다 적극화하면서 신라는 한반도에서 고립되었다. 당도 고구려 정벌이 실패한 후였기 때문에, 신라와의 연합 작전의 필요성을 절실히 느끼고 있었다. 이처럼 양국의 이해관계가 맞아 떨어져 백제·고구려 정벌을 위한 나당군사동맹이 체결되었다. 고구려 공격에서 별다른 성과를 거두지 못한 당은 신라를 위협하는 백제를 먼저 공략하기로 하였다. 659년 9월 마침내 당 군대의 백제 공격을 위한 출병이 결정되었다.

3) 나당연합군의 공격과 백제, 고구려의 멸망

(1) 660년 나당연합군의 공격과 백제의 멸망

660년 3월 당은 백제 공격을 위해 13만 군대를 동원하였고, 신라는 태종무열왕이 친히 김유신 등 장수와 5만 군사를 거느리고 출정하였다. 신라군과 당군은 백제의 사비도성 남쪽에서 사비성을 공략하기로 하였다. 당군은 덕물도에서 해안을 따라 기벌포(지금의 금강 하구)로 이동하여 사비로 진격하기로 하고, 신라군은 육로로 진격하는 등 수륙 양면 작전을 펼치기로 하였다.

나당연합군의 이러한 수륙 양면 작전은 백제의 취약점을 간파한 전략이었다. 백제는 당군의 공격을 예상하지 못하고 있었으며, 더욱이 바닷길로 침공해온 적을 맞아 싸운 경험은 전혀 없었다. 백제의 주된 적군은 신라군이었고, 따라서 백제의 방어선은 주로 신라와의 전선에 맞추어져 있었다. 그런데 바닷길로 당의 13만 대군이 진격하게 되면 백제는 군사를 나누어 당과 신라를 상대해야 하였고, 이는 백제의 군사력으로는 감당하기 힘들었다.

나당연합군의 침공 소식을 들은 백제 조정이 효과적인 방어책을 정하지 못하고 우왕좌왕하고 있는 사이에 당군과 신라군은 이미 백강과 탄현을 지나 사비성으로 진격하고 있었다. 백제 의자왕은 장군 계백階伯으로 하여금 신라군을 막게 하였다. 계백이 거느린 5천 군사는 최후의 전장인 황산벌로 향하였다. 그러나 5천에 불과한 군대로 5만의 신라 대군에게 승리를 거두기란 애초에 불가능하였다. 당군 역시 기벌포에서 백제군과 일대 전투를 벌여 금강 남안에 상륙

정림사지 5층석탑 부분(충남 부여)
이 탑에는 당의 장수 소정방이 백제 정복을 기념하기 위해 '대당평백제국비(大唐平百濟國碑)'라 쓴 글씨가 있다.

하였고, 상륙한 당군은 백제 방어망을 돌파하고 사비성으로 진격하였다.

당군과 신라군은 연합하여 7월 12일에 사비성을 포위하였다. 7월 13일 밤 의자왕과 태자 효는 웅진성으로 도피하였고, 국왕이 떠난 사비성은 쉽게 무너지고 말았다. 의자왕은 웅진성에서 후일을 도모하고자 하였으나, 웅진방령의 배신으로 사비성으로 잡혀오고 말았다. 나당연합군이 군사행동을 개시한 지 불과 1달도 채 못되어 백제가 무너지고 만 것이다.

(2) 나당연합군의 공격과 고구려의 멸망

660년 백제의 멸망 이후 나당연합군의 다음 목표는 고구려였다.

이듬해인 661년부터 본격화된 당군의 공세는 손쉽게 패수浿水(예성강)를 넘어 평양성을 포위 공격하였다. 661년부터 666년까지 고구려의 공격은 당군이 주도하면서 신라는 군량 공급 등 지원 역할을 맡았다. 그런데 666년 말부터 당은 신라에게도 군사적 지원을 요청하였다.

667년 9월 신라군은 당군과 약정한 기일에 맞추어 한성에 도착하였고, 11월에 당군이 평양 북쪽에 진주하자 신라군 역시 북진하다가 당군이 회군하였다는 소식을 듣고 철수하였다. 668년 여름에 당군이 다시 평양성을 공격하자 신라군도 북진을 개시

하였고, 9월에 나당연합군의 대대적인 공격으로 평양성은 마침내 함락되었다. 이로서 나당연합군은 백제에 이어 고구려를 멸망시켰다.

그러나 나당연합군은 이미 내부에 균열의 가능성을 갖고 있었다. 당은 백제 멸망 직후부터 노골적인 점령 의도를 드러냈다. 백제 고지에 웅진도독부를 설치하고, 나아가 신라를 계림대도독부로 하고 신라왕을 계림주대도독에 임명하여 신라마저 복속시킨 모양을 취하였다. 게다가 신라 문무왕으로 하여금 웅진도독 부여융과 동맹을 맺고 상호 침략하지 못하도록 강요하였고, 백제 유민을 지원하며 백제 지역에서 신라의 세력 확대를 견제하기도 하였다.

고구려 멸망 후에 당의 한반도 점령 의도는 더욱 두드러지고 있었다. 그러나 고구려 멸망 후에 고구려 부흥군이 크게 일어나 당의 세력 확대를 견제하고 있었다. 당의 공격으로 고구려 부흥군 일부가 신라 지역으로 남하하였다. 신라는 안승安勝을 고구려왕으로 추대하고 당과의 전쟁을 준비하였다. 신라는 고구려 부흥군을 이용해 동맹 관계를 배반한 당을 전쟁으로 대응하고자 하였던 것이다.

4. 신라-당 전쟁과 통일의 완성

1) 당군의 침공과 신라의 대응

(1) 당 기병의 쇄도와 신라의 장창당 창설

670년 3월 신라 장군 설오유와 고구려 부흥군 장군 고연무가 각각 군사 1만명씩 거느리고 당군을 공격함으로써 신라-당 전쟁이 시작되었다. 신라-당 전쟁기에 신라군이 싸웠던 대상은 당군이라기 보다 당에 이끌려온 말갈과 거란 군대였다. 671년에 당의 장군 고간은 4만 병력을 이끌고 대방帶方 지구에 나타났다. 4만 병력 가운데 당의 장군 고간의 병력이 1만이고 말갈 추장 이근행의 병력이 3만이었다. 특히 이근행이 이끌고 온 병력은 대규모 기병 집단이었다.

대규모 기병과의 전투는 신라가 일찍이 경험해 보지 못한 것이었다. 산성을 중심

연천 호로고루 섬에서 본 임진강

으로 벌어진 산악전에 익숙한 신라는 당의 기병을 대처하는 데 수적으로나 기술적으로 열세였다. 신라군은 기존의 보병을 체계적으로 조직하고 새로운 대기병對騎兵 전술 개발이 절실했다. 672년에 창설된 장창당은 이러한 전황 변화에 대처하기 위하여 만들어진 보병 조직이었다. 통일전쟁으로 피폐해진 신라의 경제를 생각하면 장창보병부대의 창설은 당의 기병을 막아내는 최선의 선택이었고, 지극히 보병적일 수밖에 없었다.

(2) 신라 – 당 전쟁의 전개

신라-당 전쟁의 주 무대는 예성강, 임진강, 한강 하류 일대였다. 이 지역은 해상을 통해 당군이 본국으로부터 보급을 받기 용이한 지점이었다. 671년 재령강으로 들어오던 당의 보급선이 신라군에 의해 격침되었다. 황해도까지 내려왔던 당군은 더 이상 남하하지 못하고 철수해야 했다.

672년 백수성에 주둔한 고구려인들이 당군의 공격을 받게 될 위기에 처하자 신라군이 구원하러 왔다. 신라군은 백수성과 500보 떨어진 곳에서 당군과 격전을 벌여 수천 명을 참수했다. 당군이 후퇴하자 신라군은 석문(황해도 서흥)까지 추격했다. 그러나 그것은 당군의 유인책이었다. 당군은 신라군과 백수성에 있는 고구려군을 분리하여 각개 격파했던 것이다. 석문 전투는 신라-당 전쟁 개시 이후 규모를 갖춘 최초의 정면 승부였다. 주력군이 동원된 이 전투에서의 패배는 신라에게 치명적인 것이었다.

672년 석문 전투의 절망적인 패배는 신라에게 전술전략상 변화를 요구했을 것이 분명하다. 이후 신라는 성문을 굳게 닫고 수비하는 형태로 전환했다. 신라로서는 정면충돌을 피하고 산성에 의지하여 장기전으로 끌어가는 것은 효과적이었다.

(3) 신라-당 전투와 휴전

당은 675년 2월 한반도에 또다시 침략을 단행하였다. 유인궤 군대가 대거 남하하여 칠중성을 함락시키고 이근행에게 매소성을 전진기지로 삼게 했다. 유인궤의 당군은 육로로 남하했고, 이근행 휘하의 말갈군은 해로로 남하했다. 유인궤의 당군이 철수하자 말갈군이 칠중성과 매소성을 접수했다.

675년 9월 천성(파주 교하 오도산성)에 주둔한 신라군은 설인귀 함대의 포위 공격을 받았다. 신라군은 설인귀의 함대를 격파하여 배 40척을 노획하였다. 설인귀의 선단이 상륙에 실패했다는 소식이 매소성에 전해졌다. 차후 보급을 받을 수 있는 희망이 사라지자 말갈 군단은 무력화되었다. 신라군과 벌어진 매소성 전투에서 20만 말갈 군단은 별 저항도 없이 말 30,380필과 이에 상당하는 수많은 병기를 버리고 도주했다.

676년에 신라 수군은 기벌포(금강 하구)에서 당 수군과 최후의 전투를 벌였다. 신라 함대는 결전을 피하고 해안선의 지형이나 밀물과 썰물을 이용한 유격전을 단행하여 승리를 거둠으로써 신라-당 전쟁은 종식되었다. 그해 말 당은 안동도호부를 요동으로, 웅진도독부를 건안성(지금의 개평)으로 옮기면서 한반도에서 완전히 물러났다.

2) 신라-당 전쟁의 여진

(1) 신라중앙군단 9서당의 완성

676년 신라와의 전쟁에서 패한 이후에도 당 고종은 한반도에 대한 지배 의지를 버리지 않았다. 신라-당 전쟁은 종전된 것이 아니라 휴전 상태였던 것이다. 이러한 대표적 예는 신문왕 원년(681)에 당 고종이 김춘추의 태종太宗 칭호를 개칭하라고 요구한 데서 나타난다. 신라가 소국으로서 당 태종과 같은 위대한 천자의 칭호를 쓰고 있는 것은 무례하다는 것이다. 태종무열왕의 추존명을 개칭하라는 당의 통보는 신라에게 엄청난 압력이었다.

신문왕은 조부 태종무열왕의 칭호 개칭에 대한 당의 외압을 계기로 하여 반당적 입장을 분명히 하였다. 이후 신라는 거의 대당 조공을 하지 않았을 만큼 사실상 당과의 국교를 단절한 상태였다. 신라는 대규모 군비를 확장·정비할 필요가 있었고, 신문왕 3년부터 10년에 걸쳐 신라 최대 규모의 군비 확장이 단행되었다.

9서당九誓幢은 통일 이전에 4개의 부대가 이미 설치되어 있었고, 통일 후 5개 부대가 병렬적으로 조직되면서 완성되었다. 통일 이전에 4개 부대가 순차적으로 조직되는데, 진평왕 5년(583)부터 문무왕 12년(672)까지 근 90년이 소요되었지만, 통일 후 5개 부대는 신문왕 당대 5년 사이에 조직되었다.

683년에 고구려인으로 황금서당, 말갈인으로 흑금서당을 창설했고, 685에는 경남 합천 주둔 하주정을 완산주정으로 개칭해서 백제 지역인 전주로 전진 배치했으며, 이듬해에 보덕성민(고구려인)으로 벽금서당과 적금서당을 창설하였고, 적금무당도 설치하였다. 690년에는 백제 잔민으로 청금서당을 창설했고, 황금무당을 설치했으며, 692년에 지금의 서울, 춘천, 강릉 지역에 삼변수를 두어 북변의 방어를 강화했고, 개지극당을 설치하면서 대기병 방어체제를 보강했다. 규모에 있어서도 신문왕대에 창설된 9서당 5개 부대의 군관수는 6정 6개의 그것과 맞먹었다. 이는 당과 일전을 불사하겠다는 신라 지배층의 의지가 없이는 불가능한 것이었다.

(2) 일본에 대한 실리외교

신라-당 전쟁 이후 신라·당 양국간의 외교가 25년간 단절되었던 반면, 신라는 일본에 대해서는 적극적인 외교를 펼쳤다. 668년부터 700년까지 25회에 걸쳐 일본에 사신을 파견했고, 사절단의 대표도 대아찬 이상의 진골 왕족이나 고위 인사가 많았다.

678년 당은 신라를 재침하려 했다. 이는 토번 정벌이 시급한 내부 사정으로 이루어지지 못했지만, 이 사건은 신라에게 경각심을 주었다. 이듬해인 696년에는 당과 토번 사이의 화해의 분위기가 감돌고 있어 당이 언제 침공을 재개할 지 모르는 상황이었다.

679년부터 본격화된 신라의 일본에 대한 물량 공세는 이러한 국제정세의 변화와 관련이 있었다. 신라는 상당한 물량의 제품을 일본에 보내고 있으며, 이와는 별도로 천황·황후·태자에게도 귀금속과 도刀를 증여했다. 당과의 전쟁 재발을 염두에 둔 신라는 일본의 천황과 그 가족, 고위 귀족들의 환심을 사려고 했던 것이다.

신라의 이러한 대일본 외교의 적극성은 734년 직전까지 지속된다. 그러나 734년 당과의 관계를 신라-당 전쟁 이전의 수준으로 회복한 신라는 일본과의 관계에서 종전과 달리 고자세로 돌변한다. 734년 당 현종은 신라가 영유하고 있던 평양 이남의 땅을 공식적으로 인정했다. 당이 이전까지 취해왔던 신라에 대한 애매한 태도를 청산했던 것이다. 이제 신라는 일본에 대하여 신경을 쓰지 않아도 되었다. 당과의 관계가 냉각될 때 일본의 향배는 신라에게 치명적이지만 당과의 관계가 호전될 때 대일관계는 중요하지 않았던 것이다.

신라-당 전쟁 이후 신라는 일본에 대하여 저자세를 취하면서 국제정세의 풍향이 바뀔 때까지 기다리고 있었다. 신라-당 전쟁이 언제 재발될지도 모르는 상황에서 신라는 어떠한 대가를 치르고서라도 등 뒤에 칼로 변신할 수도 있는 일본과의 평화를 보장받아야 했다. 전후 신라 사회는 신라-당 전쟁의 여진에 몸살을 앓고 있었다.

제5절

통일신라와 발해의 군사제도

1. 통일신라의 군사제도 정비와 변화

1) 중대 초기 신라의 군제 개편

신라 중대 초기의 주목할 만한 군제개편은 시위부를 대상으로 이루어졌다. 시위부는 624년(진평왕 46) 대감의 설치를 기점으로 조직화되기 시작했다. 그러나 시위부는 선덕여왕 말년에 일어난 상대등 비담의 난에서 실제적인 기능을 발휘하지 못하는 취약성을 드러냈다. 651년(진덕왕 5) 시위부에 대한 일대 개편이 단행되었다. 우선 김유신이 모집한 군사력을 시위부에 편입시켜 병졸 집단을 3개의 부대조직으로 편성하고, 시위감-대감-대두-항-졸의 군관직 체계를 정비하였다.

681(신문왕 원년)에 일어난 김흠돌의 난에 시위부가 관련되자 신문왕은 시위감을 파하고 장군 6인을 두었다. 그리고 시위부에 진골 세력의 침투를 막기 위해 일반 군사조직의 장군과는 달리 장군직을 육두품에게도 개방하였다. 이처럼 신라 중대의 시위부는 장군직을 육두품에게 개방하였고, 국왕이 병졸 집단을 친히 지휘·통솔하는 체계를 갖추고 있었다. 이로 말미암아 시위부는 국가적 공병 조직 가운데서 국왕 개인의 사병적 성격을 강하게 내포한 군사조직의 성격을 갖게 되었다.

2) 경덕왕대의 군제개혁과 이후의 변화

(1) 6기정(六畿停)의 설치와 왕도 외곽 방어

경덕왕대의 군제개혁은 중앙군의 개혁, 지방군의 개혁, 변경 요충지에 군진軍鎭을 설치하여 변경 방어를 강화하는 것으로 나누어져 실시되었다. 그 가운데서 중앙군의 개혁은 왕도 주위에 6기정을 설치하여 왕도 방어체제를 재정비하는 형태로 나타났다.

6기정이 왕도 외곽에 주둔하면서 방어기능을 수행했다면, 시위부는 주로 왕도 내부에 존재하면서 동일한 기능을 수행했다. 시위부는 경덕왕대의 군제개혁을 통하여 규모와 임무 면에서 종래의 그것보다는 훨씬 확대·강화되었다. 국왕 및 왕실의 경호와 행차 시의 호종, 궁성 숙위와 경비 등의 본연의 임무 외에 왕도의 순찰과 치안 나아가서는 왕도 방어에서 최후의 보루로 기능하기를 기대하는 군사조직으로 변화하였다.

(2) 지방군사조직 9주정 체제

경덕왕대의 군제개혁을 통해 지방의 9주九州에는 각각 군사조직이 설치되었다. 이 '9주정九州停'의 등장은 지방군제가 9개 주를 단위로 하는 통일적인 군사조직으로 다시 전환되었음을 의미한다.

9주정은 장군이 임명되어 지휘하는 특별한 경우도 있었고, 도독이 지휘하는 경우도 있었다. 도독이 지휘한 9주정은 주치州治를 기반으로 한 군사력이거나 아니면 광역주廣域州 가운데 하나였다. 도독은 주치 지역을 소군관구로 하여 주민을 징발·편성하거나, 주치에 주둔한 군사력으로 구성된 9주정을 지휘하여 독자적인 군사활동을 전개했다.

이에 반해 장군이 임명되는 경우는 보다 대규모의 군사력이 요청될 경우였다. 장군이 임명되었을 때의 9주정은 광역주를 범위로 하여 관내 군현의 군사력을 결집하여 구성했던 것이다. 이와 같이 9주정은 도독이 지휘하는 주치에 설치된 9주정과 장군이 임명되어 지휘하는 광역주를 범위로 하여 관내 군현의 군사력을 동원한 9주정이라는 이중적인 운용을 보여주고 있다.

(3) 군진의 설치

신라시대 군사적 성격이 강한 특별한 지방행정단위였던 군진은 일찍이 성과 더불어 설치된 바 있었다. 그러나 6세기대의 주군제州郡制 시행과정에서 소멸되었다가 658년(무열왕 5)에 재등장하였다. 재등장한 직후의 진은 군사적 위상 면에서 군사활동의 중심 기능까지 수행했던 주치보다도 그 비중이 낮았다. 그러나 경덕왕대의 군제개혁 과정에서 진은 변경의 군사요충지에 설치되어 그 군사적 기능이 크게 강화되고 위상도 높아지게 되었다.

신라의 변경에는 북진·대곡진·당성진·혈구진 등의 군진이 있었다. 군치에 두어진 각 군진의 본영에는 두상대감→두상제감 지휘체계가 있었다. 관할 현 지역에는 소감이 두어져 있었다. 두상대감은 왕경인이 파견되는 관직이었다. 그러나 하급 지휘관의 경우 그 지역 토착인 가운데 유력자가 역임하는 경우도 있었던 것으로 보인다.

군진의 군사력은 토착한 둔전병적 주민들이었을 것으로 추정된다. 그러나 군진의 군사력이 모두 토착 지방민에 의한 둔전병적 존재들로만 구성된 것은 아니었다. 신라의 건장한 남자에게는 군역이 부과되었으며, 이들은 군인으로 징발된 후 봉수·방수·순라 등의 부대로 분속되었다. 여기서 방수는 곧 변경의 요충지에 파견되어 실제 군인으로 복무하는 것으로, 군진에서 복무하는 것을 의미하기도 하였다.

2. 발해의 대외관계와 군사제도

1) 발해의 대외교섭과 전쟁

(1) 대조영의 발해 건국

고구려의 장군 대조영과 말갈의 걸사비우는 696년 거란인 이진충의 반란을 계기로 영주로부터 각각의 무리를 이끌고 동쪽으로 이주하기 위해 요하를 건너 요동을 향하였다. 대조영 집단이 동주하여 1차로 정착한 곳은 요동 지역으로서 천문령 서쪽의 옛 고구려 땅이었다. 그 뒤 대조영 집단은 당의 추격을 피해 천문령 동쪽에서 2차 정착을 하게 되었다. 대조영은 다시 동쪽으로 이동하여 오늘날 길림성 돈화시 부근의 성산자 산성으로 비정되는 동모산에 축성하고, 698년에는 진국왕振國王으로 등극하였다.

8세기 초에 당은 발해에 대한 압박 정책을 바꾸어 발해를 회유하고자 하였다. 당시 요서 지역을 교란하고 있던 거란·해·돌궐 등에 대처하기 위하여 그 동편에 있는 발해와 우호관계를 맺을 필요가 있었기 때문이다. 당은 713년 사신을 보내 대조영을 '좌효위원외대장군 발해군왕'으로 책봉하였다.

(2) 발해와 당의 전쟁

719년에 대조영이 죽은 후 아들 대무예大武藝가 왕위에 올라 무왕武王이 되었다. 무왕은 적극적으로 대외 확장을 시도하였다. 발해를 경계하던 당은 거란, 해, 돌궐이 쇠퇴한 틈을 이용하여 발해의 배후에 있는 흑수말갈을 포섭하여 726년 흑수부黑水府를 설치하였다. 당과 흑수말갈이 연결되면 앞뒤에서 발해를 압박하는 형세가 되고, 발해의 세력 아래 있는 다른 말갈 부족들도 당의 영향권 안으로 귀속해 갈 수 있었다.

발해 상경용천부 유지

무왕은 흑수말갈에 대한 공격을 단행키로 했지만, 공격 명령을 받은 아우 대문예人
門藝가 거부하고 당으로 달아났다. 대문예의 소환 여부를 두고 당과 대립하다가 732
년 무왕은 산동반도의 등주를 공격하였다. 당은 대문예를 유주로 보내 군대를 징발하
여 발해를 치도록 했다. 이때 당은 신라에 원병을 요청하여 발해의 남쪽 지역을 공격
하게 하였다. 공격에 나선 신라군은 추위와 눈을 만나 소득 없이 군대를 돌렸다.

이후 무왕은 전쟁을 더 이상 확대시키지 않았고 당과의 관계 개선에 노력하였다.
733년 돌궐이 내부 분란으로 세력이 약화되면서 당을 견제할 수 있는 세력이 없어졌
기 때문에 발해가 당과 계속 대결을 벌인다는 것은 큰 부담이었다. 당도 동북아시아
지역에 급격한 변화를 초래하지 않는 현상 유지책으로 선회하여 발해와 관계를 개선
하였다.

(3) 거란과의 충돌과 멸망

발해는 거란과 건국 이전부터 가까운 사이였다. 그러나 10세기 야율아보기가 거란
족의 지도자로 등장한 후부터 대립하게 되었다. 거란의 발해에 대한 압박은 점차 높
아졌다. 발해의 대인선은 자구책의 일환으로 주변의 나라들과 결원 협정을 맺기로 되
었다.

거란이 해국을 병탄한 후 거란의 발해 공격은 임박하고 있었다. 한반도에서 고려,
신라의 협조를 얻는데 성공한 발해는 924년 5월 거란이 계주薊州의 주민을 옮겨 요
주遼州를 채우고 서방 정벌을 시작하자 요주자사 장수실을 죽이고 그 주민을 약탈하
는 등 적극적으로 대응하였다.

야율아보기는 거란의 중원 진출에 배후의 위협이 될 발해를 제거해야 했다. 야율아
보기는 925년 9월 서방 정벌을 마치고 돌아온 바로 그해 12월에 발해를 공격하여 멸
망시켰다.

(4) 발해 부흥운동

발해가 멸망한 후 발해 유민들은 부흥운동을 적극적으로 전개하였다. 후발해를 시
작으로 정안국, 흥요국, 대발해국이 발해 멸망 후 100년이 넘도록 거란의 지배에 항

거하며 등장한 부흥국가들이다.

발해 멸망 후 거란에 의해 세워졌던 동단국이 927년 요양으로 옮겨간 이후 세워진 최초의 발해 부흥국가를 926년 이전의 발해와 구별하여 '후발해'라고 한다. 후발해의 멸망 시기는 1003년 무렵으로 보고 있다. 발해의 서경압록부가 있던 압록강 일대에서도 발해 유민들의 부흥운동이 일어나 정안국을 세웠다.

흥요국은 1029년 8월초 요의 동경도 관하에 있던 대조영의 7대손(혹은 11대손) 대연림大延琳이 건국하였다. 대연림은 발해인 다수가 거주하고 있던 동경요양부를 거점으로 주변의 발해인을 규합하여 나라를 세웠다. 흥요국은 거란에 포위당한지 거의 1년 동안 완강히 저항하다가 1030년 멸망하였다.

1116년 발해 유민들은 요의 동경 요양에서 고영창高永昌을 중심으로 다시 대발해국을 세웠다. 고영창은 스스로 황제라 하고, 국호를 대발해라 하였다. 대발해국은 거란 동경도 관하의 79주 가운데 50주를 공략할 정도였지만, 금에 의해 멸망했다. 대발해국은 발해 멸망 후 200여 년이 지난 시점에서도 발해 계승의식을 표방한 마지막 발해 부흥국이었다.

2) 발해의 군사조직과 지방통치

(1) 8위와 병력규모

발해는 건국과정에서 천문령 전투, 무왕 대에 당의 등주 및 마도산 공격, 거란의 침입에 따른 전쟁 등을 겪었으며, 그에 따라 군사제도도 변천되었을 것이다. 발해의 군사조직은 좌맹분위左猛賁衛, 우맹분위右猛賁衛, 좌웅위左熊衛, 우웅위右熊衛, 좌비위左羆衛, 우비위右羆衛, 남좌우위南左右衛, 북좌우위北左右衛의 8위로 구성되고 각 위에는 각각 대장군 1인과 장군 1인이 있었다.

좌우맹분위는 '맹분猛賁'이란 단어에서 알 수 있듯이 최정의 부대였고, 부대 규모와 비중에 있어서도 가장 중요한 위치를 차지하고 있었다. 좌·우웅위와 좌·우비위는 궁성 및 경성의 방비를 담당하였다. 남좌우위·북좌우위는 왕 직속의 친위부대인 금군禁軍의 역할을 하였다.

발해의 8위 또는 8군으로 이루어진 부대 편성은 만주 일대의 속말말갈의 부족 편제에 영향을 받은 것으로 보인다. 발해는 말갈의 토착적인 8영 내지는 8부의 요소 위에 당의 위제衛制를 변용하여 군사제도인 8위를 편성하였던 것이다.

발해의 병력 규모는 10만 명 정도였던 것 같다. 발해 초기인 대조영 때 그 영역은 2천 리에 펼쳐져 있으며, 국가에 의해 편제되어진 호가 10만여 명이었고, 전쟁에 참여할 수 있는 승병勝兵이 수만 명이며, 인구가 40여 만이었다. 거란이 발해의 수도인 홀한성을 포위했을 때 노상老相이 이끄는 발해 수도 방위 군대는 3만 명이었던 것으로 나타난다.

(2) 지방제도와 군사편제

발해의 지방제도는 5경京, 15부府, 62주州와 3개의 독주주獨奏州로 이루어져 있었다. 이 중에서 15부와 관련된 군사 편제의 모습을 확인할 수 있다. 발해의 5경 15부 중 부여부는 거란도의 경유지이면서 항상 경병勁兵을 두어 거란에 방비하고 있었다. 부여부는 15부 중에서 군사적 긴장감이 높은 접경 지역이었다. 병력 충원에서도 부여부의 군사들은 5경 지역에서 번상하지 않고 자체적으로 충원되어 상비의 군사체제를 갖추었을 것이다.

5경의 경우 그 관할 부府에서 병력을 충원하여 군사체제를 갖추었다. 발해 멸망 때 수도 상경성이 함락되었다는 소식을 듣고 서경압록부에서 유기游騎 7천 명으로 구원하러 왔지만 실패하였다. 서경압록부에서 온 병사가 7천 명이므로 서경압록부 전체는 그 이상의 병사를 지니고 있었을 것이다.

발해는 당의 군제를 참조했을 것이지만, 자국의 상황에 맞게끔 효율적인 징발을 행하였을 것으로 생각된다. 당의 부병제를 전국적으로 확대 실시하지는 않았고 15부 중에서 5경의 관할 아래 있는 부府에서는 제한적으로 실시하여 5경 지역에 번상하였을 것이다.

3) 발해의 성곽과 방어체계

(1) 5경(京)과 교통로

발해의 5경제五京制는 고구려 5부제의 영향과 함께 당나라의 4경에 1경을 더하여 5경을 두게 된 것으로 짐작된다. 발해 5경 중 중경, 상경, 동경은 모두 한때 발해의 수도였지만, 남경남해부와 서경압록부는 수도가 된 기록은 없이 지방 통치와 교통의 요지로서 기능이 강하였다.

발해는 당, 신라, 일본, 거란 등과 활발한 교류를 하였으며, 양국의 사신이나 일반인들은 일정 교통로를 이용하였다. 일본도는 동경용원부를 통과하며 발해의 사신이 이용하는 교통로이다. 신라도는 발해가 신라와 교류시 이용한 교통로이다. 남경남해부는 발해의 남변으로서 신라와 니하泥河로써 경계를 삼고 있었다.

조공도는 서경압록부를 통과하며 당과의 교류시 이용되었다. 장령부長嶺府를 지나는 영주도는 당의 동북변 거점인 영주營州(조양)에 이르는 교통로이다. 거란도는 부여부를 통과하며 거란과의 교통로이다.

거란도의 여정을 살펴보면, 발해의 상경으로부터 지금의 승령 즉 장광재령을 지나서 부여부에 이르고, 다시 지금의 회덕으로부터 이수, 요원, 통요 등지를 거쳐 거란의 임황에 이른다. 거란 태조가 발해를 멸망시킬 때 먼저 부여성을 공략한 뒤에 홀한성으로 진공한 것도 발해와 거란 간의 교통이 부여부를 거쳤다는 것을 보여준다.

(2) 발해의 성곽과 방어체계

구국기(舊國期)의 방어체제

돈화 지역 주변의 방어 시설은 서쪽 지역에 비하여 동북쪽 지역에 집중되어 있다. 구국기는 시기상으로 당과 충돌을 한 시기이다. 그리하여 요동 지역으로부터 진입하는 서쪽 지역에 대한 방어가 중요하였을 것으로 생각되지만, 실제상으로는 목단강 상류를 넘어 부이하 유역에는 평지성인 마권자고성이 있을 뿐이다. 이는 건국 이후 발해는 서북쪽보다는 동북쪽으로부터의 위협이 많았다는 것을 의미하며, 그 위협의 대상은 바로 말갈(특히 흑수말갈)이었을 것으로 짐작된다.

중경기(中京期)의 방어체제

군사적인 측면에서 중경은 평지성을 보호하기 위하여 주변에 산성을 축조하였다. 현재 중경기 도성이었던 서고성 주변에 있는 산성으로는 팔가자산성 등이 있다. 팔가자산성의 규모는 둘레는 1,500m 정도이고, 서고성과의 거리는 약 6km이다. 서고성과 팔가자산성과의 관계는 구국기에서 오동성과 동모산의 그것과 유사하다.

동경기(東京期)의 방어체제

팔련성 주변의 방위 시설은 주로 동북쪽의 훈춘하를 따라 배치되어 있다. 즉 동북쪽이 팔련성에 대한 위협 지역이라는 의미이다. 그 주체는 말갈일 것이다. 팔련성은 수도였던 시기가 기록상 10년 이내이므로 도성만이 어느 정도 축조되고, 도성과 직간접적으로 연계되는 산성, 무덤, 혹은 생활 공간 등은 수도였던 기간에는 충분히 갖추지 못하였던 것으로 생각된다.

상경기(上京期)의 방어체제

상경성이 처음에 중경이나 동경과 비슷한 규모로 축조가 시작되었다면, 그것은 내성을 중심으로 한 지역일 것이다. 상경성이 내성을 중심으로 조성되었다는 것은 궁성 주변에 해자가 있는 것에서도 알 수 있다. 궁성 주변에 해자가 있고 내성과 궁성이 외성에 비하여 높이나 폭 등에서 규모가 큰 것은 상경성에서 내성과 궁성이 무엇보다도 중요하기 때문이다.

발해 상경성 성벽

제2장

고려의 전쟁과 군대

제1절

후삼국통일전쟁과 고려군제의 성립

1. 후삼국의 대립과 고려의 통일

1) 후삼국의 정립

신라 말의 혼란 속에서 신라의 통제력이 약화되면서 신라를 대체하는 새로운 권력이 출현하고 있었다. 후고구려와 후백제의 건국이 그것이었다. 후고구려를 세운 궁예는 신라 왕실 출신으로 알려져 있다. 그는 양길 휘하에 있다가 894년 명주(현재의 강릉)로 진출하여 대규모 병력을 확보한 후 현 강원도 북부 내륙 일대를 장악했다.

철원 지역에 기반을 잡은 궁예는 898년에 송악에 도읍을 정했고, 한강 유역으로 진출하고자 했다. 한강 상류인 충주 일대로 영역을 확장하고 있던 양길 세력과 충돌한 궁예는 비뇌성(현재의 용인) 전투에서 대승을 거두어 한강 남쪽 방면으로 진출했다. 강원도·경기도·황해도·충청북도의 대부분을 차지하게 된 궁예는 901년 왕위에 올라 국호를 (후)고려라 했다.

견훤 또한 궁예와 그리 다르지 않은 방식으로 국가를 세웠다. 견훤은 지방의 미미한 가문 출신으로, 신라의 중앙군에 입대한 후 경주를 떠나 서남해의 방수군으로 파견되었다. 892년 견훤은 거병하여 서남 지역의 주현들을 장악하고 군사 5천을 확보하기에 이르렀다.

견훤이 초창기에 장악한 서남해 방수처는 영산강 하류 일대, 나주, 순천, 순천만 내지 섬진강 하구의 광양만, 경남 서부의 진주 등으로 비정되고 있다. 여세를 몰아 견훤군은 서진하여 무진주마저 장악했다. 이후 견훤은 완산주(현재의 전주)를 공략하여 900년에 도읍을 옮기고 정식으로 (후)백제왕을 자칭하면서 국가 체제를 갖추었다.

2) 후삼국간 쟁패의 양상과 귀결

국가 수립 후 궁예의 영역 확대 방향은 크게 북방과 남방으로 구분될 수 있다. 국호를 태봉으로 바꾼 궁예의 북방 진출은 고구려의 수도였던 평양을 향했다. 남방 진출은 서남쪽의 충청도 방면과 동남쪽의 경상도 방면, 그리고 나주 등을 통한 서남해안 및 남해안 방면 등 세 방면으로 추진되었다.

건국 무렵 후백제는 나주 일대를 제외한 전라도 지역 전체와 충청도 일부 지역을 영토로 했다. 이후 후백제의 군사 활동은 세 방면으로 진행되었다. 첫 번째는 후백제의 배후 지역인 서남해 일대이고, 두 번째는 태봉과의 접경 지역인 한강 상류의 충청도 내륙 지역이며, 세 번째는 신라와 인접한 낙동강 이동의 경상도 지역이었다.

태봉과 후백제는 진출 방면 곳곳에서 충돌했다. 918년 왕건이 고려를 건국한 후 고려는 경상도 방면에서 영역을 확대했다. 이후 양국 사이의 군사적 대결은 본격화되었다. 920년 강주장군 윤웅閏雄이 귀부해 오면서 고려는 경남 서남부 해안 지역까지 진출할 수 있었다. 이러한 움직임을 제어하기 위해 견훤은 920년 대야성을 공격하여 함락시켰다. 이어 후백제가 구사군을 공취하고 진례군에 이르자, 신라는 고려에

금산사 미륵전(전북 김제)

원병을 요청했다. 고려의 파병으로 견훤은 김해 일대에서 철군해야 했다. 923년 벽진군장군 양문良文이 복속해 오면서 고려는 상주 이남의 낙동강 중류 유역까지 진출할수 있다. 927년 용주와 근품성을 공취함으로써 고려는 상주 이북 지역으로부터 후백제의 영향력을 완전히 제거했다.

경상도 방면에서 고려의 군사적 성공이 잇따르자 후백제의 경상도 지역 내의 기반은 크게 위축되었다. 후백제는 이러한 곤경을 일거에 타개하기 위해 신라 왕도로 직공했다. 927년 9월 견훤군은 신라의 도성으로 진입하여 경애왕을 자살토록 했으며, 경애왕의 표제表弟인 김부金傅를 왕으로 삼았다. 고려 태조는 신라 구원에 나섰지만, 공산 전투에서 참패했다.

이후 후백제의 공세가 계속되면서, 경북 북부 전역을 차지할 분위기였다. 929년 견훤이 고창군을 포위하자 태조는 고창군의 구원에 나서 후백제를 대패시켰다. 고창군전투는 전세를 일거에 바꿔 놓았다. 고창군 전투 이후 다수의 지역들이 고려에 귀부함으로써 경상도 대부분 지역이 고려의 판도 내에 들어오게 되었다.

이후 양국 사이의 전면전은 934년 운주에서 이루어졌고 고려가 대승을 거두었다.

포석정(경북 경주) 견훤이 경애왕을 자살케 한 곳이다.

고려는 운주 전투의 대승을 계기로 하여 충청 방면에서도 후백제에 확고한 우위를 점하게 되었다. 운주 전투의 패배에 따른 충격은 다음해 3월 후백제 내부에서 견훤의 국정 장악력 상실을 초래했고, 아들 신검은 정변을 통해 국왕에 즉위하고 견훤을 금산사에 유폐했다.

935년 6월 견훤은 금산사를 탈출하여 고려에 투항했고, 같은 해 12월에는 신라 경순왕이 고려에 귀순했다. 이듬해인 936년 고려는 후백제 병합을 위한 대대적 정벌을 결행했다. 고려군은 신검이 이끄는 후백제군을 일리천 일대에서 격파하여 승리했다. 이렇게 후백제 사이의 군사적 대결은 마무리되었고, 고려 태조는 후삼국 통일의 대업을 이룰 수 있었다.

2. 군사기구의 정비와 순군부·병부

1) 순군부의 성립과 군령체계의 정비

초기에 고려는 광평성廣評省·내봉성內奉省·순군부徇軍部·병부兵部의 4관부를 재부宰府로 삼고 여기에 새로이 내의성內議省을 가미했다. 이 중 군사기구에 해당하는 것은 순군부와 병부였다. 순군부와 병부는 서열이 각각 3위와 4위일 정도로 매우 비중 있는 정치기구였다. 순군부는 군령 업무를, 병부는 군정 업무를 담당했다.

순군부의 설치 시기는 설치 배경과 관련이 있다. 궁예의 지배 영역이 확장됨에 따라 군사적인 업무도 대폭 늘어나 종래의 병부만으로는 증가된 군사 업무를 감당하기 어렵게 되었다. 특히 고려의 지배 내로 들어온 호족 세력의 군사력에 대한 효율적인 통제가 중요한 과제로 대두하게 되자, 904년 무렵에 그동안 병부가 담당하던 업무들 가운데 군정 업무를 제외한 나머지 군령 업무를 담당할 기구로 순군부가 설치되었던 것으로 보인다.

순군부는 단순히 군사행정기구의 역할만을 담당하는 병부와 달리, 병권을 전장하여 군중에 호령하는 군사지휘권을 가지고 있었다. 고려 초기 순군부는 이후 중추원이 담당했던 발병 업무를 담당했다. 순군부가 담당한 발병 업무란 최고 군통수권자인 국왕의 명령을 받들어 중앙에서 파견되어 지방에 주둔하고 있는 군대를 포함한 중앙군과, 지방 호족세력 휘하의 군대를 동원하는 것이었다.

또한 순군부는 호족 휘하 군사력에 대한 순행·감독 업무도 수행했다. 새로 정복한 지역이나 귀부를 통해 고려에 편입된 지역의 경우 중앙의 통제력이 제대로 미치기 어려웠고, 또한 정세의 변화에 따라 향배를 달리하는 지방 호족들이 있었다. 지방을 순행하면서 이들 호족들의 군사력을 감독하는 것이 순군부의 또 다른 업무였다.

순군부는 960년(광종 11)에 군부軍部로 개칭되었다. '순徇'자가 없어지고 군부로 개칭된 것은 더 이상 중앙에서의 지방에 대한 순행 감독이 필요하지 않게 되었기 때문이다. 후삼국 통일 이후 지방 호족의 지역공동체에 대한 지배를 공적으로 수렴하는 작업이 어느 정도 마무리되자 순행 감독의 기능은 점차 불필요해졌고, 이러한 상황이 군부 개칭에 반영되었다.

2) 병부의 설치와 군정체계의 정비

병부는 896년 무렵 궁예가 내외의 관직을 설치했을 당시 설치된 것으로 보인다. 국가의 여러 업무들 가운데 군사 업무가 시급하고 중요했을 뿐만 아니라 당시는 호족들의 통합과 후백제와의 경쟁이 계속되는 상황이었으므로, 병부는 다른 관부들보다 우선적으로 설치되었다.

초기 병부는 광평성 다음에 위치하는 대단히 중요한 관부였다. 그러다 904년 이후 고려 건국 이전의 어느 시점에 군령 업무를 담당한 순군부가 새로 설치되면서 병부의 기능과 위상은 축소되어 순군부보다 아래에 위치하게 되었다.

그러나 병부는 여전히 군정 업무를 관장하면서 재부에 해당하는 주요한 관부로 기능하고 있었고, 고려 건국 이후에도 그러한 양상은 변화하지 않고 있었다. 이러한 점은 고려 건국 직후에도 병부가 여전히 서열 4위에 위치한 매우 중요한 관부로 존속한 데서 엿볼 수 있다.

고려 초기에 병부가 순군부보다 열세에 있던 까닭은 당시와 같은 전쟁기에는 전체 군사 업무 가운데 군정 업무가 군령 업무보다 덜 중요했기 때문이었을 것이다. 이러한 병부의 지위는 3성 6부제가 도입되는 성종대 이전까지 그대로 지속되었다.

병부는 무관의 선발, 군사 관계 업무 전반, 국왕에 대한 의장과 보위 업무, 교통행정, 공문서·관원들의 왕복을 위한 역참 관계 사무 등의 업무를 담당했을 것이다. 그런데 병부의 이러한 업무는 성종대 3성 6부제 도입 이후의 것이어서, 고려 초기의 기능과 정확히 부합한다고는 할 수 없다.

3. 2군 6위와 지방군의 성립 과정

1) 중앙 직속군의 확대와 조직화

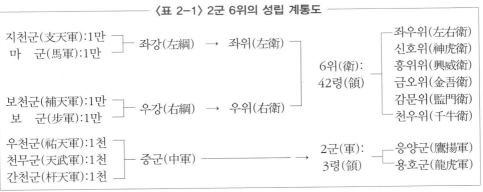

〈표 2-1〉 2군 6위의 성립 계통도

※ 출처 : 李基白, 「高麗 京軍考」『高麗兵制史硏究』, 一潮閣, 1968, 51쪽.

태조대 중앙군은 마군, 보군, 해군, 내군의 네 병종별로 편제되어 있었다. 그러나 당시 중앙군은 네 병종이 대등하게 이루어져 있기보다는 마군과 보군을 근간으로 하고 있었다. 해군은 마군·보군에 부수적·보조적이었을 가능성이 높다. 내군도 마군·보군과 구분되는 별도의 병종은 아니었다. 내군은 그 명칭에서 추측할 수 있듯이 국왕의 친위군이었다.

고려 중앙군에 편입된 군인들은 부역으로 징발된 존재가 아니었다. 이들은 개경에 거주하면서 군인역을 전업적으로 수행했다. 당시는 군호제가 시행되고 있어 군인을 배출하는 호, 곧 군호軍戶가 별도로 정해지고 있었다. 군호는 군인이 군역을 담당하고 이를 세습해가는 하나의 단위로, 군인과 그의 자손·친족으로 구성되었다.

태조대 이래의 중앙 직속군은 광종대를 분기점으로 하여 변화하다가 성종대에 2군 6위로 정비되었다. 2군 6위로 조직화된 중앙군은 개경 거주의 전업적 군인과 각 주현 거주의 번상 군인(보승·정용군)으로 구성되었다. 각 지방의 병력이 번상하여 중앙군의 일부를 구성하는 시스템이 실현된 것이었다.

990년(성종 9)에 좌우영이 두어진 것은 6위 조직의 시발점이었다. 좌우영을 설치한 후부터 995년(성종 14)까지 좌우위, 신후위, 흥위위, 금오위, 천우위, 감문위 등 6위 완성을 위한 일련의 제도적 조치가 단행되었다. 이 기간 동안의 역점 사업은 각 주현 의 '무사층'을 해당 거주 지역의 공적인 군사(지방군)로 공인·포섭한 후 번상의 방식 을 통해 중앙군의 주요 성원으로 삼는 체제를 구축하는 것이었다. 6위보다 약간 늦게 형성된 응양군과 용호군의 2군은 왕의 친위군으로 6위보다 우위에 있었다.

2) 지역공동체 자위력의 포용과 통제

고려 지방군제의 형성은 후삼국 통일 이후 국가 차원에서 각 지역공동체의 자위 역 량과 조직을 포섭하는 과정이었고, 그것은 지역공동체의 자위 질서를 해체하지 않으 면서 국가 차원에서 공인화하는 작업이었다.

호족층 주도의 지역공동체의 자위적 군사 편제는 정종대 광군의 설치를 계기로 하 여 변화해 갔다. 광군은 거란이 장차 침입해 올 것이라는 소식이 전해지자 947년(정 종 2) 조직된 전국적 규모의 군사조직이다. 고려 정부는 광군 30만을 조직하고 광군 사光軍司를 두어 관할케 했다.

광군은 중앙군이 아닌 지방군이었다. 전국 각지의 농민을 군사적으로 조직하여 30 만 명이라는 거대 규모의 군대를 조직했던 것이다. 이러한 규모를 가진 광군은 상비 군일 수는 없고 예비군이었다. 광군 설치는 기본적으로 중앙정부가 호족층을 리더로 하는 지역공동체의 독자적인 군사 조직을 해체하지 않은 채 광군 조직으로 흡수·편제한 것이다.

광군의 성격이 이러하다 보니, 광군은 호족층(이후 향리층) 주도의 지역사회 역사役事에 자연스럽게 동원되었다. 광군 결성 이전에도 호족층은 중앙정부에 군사와 역역을 지원해야 하는 의무가 있었다. 광군 결성 이후에는 국가 차원의 군사·역역 활동에 광군 조직을 동원하는 형태로 나타났던 것이다.

전국의 광군을 통제하기 위해 개경에 설치된 통수부統帥部인 광군사는 995년(성종 14) 무렵 광군도감光軍都監으로 바뀌었다. 광군도감으로의 개편은 중앙정부가 광군에 대한 영향력을 강화하고자 하는 취지에서 이루어졌다. 그러나 중앙정부의 광군에 대한 영향력 강화는 실현되지 않았고 결국 1011년(현종 2)에 광군도감은 광군사로 복구되었다. 이후 광군은 주현군(품군)으로 개편되었다.

제2절

중앙·지방의 군사조직과 지휘체계

1. 중앙군의 신분적 위상과 조직 체계

1) 중앙군의 신분과 보승군·정용군

중앙의 2군 6위 소속 군인은 이원적으로 구성되어 있었다. 곧 개경 거주의 전업 군인이 중앙군의 한 축을 이루고 있으면서, 지방 주현의 보승군·정용군이 번상하여 2군 6위의 보승군·정용군을 구성했던 것이다. 이원적으로 구성되었다 해도 2군 6위 소속의 군인은 모두 전업 군인이었다. 다만 차이가 있다면, 경군이 중앙의 (하위)지배층인데 비해 보승군·정용군은 해당 주현의 유력 세력이라는 것이다.

중앙에 번상하지 않고 비번 상태로 지방에 남아 있는 주현의 보승군·정용군은 해당 주현에서 군역을 수행했다. 보승군·정용군의 전업 군인으로서의 성격을 이해하면, 2군 6위 소속의 군인은 모두 전업적 군인으로 지배층의 말단에 위치한 셈이 된다.

2) 중앙군의 구성과 군영별 특징

2군 6위의 각 군과 위에는 최고 지휘관인 상장군(정3품) 1인과 부지휘관인 대장군(종3품) 1인이 있었다. 곧 2군 6위에는 상장군 8인과 대장군 8인이 존재한 것이다. 이들 2군 6위에 소속된 16인의 상장군·대장군들의 합의기관이 중방重房이었다.

2군과 6위의 각 군과 위는 대부분 군인 1,000명으로 편제된 복수의 영領으로 구성되었고, 매 영마다 호군護軍 1명, 중랑장中郞將 2명, 낭장郞將 5명, 별장別將 5명, 산원散員 5명, 오위伍尉 20명, 대정隊正 40명을 두었다.

2군 6위의 무직 체계에서의 특징은 각각의 지휘계통마다 소속 부대를 초월한 방房이라는 합의기관이 설치되어 있었다는 것이다. 이러한 기구는 부대의 계열을 떠나서 계급별로 모이는 친목 단체의 성격을 띠고 있었다. 해당 계급 성원의 권리를 보장하기 위하여 생겨났을 것인데, 특히 무신정권 시기에 그러한 합의제도는 일층 발달되고 있었다.

2군은 응양군과 용호군을 합칭한 것으로, 국왕에 대한 의장과 경호를 담당하는 친위군 부대였다. 응양군은 1령으로, 용호군은 2령으로 구성되어 병력 규모는 용호군이 컸다. 그러나 응양군의 최고 지휘관인 상장군이 용호군보다 상위의 부대였다.

2군보다 하위의 지위에 있는 중앙군 조직이 6위였다. 6위는 크게 좌우위·신호위·흥위위와 금오위·천우위·감문위로 대별될 수 있다. 좌우위·신호위·흥위위는 금오위·천우위·감문위보다 압도적으로 많은 병력 수를 보유하고 있었다.

〈표 2-2〉 6위의 병력 구성

부대명	병력구성	부대명	병력구성
좌우위	보승군 10령 정용군 3령	금오위	정용군 6령 역령 1령
신호위	보승군 5령 정용군 2령	천우위	상령 1령 해령 2령
흥위위	보승군 7령 정용군 5령	감문위	1령
계 32령(32,000명)		계 11령(11,000명)	

좌우위, 신호위, 흥위위 부대의 임무는 주로 국경지대 방수였을 것으로 추정되고 있다. 이들 3위는 중앙군 군인들 가운데 대다수를 보유하고 있고, 공통적으로 지방 번상병으로 구성된 보승군과 정용군으로 이루어졌다. 금오위는 충선왕대 비순위備巡衛로 개칭된 데서 엿볼 수 있듯이, 경찰의 임무를 담당했을 것이다. 천우위는 의위儀衛에서 왕을 시종하는 임무를 맡고 있었다. 감문위는 도성문을 수위하는 임무를 담당했다.

2. 지방군과 지역방어체제

1) 주현군의 군사조직과 편성방식

주현군은 보승군, 정용군, 1품군으로 구성되어 있었다. 그런데 주현군에는 명칭상 1품군과 같은 유형이라 할 수 있는 2품군·3품군이 존재하고 있었다. 2품군·3품군은 1품군과 마찬가지로 주현군을 구성하는 일부였지만, 중앙이 직접적으로 파악하고 있지 않은 병종이었다. 결국 주현군은 보승군, 정용군, 1품군, 2품군, 3품군으로 구성되었으면서도, 이 가운데 보승군, 정용군, 1품군이 국가에 의해 직접적으로 파악되었다고 할 수 있다.

주현군 소속의 보승군·정용군은 번상하여 2군 6위의 보승군·정용군을 구성하여 도성 시위와 양계 주진의 방수防戍 임무를 수행했다. 보승군·정용군은 전업적 군인이었기에 비번 상태로 지방에 남아 있을 경우에도 해당 주현에서 군역을 수행했다. 보승군·정용군이 해당 주현 내에서 기본적으로 수행한 임무는 치안과 방어였다.

1품군은 2·3품군과 달리 보승군·정용군과 함께 중앙정부에 의해 직접적으로 파악되고 있었다. 달리 말해 국가가 1품군을 동원할 수 있었다. 1품군은 국가 차원에서 타 지역으로 동원되기도 했지만, 기본적으로 당해 지역에서 각종 공역을 담당했을 것이다.

1품군은 해당 지역의 방어의 임무도 수행했을 것이다. 1품군의 장교는 향리들 중에서 선발되었는데, 향리층의 1품군 지휘부 구성은 나말여초 호족층이 지역민을 군사적으로 조직화한 것을 개편, 공인한 데서 비롯되었다. 2·3품군은 국가에 의해 정기적으로 징발·동원되지는 않았지만, 동원되었을 경우에는 해당 지역의 노역을 수행했고 비상시에는 군사적 역할을 수행했다.

2) 주진군의 군사조직과 그 원리

초기에 양계 방어는 중앙에서 파견된 군인이 주진에 주둔하면서 책임지고 있었다.

하지만 주진이 설치되는 지역이 계속 확대되자 이들 지역의 방어를 중앙군의 파견에만 의존하는 방식은 중앙정부에게 큰 부담으로 작용했다. 이러한 문제를 해결하기 위해 성종 14년 무렵에 중앙에서 파견된 군인과 해당 지역의 자위적 병력을 국가 제도적으로 결합하여 구성된 주진군 제도가 성립했다.

주진군의 지휘 체계는 도령(중랑장) → 중랑장 → 낭장 → 별장 → 교위 → 대정으로 이루어져 있었다. 도령은 가장 관직이 높은 무관이 임명되었다. 이들 부대의 지휘 체계에 두어질 수 있는 가장 고위 관직은 중랑장이었기 때문에 중랑장이 복수일 경우에는 그 중 1명이 도령중랑장으로 임명되었고 중랑장이 1인일 경우 자동적으로 그가 도령(중랑장)이 되었을 것이다.

주진군 군사조직의 전체를 통할한 사람은 주州의 장관인 방어사와 진鎭의 장관인 진장이었다. 방어사와 진장은 각각 문관과 무관으로 임명되었는데, 민정을 관장하면서 군정도 총괄했다. 이들보다 상위에는 병마사가 위치하여 북계와 동계 각각의 주진군 최고 사령관으로서의 역할을 수행했다.

주진군의 최대 임무는 국방이었다. 고려가 거란, 여진, 몽골 등의 침입을 효율적으로 격퇴할 수 있었던 것은 기본적으로 주진군의 활약 덕분이었다. 주진군은 '치소가 위치한 성' 곧 주진성에 거주하면서 해당 주진을 방어하고 있었다.

3. 수군의 설치와 운용

1) 고려초 수군의 설치와 정비

궁예의 태봉은 최소한 5천 명 정도의 수군을 갖추고 있었으리라 추측된다. 다만 이들 병력은 유사시에 수군으로 동원될 수 있는 인원, 전투에 투입되는 선단을 구성하는 인원을 의미하는 것이지, 고정된 병종으로서의 수군의 인원을 지칭하는 것은 아니었다.

고려 건국 이후 후삼국 분립 상황은 변하지 않았고, 서해와 남해의 제해권을 둘러

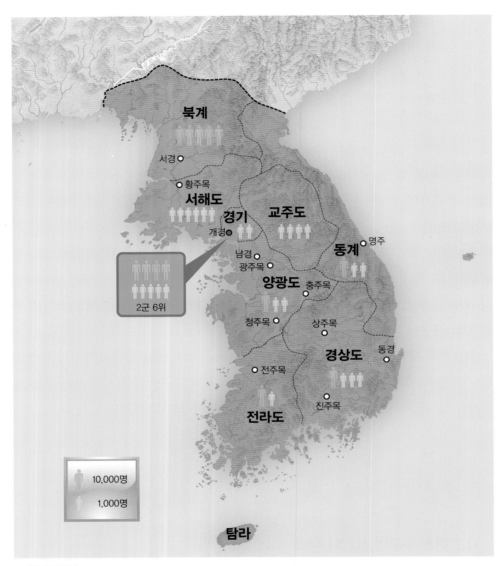

북계

서경 ○

황주목 ○

서해도

경기

개경 ○

교주도

동계

명주 ○

남경 ○

광주목 ○

양광도

충주목 ○

2군 6위

청주목 ○

상주목 ○

경상도

동경 ○

전주목 ○

진주목 ○

전라도

10,000명

1,000명

탐라

고려의 군사조직

싼 치열한 쟁탈이 계속되고 있었다. 당시 고려 중앙군의 편제는 마군, 보군, 해군, 내
군으로 구분되어 해군은 독자적 위상을 확보하고 있었다. 하지만 후삼국 통일 이후
상대적으로 비용이 많이 들고 또한 이전과 같이 후백제와 제해권을 두고 쟁투를 벌어
야 하는 상황이 사라지자 수군도 재편성되면서 축소되었다. 중앙군으로서의 수군은

성종대 6위가 확립될 때 함께 정비되었다.

수군 제도가 정비·확립된 이후 고려의 중앙군에는 전업 군인으로서의 해군이 존재하고 있었다. 6위 가운데 하나인 천우위에 소속되었던 해령海領이 전문 군인인 해군인 것으로 이해되고 있다. 다만 중앙군으로서의 해군이 천우위 소속의 해령으로 한정되는지 여부는 분명치 않다. 해령은 1령에 그치고 있어 2군 6위 전체가 45령인 점을 감안할 때 그 비중이 매우 작다. 또한 1령이 1,000명인 것을 감안하면 후삼국기 5,000명 규모에 비해 수군의 위상은 하락했다고 할 수 있다.

2) 도부서제도와 수군

양계 지역에는 네 곳에 도부서都部署가 설치되었다. 동계 지역의 진명도부서鎭溟都部署와 원흥도부서元興都部署, 북계 지역의 통주도부서通州都部署와 압강도부서鴨江都部署이다. 이들 도부서는 모두 선병도부서船兵都部署이다. 선병도부서의 임무는 수군을 통솔하여 해상으로부터의 침략에 대처하는 것이었다.

도부서는 소속 지역의 병마사의 지휘·감독 아래 있었다. 곧 진명도부서와 원흥도부서는 동계병마사의 지휘·감독을 받았고, 통주도부서와 압강도부서는 북계병마사의 지휘·감독 하에 있었다.

동계의 도부서는 현종대부터 예종 초에 이르기까지 고려의 동해안을 빈번하게 침구하는 동여진 해적에 대비하기 위해 설치되었다. 반면 북계의 도부서는 해상의 침입으로부터 연안을 방비하기 위해 설치된 것은 아니었다. 압강도부서는 북방세력과의 전쟁 발발 시 적군의 압록강 도하를 저지하려는 목적으로 설치되었다. 적의 도하를 저지하는 것이라 해도 강변을 방어하는 지상군을 지원하는 방식이었다. 통주도부서 역시 요충지인 강동 6주 일대의 지상군을 지원하는 것이 설치 목적이자 해당 임무였다.

동남해도부서東南海都部署도 수군을 관장하는 관서였다. 동남해도부서는 양계의 도부서들과 달리 5도 지역에 설치되었다. 동남해도부서는, 국경지대인 양계의 도부서들이 외적과의 전투를 주 임무로 하는 것과 달리, 후방에 위치하면서 해상 경비를 주 임무로 했다.

　도부서의 창설은 어느 정도의 항구성과 정비된 체계를 지니는 수군 제도의 성립을 의미한다. 하지만 도부서는 그것이 설치된 지역 내에서도 수군 활동 전체를 관장하지는 못했다. 고려의 양계와 동남해 지방에서의 수군 활동은 도부서, 병마사의 직속부대, 각 지역의 주진군이나 주현군이 상황에 따라 각기 담당했던 것으로 보인다.

4. 군의 지휘체계와 중추원·병부·중방

1) 군령기구로서의 중추원

　고려시기 군령체계는 국왕을 정점으로 하여 발명권자發命權者인 재상, 발병권자發兵權者인 추밀, 장병권자掌兵權者인 무관의 상하관계로 체계화되어 있었다.

　고려의 중추원은 송의 추밀원 제도를 받아들여 고려 초기 순군부가 담당했을 군령 업무를 관장하게 되었다고 추정된다. 그러나 고려의 경우 송처럼 군국 기무의 관장이 중추원의 주된 기능이 아니었을 것이고, 왕명 출납과 숙위의 관장이 보다 일차적이었을 것이다.

　중추원은 설치 이후 직제가 계속 확장되어 갔다. 대외적으로는 거란과 여진과의 계속적인 긴장, 대내적으로는 왕위계승과 관련된 불안정한 정세 등이 중추원의 군사적 기능을 더욱 확장시키는 계기가 되었을 것이고, 이에 따라 중추원의 조직도 확대되었다. 사, 부사, 직학사 외에 지사, 동지사의 증원이 그러한 것이다.

　중추원의 기능과 조직의 확대는 중추원의 고관인 추밀이 중서문하성의 재신과 더불어 정책 협의를 했던 점에서 잘 나타난다. 문종대의 관제에 따르면 중추원의 직제는 추밀과 승선의 이원적 구성으로 나타나는데, 추밀은 국정뿐만 아니라 군사기무를 담당했고, 승선은 왕명 출납과 숙위를 관장했다.

2) 병부와 군정업무

태조 이래의 병부는 982년(성종 1)에 병관兵官으로 개편되었다. 995년(성종 14) 3성 6부제가 완성될 때 병관은 병부로 개칭되었다. 성종대 3성 6부제의 성립은 병부의 지위에 커다란 변화를 야기했다. 그동안 광평성, 내봉성 등의 정무기구와 병렬적인 위치에 있으면서 재부로 기능해 온 병부는 3성 6부제의 도입으로 상서성 아래 6부의 하나로 편제되었다.

이후 문종대 병부 관제는 여타 중앙정치기구와 마찬가지로 제도적으로 정립되었다. 재신이 겸직하는 판사判事 → 상서(1인) → 타관他官이 겸직하는 지부사知部事(1인) → 시랑(2인) → 낭중(2인) → 원외랑(2인)의 관직 체계를 갖추면서 병부 조직은 완비되었다.

병부는 무선武選, 군무軍務, 의위儀衛, 우역郵驛의 정사를 관장했다. 무선은 일반 군인과 구분되는 무관들의 인사를 담당하는 것이다. 군무는 군사력의 효과적인 운영과 직결되는 것으로 군액의 파악과 축성·둔전에 대한 업무였다. 의위는 왕이 직접 참여하는 국내외적 행사에서 왕을 보호하고 그 권위를 높이기 위한 의장대와 의장무기에 대한 관리를 지칭한다. 우역은 역참과 마정을 포괄한 업무를 담당했다.

3) 최고 지휘관의 합좌와 중방

중방重房은 2군 6위의 상장군·대장군이 모여 군사 문제를 회의하던 기구이다. 그것은 고대와 조선시대, 그리고 제도적으로 고려가 많은 영향을 받은 당·송대에도 찾아볼 수 없는 기구이다. 또한 고려에는 중방 외에도 동일한 무직武職 성원들로 구성된 방이 설치·운영되고 있었다. 장군방, 낭장방, 산원방, 교위방, 대정방 등이 그러한 예이다.

중방의 구성원은 2군과 6위의 상장군·대장군이었다. 상장군·대장군은 2군과 6위에 각각 1인씩 두어졌으므로, 중방은 총 16명의 상장군·대장군을 구성원으로 하고 있었다. 중방회의는 상장군·대장군의 의무이자 그들만이 지니는 권리였고, 상장군·

대장군이 되면 의무적으로 중방의 구성원이 되었을 것이다.

중방 설치의 목적은 중앙정부의 입장에서 군사적 업무를 효율적으로 운용하려는데 있었다. 또한 고려의 군사체계가 군사권의 한 곳으로의 집중을 막아 군사력 남용을 방지하고 있다는 점에서 보면, 상장군·대장군 16명이 협의하는 중방은 이들 서로간의 견제를 통해 군사적 안정을 도모하는 역할을 했을 것이다.

중방에서는 2군 6위의 상장군·대장군들이 군사 문제를 회의하였다. 고려의 무반은 법제적으로 군사적 실권의 소유자로서 군대를 인솔하는 권한인 장병권을 가지고 있었고 상장군·대장군은 무반의 최상층이었다. 따라서 이들은 중방에 모여 군사 업무를 총괄적으로 논의하고 군대의 대표자로서 재추와 함께 군사 회의에 참여했다.

중방의 합의 방식은 만장일치제였던 것으로 보인다. 장군방에는 모임의 장인 방주房主와 실무를 담당한 장무掌務가 있었는데, 중방에도 역시 동일한 혹은 유사한 직책이 있었을 것이다. 상장군 8인 가운데 가장 상위 서열에 위치한 응양군의 상장군이 방주가 되어 중방회의를 주재하면서 만장일치의 합의를 도출해냈을 것이다. 중방과 달리 장군방 이하의 무반들의 방의 경우 소속 인원이 적지 않아 만장일치에 의한 합의방식은 현실적으로 곤란했을 것이다.

제3절

군사제도의 기본구조와 운영

1. 군인의 충원과 군역

1) 전업적 군인과 군역

2군 6위의 중앙 군사조직에 소속된 군인은 전업적 군인으로 구성되었다. 2군 6위의 중앙 군사조직의 안정적 운영을 위해서는, 국가가 이들 전업적 군인 자원을 파악하고 확보하는 작업이 필수 불가결했다.

전업적 군인을 등재한 군적에 관한 가장 이른 시기의 기록은 943년이다. 940년에 전업적 군인에 대한 체계적 파악이 이루어졌고, 943년에는 전업적 군인을 대상으로 한 군적이 작성되었던 것으로 보인다. 국가가 군적을 작성한 목적은 군액의 확보를 위해 그 승계자를 국가에서 파악하고자 한 데에 있었다.

전업적 군인을 확보하는 방식은 기본적으로 세습과 선군이었다. 양자는 상보적이었다. 세습이 원활하게 이루어지지 못하여 발생하게 되는 궐액은 선군을 통해 보충했다. 그리고 간선된 군인의 역은 그의 자손·친족에 의해 세습되었다. 군역의 세습은 군인 신분 혹은 군인 계급을 사회적으로 고정시키는 결과를 가져왔다.

군역을 승계할 자손·친족의 부재 혹은 군인의 도망 등으로 인해 군액에 결원이 발생하면, 선군에 의하여 부족분을 보충했다. 선군 업무를 담당하는 기구는 선군사選軍

司였다. 선군 대상자는 기본적으로 하위 지배층 가운데 장용한 자를 전업적 군인으로 간선했을 것이고, 여의치 않을 경우 선군 대상의 신분·계층을 백정층으로 확대했다.

전업적 군인이 짊어지는 군역에 대한 대가로 군인전이 지급되었다. 군인은 군인전에서의 조租로써 식량·피복·무기를 장만하고, 가족의 생활을 영위했다. 군인전은 군역과 더불어 자손·친족 가운데 1인에게 세습되었다. 곧 군역을 세습한 자가 군인전 또한 승계했던 것이다. 이러한 군역과 군인전을 결합한 형식의 연립제 운영의 목적은, 가능한 한 자손이나 친족에게 군역을 계승하게 함으로써 군역과 토지를 분리시키지 않고 군역 부담층을 안정적으로 확보하고자 한데 있었다.

2) 군역의 징발

고려 전기 군역의 주축은 전업적 군인이었다. 따라서 전업적 군인이 짊어진 군역이 압도적으로 높은 비중을 차지할 수밖에 없었다. 그렇기는 하나 일반 민인들 가운데 군인을 징발하여 이들에게 군역을 부담시키기도 하였다.

고려 초기에는 행정구역의 신설과 무관하게 '치읍置邑' 조치가 취해지고 있었다. 이것은 해당 지역이 국가의 지배질서 속에 정식으로 편입되는 조치였다. '치읍'은 고려 정부가 나말여초 동안 재편된 지역공동체를 파악·편제하고 지역공동체의 자치적 영역을 상당 부분 허용하는 조치였다. '치읍'은 적籍의 작성을 토대로 이루어졌다.

'치읍' 및 적의 작성은 고려 국가가 지역사회에서 징발하고 동원할 병력 자원을 파악·확보하는 것과 직접적으로 연관되어 있었다. 적의 작성은 지역사회 내의 자율적·기득권적 질서를 수렴하면서 이루어졌고, 징발하고 동원할 병력 자원의 확보 역시 마찬가지의 방식으로 성립되었다. 군역 징발 체제의 완비는 성종대에 이루어졌지만, 이때 완비된 군역 징발 체제도 지역사회에서 형성되어 온 자율적·기득권적 질서를 국가가 용인·수용하면서 이루어진 것이었다.

2. 관방시설과 성곽

고려 전기에는 개별 군현을 단위로 방어가 이루어졌고, 그 방어 거점은 주로 해당 군현의 '치소가 위치한 성'이었다. 몽골의 침략이 있기 전까지 매우 많은 축성이 행해지고 있었지만, 이 가운데 극소수를 제외하고는 모두 '치소가 위치한 성'을 쌓는 것이었다.

산성은 고려 전기에 별다른 역할을 하지 못했다. 하지만 몽골의 침입 이후 산성과 '치소가 위치한 성'의 역할이 뒤바뀌게 되었다. 읍치로부터 멀리 떨어져 있고 매우 험준하고 산속 깊은 곳에 위치한 이들 산성은 몽골 침입 이후에는 입보처로 본격적으로 활용되었다.

입보 산성이 군현 중심지 내지 민인들의 거주지와 동떨어져 있었고 높고 험준한 산에 위치했다는 것은 외적의 침입을 효과적으로 피하고 막아낼 수 있느냐에 초점을 맞춰 입보·방어처를 선택했음을 시사한다. '치소가 위치한 성'은 지역공동체의 자위 거점이고 향리층의 지방 지배 거점을 중심으로 설정된 방어처였다. 반면 고려 후기의 입보 산성은 군사적 측면이 중시된 방어처였다.

천리장성(신의주 토성). ⓒ 정창현

고려는 1033년(덕종 2)부터 압록강 하구로부터 동해에 이르는 지역에 장성을 축조하기 시작했다. 총 길이는 1천여 리이고, 높이와 두께는 각각 25척이다. 주요 교통로가 통과하는 지점에는 관문이 설치되었으며, 관문을 비롯한 요해처의 방비를 위해 망대望臺, 보자堡子, 수戍 등의 방어시설이 보조적으로 구축되었다.

장성 축조는 고려의 국경 지역을 경계대境界帶의 성격이 강한 주진성 편제에서 상대적으로 경계선의 성격이 강한 장성 체제로 전환시켰다. 개별 단위로 운영되었던 주진성은 치폐가 비교적 자유로웠다. 그러나 국토를 서에서 동으로 가로지르는 장성은 군사적으로는 일차적인 방어선이었지만 동시에 고려 스스로 규정한 북방 진출의 한계선이기도 했다.

이와 같은 변화는 고려 전기 북진 정책의 변화와도 밀접한 관련이 있었다. 거란과의 전면전으로 인하여 고려의 북방 정책은 현실적으로 한계에 봉착했다. 그리하여 고려 조정은 장성을 구축하여 북진 정책의 결실이었던 신개척 지역 일대를 안정적으로 보호·확보하는 방어선을 구축했던 것이다.

3. 군의 운영과 관리

1) 군율, 군기, 군례

고려 건국 초기에는 군율에 의한 처벌보다는 국왕이나 지휘관의 자의적인 처벌이 더 많았다. 태조 왕건의 군대에는 자신의 친위군과 함께 각 지역에서 귀부한 지역세력의 군인들이 포함되어 있었고, 각 지휘관들은 자신의 부대에 대한 전결권을 가지는 경향이 있었다.

이후 고려의 군율은 전쟁을 치루면서 체계화되어 적용되고 있었다. 그러나 독자적인 형법의 형태로 체계화되지는 않았다. 이것은 고려 성립 이후 군대의 지역성과 개별성을 어떻게 극복할 것인가에 달린 문제였다. 군대 동원과 훈련, 그리고 방어체계 등에서의 지역 의존성은 각 부대의 사병적 성격을 유지시키고 있었다. 그에 따라 군율의 체계화 이전에 지휘관의 자율성에 맡길 수밖에 없는 측면이 존재했던 것이다.

　군기를 확립하기 위한 방식은 군대의 질서를 상징하는 군례軍禮에서 찾아볼 수 있다. 군대의 출정식은 대표적 군례였다. 군대의 출정식은 국왕이 지휘관에게 전쟁에 대한 모든 권한을 위임하고, 그에 따른 권위를 인정한다는 상징성을 지니고 있었다. 국왕이 부여하는 큰 도끼인 부월斧鉞이 이를 나타내준다. 또한 이 의식은 지휘관 이하 모든 군인들이 국왕에게 충성을 바치는 존재임을 상기시켜 주는 역할도 하게 된다.

2) 무예와 훈련

　고려시대의 대표적인 무예는 택견과 유사한 수박手搏이었다. 수박에 대한 기록은 주로 무신집권기 이후에 등장한다. 권력자로 출세한 무신들이 대개 수박을 잘했기 때문이다. 수박 이외에 무예로는 격구擊毬가 있었다. 특히 말을 타는 신기군은 격구를 하는 경우가 많았다. 격구는 고려 동안 문반과 무반을 가리지 않고 말을 가진 지배층 모두에게 인기가 있었다.

　사냥은 고대 이래 군사 훈련의 일환이었고, 고려에서도 군사 훈련으로 활용되었다. 그러나 사냥 정도로는 제대로 된 군사 훈련이 될 수 없다. 대규모의 군대가 전투에 나갈 때에는 여러 가지 훈련이 필요하다. 훈련은 행군, 숙영부터 시작하여 전투에 쓰이는 진법, 깃발이나 징 등의 신호를 식별하여 움직이는 법, 특별한 무기 사용법, 군사들 간의 일체감 형성 등 다양한 부분이 요구되었다.

　고려시대 군인들은 지역별로 징발되었기 때문에 자신이 속한 부대의 지휘관의 통제에는 익숙하지만, 다른 곳에서 선발된 군인들과는 훈련을 같이 하는 시간이 없었다. 따라서 전투에 출전하기 위해서는 한 곳에 모아 훈련할 필요가 있었다. 1176년(명종 6) 12월 대

격구(『무예도보통지』, 규장각한국학연구원)

장군 정세유鄭世猷는 남부 지역의 반란을 토벌하는 사령관으로 임명되었을 때 개경의 개국사 정문 앞에서 한 달이 넘도록 훈련을 한 뒤에 출발했다.

중앙에서의 군사 훈련 시에는 문반과 남반 관료들까지 참여하였고, 개경 시외에 모여 주로 활쏘기와 말타기를 연습했다. 군사 훈련과 사열은 농번기가 지나 추수가 끝난 이후에 이루어졌다.

3) 군량과 군수

군수의 보급은 군대를 유지하는 가장 중요한 문제 중의 하나다. 군대 유지에는 군인들의 식량, 피복, 무기뿐만 아니라, 말과 같은 운송수단과 각종 장비를 운용하는 비용도 필요하다. 원래 피복과 개인 무기, 그리고 담당할 방어처까지 오가는 비용은 군인 개인들의 부담이었지만, 방어처나 전쟁터에서의 식량은 국가에서 지급해야 했다. 군인전은 생계뿐만 아니라 군인 개인의 군수 마련을 위해 국가가 나누어준 토지였다.

고려에는 국가 차원에서 비축하는 군량과 중앙군 운영에 필요한 군수를 총괄적으로 관리하는 기구는 없었다. 중앙의 군수를 맡았던 기관은 용문창龍門倉으로, 군량을 보관하는 창고였다. 각 지역의 주현군 등은 해당 지역의 보관된 조세를 군수로 이용했다.

군량을 확보하는 방법은 세금을 걷거나 둔전을 경작하는 것이었다. 특히 양계 지역에서는 둔전이 일찍부터 발전했다. 둔전은 해당 지역에서 직접 농사를 지어 군량을 조달했으므로 운반에 따른 비용이 적었다.

무기는 개인의 것이 아닌 특수한 것들은 국가가 제작했다. 물론 중앙정부는 소모적인 병기들도 제작하여 보급했다. 군기시軍器寺는 이러한 무기를 만드는 기관이었다. 원래 군기감이라고 불렸다가 충선왕 때 축소되어 없어졌다가, 1356년(공민왕 5)에 다시 복구되었고, 이후 이름이 군기시로 바뀌면서 기능이 확대되었다. 군기시에는 피갑장皮甲匠을 비롯한 13종류의 장인들이 소속되어 있었다. 이들이 제작한 무기들은 활, 화살, 갑옷, 칼, 창, 깃발 등이었다.

4. 역(驛)의 운영과 마정(馬政)

1) 22역도제(驛道制)와 지역공동체적 역 운영

고려의 일원적인 역로망 편제는 대체로 성종~현종 연간에 이루어졌다. 이 시기에 고려의 역로망은 중소 군현으로 연결되는 소로들까지 포괄할 수 있을 정도의 짜임새를 갖추게 되었으며, 역의 신설·폐지·통폐합을 통해 지역별 역로망이 정비되어 22역도 525역으로 일컬어지는 전국적인 역로망을 확립할 수 있었다.

22역도는 개경을 중심으로 하여 전국의 각 방면으로 연결되는 역로망으로 구성되어 있다. 각 지역의 대읍을 연결하는 직로는 개경을 중심으로 'X'자 형태로 편성되어 있었다. 이러한 역로망으로 표현되는 고려의 주요 교통로는 당시 대규모 군대의 이동이나 외관의 파견 경로와도 일치했다.

영역적인 면이나 수취체제의 면에서 역은 일반 군현의 하부 단위로 편성되었다. 그러면서도 역은 그 자신이 위치하고 있는 군현, 즉 상위 군현과는 별도의 행정단위로 취급되고 있었다. 이는 역이 국가의 공적 교통통신 기능을 전담하는 단위였기 때문이다.

각 역도에는 중앙에서 관역사가 파견되었다. 관역사의 임무는 관할 역도에 소속된 역들이 정상적으로 기능하여 역로망이 안정적으로 유지될 수 있도록 하는데 있었다. 관역사의 권한이나 기능 및 관할 범위는 도나 계수관, 주속현 관계 등 군현제적 행정체계와는 구별되는 독자성을 갖추고 있어 그 자율성을 존중받았다.

이와 같이 개별 역이 상위 군현의 통제하에 있으면서도 국초 이래의 지역공동체적 기반에 근거한 자율성을 가지고 있고, 관역사에 의한 각 역도의 독자적 운영이 이루어졌던 것은 역로망을 군현제 행정단위의 영향력으로부터 최대한 분리시켜 역의 기능이 원활하게 작동하도록 하기 위해서였다. 이러한 장치는 국초 이래 외방에서의 변란과 외적의 위협에 대처하여 역로망을 안정적으로 운영하고자 하는 역사적 경험을 겪으면서 제도화된 것이다.

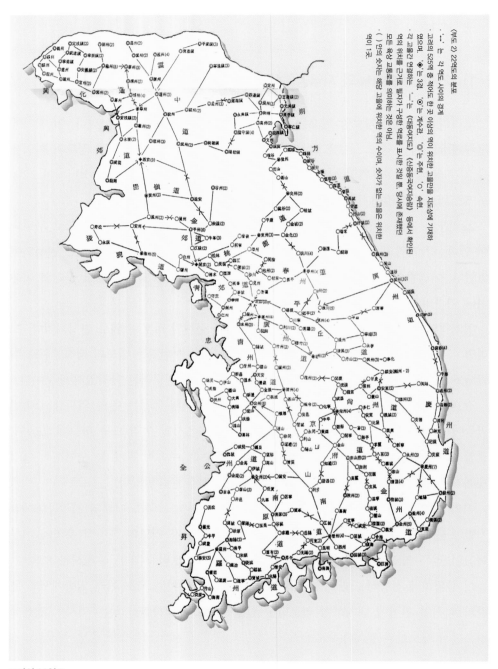

고려의 22역도

2) 마정

중앙의 마정 업무에는 병부·태복시人僕寺·전목사典牧司·공역서供驛署·상승국尚乘局 등의 관아가 직간접적으로 관여했다. 태복시에서는 여마輿馬 및 구목廐牧에 관한 것을, 전목사에서는 각 목장의 우마에 관한 것을, 상승국에서는 내구內廐에 관한 것을 각각 관장하고, 새로이 설치된 공역서에서는 종래 병부에서 담당했던 제도정로諸道程路에 관한 사무를 분담했다.

마정 관련 조직은 1308년(충선왕 즉위년)에 큰 변화를 겪었다. 태복시가 사복시로 개칭되는 동시에 상승국, 전목사, 제목감諸牧監 등을 병합하여 관장 사항을 모두 이관받아 마정의 실무를 총괄하게 되었다. 사복시가 마정의 주무 관아가 된 셈이다. 이듬해에 사복시에서 봉거서가 독립되었고, 이후로 마정 관련 조직은 고려 말까지 지속되었다.

지방의 마정 조직은 전국 각지에 설치되었던 목장을 단위로 하여 이루어졌다. 각 목장에는 목감牧監과 노자奴子를 배치해서 직접 마필을 기르도록 하고 또 장교와 군인을 배치해서 목장을 지키도록 했다.

마정 조직은 원간섭기에 개편되었다. 원은 1276년(충렬왕 2)에는 탐라도에 목마장을 설치하고 원의 마필 사육 전문가인 목호牧胡를 파견하여 목마를 관할하게 했다. 이렇게 하여 마정 지방조직은 목장마를 원에 보내기 위한 수탈기관으로 바뀌게 되었다. 종래 말 목양에 종사하던 노자가 원의 목호를 따서 목자牧子라 개칭되었고, 그 신분은 차츰 양민으로 바뀌었다.

마필은 역의 역마驛馬, 국방의 전마戰馬, 외교의 증송물贈送物로 사용되었고, 이밖에 식육용, 무역용, 승용, 상사용賞賜用, 격구용 등으로 이용되었다. 이러한 수요에 대비하기 위한 마필 공급은 당시 사회가 안고 있는 매우 큰 문제였다.

제4절

요, 여진과의 전쟁과 고려의 전략전술체제의 변화

1. 거란의 성장과 고려의 대응

1) 고려의 대거란정책과 전쟁준비

거란은 5대10국 시대에 세력을 크게 확장했다. 팽창정책을 추구하던 거란의 전략적 고민은 동쪽과 서쪽의 전선을 동시에 감당할 수 없다는 것이었다. 거란은 주변 민족의 상황과 정세에 따라 동쪽과 서쪽을 번갈아 치면서 지그재그 식으로 영역을 확장해 나갔다. 923년 후당과 화의를 맺음으로써 동쪽 지역 공략에 주력할 수 있게 되었다. 하지만 이때도 거란은 서쪽의 토혼, 당항을 평정하고, 군대를 동쪽으로 돌려 발해를 급습하여 멸망시켰다.

발해 멸망을 전후하여 유민들이 대거 고려로 귀순했다. 태조 연간(921~938) 사이에 고려로 들어온 발해 유민의 수는 최소한 10만이 넘었을 것으로 추정된다. 발해 유민의 집단적 유입은 고려의 군사력 증진에 엄청난 도움이 되었다. 이렇게 되자 고려는 거란에 대한 태도에 발해 유민의 입장을 반영하지 않을 수 없게 되었다. 그 결과 고려는 거란을 원수의 나라로 단정하게 된다. 942년에 30명의 거란 사신단이 낙타 50필을 거느리고 내방하자 고려는 만부교 사건을 일으켜 거란과의 국교를 단절했다.

발해 멸망을 기점으로 고려의 북방 축성사업에 변화가 발생한다. 이전에는 북방 진출을 위해 청천강 유역에 축성이 집중되었지만 발해 멸망 후에는 이전에 중간 공백으로 남겨진 곳을 축성하거나 기존 축성 지역을 증축하는 형태로 축성사업이 바뀌고 있다. 증축의 대표적인 사례가 청천강변의 요충 안북부이다. 이 중에서도 증축이 아닌 새로운 축성은 평안남도 중동부 지역에 집중되고 있다.

고려의 입장에서 보면 거란의 팽창과 발해의 멸망은 대동강 이북 지역에 일종의 무정부 상태를 야기할 가능성이 높았다. 이것은 고려가 대동강 이북으로 진출할 수 있는 호기를 제공하는 것이기도 했지만 동시에 발해 유민과 여진족의 남하를 야기할 수 있는 사태였다. 이 두 사태에 모두 대응하기 위해서 중간 거점과 2선, 3선의 강화는 반드시 필요했다. 그 결과 광종-경종대에도 가주, 위주, 운주, 태천, 안삭진, 안융진, 동북면의 화주 등 양계의 요새 지역에서의 축성사업은 지속되었다.

2) 거란과 고려의 군사체제 비교

거란의 병제는 유목민족 특유의 병민일치를 기초로 한다. 징집 연령은 15세부터 50세까지였다. 병민일치의 특성은 일상생활이 곧 전술 연마이며 군사 훈련이었다는 것이다. 이들은 평소에는 유목생활과 사냥, 소규모 약탈전쟁을 통해 전술과 전투기술을 익혔다. 유목과 수렵, 훈련은 모두가 부족단위로 실시했기 때문에 그 자체가 하나의 정치단위이자 군사조직이 되었다.

거란과 같은 유목민족의 장기는 기병이다. 기병은 경기병과 중장기병이 있다. 일반적으로 기병을 활용하는 전투방식은 먼저 경기병대를 보내 활과 소규모 타격전으로 적을 교란하고 지치게 한 뒤, 적의 약한 곳을 발견하면 중장기병대를 출동시켜 적진을 타격하는 방식이었다.

거란군의 전술 원칙은 병력 손실을 최소화하고 최대한의 속도전을 펼치는 것이었다. 거란군과 같이 속도전과 간접 접근식 전술을 선호하는 군대에게 최대의 장애는 공성전이었다. 공성전은 시간과 병력 모두의 손실을 강요하기 때문이다. 거란군은 전략전술적으로 꼭 필요한 성이 아니면 공격을 자제하고 우회하는 전술을 썼다.

고려군의 전투 편제는 후백제와의 최후의 결전이었던 일리천 전투의 편제에서 알 수 있다. 고려군은 전군을 좌강, 우강, 중군의 3군으로 나누고, 3군을 지원하는 원병부대를 별도로 편성했다. 3군은 각각 각기 마군과 보군으로 편성되었다.

여기서 마군과 보군은 기병과 보병이 아니었다. 마군은 기병을 충분히 보유하고 전투편제가 충실하고 전술 수행 능력이 탁월한 부대를, 보군은 기병이 부족하고 전투기능이 떨어지는 부대를 일컬었다. 이를 통해 볼 때, 고려군은 기병 위주의 전술을 운영했던 것으로 보인다.

고려군의 장기는 수성전이었다. 이것은 공성전을 회피하고 빠른 기동과 전격전을 구사하는 거란에게는 상극적인 요소였다. 특히 고려군의 장기가 거란군의 장기와 동일하게 기병과 궁수였던 점은 중요하다.

거란군은 고려의 험한 지형과 견고한 산성을 고려 정복의 장애요소로 지목했지만, 서로 간의 장기가 비슷했다는 사실도 장애요소로 작용했다. 거란군의 장기인 기동력과 이동 능력은 고려의 험한 지형에 의해서도 제약되었지만, 기병이 중심인 고려군에 의해서도 제약당했다. 이것은 전쟁의 양상과 승패와 커다란 영향을 미쳤다.

2. 고려-요 전쟁의 진행과 그 결과

1) 요의 1차 침공과 서희의 외교

993년(성종 12) 8월 동경유수 소손녕이 이끄는 거란군이 요양을 출발해서 그해 10월에 압록강을 건넜다. 거란의 1차 침공이 시작된 것이다. 고려는 3군을 편성하여 안북도호부(안주)에 집결하고 선발부대를 청천강 이북으로 북상시켰다. 그러나 고려의 선발부대는 평안북도 구성 남쪽에 위치한 봉산 전투에서 대패했다. 소손녕은 이 전투 후 자신의 병력이 80만이라고 주장하며 왕이 직접 거란군 군영에 와서 항복하라고 요구했다.

봉산 전투의 패배와 소손녕의 협박에 고려 정부 내에서는 항복하자는 안과 이북 땅을 떼어주고 황주-절령 선을 국경으로 정하자는 할지론이 등장했다. 서희는 항복에

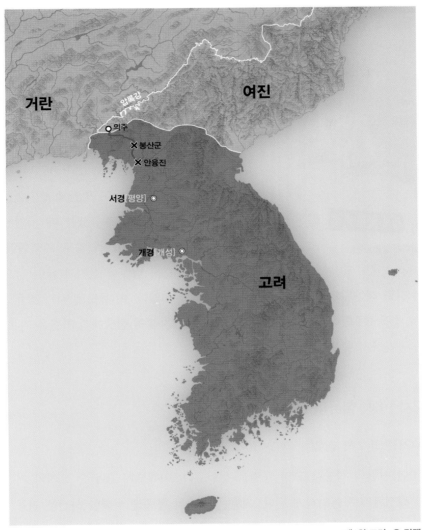

거란

여진

압록강

의주

✕봉산군

✕안용진

서경[평양] ◎

개경[개성] ◎

고려

제1차 고려-요 전쟁

강하게 반대했다. 서희는 처음부터 소손녕 군대의 목적과 규모에 의문을 품었다. 소손녕의 침공 목적은 고려를 복속시키는데 있는 것이 아니라 단지 고려와 여진, 올야국의 연합을 방지하는 데에 있었다. 또한 거란 병력이 80만이라는 주장은 과장이었을 뿐 기병 6만 이하에 지나지 않았다.

고려 정부는 서희의 의견대로 소손녕과의 강화회담을 추진했다. 이 회담에서 고려

서희 동상(이천 설봉공원)

는 고구려를 계승한 국가임을 분명히 하고, 고구려의 구토에 대한 영토의식을 보유하고 있었다는 사실을 국제적으로 추인받았다. 이후 고려는 송과 국교를 단절하고 거란의 연호를 사용하기 시작했다.

그렇지만 고려가 거란과의 외교관계 수립에 안심했던 것은 아니었다. 994년과 995년 강동 6주를 설치하여 평안북도 지역을 확보했다. 북방민족이 침공했을 때 최일선 방어선이 되는 지역이 평안북도 지역이었다. 이 지역은 길이 험하고 산지가 많아 남으로 내려오는 길도 해안길과 내륙길 단 두 길로 제한되어 있다. 이 통로에 자리 잡은 요충들이 바로 강동 6주였다. 이후에 벌어진 거란과의 5차례의 전쟁에서 거란은 바로 이 방어선을 공략하지 못해 크게 고전했다.

2) 2차~6차 침공과 전쟁의 양상

(1) 거란의 2차 침입

1010년 거란의 성종은 고려 정벌을 선언했다. 이때부터 18년간 고려와 거란은 본격적인 전쟁관계로 돌입하게 된다. 거란은 강조가 목종을 시해한 사건을 침공 구실로 삼고 전쟁을 일으켰다.

친정을 결심한 거란 성종은 병력 40만을 동원했다. 고려는 강조를 총사령관인 행영도통사로 삼고, 30만 병력으로 통주(평북 선천)에 주둔하게 했다. 압록강을 도하한 거란군을 최초로 맞은 요새는 흥화진이었다. 거란군은 일주일간 공격했으나 흥화진이 함락되지 않자 공략을 포기하고 남진했다.

흥화진을 통과한 거란군은 이틀 후에 통주에 도착했다. 거란군과 조우한 강조군은 거란군과의 전투에서 패했다. 강조의 패전은 고려군 전체에 동요를 일으켰고, 거란군은 남

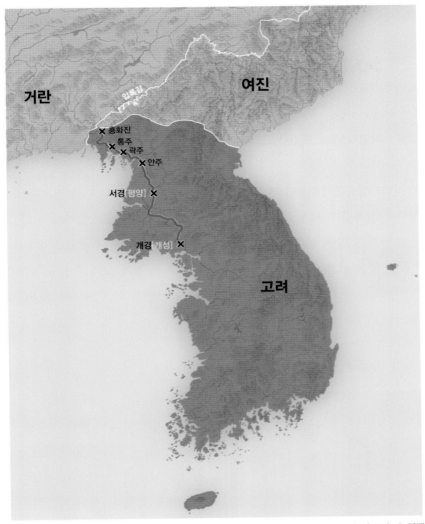

하를 계속했다. 거란군이 개경을 향해 남하할 때 흥화진에 있던 양규가 700명의 결사대와 통주의 패잔병 1천 명의 병력으로 곽주성을 탈환하는 쾌거를 이루었다.

개경이 거란군에게 함락되었다. 고려 현종의 친조를 약속받고 거란군은 철군을 시작했다. 그러나 거란의 회군길은 악몽으로 변했다. 귀주, 무로대, 애전에서 고려군의 공격을 받고 대규모 병력을 상실했던 것이다. 거란군은 현종의 친조 약속을 받아냈으나, 실제로는 태반이 넘는 병사와 물자를 잃었을 만큼 처참한 실패였다.

(2) 3차~5차 침공과 거란의 전략 변경

1014년부터 1017년까지 3차례의 거란 침공이 있었다. 이 전쟁은 모두가 강동 6주 지역에서 진행되었다는 특징이 있다. 거란은 2차 침공의 경험으로 한 번에 고려를 함락시키기는 어렵다고 보고 우선 고려의 전략 거점인 강동 6주를 확보하는 전략을 세웠다.

거란의 3차 침공은 1014년 통주를 공격하면서 시작되었다. 통주 전투에서 거란군은 대패하여 압록강 이북으로 후퇴했다. 1015년 4차 전쟁이 발발하게 된다. 고려군은 거란의 공격을 받은 통주성과 흥화진을 지켜냈다. 1016년에는 곽주까지 진격해서 고려군 수만 명을 살해했다. 이것이 3~5차 전쟁 기간 중에 고려군이 당한 최대의 피해였다. 3~4차의 침공에도 고려가 굴복하지 않자 거란은 1017년 5차 침공을 개시하여 흥화진을 공격했으나 실패했다.

(3) 6차 침공과 귀주대첩

강감찬 영정(낙성대 안국사 사당 안)

1014년부터 1017년까지 거의 매년 거란은 평안북도 지역을 침공했다. 그러나 거란은 강동 6주의 장악은 고사하고 압록강 남쪽에 단 한곳의 전략적 요충도 확보하지 못했다. 자신감을 얻은 고려는 더욱 강경해졌고, 그동안 단교하다시피 했던 송나라와의 교류까지 재개했다. 이에 거란은 전략을 다시 수정하여 개경을 목표로 하는 전면적인 공세를 계획한다.

1018년 거란군은 흥화진, 통주와 같이 그간 5차례의 침공에서 반드시 공격하던 요새조차도 무시한 채 개경을 향해 급진

제6차 고려-요 전쟁

했다. 그러나 거란군은 개경을 눈앞에 둔 지점에서 개경 공격을 포기하고 회군해야
했다.

　철군하는 거란군은 청천강을 도하한 뒤 자신들이 남하했던 해안길을 피해 귀주 쪽
으로 우회하여 북상했다. 1019년 귀주성 앞 평야에서 벌어진 전투에서 거란군은 고
려군의 공격으로 붕괴되었다. 이 전투가 귀주대첩이다. 이로써 26년 간에 걸친 긴 전
쟁이 종식되었다. 1020년부터 양국은 사신을 교환하고 평화를 회복했다.

이 전쟁의 결과로 고려는 청천강 이북에서 압록강 중하류 사이 지역에서 거란과 여진 세력을 축출하고 이 지역을 우리 영토로 확보하게 되었다. 반면 거란은 고려 전쟁의 실패로 국력 손실을 입으면서, 동쪽 국경을 안정시킨 후 서쪽(중원)으로 진군한다는 전략에 차질이 생겼다.

거란과의 전쟁에서 승리함으로써 고려는 건국 이래 최대의 외침에서 벗어났다. 그것도 사실상 국토에 대한 지배체제와 군사동원체제를 확립하지 못한 상태에서 맞이한 전란이었기에 그 의미는 더욱 컸다. 이 과정에서 고려의 국가체제 정비 특히 지방제도의 정비가 괄목할 만한 수준을 이루었다. 거란과의 총력전을 치르기 위해서 고려는 서둘러 군사동원체제를 확보해야 했고, 이 과정에서 지방제도 정비에도 힘을 기울였던 것이다.

3. 고려와 여진의 충돌

1) 완안부의 성장과 동북여진

11세기까지 여진은 국가를 설립하지 못하고 부족 단위로 분열되어 있었으므로 고려와의 관계도 일관성이 없었다. 여진과 고려의 관계가 악화되었던 때는 거란 전쟁기였다. 그러나 전쟁이 끝난 후 여진의 내왕이 증가하고, 고려에게서 관직을 받는 사람도 늘었다.

일부 여진인들을 아예 고려로 이주하기도 했다. 고려는 이들에게 땅을 주어 정착을 유도했다. 이런 목적 하에 시도된 것이 기미주羈縻州라고 불리는 일종의 자치주 정책이었다. 여진 촌락이 귀순하면 이 지역에 고려식 촌락 명칭을 부여하고, 여진 추장을 도령都領으로 임명해 자치 지역으로 인정해 주는 제도였다. 이런 지역을 '화내化內'라고 했다. 고려는 화내의 해변가에 성을 쌓았는데, 무려 700리나 되었다. 이로써 고려의 영토는 천리장성 밖으로 확장되었다.

여진인 스스로가 기미주에서 한걸음 더 나가 고려의 주군으로 편입되기를 바라는 경우도 있었다. 고려는 이들 촌락에 파격적으로 주州라는 호칭을 주어 영입했다. 1072년 동여진의 총 3,208호가 투항하여 11개 주를 설치했다. 이것은 조선시대 세종의 사민정책으로 이주한 호수 3,200호와 맞먹는 규모이다. 하지만 이와 같은 고려의 여진인 편입정책은 여진인 내부에서도 심각한 갈등을 낳았으며, 여진 부족의 통합정책을 수행하던 완안부의 팽창정책과도 충돌했다.

2) 고려의 완안부 공격과 패전

1085년에 완안부 세력이 고려 쪽으로 남하를 시작했다. 1102년 완안부 세력은 간도를 지나 갈라전曷懶甸까지 확대된 상태였다. 갈라전은 간도에서 함경도 사이의 지역으로 추정된다. 1103년 완안부 장수 석적탄이 갈라전으로 침공하여 완안부에 복속하기를 거부하는 여진 7성을 함락했다. 이렇게 되자 천리장성 밖 기미주를 포함한 여진 사회에서 내분이 일어났다. 완안부의 지배를 피하여 고려로 붙고자 하는 세력도 있고, 반대로 완안부를 끌어들여 친고려파 여진인과 고려의 영향력을 제거하려는 세력도 발생했다.

석적탄의 원정군은 반완안세력을 무력으로 격파했다. 패배한 반완안부와 친고려세력이 고려의 국경 안으로 도주하자 석적탄은 천리장성의 관문인 정평까지 와서 고려로 도주한 여진인들을 송환할 것을 요구했다. 고려는 무력 대응을 결심하고 1104년(숙종 9) 1월 군대를 동북면으로 파견했다. 천리장성 밖으로 진군한 고려군은 여진군에게 패배하고 말았다. 병력의 태반을 잃었다고 할 정도로 커다란 패전였다. 그해 3월 고려는 윤관을 새로 임명하여 군대를 파병했으나 이번에도 패전하고 말았다.

당시 고려의 강화조건은 석적탄이 요구한대로 고려로 도주한 여진 족장 14명을 송환하고 양국의 국경을 을리골수와 갈라전활탑수로 정하는 것이었다. 국경으로 정한 두 강의 위치는 알 수 없지만, 고려가 여진 족장을 송환하고 완안부의 막부가 설립됨으로써 기미주와 귀순주에 대한 고려의 지배력과 권위에는 치명적인 손실을 입었다.

4. 별무반의 창설과 고려-여진 전쟁

1) 별무반의 창설과 전술체제의 변화

여진의 군제는 부족-부락을 군사단위로 하는 전형적인 병농일치의 군제였다. 여진족의 전술과 전투방식을 거란군과 비교하면 같은 유목민족이라도 다르다. 보다 유목 환경에 가까웠던 거란군은 기동력을 중시하는 경기병 위주의 전술을 발달시켰다. 반면 다양한 지형에 거주하며 농경의 비중이 높았던 여진군은 좀더 정공법적인 전술을 택해서 중장기병과 경기병의 균형과 협력 전술에 더 높은 비중을 두었다.

여진에게 연이어진 패전으로 고려는 여진을 상대할 수 있는 새로운 군대가 필요했다. 1105년 한 해 동안 별무반의 창설이 급속하게 진행되고 있었다. 별무반의 병종은 신기군神騎軍, 신보군神步軍, 항마군降魔軍으로 구성되었다.

신기군은 기병이다. 별무반의 신기군은 기존의 신기군에 변화를 주었다. 지방에 소수의 병력만을 배치하던 신기군을 대규모로 동원하여 별무반의 주력 기병부대로 편성하는 한편, 중앙의 양반 자제만으로 구성하던 관례를 깨고 입대 자격을 상민에서 노복, 주현민까지로 확대했다.

신보군은 보군이다. 기존의 보반步班이 별무반을 창설하면서 신기군과 격을 맞추어 신보군으로 개칭되었다. 보반이 하위 지배층이나 평민들로 구성하는 병종이었던 반면 별무반의 신기군은 양반층의 자제들도 편제되었다. 항마군은 승려부대이다. 그러나 항마군은 독자의 편제를 가지고 여진 정벌에 참여한 것은 아니었다. 항마군은 본래의 최소 단위와 지휘체제를 유지하면서 여러 군으로 배속되어 활동했다.

별무반은 우리나라의 전통적인 전쟁처럼 방어 전쟁을 수행하기 위한 군대가 아니라 침공 작전을 수행하는 공격 부대였다. 기존의 고려 군제는 방어 중심과 현실 유지라는 전략에서 형성된 군제였기 때문에 공격적인 군제로 재편하기 위해서는 몇 배의 전력 강화가 요구되었다. 그것을 수행하기 위해서는 기존 군제의 운영 방식과 신분제적 편성 원리를 초월하는 총력 체제가 필요했던 것이다.

2) 고려-여진 전쟁과 6성의 구축

1107년 동북면의 여진 사회에서 이상 조짐을 보고받은 고려 정부는 여진 정벌을 결행하게 된다. 총사령관 윤관, 병력은 17만으로 원정군을 편성하였다. 고려군의 작전은 속전속결이었다. 고려군은 부대를 5군으로 나누어 신속하게 정복전을 개시했다. 보동음성과 석성에서 여진족의 저항이 있었지만 고려군은 성을 함락시키며 전진했다. 이위동(길주)까지 진출한 고려군은 이곳에서 여진족과 최후의 결전을 벌여 대승리를 거두었다.

고려군은 곧바로 식민을 위한 사민작업과 축성작업에 착수했다. 이때 축성한 지역이 동쪽은 화곶령(웅주), 북쪽은 궁한이령(길주), 서쪽은 몽라골령(영주)이었다. 그리고 오림금촌(복주)에도 성을 쌓았다. 여기에 함주와 공험진까지 포함하면 이 시점에서 고려가 쌓은 성은 6성이다. 이어진 사민정책에 의해 함주, 영주, 웅주, 복주, 길주, 공험진의 6성에 6,466정호丁戶가 옮겨갔다.

고려의 여진 정벌은 단순히 영토 확장에 대한 의욕과 여진족의 침공 위협을 제거한다는 군사적 관점에서만 행해진 것이 아니었다. 고려로서는 이 지역에 산거하며 직접, 간접으로 고려의 통치를 받아온 고려인과 고려계 여진족, 친고려파 여진족들을 보호할 필요와 의무가 있었다.

또한 영토 확장은 군사적 정복만으로 가능한 일이 아니다. 주민의 이주와 장기 거주라는 식민 과정이 필요하다. 1107년 고려가 6성 축조와 이주 사업을 감행했던 데는 삼국시대부터 이어온 이 지역에 대한 인구적, 문화적 전통, 그리고 가깝게는 고려의 기미주 정책이 중요한 기반이 되었다.

3) 9성 공방전과 철수

1108년 고려군의 예상을 깨고 완안부의 여진군이 남하하여 반격에 나섰다. 고려군은 공험진을 포기하는 위기를 겪었지만, 수성전에 강한 전통을 살려 위기를 극복했다. 고려는 방어선을 보완하기 위해 기존의 6성에 의주, 통태, 평용 3개의 성을 더 쌓

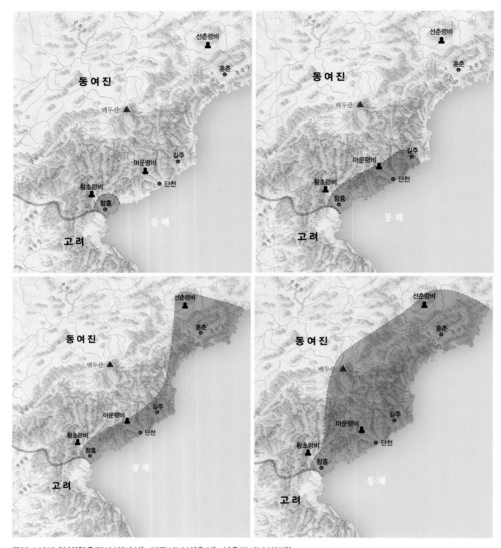

동북 9성의 위치(함흥평야설(좌상), 길주이남설(우상), 선춘령이남설(하))

았다. 이 3개의 성을 합쳐 윤관의 9성이라 부른다.

　이후 완안부는 2번에 걸친 탈환작전의 실패에도 불구하고 공격을 포기하지 않았다. 완안부는 전략을 바꾸었다. 대규모 병력을 동원한 직접적인 공격이 아닌 게릴라전으로 전환했다. 완안부는 자신들의 영향력이 미치는 전 여진 부족을 차례로 동원하여 쉬지 않고 고려군을 공격했다.

　이러한 게릴라전은 고려군에게 예상치 못한 타격을 주었다. 고려군은 보급선이 취약했다. 순찰 및 수송부대가 자주 공격을 당하면서 보급선이 끊기고 9성은 자주 고립되었다. 고려군의 피로가 누적되자 여진족은 다시 총공세로 나왔다. 이때 가장 유명한 전투가 길주성 포위전이다. 여진족은 130일 동안 넘게 길주성을 포위하고 공격했다. 9성 정복이 시작된 이래 최장 기간의 포위전이었다.

　길주성은 생존에 성공했지만, 고려는 당황했다. 여진족도 장기전에 지쳐가고 있었다. 결국 완안부는 고려에 강화를 제의했다. 1109년 고려는 여진에 9성의 환원 결정을 통보했다. 이로써 4년간에 걸친 전쟁이 마무리되었다.

제5절

고려중기 정변의 빈발과 군사제도의 변화

1. 고려사회의 변화와 귀족의 반란

1) 이자겸·묘청의 반란

고려 중기 지배층 내부의 갈등은 이자겸의 반란으로 터졌다. 인종이 13살의 어린 나이로 국왕의 자리에 오르자 인종의 외할아버지인 이자겸이 권력의 전면에 나섰다. 이자겸은 여진 정벌에 참여했던 척준경과 사돈 관계를 맺고 있었다.

이자겸의 세력 확대에 위기감을 느낀 인종은 1126년(인종 4) 이자겸 일파 중 몇 사람을 제거했다. 이에 척준경은 궁궐로 쳐들어가서 국왕 측근을 체포하여 대부분을 죽였다. 이후 이자겸의 권력은 더욱 강해졌지만, 척준경과의 사이가 벌어졌다. 인종은 척준경에 명령하여 이자겸을 체포하게 했다.

이때 주로 체포 역할을 맡은 것은 순검군이다. 이자겸의 반란은 고려의 2군 6위제에 균열이 생기고 있음을 보여준다. 이자겸의 반란과 진압 과정에서 국왕의 근위 부대 동원은 거의 이루어지지 못했다. 오히려 경찰 역할을 하는 순검군이 활약했다.

이자겸의 반란이 진압되고 난 후 서경 출신들이 중앙 정계에 진출하기 시작했다. 묘청을 비롯한 서경파는 금에 대한 강경 입장을 고수했다. 이들은 서경 지역이 금과의 전쟁을 준비하는 전진 기지로 가장 혜택을 입을 장소가 될 수 있다고 생각했다.

대화궁터(평남 대동군, 조선고적도보)
묘청의 서경천도운동의 일환으로 서경에 세워졌던 궁궐.

묘청, 정지상 등은 서경에 새로 지은 대화궁으로 인종의 거처를 옮길 것을 주장했다. 이 일이 쉽지 않게 되자, 묘청과 유감, 조광 등은 인종의 명령을 위조하여 서경유수와 관리, 그리고 병마사와 군인, 개경 출신자들을 모두 구류시켰다. 아울러 군대를 파견하여 황해도의 절령을 점령했다. 이른바 묘청의 반란이 시작된 것이다.

2) 진압군의 군사활동과 금군의 강화

서경 반란군은 나라를 세우고 나라 이름을 '대위人爲', 연호를 '천개天開'라고 표방했다. 고려 정부의 토벌군은 중군, 좌군, 우군의 3군으로 조직되었다. 총지휘관은 김부식이었다. 김부식은 속전속결을 취하지 않고 서경의 주변 지역부터 서서히 점령하는 방식을 채택했다.

서경에 도착한 김부식은 서경을 포위해서 점차 압박하는 전략을 선택했다. 서경 반란군은 점차 고립되어 갔다. 결국 서경 반란군의 일부 지휘관과 상당수의 병력들이 투항하기 시작했고 총지휘관 조광과 지휘부의 대부분이 밤에 자살했다. 서경 반란군의 원수 최영은 부하들에 의해 사로잡혀 정부군에게 넘겨졌다.

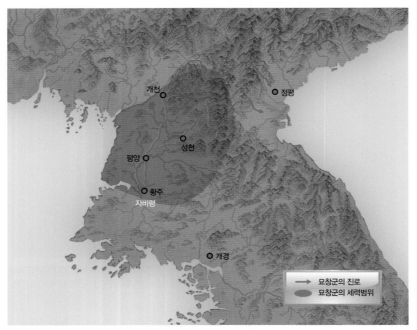

묘청군 봉기 초기의 점령지역과 진로

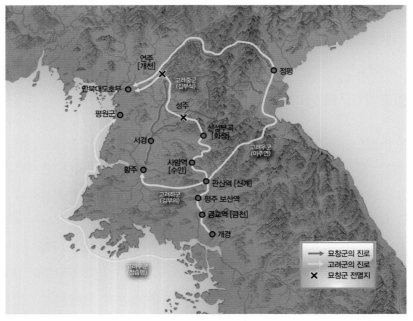

묘청의 난 진압도

서경 반란으로 군사제도의 커다란 변화가 야기된 것은 아니다. 그러나 북계 지역의 방위 거점인 서경의 역할은 미약해졌다. 서경의 행정기구는 중앙의 직접적인 통제 아래에 들어갔고, 도시의 위상은 하락했다. 또한 반란에 참여했던 용맹한 군인들은 각 지역으로 귀양을 보냈다. 이런 조치들은 서경 인적 자원의 상당한 손실을 가져왔다.

이자겸의 반란, 묘청의 반란을 연이어 겪은 고려 국왕은 금군禁軍을 계속 보강했다. 척준경이 중앙군을 동원했을 때 궁궐 수비를 감당했던 군사는 거의 없었다. 의종은 자신의 지휘 통솔을 받는 측근적 성격의 군대 양성을 위해 내순검內巡檢을 창설했다. 개경의 치안 유지를 위해 일찍부터 만들어 있던 순검군을 확대 개편했던 것이다.

의종은 금군에 우수한 자원을 뽑아 들였다. 무신정변의 주도자였던 정중부, 이의방, 이고 등이 모두 금군 출신이었다. 그러나 금군이 강화되는 만큼 중앙군은 약화되고 있었다. 중앙군의 사회경제적 대우는 각종 잡역 등에 동원되면서 열악해졌다. 능력 있는 사람들이 금군으로 옮겨가면서 중앙군은 수에서 뿐만 아니라 전투 능력에서도 약화되고 있었다.

2. 무신정변과 군제의 변화

1) 무신정변의 발생과 무신정권의 추이

(1) 무신정변의 발생

1170년(의종 24) 무신들이 일으킨 정변은 고려사의 분수령으로 인식되고 있다. 그만큼 이 사건의 정치 사회적 영향력이 컸다. 고려에서는 문신을 무신보다 우대해왔다. 제도적으로 무관의 최고직인 상장군은 정3품에 지나지 않았다. 나아가 군대의 통솔권까지 문신들이 장악했다. 문신의 무신 천시에 대한 불만이 누적되어 있다가 무신정변으로 터졌다.

무신정변은 이고, 이의방이 순검군을 집합시켜 보현원에 국왕을 따라온 문신들을 살해하면서 시작되었다. 이들은 개경으로 돌아와 본격적인 문관 숙청에 들어갔다. 정변은 성공했으며, 권력은 무신들에게 넘어갔다. 새 국왕으로 의종의 동생인 왕호가 명종으로 즉위했다.

무신정변의 주역들 사이에 권력을 독점하기 위한 경쟁이 시작되었다. 먼저 이의방이 이고를 제거했다. 이의방은 정중부의 측근에 의해 암살당했다. 정중부는 청년 장군 경대승에게 살해되었다. 경대승이 병으로 죽게 되자 이의민이 권력을 잡았다. 이의민은 최충헌 형제에 의해 제거되었다. 형 최충헌은 동생 최충수를 제거하고 권력을 장악했다.

(2) 최씨 정권의 유지 방식

최충헌은 문벌귀족과 같은 사회적 안정을 희구하는 정치세력들의 요구를 반영하면서 강력한 권력체계를 만들어갔다. 그는 사적 통치 방식을 국가의 공적 운영에 결합시키기 위해 다양한 정치기구를 만들었다.

교정도감敎定都監은 최충원의 권력을 뒷받침하는 핵심 기구였다. 교정도감은 반대파에 대한 정보 수집과 감시, 그리고 각종 특별 세금을 걷는 역할을 했다. 인사 처리를 위해 정방政房을 만들어 자신에 집에 두었다. 서방書房은 최씨 정권에 협조하는 지식인들이 소속된 기관이었다. 최씨 정권은 이전의 무신정권과 달리 문인들을 적극적

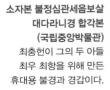
**소자본 불정심관세음보살
대다라니경 합각본
(국립중앙박물관)**
최충헌이 그의 두 아들
최우 최항을 위해 만든
휴대용 불경과 경갑이다.

으로 포섭하거나 등용했다.

최씨 정권의 중요한 군사 기구는 도방都房이다. 도방은 무신들이 보유한 사병을 최씨 집안이 흡수할 수 있는 수단이었다. 도방의 임무는 처음에는 신변 보호였지만, 점차 확대되어 경찰이나 농민 봉기 등을 진압하는 일을 하게 되었다.

무신정권의 성립은 고려 사회에 여러가지 변화를 불러 일으켰다. 무엇보다 고려 전기의 문벌귀족의 독점적인 국가 운영에 새로운 지배계층이 참여하게 되었다. 무신정변은 과거 국가 운영 방식을 해체시키는 계기가 되었고, 이로 인해 군사체제에서도 변화가 일어나고 있었다.

2) 농민·천민의 봉기와 사병의 등장

(1) 농민·천민의 봉기

무신정변 이후 증대된 사회적 불안은 광범위한 농민, 천민의 봉기로 이어졌다. 농민들의 반란에는 주진군과 같은 지역 군인들의 참여가 많았다. 이것은 농민들의 봉기를 진압할 수 있는 군대 동원이 무력화되는 것이며, 고려 전기의 군제 운용에 문제가 커지고 있음을 뜻한다.

서북 지역의 본격적인 봉기는 1174년(명종 4) 서경유수 조위총에 의해 시작되었다. 조위총의 반란에는 묘청의 반란 때 평정된 서경인들의 중앙정부에 대한 반감이 작용했다. 조위총의 반란은 2년이나 계속되었고 1176년(명종 6)에야 가까스로 진압되었다.

남부 지역의 본격적인 봉기는 1176년(명종 6) 공주의 명학소에서부터 시작되었다. 명학소는 특산물을 생산하는 곳이었다. 그간 특수행정구역으로 당해왔던 불이익에 불만을 품은 망이·망소이는 무리를 이끌고 공주를 함락시켰다. 그러나 명학소민들은 청주를 공략하다가 실패하면서 항복했다. 1192년(명종 22) 경주에서 김사미와 효심이 봉기했다. 봉기군의 규모는 최소 1만 명 이상이었으나, 김사미와 효심이 생포되면서 남쪽의 봉기는 잠잠해졌다. 이로써 대규모 봉기는 어느정도 가라앉았다.

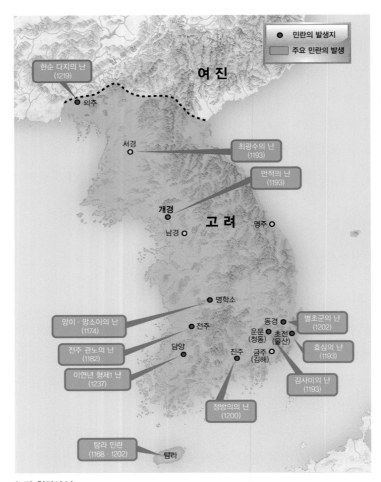

농민·천민의 난

(2) 사병의 등장

사병의 본격적 부각은 무신정변의 성공 이후 권력을 둘러싼 경쟁이 가속화되면서 부터였다. 도방의 출현은 이를 제도적으로 반영한 것이었다. 일반적으로 사병은 개인 명령에 따라 군인처럼 행동하는 사람들이다. 그런데 이 시기 사병의 특징은 군 또는 정부 조직에 소속되어 있으면서 개인의 명령을 우선으로 수행한다는 점에 있다.

도방은 무신집권자였던 경대승이 자신의 신변 보호를 위해 결성한 조직이었다. 이 후 도방은 최충헌이 권력을 잡은 후 부활되어 최씨 가문을 지키는 역할을 했다. 도방에 소속된 사람들은 국가로부터 보수를 받았다. 이는 이들이 실제로 국가 소속의 군인이었기에 가능했다.

사병의 강화는 국가 공병의 약화로 이어졌다. 사병의 발달은 중앙군의 충원을 어렵게 하여 군을 무력화시키고 있었다. 따라서 군의 조직은 변화하지 않을 수 없었으며, 사병 형태를 반영하여 군을 조직화하는 것이 필요하게 되었다. 또한 중앙군의 변화는 지방군과 연계될 수밖에 없었다.

(3) 삼별초의 성립

삼별초는 최충헌의 아들인 최우가 도적을 막기 위해 만든 조직이었다. 대규모의 농민 봉기가 잠잠해지면서 각 지방에서는 도적들이 성행했다. 최우는 이들을 막기 위해 야별초를 조직해 파견했는데, 이들의 수가 증가하자 좌별초, 우별초로 나누었다. 여기에 몽골에 붙잡혔다가 도망쳐 온 사람들을 모아 신의군을 조직했다. 좌별초, 우별초와 신의군을 합쳐 통상 삼별초라고 부른다.

지방에서도 별초가 만들어졌다. 이들은 각 지역에서 농민 봉기의 진압, 몽골과의 전쟁 등에 동원되었다. 이들은 점차 상비군처럼 변화되었으며 토지가 지급되었다. 몽골군이 왔을 때 각 지역은 가능한 모든 자원을 동원해야 했다. 그에 따라 별초는 신분별로 양반, 노군奴軍 및 잡류雜類로 이루어졌다.

원래 고려시대에 별초는 국경 요충인 주진에서 해당 지역의 유능한 무사를 뽑아 편성한 정예부대였다. 그러나 고려 중기 이후 고려의 군사제도가 해이해지면서 주현군과 같은 정규 지방군의 소집 방식이 한계에 도달하고 여기에 몽골과의 전쟁이 발발하자 임시로 징발하는 군대에 별초라는 이름이 붙었다. 별초의 등장은 중앙과 지역을 막론하고 기존 군사조직의 점차적인 해체를 반영하는 것이었다.

제6절

고려-몽골 전쟁과
방어전략의 변화

1. 몽골의 성장과 전술

1) 몽골의 고려 영토 진입

13세기 동아시아는 몽골의 등장으로 요동치고 있었다. 테무진이 금의 정벌을 추진할 때 몽골군의 공격을 받은 거란족은 압록강을 건너 고려 영토로 들어오게 되었다. 1219년 몽골은 3만의 병력을 동원하여 강동성에서 농성중인 거란족을 토벌했다. 이후 몽골과 고려는 형제관계를 맺게 되었다. 이후 몽골은 고려에 공물을 요구했고, 고려는 몽골의 요구를 들어주었다. 이때는 최충헌이 죽고 아들 최우에게 정권이 넘어가던 시점이었다.

몽골의 요구는 점차 커져 갔고, 공물에 대해서도 자주 트집을 잡았다. 고려 정부는 남부 지역의 정용군과 보승군을 소집하여 함경남도 의주, 화주, 철관 등의 요새지에 성을 쌓아 몽골 침입에 대비했다.

1225년 몽골 사신 저고여가 피살됨으로 인해 양국의 관계는 단절되었다. 이후 몽골은 무력 침략을 시작하는 1231년(고종 8)까지 고려에 사신을 보내지 않았다. 여기에는 몽골 내부의 국내적 사정, 특히 칭기즈칸의 후계자 계승 문제 등이 작용했다. 그러나 몽골이 금의 침략을 다시 시작하면서 고려가 문제로 등장하게 된다. 금과 고려

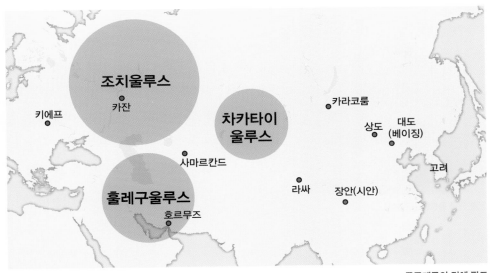

의 외교관계를 고려해 보았을 때, 몽골은 고려가 금과 연합하는 것을 막아야 했다.

2) 몽골의 군사제도와 전술

몽골족은 씨족을 기본 단위로 하는데, 이것이 군대의 기본조직으로 이어졌다. 칭기즈칸은 부대 단위를 10진법으로 고치면서, 씨족 단위만으로 구성된 부대를 묶어 나갔다. 이를 통해 전통적인 부족 간의 제휴를 무시하고 단위를 획일화시킬 수 있었다.

몽골군은 주로 좌·우익과 중군의 3개 부대로 작전을 수행했다. 몽골군은 실제 동원할 수 있는 병력의 숫자가 많지 않았다. 칭기즈칸이 죽었을 때 몽골군은 12만 9천 명이었다. 병력의 부족은 항복한 점령지의 군대를 동원하여 보충했다.

몽골군의 강점은 새로운 무기와 기술을 빨리 흡수한다는 것이었다. 특히 중국 공략에 필요한 공성 무기들을 받아들여 적극적으로 활용했다. 대표적인 것이 아랍 지역에서 획득한 회회포回回砲 등이었다. 그밖에 공성에 대한 여러 가지 기술, 예컨대 토산을 쌓는 것과 같은 새로운 기술도 전투에 활용했다.

몽골군의 강점 중의 강점으로 꼽히는 것은 말을 이용한 기동력이었다. 말을 이용한

몽골 제국 통행증(울란바토르박물관)

몽골군의 진격 속도는 당시까지 전 세계에서 가장 빨랐다. 하루 평균속도는 11~12km, 하루 최대 이동 거리는 128~200km였다. 따라서 기동력을 이용한 전술은 공간 활용 능력을 최대한으로 끌어 올릴 수 있었다. 몽골군은 이동 속도가 빠르기 때문에 작전 지역의 활용 범위가 넓었고, 보병만으로 할 수 없는 다양한 전술을 구사할 수 있었다.

2. 고려의 대몽전략과 대응의 양상

1) 전쟁의 시작과 강화 천도

몽골은 1231년(고종 18)부터 1259년(고종 46)까지 여러 차례 고려를 침략했다. 몽골의 침입은 30년 가까이 지속되었으며 침입 횟수는 대체로 6차로 정리되고 있다.

1231년 몽골의 제1차 침략 때 고려군은 북계의 중요 거점인 안북부에서 살리타이가 이끄는 주력부대와 전투를 벌였으나 패배했다. 이것은 고려 중앙군이 치른 마지막 전투였다. 몽골군은 충주성까지 이르렀지만, 그곳을 지키던 노군과 잡류별초에 의해 저지되었다. 이후 양국의 화해가 성립되어 몽골군은 퇴각했다. 몽골군이 철수한 직후부터 고려에서는 천도론이 제기되었고, 1232년(고종 19) 강화로 천도하였다.

몽골의 제2차 침략은 강화 천도 후 곧바로 단행되었다. 그러나 몽골군 사령관 살리타이가 남하하는 도중에 용인 근처의 처인성에서 전사하자 철군했다. 처인성은 김윤후와 처인부곡민들이 방어를 맡았다.

1234년 금을 완전히 정복한 몽골은 후방에 대한 두려움 없이 고려 침략에 나설 수 있게 되었다. 1235년 몽골은 사령관 당고의 지휘 하에 고려를 침략했다. 제3차 침략은 5년 동안 계속되었고 전라도와 경상도 지역까지 진출했다.

처인성(상)
처인성 출토 칼(충북대 중원문화연구소)(하)

대개 몽골병과 맞서 싸웠던 사람들은 각 지역의 향리가 조직한 지방군이나 또는 중앙의 별초였다. 지역의 방어전이 각 지역민에게 맡겨진 셈이었다. 그러나 이들은 몽골군이 소부대 규모일 때만 감당할 수 있었다. 그 결과 3차 침략부터는 몽골에 항복하기 시작한 고려인들이 증가하기 시작했다.

2) 전쟁의 장기화와 평화교섭

고려 정부는 몽골에 대해 일관된 전략으로 맞서고 있었다. 그것은 청야전술과 일반민의 산성 및 해도海島로의 이주였다. 고려 정부는 큰 규모의 중앙군이 몽골의 대부대와 직접 맞서는 것이 적합하지 않으며, 각 지역으로 적을 분산시키는 것이 효과적이

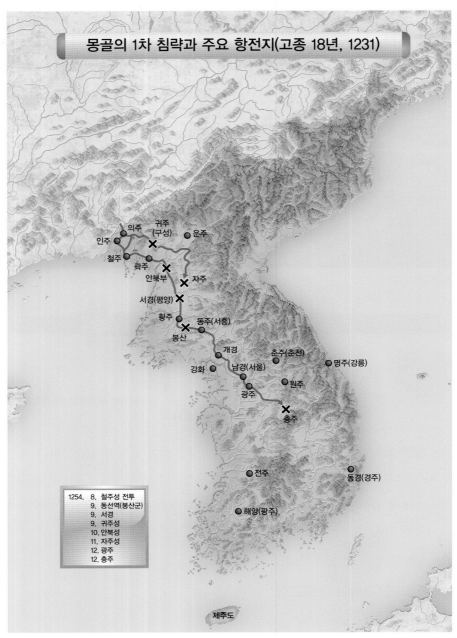

1차 고려-몽골 전쟁도

1254.	8.	철주성 전투
	9.	동선역(봉산군)
	9.	서경
	9.	귀주성
	10.	안북성
	11.	자주성
	12.	광주
	12.	충주

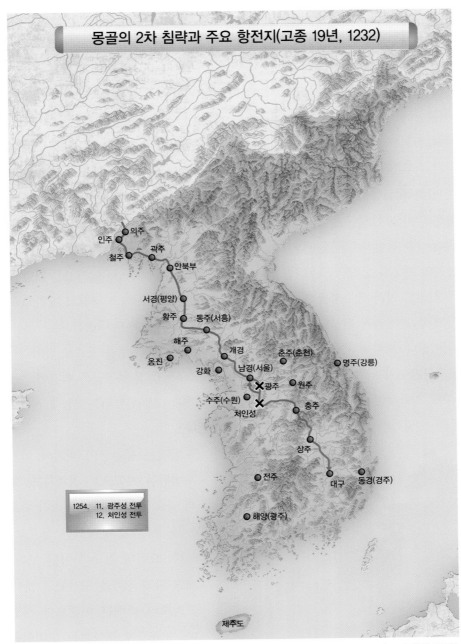

몽골의 2차 침략과 주요 항전지(고종 19년, 1232)

의주
인주
철주
곽주
안북부
서경(평양)
황주
동주(서흥)
해주
개경
옹진
강화
춘주(춘천)
명주(강릉)
남경(서울)
×광주
수주(수원)
원주
처인성
충주
상주
전주
대구
동경(경주)
해양(광주)

1254. 11. 광주성 전투
      12. 처인성 전투

제주도

2차 고려–몽골 전쟁도

라고 보았다. 각 지역민들은 미리 대피함으로써 직접 적과 마주치는 것을 피하고 적들이 물러가기를 기다리는 소극적 방어 전략을 구사했다.

몽골은 1247년(고종 34) 제 4차 침략을 개시했다. 몽골군은 북계 지역을 공략한 후에 남진하여 개경과 강화도 인근 지역까지 이르렀지만, 몽골 황제의 사망으로 1248년 철군했다.

새로 즉위한 헌종은 고려에 고종의 직접적인 조회와 개경으로의 천도를 요구했다. 고려가 거부하자 몽골은 1253년(고종 40)에 제5차 침략을 개시했다. 몽골군은 충주까지 남하하여 충주산성을 공격했지만, 방호별감 김윤후의 지휘 아래 70여 일 동안 공격을 막아냈다. 충주는 경상도 일대로 남하하기 위한 요지였지만, 몽골군은 한 번도 충주성을 점령하지는 못했다.

몽골의 제 6차 침략은 6년 동안 지속되었다. 1254년(고종 41) 압록강을 건넌 몽골군은 진천을 거쳐 충주성을 공략하다가 완강한 저항에 포기하고 경상도 지역으로 내려가 진주 근처까지 진군했다. 몽골군이 경상도 남쪽 지역까지 내려간 것은 처음 있는 일이었다. 또한 6차 침략 때 몽골군은 20만이 넘는 고려인들을 포로로 잡아갔다.

몽골군은 6차 침략 때부터 이전과 다른 전술을 구사했다. 몽골군은 이전에 7~8월에 주로 침략하여 12월이나 1월에 철수했다. 그러나 1255년부터는 8월에 시작하여 다음해 10월까지 계속 고려에 거주하면서 침략했다.

충주산성(충북 충주, 복원)

이것은 몽골군이 과거와 다르게 광범위한 지역으로 침략하고, 고려의 중요 지역에 대한 지속적 확보라는 목표 하에 움직였던 것으로 보인다. 요컨대 철군이 아닌 보다 철저한 파괴 전략을 구사했던 것이다. 고려측의 피해는 이전보다 커졌으며, 몽골군에 투항하는 고려인들의 숫자 역시 증가했다. 고려는 심각한 타격을 입게 되었으며, 이전보다 몽골과의 강화론이 힘을 얻게 되었다. 결국 1258년 국왕의 직접적인 조회는 아니지만 태자 왕전이 몽골에 가게 되는데, 마침 이때 고려의 고종과 몽골의 헌종이 거의 동시에 사망했다. 태자는 다음 제위를 노리던 쿠빌라이를 만나 유리한 조건에서 강화를 맺는데 성공했고, 이로써 30여 년에 걸친 긴 전쟁을 마무리하게 되었다.

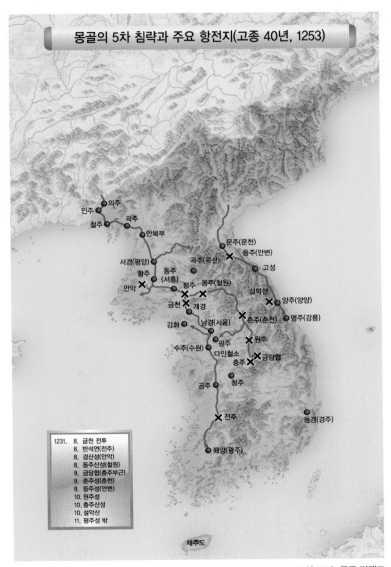

5차 고려-몽골 전쟁도

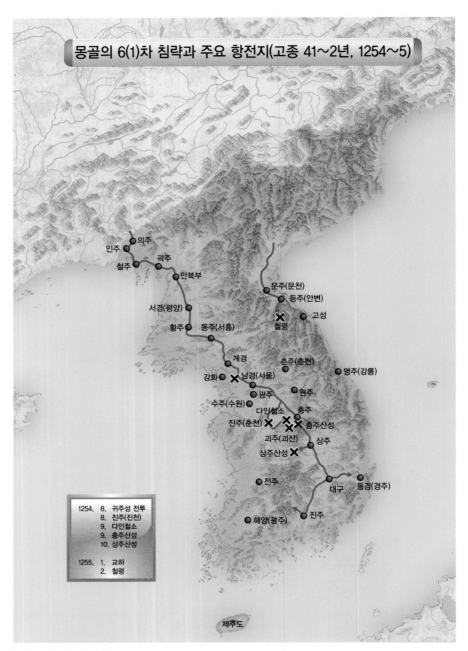

몽골의 6(1)차 침략과 주요 항전지(고종 41~2년, 1254~5)

의주
인주
철주
곽주
안북부
서경(평양)
황주
동주(서흥)
개경
강화
남경(서울)
광주
수주(수원)
다인철소
진주(진천)
괴주(괴산)
상주산성
전주
해양(광주)
진주
대구
동경(경주)
상주
충주
충주산성
원주
명주(강릉)
춘주(춘천)
철령
고성
등주(안변)
문주(문천)

1254. 8. 귀주성 전투
     8. 진주(진천)
     9. 다인철소
     9. 충주산성
    10. 상주산성

1255. 1. 교하
     2. 철령

제주도

6차 고려−몽골 전쟁도 (1)

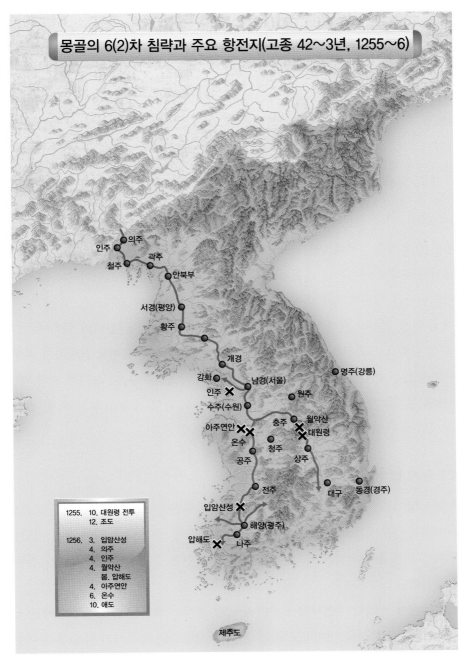

몽골의 6(2)차 침략과 주요 항전지(고종 42~3년, 1255~6)

의주
인주
곽주
철주
안북부
서경(평양)
황주
개경
강화
남경(서울)
인주
명주(강릉)
수주(수원)
원주
아주연안
충주
월악산
온수
대원령
공주
청주
상주
전주
대구
동경(경주)
입암산성
해양(광주)
압해도
나주

1255. 10. 대원령 전투
　　　12. 조도

1256. 3. 입암산성
　　　 4. 의주
　　　 4. 인주
　　　 4. 월악산
　　　 봄. 압해도
　　　 4. 아주연안
　　　 6. 온수
　　　 10. 애도

제주도

6차 고려-몽골 전쟁도 (2)

5) 군사조직과 방어방식의 변화

(1) 2군 6위 번상체제의 해체

고려 전기 2군 6위로 구성된 중앙군 조직은 점차 해체되어 갔다. 군인 선발과 함께 이들에게 주어지던 군인전 지급이 어려워지고 있었기 때문이다. 따라서 번상 시위도 어려워지고 있다. 특히 무신정변 이후 계속되는 농민 봉기, 뒤이은 몽골과의 전쟁으로 중앙군은 정원을 보충할 수 없었다.

특히 별초군의 등장과 강화는 직업군인과 비슷한 방식으로 진행되고 있어 개경으로 번상하는 일이 필요없게 되었다. 나아가 개경 별초군 등의 사병화 경향은 이들이 속해 있는 권력자 주변에 일상적으로 거주하는 방식으로의 전환을 요구했다. 2군 6위 군 자체가 해체되는 가운데 별초와 같은 조직이 이를 대신하게 되었던 것이다.

원래 임시적 성격인 별초가 무신집권기 이후 중요한 군사 조직으로 성장하면서 군령 체계 역시 변화가 불가피해졌다. 군령 체계의 변화는 국왕 권력의 약화에 기인한다. 무신 집권으로 국왕은 실권을 거의 발휘할 수 없었다. 최충헌을 포함하여 최씨 가문은 능력 있는 군인들을 자신의 가병으로 만들어 사병화했다. 이로 인해 군령 체계는 권력자의 자의로 이루어지게 되었다. 무신집권 이후 군령 체계는 보고 체계, 인사 행정, 상벌의 평가 등에서 허다한 문제점을 나타내고 있었다.

(2) 양계 방어체제의 붕괴

양계의 방어체계는 외적이 침입했을 때, 지역 주민들과 그 지역의 성을 중심으로 이루어진다. 정부에서 파견된 외관격의 지휘관과 도령 등과 같은 지역 출신 지휘관의 협조 하에 방어를 시작하게 되면, 이후 정부가 파견한 중앙부대가 도착하여 협동 작전을 구사했다.

이러한 양계 지역의 방어체계가 무너지게 된 결정적 계기는 몽골의 침입이었다. 1차 침입 당시 귀주성을 제외하고 북계 지역의 상당수는 항복하거나 쉽게 무너졌다. 특히 고려 정부가 해도입보책海島入保策을 시행하면서 양계 지역 방어체계의 붕괴는 가속화되었다.

몽골은 양계 지역을 점차적으로 점령하게 되었다. 1258년(고종 45) 조휘 등이 화주 이북의 땅을 가지고 몽골에 투항했고, 몽골은 이곳에 쌍성총관부를 설치했다. 1269년(원종 10) 서북면에서 최탄 등이 반란을 일으켜 북계 지역을 몽골에 넘겨주었다. 몽골이 이곳에 동녕부를 둠으로써 양계 지역은 모두 몽골의 통치 하에 들어갔다.

(3) 치소성 중심에서 요해처 위주로의 방어 방식의 전환

몽골과의 오랜 전쟁은 전략의 변경과 함께 방어 방식의 전환을 가져왔다. 그 이전의 방어는 군지휘관 내지 지방관이 파견된 치소성治所城을 중심으로 이루어졌다. 외적의 침입 시에 한 개의 치소성을 중심으로 하여 주변 여러 지역민과 군인들이 동원되어 적을 방어하며 중앙 부대의 구원을 기다리는 방식이었다.

그러나 몽골군의 침략은 기존의 치소성 중심의 방어 방식을 전환하게 하는 계기가 되었다. 몽골군은 빠른 기동력을 이용하여 한 번에 여러 지역을 공략하거나 우회하는 전술을 구사했다. 따라서 치소성 주변 지역의 지원 병력이 성으로 들어갈 시간적 여유를 갖기 어려웠다. 해도입보책은 중앙군의 지원이 없어지고 각 지역에 방어를 자율적으로 맡기는 방식이었다. 더구나 치소성의 상당수가 평지에 자리잡고 있었기 때문에 방어 방식은 산성, 특히 요해지를 중심으로 이루어져야 했다.

요해처 방어로의 방식 전환은 대규모 정규군이 동원될 수 없는 상황에서 어쩔수 없는 것이었다. 역으로 2군 6위라는 중앙 부대의 점진적 해체도 요해처 위주의 방어 방식을 강화시켰다. 이처럼 몽골과의 전쟁은 고려 전기까지 고수해왔던 고려 군제에 심대한 변화를 초래하고 있다.

3. 삼별초의 봉기와 활동

1) 삼별초의 봉기

삼별초는 몽골과의 화해가 성립되면서 동요하게 되었다. 왕정 복고 후 고려 정부는

삼별초 사당과 배중손 동상(전남 진도군 굴포리)

삼별초 해산을 명령했다. 삼별초는 2군 6위가 거의 해체된 가운데 몽골과의 항쟁에 동원되었기 때문에 그에 따른 몽골의 보복을 두려워했다. 삼별초는 해산 명령이 내린 다음날인 1270년 6월 1일에 장군 배중손, 야별초 지유 노영희 등을 중심으로 반란을 일으켰다. 삼별초는 승화후 왕온을 국왕으로 삼아 새로운 정권을 만들었다.

삼별초는 강화도에서 모든 배를 모아 재물과 가족을 싣고 남쪽으로 향했다. 그 규모가 1,000여 척이었던 것으로 보아 1만 명 이상의 인원이 움직였을 것이다. 삼별초가 최종적으로 도착한 곳은 진도였다. 진도는 옆의 완도에 청해진이 설치되었던 것처럼 서해와 남해를 잇는 해상 교통의 중심지였다. 또한 이곳은 양쪽을 잇는 조운로를 제압할 수 있는 장소였다.

삼별초군은 전라도 지역의 공략을 시작하여 나주를 포위했다. 또한 일부 부대를 전주까지 진군시켰다. 그러나 김방경의 1만 토벌군이 온다는 첩보를 입수하자 전주 공략을 포기했고, 나주의 포위도 풀어야 했다.

삼별초군의 나주와 전주 점령의 실패는 이후의 세력 확장에 커다란 장애가 되었다. 전라도에서 세력 확장의 요지를 얻지 못했을 뿐 아니라, 그때까지 추이를 관망해오던 전라도의 다른 지역민들을 정부측에 서도록 만들었다. 이후 삼별초군은 제주도를 점령하여 제해권의 장악과 함께 후방 기지의 확보를 노렸다.

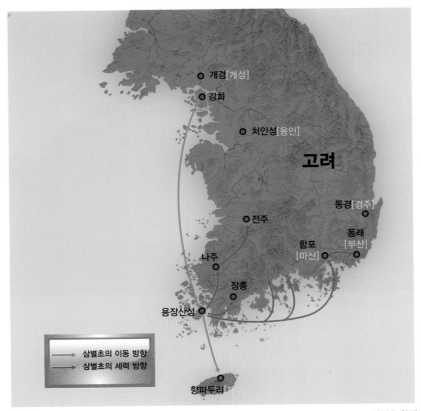

→	삼별초의 이동 방향
→	삼별초의 세력 방향

삼별초 항쟁

2) 고려 몽골 연합군의 토벌

삼별초군이 강화도를 탈출하여 진도로 향할 때부터 고려 정부는 토벌군을 편성하여 추격했다. 삼별초군이 진도에 거점을 잡은 후에 고려 몽골 연합군은 진도에 상륙하여 전투를 벌였지만, 삼별초군의 해군력은 정부군을 압도했다. 고려 몽골 연합군의 토벌작전은 지지부진하였다.

삼별초군은 남해안의 몇 지역을 침입하는 게릴라식의 전술로 대응했다. 전라남도 장흥부 조양현(보성), 경상도 합포(마산) 등이 대상이었다. 그러나 문제는 이들이 게릴라식 전술 이상을 구사하기 어렵다는 점에 있었다. 삼별초에게는 장기적 계획에 따라 자신들의 세력을 확장하려는 전략은 없었다.

항파두리 토성(제주) 삼별초가 최후까지 대몽항쟁을 벌인 곳이다.

고려 몽골 연합군은 진도에 대한 본격적인 공략에 들어갔다. 이때 동원된 전투함은 100여 척이었다. 당시 삼별초군은 30여 개 섬을 점거하고 있는 상태였다. 고려 몽골 연합군에 의해 진도는 함락되었다. 살아남은 삼별초군은 김통정을 따라 제주도로 들어갔다. 남해현에 있던 삼별초군 역시 80여 척의 배를 타고 제주도로 들어갔다.

1273년(원종 14) 고려 몽골 연합군은 제주도의 삼별초를 토벌하기 위해 출발했다. 고려 몽골 연합군의 중군은 제주도 남쪽의 함덕포로 진입했고, 삼별초군은 중군을 막아내지 못했다. 또한 좌군의 전함 30척은 비양도로 거쳐 진입했다. 삼별초군은 외성 안으로 후퇴했는데, 연합군은 화공으로 공략했다. 삼별초군은 혼란에 빠졌고, 지휘자인 김통정은 70여 명을 거느리고 한라산 방향으로 도주했다. 외성이 무너지면서 내성의 삼별초군마저 항복했다. 이로써 삼별초의 항쟁은 끝나게 되었다.

삼별초의 항쟁과 그 실패는 오랫동안 정예군으로 활약해 왔던 인적 자원의 상실을 의미하는 것이었다. 2군 6위의 중앙군이 약화된 상태에서 최씨 무신정권 하에서의 삼별초는 군사조직의 상당 부분을 차지했다. 이들 중의 상당 수가 반란에 참여했을 것이기 때문에 고려의 군사력은 상당한 손실을 입었다. 이들의 전투력은 상당했다. 고려 정부는 이들에 대한 진압이 끝난 후에도 제주도의 남은 반란군을 제압하기 어려워 몽골군을 불렀을 정도였다.

제7절

원 지배 하 고려의 군사제도

1. 고려의 군사적 지위의 변화

고려의 군사력에 대한 원의 통제는 여러 방법을 통해 이루어졌다. 여·몽 전쟁이 끝난 직후 원은 군대 주둔과 다루가치의 파견을 통해 고려 정부와 군사력을 감시하고 통제했다. 삼별초의 항쟁을 계기로 본격화된 원 군대의 주둔은 일본 원정이 포기되고 만호부가 설치되어 고려에 대한 군사적인 지배 장치가 마련될 때까지 계속되었다.

원 세조가 즉위한 후 고려에서 원군의 철수를 요청하자, 원 세조는 주둔군을 철수시켰다. 고려에서 일단 철수한 원군은 10여 년 후부터 다시 고려에 파견되었다. 1269년(원종 10)에 서북면병마사의 기관 최탄 등이 반란을 일으켰을 때 원 세조는 2천 명을 파견하여 서경에 주둔시켰다. 1270년에는 원에서 환국하는 원종을 따라온 원군 중 1,500명이 개경에 진주하여 고려 조정을 감시했다.

이렇게 고려에 파견되어 주둔한 원군은 삼별초의 항쟁을 계기로 더욱 증강되었다. 이때부터 원군은 개경을 비롯한 인근 서해 지방에 집중적으로 주둔했다. 경상·전라의 연해 요충지에도 진수군을 주둔시켰다. 또 제주도의 삼별초 정벌 이후에도 제주도에 500명을 주둔시키기도 했다.

고려에 주둔했던 원군은 8여 년만인 1278년(충렬왕 4) 충렬왕의 친조를 통한 철군 요청으로 철수했다. 고려측에서는 철수를 요청하면서 대신 일본 원정에 자발적으로 참여할 것을 약속했고, 이를 받아들인 원의 세조는 고려에 주둔하고 있던 모든 원군과 다루가치를 철수시켰다.

이후에도 일시적인 원의 군대가 고려에 주둔한 적이 있었지만, 그 규모는 극히 일부였고, 주둔 목적도 고려 조정이나 군대를 감시하기 위한 것이 아니었다. 이후 개경에 왕경등처관군만호부王京等處管軍萬戶府, 변방에 진변만호부鎭邊萬戶府 등이 설치되어 고려에 원의 군사제도가 도입되면서 1287년(충렬왕 13) 합포에 주둔하고 있던 원군이 돌아갔다. 이로써 고려에 상주하던 원군은 사실상 완전히 철수하게 되었다.

원은 고려에 주둔한 원군을 철수시킨 이후에도 고려의 병권을 장악하여 여러 형태의 군사적인 통제를 가했다. 원에서는 필요에 따라 언제든지 고려군의 징발을 명령하거나, 다루가치나 원에서 파견된 사신들을 통해 직접 고려의 군대를 징발했다. 또한 원은 군기까지도 철저한 통제 하에 두었고, 축성 등 군사시설의 정비나 수축도 원의 허락이 없이는 불가능했다.

2. 원 군사제도의 도입

1) 겁설제의 수용과 운용

원 간섭기에도 견룡군牽龍軍 등 고려 본래의 친위군 중 일부는 명목상 존속하고 있었으나, 장교층 이외의 하층 병력은 충원되지 못했다. 본래의 기능을 상실한 채 관직체계의 일부로만 존속하고 있었다. 더구나 군사적 능력과는 관계없는 인물들이 장교직에 임명됨으로써 그 기능이 유명무실해졌다.

고려가 수용한 겁설제는 원래 원의 숙위군제의 일부였다. 충렬왕이 겁설제를 설치한 것은 원에 머물면서 원의 겁설제에 대해 익숙해 있었을 뿐만 아니라, 원의 군사적 견제가 계속되는 상황에서 기존의 친위군 조직을 정비하기가 어려웠기 때문이다. 겁설을 조직할 때 원의 개입이나 간섭은 보이지 않는다. 겁설의 군사력이 국왕 신변의 호위 병력 정도에 불과해 군사적으로 원의 견제 대상이 되지 못했기 때문이다.

겹설은 숙위군으로서의 군사적인 성격도 보이지만 그 구성이나 직무상에는 기존 숙위군과는 큰 차이를 보인다. 겹설은 주로 귀족 자제나 문신 관료들로 구성되었지만, 견룡군은 무신과 군인층으로 구성되었다. 그러므로 겹설 조직은 근시 기구와 숙위군으로서의 성격을 가진 특수한 숙위 조직이었다고 할 수 있다.

원의 겹설제를 수용한 고려의 겹설제는 원의 간섭에서 벗어난 공민왕대 이후 고려 본래의 숙위군제의 정비 과정에서 2군 6위 조직으로 통합하려는 시도가 있었으나, 제대로 정리되지 않은 채 존속하다가 조선 초기 군제 정비과정에서 흡수되었다.

2) 순군·진변만호부의 설치와 운용

(1) 순군의 설치와 운용

고려 정부가 개경으로 환도한 후 개경의 순찰 및 치안 활동은 원군에 의해 장악되었다. 국왕의 호위도 마찬가지였다. 그렇지만 원군이 점차적으로 철수하면서 개경의 순찰 활동, 치안 유지를 위한 조직의 정비가 이루어지게 되었다. 그러나 고려의 기존의 치안 조직인 순검군을 재편하거나 강화하는 방향으로 이루어진 것은 아니었고, 원의 주도에 의해 새로운 도성 치안 기구인 순마소巡馬所가 창설되었다.

순마소는 흔히 순군巡軍이라고 했다. 그러나 순군은 치안 유지의 기능과 함께 고려 정부와 고려인들에 대한 정치적인 통제를 담당했다. 순군은 범죄자들을 투옥할 수 있는 자체의 옥獄을 가지고 있었다. 순군에 옥이 설치됨으로써 순군은 재판 기능까지도 구비하게 되었다.

순군은 1293년(충렬왕 19)부터는 고려 국왕의 실질적인 지휘를 받게 되었다. 제2차 일본원정 이후에 순군은 순군만호부로 확대 개편되었다. 순군만호부로의 확대 개편은 제2차 일본원정 이후 원군이 철수하게 되면서 고려 왕실이 스스로를 보호할 수 있는 자체 무장력을 강화해 나간 것으로 보인다.

고려 국왕은 정국을 주도하기 위한 방편으로 순군부를 적극 이용하면서도 한편으로는 여러 폐단을 야기하고 있던 순군부를 제어하기 위한 노력도 했다. 그러나 실질적 무장력을 가진 순군부를 배제하고는 국왕은 정국을 운영할 수 없었다. 순군부는 고려 말에 이르기까지 도성의 치안 유지라는 본래의 기능보다는 오히려 중요한 정치적 사건을 처리하는 기관으로 기능했다.

(2) 진변만호부의 설치와 운용

원은 두 차례 원정을 통해서도 정벌하지 못한 일본의 침략 위협에 대비하고 나아가 원의 변방 안정을 위해 고려 군사력으로 구성된 만호부와 같은 군사조직이 필요했다. 또한 고려 군사력의 견제를 위해 많은 부담이 따르는 원 군대의 직접 주둔보다는 보다 효과적인 고려 군사력 견제와 통제 방법이 필요했다. 이러한 목적 하에 원은 진변만호부를 설치하였다.

진변만호부에는 원에서와 마찬가지로 다루가치가 설치되었고, 고려인 만호·부만호 등의 지휘관이 임명되었다. 만호직은 보통 원의 황제가 직접 임명하거나 고려 국왕이 임명했다. 특히 고려 국왕이 임명할 경우에는 반드시 원으로부터 이미 만호의 직위를 받은 인물을 선발해야 했다. 진변만호직의 임명에서 고려 국왕이 행사할 수 있는 병권은 그만큼 원에 의해 제약되고 있었던 것이다.

고려인 만호는 천호소千戶所 천호千戶 – 백호소百戶所 백호百戶로 연결되는 지휘체계와 소속 방호소의 지휘관들을 통하여 만호부와 방호소 소속 군사들을 지휘했다. 방호소는 유사시에 대비하여 병선을 갖추는 한편 봉화를 통해서 만호부와 통신을 했다.

진변만호부는 진무소를 갖추고 있었으며, 행정 실무를 맡는 만호부 녹사錄事는 고려 조정에서 어느 정도 통제했다. 그러나 14세기 전반에는 만호가 권세가의 세습제로 변하고 원이 직접 진변만호부 만호를 임명하는 경우가 많았다. 1356년(공민왕 5) 반원정책의 일환으로 5만호부를 모두 혁파함에 따라 진변만호부 역시 폐지되었다.

3. 원의 일본 원정과 고려의 참전

1) 일본 원정의 배경과 준비 과정

원의 일본 정벌은 세계 제국을 건설한다는 목표 아래 단행되었다. 세조는 1271년 국호를 '원元'이라 개칭했고, 세계 제국의 실현을 눈앞에 두고 있었다. 고려는 1270년 개경 환도 후 미처 숨을 돌릴 사이도 없이 원의 일본 정벌에 필요한 경제적, 군사적 부담을 안게 되었다.

세조는 고려를 거점으로 병력과 전함과 군량미를 확보하여 일본을 정벌하려고 했다. 이러한 목적에서 원이 고려에 설치한 것이 둔전경략사屯田經略司였다. 1270년(원종 11)에 설치된 이 기구는 군사 물자와 군량미를 확보하는 전담기관이었다. 1273년(원종 14) 원에서 환국한 세자 심諶은 전함병량도감戰艦兵糧都監을 설치하여 본격적인 준비에 들어갔다. 다음해에는 원에서 총관 찰총을 보내 전함 900척을 건조토록 했다. 이 배들을 만드는 역부와 감독관 등의 양곡도 모두 고려가 부담해야 했다.

원종이 죽고 충렬왕이 즉위한 직후 1274년에 단행된 제1차 일본 원정에 동원된 3만 3천 명 가운데 원군과 한족군이 2만 5천 명, 고려 군사는 8천 명이었다. 제2차 일본 원정에서는 고려는 군사 1만 명을 부담했다.

몽고습래회사
일본군과 몽고병이 배에서 싸우고 있다.

2) 1, 2차 원정과 그 결과

(1) 1차 원정

1274년 10월 3일 합포를 출발한 일본 원정군은 10월 16일에 쓰시마 섬을 정벌했다. 이후 이키[壹岐] 섬을 공격하여 1백 명을 죽였고, 기타큐슈의 연안에 침입했다. 여원연합군의 한 부대가 이마즈[今津]에 상륙했고, 동시에 다른 한 부대는 하카타[博多]의 북방인 가고하라[鹿原]에 상륙을 시도했다. 또 다른 부대는 하코자키[箱岐] 방면에 상륙을 시도했다.

10월 20일 밤, 여원연합군은 승세에도 불구하고 육상 교두보에서 야영하지 않고 하카타만에 정박한 군함으로 물러났다. 육지에서 숙영하지 않았던 것은 일본군의 야습을 두려워 했기 때문이었다. 배에 돌아온 여원연합군 수뇌부는 전투를 계속할 것인가의 여부를 논의하기 위한 작전회의를 열었다.

사실 여원연합군에게는 상당한 약점이 있었다. 원의 강요로 출전한 고려군의 사기

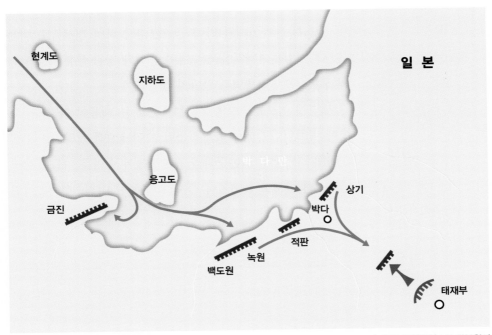

고려-몽골 연합군의 1차 일본원정

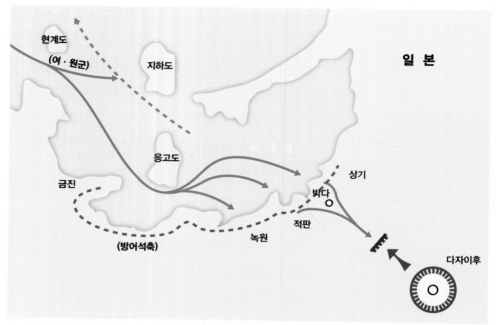

고려-원 연합군의 2차 일본원정

가 충만할 리 없었고, 원이 다그쳐 불과 6개월 만에 급조한 9백 척의 전선들도 대체로 허술하였다. 더욱이 일본군에 비해 여원연합군은 병력 충원과 병참 부분에서 약세였다. 일본군의 저항은 의외로 강경했고, 병력도 만만치 않았다.

10월 20일 밤부터 21일 새벽에 이르는 사이에 예상치 못한 큰 태풍이 하카타만으로 몰아쳤다. 일본 측 기록에 따르면, 그 태풍으로 하룻밤 사이에 9백 척의 여원연합군 함대 중 2백여 척이 침몰했다고 한다. 일본군과의 공방전에서 승리를 거듭했지만, 태풍 때문에 원정군은 그해 11월 합포로 돌아왔다. 돌아오지 못한 여원연합군은 1만 3천 5백명이나 되었다.

(2) 2차 원정

제1차 원정에 실패했지만 원 세조는 일본 정벌을 포기하지 않았다. 2차 원정군은 합포로부터 출진하는 동로군東路軍과 양자강 하구의 경원慶元으로부터 출진하는 강남군으로 구성되었다. 병력은 여·원·한인 장병으로 구성된 동로군이 4만 명, 패망한 남송의 장병들로 편성된 강남군이 10만 명이었다.

동로군이 합포를 출발한 날은 1281년 5월 3일이었다. 동로군과 강남군은 6월 15일에 이키 섬에서 합류하기로 했다. 5월 27일 동로군은 쓰시마 섬에 상륙했고, 이어 이키 섬으로 진격했다. 이키 섬을 점령한 동로군은 시카노[志賀] 섬으로 상륙해 그곳에서부터 육지로 진입하려 했다.

여원연합군은 시카노 섬, 노코노[能古] 섬에서 일본군과 교전을 거듭했다. 일본군은 작은 배를 동원하여 게릴라 수법으로 산발적인 공격을 했다. 강남군은 사전에 약정된 이키 섬이 아닌 히라도 섬에, 그것도 근 보름이나 늦게 도착하여 7월 상순에야 동로군과 합류할 수 있었다.

동로군과 강남군의 합류로 전투 대형을 재정비한 여원연합군이 하카타 만을 향해 진격하려 할 때 1차 원정 때와 같은 복병에 직면했다. 7월 30일 밤부터 강력한 서북풍이 몰아치기 시작하여 여원연합군 함대 대부분이 바다 속으로 침몰하고 만 것이다. 제2차 원정군의 총병력 20여 만 명에서 살아 돌아온 자는 3~4만 명 정도였다. 고려의 군사·뱃사공·수부 등도 7천 명이 돌아오지 못했다.

여원연합군의 원정은 일본 유사 이래 최대의 국난이었다. 그러나 1274년과 1281년 전쟁 때 불어 닥친 바람은 이른바 신풍神風도, 신불神佛도 아니었다. 여원연합군이 패전한 이유는 계절적 특성을 무시한 원정 시기, 그리고 바다에 약한 원군 지휘부의 전략적 실수 때문이었다. 물론 일본 측에서 전략적 요충지에 석축을 쌓고 인해전술에 대비한 훈련을 철저히 했던 것도 승패에 영향을 주었다. 그리고 원의 1차 원정에는 삼별초의 항쟁이, 2차 원정에는 남송 정벌이 원이 일본 원정을 계속하지 못한 요인이었다.

제8절

고려 말기 전란과
새로운 군사체제 지향

1. 원의 쇠퇴와 동아시아 국제질서의 변화

1) 공민왕의 군제 개혁

공민왕은 재위 23년 동안 4차례에 걸쳐 개혁교서를 반포하면서 끊임없이 개혁정치를 추진했다. 공민왕대의 개혁정치는 원 제국의 쇠퇴로 간섭이 약화된 상황에서 추진되어 이전의 개혁정치와는 달랐다. 더욱이 공민왕대는 왜구와 홍건적의 침입 등 외침에 대한 대비가 필요한 시기였고, 나라 밖의 정세가 원·명 교체기에 접어든 시기라는 점도 이 시기 개혁정치의 특징적 요소로 작용했다.

1356년(공민왕 5년) 5월, 반원 개혁정치가 본격적으로 시작되었다. 이때의 개혁교서의 내용은 정치체제의 정비와 친원세력의 경제적 기반 해체, 민생안정정책의 수립, 군사체제의 정비 등에 역점을 두고 있었다. 이 가운데 국방에 관한 개혁방안은 군졸의 충당, 역제의 재정비, 군량의 확보 등이었다. 이와는 별도로 실제 군사행동에 따른 군사력의 확보라는 측면에서 충용위忠勇衛를 설치하고, 제주인濟州人, 화척禾尺·재인才人을 방수防戍에 충당했다. 공민왕의 이러한 국방개혁안은 고려 전기 이래의 군사체제를 그대로 복구한 것은 아니었다. 다만 반원정책의 추진과정에서 우선 시급한 몇 가지 문제를 해결하고자 하는 측면에서 진행되었다.

2) 쌍성총관부의 탈환과 요동 출정

쌍성총관부의 탈환도 1356년에 시작되었다. 동북병마사로 임명된 유인우가 쌍성총관부에 이르렀을 때, 조휘의 손자인 조돈과 이자춘과 그의 아들 이성계가 고려군과 내통하여 雙城摠管府의 성문을 열었다. 원은 고려에 쌍성총관부 탈환을 문책해 왔지만 고려는 원의 형세를 살펴가면서 일면으로는 사과하고 일면으로는 수복 정책을 추진하여 소기의 목적을 달성했다.

1368년(공민왕 17)에 원 순제가 주원장의 군대에게 쫓기다가 죽고, 그 뒤를 이어 기황후 소생인 소종이 즉위했으나 소종도 주원장의 군대에 쫓겨 외몽골에 있는 화북和北으로 도망침으로서 원의 명맥을 간신히 유지되고 있었다.

이러한 원·명 교체기의 틈을 타 공민왕은 1370년 이성계를 보내 요동에 있는 동녕부를 공격하도록 했다. 동녕부는 원이 고려의 서경에 설치한 통치기관으로 1290년(충렬왕 16)에 요동으로 옮겨졌다. 이즈음에 원의 평장사 기새인티무르[奇賽因帖木兒](기철의 아들이자 기황후의 조카)가 원 유민을 모아 동녕부에 웅거, 그의 부친 기철

이 고려에서 참형당한 것에 대한 원수를 갚는다며 고려를 침입했다. 공민왕은 1369
년 이인임을 도통사, 이성계를 동북면원수, 지용수를 서북면원수로 삼아 군사 1만 5
천 명을 주어 원의 동녕부를 치게 했다.

이성계는 1370년 1월에 동북면에서 황초령, 설한령을 넘고 압록강·파저강을 건너
우라산성于羅山城을 공격하여 항복을 받았으며, 같은 해 11월에는 지용수와 합세하여
요동의 중심지인 요양을 공격하여 성을 빼앗았다. 그러나 고려는 요동에 있던 동녕부
를 정벌만 했을 뿐 장기적으로 점령하지 못했기 때문에 모처럼의 정벌은 효과를 거두
지 못했다.

3) 홍건적·왜구의 침입

홍건적은 중국 중원에서 이민족인 원을 타도하고 한족의 왕조를 세우려는 운동이
일어나면서 나타난 농민 반란세력이다. 원의 대대적인 토벌작전에 쫓기게 된 홍건적
4만 무리가 1358년 압록강을 건너게 되었다. 제1차 홍건적의 침입이다. 고려 영내에
진입한 홍건적은 신속하게 청천강을 건너 서경을 함락시켰다. 고려 조정은 2만 명의
군사를 동원하여 대대적인 반격을 감행하여 1360년 서경을 탈환했고, 홍건적은 가까
스로 살아남은 패잔병 300명만이 도주했다.

제2차 홍건적의 침입은 이듬해인 1361년에 있었다. 원이 다시 대군을 동원하여 홍
건적에 대한 공세를 펼치자, 패배한 홍건적은 진로를 고려로 돌렸다. 홍건적 10만이
고려 영내에 침입하여 청천강을 넘
었다. 홍건적이 절령을 함락시키자
공민왕은 수도 개경을 빠져나와 안
동까지 피난을 가야했다. 홍건적은
근 2개월 동안 개경에 머물렀다.
1362년에야 고려는 20만에 달하
는 병력을 확보하여 개경을 탈환
할 수 있었다.

안동 웅부 현판(안동민속박물관)
공민왕이 홍건적을 피해 피난갔던 안동은 이후 대도호부로 승격되어
웅부라 불렸다.

홍건적의 침공이 남긴 가장 큰 후유증은 공민왕의 반원정책과 개혁정책의 후퇴였다. 공민왕은 제1차 홍건적의 침입을 물리친 다음해에 원의 도움을 받기 위해 필사적으로 원과의 통교를 꾀했고, 이듬해 홍건적의 제2차 침입이 임박했을 무렵에는 원에 표를 올려 충성을 맹세해야 했다.

홍건적의 침공은 권력집단 내부에 변화를 가져왔다. 공민왕 5년 개혁정치를 추진할 당시의 권력집단은 공민왕의 외척세력과 측근세력이었다. 그런데 무장세력이 홍건적과 왜구를 격퇴하는데 공을 세우면서 권력집단으로 급부상하고 있었다. 무장세력의

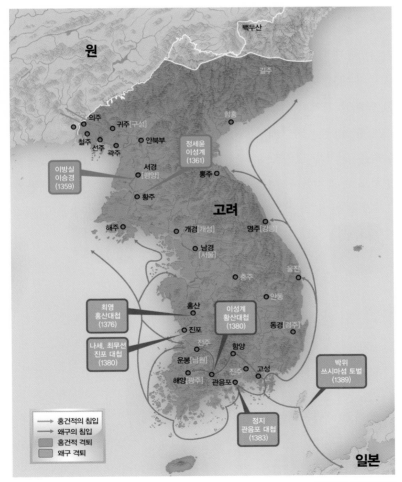

홍건적과 왜구의 침입

대두를 불안해한 공민왕은 3차 개혁정치를 시도했고, 그것이 1365년(공민왕 14) 신돈의 등용이었다. 신돈은 정권을 잡은 후 주요 무장 세력들을 제거했다.

왜구의 창궐은 고려 말기에 더욱 극심해지고 있었다. 공민왕 이래 왜구의 침입을 방어하기 위해 수군을 강화하자는 해방론海防論이 제기되고 있었다. 왜구 대응책인 해방론의 실행은 우왕대에 이르러 몇 가지 조건이 성숙되면서 가능해졌다.

첫 번째로 수군을 정비하기 위해서는 군선의 건조가 선결 과제였는데, 이 시기에 군선 건조가 상당한 규모로 진행되었다. 두 번째로 수군 조직의 태동이었다. 우왕 때에 해도원수海島 元帥와 해도만호海島 萬戸 체제가 성립되었다. 해도원수의 직제는 수군도만호水軍都萬戸로 변경되고, 수군도만호가 수군만호를 거느리는 체제는 조선 초기까지 이어졌다. 세 번째로 수군 양성과 충원 제도의 확립이었다. 이전 시기에 내륙 지방의 백성을 수군에 충당시켜 왜구와 맞선 결과 참패를 거듭했던 것을 교훈으로 삼아 배에 익숙한 연해안 지역 백성을 수군으로 뽑는 제도를 수립해 나갔다.

1391년(공양왕 3)에는 바다에 익숙한 백성을 모아 3정을 1호로 삼고 수군 1명을 충당하도록 하는 원칙을 세웠고, 수군 가족을 부양하기 위해 모든 연해 지역 수군의 전세를 감면하도록 조처했다. 이를 계기로 전국적인 범위에서 수군이 재편성되기 시작했다. 이 사건을 들어 조선 후기 실학자 유형원은 '우리나라의 수군이 이로부터 시작되었다'고 평가했다.

2. 중앙과 지방 군사제도의 개편

1) 국왕 친위군의 강화

원 간섭기 고려의 중앙군제는 본래의 중앙군인 2군 6위가 상존하는 가운데 그 위에 원의 영향을 받은 도원수와 3군 만호를 정점으로 하는 지휘체계가 두어져 고려 본래의 것과 원의 군제로부터 영향받은 것이 명확히 정리되지 않은 채 혼재되어 있었다.

공민왕이 왕권을 강화하고 반원개혁을 단행하기 위해서는 실질적인 친위군의 조직과 육성이 필요했다. 그러한 목적에서 설치된 것이 충용위忠勇衛와 자제위子弟衛였다. 충용위는 1356년(공민왕 5) 궁성의 숙위를 강화하기 위해 설치되었고, 자제위는 1372년(공민왕 21) 인재 양성을 통해 왕권을 강화하려는 목적으로 설치되었다. 이들 개별 친위 군사력은 고려의 독자적인 군사조직으로, 왕권 강화를 무력적으로 뒷받침했을 뿐만 아니라 고려 말 군사조직의 공백을 메우는 기능을 하기도 했다

원 간섭기에 몽골식 명칭으로 개칭되었던 고려 본래의 근시 기구인 6국局은 공민왕대 관제개편 과정에서 복구되었다. 1389년(공양왕 원년)에는 기능이 중복되는 원식元式 숙위기구들을 6국에 병합하여 전기의 숙위제도를 복구하고 그 기능을 회복하려고 했다. 또한 공양왕대에는 고려 본래의 2군 6위를 중심으로 하는 숙위군 체제를 정비하려는 시도가 나타났다.

1398년(우왕 4)에는 원의 영향을 받은 대표적인 숙위 군사력인 홀치가 근시 4위로 개편되었다. 그러나 홀치의 개편 역시 다른 숙위 기구들과 마찬가지로 숙위군 체제의 전면적인 개편이라기 보다는 그 명칭을 고려하여 고려 본래의 8위식으로 개칭한 것에 불과한 것이었다.

2) 양계병마사제 복구와 익군 설치

고려 말의 동·서북면은 전기의 동계와 북계를 이르는 것으로서 양계를 말한다. 고려의 지방제도는 남방 5도와 북방 양계의 이원적인 조직이었다. 양계는 고려 전기부터 국방이 중요시되었다. 양계에 설치된 주, 진, 도호부 등은 행정조직이면서도 양계의 상비군인 주진군을 파악 지휘하는 조직이기도 했다.

고려 말에 양계의 주진군 조직이 무너지면서 행정조직상으로 남방 5도와 차이가 크게 줄었다. 이러한 사정에서 양계의 도순문사는 군사지휘보다는 군사행정을 담당하며 도내 행정을 총괄하는 직책으로 자리잡아갔다. 남방 5도의 안렴사가 격상되어 도관찰출척사로 바뀔 때, 양계의 도순문사는 하삼도 도순문사와는 달리 도관찰출척사겸 병마도절제사로 직함이 바뀌었다가 복원되는 과정을 밟았다.

익군翼軍 체제가 형성된 것은 공민왕대였다. 고려 전기의 주진군 조직의 붕괴를 대

체하여 설치된 것이 동·서북면의 익군과 그 조직의 중심체인 만호부였다. 익군은 각 만호부 소통所統의 각 군을 우익右翼이라는 뜻에서 부르는 명칭이었다. 익군 조직은 일정한 지역에 몇 개의 익군을 두어 이것을 합쳐 하나의 군사단위로 삼는 것이었다. 익군은 그 지역 내의 모든 인정人丁이 군사조직의 구성원으로 있으면서 변란이 없을 때에는 농사를 지을 수 있었다.

고려 말 공민왕대에는 만호부 중심의 익군이 조직되었으나, 군사도軍事道로서의 군익도로 형성되어 간 것은 우왕대에 이르러서였다. 고려 말 동·서북면의 군익도 형성은 전기의 주진군 조직과 밀접한 관련을 지니고 있다. 고려 말 북방 지역의 주진은 일반 수령이 파견되는 주군현으로 변화되어 있었지만 국방상 중요성은 여전히 상존해 있었다. 이러한 현실에 따라 북방의 동·서북면에는 다시 군사조직이자 행정조직인 익군체제가 편성되었던 것이다.

3) 남도진수군 정비와 수군 강화

하삼도에서는 공민왕대부터 도순문사가 각 도의 군사 책임자로 등장했다. 하삼도 도순문사는 수소의 수졸과 기존의 진변별초, 공민왕대 편성되어 지방군의 주력이 된 농민시위군들을 지휘했다. 당시 하삼도의 도별 군사 지휘계통은 육군과 수군이 분화되지 않은 상태에서 도순문사를 정점으로 형성되어 있었다.

하삼도에서는 왜구 방어를 목적으로 군사제도가 도를 단위로 체계화된 데 이어 방어시설도 점차 갖추었다. 경상도의 합포영, 전라도의 광주영, 양광도의 이산영등 도순문사영이 고정 설치됨은 물론 요새화됨으로써 명실상부한 도의 국방 중심으로 자리 잡아갔다.

고려 말에는 대대적인 수군 개혁이 단행되고 있었다. 특히 연해민을 동원한 해전술의 개발과 정예부대의 육성, 이들을 통한 전술과 병기의 정책이 화기의 개발과 결합되어 큰 위력을 발휘하게 되었다. 특히 화통火桶·질려포蒺藜砲 등을 이용한 화기 전술의 도입은 왜구의 등선 육박 전술에 대한 대응력을 길러 주었으며, 이로 인해 고려의 전통적 대선 중심 체제가 다시 위력을 발휘하게 되었다. 화기의 탑재, 각종 기구의 사용, 화기와 기구를 이용한 조직적 공격에는 대선이 유리하기 때문이다.

이렇게 개량된 고려의 수군은 진포해전·합포해전에서 왜구를 격파하여 해전에서의 가능성을 증명했다. 고려 말에 새로운 성공을 거둔 수군의 전술 체제는 조선에 이어졌다.

3. 지휘체제의 정비와 군역 담당층의 확대

1) 지휘체계의 정비

중앙군제의 개편은 군사력의 강화가 시급한 과제였지만 지휘체계의 정비도 그에 못지 않게 중요했다. 중앙군의 상급 지휘체계는 도통사都統使가 등장하면서 다소 짜임새가 갖추어졌다. 도통사의 하부기구로는 진무鎭撫 2명, 경력經歷 2명, 지사知事 2명을 소속시켜 진무소와 경력사經歷司를 설치하였다. 이로써 유사시에 도통사가 곧바로 군령 및 군사행정기구를 갖추어서 출전하여 최고 지휘부로 기능할 수 있게 되었다.

공민왕대 말엽에는 도통사와 같은 내용의 하부기구를 갖춘 도총사都摠使가 두어져 개경의 군사력을 총괄했다. 1377년(우왕 37) 6도도통사가 설치되어 최영이 그 직책을 맡은 이후에는 나머지 도통사·도총사가 이에 통합되었다.

고려시대 동안 재추의 지위에 있는 중앙 관직자가 주력군을 거느리고 출전하는 임시 장수직이었던 원수는 1374년(공민왕 23) 이후에는 상설직으로 변모했다. 원수는 군사 지휘권을 바탕으로 점차 징발권까지 장악해 갔고, 그 결과 시위군 등 각 도의 군사력이 원수에 사적으로 예속되는 양상도 나타났다. 고려 말에 이르러 고려의 중앙군제는 도통사 – 원수로 이어지는 장수 중심체제로 짜여졌던 것이다.

그러나 위화도 회군으로 이성계가 실권을 장악한 뒤에는 새로운 중앙군제가 갖추어졌다. 1390년(공양왕 2) 각 원수의 인장을 거두어 그 군사를 풀도록 한 뒤 이듬해 정월 삼군도총제부三軍都摠制府가 설치되었다. 그러나 삼군도총제부 아래에 중앙의 고위 관직자가 각 도 군사력을 관할하는 체제를 다시 갖춤으로써 원수제의 명맥은 끊어지지 않았다. 원수제의 완전한 혁파는 조선왕조 건국 이후의 과제로 넘겨지게 되었다.

2) 군역 담당층의 확대와 경제기반의 변화

군역제도의 개편은 공민왕 5년(1356) 반원정책에 뒤따른 일련의 개혁 속에서 시도되었다. 이때의 군제 개혁안의 요점은 고려 전기의 군호제軍戶制 회복에 의한 중앙군 강화와 지방군에 대한 조역助役 규정의 마련이었다. 그러나 이러한 시도는 토지제도를 복구할 수 없는 현실에 비추어 볼 때 불가능했다.

그러나 당시의 급박한 형세는 어떤 형태로든 중앙 상비군 조직을 서두르지 않을 수 없었다. 1364년(공민왕 13)에 전국적으로 10만 명에 가까운 군인이 파악되었다. 이들은 토지 지급이 불가능한 상황에서 군인으로 복무하도록 강제된 존재이면서 동시에 출신도별로 파악되어 필요에 의해 본도에 남아 국방에 종사할 수도 있는 존재였다. 결국 군역제도의 재편은 토지 관계를 개의치 않고 각 지방 농민들 가운데 일부를 군호로 삼고 조역을 위한 봉족을 지급하는 체제로 귀착된 것이다.

이 시기의 군역체계의 변화에서 중요한 사실은 한산군閑散軍의 신설이다. 고려 전기의 군호제를 복구할 수 없는 현실에서 비교적 부유한 계층인 한산관에서 군사를 확보하여 중앙 군사력의 일부로 삼고자 한 것이다. 결국 고려 말 군역제도는 당시의 여러 가지 여건의 영향을 받아서 농민시위군과 관인한산군官人閑散軍이라는 이원적 군역체계로 귀결되었다.

이 시기 군인전은 명목상의 지목은 유지되고 있었으나 실제로 군역을 지는 군인에게는 토지가 돌아가지 않고 있었다. 전정과 군역이 분리되어 있었던 것이다. 역과 토지의 분리는 고려 후기의 일반적인 현상이었다. 이성계 세력이 주도하여 1392년(공양왕 3)에 법제화한 과전법에 나타나는 군전은 한량관리에게만 주는 것으로, 고려 전기에 군역과의 긴박관계 하에서 전시과에 포함되어 존재했던 군인전은 완전히 사라지게 되었다.

4. 무기의 개발과 방어시설의 정비

1) 화약병기의 개발과 보급

고려시대 무기를 생산하는 대표적 기관은 군기감으로, 일시 혁파되었다가 공민왕대에 부활되고 군기시로 개칭되었다. 화기 개발은 1377년(우왕 3)에 화통도감火㷋都監이 설치되면서 본격화되었다. 다음해에는 화기를 발사하는 전문 부대인 화통방사군火㷋放射軍이 설치되었다. 화통도감의 실질적인 책임자는 최무선이었고, 그 아래 화약장火藥匠과 화기장火器匠이 있었다. 그러나 화약·화기는 전문적인 공장만으로는 만들

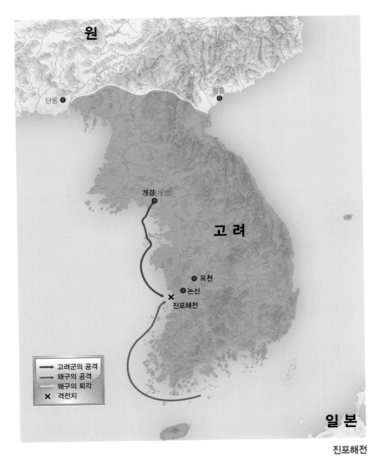

진포해전

진포대첩기념탑(전북 군산)
최무선의 진포대첩을 기린 탑이다.

수 없고, 반숙련 장인 및 기타의 잡역 부대가 필요했으며, 이를 맡은 층이 각사에 소속된 화통방사군이었을 것이다.

고려 말 왜구가 창궐한 배경에는 고려의 대응 전략에도 원인이 있다. 고려는 왜구가 침입하면 일단 그들을 육지에 상륙시켜 놓고 요격하는 것이 상책이라는 육전 위주의 전술을 견지했다. 그러나 왜구의 장기가 백병전을 위주로 한 육전이므로 고려의 피해는 커졌다. 공민왕대에는 육전에서 수전로 전략을 바꾸어 왜구들을 육지에 상륙시키지 않고 바다에서 격퇴하는 해전 위주의 전술을 채택했다.

화약의 제조법을 독자적으로 연구·개발하는데 성공한 최무선은 화통도감을 통해 다양한 화포들을 개발했다. 화포가 가장 위력을 발휘한 전투는 1380년(우왕 6)의 진포전투이다. 진포로 다가오는 왜선 500척을 화포로 궤멸시켜 대승을 거두었다. 진포해전은 최영의 홍산대첩, 이성계의 황산대첩, 정지의 남해도전투와 더불어 고려 말기 왜구를 토벌한 4대 승전의 하나로 평가받고 있다.

2) 산성 수축과 읍성 신설

고려는 왜구 침략에 대응하여 여러 방어 대책들을 구사하고 있었다. 그 대표적인 것이 연해지역에 대한 청야책이었다. 하지만 왜구가 내륙 깊숙이 침투해 오기 때문에 청야책의 효과는 발휘될 수 없었다. 더 심각한 문제는 청야책으로 연해 지역의 비옥한 토지가 상실되어 국가 재정이 타격을 입고 민인들의 생계가 위협받는다는 점이었다. 당시 왜구 피해는 군현 내에서도 읍치에 집중되고 있었다.

합포성지(경남 창원)
배극렴이 우왕 4년 왜구를 막을 목적으로 쌓은 성이다.

공민왕 말기부터 청야책을 비판하고 축성책을 주장하는 견해가 확산되었고, 1377년(우왕 3) 축성책이 채택되었다. 이후 축성은 기존 산성의 수축 위주로 이루어지고 있었다. 반면 읍성의 축조는 매우 제한적으로 진행되고 있었다.

읍성은 일부 연해 지역에 한해 축조되고 있었다. 왜구의 잦은 침략으로 읍치가 황폐화된 연해 군현의 경우 산성 입보만으로는 왜구에 대한 대비가 충분하지 않았다. 또한 폐허된 읍치를 복구하지 않고서는 흩어진 읍치민들을 다시 불러들일 수도 없었다. 그리하여 왜구 침입이 잦은 연해 군현에서는 성을 축조하여 읍치를 복구하고 떠나간 민인들을 불러들이고자 했다.

읍성이 군현을 재건하려는 차원에서 축조되었더라도 국가가 읍성 축조를 체계적으로 주도한 경우는 드물었다. 이보다는 해당 지역 사정을 잘 아는 외관 등과 같은 중앙관원이 읍성 축조를 주도했고, 경우에 따라 국가가 보조해주곤 했다. 읍성 축조의 목적과 주도층에서 볼 수 있듯이, 읍성 축조는 관(국가) 주도의 향촌질서 재편과 밀접히 관련되어 있었다. 지역공동체가 약화·소멸된 상황에서 왜구의 침입으로 맞게 된 고려 향촌사회의 위기는 외관과 중앙정부 주도로 극복되어 갔고 있었다.

제3장

조선전기의
국방과 군대

제1절

조선건국의 과정과 군제개편

1. 고려의 대명 관계와 철령위 문제

원명의 왕조 교체는 국제 사회에 큰 충격을 주었다. 또 이는 새로운 국제 사회 질서의 개편을 야기했다. 특히 고려는 장기간 원나라와 특수한 관계에 있었기 때문에 사회의 모든 부분에 있어 변화가 불가피 했다.

고려는 원의 수도가 함락된 1368년 8월부터 명과 외교 관계를 수립하기 시작했다. 처음에 고려는 명과 원의 어느 한 쪽과도 적대 관계를 맺지 않고 사태를 관망하면서 상황 파악에 힘썼다. 1369년 4월에 명의 사신이 고려에 와서 원을 몰아내고 태조가 황제에 즉위했음을 통보하자, 고려는 이를 축하하고 원과의 외교를 단절했다. 그리고 압록강 유역에 남아 있던 원의 잔존 세력에 대해 공격을 가했다. 1370년 1월에 동북면의 이성계가 휘하의 군대를 이끌고 동녕부를 공격하여 성공했다. 그해, 명나라에서는 고려에 사신을 보내 공민왕을 고려 국왕으로 책봉하고 고명을 내려주는 한편 명의 대통력을 전달하였다. 이후 명은 천자국으로서 제후국인 고려의 국정을 간섭하기 시작했다.

이에 대해 고려는 두 가지 방략으로 대응했다. 외교적으로는 명과의 관계를 돈독히 한다는 의미에서 명의 연호인 '홍무'를 사용하면서, 군사적으로는 압록강 이북 지역을 장악하기 위해 동녕부를 다시 공격했다. 그런데 명의 세력이 점차 동북으로 팽창하면서 사정이 복잡해졌다. 명은 1371년에 정료도위를 설치하고 요동 경영에 본격적으로 나섰다. 고려는 명에게 두 차례 동녕부를 공격한 것은 원의 잔존 세력을 소탕하기 위한 것이었다는 점을 전달함으로써 충돌이 일어나지 않도록 조치했다. 하지만 명은 고려의 압록강 진출을 극도로 경계하여 사신의 육로 출입을 금했다. 반면에 고려는 명에 대한 사대 외교에는 변함이 없음을 강변하면서 사신의 육로 이용을 다시 요청했다. 이와 같이 외교 문제를 둘러싼 신경전이 일어나는 사이 고려에서는 공민왕이 시해되고, 명나라의 사신이 고려의 호송관에 의해 살해된 사건이 일어나게 되었다. 이 사건에 고려는 크게 당황했고, 명은 이 혐의를 극대화시켜 주도권을 장악하고자 했다.

두 사건을 빌미로 명은 끊임없이 경제적 요구를 해왔다. 고려는 과중한 부담을 느끼면서도 일단 명의 요구에 응했다. 그리하여 두 나라 외교 관계를 정상화시키기 위해 상당한 노력을 기울였다. 그렇지만 군사적 대응 세태는 소홀히 하지 않았다. 고려는 외교적 노력과 아울러 군사적 대비도 강화했다. 명 또한 동방의 문제를 외교적으로 처리하는 것을 우선으로 삼으면서도 고려가 북방의 여러 세력과 연결되지 않도록 고립시키려 했다. 명은 고려가 압록강과 그 지류를 건너오지 못하게 하는 것이 중요했다. 명은 압록강과 동가강 상류 일대의 원 잔존 세력을 공격하면서 1384년에 일부

공민왕과 노국공주 묘(경기 개성)

명군이 고려의 영토인 북청주로 진격했다. 이때 만호였던 김득경이 반격을 가해 40여 명을 사살했다. 이는 사전에 명군의 움직임을 파악했기 때문에 가능했다. 이처럼 고려 영토 안에서 명나라 군대와 전투가 발생하기도 했으나, 여전히 명과의 외교적인 해결책을 중요시했다. 명이 이 사건을 문제 삼자 고려는 이 사건을 김득경의 개인적 소행으로 일어난 일이라고 변명하고 그를 체포하여 보냈다. 명도 그동안 억류하고 있던 고려 사신들을 석방하고 조빙을 허락하는 한편, 고려가 요구했던 공민왕 시호와 우왕에 대한 책봉도 실시하였다. 언뜻 평화로운 관계로 진전되는 것처럼 보였다.

그러나 이 무렵 명은 동북 지역에 대한 공략을 본격적으로 시작하여 1387년에 20만 대군을 동원하여 원의 잔 존세력인 나하추의 투항을 얻어내고 요동의 중심부를 장악한 다음 계속 내려와 고려와 국경이 맞닿을 정도로 진출했다. 이를 계기로 고려와 명의 관계가 급속도로 냉각되었다. 명은 요동도사에게 고려 사신의 입국을 허락하지 말도록 지시하고, 철령위 설치를 고려에 통보하게 했다. 철령 이북의 땅은 명의 요동에서 통치하고, 철령 이남은 고려에 속하니 고려에서 관리하되 강역이 정해졌으니 서로 침범하지 않도록 하라는 것이었다.

명의 철령위 설치 통보는 고려에게는 엄청난 충격이었다. 철령의 정확한 위치는 현재까지 논란이 되고 있으나 당시에는 함경도 남단의 철령으로 간주되었다. 철령위가 설치된다면 공민왕 이래 고려가 많은 희생을 무릅쓰고 수복했던 영토가 하루아침에 상실되는 것이었다. 고려는 1388년 2월에 명에 사신을 보내 철령위 설치의 철회를 요구하면서 그 지역은 원래 고려의 영토였음을 강조했다. 그러나 명은 고려의 요구를 묵살하고 요동도사로 하여금 철령위 설치를 강행시켰다. 명군 1천여 병력이 철령위를 설치하기 위해 강계에 들어온다는 보고를 받은 우왕은 선제 공격이 필요하다고 판단하고 요동정벌을 추진하게 되었다.

2. 요동정벌군의 편성과 출정

명의 일방적 철령위 설치 통보를 받은 우왕은 요동정벌을 과감하게 추진하였다. 요동정벌은 우왕의 강력한 주문도 있었지만 명나라에 영토를 내어줄 수 없다는 중신들의 공감대가 형성되었기 때문에 추진이 가능했다. 우왕의 요동정벌 계획을 적극 지지한 사람은 최영이었지만 이성계도 처음에는 심하게 반대하지 않았다. 다만 그는 정벌 시기를 가을 추수기로 연기해야 한다고 주장했다. 그러나 군사적 조치는 상대가 준비되지 않았을 때 기습적으로 실행해야 성공할 수 있으며, 고려의 요동정벌 계획이 명에 알려진다면 성공하지 못할 것이라는 우려 때문에 서둘러 계획이 추진되었다.

고려군의 목표는 요동 전체를 군사적으로 점령하는 것이 아니라 전략적 요충지를 확보함으로써 명의 철령위 설치를 포기하도록 하는 것이었다. 이에 따라 최영이 정벌군의 최고 지휘관을 맡았지만 후방에 머물면서 필요한 전투 지원을 담당하고, 실질적인 전투 지휘는 요동 전투 경험이 많은 이성계에게 맡기게 되었다. 결과적으로 요동정벌이라는 중대한 결정은 우왕이나 최영의 독단적 결정이 아니라 고려 중신들의 회의에 의해 결정되었으며, 출동 시기는 최영의 의견대로 즉각 실시하되, 실질적 전투 지휘권은 이성계에게 부여되었다. 이로 인해 이성계도 요동정벌에 능동적으로 나서게 된 것이다.

요동 정벌군의 편성은 최영을 팔도도통사, 조민수를 좌도도통사, 이성계를 우도도통사로 삼아 좌우군 38,830명, 겸인傔人 11,634명, 말 21,682필로 편성되었다. 좌군에는 서경, 양광도, 경상도, 전라도에서 동원된 군사를, 우군에는 안주, 동북면, 강원도에서 동원된 군사를 소속시켰다. 원래 3군 체제에서는 중군이 주력을 형성하는 것이 보통인데 요동정벌군은 중군 편성이 없었다. 팔도도통사인 최영 휘하의 지휘관들은 좌군과 우군에 배속되었다.

좌군도통사 조민수는 공민왕 때부터 홍건적과 왜구와의 전투에서 공을 세우기도 했었으나 당시 현직에서 물러나 창성부원군으로 있다가 갑자기 임명되었다. 그의 휘하 병력은 서경을 제외하면 모두 하삼도에서 동원된 병력이었다. 당시 하삼도는 왜구의 침입에 대비하느라 주력이 동원되기 어려웠을 것으로 판단된다. 한편 우군에 배속된 팔도통사조전원수 이원계는 이성계의 서형제였다. 이처럼 조민수의 지휘권은 이성계에 비해 상대적으로 취약하였을 것으로 판단된다.

반면에 이성계 휘하의 우군은 비록 제한된 지역에서 동원된 병력이었지만 대부분 오랫동안 그의 지휘를 받아온 친병들이 우세했다. 우군에 배속된 조전원수는 모두 이성계의 측근들이었다. 이성계의 지휘권이 조민수보다 실질적으로 확고했을 것이다.

1388년 4월 신유일에 출정하려고 했던 정벌군은 우왕이 술에 취해 아침에 일어나지 못하여 좌우도통사가 출정 신고를 하지 못하는 바람에 연기되었다. 국가의 운명이 걸린 중대한 출정을 앞두고 국왕과 팔도도통사 최영의 태도에 정벌군의 사기가 저하되었다. 전쟁터에 나가는 군사들에게는 자신의 목숨은 물론이고 국가의 존망, 백성의 운명이 직결되기 때문에 심적으로 매우 불안한 상태가 된다. 이러한 때에 그들을 격려하고 전공을 세우도록 독려하여야 할 국왕과 최고 지휘관의 무책임한 행동은 처음부터 군사들의 신뢰를 얻지 못했다.

4월 임술일에 정벌군은 10만의 군사라고 과장하면서 평양을 출발했다. 평양을 출정 기지로 한 것은 신속한 기동과 함께 요동정벌의 강한 의지를 표방한 것이며, 군사를 10만이라고 과장한 것은 전쟁에서 흔히 쓰는 수법으로 적에게는 두려움을, 아군에게는 용기를 주기 위한 것이었다. 정벌군이 평양을 출발하여 압록강으로 향하자 최영은 자신 직접 가서 독려하겠다고 했지만 우왕은 이를 허락하지 않았다. 최영이 떠나면 자신의 신변이 위태롭다고 느꼈기 때문이다.

5월 경진일에 정벌군은 압록강을 건너 위화도에 주둔했는데 도망하는 군사가 끊이지 않았다. 아직 요동에 들어가지도 못했는데 도망치는 군사가 속출했다는 것은 사기가 극도로 떨어졌음을 말한다. 원정의 성공을 장담하기 어려운 상황에서 군기가 해이해지고 군율이 엄정하지 않아 이탈자가 증가하자 정벌군의 위기감이 고조되었다. 더욱이 강물이 불어 압록강을 건너기 어렵게 되자, 마침내 요동정벌의 성공 가능성이 전혀 없다고 판단한 좌우도통사는 우왕에게 회군할 것을 요청하는 상언을 올렸다. 이로써 요동정벌은 사실상 막을 내리게 되었다.

3. 위화도 회군

　1388년(우왕 14) 5월에 일어난 위화도 회군은 고려의 운명을 바꿔놓았다. 최영으로 상징되는 고려 왕조 유지 세력이 몰락하고 이성계로 대표되는 새로운 집권층이 부상했다. 위화도 회군의 근본적인 원인은 요동정벌의 무리함이라고 할 수 있다. 명의 철령위 설치 기도를 좌절시키기 위해 군사적 출동이라는 방법을 택했지만 현실적으로 그 성공 가능성은 크지 않았다. 중원 왕조에 대한 선제 공격이라는 부담감과 장마철이라는 시기상의 불리함, 여기에 정벌군의 사기 저하와 이로 인한 도망자의 증가는 회군의 결정적 요인이었다. 이성계는 자신과 정벌군을 사지死地로 몰고 가기보다 요동정벌을 계획한 우왕과 최영을 제거함으로써 국면을 전환시키는 방법을 택했다.

　이성계는 회군하기 직전에 최영에게 최후 통첩을 보냈으나 곧바로 거절되었다. 그러자 군중軍中에서 이성계가 휘하의 친병을 거느리고 동북면으로 향하려 한다는 유언비어가 돌았다. 이성계로서는 조민수가 이끄는 좌군이 협력하지 않으면 회군이 불가하고 그럴 경우 동북면으로 향할 수밖에 없다고 판단했을 것이다. 그런데 조민수가 이성계를 찾아와서 함께 회군하기로 뜻을 모았다.

　회군을 단행하면서 내세웠던 명분은 명나라와의 전쟁은 국가와 백성들에게 크나큰

위화도 압록강 하류에 있다.

희생을 강요한다는 것이었다. 전쟁이 매우 위태로운 일이기 때문에 회군을 간청하였으나 거절되어 부득이 단안을 내릴 수밖에 없음을 강조했다. 또 근본적인 정벌 원인인 철령위 설치 기도에 대한 사실은 거론조차 하지 않은 채 모든 책임을 사대를 거부하였던 국왕과 최영 등에게 돌림으로써 자신들 행위에 정당성을 취하려 했다. 그리고 당시 사회에 만연된 혼란과 모순을 해결하여 민생 안정이 가능하다는 점을 정치적 구호로 내세워 자신들의 입장을 강화하려 했다. 실제로 이것은 회군 이후 이성계 측과 가까웠던 급진개혁파들이 대거 등장하며 실현되기 시작했다.

위화도에서 회군했던 정벌군은 예상 밖으로 천천히 움직였다. 이성계는 회군이 곤궁에 처한 민생을 구하기 위한 부득이한 행동이었다는 점을 백성들에게 각인시키려 했다. 개경에 도착해서도 즉각 진격하지 않고 우왕에게 회군의 불가피성을 천명하고 최영을 제거하라고 요청했다. 우왕은 이성계의 요청을 묵살하고 군사를 동원하여 이를 막으려 했다. 그러나 개경에서 동원된 병력은 50여 명에 지나지 않았다. 반면에 동북면에서 이성계에 호응하는 군사가 수천 명에 달했다. 결국 간단하게 개경이 이성계에게 점령되었다.

궁성을 함락시킨 이성계는 최영을 체포하고 우왕을 퇴위시켰다. 우왕은 회군파가 최영의 딸인 왕비를 쫓아내라고 하자 자신이 왕비와 함께 나가겠다고 하여 강화도로

최영 장군묘(경기 고양)

보내졌다. 강제로 물러나게 한 것이 아니라 스스로 퇴위했다는 점을 부각시킴으로써 국왕에 대한 항명이 아니었다는 명분을 쌓았다. 회군파는 조민수와 이색의 의견에 따라 우왕의 아들 창왕을 세웠다. 창왕이 즉위하고 얼마 지나지 않아서 조준을 필두로 개혁파들이 사전 개혁안을 비롯한 각종 국정 개혁안을 내놓았다. 이때 회군의 한 축이었던 조민수가 사전 개혁에 반대하였다는 이유로 조준 등의 탄핵을 받아 쫓겨났다. 이로써 이성계 일파는 개혁파와 손을 잡고 정치적 주도권을 장악하고 고려의 낡은 체제를 일신하고 새로운 정권 수립을 추진해 나갔다.

4. 집권세력의 군제개혁과 조선의 건국

회군 이후 정권을 장악했던 이성계 일파의 군제 개혁은 종전의 것과 달리 토지 제도의 개편 등과 연계되어 운영 기저에 해당하는 것들도 과감하게 고치려 했다. 그런 성향은 이미 1383년(우왕 9)에 이성계가 올린 안변책에서도 발견되기도 한다. 안변책은 본래 동북면의 방어 태세를 강화하는 방안을 건의했던 것이다. 하지만 그 내용을 살펴보면 이성계가 군사적 재능 이외에 새로운 면모도 지니고 있음을 알 수 있다. 안변책에서는 군대 훈련과 동원 문제, 군량의 조달 방안, 군과 민의 통제 방안, 능력 있는 수령과 지휘관 파견을 제시했다. 이러한 그의 비변책은 고려 사회의 근본적 해결을 촉구한 것으로서 급진개혁파의 사회 개혁 방향과 연결될 수 있는 요소가 내재해 있었던 것이다.

조준 등 급진파사대부들은 군제 개혁을 토지와 신분제 등과 연계하여 민생 안정을 추구하는 방향으로 추진하려 했다. 1388년(창왕 즉위)에 조준이 올린 상소에 따르면, 사전을 혁파하여 국가에 귀속시킨 다음 새로운 기준을 마련하여 다시 분급하는 방안을 제시했다. 이에 따르면 현직자가 아니면서 구분전이나 군전을 받는 자들은 서울과 외방을 막론하고 모두 군역을 부담하게 해야 하며, 엄격한 심사와 시험을 통해서 그에 맞는 직책과 군역을 부과해야 한다는 것이다. 그런 다음 군 조직 내에서 지위와 역할을 분명하게 정하여 전함 4품 이상은 삼군에 편성하여 대개 군장軍將의 요좌僚佐로서 활동하게 하고, 5품 이하는 부위府衛에 배치하여 실제로 왕실을 시위하는 임무를 맡게 해야 한다는 것이다. 또한 군전을 지급할 때 재예才藝 시험에 합격한 자에게만 지급하고 늙은이와 어린이 같은 무자격자에게는 지급해서는 안된다고 했다. 그리고 항상 무예를 연마해서 그 성적에 따라 직을 올리거나 쫓아내야한다고 하였다. 이렇게 되면 군정이 바로 서서 국방이 튼튼해지고 민생이 안정될 수 있다는 것이다.

아울러 이들은 숙위 기구의 정비를 제시하였다. 녹만 받고 기능이 없는 근시나 충용위를 없애고 종래의 팔위로 통합하여 근무 자세를 확립하며, 각기 위 내의 호군護軍 이하 교위校尉와 대정隊正 등에 아르는 직을 품에 따라 녹용함으로써 궁극적으로 숙위 체제를 강화해야 한다고 했다. 또한 군의 통수권 행사 방식도 개정하여 종래 군사적 재능이나 경력이 없더라도 재상이면 원수직을 겸하던 관례를 깨고 군사 지휘관은 도평의사와 대간의 천거를 받은 사람 가운데 임명해야 한다고 했다. 이밖에도 각도에 3명의 절제사를 파견하던 것을 양계를 제외하고는 1명으로 축소할 것도 제시했다.

이처럼 급진파사대부들은 군제 개혁을 국방력 강화에만 그치지 않고 사회 내부의 구조적 모순을 해소하는 방안의 하나로써 추진했다. 우선 근간이 되는 토지 개혁에서부터 시작하여, 군 조직 내의 명확한 지위 확립, 능력 위주의 군사 선발, 조직 체계의 정비, 통수권 개정 등을 추진했다. 즉 군제 개혁을 토지제도, 신분제, 정치제도 등과 연계시켜 시도했다는 점이 특징이다.

권력을 장악한 이성계와 급진개혁파들은 공민왕의 후손이 아니라는 이유로 창왕을 내쫓고 공양왕을 세웠다. 이것은 반대파를 제거하고 개혁에 박차를 가하기 위해서였다. 이를 계기로 군제 개편이 단행되었다. 우선 여러 장수들이 사적으로 군사를 거느리는 형태를 없애고 이성계에게 팔도의 군마를 통솔하는 권한을 부여했다. 이어 각도의 장수들에게 발급했던 인장을 모두 회수했다. 또한 그동안 절제사들이 군현의 군민들을 자기 마음대로 징발하던 권한을 폐지시켰다. 이로써 외방에서 시위하기 위해 번상하는 군사들은 모두 이성계의 통솔을 받게 되었다.

하지만 보다 근본적으로 통수권 체제를 일원화시켜 전군을 효율적으로 통제할 기구가 필요했다. 고려는 오군 체제로 편성하는 경우가 많았지만 이때 개혁파들은 삼군 체제를 추진했다. 그들은 1391년(공양왕 3)에 삼군도총제부를 설치했다. 삼군도총제부는 도총제사 1명(시중 이상의 관원으로 임명), 삼군총제사 각 1명(성재 이상), 부총제사 각 1명(통헌 이상), 단사관 2명(정순 이하 5품 이상), 경력 1명(4·5품), 도사 1명(5·6품), 육방녹사 각 1명, 군녹사 1명, 육방전리 각 3명으로 편성되었다. 도총제사로부터 부총제사까지는 군의 최고 통솔자 그룹으로 재상급 관원이 임명되도록 했으며, 단사관 이하 육방전리까지는 실무직이었다. 조직이 만들어짐에 따라 이성계가 도총제사가 되고 배극렴이 중군총제사, 조준이 좌군총제사, 정도전이 우군총제사로 임명되었다. 모두 이성계와 개혁파가 군사적 실권을 장악하였던 것이다.

삼군도총제부를 설치한 목적은 재상을 중심으로 전국에 걸친 일원적인 통수 체계를 확립하는 것이었다. 삼군도총제부는 1389년에 설치된 육조와 연계하여 중요 업무를 처리하게 되었고, 자연히 군정에 권련된 모든 사항은 삼군도총제부가 최종적으로 다스리게 되었다. 이로써 삼군도총제부는 휘하의 모든 기구들에 대한 실질적인 통수권을 지니게 되었다.

군제 개편은 전제 개혁 등과 긴밀하게 연결되어 추진되었다. 1390년(공양왕 2) 1월부터 품관들에게도 토지가 지급되었고 이들은 삼군에 소속되었다. 토지를 받은 수전산관들은 반드시 삼군에 소속되어 복무하도록 한 것이다. 이들이 아무 이유도 없이 삼군총제부에 나아가 숙위하지 않을 경우에는 받았던 땅을 몰수하는 규정도 만들었다. 이 규정으로 말미암아 함부로 복무를 기피할 수 없게 되었다. 이것은 곧 신분제의 안정과도 관련된다. 불법적인 신분 상승과 면역·피역 현상을 차단하며 토지를 분급 받은 자는 누구나 자신의 직역을 수행하도록 했다. 각자의 직무 수행을 매개로 신분제적 위치가 드러나도록 했다.

이와 더불어 또 다른 숙위 기구였던 성중애마에 대해서도 비슷한 취지의 조치가 이루어졌다. 성중애마는 원의 간섭을 받으면서 기존의 군사 조직이 마비되자 상류층 자제를 모아 국왕을 숙위하도록 한 데서 출발한 특수 부대였다. 하지만 관리 및 선발 제도의 혼란 등으로 인해 다양한 신분층, 특히 무자격자나 무능한 자들이 대거 입속하는 등 문제가 많았다. 개혁파들은 궁관에서 출발하여 숙위까지도 겸했던 내시, 다방, 사순, 사의, 사이 등에 대한 개혁을 단행했다. 선발 절차를 강화해서 가계에 문제가 있거나 무능력자, 무자격자, 군역 기피자들이 들어오는 것을 막고, 이미 입속한 자들도 선별해서 가려내었다. 다음으로 성중애마의 각 직책별 인원을 정하도록 하였다. 내시와 다방은 좌우번을 합해 100명, 사순은 4번에 50명씩, 사의는 4번에 40명씩, 사이는 4번에 30명씩으로 정했다. 이로써 국왕을 측근에서 근시하는 성중애마의 기능과 역할, 그리고 정원을 명확히 하게 되었다.

　그러나 개혁 과정에서 구세력의 반발이 만만치 않았으며 새로운 집권 세력 내부의 복잡한 사정 등으로 소기의 성과를 충분히 거두었다고 보기 어렵다. 1392년 7월에 공양왕이 물러나고 이성계가 즉위하면서 고려의 멸망과 함께 조선이 건국되었다. 고려 말에 추진되었던 군제 개혁은 조선왕조로 이어지면서 재차 시도되어야 했다.

제2절

중앙집권적 군사체제의 확립

1. 사병혁파와 병권의 통일

1) 의흥친군위의 설치

1392년 7월 태조 즉위를 계기로 조선이 성립되었다. 더불어 체제 전반에 걸친 개혁 사업이 시도되었는데 그 중에는 군제도 포함되었다. 특히 태조가 고려 말 재상의 자리에서 처리했던 통수권을 임금의 지위에서 다스려야했기 때문에 불가피했다. 태조는 즉위 다음날 도총중외제군사부를 의흥친군위로 변경했다. 도총중외제군사부는 대체로 이성계파의 병권 장악을 위한 것으로서 그 휘하의 군사가 핵심을 이루었다. 이제 국왕으로 등극하자 그에 적합한 군사조직으로 새롭게 개편했던 것이다. 의흥친군위는 10위로 편

태조 어진(전북 전주 경기전)

성되어 종친과 대신들이 여러 도의 군사를 분담하여 거느리게 하여 국왕을 숙위하는 임무를 전담하게 했다.

그런데 10위에서 의흥친군좌위와 우위를 제외한 나머지 8위는 모두 고려의 8위를 이어받은 것이다. 그리고 10위의 하급부대로서의 영領도 그대로 사용했는데 다만 매 위마다 각기 중령·좌령·우령·전령·후령의 5령을 설치한다는 것이 달랐다. 이렇게 해서 10위 50령의 편성을 지니게 되었다. 한편 군계급에 있어서도 상장군, 대장군, 도호 팔위장군, 장군, 중랑장, 낭장, 별장, 산원, 위, 정 등은 고려의 그것과 다르지 않았다

2) 의흥삼군부 중심의 병제 개편

1393년(태조 2년)에 고려 말 군제 개혁의 상징적인 기구라고 할 수 있는 삼군총제부를 의흥삼군부로 개편하면서 의흥친군위를 그 아래에 두게 했다. 의흥삼군부는 최고 책임자인 판사를 재상급으로 임명하고, 중군, 좌군, 우군에 각각 절제사를 두어 종친이나 대신들을 임명했다. 자연히 직접 군대를 거느린 장수들은 여기에 참여하지 못

정도전 동상(충북 단양 도담 삼봉)

했다. 이를 통해 직접 군대를 인솔하던 장수들에 의해 통수권이 좌우되는 일이 일어나지 않도록 했다.

의흥삼군부 판사로 임명된 정도전의 주도로 1394년 2월에 군의 통솔과 병종에 대한 개편이 이루어졌다. 그 골자는 중앙에는 부병과 각 지방에서 번상하는 숙위병을 배치하고, 지방에는 육수병과 기선병을 배치하는 것이었다. 또한 번상하는 숙위병들은 의흥삼군부진무소에 소속토록 하여 중앙과 외방의 군사를 의흥삼군부에서 통솔하도

록 했다. 모든 군사들과 무관들을 의흥삼군부에서 통솔, 통제해 군의 통수권을 일원화 시키고자 했던 것이다. 그러나 병권의 집중현상을 방지하기 위해 군사에 관한 사항은 재상이 단독으로 처리하지 않고 반드시 묘당에 알려 왕의 승인을 받도록 했다. 정도전은 전략에 능통한 재상이 발명자發命者의 역할을 담당해야 하며, 실제로 군대를 거느리는 장병자將兵者는 지위가 낮아야 윗사람의 명령에 순종하고 그 본분을 지킬 수 있다고 생각했다. 이로써 국왕과 재상이 군통수권을 행사하는 체제를 구상했다고 볼 수 있다.

다음으로 조직 편제의 개편이 이루어졌다. 우선 중앙의 숙위군을 궁궐을 지키는 시위사와 수도를 순찰하는 순위사로 구별하여 시위사는 중군에, 순위사는 좌군과 우군에 배속시켰다. 지방에는 각도에 절제사와 부절제사를 두고 그 아래에 병마검할사와 병마단련사, 그리고 단련판관을 두어 군사를 관장하게 했다. 한편, 고려 말의 숙위군 중 하나인 성중애마는 혁파되지 않고 일부를 10위에 병합해 비중을 약화시켰다. 의흥삼군부는 성중애마의 명단을 작성하여 근무 기피나 이탈을 막도록 하였는데, 이는 장수 개인에게 맡겨있던 통솔 권한이 제한되고 국가 기구가 이들을 직접 통제하고 감독한다는 원칙이 구현된 것이다.

각도에서 번상 시위하는 군사 중에는 원칙적으로 수전산관들도 포함되었다. 수전산관은 국가로부터 토지를 지급받고 삼군으로 나누어 소속된 다음에 시위 근무를 해야 했다. 하지만 그 동안 제대로 통제되지 않았던 관계로 번상이 이루어지지 않았다. 마침내 의흥삼군부로의 개편을 계기로 일반 군사들과 같이 번상 시위를 하도록 했다. 이들 외에도 토지를 분급 받지 못한 산관들과 양인들 가운데 번상 시위의 임무를 부여받은 층이 있었다. 이들을 일컬어 시위패라 했다.

시위패를 확보하기 위해서 1394년(태조 2)에 8도의 군적을 작성하였다. 각 호별로 군역 대상자를 파악하고 정군의 재력에 따라 차등을 두어 봉족을 지급하였다. 봉족은 번상 시위에 소요되는 경비를 조달할 수 있도록 정군에게 딸려주는 인원인데 정군의 족친으로 한정하여 정해주도록 하였다. 시위패 중 품관 마병에게는 4명, 무직 마병에게는 3명, 보병에게는 2명의 봉족을 주되 노비가 많으면 삭감하였다. 이는 군역의 부담을 공평하게 하려는 의도였다.

새로운 군사 조직에 적응하기 위한 군사 교육이 이루어졌다. 1393년(태조 1)에 무예 훈련, 병서, 진법 등을 가르치기 위해 훈련관을 설립했다. 훈련관에서는 자제 등에게 무학을 교육시켜 위령직에 배치시키려 했다. 한편 의흥삼군부에 별도로 사인소를 설치하고 양반 자제를 대상으로 경사經史, 병서兵書, 율문律文, 산수算數, 사예射藝 등을 교육했다. 사인소는 훈련관과 달리 교양과 실무를 가르쳐 무관 뿐 만 아니라 기술 관료를 양성하는 기관이었던 셈이다.

3) 사병 혁파와 병권의 삼군부 귀속

1398년(태조 7) 8월에 1차 왕자의 난이 일어나 정도전, 남은 등이 제거되고 같은 해 9월 태조가 물러나며 정종이 즉위함으로써 정권 교체가 이루어졌다. 다시 1400년 (정종 2) 1월에 2차 왕자의 난이 발발하고 여기서 승리한 정안군靖安君(뒤에 태종이 됨) 이 같은 2월에 세제世弟가 됨으로써 정치적인 실권을 장악했다. 정안군의 주도로 그 해 4월에 사병이 혁파되고 이를 계기로 다시 한 번 전면적인 군제 개편이 단행되었다.

교룡기(좌)와 황룡기(우)(국립고궁박물관) 국왕이 군대를 지휘할 때 사용하는 깃발.

사병 혁파란 종친과 대신 출신의 절제사에게 전적으로 통솔을 받았던 병력을 국가기구로 돌려서 그 통제 아래로 들어가는 것을 의미했다. 이는 그들의 병권 박탈을 의미하므로 정치적 갈등을 수반할 수밖에 없었다. 태조 때 의흥삼군부 설치 등의 제도 개혁 작업에도 불구하고 개창 초기의 불안한 정세로 훈신勳臣이나 종친들로 하여금 각각 사병을 거느리게 했다. 특히 외방 각도의 군마軍馬를 여러 절제사에게 분속시켜 시위侍衛나 별패別牌, 사반당私伴儻이라 칭하며 번상하게 해서 자의적으로 거느렸다. 더불어 사속인私屬人들을 갑사나 시위패로 편입시킨 뒤에도 계속해서 사적으로 통솔했다.

1400년(정종 2) 4월에 권근 등은 병권은 국가의 대병이므로 마땅히 통속이 있어야 한다면서 전병자典兵者가 많으면 각기 도당을 만들어 세력 다툼을 벌이기 때문에 환란이 일어나고, 신하가 사병을 거느리면 참람해져서 임금을 위협하게 된다는 논리를 내세워 사병 혁파를 주장하는 상소를 올렸다. 그리고 사병을 혁파한 뒤 임금은 가능한 한 적은 수의 전병자만을 거느리고 병권을 관장해야만 정치적 안정을 이룰 수 있으므로 중앙과 외방의 군대는 모두 삼군부에 속하여 국가의 군대로 만들자고 건의했다.

이 건의가 받아들여져서 드디어 각도의 유경제절제사留京諸節制使들이 거느렸던 시위패의 명부라고 할 수 있던 패기와 무기를 모두 삼군부로 옮겼다. 또한 궁중 갑사 및 국왕의 원종시위패原從侍衛牌도 삼군부로 이속되었다. 뿐만 아니라 정종이 사적으로 통솔하던 병력까지도 삼군부로 넘어갔다. 이로써 태조 이래 공신이나 왕자들이 사적으로 통솔하던 병력은 모두 삼군부 소속으로 편입되었으며, 사병적인 관행이나 요소가 제거되었다.

사병 혁파 이후 삼군부의 운영 문제가 중요한 과제로 떠올랐다. 태종의 입장에서는 정도전의 방식인 삼군부의 판사직을 겸임한 재상이 병권을 장악하게 해서는 안되었다. 그래서 발명과 장병의 직책을 구분해 병권을 분산시키는 방법을 사용했다. 발명권을 가진 삼군부 판사는 국왕으로부터 명을 받아 군대를 동원하지만 직접적으로 거느리지는 못하도록 했다. 반대로 장병권을 가진 절제사에게는 정사에 참여를 허락하지 않고 오직 군무만을 처리하게 하였다. 또한 중추원을 고쳐 삼군부로 하고, 도평의사사를 의정부로 개편하면서 군사 문제는 의정부가 아닌 삼군부에서 전담토록 만들었다.

태종 신도비(서울 서초)
헌릉에 있다. 임지왜란 때 귀부가 파손되어
이후 다시 제작하였다.

태종의 즉위 후 삼군부는 다시 개편되었는데, 1401년(태종 1) 7월에 의흥삼군부를 승추부로 개편하고 정승급 인물들로 판사직을 겸임하게 했다. 그러나 이는 재상의 발명권을 지나치게 강화시킨 결과가 되어 1403년(태종 3) 6월에 다시 중군·좌군·우군에 각각 도총제부를 설치해 승추부에 매이지 않도록 하였다. 그 결과 발명은 승추부에서, 장병은 각군도총제부로 분산이 되어 삼군부의 조직과 기능 자체가 분리되었다.

그러나 1405년(태종 5) 1월에 승추부를 무관의 인사, 군정에 관한 사항을 관리하는 병조에 병합시켜 병조가 군령까지 총괄하게 되었다. 이어 속아문제도를 통해 삼군, 십사 등도 병조에 소속시켜 병조가 군정과 군령을 총괄하는 최고 기관이 되었다. 그러므로 병조판서는 기밀사항이나 아뢸 일이 있으면 의정부를 거치지 않고 왕에게 직접 보고할 수 있게 되었다. 다만 병조판서가 삼군총제를 겸임하지 못하게 함으로써 발명권과 장병권을 분리시켜 놓았다. 하지만 얼마 뒤인 1408년 1월에 육조 직계제가 시행되자 병조에 병권이 집중되는 현상이 나타나게 되어 1409년(태종 9년) 8월에 삼군진무소를 설치해서 분산을 꾀했다. 삼군진무소는 삼군도총제부와는 별도로 병조의 권한을 분산시키기 위해 태조대의 의흥삼군부를 본떠 만든 것으로 병조와 병립하는 체제였다. 삼군진무소 아래에 각군 도총제부를 두고, 그 예하에 10사를 분속시켰다. 이로써 국왕은 병조와 삼군부를 통해 군사 조직을 직접 장악하게 되었고, 이전보다 더 강력한 통수권을 행사할 수 있게 되었다.

2. 군령, 군정체제의 정비

1) 초창기 체제 정비 작업의 착수

군의 작전을 위한 동원 등의 명령을 집행하는 군령 체제는 통수권 운용의 근간이라 할 수 있다. 또한 그 방식과 절차는 군정과 더불어 당대 통치 체제의 상황을 반영하고 있다. 군령과 군정을 어떻게 효율적으로 운영하느냐가 군대 통솔의 핵심적 과제이기도 하다. 이는 왕조 교체의 격변기에는 더욱 심각한 과제로서 전면에 부각되었다.

이성계가 위화도 회군으로 정권을 장악했던 당시에 여타 분야와 마찬가지로 군령 및 군정 체제에도 운영상의 혼란이 심했다. 심지어 관官에다가 군사를 등록시키지 않고 여러 유력한 장수들이 각기 점거하여 군사로 삼는 사병화가 널리 확산되어 군대의 지휘 통제가 매우 어려웠다.

우선 1390년(공양왕 2) 1월에 이성계는 8도 시위군을 총지휘하게 되었다. 이어서 그 해 11월에 각도 원수의 인장印章을 거두고 그 군사들을 돌려보냈다. 다시 1391년 1월에 삼군도총제부를 설치해서 자신이 중외의 군사를 모두 통솔했다. 이로써 공식 기구를 통해 통수권이 행사되도록 했다.

삼군도총제부의 설치에도 불구하고 한계가 있었다. 대표적으로 1388년(창왕 즉위년) 8월에 이성계 휘하의 군사를 중심으로 설립된 도총중외제군사부와는 공식적인 연계 관계가 없었다. 동일한 인물, 즉 이성계가 양 기구의 책임자이므로 그런 점에서 연결이 될 수 있겠으나 제도적으로 마련되었던 것은 아니었다. 그런 점에서 삼군도총제부의 군령권 행사에는 한계가 있었다. 사적으로 군대를 거느릴 수 있는 원수제가 삼군도총제부의 설치에도 불구하고 그대로 남아 있었던 것이다.

한편, 군정의 경우를 보면 1389(공양왕 1)에 종래의 육사六司를 육조六曹로 개편할 때 오군五軍과 팔위八衛를 병조에서 관할하게 되었다. 그러나 군정의 핵심인 인사권의 경우 창왕이 즉위하자 종래의 정방政房에서 전리사典理司와 군부사軍簿司로 넘겨졌다. 하지만 바로 그해 9월에 정방이 상서사尙瑞司로 바뀌면서 인사권을 담당했다. 따라서 병조가 인사권을 전담할 수는 없었다.

이러한 혼란은 조선으로 넘어와서 본격적으로 정비되었다. 조선 건국 직후 처음 취했던 조치는 의흥친군위의 설치와 도총중외제군사부의 폐지였다. 이는 재상의 신분으로서 휘하의 군사를 통솔했던 태조가 이제 국왕으로 즉위한데 따른 불가피한 조치였다. 그리고 서제인 이화를 의흥친군위도절제사로 임명하였다. 그 아래 절제사, 동지절제사 등에 태조의 측근 인물 인물들이 임명되었다. 그러므로 자연히 이전부터 내려왔던 사병적 성격이 그대로 잔존했다. 더욱이 도사都事와 같은 행정 기구를 갖추는 등독자적인 조직을 이루면서 오히려 강해진 측면도 있었다. 이로 인해 군령이나 군정의 체제상에서 별다른 변화가 일어나지 않았다.

하지만 1393년(태조 2)에 삼군총제부를 고쳐 의흥삼군부로 만들고 중방을 혁파한 뒤에 변화가 조금씩 일어나기 시작하였다. 이는 지휘 계통을 일원화하기 위한 전초 작업이라고 할 수 있다. 중앙의 부병과 제도병으로 주군에서 번상 숙위하는 시위패, 성중애마 등을 통합해서 운영하는 편제를 수립했다. 그리고 숙위군을 궁궐을 시위하는 시위사와 도성을 순작하는 순위사로 나누어 전자는 중군에, 후자는 좌군과 우군에 각각 배치했다. 이를 위해 10위의 명칭을 그에 어울리게 고치고 제도병들은 도별로 삼군에 분속시켜서 지휘 계통을 분명히 했다.

1395년(태조 4)에 숙위와 순작을 담당하는 모든 군사는 의흥삼군부의 통솔을 받도록 하였다. 1398년(태조 7)에는 처벌 규정도 마련되었다. 10사十司의 상·대장군 이하의 원장員將들이 숙위, 순작, 아조衙朝 등의 일에 이유 없이 나오지 않으면, 초범初犯과 이범二犯은 처벌하되 본래의 직책으로 다시 돌려보내고 삼범三犯인 자는 죄를 상세히 기록해서 보고하게 한 뒤에 상서사에 내리어 관직을 삭탈하고 무재武才가 있는 사람을 뽑아 이를 대신하게 했다. 근무에 소홀한 자에 대한 처벌 규정을 둠으로써 휘하의 인원들에 대한 통제력이 강화되었다.

의흥삼군부는 1395년에 『수수도蒐狩圖』와 『진도陣圖』를 간행하고 이를 교범으로 진법 훈련을 실시하였다. 이 진법 훈련은 군사들을 정예화시킨다는 표면상의 이유 외에도 절제사들의 휘하 군사들에 대한 사적인 통제력을 약화시키는 의미도 포함되었다. 이처럼 제위의 근무와 훈련을 통해 의흥삼군부의 실질적 통제를 제도적으로 강화함으로써 군령 체제의 일원화를 추진해 나갔다.

군정은 병조가 주도적인 역할을 맡도록 되었다. 태조 즉위 직후에 제정된 관제에서 병조는 무관武官의 선발과 병적兵籍·우역郵驛 등의 일을 관장하고, 중추원中樞院은 계복啓復·출납出納과 병기兵機·군정軍政·숙위宿衛·경비警備·차섭差攝 등의 일을 관장하도록 하였다. 중추원이 담당한 군정의 내용은 의흥삼군부의 역할과 관련이 있을 것으로 보인다.

군정 체제에서 병조의 비중이 컸으나 가장 중요한 인사 문제에서는 상서사에서 맡았다. 그 예로 숙위, 순작, 아조 등에 무단으로 나오지 않는 무관 가운데 3번을 범한 자는 상서사에 내리어 관직을 삭탈해 버리고 무재가 있는 사람들을 뽑아서 그들을 대신하게 했던 조치를 통해 알 수 있다. 아직까지 병조가 군정을 전담하지 못한 상태였다.

2) 사병 혁파 이후 병조 중심의 운영 체제 수립

1398년(태조 7)에 일어난 왕자의 난으로 권력을 장악한 태종은 태조 대에 정도전이 추진했던 것과는 다른 방향으로 군제를 개혁해 나갔다. 특히, 1400년에 단행되었던 사병 혁파가 개혁의 계기가 되었다. 태종은 의흥삼군부를 통하여 재상들이 군령 체제를 실질적으로 좌우하게 되고 이로 인해 국왕의 통수권이 제대로 보장받지 못한다고 판단하였다.

1400년 4월 태종은 도평의사사를 의정부로, 중추부를 삼군부로 개편했다. 삼군부의 관원들은 의정부에 합좌하지 못하도록 했다. 이로 인해 삼군부의 관원들은 의정부의 직함을 띠고서 군국의 정사를 논의하기 위해 합좌하지 못했다. 태종이 1400년 11월에 정식으로 즉위하면서 본격적으로 개편 작업이 재개되었다. 의흥삼군부를 승추부承樞府로 바꾸고, 삼군에 각각 도총제부都摠制府를 설치하여 도총제都摠制 1명, 총제摠制 2명, 동지총제同知摠制 2명, 첨총제僉摠制 2명씩을 두었다.

그런데 1405년(태종 5)에 의정부의 서무를 나누어 육조로 보내고 육조체제를 갖추면서 승추부를 병조에 통합시켰다. 상서사에서 갖고 있던 무관의 인사권도 병조에 귀속되었다. 원래 병조는 무관의 인사를 비롯한 군정에 관한 사항을 관장했는데 상서사의 권한까지 넘겨받고, 승추부를 흡수하여 군령까지 총괄하게 된 것이다. 계속해서 삼군三軍과 10사十司 등도 모두 병조에 소속시켰다. 이는 지금까지 추진해왔던 발명·발병·장병을 각각 나누어 맡게 해서 병권의 집중을 방지하였던 방안과는 완전히 다른 방향의 것이었다.

최고의 군령기관으로 확장된 병조가 삼군도총제부에 명령을 내려 그 하부 조직이었던 10사의 말단까지 전달되도록 하는 계통을 수립하였다. 그러나 1408년(태종 8) 1월에 육조직계제가 시행되자 병권의 병조 집중 문제가 새롭게 제기되었다. 이를 해결하기 위해 임시적으로 영삼군사領三軍事가 주재하는 영삼군사처領三軍事處라는 군령상의 합의 기관이 나타났다.

새로운 군령 체계의 확립을 위해 1409년(태종 9) 8월에 삼군진무소三軍鎭撫所를 설치했다. 삼군진무소는 곧 의흥부로 개칭되었다. 의흥부는 장병의 직임을 맡았던 삼군도총제부와는 별도로 병조가 병권을 전장專掌하는 데 따른 문제를 해소하기 위해 태조 때의 의흥삼군부를 본떠 만든 것이었다. 의흥부는 군사 생기軍士省記를 고찰하는 것, 순패巡牌의 감신監申, 출납出納, 품명출령稟名出令 등의 일을 맡게 했다. 의흥부가 군령 기구로서 기능하게 되었음을 의미했다. 1412년에는 의흥부가 혁파되고 군령권이 병조로 통합되었다가, 1414년에 삼군진무소로 다시 복설되었다. 삼군진무소는 병조와 양립하면서 군령을 처리했는데 그 아래에 있는 삼군도총제부와 10사 등에 대한 지휘권을 행사했다.

하지만 삼군진무소는 태조 때의 의흥삼군부하고는 달랐다. 의흥삼군부는 재상이 판사를 겸직하여 발명권을 행사하는 기구였으나, 삼군진무소의 경우에는 국왕을 정점으로 삼군진무소의 총제들은 발병을, 그 아래 호군들은 장병掌兵을 담당함으로써 군령권의 일원화가 이루어지도록 되었다.

복잡한 과정을 거쳤던 군령 체제의 정비 작업과는 달리 군정 체제는 병조를 중심으로 해서 비교적 단순하게 정리되었다. 1405년 1월에 육조체제가 성립되면서 병조는 무선武選·부위府衛·조견調遣·직방職方·병갑兵甲·출정出征·고첩告捷·강무講武 등의 일을 맡았으며, 속사屬司로 무선사武選司, 승여사乘輿司, 무비사武備司를 두었다. 이로써 병조가 군정 기구로서 확고한 위치에 오르게 되었다. 1414년에 이르러 육조직계제가 실시되면서 병조의 위상이 더욱 더 높아졌다. 병조의 권한이 커지자 때때로 병조판서보다 상위에 판사判事와 겸판사兼判事를 두기도 하였다. 주로 정승 내지 그에 버금가는 실력자로 하여금 주로 무관 인사를 관장하도록 하기 위해서였다.

1418년에 태종이 갑자기 세종에게 왕위를 넘기면서 제도를 개편하였다. 전위하기 바로 직전에 의용위義勇衛를 설치하여 세자로 하여금 군사 지휘를 나누어 맡도록 하였다가 왕위를 넘긴 직후에 이를 폐지하고 삼군부에 합속시켰다. 태종은 상왕으로 있으면서 병권은 여전히 자신이 장악하고 있었다.

세종 즉위 후에 군령 기관이던 삼군진무소가 크게 위축되었다. 종전에는 군령 가운데 큰 일은 병조의 당상관이 삼군진무소 도진무와 함께 명령을 받고 작은 일은 병조의 낭청郎廳과 진무鎭撫가 함께 승정원으로 나아가서 명령을 받도록 되었다. 이로써 양사兩司에서 반드시 함께 명령을 받은 후에 시행하도록 하였다. 하지만 전위가 갑자기 단행되었던 1418년부터 병조에서 선지宣旨를 받들어 선전宣傳하면 진무는 명령을 받은 뒤에 영令을 내리는 방식으로 바뀌었다.

이로 인해 명령의 전달 과정에서 문제가 생기기 시작하였다. 즉 병조에서 군령에 관한 사항을 담고 있는 공문을 삼군에만 보내고 삼군진무소에는 보내지 않았다. 그러므로 삼군진무소가 군사를 관장한다고 하지만 실제로 그에 관계되는 것을 알지 못하고 다만 서리胥吏들의 듣고 본 것으로써 실상을 짐작하는 경우가 늘었다. 군령의 전달을 병조에서 맡아서 처리하면서 아예 삼군진무소에는 보내지도 않고 직접 삼군을 상대했던 것이다. 이렇게 되면 삼군진무소에서 삼군을 통솔한다는 의미가 크게 퇴색할 수 밖에 없으며 실질적인 권한이 없다고 해도 과언이 아니었다.

또한, 삼군도총제부도 별다른 역할을 하지 못하자 1432년(세종 14) 5월에 중추원中樞院으로 개칭되었다. 중추원의 첨지사 이상으로 하여금 숙위·경비 등의 일을 맡도록 하되 1명은 입직하고 1명은 감순監巡하게 하며 윤번으로 교대하게 하였다. 이로써 중추원은 특별하게 맡아서 하는 일 없이 최고위 관료들을 대우하는 기관으로 운영되었다.

한편, 삼군도총제부와 삼군의 관계가 명확하지 않다. 양자가 상하 관계인지 분명하지 않다. 삼군도총제부가 중추원으로 바뀐 이후 삼군의 호군은 그대로 남아있었다. 다만 삼군의 주요 기능은 10사로 이관되었다. 그러므로 삼군 자체는 군령에 있어서 중요한 기능을 수행하는 것은 아니었다. 오히려 중요했던 것은 10사에서 병조에 직접 보고하고 명령을 받는 것이었다. 결과적으로 병조와 10사가 군령 체계에서 중심축으로 작용했으며 거기에 삼군 등은 보조적인 역할을 담당했다.

이 경우 삼군진무소와 10사의 관계가 중요했다. 그 역시 10사에 대한 통제권을 지니고 있었기 때문이다. 갑사 12사의 매사每司에 각 1명, 별시위의 좌우 1·2번에 각 1명, 방패 12사의 매사에 1명, 시위패侍衛牌의 매패每牌에 1인을 일차日差라고 일컬어 진무소에 근무하게 했으며, 만약 군사들을 소집할 일이 있으면 이들로 하여금 명령을 전달하게 했다. 이것을 통해 삼군진무소가 삼군도총제부와 삼군을 거치지 않고 직접 10사에 군령을 내리는 것을 알 수 있다. 특히 군사를 교대로 일차로 삼았다는 사실에서 그저 명령에 따라 동원하는 등의 일을 맡았음을 알 수 있다. 그 이외의 긴요한 지시나 전달 사항 등은 처리되기 어려운 상황이었다.

삼군진무소로서는 발명이나 발병 등의 권한을 행사하기 어려웠다. 병조에서 영을 내리면 삼군진무소에서 이를 받들어 검찰하였는데, 점차로 그 위세에 눌리면서 병조 낭청에게 엄한 질책을 당하는 일까지 벌어졌다. 결국 병조의 명령을 받고서 예하의 10사에 전달하여 집행하는 것이었다. 그 과정에서 삼군도총제부나 삼군은 보조적인 역할을 수행하였을 뿐이다.

3) 오위도총부와 병조의 양립 체제

1451년(문종 1)에 기존의 12사가 5사로 개편되면서 삼군 체제에도 변화가 생겼다. 그러나 삼군 그 자체는 유지되었기 때문에 삼군진무소도 계속해서 존속했다. 그런데 1457년(세조 3) 5사가 5위로 바뀌면서 삼군진무소는 오위진무소로 개칭되었다.

1466(세조 12)년에 관제 개혁을 단행하면서 오위진무소를 오위도총부로 개편하고 도진무를 도총관都摠管으로 바꾸었다. 이를 계기로 오위도총부의 위상이 높아졌다. 일례로 1468년에 임금의 행차에 호위하였던 군사들의 마필과 장비가 부실한 데도 병조에서 제대로 감독하지 않았다며 이에 군법으로 다스려야 한다는 오위도총부의 건의에 따라 병조판서 이하의 관련자들을 처벌했던 사건을 들 수 있다. 뿐만 아니라 임금의 행차 때 금령을 위반하는 사람들에 대한 처벌을 정하여 보고하기도 하고, 대신 번

상시킨 자를 적발하고서 제대로 감독하지 못한 수령과 관찰사를 탄핵하기도 했다. 또한, 변방에서 군사에 준하는 상황이 발생했을 경우에는 조정 중신과 의정부 등을 불러 그 대책을 논의하는 것이 일반적인 예였다. 그런데 그 자리에 병조와 함께, 혹은 오위도총부만을 부르는 사례가 점차 증가했다. 이로 인해 오위도총부의 위상이 조금씩 높아지고 소속 인원도 늘어나게 되었다.

삼군진무소 시절에 비하면 오위도총부의 위상이 높아졌던 것은 사실이지만 오위는 『경국대전』에 병조의 속아문으로 되어 있으므로 군령 체제에서 병조의 위치는 확고했다. 다만 『경국대전』에 오위도총부가 오위에 대한 지휘권을 갖도록 명백하게 규정됨으로써 두 기구 사이의 상하 관계는 성립되지 않고 횡적인 협조 관계에 놓이게 되었다.

병조에는 속사로 무선사武選司, 승여사乘輿司, 무비사武備司가 있었다. 병조는 소속 3사를 통하여 군정에 관한 모든 사항을 전반적으로 관리했다. 또한 『경국대전』에서는 오위, 훈련원, 사복시, 군기시, 전설사, 세자익위사 등을 병조의 속아문으로 배속했다. 오위는 중앙군의 핵심인 군사 조직이고, 훈련원은 군사의 시재試才, 무예 연마, 무경습독 등을 담당했으며, 사복시는 군마의 관리를, 군기시는 병기의 제조를, 전설사는 장막의 관리를, 세자익위사는 세자의 경호를 담당하는 기구였다. 이처럼 병조는 군정 전반을 관장하는 기관으로 확립되었다.

3. 무과의 설립과 운영

1) 설립 배경과 그 실시

무과는 조선에 들어와서 처음으로 실시된 무관 선발 방식이었다. 고려시대에 문관을 비롯한 관료들을 시험으로 선발하는 과거제도가 시행되었으면서도 무관을 선발하는 시험이 없었다는 것은 무관의 인사제도가 일반 관료들과는 달랐음을 의미한다.

그런데 고려에도 무선武選이라는 제도가 있어 대정隊正 이상의 무관을 선발했으며,

문과 응시자를 위한 교육 기관이 설치되었던 것처럼 무관의 양성을 위해 무학武學도 설치되어 있었다는 주장이 설득력을 가진다. 그러나 무선의 실시와 무학의 존재를 인정한다 하더라도 무학은 1133년(인종 11)에 폐지되었다. 학생들이 쉬운 무학만을 택하는 경향이 일어나면 문학인文學人과 대립하여 불화가 발생해서 심히 불편하게 될 것이라는 이유로 무학이 폐지되었다.

그렇다면 무관은 대체로 일반 군사들 가운데 유능한 자로 충원되었을 가능성이 높았다. 군사들 가운데에서 무관을 발탁했다면 그들은 징발되어 동원된 존재들이 아니었을 것이다. 군인전을 지급받는 전문적 군인들이 그 대상이었을 것이다.

하지만 고려 말기에 들어오면서 상황이 크게 달라졌다. 전시과 제도의 운영상 모순이 심각해지면서 군인전의 지급이 어려워졌다. 선군급전의 원칙이 무너진 것이다. 그 위에 원나라 조정은 고려군이 강력해지는 것을 용납하지 않았다. 자연히 고려의 군사력은 약화될 수밖에 없었다. 그 와중에 1350년(충정왕 2) 경부터 왜구가 해안 지역에 자주 출몰하자 그에 대한 방어 과정에서 많은 문제가 발생하였다. 침체된 국방력으로 낯선 전술을 구사하는 왜구를 제대로 막지 못하자 정치적인 파장은 물론 사회경제적인 면에서도 엄청난 재앙이 초래되었다.

이처럼 국방력의 강화가 시급하자 무엇보다 유능한 무반의 등용이 절실하였다. 안팎의 숱한 현안을 해결할 것이라는 기대 속에서 1351년에 즉위했던 공민왕은 왜구의 토벌에 효과적인 방책을 상주上奏하는 자에게는 실천과 더불어 포상할 것을 천명했다. 이에 이색李穡은 1352년 2월에 무거지과武擧之科, 즉 무과의 설립을 건의했다. 무과의 실시를 통해 실력 있는 무반을 등용함으로써 군사력을 강화하자는 것이었다. 비록 그의 의견이 즉각 채택되지 않았으나 그 이후 무과 설치에 상당한 영향을 미쳤다.

무과 설립 문제가 다시 거론된 것은 위화도 회군 이후 개혁파사대부들이 정계를 주도하며 체제 개혁을 추진하면서였다. 정도전은 경연에서 옛날에 사람을 쓰는데 네 가지 길이 있으니 문학文學, 무과武科, 이과吏科, 문음 등이 그것이다. 이 네 개의 과로써 인재를 선발했는데 합격하면 채용하고 그렇지 못하면 쓰지 않았다면서 무과의 설치 필요성을 제기했다. 그 결과 1390년(공양왕 2) 윤4월에 무과가 설치되었다.

이때 무과가 설치되었으나 곧 바로 실시되지 않았다. 조선이 건국되자 태조의 즉위

교서를 통해 무과의 조속한 실시를 천명했다. 그만큼 시급했기 때문이었다. 무과 실시를 위해 먼저 훈련관을 신설했다. 훈련관은 무예를 훈련하고 병서·전진戰陣을 교습시키는 일 등을 관장했다. 우선 훈련관에 양반자제兩班子弟와 각성중관各成衆官·각령各領에서 훈련 가능자를 모아 병서와 진도陣圖를 강습시키고, 그 중에 성적이 좋은 자를 선발하여 무관으로 임용하도록 했다. 1395년(태조 4) 4월에 처음으로 무예도시武藝都試를 실시하여 33명을 뽑았다. 이들은 다시 병서와 무예를 시험해서 성적에 따라 3등으로 등급을 정하여 병조로 이관되어 무관으로 임용되었다.

무과급제 교지(전쟁기념관)

하지만 정식으로 무과가 최초로 실시되었던 것은 1402년(태종 2)이었다. 그에 앞서 무과의 절차와 시험 방식이 보다 세부적으로 정해졌다. 문과와 같은 방식으로 3년에 한번 식년에 실시하고, 관향시觀鄕試·회시會試·전시殿試의 방방放榜과 은영연恩榮宴도 문과의 예에 따라 시행하도록 했다. 또한 훈련관에서 실시되는 관시는 50명, 각 지방에서 실시되는 향시는 좌우도左右道 20명, 충청도 30명, 전라도 20명, 경상도 30명, 강원도와 풍해도 각 10명, 동북면과 서북면 각 15명 등 1차 시험인 관시와 향시의 합격 인원을 300명으로 정했다. 이 무과법에 따라 1402년 4월에 처음으로 28명의 합격자를 배출했다.

한편 무과의 질을 더욱 높이고 우수한 합격자를 다수 배출하기 위해 1405년(태종 5)에 외방의 각 고을마다 양반의 자제를 뽑아서 무예를 익히고 병서를 읽게 할 것을 명했다. 이는 지방의 향교처럼 양반 자제를 모아 무예와 병서를 교육시켜 무과 응시에 대비하기 위한 것이었으나 제대로 실행되지 못했다. 지방에서 무학 교육을 체계적으로 실시할 수 있는 여건이 마련되지 못했기 때문이다.

2) 운영 체계와 그 종류

무과의 운영 체계는 『경국대전』에 이르러 제도적으로 확립되었다. 무과에도 문과와 마찬가지로 정기 시험인 식년시와 부정기 시험인 각종의 특별시가 있었다. 식년시는 3년마다 한 번씩 정기적으로 실시했는데 문과와 달리 소과小科, 곧 생원진사시生員進士試는 없었다. 다만 초시初試, 복시會試, 전시殿試를 거치도록 되었다. 초시의 합격인원은 1402년의 무과법에 비해 축소되었다. 훈련원의 원시는 70명, 향시는 경상도 30명, 충청도·전라도 각 25명, 강원도·황해도·영안도·평안도 각 10명 등 총 190명이었다. 이렇게 도별로 초시 합격자의 정원을 정한 것은 응시 인원을 고려한 것으로 보여진다.

초시에 합격한 사람은 다시 병조에서 실시하는 2차 시험인 복시에 응시했다. 복시에서는 28명을 선발했으며 복시에 합격한 자들은 다시 국왕이 시행하는 전시에 응시했다. 전시에서는 특별한 결격 사유가 없는 한 탈락시키는 일은 없었고, 다만 급제자의 등급을 결정할 따름이었다.

그러므로 복시가 실질적으로 최종적인 합격 여부를 결정하는 가장 중요한 시험이라 할 수 있다. 자연히 시험 방식이나 과목 등이 복잡할 수밖에 없었다. 초시에서는 무예 시험만 보았으나 복시에서는 이른바 초장, 중장, 종장의 3단계 시험을 거쳐야 했고, 시험 과목도 다양했다.

초장의 시험 과목은 목전木箭·철전鐵箭·편전片箭으로 보사에 해당하는 과목들이었다. 중장은 기사騎射·기창騎槍·격구擊毬로 마상 무예 과목들이었다. 종장은 무경칠서 중 한 하나와 사서오경중 하나, 그리고 『통감通鑑』·『병요兵要』·『장감將鑑』·『박의博議』·『무경武經』·『소학』 중의 하나를 선택하도록 하고, 『경국대전』을 필수로 한 강독 시험이었다.

종장에서 무경 등을 강하는 시험에 대한 비중이 높아져 점수가 많아지자 초장·중장의 무예 성적이 아무리 좋더라도 탈락하는 일이 발생했다. 종장의 강독 시험은 고려말 이래 문무를 겸비한 새로운 유형의 장수들을 발탁하고자 했던 정책의 결과라 할 수 있다. 유교 이념을 채택했던 조선에서는 이것이 더욱 확대되었다. 즉 무경칠서 이

외의 여러 병서들과 유교 경전 등이 추가
되었다.

급제자의 최종 석차를 정하기 위해 실시
하는 전시는 처음에는 보사·기창·병서강
경 등의 삼장으로 이루어졌다. 그러나 문
과에 비해 과목이 너무 많다며 1420년(세
종 2)에 병서강경을 제외시켰다가 기마술
을 익히는데 도움이 된다며 1425년에 격
구擊毬로 대체되었다. 『경국대전』에서는
다시 조정되어 기격구騎擊毬·보격구步擊毬
만을 채택했다. 전시의 성적에 따라 갑과
3명, 을과 5명, 병과 20명으로 석차가 결
정되었다.

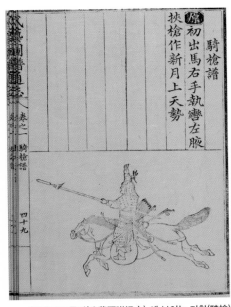

『무예도보통지(武藝圖譜通志)』에 보이는 기창(騎槍)
(규장각한국학연구원)

무과는 문과와 같이 자子·오午·묘卯·유
酉가 들어간 해에 3년마다 정기적으로 시행하는 식년시 외에 여러 명목의 비정기시가
실시되었다. 대표적인 비정기시로는 국왕의 즉위와 같은 국가의 큰 경사가 있을 때
시행된 증광시와 세자의 입학이나 중국 황제의 즉위 같은 경사가 있을 때 시행된 별
시, 국왕의 지방 행차시에 행재소에서 실시하였던 외방별시, 국왕이 성균관의 석존례
에 참석한 뒤에 실시했던 알성시 등이 있었다. 이런 비정기시에서 선발 인원은 일정
하지 않았다. 때로는 식년시보다 많기도 하고 적기도 했다. 이밖에도 현직 무관의 승
진 시험으로 치러진 비정기시도 있었다. 이처럼 비정기시가 빈번하게 시행된 것은 무
관의 수요를 충원한다는 본래 목적 외에도 민심을 얻으려는 정치적 고려가 반영된 결
과였다.

4. 무반의 대우와 인사체제

1) 무반의 대우

무반武班이란 무관武官의 반열을 의미한다. 조정에서 조회나 제반 의식을 거행할 때 관리들이 남향한 국왕을 향하여 동서로 갈라서는데 무관은 서쪽에 줄을 서서 서반西班, 문관은 동쪽에 줄을 서서 동반東班으로 불렸다. 이들 모두를 양반兩班이라 하여 원래는 그에 소속된 관리들만 의미했으나 점차로 사회의 특권 신분층을 지칭 말로 사용되었다.

고려에서는 무반들의 위계인 무산계武散階를 노병老兵이나 향리, 탐라의 왕족, 여진의 추장, 공장工匠, 악인樂人 등에게 제수하고, 무반은 오히려 문반과 더불어 문산계文散階를 받는 것이 원칙이었다. 조선에 들어와 무과가 실시되었고, 문무의 균형을 이루기 위해 무반에게 무산계가 주어져 1392년(태조 1) 7월에 처음으로 무산계가 제정되었다.

이때의 무산계는 정3품부터 종8품까지 20계階로 이루어졌다. 2품 이상의 계와 9품계가 없었다. 2품 이상의 무산계가 없다는 것은 그 이상으로 승진했을 때 무반도 문산계를 제수받게 됨을 의미했다. 그러나 9품계가 없다는 것은 유외직流外職인 대정隊正·대부隊副에서 직접 8품계로 올려 받아야 하는 문제가 있었다. 그래서 1436년(세종 18)에 무산계에 9품의 계가 추가되었다.

그 뒤 1466년(세조 12)에 대대적인 관제 개편이 이루어졌는데, 이때 무산계도 바뀌었고 다시 약간의 수정을 거쳐 아래와 같이 『경국대전』에 수록되었다.

종2품 이상은 품계가 동반과 같다.
정3품 절충장군折衝將軍   (이상 당상관)
　　　 어모장군禦侮將軍
종3품 건공장군建功將軍·보공장군保功將軍
정4품 진위장군振威將軍·소위장군昭威將軍
종4품 정략장군定略將軍·선략장군宣略將軍

정5품 과의교위果毅校尉·충의교위忠毅校尉

종5품 현신교위顯信校尉·창신교위彰信校尉

정6품 돈용교위敦勇校尉·진용교위進勇校尉

종6품 여절교위勵節校尉·병절교위秉節校尉

정7품 적순부위迪順副尉

종7품 분순부위奮順副尉

정8품 승의부위承義副尉

종8품 수의부위修義副尉

정9품 효력부위效力副尉

종9품 전력부위展力副尉

무산계를 받았어도 그 자체가 관직은 아니었다. 산계를 지니고 있는 사람들 가운데 능력이나 재능을 인정받은 자들이 빈자리가 생겼을 때 관직에 들어갈 수 있었다. 조선시대 관직에는 실직實職과 산직散職이 있었다. 실직은 직책이 있는 관직이고 산직은 직책이 없는 관직이었다. 다시 실직에는 국가로부터 녹봉을 받는 녹관祿官과 녹봉을 받지 못하는 무록관無祿官이 있었으며 녹관 중에도 일반직인 정직正職과 일정 기간마다 교체되는 체아직遞兒職이 있었다.

먼저 무반의 정직은 왕조 성립 직후였던 1392년 7월에 정3품에서 종9품에 이르기까지 총 4,392직을 설치하면서 성립했다. 그 후 여러 차례 정리되어 1484년(성종 15)까지 834직으로 축소되었고 이것이 『경국대전』에 수록되었다.

『경국대전』의 의하면 중추부에는 정1품 영사 1명, 종1품 판사 2명, 정2품 지사 6명, 종2품 동지사 7명, 정3품 당상 첨지사 8명, 종4품 경력 1명, 종5품 도사 1명이 있었다. 오위도총부에는 종4품 경력 4명, 종5품 도사 4명이 있었다. 오위에는 정3품 당하 상호군 9명, 종3품 대호군 14명, 정4품 호군 12명, 종4품 부호군 43명, 정5품 사직司直 14명, 종5품 부사직副司直 45명, 정6품 사과司果 15명, 종6품 부장部將 25명·부사과副司果 71명, 정7품 사정司正 5명, 종7품 부사정副司正 112명, 정8품 사맹司猛 16명, 종8품 부사맹副司猛 117명, 정9품 사용司勇 42명, 종9품 부사용副司勇 232명이 있었다. 훈련원에는 정3품 당상 도정都正 1명, 정3품 당하 정正 1명, 종3품 부정副正 2명, 종4품 첨정僉正 2명, 종5품 판관判官 2명, 종6품 주부主簿 2명, 종7품 참군參軍 2명, 종8품 봉사奉事 2명이 있었다. 세자익위사世子翊衛司에는 정5품 익위翊衛 좌우 각각 1명, 종5품 사어司禦 좌우 각각 1명, 정6품 익찬翊贊 좌우 각각 1명, 종6품 위솔衛率 좌우 각각 1명, 정7품 부솔副率 좌우 각각 1명, 정8품 시직侍直 좌우 각각 1명, 정9품 세마洗馬 좌우 각각 1명이 있었다.

무반의 체아직은 무산계를 받은 인원은 많은데 실제 관직은 적었기 때문에 이들에게 관직에 나갈 기회를 확대하기 위해 만든 제도였다. 설치 시기는 확실하지 않으나, 늦어도 1423년(세종 5) 이전에는 삼군三軍에 설치되었던 것으로 추측된다. 무관직을 정리하면서 관직에서 제외된 인원에게 체아직을 부여하게 되었고, 새로 만든 군사 기구에도 체아직으로 두었다. 그래서 체아직의 수는 수천 명에 이르렀다. 대체로 세종대 말엽에는 2,000여 직에 이르렀고, 세조대 말엽에 이르면 4,600여 직으로 늘어 『경국대전』에 법제화되었다.

그 결과 문반은 대부분 실직인데 반하여 무반의 대부분은 체아직이 되었다. 체아직은 대체로 6개월 정도의 단기간 만 실직에 있다가 상당 기간은 관직을 받지 못하는 무반직이었다. 그럼에도 불구하고 무반의 반발이 별로 없었다는 점은 달리 이해할 필요가 있다. 체아직을 받은 무반들은 이미 10여 명의 노비를 거느릴 정도의 경제적 능력이 있는 사람들이 많았다. 무반으로서의 신분을 유지하는 것만으로도 만족할 수 있는 사람들이었다. 경제적 능력이 이에 미치지 못하는 사람에게는 별도의 봉족으로 경제적 뒷받침이 어느 정도 보장되었다. 더구나 체아직의 상당수를 차지하고 있는 갑사와 별시위 등은 근무 자체가 장기간 지속하기 어려운 일이었다. 또한 실직에서 벗어난 기간 동안은 자유롭게 생업에 종사할 수도 있었다. 이런 이유로 대부분의 무반은 체아직에 만족했던 것으로 보인다.

2) 무반의 인사체제

무반은 소수의 정직과 다수의 체아직으로 이루어졌다. 이들에 대한 인사체계도 달랐다. 무반의 정직은 대부분 무과 급제자들로 채워졌다. 1402년(태종 2)의 무과법武科法에 따르면 1등 합격자는 종7품, 2등은 종8품, 3등은 종9품의 무직에 임명하되, 원래 직위職位가 있는 자에게는 일등一等을 올려주도록 했다. 그런데 이 당시에는 무산계에는 9품계가 없었기 때문에 무과에 급제하면 9품을 거치지 않고 곧 바로 8품에 제수될 수 있었다. 그만큼 무반의 관직 진출이 문반에 비해 빨랐다. 이로 인해 무과에 지나치게 많은 사람이 몰려들어 사회 문제가 되었다. 실력이 있는 자들이 학문을 버리고 궁시를 잡는 현상이 일고 있다는 비판도 있었다. 그러나 세종대 이후 무반의 정직이 축소되고 체아직이 늘어나면서 무과 급제자들에게 실직을 주지 못하고 산관散官을 주게 되었다. 이들은 빈자리가 생겨야 실직에 나갈 수 있었다.

무과 급제자들의 일반적인 진출 경향은 다음과 같았다. 먼저 관직이 없는 백신白身 상태에서 무과에 급제했을 경우에는 초직初職으로 훈련원 참외관訓鍊院參外官·권지權知 또는 별시위를 제수받았다. 원래 관직이 있는 경우에는 전직의 고하에 따라서 훈련원, 사복시, 군기시 등의 관직에 임명되었다. 그런데 경관직 가운데 무반의 정직은 그 수가 많지 않았다. 따라서 정직으로 나가고자 하는 사람들은 외관직을 택해야 했다. 대체로 국방상의 요충지나 변경지대에 무재武才를 필요로 하는 지역의 수령이나 변장邊將으로 임명되는 일이 많았다. 이로 인해 현령이나 현감, 군수, 판관, 관찰사와

무과 급제 호패(육군박물관)

같은 문반의 외관직에도 다수 임명되었으나 대부분은 절제도위나 만호, 동첨절제사, 첨절제사, 절도사 등 무반의 외관직에 임명되었다.

일정 기간 외관직을 거치면서 능력을 인정받은 사람들은 경관직으로 들어왔다. 이들은 주로 중추부를 비롯한 무반의 정직에 임명되는 경우가 많았는데 경우에 따라서 육조 가운데 병조, 형조, 공조 등에 제수되기도 했다. 심지어 대사헌에 임명되기도 했으며 의정부의 최고위직인 참찬, 찬성, 의정까지 오른 경우도 있었다. 하지만 그 수는 문반에 비할 바가 아니었다.

무과 급제자들만 무반의 정직에 진출했던 것은 아니었다. 갑사 등의 취재에 합격해서 근무했던 사람들도 체아직으로 있다가 근무 성적이 우수한 사람은 정직으로 진출할 수 있었다. 그들은 주로 변경의 수령이나 동첨절제사使, 만호 등 외관직에 배치되었다.

체아직에는 대체로 두 부류가 있었다 하나는 별시위, 내금위, 갑사 등을 선발하는 취재 시험에 합격한 사람들이고, 다른 하나는 충의위와 충순위 등에 소속된 공신이나 고위층의 자손들이다. 실력으로 평가 받거나 가문의 배경으로 체아직을 받을 수 있었던 것이다.

실력으로 체아직을 받고 근무하는 사람들은 승진을 위해서 성적이 중요했다. 일차적으로는 근무 일수를 쌓아야 했다. 근무 일수를 많이 쌓아놓으면 그에 따라 승진할 수 있었다. 그러나 근무일수 만으로는 승진하는 것은 아니었다. 끊임없는 시험과 훈련으로 실력을 평가받고 그에 따라 승진과 퇴출이 이루어졌다. 우수한 성적으로 임기를 마친 자는 정직으로 나아갈 수도 있었다.

가문의 배경으로 들어온 충의위, 충순위에 대해서는 연재練才 등과 같은 평가 시험을 의무적으로 부과하지 않았지만 문무과에 급제할 경우에는 상당한 특혜를 주었다. 다시 말해 가문의 영예를 이어가도록 독려해서 그들 스스로 실력을 쌓아가도록 했다. 결국 체아직은 중요한 두 개의 원리, 취재 시험을 통해 실력을 검증받고 들어온 사람과 가문의 배경에 힘입어서 입속한 자들이 공존할 수 있는 터전이 되었다.

제3절

대외 군사활동과 영토 확장

1. 왜구진압과 쓰시마 정벌

1) 왜구의 서해안 침공과 조선의 대응

조선 초기에 일본과의 관계에서는 왜구 문제가 핵심이었다. 이 문제 해결을 위해서 조선 정부는 군사력을 강화하고 해안 방어 시설을 구축하는 한편 외교적인 노력도 더해 강경책과 회유책을 병행했다. 이러한 노력으로 태종 때에 왜구의 침략이 점차 줄어들었으나 세종 집권 초기에 들어서는 왜구들이 조선 정부를 약탈하는 사건이 여럿 발생했다. 게다가 왜구들에게 포로가 되었다 탈출한 중국인 김득관 등 2인이 왜구가 곧 중국 연해 지방을 침략할 예정이라고 조선에 알려왔다.

조선 정부 측에서는 자칫 왜구와 교통한다는 오해를 받을 수 있는 상황이었지만 이를 염려한 일부 신하들의 반대에도 불구하고 서둘러 김득관을 중국으로 보내 사실을 알리도록 했다. 동시에 왜구 침략 정보를 입수한 조선 정부도 대책마련에 착수했다.

김득관은 정보를 제공할 때 왜구가 침공할 때를 3월이라고 했다. 그러나 왜구는 약 2개월가량 늦은 5월 4일에 서해안인 충청도 결성현에 처음 모습을 드러냈다. 다음 날에는 전라도에까지 왜구가 나타나는 등 상황이 심각해졌다. 결과적으로 왜구는 서해안에서 15일 정도 조선과 대치했다. 이 때 있었던 전투가 비인현 전투와 백령도 전투였다. 비인현 전투는 충청좌도도만호 김성길이 방어에 소홀해 발생했다. 이 전투에서 조선군 300여 명이 전사하는 등 조선은 막대한 피해를 입었지만 여기서 끝이 아니었다. 최종 목적지까지 가기 위해 서해안에서 식량을 확보하려는 왜구들이 2차 약탈 공격을 가했기 때문이다.

이번에는 황해도 해주였다. 조선 정부는 처음에 식량만 원한다던 왜구에게 원하는 것을 줘서 달래려고 했다. 그러나 예상과는 달리 왜구들이 식량을 받고도 오히려 더 요구하며 버티자 태종과 세종은 출격을 명했다. 이에 18일, 윤득홍과 평도전은 백령도로 나가 적을 섬멸했고 이 전투가 바로 백령도 전투였다.

태종은 5월 13일 주요 신료들을 모아놓고 최초로 쓰시마 정벌을 논의했다. 이후 구체적으로 정벌론이 대두되었는데 왜구가 요동을 약탈하고 돌아오는 경로를 공격하자는 의견이 지배적인 상황에서 병조판서 조말생만이 쓰시마를 곧장 쳐야 한다고 주장했다. 조말생 혼자만의 주장이었지만 태종은 그의 편을 들어주었다. 직접 정벌이 결정되자 곧 이종무를 출정군 사령관 삼군도체찰사로 임명해 중군, 좌군, 우군으로 나누어 출정군 지휘부를 구성했다. 이후 이숙묘가 빠지고 박성양을, 김을화가 빠지고 이천을 투입해서 약간의 변동이 있었다. 한편 조정에서는 영의정 유정현을 필두로 국내를 총괄지휘 할 국내 지휘부도 갖췄다.

쓰시마 정벌은 급박하게 결정된 만큼 출정 시간도 촉박했다. 일단 7월에 태풍이 있기 때문이었으며 무엇보다도 요동을 치고 돌아오는 왜구와 마주치지 않아야 했기 때문이다. 그래서 군사들의 사기는 승패를 좌우하는 중요한 열쇠였다. 이에 박초와 우박을 각각 충청도, 전라도로 보내 먼저 상황을 점검하도록 했으며, 사기를 북돋우기 위해서 이종무에게 숭록대부 장천군을 추가로 제수하는 등 주요 지휘관들에게 복수로 관직을 내렸다.

또한 세종은 귀화한 왜인들을 등록해서 관리하도록 하고 포상과 세금 면제라는

이종무 묘(경기 용인)

당근을 앞세워 이들을 함대에 태워 길을 인도하도록 했다. 뿐만 아니라 간첩 활동을 우려해 계엄령을 선포하고 육지와 해안의 방어선을 한층 강화하도록 조치했다.

앞서 언급했던 왜인에 대한 계엄령은 국내에 머무는 왜인이나 배에 머물고 있는 흥리왜인들이 본국으로 정보를 유출할까봐 미연에 방지하는 차원에서 이루어졌다. 조선 정부는 5월 15일부터 이들이 자유롭게 이동하지 못하도록 제한했으며 반발할 시에는 벌을 주었다. 실제로 조선의 억류에 불만을 품고 저항한 몇몇은 죽기도 했다. 왜인에 대한 계엄령은 도성은 물론이고 지방까지 확대되었지만 사신의 방문에 있어서는 예외를 적용했다. 괜한 분쟁을 일으켜 불필요한 전력 손실이 있을 필요는 없었기 때문이다. 또한 사로잡힌 흥리왜인에 있어서도 강경한 입장을 취했던 신하들과는 달리 세종과 태종은 직접적으로 노략질에 가담하지 않았으므로 노비로 삼되 죽이지는 말라고 명했다.

2) 쓰시마 정벌의 과정

(1) 출정과정과 쓰시마에서의 전투 양상

쓰시마 원정 함대는 본래 6월 8일까지 거제도 견내량에 모이기로 했으나 집결 날짜와 출발 날짜가 지연되어 정작 6월 17일이 되어서야 거제도를 출발할 수 있었다.

쓰시마

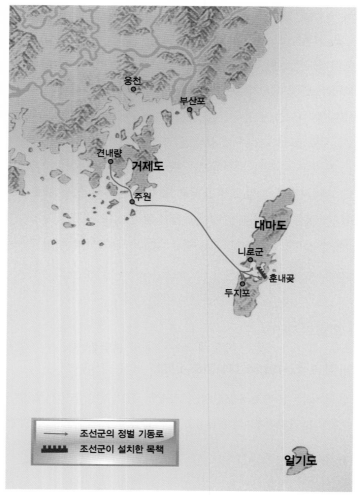

조선군의 정벌 기동로

조선군이 설치한 목책

조선군의 대마도정벌 상황

그러나 역풍이 불어 원정 함대는 당일은 출발이 불가능했고 주원방포에서 19일에 다시 출정했다.

조선을 떠난 이종무의 선발대는 해안선이 복잡하게 발달되어 있는 아소만에서 입구 쪽에 위치한 두지포에 정박했다. 배가 정박하자 요동을 정벌하고 귀환하는 아군이라 착각한 왜인들은 갑작스런 조선의 공격에 당황했고 이들이 혼잡한 틈을 타서 조선군이 남쪽 하현과 북쪽 상현을 연결하는 훈내곶을 차단하자 왜인들은 우왕좌왕했다.

훈내곶이 교통의 요지인데다가 중국인 포로들에게서 입수한 정보에 의하면 현재 쓰시마 자체는 오랜 기근으로 고통 받고 있던 상황이었으므로 왜인들은 조선의 공격에 속수무책이었다.

그러나 쓰시마 정벌의 후반부였던 6월 26일, 승전 소식과 함께 귀국한 조의구와 달리 이종무가 좌군절제사 박실을 보내 아소만의 북쪽으로 깊숙이 들어간 니로군에서 전투를 재개했다. 니로군은 계곡의 폭이 좁고 그 계곡을 더 들어가면 숨어있기에 좋아 공격은 불리하지만 방어에 유리한 지형이었다. 하지만 이전의 싸움에서 자신감을 얻었던 조선군은 보다 큰 공을 세우고 싶은 마음에 충분한 지형 숙지를 하지 않았다. 결국 이곳에서 조선군은 왜인들의 복병 전술에 패배했다. 후에 이 니로군에서의 전쟁을 어떻게 평가하느냐에 따라서 조선과 일본 간에 누가 쓰시마에서의 승자인지 의견이 엇갈리게 된다.

(2) 귀환과 재동정(再東征) 준비

왜구가 귀환할 때가 가까웠기 때문에 쓰시마주의 분명한 항복은 숙제로 남기고 돌아왔지만 전체적으로는 승리한 원정이었다. 조선 정부는 원정군의 공을 치하하는 동시에 2차 원정에 대한 논의를 시작했다. 작전은 두 가지였다. 한 가지는 1차 원정을 마치고 돌아오는 이종무 함대가 연이어 2차 원정에 참가하는 작전이었고, 다른 한 가지는 아예 새로운 함대를 조직해서 2차 원정을 진행하는 작전이었다. 신하들 사이에 어떤 전술로 2차 원정을 할 것인지 의견이 오가는 가운데 끝내 쓰시마주가 귀순을 거부하면 그 때 공격하자는 내용이 채택되었다.

그러나 곧 2차 원정방식을 바꿔야 했다. 곧 요동에서 왜구가 패전했던 것이다. 조선 측에서 미리 제공한 정보를 토대로 중국이 군사적 대비를 할 수 있었기에 가능한 일이었다. 이 때 있었던 승리를 중국사에서는 '망해과대첩'이라고 한다.

왜구의 패전 소식을 접한 태종은 2차 원정을 중단하고 왜구가 전라, 경상도의 조선 해역을 통과하면 그 때 잡도록 명령했다. 또한 쓰시마 도주를 구슬리는 방법으로 전환해서, 이 방법에 응하지 않는다면 가을에 정벌하기로 정했다. 태종은 쓰시마주 도도웅와에게 글을 써서 항복을 하거나, 섬을 비우도록 선택의 여지를 주었다. 지방에 내려 보냈던 지휘관들도 다시 올라오도록 했다. 조선이 회유책을 쓰자 쓰시마는 원래 9, 10월에 조선을 침략할 계획을 세웠지만 1차 원정으로 입은 피해가 컸고, 요동에서 주력 부대가 큰 타격을 입었기에 결국 항복을 택했다.

뿐만 아니라 조선에 가족들이 포로로 끌려갔고, 경제적으로도 조선과 관계가 끊어지면 막막한 상태였기에 항복은 불가피했다. 그러나 쓰시마가 경상도 관할도 들어가 토산물을 바치며 복종을 다짐했어도 조선은 긴장을 늦추지 않고 쓰시마의 움직임을 주시했다. 포상은 군공에 따라 3등급으로 나누고 각 등급에 해당하는 내용을 따라 차등 지급했다.

기해동정의 의의는 왜구의 근절과 함께 서로 교류하는 계기가 되었다는 것이다. 조선 서해안과 요동으로 출몰하던 왜구의 침구가 사라져 왜구 역사에서도 이 쓰시마정벌이 일대 전기가 되어 전기 왜구와 후기 왜구를 구분하는 기준점이 된다. 이후 왜구가 완전히 종식되었다는 인식이 일반화되었다. 이와 동시에 쓰시마가 조선의 요구에 순응해 옴에 따라 교류 정책의 실시가 가능해졌고 조선이 외교적 주도권을 확립하는 계기가 되었다. 이후 세종 8년에 이르러 염포를 추가로 개방하면서 부산포, 내이포와 함께 3포가 왜인들의 교역 항구로 정립되었다. 여기에 왜관을 설치하고 흥리선이 도박하여 무역을 할 수 있게 되었다.

2. 여진정벌과 4군 6진의 개척

1) 조·명간 영토 확장과 여진족 동향

만주 지역은 여러 종족이 교차하여 활동했다. 그 중에서도 여진족은 10세기에 들어서야 나타났다. 여진족은 한때 금나라를 세웠지만 몽골의 침략으로 멸망한 뒤부터는 원의 지배를 받았다.

원이 지배하던 시기에 만주 지역의 여진족은 자유로운 이동이 불가능했다. 원은 위소제도를 만들어 여진족들을 한 곳에 모으려고 노력했다. 그러나 명이 건국되자 만주 지역은 원과 명의 각축전으로 정신없는 상태가 되었다. 이윽고 원이 멸망하자 명은 만주 지역에 위소를 설치하면서 여진족을 구분하기 시작했다.

원·명 교체의 혼란기에는 고려로 들어오는 사람들이 많았고 특히 두만강 유역에서는 이성계의 활약으로 많은 여진족을 끌어 모았다. 명은 원이 지배했던 만주 지역에 요동 최고의 군정 합일 기관이 요동지휘사사를 설치했다. 이어 영락제의 지휘 아래 위소를 여러 곳에 설치해 만주 지역에 대한 지배력을 공고히 했다. 그러던 중 고려와 철령위를 둘러싼 분쟁이 발생했고 급기야 고려에서는 요동정벌론이 나오기 시작했다. 후에 조선이 건국 되고서도 만주 지역과 주거인인 여진족에 대한 소유 문제로 조·명 간의 영토 문제는 계속되었다.

명은 위소 중에서 건주위를 시작으로 적극적인 자세를 취하며 두만강 유역의 여진족을 포섭하려 했다. 이러한 명의 움직임은 두만강을 기준으로 영토 확장 계획을 세우고 있던 조선 정부를 긴장하게 했다. 결국 두만강 이남에 있는 오도리 동맹가첩목아가 조선과의 밀접한 관계에도 불구하고 명으로 들어가면서 대세는 명으로 기울어졌다. 또한 조선 정부가 동맹가첩목아의 행동에 대한 응징으로 무역 관계를 단절하자 여진과의 관계가 악화되기에 이르렀다.

여진족은 조선을 자주 침략했다. 조선 정부도 경원부를 경성으로 옮기고 왕실 조상의 능묘를 함주로 옮기는 등 조치를 취하여 여진족에 대응했다. 그러나 조선의 공격을 두려워한 동맹가첩목아가 회령에서 봉주로, 그리고 경원으로 옮기고, 건주위의 이만주는 파저강 지역으로 이동하면서 둘은 각각 식량난에 처했다. 이에 여진족은 조선의 식량 원조를 호소했지만 조선을 이를 거부했다. 또한 당시 가축보다 중요했던 노비들이 조선으로 도망 오는 현상이 빈번했는데 조선 정부가 노비 중 중국인은 여진이 아닌 명으로 돌려보내 조선과 여진간의 갈등은 깊어졌다.

2) 1, 2차 여진정벌

세종 14년 겨울, 파저강 유역의 건주위 본위 소속 이만주가 여연에 침공했다. 또한 이전에도 여진의 침입이 심심찮게 있었다. 그러나 파저강 유역의 침공은 평안도 지역에서 있었던 최초의 여진족 공격이었고, 무엇보다도 조선이 악어라면, 여진 세력은 악어새와 같은 처지였기 때문에 조선 정부의 충격은 생각보다 컸다. 그리하여 세종 15년 최윤덕의 지휘로 조선군은 여진 정벌에 착수했다.

최윤덕은 공격 지점들이 가까운 거리에 위치해 있으므로 군대를 여러 개로 쪼개서 공격 지점을 동시에 습격해야 승산이 있다고 생각했다. 군대가 여러 부대로 나뉘면 명령 체계가 허술해지는 부작용이 있었지만 복잡한 지형에 소규모로 무리지은 적을 무찌르기 위해서는 어쩔 수 없었다. 그래서 이전까지 중군을 중심으로 좌·우군을 두었던 것과는 달리 7개라는 많은 부대를 세분화하는 부대 편성을 실시했다. 결과는 일단 성공이었다. 하지만 우려했던 대로 지휘 체계에 혼선이 빚어져 전쟁터에서 명령 전달이 제대로 이루어지지 않거나 단독 행동을 하는 등 문제가 있었다.

1차 여진 정벌이 끝난 후에도 여진족의 침입은 그치지 않았다. 세종 17년에 여연성을 쳐들어왔고, 다음 해인 세종 18년에도 침입해 우리측에서 사상자가 발생하고 피해를 입었다. 이에 세종은 2차 여진 정벌을 결심해 중추원부사였던 이천을 평안도 도절제사로 임명하고 방안을 세우도록 했다.

이만주가 은거했던 파저강 야인 지역은 복잡한 지형이었다. 당연히 공격은 불리하지만 방어에는 더할 나위 없는 조건이었다. 여진족은 이러한 장점을 활용해서 기습과 유인책을 사용했고, 특히 활을 다루는 기술이 좋아 기마궁수가 주요 전력이었다. 여기에 대응하는 조선군의 진법은 조운진이었는데 자기 위치를 유지하면서 전투에 임하므로 비교적 안정적인 전투 운영이 가능했다.

조선군은 방패와 화기를 효과적인 무기로 사용했다. 방패는 병사들이 몸을 숨길 수 있는 목방패가 주류를 이루었으며 중요성이 강조되어 평안도에서 제조하도록 명령했다. 이전까지 사용하던 활에 있어서는 이미 여진이 우위를 차지하고 있으니 똑같이 활을 사용해서는 승산이 없다는 판단에서였다. 그렇다고 활을 아예 사용하지 않은 것은 아니었다. 궁시 무기 중에는 편전이 최고의 비밀 무기였다. 고도의 훈련을 받지 않아도 화살을 멀리까지 보낼 수 있어서 적진을 무너뜨릴 수 있었기 때문이었다. 이처럼 활을 아예 안 쓴 것은 아니었으나 대세는 확실히 화기 쪽으로 기울고 있었다. 그래서 세종은 군기감에 화약감조청을 설치해 화약 무기 제작을 장려했다. 이러한 노력은

장방패(좌)와 원방패(우)
(『국조오례의서례』 권4, 군례, 병기도설)

1차 여진 정벌에서 곧장 나타났고 2차 여진 정벌에는 좀 더 개량된 화약 무기를 등장시켰다. 그러자 조선 정부는 화약 무기를 전담할 운영 방법을 의논해 신속한 공격이 가능하도록 병법을 개편했고 화약 무기를 보호할 방패의 중요성도 덩달아 높아지면서 진법이 발전하기 시작했다.

1차 여진 정벌이라는 실전은 조선군이 자아 성찰을 할 수 있는 계기가 되었다. 1차 파저강 유역 여진 정벌을 통해 진법에 대한 문제점이 되었기 때문이다. 이후로는 진법이 발전한다. 정부에서는 양계 지방의 특수한 지형적 환경에 맞도록 새로운 진법을 개발하려고 노력했다. 마침내 조선 정부는 양계 지방(평안도, 함경도)의 특성을 고려해 새로운 진법이 수록된 『계축진설』을 편찬했다.

3) 4군 6진의 설치와 경영

변진은 변방에 군사적 거점으로 설치한 일종의 요새였다. 변진은 본래 고려시대부터 존재했었는데 양계 지역에서 북방의 침입을 막는 효과를 가져왔다. 그러나 원의 지배 아래에서 중요성을 점차 상실하다가 조선 태종 때에 다시 본격적인 설치가 이루어졌다. 변진은 먼저 남방 5도의 15개 지역에 설치되었고 이후 세종 14년에 연해 지역을 중심으로 증가했다.

1413년에서 1417년까지 남방의 변진이 집중적으로 건설되었다. 그리고 본격적인 변진의 설치는 여진족의 여연 약탈과 파저강 침입이 있었던 세종 때였다. 여진족이 종종 침입하자 위험을 느낀 것이다.

여진 정벌 후, 여진족의 보복을 우려해 평안도에 자성, 무창, 우예, 위원의 4군과 함경도에 경원진, 회령, 경흥, 종성, 온성, 부령의 6진을 설치했다. 이는 조선이 어느 정도 변진 설치가 가능할 만큼 국력이 강해진 결과였다.

4군이 개척된 평안도의 압록강 중상류 지역과 6진이 설치된 함경도의 두만강 하류 지역은 주민이 거의 없거나 그마저도 여진족이 대부분이었다. 때문에 영토 확장과 더불어 사민 정책을 실행해야 하는 상황이었다. 그러기 위해서는 우선 변진을 설치하는 한편, 구자를 설치해 수비를 했으며 이는 나아가 행성 축조로까지 이어졌다.

세종 31년에는 함경도에 8진과 19개의 구자가, 평안도에 12진과 25개 구자가 만들어졌다. 하지만 국경 지역의 요새가 많다 보니 군사 배치에 어려움이 생겼고, 다른 지역에서 인원을 보충하는 대책이 나왔다. 이로써 4군 6진은 남부 지역에서 보충된 인력과 기존에 있던 변진 소속 토착 병력이 함께 임무에 참여하는 체제를 갖췄다. 또한 원활한 명령을 주고받기 위해 함경도와 평안도의 병마도절제사는 일정 기간마다 강계, 옛 종성에서 주둔하기도 했다.

사민은 4군에도, 6진에도 점진적으로 시행되었지만 결과는 달랐다. 우선 평안도의 4군은 주민들이 계속해서 도망치자 결국 폐지되었다. 반면 함경도의 6진은 어느 정도 사민 정책이 효과를 봤다. 6진 쪽에도 여러 부담을 못 이긴 주민들이 많이 도망쳤지만 적어도 4군 지역보다는 환경이 나았기 때문이다. 4군 지역은 상대적으로 토지가 더 척박했고 국방선이 길게 늘어진 형태라서 유사시에 후방 지원을 받을 수 없는 지형이라 주민들의 고생이 심했다. 하지만 6진 지역은 토지가 그런대로 비옥하고 교통로가 비교적 발달된 상태라서 평안도보다 훨씬 개선된 환경이었다.

변진과 구자의 국방 병력은 앞서 언급했듯이 해당 지역에 있던 토착 병력과 양계 남부에서 파견한 병력으로 구성되었다. 토착 병력은 마병과 함께 보병이 있었고 보병에는 화포군과 방패군이 소속되었다. 이와 같은 사실로 조선군이 기동력과 함께 화력을 중시했음을 알 수 있다. 또한 각 변진과 구자에 배치되는 군인 수는 어느 정도 일정한 기준으로 정해져 있었다. 마찬가지로 복무 형태도 일정 기간이 정해져 있었다. 다만 파견 병력과 토착 병력 사이에 복무 기간이 조금 달랐다. 파견 병력은 1년 1개월씩이었으며 토착 병력은 군사력이 충분한 지역이라도 의무적으로 1년에 6개월을 근무해야 했다. 게다가 경원 같은 곳에서는 1년 10개월을 근무해야 하므로 군인들이 고통을 겪었다.

4) 세조대의 여진 정벌

(1) 1460년(세조 6)의 모련위 정벌

세조가 모련위 여진을 정벌하기 이전에는 같은 여진족이라고 해도 두만강 유역의 여진은 '성저야인'이라고 해서 조선의 국경 방어 역할을 하며 우호적인 관계를 유지했지만 압록강 유역에 있던 건주삼위와는 그렇지 못했다.

그러나 세조는 여진과 전체적으로 우호적인 관계를 다시 정립하려고 했다. 하여 신숙주가 명 조정에서 건주위 추장 이만주의 아들과 건주좌위 추장 동창에게 지중추원사직을 내려주었는데 이미 명의 도독 지위를 가지고 있었던 이들이었기에 명에서는 조선에 유감을 표했다. 여기에 대해서는 조선이 명에 사과함으로써 마무리되었다.

명과 한 차례의 갈등 후, 다른 갈등이 계속되었다. 하동량에 거주하는 여진 대추장 낭발아한을 처벌했던 일이 그 갈등이었다. 시작은 건주삼위 이만주의 아들과 동창이 조선에서 환대를 받자, 낭발아한이 이를 시기한 것에서 출발했다. 이 때 세조는 신숙주를 함길도 도체찰사로 파견해 오랑캐와 우디캐 사이를 원만히 하려고 애쓰던 중이었다. 세조는 변방의 안정을 위해서 이들에게 화해할 것을 요구했지만 낭발아한은 여기에 응하지 않았다. 결국 세조는 낭발아한을 비롯한 삼대를 참수했다. 이 처벌은 조선의 관직과 명의 관직을 동시에 가지고 있던 낭발아한이었기에 명의 신하이기도 한

세조어진

그를 마음대로 처벌했다는 명의 힐책을 듣는 이유가 되었다. 세조는 일단 명의 힐책을 겸허히 받아들이는 자세를 취했으나 이미 마음먹고 있었던 모련위 정벌은 계속 밀고 나갔다. 이제는 여진 정벌만이 목적이 아닌, 명을 향한 의도도 포함되어 있었기 때문이다.

세조는 여진 정벌을 위한 계획을 신중히 했다. 먼저 도체찰사를 파견해 해당 지역을 직접 살펴보도록 해서 정벌이 가능한지를 살폈다. 가능하다는 소식이 전해지자 이번에는 신숙주를 파견해서 좀 더 구체적으로 계획을 세우라는 명령을 내렸다. 신숙주가 여러 진을 돌아다니며 살펴보는 동안, 세조는 출정군의 지휘 체계를 조직했다. 도체찰사를 가장 위에 두어 신숙주를 강원함길도 도체찰사로 두었다. 세조가 신숙주에게 동북방 군사에 관한 업무를 전적으로 일임했으므로 여진 정벌 사업은 신숙주의 권한에 속했다. 신숙주는 부사, 종사관을 거느리고 출정하여 마침내 여진과의 싸움에서 승리했다. 세조 6년에 있었던 여진 정벌은 앞서 말했듯이 여진만을 대상으로 한 싸움이 아니었다. 명에게서 분명한 발언권을 얻으려는 의도도 내포되어 있었다. 이는 조선의 자주성을 과시한 일이라고 할 수 있다.

(2) 1467년(세조 13)의 건주위 정벌

세조 13년에 있었던 건주위 정벌은 건주위의 성장을 주시하고 있던 명이 압박을 느끼자 조선이 정벌에 동참할 것을 부탁하면서 대두되었다. 뿐만 아니라 건주위의 이만주가 연막 작전을 계속 써서 조선의 입장에서는 이만주가 아군인지 적군인지 분간이 가지 않았다. 조선을 돕다가도 어느 순간 배신을 꾀하고 있었기 때문이다. 하지만 결국 이만주는 조선에 온전한 믿음을 주지 않고 조선 조정에 불평을 하면서 갈등이 깊어졌다.

이러던 차에 건주위 정벌에 대한 명의 서신이 도착했다. 조선에서는 내부적으로 이시애의 난을 평정한 직후였으므로 세조는 명의 요청을 받아들여 반란 진압군을 곧장 건주위 정벌에 투입시켰다. 이 정벌은 비록 명의 요청에 따른 파병이었지만 여진을 복속시켰다는 점에 의의가 크다.

제4절

5위체제의 성립과 중앙군

1. 5위체제의 성립 과정

1) 중앙군의 확대와 5사제로의 개편

중앙군은 기본적으로 국왕을 수호하며 통치 체제를 유지하는 것이 주된 역할이었다. 이를 위해 소속 부대들이 궁성을 수비하고 수도의 내외곽을 방위하는 형태로 운영되었다. 더불어 그들에 대한 지휘 체계와 운영 방식도 정치적인 상황에 따라 바뀌게 마련이었다.

조선의 정치 체제가 정비됨에 따라 중앙군의 규모는 확대되었다. 특히 태종대와 세종대에 지속적으로 확대가 이루어졌다. 그 결과 1448년(세종 30)에는 갑사 7,600명, 별시위 5,000명, 방패防牌 7,500명, 섭육십攝六十 3,000명, 근장近仗 1,000, 총통위銃筒衛 4,000명 등 총 28,100명에 이르렀다. 이렇게 중앙군이 늘어날 수 있었던 것은 당시 호적법이 정비되어 군역 대상자가 증가했기 때문이었다. 더불어 그 동안 이룩된 정치적 안정이 비대한 금군으로서의 중앙군을 더 이상 필요로 하지 않았기 때문에 변화가 불가피했으며 결국에 국방군으로서 기능하게 되었다는 점도 작용했다고 한다.

세종대까지 중앙군의 조직 체계는 짧은 기간에 여러 차례 바뀌었다. 1409년(태종 9)에 태조대의 10위는 시위 중심의 십사十司로 개편되었고, 세종이 즉위하면서 십이

사十二司로 확대되었다. 그런데 1422년(세종 9)에 상왕으로서 병권을 관장하였던 태종이 세상을 떠나자 10사로 환원되었다. 하지만 그 뒤 여러 병종이 생기고 병력이 늘어나면서 다시 12사가 되었다. 그런 가운데 병종과 병력수도 변화를 거듭하였다. 예를 들면, 응양위鷹揚衛는 태조 때 10위十衛 조직으로 있었으나 10사로 개편되면서 없어졌다. 다시 태종 때 10사와는 별도로 응양위라는 숙위군을 설립하였으나, 세종 즉위 후 혁파되었다. 그 후 예종이 즉위하여 금군의 역할을 담당하는 응양위를 설치했다가 성종 때 내금위로 흡수 통합시켰다. 이처럼 세종대를 거치면서 병력의 증가와 새로운 병종의 등장 등으로 중앙군의 재정비가 요구되었다.

문종은 즉위 직후부터 진법 훈련에 대해 많은 관심을 기울였다. 이는 군조직, 특히 중앙 군제의 개편에 큰 영향을 주었다. 문종은 군사들에게 세종대에 편찬된 『진설陣說』을 학습토록 하고, 그에 따라 진법 훈련을 시켰다. 국왕이 직접 훈련 현장에 나가 검열하기도 했다.

이 과정에서 문종은 여러 가지 문제점을 발견하게 되었다. 『진설』이 실제 병력 운영에 맞지 않는다고 보고 새로운 진법서의 편찬을 지시하는 한편, 중앙군의 조직과 지휘 체계를 개편했다.

1451년(문종 1) 6월에 문종은 중앙군을 5사로 개편하는 안을 제시하고 의정부에서 논의하도록 했다. 의정부 대신들은 개편안에 반대했다. 승정원조차도 3년상을 치르지 않았는데 선왕대의 제도를 고치는 것은 옳지 않다고 반대했다. 그러나 이미 세자 시절부터 국정을 실질적으로 주도했던 문종은 대신들의 반대에도 불구하고 그해 7월에 개편을 단행했다.

우선 12사를 5사로 재편하여 중군中軍에 의흥사義興司·충좌사忠佐司·충무사忠武司, 좌군左軍에 용양사龍驤司, 우군右軍에 호분사虎賁司를 배치하고, 갑사는 물론, 별시위·총통위·방패·섭육십 등을 나누어 소속시켰다. 또한 각 사는 5령으로 편제했다. 5사 중에서 2사는 입직하고 3사는 출직하되, 3일日마다 교대하게 했으며, 출직하는 3사 중에서 1사는 행순行巡하게 했다. 아울러 호군의 수를 60명에서 15명을 더하여 75명으로 만들어 소속 군사들을 실질적으로 통솔하도록 했다.

곧 이어 진법 개정도 이루어졌다. 문종이 친히 『신진법新陣法』을 지어서 수양대군

정인지 묘(충북 괴산)

및 김종서·정인지 등에게 명하여 함께 교정하게 하여 완성시켰다. 이 『신진법』에 따르면 대장大將은 5위衛를 보유하며 매 위는 각각 5부部를 보유해서 전체적으로 모두 25부가 되도록 했다. 매부每部는 각각 4통統을 보유하게 했다. 한편 대장은 위장을 호령하고, 위장은 부장을, 부장은 통장統將을, 통장은 여수旅帥를, 여수는 대정隊正을, 대정은 오장伍長을, 오장은 졸병卒兵을 호령한다고 했다. 이렇게 해서 5위 25부로 구성된 진법 체계와 5사 25령으로 조직된 중앙 군제가 서로 일치하게 되었다.

하지만 5사로의 개편은 또 다른 문제를 안고 있었다. 5사에 병종들을 분속시킬 경우에는 지휘 통솔 체계를 집중시킬 수 있었으나, 그 대신에 각 병종별로 고유의 독자성을 상실하게 될 처지에 놓이게 되었다. 갑사나 별시위, 총통위 등은 설치 당시부터 역할과 기능이 달랐으나 5사에 똑같이 분속되어 돌아가면서 입직, 순작 등을 행한다면 병종별로 구분되어야 할 이유가 별로 없었다. 이로 인해 다시 개편해야 할 필요성이 제기될 수밖에 없었다.

2) 5위체제의 성립

동일 병종을 5사에 분산 배치함으로써 발생되는 문제는 1457년(세조 3) 3월에 5사를 5위로 바꾸면서 동일 병종을 한 위에 배치함으로써 해결되었다. 그 결과 각 위의 소속 병종이 서로 달랐다. 다만 각 위에서 1부씩 입직하도록 함으로써 입직하는 군사는 각 병종이 골고루 섞여 병력이 일정했다. 결과적으로 각 병종이 특정 위에만 속하게 됨으로써 병종의 독자성이 유지될 수 있었다.

이후 몇 차례의 보완을 거쳐 5위는 『경국대전』 수록되었고, 조선의 중앙군은 5위체제로 확립되었다. 『경국대전』 수록된 5위 체제는 다음과 같다.

의흥위 중위 갑사·보충대가 소속된다.

　중부 : 수도의 중부, 개성부, 경기 양주·광주·수원·장단 등 진관의 군사

　좌부 : 강원도 강릉·원주·회양 등 진관의 군사

　우부 : 충청도 공주·홍주 등 진관의 군사

　전부 : 충청도 충주·청주 등 진관의 군사

　후부 : 황해도의 황주·해주 등 진관의 군사

용양위 좌위 별시위·대졸이 소속된다.

　중부 : 수도의 동부, 경상도 대구 진관의 군사

　좌부 : 경상도 경주 진관의 군사

　우부 : 경상도 진주 진관의 군사

　전부 : 경상도 김해 진관의 군사

　후부 : 경상도 상주·안동 등 진관의 군사

호분위 우위 족친위·친군위·팽배가 소속된다.

　중부 : 수도의 서부, 평안도 안주 진관의 군사

　좌부 : 평안도 의주·구성·삭주, 창성·창주·방산·인산진의 군사

　우부 : 평안도 성천 진관의 군사

　전부 : 평안도 영변·강계·벽동, 벽단·만포·고산리·위원·이산·영변진의

군사

후부 : 평안도 평양 진관의 군사

충좌위 전위 충의위·충찬위·파적위가 소속된다.

중부 : 수도의 남부, 전라도 전주 진관의 군사

좌부 : 전라도 순천 진관의 군사

우부 : 전라도 나주진관의 군사

전부 : 전라도 장흥, 제주 진관의 군사

후부 : 전라도 남원 진관의 군사

충무위 후위 충순위·정병·장용위가 소속된다.

중부 : 수도의 북부, 영안도 북청 진관의 군사

좌부 : 영안도 갑산, 삼수, 혜산진의 군사

우부 : 영안도 온성, 경원, 경흥, 유원, 미전, 훈융진의 군사

전부 : 영안도 경성, 부령, 회령, 종성, 고령, 동관진의 군사

후부 : 영안도 영흥, 안변 진관의 군사

이렇게 해서 5위 체제의 기본 골격이 완성되었다. 5위의 지휘 체계는 『신진법』의 방식과 같았다. 한편 위에서 5위에 전국의 진관을 망라한 지방 군사가 부별部別로 분속되었음을 알 수 있다. 이는 전국의 군사를 징발하여 대열大閱을 행하는 경우에 전국을 오위진五衛陣으로 편성하기 위해서였다. 마침내 중앙군의 확대와 다양한 병종의 설치 등으로 복잡해진 중앙군의 조직 체계가 정비되었다.

2. 중앙군의 임무와 기능

1) 궁궐 숙위

중앙군은 국왕을 보위하는 것이 가장 중요한 역할이었다. 그것은 궁궐을 주야로 경

창덕궁 인정전(서울시사편찬위원회)

비하는 숙위의 임무였다. 이 임무는 중앙군이 교대로 수행했다. 당번이 되어 근무에 나가는 것을 입직入直이라 하였고, 근무를 마치고 나오는 것을 출직出直이라 하였다. 입직 군사는 평상시에는 궁궐의 요소요소에 배치되어 국왕을 경호하는 임무를 수행했다. 국왕이 궁궐을 벗어나게 되면 국왕 주위를 에워싸 호위하는 역할을 담당했다. 입직군의 편성과 지휘체계, 운영 방식 등은 중앙군의 변화와 함께 시기마다 달라져 왔다.

　문종은 중앙군을 5사 25령으로 개편하면서 75명의 호군護軍을 배치하여 군사를 지휘 감독토록 하였다. 호군은 5사에 분속된 갑사, 별시위, 총통위, 방패 등의 군사를 거느렸다. 그 인원이 얼마인지 명확하지는 않지만, 세종대 중앙군 2만 8천여 명 규모를 기준으로 본다면 대략 370여 명 정도였을 것으로 생각할 수 있다. 그리고 5사 중에서 3일 주기로 2사씩 입직하도록 하고, 입직하지 않는 나머지 3사는 도성 내외의 야간 순찰을 하도록 하였다. 순찰 시간과 순찰 지역에 따라 인원을 달리 배치하였는데, 초경初更·2경二更에는 호군 4명, 3경에는 호군 2명, 4경·5경에는 호군 4명, 도성문 밖에는 호군 2명, 도성문에는 호군 3을 배치하였다. 75영의 영장領將은 휘하의 군사를 지휘하여 임무를 수행하였다.

1457년(세조 3)에 5사 25령 체제가 5위 25부 체제로 개편되면서 각 사에 골고루 나뉘어 배치되었던 병종이 한 위로 통합되었다. 이에 따라 입직 방식도 달라졌다. 각 위에서 1부씩 입직토록 하는 방식이었다. 그러므로 입직하는 군사의 규모는 크게 달라지지 않았다. 다만 지휘 체계가 달라진 것이다. 보다 구체적으로 살펴보면, 5위의 각 위에서 처음 3일은 중부가, 다음에는 좌부·우부·전부·후부의 차례로 3일씩 입직하였다. 입직 군사는 새로 설치된 부장部將이 지휘하였다. 아울러 이들을 통제하는 역할을 맡았던 진무소鎭撫所의 진무 30명 중 20명을 감축하여 10명으로 축소하고 이들을 2번으로 나누어 경복궁 내소內所에 2명, 외소外所에 1명, 창덕궁에 2명이 입직하도록 하였다. 또한 그 동안 입직 군사들을 병조와 진무소에서 바로 낭관郎官을 보내 차출하였는데, 앞으로는 반드시 국왕의 명령인 선전표신宣傳標信[1]을 받고서 차출하게 하였다.

그와 동시에 명령 전달 체계를 확립하였다. 병조에서 입직할 부장을 지명할 때에는 표신을 사용하여 불러오고, 명령을 받은 부장은 위장에게 고하여 위장이 계달하면 그 때 가게 하였다. 입직 근무 중에는 아무리 상급 부서의 지시가 있더라도 반드시 직속상관의 명에 따라 움직이게 함으로써 지휘 체계에 혼선이 일어나지 않도록 조치하였다.

도성 안팎을 순찰하는 병력은 위장이 결정하여 병조에 보내면 병조는 순찰 시간과 순찰 경로를 하달하도록 했으며, 도성문을 지키는 병력은 위장이 명단을 작성하여 1부는 진무소에, 1부는 병조에 보내도록 했다. 병조는 이를 위에 보고토록 했다. 이처럼 중앙군의 근무 규정은 점차 상세해졌다. 입직 병력의 수와 근무 장소 및 근무 시간, 주요 경계 구역의 근무자 명단, 아울러 감시와 단속의 범위에 이르기까지 세부 사항들이 규정되었다.

1459년(세조 5)에는 이런 규정들이 한권의 책으로 엮여져 『병정兵政』으로 편찬되었다. 여기에는 「입직」, 「행순」, 「계성기」, 「문개폐」 등의 항목으로 궁궐 숙위와 시위에 관련된 규정들이 체계적으로 서술되었다. 이 책은 모든 군사들에게 읽도록 권장되

---

1 표신 중에서 가장 중요한 것으로 왕명의 전달이나 기타 긴급한 일에 사용되었다.

었으며, 각종 무재 시험의 강서 과목으로 활용되었다

이후에도 중앙군의 근무 규정은 수정 보완되었다. 1464년(세조 10)에 양성지의 건의로 내금위와 겸사복의 숙위 인원을 같게 해서 각기 다른 위치에서 숙위하도록 했다. 숙위군의 핵심 병력인 내금위와 겸사복의 균형을 이루면서 위급시에 서로 신속하게 지원할 수 있도록 하기 위한 것이었다. 야간 순찰 방식도 무장에게만 맡기지 않고, 문관과 무관 2명을 순장巡將으로 임명하여 순찰의 책임을 부여하는 것으로 바뀌었다. 그 절차도 순장이 의금부의 당직 낭관에게 가서 점검을 받고 병조에서 내려주는 순찰 지침을 받아 근무하는 것으로 변경했다. 무장 한 사람에게 야간의 병력 지휘권을 주게 되면 위험이 따를 수 있었기 때문이다.

1469년(예종 1)에는 입직 군사의 수가 고르지 못한 폐단을 시정하기 위해 5위의 소속 병종을 조정하였고, 아울러 궁궐 주위의 입직처를 새로 조성하여 입직 군사를 균등하게 배치하였다. 이러한 보완을 거쳐 성종대에 『경국대전』「병전」에 그 핵심적인 내용이 수록되었다.

우선 5위는 각 1부씩 입직하되 전날 저녁에 병조에서 담당 지역과 시간을 지정하여 국왕에게 보고하고, 국왕의 재가가 나면 이를 도총부에 통보하여 차례로 하달되도록 했다. 이러한 절차는 각 부대의 지휘관에게도 그대로 적용되었다. 입직 위장은 임금의 낙점을 받아 군사를 나누어 거느리게 하고 겸사복장兼司僕將, 내금위장內禁衛將, 수문장도 역시 임금의 낙점을 받도록 했다. 이때 수문장은 서반 4품 이상으로써 왕에게 추천하여 임명하도록 했다. 여기서 주목되는 것은 위장이 임금의 낙점을 받아 군사를 나누어 지휘한다는 점이다. 즉 위장은 자신이 거느리고 있던 군사들을 데리고 입직하는 것이 아니라 병조에서 지정한 병력을 거느리고 입직하는 것이다. 이는 입직하는 위장이 딴 마음을 갖지 못하도록 하기 위한 조치로 보인다. 5위뿐만 아니라 겸사복과 내금위도 입직하고 있어서 견제할 수 있도록 했다. 아울러 수문장은 5위, 겸사복, 내금위 등과는 관계가 없는 고위급 무반 중에서 임명했다. 따라서 입직에 참여하는 부대와 지휘관들은 오직 국왕으로부터 명령을 받았다. 상호 견제를 통해 국왕의 신변 안전을 도모한 조치였다.

한편 지휘부는 병조의 당상관 1인과 도총부의 당상관 2인으로 이루어졌다. 이들은 중소中所에서 직숙하면서 각각 아문을 설치하도록 했다. 이들 옆에는 사복과 내금위가 직숙하게 하였고, 상호 대호군·호군은 5번으로 나누어 호군청護軍廳에서 입직하게 했다. 이처럼 지휘부도 자체 병력의 뒷받침을 받아 입직 군사를 감독하고 범법자를 적발하게 하여 숙위가 철저하게 이루어지도록 했다.

2) 도성의 순찰과 치안 유지

중앙군은 궁궐 숙위 외에 도성내 치안 유지의 임무가 부여되었다. 건국 초기의 10사는 6개 순위사와 4개 시위사로 이루어져 순위사는 도성의 치안 유지, 시위사는 궁궐 숙위의 임무를 수행하도록 했다. 그 후 1409년(태종 9)에 10사를 개편하면서 9사를 시위사로 만들고 1사만을 순위사巡衛司로 삼아 의용순금사義勇巡禁司와 함께 2번으로 나누어 3일씩 서로 교대로 도성 내를 순찰하도록 했다. 이는 궁궐 숙위를 강화할 필요에 따른 것이지만 이로 인해 도성의 치안 유지는 소홀해질 수밖에 없었다. 그래서 그 해 12월에 수전패受田牌를 도성위都城衛로 개편해서 도성 경비를 보강토록 했다.

세종 때에 오면서 도성의 인구가 급속하게 증가했다. 이와 더불어 각종 재해나 질

수선전도(김정호. 1840년대, 서울역사박물관)
한양 도성이 잘 표현되어 있어서 조선전기 도성의 범위와 규모를 짐작하게 해준다.

병, 사고와 범죄 등이 속출했다. 이로 말미암아 종래의 방식만으로는 도성의 안정과 치안 유지가 어려워졌다. 1436년(세종 18)에 치안 유지 보강책이 실시되었다. 도성의 내외 경수소 중 깊숙한 곳에 위치한 13개소만 남기고 모두 혁파하는 대신 순찰을 강화하도록 하였다. 남은 경수소에는 매 1소마다 오원五員 2인과 별군別軍 5인, 시위패侍衛牌 3인을 정하여 파수토록 하고, 순관巡官이 전처럼 순찰하게 했다. 순찰 경로는 종래 2개였던 것을 4개로 증가시키고, 내금위·별시위와 갑사·방패 등을 3개 조로 나누어 초경初更 3점點에서 2경까지 한 조, 3경까지 한 조, 4경과 5경까지 한 조가 맡아 순찰하도록 했다.

그러나 도성의 인구는 지속적으로 증가했고 각종 사고와 강력 범죄가 속출하여 도의 치안 유지는 중대한 국정 과제가 되었다. 문종 때에는 5가家마다 1경수소를 설치하고 여기에 건장한 사람 5, 6인을 뽑아 숙직시키며 윤번으로 좌경坐更[2]하게 하였다. 별도로 순찰관을 두어 이들의 근무 태도를 점검하게 했다. 이것은 국가에서 강무를 행할 때 도성의 병력이 모두 강무에 참여하여 도성이 비게 될 때 시행했던 일종의 자율 방범대라고 할 수 있다. 이런 방식으로 도성의 치안이 유지되는 어려웠다.

문종이 10사를 5사로 개편하면서 순찰을 강화했다. 당번하는 5사 중에서 3일 교대로 2사가 입직하고 나머지 3사 중에서 1사는 도성의 순찰을 맡도록 하였다. 순찰 병력은 초경·2경에는 호군 4, 3경에는 호군 2, 4경·5경에는 호군 4, 문 밖에는 호군 2, 도성문은 호군 3으로 정하였다. 매일 1사가 도성 순찰을 맡았다는 것은 중앙군 전체 병력의 1/5이 도성의 치안 유지에 나서게 되었음을 의미했다. 도성의 치안 유지가 그만큼 중요해졌음을 의미하는 것이기도 하다. 한편, 도적의 체포를 위해 호군이 불시에 갑사와 총통위 등을 출동시킬 수 있도록 별순別巡하는 법을 만들기도 하였다.

세조 대에는 정치적 사건들과 더불어 도성내 치안이 더욱 불안해졌다. 1457년(세조 3)에 중앙군이 5위제로 개편되면서 치안 유지를 위한 구체적인 규정이 만들어져

---

2 좌경이란 궁중의 報漏閣에서 징과 북을 쳐서 시각을 알리되, 그 방법은 밤의 시각을 초경, 2경, 3경, 4경, 5경으로 나누고 경을 또 點으로 구분하여 경에는 북을, 점에는 징을 쳐서 궁중에 시각을 알렸다. 제일 먼저 보루각에서 북과 징을 치면 인접의 再點軍이 이 소리를 듣는 즉시 북·징을 다시 울려 차례로 시각을 알리는 것이다. 숙직 교대도 이 신호에 따라 행해졌다.

1459년경에 편찬된 『병정』에 상세히 정리되었다. 도성 안팎의 순찰은 병조에서 출번한 별시위·갑사·평로위·파적위·장용대를 조를 편성하여 순찰하게 하고, 순장이 초저녁에 성명을 대조해서 인원을 확인하고 파루 후에도 인원을 확인한 후 해산시켰다.

이러한 규정들은 『경국대전』의 편찬으로 법제화되었다. 이전과 달라진 것은 순장을 문관과 무관 1명씩 2명으로 임명한다는 것과 의금부에 상직上直하는 낭관이 직접 순장을 대면하여 순찰 지침을 내려주도록 하였다는 점이다. 순장이 독단적으로 권한을 행사할 수 없도록 통제하는 조치였다.

도성문은 출직하는 보병으로 지키게 하되, 흥인문, 숭례문, 돈의문, 동소문은 호군을 차출하고, 그 밖의 문에는 오원五員을 차출하여 거느리게 했다. 병력은 대문에 30명, 중문에 20명, 소문에 10명이었다. 도성문 밖에는 별도로 직숙하는 병력을 배치했다. 도성 4대문 밖에는 각기 상호군·대호군·호군 중에서 1인을 임명하고 정병 5인을 배정하여 지키도록 했다. 도성 내외의 여러 경수소에서는 보병 2인이 부근 방리인坊里人 5명을 거느리고 지키게 했고, 산골짜기에는 정병 5인을 배치했다. 또 대졸隊卒 10명을 차출하여 광화문과 종묘문을 지키게 했다.

성종대에는 치안 유지에 동원된 군사는 축소되고 전문적으로 도적을 단속하는 역할을 맡았던 포도장捕盜將이 등장했다. 결과적으로 중앙군이 도성의 치안 유지 활동에서도 중추적인 역할을 수행했으나, 점차 임무의 성격상, 그리고 사회 변화 등으로 인해 전문 기구로의 분리 독립은 필연적이었다. 드디어 치안을 전담하는 기구와 인력이 서서히 형성되기 시작했다.

3) 국왕의 호위와 비상대비 훈련

중앙군의 주요한 임무 중의 하나는 임금이 궁궐 밖으로 행차했을 때 호위하는 일이었다. 국왕이 궐 밖으로 나가는 경우는 중국 사신의 영접, 종묘와 사직에 대한 의례, 군사 훈련, 능이나 원園에 제사를 지내려거나 온천에 나들이 하는 경우 등이었다. 행차는 당일에 곧 바로 돌아오는 경우가 많지만 숙박하는 경우도 있었다. 어쨌든 국왕이 도성을 떠나게 되면 국왕의 신변 보호와 도성의 변란 방지라는 두 가지 임무가 중

종묘 영녕전(서울 종로, ⓒ 전영준)

앙군에게 부여되었던 것이다.

국왕 행차시 호위 절차가 정해진 것은 세종 때였다. 국왕이 예를 갖추어 거둥할 때에는 보갑사步甲士는 갑옷을 입고, 행수는 거둥 행렬의 맨 앞에서 보행하도록 했다. 예를 갖추지 않는 보통 거둥 때에는 갑사는 평상복의 차림으로 칼을 차고, 행수는 말을 타고 따르게 했다. 이어 거둥할 때 신하들이 시위하는 순서는 어가 뒤에 제일운창패第一運槍牌, 그 뒤에 병조, 승정원, 비신상호군備身上護軍·호군·부책 대호군扶策大護軍, 내시 행수內侍行首, 시신侍臣, 제이운창패第二運槍牌의 순으로 따랐다. 그 뒤에 각사가 차례로 시위했다.

세종이 온천에 거둥할 때에는 갑사 200명, 별시위 200명, 내금위 20명으로 시위하게 했다. 강무로 거둥할 때에는 호종하는 3품 이하의 군사 및 각인各人에게 모두 표장標章을 착용하도록 하고, 호위 부대도 그에 맞게 새롭게 편성했다. 착호갑사捉虎甲士[3] 20명을 중축中軸에 배치하고, 10명을 가전駕前에 배치했다. 용감한 군사 1백 명을 뽑

---

3 1421년(세종 3)에 범을 잡기 위해 별도로 설치한 갑사를 말한다.

아 사자위獅子衛를 편성하여 어가 앞에서 호위하게 하기도 했다.

행차한 뒤에 궁성과 도성을 지키는 일에 대해서도 계속해서 정비 작업이 이루어졌다. 일단 강무로 거둥했을 때 야간의 궁문 개폐는 모두 중궁의 명령에 따르도록 했다. 그러나 온천에 갈 때 중궁까지 함께 행차했을 때에는 승지 2인과 병조의 당상관 2인을 머물게 했다. 그리고 강무로 도성을 비울 경우 특별히 도둑과 화재가 문제가 되었다. 이에 각방各坊의 가로街路에 한성부로 하여금 적당히 방호소를 설정하게 하고, 금화도감禁火都監으로 하여금 그 규찰을 도맡도록 했다.

1450년(문종 즉위)에는 국왕이 산릉에 머물고 있을 때 도성에서 해야 할 일을 규정했던 유도 사목留都事目이 만들어졌다. 도성에 머물러 있는 중추원 당상과 각위의 절제사는 번갈아 순찰하도록 하는 내용을 비롯하여 상세한 규정이 마련되었다.

5위 체제의 성립을 계기로 행차시의 호위도 국왕을 경호하는 수준을 벗어나 국왕의 위엄을 과시하는 성격을 지니게 되었다. 이를 위해 제도화가 필요하였다. 『경국대전』에는 그 절차가 상세하게 규정되었다. 대열·강무·순행·타위打圍 및 임금이 제사 지내러 갈 때의 시위 조건에 관하여 병조가 임금의 지시를 받아서 공문으로 전달하도록 했다. 그 다음에 상황별로 호위 군사의 위치에 대해 규정하였다. 임금이 직접 지내는 제사에서는 군사를 지휘하는 깃발이나 북 등, 즉 형명을 가진 자는 제단 밖에 머물게 했고, 묘廟와 능의 제사에서는 문 밖에 머물게 했다. 대소의 조하朝賀나 연향宴享에는 위장衛將이 각각 군사를 거느리고 뜰에 정렬하여 서고, 병조와 도총부 이하의 관직자로서 군무를 띤 자와 사복司僕은 임금 곁에 모시고 서며, 내금위와 별시위는 섬돌위에 정렬하여 서도록 했다.

국왕이 도성 밖으로 행차하여 머물 경우 경우에는 내진과 외진을 구성하였다. 내진은 도총관 이하의 여러 장수 중에서 병조가 임금에게 아뢰어 낙점을 받은 장수가 군사 5명을 거느리고 수시로 순찰한 후 임금에게 직접 보고하게 했다. 외진은 대장이 위장이나 부장을 정하여 군사 10명을 거느리고 순찰하도록 했다. 행재소 내진의 군사 명단은 도총관이, 외진의 군사 명단은 대장이 각각 서명하고 밀봉하여 올리도록 했다.

도성에 남아서 경비해야 하는 부대의 경우에는 유도대장 3명이 세 곳에 나누어 주둔하되 매일 장소를 바꾸도록 했다. 이때 유도대장이 각각 군사 30명을 내어 병조로 보내면, 병조에서는 담당 지역을 지정하고 순장巡將과 순관巡官을 지명했다. 군사의 명단은 도성에 남아 있는 병조 당상관이 승정원에 봉진했다가 국왕이 환궁한 뒤에 보고하게 했다. 비록 임금이 부재중이었지만, 철저한 경계 태세를 유지하도록 했던 것이다.

국왕의 행차시 비상 대비 훈련은 태종 때부터 체계화되기 시작하였다. 1409년(태종 9)에 만들어진 비상 훈련 체계는 취각령이라는 명칭으로 불렸다. 이 취각령은 1423년(세종 5)에 일부 개정되었다. 도성위都城衛를 24개 조로 나누어 매 조에 절제사 2명을 두고 도성의 동·서·남·북 각 면에 6개 조를 소속시켰다가 각을 불면 절제사의 인솔에 따라 정해진 곳으로 즉각 출동하도록 했다. 아울러 서울에 항상 거주하는 무수전패無受田牌와 별패別牌도 도성위절제사都城衛節制使의 통제 하에 적당하게 조를 편성하여 취각령이 발동되면 역시 정해진 곳으로 집합하게 했다. 취각했을 때 절제사들은 군사들이 제 때에 도착했는지를 병조에 보고토록 하고, 취각했을 때 중군과 좌우군의 위치를 표시했던 취각서립도吹角序立圖의 일부 내용도 수정했다.

비상 대비 훈련체계는 『경국대전』 「병전」의 「첩고」와 「첩종」 항목에 정리되었다. 먼저 「첩고」에 따르면 궐내에서 큰 북이 거듭 울리면 각 문을 파수하는 자를 제외하고 입직한 여러 위는 근정전 뜰에 집결해 각각 해당 방위를 차지하여 도열해야 했다. 병조는 동합문東閤門 밖에 서고, 도총부는 그 다음에 서고, 상호군·대호군·호군은 그 다음에 서고, 내금위는 서합문 밖에 서고, 사복은 그 앞에 서도록 하였다. 이는 궁성 안의 비상 대비 훈련 체계였다.

다시 「첩종」을 보면, 큰 종을 거듭 치면 입직한 여러 위들이 첩고의 예와 같이 집결해야 했다. 만약 왕이 근정전 및 제문諸門에 나오면 그 나오는 곳에 따라서 그 뜰에 모이도록 했다. 5위는 광화문 앞길에서 종루

경복궁 영추문

鐘樓·흥인문興仁門까지 늘어서야 했다. 이때 의흥부 이하는 각기 정해진 위치가 있었다. 위장 이하는 명령을 받들고 가서 영솔하고, 백관은 소속 관사에 머무르는 1명 이외에는 갑주를 착용하고 무기를 구비하여 각각 조방朝房에 모여 명령을 기다려야 했다. 궐내의 여러 기관과 및 도성 밖의 여러 기관은 각각 본부에서 명령을 기다렸다. 시신侍臣은 건춘문建春門, 영추문迎秋門 밖에 모여 명령을 기다렸다. 출직出直하는 병조 등의 관사와 훈련원, 군기시의 본사에 머무르는 관원 이외에는 모두 광화문 앞에서 명령을 기다렸다. 도성에 있는 모든 기관을 망라해서 비상 소집하는 훈련 체계라 할 수 있다.

이렇게 해서 궁성과 도성을 아우르는 비상 사태 대비 훈련 체계가 체계화되었다.

4) 변방 파견 근무

중앙군은 성격상 심각한 내란이나 중대한 외적의 침입을 제외하고는 외방으로 나가는 것 자체가 매우 특별하다고 볼 수 있다. 그럼에도 평상시에 종종 파견되었다. 그것은 비록 소수였지만 정예들로 구성되었던 탓으로 전력을 강화하기 위한 차원에서 이루어졌다. 정기적으로 행해지기도 했으며, 비정기적으로 실시되기도 했다.

중앙군이 정기적으로 외방에 파견되는 제도는 비교적 이른 시기부터 있었다. 1406년(태종 6)에 명나라에서 건주위建州衛를 설치한 후, 1410년에 야인들이 경원慶源을 습격하자 경원·경성鏡城·길주吉州·단주端州·청주靑州 출신 갑사 150명을 경원에 파견한 것이 중앙군 외방 파견의 시작이었다. 이후 갑사 외에도 동북면의 시위군까지 투입했다. 세종 때에는 더욱 확대되어 함길도의 당번 갑사들과 내금위·내시위 등을 상경시키지 않고 거주 지역에 부방시키도록 했다. 이어서 평안도로 확대되었다. 이후 함길도와 평안도의 갑사는 번상하지 않고 변방의 방어에 투입하는 것이 제도화되었다. 이들을 양계 갑사라 하였다. 특히 세종대의 4군 6진 개척과 더불어 양계 지역의 방어가 중요시 되었기 때문이다.

양계 갑사의 규모는 문종 때에 5사의 각 5영에 갑사 63명을 분속하면서 이중 28명은 양계갑사로 한다고 했으므로 대략 700명이었을 것이다. 병력면에서 볼 때 양계 갑사의 수가 경중 갑사에 비하여 크게 떨어지지 않았다. 그만큼 갑사의 임무 가운데 외방, 특히 양계에서 근무하는 것의 비중이 커졌다고 할 수 있다. 5위제가 실시된 세조대에는 갑사의 수가 크게 늘어서 1457년 7월에는 갑사 총원 9,450명 중 경갑사가 5,250명, 양계갑사가 4,200명이었다. 이들은 11번으로 교대하여 4개월씩 번갈아 번상하게 했다.

양계가 아닌 지역에도 파견되어 근무하는 경우가 있었다. 쓰시마 정벌을 전후하여 왜구의 도발에 대비하고자 하번 갑사 등을 여러 포구에 부방시켰던 일이 있었고, 도적들의 수가 점차로 증가하자 이들을 체포하려고 하번 갑사 등을 동원한 일도 있었다. 1440년(세종 22)에는 황해도 이하 남부 지방의 갑사를 거주지의 첨절제사진과 도절제사영에 소속시켜 유사시 하번 갑사를 방어에 투입할 수 있도록 하였다. 1454년(단종 2)에는 갑사뿐만 아니라 하번 별시위·총통위·방패·섭육십·근장 등을 모두 갑사의 예에 의하여 시행하도록 했다. 중앙군을 궁궐 숙위와 도성 수비뿐만 아니라 국방 병력으로 활용하기 위한 제도였다.

한편, 시위패(정병의 전신)도 중앙으로 번상하는 대신 지방 방어에 동원되는 경우가 있었다. 세종 때 쓰시마 정벌 후에 왜구를 막기 위해 갑사와 함께 해안 포구에서 방어토록 한 일이 있었고, 경상도의 연해 지역에 흉년이 심하여 제진諸鎭의 수졸戍卒들이 식량 공급에 어려움을 겪자 시위패를 제진에 배치한 일이 있었다. 이후에도 종종 시위패의 번상 대신 전라도와 경상도 연해 방어에 투입하는 경우가 있었다. 세조때에는 시위패가 정병으로 개칭되면서 수도에서 근무하는 번상 정병과 지방의 영진에서 근무하는 유방 정병으로 구분되었다. 하지만 번상 정병도 하번 중에는 지방에서 변란이 발생하면 동원될 수 있었다.

중앙군의 외방 파견은 『경국대전』이 만들어지면서 제도화되었다. 양계 갑사의 정원을 함경도와 평안도 각각 3,400명으로 하고 5번으로 680명씩 근무하게 하였다. 함경도와 평안도의 정병은 전원 번상 대신 해당 도의 제진에서 근무토록 했다. 이들은 더 이상 중앙군으로 파악되지 않았다.

3. 중앙군의 편성과 운영방식

1) 중앙군의 종류와 특성

중앙군에는 크게 3종류의 병종이 있었다. 하나는 무예 시험에 의해 선발되는 병종이고, 다른 하나는 군역 의무에 의한 병종이며, 또 다른 하나는 신분적 특전으로 부여된 병종이다. 선발된 병종에는 별시위, 친군위, 갑사, 파적위, 장용위, 팽배, 대졸 등이 있었고, 금군으로 불리는 내금위와 겸사복도 선발된 병종이라 할 수 있다. 의무 병종에는 정병이 있었으며, 특전으로 부여된 병종에는 족친위, 충의위, 충찬위, 충순위, 보충대 등이 있었다.

갑사는 조선 건국 초기에는 친군위에 소속된 군사를 일컬었다. 1400년(태종 즉위년) 12월에 갑사가 제위직諸衛職에 충당되면서 삼군부에 의해 통솔되었으며, 1409년(태종 9)에는 10사의 호군護軍과 대장隊長 사이의 무반직이 되었다. 이듬해에는 3,000명을 정원으로 하고 1년씩 교대로 근무하게 했다. 그 중 2,000명은 상번으로 숙위하고, 1,000명은 하번하여 귀농歸農하게 했다. 상번 갑사에게는 사직부터 부사정에 이르는 무반직을 부여하고 그에 따라 녹봉을 지급했다.

1426년(세종 8)에는 보사步射와 기사騎射로 무예를 시험하여 합격자를 갑사로 선발 하였으며, 정원도 1440년(세종 22)에 6,000명, 1448년(세종 30)에 7,500명으로 늘렸다. 이 때 양계 갑사가 따로 분류되었다. 『경국대전』에서는 갑사의 정원을 14,800명 규정하고 있는데 여기에는 호랑이를 잡는 착호 갑사捉虎甲士 440명과 양계 갑사 각 3,400명도 포함되어 있으므로 경중 갑사는 7,560명이었다. 이들은 5교대로 6개월씩 근무하도록 되어 있었다. 갑사는 목전木箭 180보, 130보, 기사, 기창 등의 시험에서 5발 이상을 맞춘 자를 선발 하도록 했는데, 180보에서는 반드시 1발 이상을 명중시켜야 선발되도록 했다.

별시위는 고려말부터 성중애마成衆愛馬의 한 부류로서 궁중 숙위를 담

기창

당하던 사순司楯·사의司衣를 혁파하고 그 대신 설치한 병종이었다. 1400년(태종 즉위년) 12월에 태종은 1,300명에 달하는 사순과 사의를 혁파하고 별시위를 설치하여 삼군부에 소속시켰다. 설치 당시의 정원은 알 수 없으나, 1419년(세종 1) 12월에 200명이었던 점으로 보아 대체로 그 정도의 규모였을 것으로 추정된다. 그런데 세종대 후반에 번상하는 시위군의 규모가 점차 증가하면서 별시위도 그 수가 늘어났다. 별시위는 1432년(세종 14)에 640명, 1441년 1,600명, 1445년 3,000명, 1448년(세종 30)에는 무려 5,000명으로 늘었으며, 이는 이것은 세조대까지 유지되었다.

그러나 별시위의 급격한 증가는 자격을 갖추지 못한 자들이 대거 충원됨으로써 전력을 약화시켰다. 예종과 성종을 거치면서 몇차례 감원 조치를 통해 『경국대전』에는 1,500명을 전원으로 하게 되었다. 별시위는 5위의 용양위에 소속되었으며, 5교대로 6개월씩 근무토록 했다. 별시위는 목전木箭 240보, 180보, 130보, 기사, 기창 등의 시험에서 6발 이상을 맞춘 자를 선발하도록 했다.

친군위는 태조의 고향인 함경도 출신들을 우대하기 위해 설치한 병종이었다. 태종이 즉위한 뒤에 함경도 출신 시위 군사들 중에 무재 있는 자를 뽑아 친군위라 하고 녹을 주었다. 세종대에는 북방 개척을 위해 이들을 함경도로 보내 그 지역을 방어하게 했으나, 1468년(세조 14)에 다시 번상하도록 하고, 정원을 100명으로 하여 3교대로 근무하게 했다. 『경국대전』에 친군위는 5위의 호분위에 소속되었으며 정원은 40명으로 남도와 북도에서 각각 20명씩 2번으로 1년씩 서로 교대하게 했다. 친군위는 결원이 있을 때마다 절도사가 무예 시험을 통해 보충하도록 했다.

파적위는 정예 보병을 확보하기 위해 1459년(세조 5)에 달리기와 활쏘기 등을 시험하여 선발했던 병종이었다. 처음에는 3,000명을 선발하여 6번으로 나누어 500명이 3개월씩 근무하도록 하고 종6품에서 종9품에 이르는 체아직을 주었다. 이들 중 무예가 뛰어난 자는 갑사로 전환될 수도 있었다. 『경국대전』에 파적위는 5위의 충좌위의 소속으로 정원은 2,500명으로서 5교대로 4개월씩 근무하도록 했다. 체아직은 주지 않고 그 대신 보保를 지급했다. 파적위는 활쏘기를 240보에서 1발 이상, 180보에서 2발 이상을 득점하고, 달리기를 구리로 만든 물병[銅壺]에서 물이 모두 흘러나올 동안 270보 이상 달리고, 양손에 각각 50근을 들고 160보 이상 갈수 있어야 선발되

조선의 방패와 갑옷
(전쟁기념관)

도록 하였다. 파적위는 하층 양인들 중 무예가 있는 자들을 보병으로 선발한 병종이 었다.

장용위는 1459년(세조 5)에 공사천 중에서 무예가 있는 자들을 뽑아 장용대壯勇隊 를 설치하였는데, 1475년(성종 6)에 이를 개칭한 병종이다. 처음에는 1려旅를 뽑아 충무위의 5부에 분속시키고, 각 1대씩 윤번으로 입직하게 했다. 표면상으로는 공사천 가운데 무재가 있는 자를 선발하여 군사로 삼으려 한다는 것이었지만, 세조 즉위에 공을 세운 천인들에게 특혜를 주려는 목적도 있었던 것으로 보여진다. 그러나 공사천 중에서 무재 있는 자를 뽑아 군사로 활용하였으므로 보병을 강화시키는 역할을 했다. 성종대에 장용위로 개칭되면서 천인뿐만 아니라 양인도 선발되었다.『경국대전』에 장 용위는 정원 600명으로 5교대로 6개월간 복무하도록 했으며 선발 기준은 파적위와 비슷하였다.

팽배는 1415년(태종 15)에 만들어진 방패가 개칭된 병종이다. 방패는 보병이 사용 하는 방어용 무기였는데, 그것을 사용하였던 군사를 이르는 용어로 사용되어 하나의 병종이 되었다. 1438년(세종 20)까지는 일반 서인 중에서 선발되었으나, 세조대에 팽 배로 바뀌면서 하층 양인이나 신량역천身良役賤 등이 주로 입속하는 병종이 되었다. 팽배는 1469년(예종 1) 5월에 5위의 호분위에 속하게 되었고, 이것은『경국대전』에도 그대로 이어졌다. 정원은 5,000명이었으며 5교대로 4개월마다 교체되었다. 종8품에서 종9품의 체아직이 부여되었으며, 선발 시험은 달리기와 무게 들기였다.

대졸은 그 성립 경위나 직능이 분명치 않은데, 1415년(태종 15)에 제도화된 섭육십攝六十의 후신으로 추정된다. 대체로 입속하는 사람들의 신분이나 선발 시험, 승진 규정 등이 팽배와 유사하였다. 주로 사령군의 역할을 하였지만, 광화문과 종묘문을 지키는데 차출되기도 했다. 『경국대전』에 대졸은 5위의 용양위에 소속되어 정원은 3,000명으로 5교대로 4개월씩 근무하도록 되었다.

위에서 살펴본 7개 병종 중 갑사·별시위·친군위는 대체로 양반이나 상층 양인을 대상으로 무예를 갖춘 자가 선발 되었고, 파적위·장용위·팽배·대졸은 대개 하층 양인, 신량역천, 심지어 천인 중에서 무예가 있는 자가 선발되었다. 신분면에서도 구별되었지만 기능면에서도 차이가 있었다. 전자가 기병이 위주였다면 후자는 주로 보병이었다. 그러나 이들 모두 5위에 소속된 직업적 군인들이라 할 수 있다.

무예로 선발된 자들 중에 5위에 소속되지 않고 이른바 금군으로 분류되었던 병종이 있었다. 내금위와 겸사복이다. 내금위는 1407년(태종 7)에 궁중에서 입직·숙위를 담당하던 내상직內上直을 개편하여 설치한 것인데, 가장 좋은 대우를 받아 서반의 집현전으로 비유되기도 하였다. 초창기에는 삼군부의 중군에 속하여 3명의 절제사에 의해 통솔되었으나, 세조 때 절제사를 종2품인 내금위장으로 개칭하면서 독립된 아문으로 승격시켜 5위에 소속되지 않았다.

내금위는 임무의 중요성 때문에 신원이 확실하고 무예가 뛰어난 자로 선발되었다. 세종 때부터 5품 이하의 의관자제衣冠子弟 중에서 무재와 지략이 뛰어나고 용모가 아름답고 키가 큰 자를 뽑아 조직했으나, 그 후에는 일반적으로 동서반 3품 이하의 관리 자제 중에서 선발되었다. 『경국대전』에는 내금위 정원을 190명으로 하고 장번으로 근무하게 했다. 이들에게는 정3품에서 종9품까지의 체아직을 부여했으며, 이들의 선발은 병조가 주관했고, 시험 과목은 보사, 기사, 기창 등이었다.

겸사복은 고려의 상승승지尙乘承旨에 기원을 둔 내사복사內司僕寺 제도에서 비롯되었다. 국왕의 호위와 친병 양성을 목적으로 1409년(태종 9)에 처음 설립되었고, 1464년(세조 10)에 정비된 조직을 갖추었다. 선발 요건은 무재·용모·학식·신장 등이었으며 선발 대상은 양반으로부터 천민에 이르기까지 제한을 두지 않았다. 『경국대전』에는 겸사복의 정원은 50명으로 하되 이중 10명은 함경도와 평안도의 자제를 선발하도록 규정되었다. 이들의 선발 시험은 내금위와 유사하지만 국왕의 재가를 받아 임용하도록 했다. 이들은 장번으로 근무토록 했으며, 이들에게도 정3품에서 종9품까지의 체아직을 부여했다. 이들은 국왕의 최측근에서 국왕의 신변을 보호하는 경호원과 같은 존재였다.

다음으로 군역 의무에 의해 중앙군에 편입된 병종으로는 정병이 있었다. 정병은 건국 초기 이래로 양인들이 의무적으로 번상했던 병종인 시위패를 1459년(세조 5년)에 개칭한 것이다. 정병에는 중앙군에 소속된 번상 정병 외에 지방의 영진에 소속된 유방 정병도 있었다. 이들은 마병인 기정병騎正兵과 보병인 보정병步正兵으로 구분되었다.

『경국대전』에 의하면 정병은 5위의 충무위에 속했다. 정원은 규정되어 있지 않았으나 1475년(성종 6)에 번상 정병이 27,173명으로 파악된 것을 보면 중앙군 중에서 가장 많은 인원으로 편성되었다. 번상 정병은 8번으로 교대하여 2개월씩 근무하도록 했다. 유방 정병이 4번으로 1개월마다 교대하도록 한 것과 비교하면 번상 정병의 군역 부담은 유방 정병보다 훨씬 적었다. 이들은 의무 병종이었으므로 체아직이 부여되지 않았으나, 대신 기정병에게는 1보1정, 보정병에게는 1보의 보가 주어졌다. 군역의 대가를 노동력 제공으로 보상했다고 볼 수 있다. 이들은 번상 중에 궁궐 밖의 도성 내외에서 근무했다. 궁궐 문을 지키거나 경수소에 배치되었고, 도성 순찰조에 편성되기도 했다. 또한 훈련원에서 무예 훈련을 받고 무예 시험도 보게 하였다. 이들 중 성적이 우수한 자는 초급 지휘자인 여수旅帥나 대정隊正으로 승격되었다.

다음으로는 조선 사회가 신분제 사회였으므로 신분제 유지의 방편으로 양반 관료에 편입되지 못한 사람들을 대우하기 위해 만들어진 병종이 있었다. 이런 병종으로 충순위·족친위·충의위·충찬위·보충대 등이 있었다. 충순위는 1445년(세종 27)에 3품 이상 고위 관료들의 자손 중에 시험을 거쳐 600명을 선발하여 4번으로 나누어 50명씩 교대로 입직하게 한 데서 시작되었으나, 점차 그 대상이 확대되었다.

『경국대전』에 충순위는 5위의 충무위에 소속되었으며, 정원은 없고 7번으로 나누어 2개월마다 교대하게 했다. 국왕의 인척과 동반 6품 이상, 서반 4품 이상의 실직을 지낸 자의 아들과 문무과 출신자, 생원·진사, 유음자의 자손·사위·동생·조카 등이 속할 수 있었다. 체아직을 부여하지 않았고 급보의 대상도 아니었다. 다만 근무 일수가 75일이 차면 품계를 올려주어 종5품 영직影職으로 마치도록 했다. 양반의 신분을 유지시켜주는 대가로 일정 기간 군복무를 시킨 셈이었다.

종친위는 왕실의 먼 친족들을 우대하기 위해 만들어진 병종으로 세종 때에 논의되어 세조대에 설치되었다. 『경국대전』에 의하면 족친위는 5위의 호분위에 속해 있으며 국왕과 왕비, 세자와 세자빈의 먼 친족으로 구성되었고 정원은 없었다. 이들은 장번으로 종5품 이하의 체아직을 받았다. 종부시와 돈령부에서 대상자를 선정하여 병조에 올리면 국왕의 재가를 받아 종친위에 소속시켰다. 여기에 첩자손도 입속을 허락함으로써 족친위는 왕실의 친족을 특별히 대우하려는 병종이라 할 수 있다.

충의위는 1418년(세종 즉위년)에 개국·정사·좌명 3공신의 자손들을 입속시키기 위해 설치된 병종이었다. 처음에는 만18세 이상인 공신의 적자나 적손만 해당되었으나 나중에는 중자衆子·중손衆孫들도 입속이 허용되었다. 이들은 주로 국왕의 측근에서 시위·호종하는 업무에 종사했으며, 훈련 등은 면제시켰다. 가장 큰 특혜는 과거와 입사로에 있었다. 성균관의 생원·진사 들은 원점原點 300점을 받아야 문과에 응시할 수 있었으나 충의위에 소속된 자들은 그 절반만 따면 가능했다. 1438년에는 수령 취재取才의 응시가 허용됨에 따라 성적이 좋으면 바로 나갈 수 있게 되었다. 『경국대전』에 의하면 충의위는 5위의 충좌위에 속해 장번長番으로 근무했으며, 종4품 이하의 체아직을 부여하였다. 충의위는 공신 자손의 관료 진출을 용이하게 하기 위해 만든 병종이었다.

충찬위는 원종공신의 자손들이 소속되었던 병종이다. 1456년(세조 2)에 처음으로 설치되었다. 충의위 등과 마찬가지로 공신 자손의 군역 복무와 관료로의 진출을 위해 마련한 병종이다. 『경국대전』에 따르면 충찬위는 5위의 충좌위에 소속되었으며, 정원은 없었고 5번으로 4개월마다 교대하게 했다. 충찬위는 종6품 이하의 체아직이 주어졌다. 원종공신의 자손들이 입속했기 때문에 충의위에 비하여 대우가 낮았을 뿐 큰 차이가 없었다.

보충대는 1415년(태종 15)에 공신들과 양반 관료의 천첩 소생을 대상으로 설치된 보충군을 1469년(예종 1)에 개칭한 병종이다. 이들에게 일정기간 보충대로서 군복무를 마치면 양인으로 신분을 전환시켜주기 위해 만들었다. 처음에는 3,000명을 뽑아 이들에게 봉족 2명을 주어 4개월마다 교대하도록 하였다. 『경국대전』에 의하면 보충대는 5위의 의흥위에 소속되었고, 정원은 없었으며 4번으로 4개월마다 교대하게 했다. 일정 기간을 근무하면 종9품 잡직을 받아 마치도록 했다. 이처럼 충순위·족친위·충의위·충찬위·보충대 등은 왕실과 공신, 양반 관료의 자손들에게 사회적 신분을 유지시켜주는 통로로, 그들의 천첩 자손들을 양인으로 신분 전환시켜주는 통로로 활용하기 위해 만든 것으로 군사적 기능은 별 의미가 없는 병종이었다.

2) 부대편성과 지휘체계

(1) 부대편성

5위로 대표되는 중앙군에는 오늘날과 같은 계급 체계는 존재하지 않았다. 다만 『경국대전』에서는 아래와 〈표 3-1〉과 같은 5위의 인원수에 대한 규정이 있다.

이것은 체아직를 받는 인원수를 의미하는 것으로 이를 오늘날의 계급 체계로 이해하기는 곤란하다. 체아직은 5위에 소속되지 않는 내금위·겸사복 등에게도 제수되었으며, 심지어 군사와 관계 없는 인원에게도 주어졌기 때문이다.

〈표 3-1〉『경국대전』의 5위 품계와 인원수

품계	직명	인원	품계	직명	인원
정3품	상호군(上護軍)	9명	종6품	부사과(副司果)	176명
종3품	대호군(大護軍)	14명	정7품	사정(司正)	5명
정4품	호군(護軍)	12명	종7품	부사정(副司正)	309명
종4품	부호군(副護軍)	54명	정8품	사맹(司猛)	16명
정5품	사직(司直)	14명	종8품	부사맹(副司猛)	483명
종5품	부사직(副司直)	123명	정9품	사용(司勇)	42명
정6품	사과(司果)	15명	종9품	부사용(副司勇)	1,939명

태조가 왕조 개창 직후에 서반 관제를 처음으로 제정하면서 10의 각 위에 정3품 상장군 1명, 종3품 대장군 2명, 정4품 도호팔위장군都護八衛將軍 2명을 두었으며, 매 위에 5령을 설치하고, 매 령에 종4품 장군 1명, 종5품 중랑장 3명, 6품 낭장 6명, 7품 별장 6명, 8품 산원8명, 정9품 위尉 20명, 종9품 정正 40명을 두었다. 이처럼 10위 50령 체제는 품계와 직책이 형식상 균일한 조직으로 되어 있었다. 그러나 10위가 5사를 거쳐 5위로 개편되면서 각 위에는 임무와 기능이 상이한 병종이 소속되었고, 이를 동일 체계로 조직화하기는 어려웠다. 더구나 병종간의 신분적 차이가 심해 이를 일률적으로 조직하는 것은 불가능하였다.

5위는 기본적으로 진법 체계를 부대 편성에 반영한 조직이었다. 『오위진법』에서는 5인을 오伍, 25인을 대隊, 125인을 여旅로 편성하였다. 그 각각의 지휘관은 오장伍長, 대정隊正, 여수旅帥로 불렸다. 이는 부대의 하급 조직의 편제였다. 상급 편제는 위-부-통으로 되어 있었다. 즉 대장은 5위를 거느리고, 매 위에는 각각 5부를, 매 부에는 각각 4통을 둔다고 되어 있다. 이렇게 되면 전체적으로 5위 25부 100통으로 편성되는 것이 된다. 이는 병력수와 상관없이 일정하게 유지되도록 했다. 병력수가 적어서 1통의 인원이 비록 대에 차지 않더라도 4통을 유지해야 하며, 병력수가 많아서 비록 1통의 인원이 대·여를 넘는다고 하더라도 4통을 그대로 유지해야 하는 것이다. 거기에 4통으로 이루어진 부에는 기병과 보병이 각각 2통씩 구성되도록 했다.

5위의 부대 편성은 이러한 5위 진법 체제가 그대로 적용되어 상부 조직은 5위 25부 100통으로 편성되었고, 하부 조직은 1려 5대 125인으로 편성되었다. 궁궐 숙위나 도성 순찰 등의 일상적인 임무의 수행에는 5위 25부제에 입각하되 서로 교대하는 방식으로 운용했다. 그러나 대열이나 강무와 같이 병력 전체를 징발하는 경우에는 동원되는 병력 수에 따라 상부 지휘 조직과 하부 지휘 조직을 변경하지 않고도 통일적인 지휘 체계를 유지할 수 있도록 했다.

(2) 지휘 체계

중앙군의 지휘 체계는 평상시와 비상시에 따라 약간 달랐다. 평상시 중앙군의 지휘 체계는 병조에서 오위도총부로, 그리고 5위의 각 위로 이루어졌다. 병조는 비록 군정

기관이었지만 5위를 속아문으로 거느리며 오위도총부와 협조 관계를 이루면서 사실상 중앙군 전체를 통솔했다. 그 예로 궁궐 숙위 절차를 보면, 그 전날 저녁에 병조에서 각 위의 담당 구역과 숙위 시간을 정하여 임금의 허락을 받아 오위도총부로 공문을 보내면 도총부에서는 이를 각 위에 하달하도록 한 것을 보면 알 수 있다.

군사의 지휘는 전통적으로 발명자發命者와 발병자發兵者, 그리고 장병자掌兵者를 구분했다. 발명자인 병조는 국왕의 허락을 받아 명령을 내리고, 발병자인 오위도총부는 이에 따라 군사를 징발하며, 장병자인 위장이 병력을 거느리고 임무를 수행하는 체계였다. 그렇다고 위장에게 전권이 부여된 것은 아니었다. 국왕이 지명한 위장은 각 위에서 지정된 1개 부씩을 배속받아 병조에서 내려준 근무 지침에 따라 지휘했다. 실제의 병력 지휘는 부장에 의해 행해졌는데, 부장은 종6품으로 직위가 낮았다. 또한 부장은 자신의 직속 상관인 위장에게 보고하고 임무를 수행하게 함으로써 위계 질서가 확립되도록 했다. 이는 지휘권을 통일시키면서도 군령권의 전횡을 막을 수 있는 지휘 체계였던 것이다.

한편 비상시에는 별도로 임명된 대장이 병력을 총지휘했다. 그 예로, 취각령을 발령하여 군사를 소집할 때, 국왕은 장수가 될 만한 3인을 불러 삼군의 직문기織文旗를 주어 지휘하게 했던 것으로 알 수 있다. 이는 『경국대전』에서 첩고와 첩종으로 분리된 이후에도 그대로 이어졌다. 이 때 임명된 대장은 전권을 위임받아 병력을 지휘했다. 5위 진법 체계에서 지휘 체계는 더욱 명확해졌다. 대장은 위장을 호령하고, 위장은 부장을 호령하고, 부장은 통장을 호령하고, 통장은 여수를 호령하고, 여수는 대정을 호령하고, 대정은 오장을 호령하고, 오장은 그 졸병을 호령하도록 하였다. 여기에서 호령한다는 의미는 하급자의 이목이 직속 상관에게 귀속하는 것이라 했다. 이렇게 되면 백만의 군사라도 거느리는 바는 5계급에 지나지 않고 듣는 바는 하나에 지나지 않는다고 했다. 이는 최말단의 오졸에서 최고의 대장에 이르기까지 철저하게 상명하복 관계를 이루어 일사분란한 지휘 체계가 형성되도록 하기 위한 것이었다. 이러한 지휘 체계는 비상시를 대비한 훈련이나 실제 변란이 발생했을 때 가동되는 지휘 체계였다.

3) 전시편성과 전술체계

(1) 전시 편성의 특징

5위 진법은 전시를 대비한 부대 편성과 지휘 체계였다. 그러나 실제 전시에 그대로 적용되지는 않았다. 1467년(세조 13) 5월에 함경도에서 일어난 이시애李施愛의 난 진압에 동원된 중앙군의 지휘체계는 5위 진법과는 달랐다. 난이 일어났다는 보고를 받은 세조는 곧 바로 귀성군 이준李浚을 함길·평안·강원·황해 사도병마도총사四道兵馬都摠使로 임명하고 진압군을 편성했다. 여기에 군관 30여 명을 배치시켰다. 그러나 쉽게 난을 진압하지 못하자 도총관 강순康純을 진북장군鎭北將軍으로 임명하여 평안도 군사 3,000명을 지휘하도록 하고, 병조참판 박중선朴仲善을 평로장군平虜將軍으로 임명하여 황해도 군사 500명을 지휘하여 진압 작전에 투입하도록 했다. 이와 별도로 중앙군 정예 병력 1,000명을 선발하여 진압 작전에 투입하는 한편, 경기도와 충청도의 군사를 소집하여 서울로 올라오게 했다.

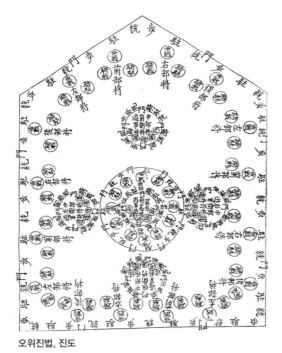

오위진법, 진도

이처럼 난의 진압에는 평안도와 황해도 군사들이 주력으로 동원되었지만 중앙군도 대거 동원되었다. 이준은 동원된 병력을 3진으로 편성하고, 자신의 휘하 병력을 3상三廂으로 편성하여 난을 진압하는 데 성공했다. 이처럼 이시애 난의 진압군 편성과 지휘 체계는 5위 진법 체계와는 달랐다. 그것은 5위 진법이 하나의 표준적인 원칙을 제시한 것일 뿐, 실제 상황에 맞게 얼마든지 변용될 수 있었다는 의미이다.

(2) 전술 체계

전술 체계도 『오위진법』에 비교적 상세하게 서술되어 있다. 『오위진법』은 편제를 통일하고, 부대 편성 규모를 융통성 있게 하였으며, 지휘 및 통신에 사용되는 형명도 形名圖의 체계를 명시했다. 또한, 그리고 연진連陣, 합진合陣, 개진開陣을 통하여 상황에 따라 적절한 전술을 구사할 수 있도록 함으로써 종래 소규모 부대의 운영에 맞춰 꾸며진 진법을 대규모 부대의 전술 교범으로 활용할 수 있도록 했다.

뿐만 아니라 『오위진법』에는 새로 등장한 화약 무기의 활용과 신기전의 활용도 도입되었다. 그러나 『오위진법』에는 수성전의 전술과 여기에 활용될 무기에 대해서는 언급이 없고, 보병과 기병을 중심으로 주력전의 기동 및 배치에 대해서만 기록하고 있다. 이 때문에 『오위진법』은 수성전의 전술이 아니라 평야전의 훈련 교범이며, 실전에서의 지침서라기보다는 부대 훈련을 위한 지침서였다고 할 수 있다.

이전까지 우리나라는 청야전술을 바탕으로 이민족과 싸워왔다. 그러나 조선에 들어와서 병학을 연구하고 병법을 숙달하며, 화약을 비롯한 최신의 무기들을 개발하면서 과거에 주로 사용했던 청야전술에서 탈피해서 능동적으로 대응하는 형태로 바뀌기 시작했다. 그것은 곧 『오위진법』과 같은 표준 훈련 교범에서도 나타났으며 실전에 있어서도 구현되기 시작했다. 이는 실전에서의 전술 체계에 상당한 변화가 일어났음을 의미한다.

제5절

진관체제의 확립과 지방군

1. 남방 6도 지방군제의 정비와 운영

1) 병마절도사 체제의 성립

조선시대에는 도를 단위로 병마절도사를 두어서 군사 업무를 총괄하도록 했다. 그 명칭은 1466년(세조 12) 이전에는 병마도절제사라 했었는데, 그 기원은 고려 말의 도 순문사였다. 고려 후기 대몽항쟁을 거치면서 남방 각도를 단위로 군사 관계의 업무를 위해 도순문사와 순문사가 파견된 적이 있었다. 그 후에는 고려가 원의 간섭을 받게 되어 군사적 활동이 약화되면서 도순문사가 파견되는 일이 없었다. 그러다가 1350년 (충정왕 2)에 왜구의 침입이 빈번하자 다시 도순문사를 파견하게 되었다. 그 후 공민 왕대에는 남방 각도에 상설적으로 도순문사를 파견하였으며, 1376년(우왕 2)에는 도 순문사가 원수를 겸하도록 했다. 이에 도순문사가 각 도의 군병을 관장하고, 군적을 관리하는 권한도 부여되었다. 이리하여 남방 지역에서는 민사民事는 안렴사에게, 군 사軍事는 도순문사에게 그 책임이 나뉘어졌다.

북방의 양계 지역은 남방 지역과 달랐다. 공민왕대 이후 양계는 동계와 북계 대신 동북면과 서북면으로 나누어졌고, 양계에는 익군이 편성되고 만호부가 설치되었다. 여기에 파견된 도순문찰리사는 남방 지역과는 달리 처음부터 군사 지휘관의 역할 뿐만 아니라 군사 행정은 물론 일반 행정까지 총괄하는 역할을 담당했다.

위화도 회군 이후인 1389년(공양왕 1)에 도순문사를 도절제사都節制使로, 원수를 절제사節制使로 개칭하고, 도절제사의 아래에 경력經歷과 도사都事를 두도록 했다. 한편 1390년(공양왕 2) 12월에는 양계의 도순문찰리사를 도관찰출척사겸병마도절제사都觀察黜陟使兼兵馬都節制使로 개칭했다. 이 조치는 남방의 안렴사를 도관찰출척사로 개편하면서 양계에서는 여전히 군사와 행정을 함께 맡도록 한 것이었다.

고려 말 군사구역 단위인 도는 경기좌·우도, 양광도, 경상도, 전라도, 서해도, 교주도, 강릉도의 8도였다. 이러한 도 체제는 조선왕조가 개창된 이후에도 지속되었다. 다만 동북면과 서북면은 이때까지도 여전히 군사 체제를 이루고 있었다. 도절제사는 이러한 도 단위로 파견되었다. 도절제사는 지휘소인 도절제사영都節制使營을 설치하고, 소속된 군사들을 직할 병력으로 거느렸다. 1397년(태조 6)에 일시 도절제사가 폐지되고 첨절제사로 대체되었으나, 이후 양광도가 충청도로, 서해도가 풍해도로 바뀌고, 강릉도와 교주도가 강원도로 합쳐지면서 1408년(태종 8) 7월에 다시 각도에 도절제사와 관찰사가 파견되었다. 이때 풍해도와 강원도, 경기에는 관찰사가 도절제사를 겸하도록 했다.

1409년(태종 9) 10월에는 군사 구역 개편이 있었다. 전국을 상주진주도, 계림안동도, 전라도, 충청도, 경기좌도, 경기우도, 풍해도, 강원도, 동북면, 평양도, 안주도 등 11개 도로 구획하여 각각 도절제사를 파견했다. 그 후 행정 구역의 개편으로 서북면은 평안도로, 풍해도는 황해도로, 동북면은 함길도로 바뀌었으며, 경기좌우도는 경기로 통합되었다. 1417년(태종 17)에는 동북면과 서북면에서 군사와 행정을 총괄하던 도순문사를 폐지하고 남도와 같이 관찰사로 교체되었다.

이러한 행정 구역의 개편에 따라 도절제사도 정비되었다. 경상·전라·충청의 하삼도와 양계에는 왜구와 야인의 방어가 중요시된 곳이어서 전임 도절제사가 파견되었다. 특히 경상도는 좌·우로, 평안도와 함길도는 남·북으로 나누어 각각 도절제사가 설치되었고, 병영도 2곳이었다. 그러나 경기와 황해도, 강원도에는 도절제사를 파견하지 않고 관찰사가 도절제사를 겸임토록 했다. 이러한 도절제사는 1466년(세조 12)에 병마절도사로 개칭되어 조선시대 지방군의 지휘관이면서 군사 행정을 관장하는 역할을 담당하게 되었다.

2) 첨절제사의 설치와 남방의 변진 증설

고려 말 왜구의 침입이 잦자 해안 지역에 진을 설치하여 군사를 배치하고 만호를 파견했다. 1389년(공양왕 1)에 만호는 첨절제사로 바뀌었다. 1397년(태조 6)에는 도절제사를 폐지하고 해안의 진에 첨절제사를 파견했다. 도절제사를 폐지하고 첨절제사로 대체한 것은 왜구의 침입을 효과적으로 방어하기 위하여 병력을 해안 지역에 집중하려는 목적이었지만, 군권을 중앙에서 통제하려는 정치적 의도도 있었다. 당시 중앙군의 절제사들은 지방의 시위패를 사적으로 지배하는 문제가 있었는데, 이를 타파하기 위해 진법 훈련을 실시하자 도절제사들이 반발한 일이 있었다. 당시 정계를 지배하고 있던 정도전의 건의로 지방에 파견하는 2품 이상의 도절제사를 없애고 그보다 하위직인 첨절제사를 파견했다. 이때 도절제사가 관할하던 제읍의 군사는 첨절제사가 관할하는 진에 분속되었다. 또한 첨절제사는 진이 위치한 지역의 수령을 겸하게 되었다.

1397년(태조 6)에 첨절제사가 파견된 진은 경상도에 합포, 강주, 영해, 동래, 전라도에 목포, 조양, 옥구, 흥덕, 충청도에 전성, 염포, 이산, 흥해도에 풍주, 옹진, 강원도에 삼척, 간성 등 모두 15곳이었다. 이들 진은 모두 해안에 위치하고 있으며, 이후에도 군사적으로 중요한 지역이 되었다. 1408년(태종 8)에 도절제사가 다시 임명되면서 첨절제사는 병마사로 개칭되었다.

이후 1413년(태종 13)부터 1417년(태종 17) 사이에 진이 조정되고 증설되었다. 경상도에는 합포진과 강주진이 폐지되고 대신 울산진과 영일진, 사천진이 추가되었으며, 전라도에는 목포진과 흥덕진이 폐지되고 부안진과 무장진이 신설되었다. 충청도에는 이산진이 병영으로 승격되었으며, 황해도에는 장연진과 강령진이 추가되었다. 이처럼 전체적으로는 태조 6년의 15개 진에서 17개 진으로 증가하였다. 1423년(세종 5) 5월에는 병마사를 3품으로 임명하되, 적임자가 없으면 4품으로 임명하고 병마부사로 부르도록 했다. 그 해 11월에 다시 3품은 첨절제사, 4품은 동첨절제사로 바뀌었다.

이렇게 해안에 진을 설치하였지만 여기에 배치할 병력을 확보하는 것이 문제였다.

1413년(태종 13)에는 하번 중인 번상 시위군을 진에 부방하도록 하였다가 2년 만에 원래대로 환원하였으며, 1421년(세종 3)에는 해주진에서 무수전패 300명을 뽑아 진 군에 소속시킨 일이 있는데, 이를 다른 도에도 적용하도록 했다. 이 무렵 경상도와 전 라도의 시위군이 감소했는데 시위군의 일부를 진군으로 전환시켰던 것으로 추정된다.

1439년(세종21)에는 한역인閑役人을 색출해 시위군, 영군과 함께 진군을 강화토 록 했으며, 또 그 이듬해에는 갑사를 증원하면서 이들의 명단을 거주지의 군적에 올 려 위급할 때 동원할 수 있도록 했다. 1444년(세종 26)에는 별시위와 방패·근장 등도 하번일 때는 갑사처럼 영진에 소속하게 했다. 또한 진이 설치되지 않았더라도 국방 상 중요 지역에 수호군守護軍이나 수성군守城軍을 배치했다. 1432년(세종 14)까지 수 성군이나 수호군이 배치되었던 곳은 경상도의 거제와 남해, 충청도 비인과 전라도 순 천 등이었다. 여기에는 무관이 파견되지 않았고, 방어 시설도 충분히 갖추지 못했다. 왜구가 침입하게 되면 진군이 도착할 때까지 임시로 적을 막도록 하기 위해서 군사를 배치했던 것이다.

3) 하번 중앙군의 지방군화

중앙군에 소속된 병종 중에서 가장 많은 인원을 차지한 것은 시위패侍衛牌였다. 이 들은 8번으로 나뉘어 2개월씩 교대로 번상 근무를 하도록 되어 있었다. 이들은 대부 분 지방에 거주하면서 번상 근무가 끝난 하번 중에는 생업인 농사에 종사하는 농민들 이었다. 이들이 중앙군의 다수를 차지했지만 그 군사적 역할은 갑사나 별시위 등 전 문적 중앙군에 비해 떨어졌다. 그 결과 시위패의 번상은 자주 면제되었다. 특히 흉년 이 들거나 기근이 심하면 으레 시위패의 번상을 정지하자는 건의가 나오고, 국왕은 민심을 달래기 위한 방편으로 이를 허락했다. 실제로 태종에서 세종에 이르는 동안 거의 매년 도별로 시위패의 번상이 면제되었다.

한편 시위패는 다른 병종으로 전환되거나 중앙군에서 영진군으로 소속이 바뀌기도 했다. 1412년(태종12)에는 각도의 시위군을 선군船軍으로 전환시키는 조치가 있었다. 선군을 확대하면서 부족한 인원을 시위대에서 보충하도록 했던 것이다. 1413년(태종

13)에 시위패를 영속군과 함께 진에 부방하도록 한 조치는 비록 2년만에 환원되기는 했지만, 시위패를 지방군으로 전환해도 문제가 없었음을 보여준다. 그리고 1410년(태종 10)과 1426년(세종 8)의 시위패의 수를 비교해보면 경상도와 전라도의 시위패가 급격히 감소한 것을 알 수 있다. 태종 10년의 시위패는 충청도가 1,539명, 경상도가 4,238명, 전라도가 1,378명이었다. 그런데 세종 8년에는 충청도가 1,400명, 경상도가 2,100명, 전라도가 700명이었다. 충청도는 약간 줄었지만, 경상도와 전라도는 절반으로 줄었음을 알 수 있다. 이는 그동안 다수의 시위패가 선군과 영진군으로 전환되었다는 증거이다.

조선 초기의 중앙군은 대개 번차에 따라 번상하여 교대로 근무했다. 의무병인 시위패는 물론 갑사와 별시위 같은 전문적 군인들도 마찬가지였다. 이들 중 당번인 자는 번상하여 중앙군의 각 사 또는 각 위에 배치되어 복무하다가 하번이 되면 자신의 집으로 내려갔다. 병종에 따라 근무 기간과 교대 주기는 달랐지만 복무 형태는 같았다. 이들은 중앙군에 소속되어 있지만 하번 중에는 대부분 지방에 거주했다.

따라서 하번 중인 중앙군을 관리하는 것이 문제였다. 1440년(세종 22)까지 이들 중앙군은 하번 중에도 중앙에서 관리했다. 그 무렵 갑사를 6,000명으로 증원하고 종래의 3번에서 6번으로 번차를 늘리는 조치가 있었는데, 그렇게 되면 갑사는 6개월간 번상 근무를 한 후 다음 번 근무 때까지 30개월 동안 지방의 자신의 집에 머물게 되는 것이었다. 하번 기간이 길어지게 되면서 이들의 관리를 강화하기 위해 거주지에서 가까운 영진의 군적에 이름을 올리고 마음대로 그 지역을 떠날 수 없도록 했다. 이는 결과적으로 중앙군을 지방에서 관리하는 계기가 되었다.

그 후 1415년(문종 1)에 이르러 하번 갑사는 도절제사의 점열點閱을 받도록 했고, 별시위, 총통위, 근장, 방패, 섭육십 등 대부분의 중앙군을 거주지의 수령이 고찰하도록 했다. 1454년(단종 2)에는 이들도 갑사의 예에 따라 거주지 부근 영진의 군적에 등록하도록 했다. 이는 세종대 말기부터 중앙군이 급격히 확장되면서 지방에 머물러 있는 하번 군사의 증가했기 때문에 이들의 관리를 위한 조치였지만 결과적으로는 이들이 지방군으로 전환될 수 있는 여지가 생긴 것이다.

4) 남방 지방군의 종류와 운영

(1) 지방군의 종류

영진군營鎭軍은 지방의 각 영과 진에 배치된 육군이었다. 고려 말에 왜구의 침입이 심해지자 기선군騎船軍의 증강과 더불어 위해 해안 지역에 군사를 배치하게 되었다. 주요 해안 지역에 수소와 만호부를 설치하고 군사를 주둔하게 했는데, 여기에 소속된 군인을 진수군鎭守軍이라 했다. 진수군은 지방의 유력자 중에서 선발되었고, 군인으로 동원되는 대신 요역이 면제되었다. 조선에 들어와 1397년(태조 6)에 해안 지역에 진을 설치하고 첨절제사를 파견하면서 군사를 증원했는데, 이때부터 이들은 진속군鎭屬軍 또는 진군鎭軍으로 불리게 되었다.

1398년(태조 7) 10월에는 각도에 영營을 설치하고 병력을 배치했다. 이들을 영속 군營屬軍 또는 영군營軍이라 했다. 이처럼 조선 건국 초기부터 남방 지역에 일정 규모의 군대가 배치되게 되었고, 이들은 영군과 진군이 중심이 되었다. 영군은 영에 주둔하면서 도절제사가 지휘하여 해당 지역의 방위를 담당했고, 진군은 진에 주둔하면서 첨절제사가 지휘하여 해안 지역에서 외적을 방어하는 임무를 수행했다. 이들은 지방을 방어한다는 공통점 때문에 영진군으로 합쳐 불리게 되었다. 영진군도 번상 군인들처럼 일정 번차로 교대로 근무했다. 영진군은 대부분 마병이었다. 이들에게는 봉족이 지급되고 당번 중에는 잡역이 면제되었다.

영진군 외에 지방에는 수성군守城軍이 있었다. 수성군은 지방의 요새처를 방어하기 위해 배치된 병력이었으나 때로는 진에 배치되기도 했다. 영진군이 마병馬兵이었던 데 반해 이들은 보병步兵이었다. 수성군은 봉족을 지급하지 못했으면서도 1년에 3개월을 교대로 복무하는 대신 잡역에서 면제되었다. 이 외에 지방에는 수호군守護軍이 있었다. 수호군은 능을 비롯한 특수 지대를 지키기 위하여 설치되었다. 수호군은 수성군과 비슷한 신분과 역할 때문에 때로는 수성군으로 취급되기도 했다.

1417년(태종 17)에 파악된 각도 영진군과 수성군의 병력 수는 다음과 같다.

	충청도	경상도	전라도	황해도	강원도	계
진(鎭)의 수	2	5	4	4	2	17
영진군	1,224	2,100	1,698	1,362	–	6,384
수성군	553	767	51	608		1,979

이밖에 지방에는 군사력을 보완할 수 있는 잡색군이 편성되었다. 1410년(태종 10)에 고려 말 이래 존재했던 연호군煙戶軍을 정비하여 잡색군으로 편성했고, 세종대에는 다른 병종과 함께 군정으로 파악되었다. 이후 1441년(세종 23)에 잡색군에 대한 규정이 만들어졌다. 잡색군의 대상을 군역 외의 국역을 지는 향리와 목자牧子, 그리고 국역에서 면제되는 향교생도를 비롯해 무역백성無役百姓 및 관아官衙나 사가私家의 노복奴僕으로 천역을 지는 공사천으로 확대해서 망라했다. 군역 부담자와 전현직 관리를 제외한 거의 모든 계층이 잡색군의 대상이었던 셈이다. 잡색군의 징발과 운영은 전적으로 수령에게 부여되었다. 또한 잡색군은 자원에 따라 마군이나 보군으로 편입되도록 했고, 궁전弓箭과 창을 스스로 마련하도록 했다. 이들은 10인을 소패小牌, 50인을 총패摠牌로 조직하고 여기에 지휘자가 임명되었다. 잡색군은 국가의 큰 변란에 대비한 총동원 체제를 갖춘 것으로 이해할 수 있겠다.

(2) 지방군의 관리와 통제

조선시대 군인은 군적에 의해 관리되었다. 지방군도 마찬가지였다. 조선에서 처음 군적이 만들어진 것은 1393년(태조 2)이었다. 이때 중앙의 절제사를 경상도, 양광도, 전라도에 파견하여 군사를 점검하고 군적을 작성토록 했고, 나머지 지역은 안렴사가 그 일을 하도록 했다. 그후 태종대에는 1403년(태종 3)과 1409년, 그리고 1415년에, 세종 대에는 1422년(세종 4)과 1428년에 군적이 작성되었다. 이후 군적은 6년마다 작성하는 것으로 규정되었다. 처음에는 각읍各邑의 수령과 관찰사를 통해 군적이 이루어졌다. 태종 15년에는 각도의 도절제사에게 군적 작성의 임무가 부여되면서 이후 군적은 도절제사가 담당했다.

1440년(세종 22)부터는 갑사의 군적도 지방의 영진에서 관리하게 되었고, 1451년

(문종 1)년부터는 시위패를 비롯한 모든 하번 중앙군을 지방에서 관리하게 되면서, 각 도의 영과 진에는 해당 지역의 군적이 보관되었다. 이후 1455년(세조 1)에 전국을 군익체제軍翼體制로 편성하면서 군적을 중익中翼, 병영兵營, 병조兵曹에 보관토록 했다. 이는 진관체제가 성립된 뒤에도 중익이 거진으로 대체되어 그대로 이어졌다. 『경국대전』에도 군적은 6년마다 작성하되, 서울은 오부五部가, 지방은 각도의 병·수사가, 제주는 제주절제사(목사)가 작성하여 병조에 보내도록 되어 있다. 작성된 군적은 병조와 감영 및 병·수영, 거진, 제진에 각 1건씩 보관하도록 규정되어 있다.

유사시나 훈련시에 군사를 징발할 때에는 엄격한 절차를 따르게 했다. 그것은 함부로 군사를 동원하지 못하도록 하기 위한 장치였다. 1403년(태종 3)에는 처음으로 호부虎符를 사용했다. 호부는 가운데에 호랑이를 새기고 좌·우에 양陽·음陰 두자를 새겨 육갑六甲으로 번호를 매긴 모양이었다. 그중 양부(좌부)는 왕부에 보관하고 음부(우부)는 각도의 관찰사와 병마도절제사, 그리고 수군도절제사에게 주었다. 군사를 징발할 때에는 왕지(교지)와 함께 좌부를 보내어 이를 맞춰본 후에 징발하도록 했다.

이후 1415년(문종 1)부터는 병부兵符로 바뀌었다. 병부는 표면에 '발병發兵'이라는 글자를 새기고 이면에는 각도 감사, 병사 또는 진의 명칭을 표시했다. 병부도 호부처럼 좌부와 우부로 나뉘어 좌부는 궁중에, 우부는 감사와 병사에게는 주었다. 처음에는 병부를 감사와 병사에게만 주었지만 1457년(세조 3)에 유사시 신속한 징발을 위하여 제읍에도 병부를 주었다. 따라서 병마절도사와 거진장 그리고 제읍의 수령은 모두 병부를 지니고 있었다. 좌부는 예하에 발병을 지시하기 위해 내려 보내기 위한 것이고 우부는 상부의 명령의 진위를 확인하기 위한 것이었다.

수군을 징발할 때 사용했던 병부는 육군의 병부와 구별하여 군부軍符로 불렸다. 군부에는 발수군부發水軍符와 수군부水軍符의 두 종류가 있었다. 발수군부는 표면에는 '발수군發水軍'이라 새겨 상번 수군을 징발하기 위해 사용되었고, 수군부는 표면에 '수군'이라 새겨 습진 등의 훈련에 동원할 때 사용되었다. 병사와 수사 등이 교대할 때는 반드시 전임자가 병부와 군부를 반납하고, 후임자는 새로 받도록 했다.

밀부密符는 정변 등으로 왕권을 위협하는 사태가 일어났을 때 국왕이 병사를 통해서 군사를 동원하기 위한 목적으로 1466년(세조 12) 처음 교부되었다. 처음에는 병사와 수사에게만 발급하다가 1469년(예종 1)부터는 관찰사에게도 발급했다. 유사시 관찰사에게도 군사 징발권을 부여했던 것이다. 하지만 실제로 감사가 군사를 징발하는 경우는 일어나지 않았다. 1472년(성종 3) 이후에는 관찰사가 병사를 예겸例兼하였기 때문에 관찰사는 자동으로 병사의 역할을 하게 되었던 것이다.

2. 양계의 국방체제와 익군

1) 양계지역의 익군과 군익도 체제

(1) 군익도체제의 성립

익군翼軍은 고려말 공민왕대에 북방 지역이 군사적으로 중요시되어 그 지역에 거주하고 있던 농민들을 군사 조직으로 편성한 것이었다. 익군은 만호부가 지휘하는 군사를 우익右翼이라는 부르던 데서 유래되었다. 익군은 그 지역 안의 모든 인정人丁을 군인으로 편성하여, 10명을 통할하는 통주統主, 100명을 통할하는 백호百戶, 1,000명을 통할하는 천호千戶를 두어 지휘 체계를 갖춘 조직이었다. 이들은 평상시에는 농사를 짓다가 군사적인 변고가 발생하면 출동했다.

조선 건국 초기 서북면 익군의 중심부는 평양도, 안주도, 의주도였다. 이곳은 고려말에 서경만호부, 안주만호부, 의주만호부가 설치되었던 지역이다. 고려 말의 만호부가 조선 건국 후에는 군익도軍翼道로 바뀌었을 뿐, 익군의 조직은 그대로였다. 동북면의 경우에는 서북면과는 달리 두만강 하류 유역이 조선 영토로 새로 편입되어 새로운 군현이 설치됨으로써 익군을 확장할 필요가 있었다. 더욱이 기존의 익군도 제 기능을 발휘하지 못하고 있어서 동북면의 익군은 재편성이 시급했다.

1397년(태조 6)에 정도전을 도선무순찰사로 파견하여 동북면의 익군을 정비하도록 했다. 그 결과 기존의 동북면을 영흥도라 하고 단주에서 공주에 이르는 북부 지역을 길주도라 하여 구분하고, 길주도 소속 각 고을의 익군 조직을 새로이 갖추었다. 이때 각 고을의 익군은 좌·우익으로 편성되었다. 각 익은 천호 - 백호 - 통주로 연결되는 지휘 체계를 갖추게 되었다. 이처럼 조선 건국 초기에는 동북면과 서북면의 익군의 편성은 차이가 있었다. 서북면에는 1개 군익도에 4~6개의 익이 편성되었으나, 동북면은 2개의 익으로 구성되어 있었다.

이후 익군의 정비 과정을 거치면서 동북면과 서북면의 익군은 동일한 체제를 갖추어 갔다. 태조 때부터 군적에 누락되었던 인정人丁을 파악하여 익군 대상자를 확보하고, 1407년(태종 7)에는 동서북면의 군사를 시위군과 익군으로 구분하였다. 번상하는 시위군과 변방 방어를 담당하는 병력을 구분해서 관리할 필요가 있었기 때문이다. 1413년(태종 13)에는 서북면을 평안도, 동북면을 함길도 개칭하였고, 1417년(태종 17)에는 평안도와 함길도의 도순문사를 남방과 같이 도관찰사와 도절제사로 개편했다. 또한 태종대에는 압록강 유역에 새로운 군현이 신설되었다.

이러한 배경 속에서 1424년(세종 6)에 평안도 지역은 평양도, 안주도, 의주도, 삭주도, 강계도의 5개 군익도로 개편되었다. 이어서 1425년(세종 7)에 함길도 지역은 함흥도, 길주도, 화주도의 3개 군익도로 개편했다. 평안도와 함길도 모두 각 군익도는 중익·좌익·우익으로 편성하여 군현을 소속시켰다. 각 익에 소속된 고을의 수나 군사 수의 차이가 존재했음에도 불구하고 똑같이 3익을 두는 통일적인 체제로 편성했던 것은 실전實戰에서 효과적이 지휘가 이루어지도록 하기 위해서였다.

이후 평안도와 함길도의 군익도는 조정이 이루어져 『세종실록지리지』에 수록되었다. 이에 따르면 평안도에는 평양도, 의주도, 영변도, 삭주도, 강계도의 5개 군익도에 47개 고을이 분속되어 있고 익군수는 9,961명이며, 함길도에는 함흥도, 영흥도, 길주도, 경원도의 4개 군익도에 22개 고을이 분속되어 있고 익군수는 7,812명으로 되어 있다.

(2) 군익도의 군사지휘체계

군익도 체제가 성립되면서 익군의 지휘 체계도 정비되었다. 평안도와 함길도에는 병마도절제사와 병마절제사(2품)·첨절제사(3품)·동첨절제사(4품) 등 군사 지휘관과 병마단련사(3품)·병마단련부사(4품)·병마단련판관(5, 6품)을 겸하는 수령이 파견되었다. 1415년(태종 15)에 병마도절제사와 병마절제사는 도병마사, 첨절제사는 병마사를 고쳐 부른 것이다.

　평안도에는 국경 지역에 위치한 의주, 강계, 삭주 등 3개 군익도에 병마절제사가 파견되었고, 안주에 병마도절제사가 파견되어 안주도를 관할하면서 국경 지역 3개 군익도의 병마절제사를 지휘했다. 반면 관찰사는 평양도를 관할하면서 병마도절제사를 감독했다. 함길도에는 국경 지역인 길주와 영흥 2개 군익도에 병마도절제사가가 파견되었고, 경원에 병마절제사, 경성에 첨절제사가 파견되었다. 이들 첨절제사는 길주도의 병마도절제사의 지휘를 받았다.

　한편, 평안도와 함길도에 파견되는 수령은 병마단련사 등의 직함을 함께 받았다. 이들은 평시에 수령으로서 임무를 수행하면서 군적의 관리나 군사의 동원 같은 군사 행정 업무를 수행하도록 하기 위해서였다. 수령이 전투에 나가 직접 병력을 지휘하는 것은 아니었다. 수령은 익군 중 1명을 차출하여 군사 행정을 돕도록 하였다. 이를 토관천호土官千戶 또는 익천호翼千戶라 했다. 병마절제사는 병마단련사인 수령을 통하여 익천호를 지휘했다. 그러나 세종대에는 4군 6진의 설치에서 보듯이 국경 지역에 진을 설치하고 진장鎭將을 파견했기 때문에 병마단련사를 겸하지 않은 수령의 수가 많아졌다.

　익군의 하부 지휘 체계는 천호·백호·통주로 이루어졌다. 이들 하급 지휘관은 토착민 중에서 임명되었다. 1407년(태종 7)에 평안도는 익마다 3명씩의 익천호를 두게 했다. 2년 뒤에는 익에 중·좌·우 천호소를 두고 부천호 1명씩을 두도록 했다. 함길도에는 1413년(태종 13)에 익마다 상천호上千戶와 부천호를 두고, 익의 하급단위를 영領으로 하여 영마다 상백호와 부백호를 두도록 했다. 이들에게도 관품이 부여되었는데 상천호는 5품, 부천호는 6품, 상백호는 7품, 부백호는 8품이었다. 이들은 임기를 마치면 봉족을 지급받았다. 세종 9년에 백호에게 4명의 봉족을 지급하였던 사례가 있다. 이들의 임명은 군익도의 병마절제사가 도의 병마도절제사에 천거하면 병마 도절제사가 시험을 쳐서 선발하는 과정을 거치도록 했다.

　익군에는 이들 외에 진무鎭撫, 패두牌頭, 총패摠牌, 소패小牌 등 하급 군관이 있었다. 진무는 병마절제사 영과 국경 지역의 군익도에 배치되어 정찰과 방어를 담당했다. 토착민 중에 글을 읽고 계산을 할 수 있는 자를 임명했다. 패두, 총패, 소패 등도 익군의 하급 군관으로 병마절제사를 도와 말단의 군병을 관리하는 역할을 했다.

이처럼 익군의 지휘체계는 병마도절제사〈도〉 → 병마절제사〈군익도〉 → 첨절제사 〈익〉 → 익천호·상천호〈익〉 → 부천호〈소所·영領〉 → 상백호·부백호 → (통주) → 익군으로 체계화되었다. 첨절제사 이상은 중앙에서 파견된 무관이었으며, 천호 이하 는 토착민 중에서 선발하여 임명한 하급 지휘관이었다.

2) 익군과 토관제도

군익도 체제에는 하급 지휘관이나 참모로 토관土官을 활용했다. 토관은 고려말 이 래 양계 지역의 토착민들에게 관직을 주어 지방 행정에 참여시킨 제도였다. 조선 건 국 초기 토관은 평안도의 평양과 함길도의 영흥에만 설치되어 있었다. 평양부에 600 여 명, 영흥에 576명의 토관이 있었다. 태종대에 이들 토관은 크게 감축되었다. 1414 년(태종 14)까지 영흥부는 60여 명, 평양부는 130명만 남게 되었다. 토관을 감축한 이유는 토관에게 지급하던 지록地祿을 줄여 군자곡軍資穀을 확보하기 위해서였다. 토 관의 수를 감축하면서 동시에 토관의 지록을 2/3로 줄인 것을 보면 알 수 있다. 여기 에 군현제를 비롯한 행정 조직이 정비되면서 중앙의 통제력이 강화되어 토착 세력의 활용 필요성이 줄어들었다는 점도 작용했다.

그러나 세종대에 들어와 토관은 증설되었고, 토관을 운영하는 지역도 확대되었다. 압록강과 두만강 유역의 국경 지대에 새로 군익도를 편성하면서 진무와 천호 같은 하 급 간부로 토착민을 활용할 필요가 있었기 때문이다. 1434년(세종 16)에 이르러 평안 도와 함길도의 감영과 병영 4개 지역과 의주, 경원부, 영북진 등에 토관이 설치되었 다. 진무와 천호 외에도 백호·지인·영사 등을 토관으로 임명했다. 종래 감영에만 두 었던 토관을 군익도 편성에 따라 각 익에도 두도록 한 것이다. 또한 종래에는 토관의 임명은 관찰사의 권한이었으나, 병마절도사에게 토관 임명권이 부여되었다. 이제 토 관은 부방하는 익군이 시재試才나 군공을 통해 얻을 수 있는 관직이 되었다. 4군과 6 진의 개척이 완료되는 세종 말엽에 이르러 토관은 평안도의 평양·영변·의주·강계· 삭천 등 5개 지역과 함길도의 함흥·경성·경원·회령·종성·온성·경흥·부령 등지에 설치되어 있었다.

이러한 토관은 지방군이 진관체제로 개편된 이후 다시 감축되었다. 1462년(세조 8)년에 정비되었고, 이것이 다시 조정을 거쳐 『경국대전』에 수록되었다. 경원부 토관의 경우를 보면 1434년(세종 16)에 동반 20명, 서반 70명이었던 토관이 세조 8년에는 동반 17명, 서반 57명으로 감축되었고, 『경국대전』에서는 동반 10명, 서반 18명 대폭 줄었다. 이는 익군체제가 진관체제로 개편되면서 익군의 군사적 기능이 약화되었고, 이에 따라 토관의 필요성이 줄어들었기 때문이었다.

3) 변진증설과 군익도 체제의 변화

조선은 건국 이래 영토의 확장을 꾸준히 추진해 왔다. 그 결과 세종대에는 압록강과 두만강까지 영토를 확장하게 되었다. 새로 확장된 지역에는 백성을 이주시키고 군사를 배치하여 이주한 백성들이 안전하게 살 수 있도록 해야 했다. 그래서 국경 지역에는 군사적 요충지에 새롭게 진鎭을 설치하고 첨절제사를 파견하여 방어 체제를 갖추게 되었다. 이들 국경의 진을 해안에 설치된 진과 더불어 내륙에 설치된 진과 구별하여 변진邊鎭이라 한다. 이러한 변진의 증설은 기존의 군익도체제에 의한 국방 체제의 변화를 가져오게 하였다.

양계에 처음 변진이 설치된 곳은 경원진이었다. 1410년(태종 10) 2월에 여진족이 경원에 침입하자 이곳에 진을 설치하고, 경원·경성·길주·단주·청주의 갑사 150명을 부방토록 하였다. 이듬해 경원진이 폐지되고 경성에 진을 설치하여 길주 이남의 군사를 배치하였다. 이들은 번상 숙위를 하던 중앙군 소속 군사들이었다. 중앙군을 변진에 부방토록 하는 것은 해당 지역 군사로 방위를 담당하게 하는 군익도체제와는 다른 것이었다. 이것이 문제가 되어 1414년(태종 14)에는 경성의 관할 지역을 확대함으로써 자체 병력으로 방어하는 것으로 변경되었다. 1417년(태종 17)에는 경원진이 다시 설치되었고, 갑주에도 진이 설치되어 첨절제사가 파견되었다.

한편 세종대에는 여진족이 자주 압록강을 넘어 침입해 왔다. 1432년(세종 14) 12월에 여진족 400여 기가 여연을 침략하자 이듬해 4월에 파저강의 건주위 여진을 정벌한 일이 있었다. 이를 계기로 압록강 유역에 여연진을 비롯하여 무창茂昌·우예虞

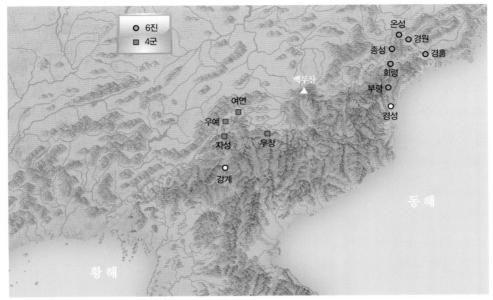

芮·위원渭原·자성慈城 등의 군이 신설되었다. 이 무렵 함길도에는 회령會寧·경흥慶興·종성鍾城·온성穩城·부령富寧에 진이 설치되어 경원진과 함께 6진으로 불렸다. 여기에 삼수군三水郡이 새로 설치되었다. 이처럼 세종대의 영토 확장에 따른 변진의 증설은 당연한 결과였다.

세종대에 평안도와 함길도의 국경 지역에 신설된 군은 모두 군사적 기능을 띤 진이었다. 1449년(세종 31)에 부령진이 설치됨으로써 함길도에 9개 진, 평안도에 12개 진이 되었다. 진에는 절제사나 첨절제사가 파견되어 군사 행정과 전투 지휘를 담당했다. 또한 군사적 요충지에는 구자口子를 설치했는데, 함길도에 19개, 평안도에 25개가 설치되었다. 구자에는 만호나 천호가 파견되어 절제사나 첨절제사의 지휘를 받아 군사적 임무를 수행했다.

구자에 만호나 천호가 중앙에서 파견되자 종래의 군익도체제에 변화가 나타났다. 군익도체제에서는 익의 첨절제사가 토착민 중에서 임명된 익천호나 상천호의 보좌를 받아 역시 토착민 중에서 임명된 부천호와 백호 등을 지휘하는 체제였다. 그런데 말단 지휘 체계인 구자에 만호나 천호가 파견됨으로써 토착민의 군사적 역할이 크게 줄어들게 되었다. 1443년(세종 25) 이후에는 6품 이상의 본도인本道人도 여기에 임명될 수 있었지만, 익에 소속된 토착민으로 한정한 것은 아니었다.

아울러 진과 구자에 배치할 병력 소요가 크게 증가했다. 이 때문에 평안도와 함길도의 도내 익군 전체가 진과 구자에 부방해야 했다. 군익도체제에서도 적의 침입이 우려되면 군익도 안에서 다른 익에 군사를 보낼 수 있도록 되어 있었지만 다른 군익도에 부방토록 하는 일은 없었다. 그러나 국경 부근에 설치된 진에는 해당 지역 군사만으로는 방위 임무를 수행할 수 없게 되었고, 이 때문에 도내의 다른 군익도에서 부방토록 했던 것이다. 일례로 1426년(세종 8)에 경성과 경원 사이에 용성진을 새로 설치하면서 길주 이남 각 고을의 시위군과 익군 2,984명과 별패 468명 등 총 3,452명으로 경원과 용성 두 곳에 분번하여 부방토록 하고, 각 익군이 부족한 경우 긴요치 않은 각 포의 선군을 혁파해 부족한 수를 채우도록 한 일이 있다. 이는 종래의 군익도체제가 유지될 수 없는 상황을 반영하는 사례이다. 이러한 현상은 평안도에서도 마찬가지였다.

국경지역에 진과 구자가 증설됨에 따라 해당 지역 주민의 입보가 확대되었다. 1433년(세종 15)의 규정에는 침입한 적의 규모가 클 때에는 주민들이 읍성이나 산성에 입보하도록 되어 있었다. 그러나 국경 지역에서는 소규모의 여진족이 침입하여 약탈하고 달아나는 경우가 많았다. 그래서 국경 지역 주민들은 여진족의 침입이 우려되는 겨울철이 되면 수확물과 가축 등을 모두 거두어 진이나 구자에 입보해야 했다. 따라서 주민들을 보호하기 위해서는 진과 구자에 성을 쌓을 필요가 있었다. 1440년(세종 22)에는 진성鎭城과 구자성口子城을 연결하는 행성을 축조하기에 이르렀다. 또한 진과 구자에는 상당량의 군량을 비축해 두었다.

이처럼 세종대에는 국경 지역의 방위 중심이 진과 구좌로 이동되면서 종래의 군익도와 각 익은 전투 지휘 단위로서가 아니라 군사 행정 단위로 성격이 변화되었던 것이다.

3. 진관체제의 확립과 운용

1) 군익도체제의 전국 확대

세종대에 국경 지역에 진과 구자를 증설한 것은 새로 편입된 영토를 방어하기 위해 필요한 조치였다. 그러나 여러 가지 문제가 따르고 있었다. 먼저 함길도와 평안도의 남부 지역 군인들이 국경까지 부방하는 일은 큰 고통이었다. 또한 이들을 뒷바라지 하는 봉족의 고통도 컸다. 게다가 진과 구자의 축성에 동원되는 일이 많아져 백성들의 부담은 더욱 커졌다. 자연히 군역을 회피하기 위해 흩어지는 백성들이 많아졌다. 군사적으로도 진과 구자에 병력이 분산됨으로써 소규모 적의 침입에는 효과적으로 방어할 수 있지만, 대규모의 적이 침입할 때에는 방어하기 어려운 문제가 있었다. 이는 국경선이 긴 평안도의 경우에 문제가 더 심각했다. 1448년(세종 30)에 평안도의 진과 구자를 병합해야 한다는 주장이 제기된 것도 이런 문제 때문이었다. 이후 내륙의 요충지에 성을 쌓거나, 남부 지역 군사의 부방을 일시적으로 중지시키는 등의 조치가 취해졌던 것도 같은 이유였다.

결국 세종 사후에 기존에 설치된 진과 구자가 폐지되기 시작했다. 1450년(문종 즉위) 7월에 평안도의 태일과 만포구자가 폐지되었고, 9월에 여연의 훈두보薰豆堡와 벽동의 소파아小波兒 구자가 폐지되었다. 1454년(단종 2) 10월에 첨절제사가 파견되던 함길도 삼수에 만호를 파견하여 격하시켰으며, 1455년(단종 3) 4월에는 압록강 국경 지역에 있던 여연·무창·우예가 폐지되었다.

세조가 즉위하자 지방군 체제에 혁신적 변화가 있었다. 그것은 1455년(세조 1)에 평안도와 함길도에 설치된 군익도 체제를 전국적으로 확대한 조치였다. 이미 양계의 군익도 체제가 전투 편제의 기능을 상실하고 군사 행정 기능으로 전환되어 있었기 때문에, 이를 남방 지역에 확산함으로써 전국을 통일된 군사적 조직으로 만들 수 있었던 것이다. 이때 만들어진 전국의 군익도 체제는 각도를 몇 개의 군익도로 나누고, 각 군익도는 중익·좌익·우익의 3개 익으로 편성하여 각 익에 제읍諸邑을 분속시키는 방식이었다. 경기도의 예를 보면, 경기도를 광주도, 양주도, 부평도로 나누어, 광주도의 중익에는 광주를 비롯한 4개 읍을, 좌익에는 여흥을 비롯한 4개 읍을, 우익에는 안성을 비롯한 5개 읍을 소속시키는 식이었다.

이에 따라 각 익의 지휘관은 수령이 겸직하도록 했다. 이때 중익 수령의 직함은 모도모진중익병마절제사某道某鎭中翼兵馬節制使였는데 수령이 당상관이 아니면 첨절제사라고 하였다. 반면에 좌익과 우익의 수령은 모도모진모익병마단련사某道某鎭某翼兵馬團練使라고 했다. 품계에 따라 단련부사(4품)나 단련판관(5, 6품)이 되기도 했다. 예를 들면, 정3품인 광주 목사는 경기 광주진 중익 병마절제사가 되고, 종3품인 수원부사는 경기 부평진 좌익 병마단련사가 되었다. 이것은 중익의 지휘관이 좌익과 우익의 지휘관을 통제할 수 있는 체제를 만든 것이었다.

이어서 지방에 거주하는 모든 군사는 익에 소속토록 했다. 여기에는 갑사, 별시위, 총통위, 근장, 섭육십, 방패, 별군, 시위 등 중앙군과, 지방군인 제영·제진·제포의 군사가 모두 포함되었다. 이들의 군적은 중익, 도절제사영, 병조에 비치되었다. 이들의 번상·습진·취재는 중익中翼을 중심으로 각 익에서 관할했다. 군령은 도절제사都節制使 → 중익절제사中翼節制使 → 제익諸翼의 계통으로 하달되었다.

이와 같은 군익도 체제의 전국적 확대는 군사적으로 큰 의미가 있다. 첫째로, 전국의 모든 지역을 망라한 군사 조직이 형성되었다는 점이다. 이전에는 지역을 단위로 전국을 군사적으로 조직하려는 시도는 없었다. 이제 유사시 전국이 전투 체제로 전환할 수 있는 조직이 마련된 것이다. 둘째로, 전국의 지방군 조직이 통일성을 갖게 되었다는 점이다. 이전까지 평안도와 함경도는 군사적 조직을 갖고 있었지만 남방 지역에는 해안 지역을 중심으로 진이 설치되어 있었을 뿐이었다. 이제 남방과 북방의 군사 조직이 동일한 체제로 운영될 수 있게 된 것이다. 이는 군사적 관점에서 보면 획기적 발전이라 할 수 있다.

2) 진관체제의 성립

전국의 군익도 체제는 1457년(세조 3) 10월에 내륙의 군사력을 강화하기 위해 진관체제鎭管體制로 바뀌었다. 이는 종래의 군익도와 중익·좌익·우익을 폐지하고, 그

대신 각 도에서 군사적으로 중요한 거점이 되는 읍을 거진으로 삼고, 주변의 여러 읍을 제진으로 삼아 거진에 소속되도록 하는 체제로 바뀐 것이었다. 이에 따라 수령의 직함도 바뀌었다. 주진 당상관主鎭堂上官 수령은 모주진병마절제사某州鎭兵馬節制使라 불렀고, 3품 수령은 첨절제사僉節制使, 4품 수령은 동첨절제사同僉節制使라 불렀다. 그리고 제진의 수령은 모주도병마단련사某州道兵馬團鍊使ㆍ부사ㆍ판관이라고 불렀다. 이후 병마단련의 직함은 1466년(세조 12)에 병마절제로 통합되었다. 그리고 3품 당하관 수령은 모두 병마첨절제사를 겸하게 되었다.

진관체제 하의 이러한 변화는 종래 남방 연해지역의 국방을 강화해 오던 추세와는 상반되는 것이었다. 그렇다고 해서 진관체제 편성의 목적이었던 내륙의 국방이 강화되었던 것도 아니었다. 그 이유는 첫째, 남방 각도의 병력에서는 수군이 비중이 높았고, 둘째 중앙에 번상하는 정병과 해안 지역에 설치된 진에 머무르면서 방어에 종사하는 정병을 빼면, 내륙의 국방을 강화하기 위해 그 곳에 설치된 진에 상주시킬 병력이 거의 없었기 때문이었다. 그러다가 1467년(세조 13)에 내륙의 군사력은 대폭 강화되었다. 이것이 가능했던 것은 보법의 실시를 통해 병력이 확대되었기 때문이었다. 이때 거진과 제진에 진군이 배치되었다. 진군이 배치된 내륙의 진을 유군사거진有軍士巨鎭ㆍ유군사제진有軍士諸鎭 혹은 유군거진有軍巨鎭 또는 유군제진有軍諸鎭으로 호칭했다. 이때 전라도의 전주와 나주, 경상도의 진주와 안동, 상주 등에 군사가 배치되어 유군거진有軍巨鎭이 되었다. 이와 함께 이전에 독진獨鎭이었던 거제와 남해, 진도에도 군사가 배치되었다. 그러나 1469년(예종 1)에 이들 유군거진은 폐지되었다.『경국대전』에는 남방에서는 순천부 만이 유군거진으로 남게 되었다. 그것은 해안에서의 왜구의 방어는 수군이 중심 전력이 되었고, 실제로 이 시기에 왜구의 침입이 거의 없었던데 기인했다.

군익도체제가 진관체제로 바뀜에 따라 평안도와 함길도의 군사 체제도 변화되었다. 평안도는 명과 조선으로 이어지는 2개 교통로를 따라 의주진관-정주진관-안주진관-용강진관과 삭주진관-구성진관-영변진관-평양진관의 두 축으로 진관이 편성되었다. 국경 지역에는 의주ㆍ삭주ㆍ강계 등 3개 지역에만 진관이 설치되었다. 이와 더불어 1459년(세조 5)에 압록강 중상류에 설치된 4군 중에서 이때까지 남아 있던 자성이 폐지됨으로써 4군은 모두 혁파되었다. 이처럼 평안도는 내륙의 군사력을 강화하는 대신 국경 지역의 군사력은 감축되었다. 그러나 1460년(세조 6)에 여진족이 다시 국경을 침범하자 압록강 연안에 독진을 설치하고 평안도 남부 지역 군사를 부방시켰다. 이때 여진과 통하는 통로인 만포구자에 첨절제사를 파견하여 수비하도록 했다. 1477년(성종 8)에 설치된 의주의 방산진과 인산진, 창성의 창주진, 벽단의 벽동진, 강계의 고산리진도 만포와 같은 독진이었다.

한편, 함길도는 진관체제로 개편된 이후 국경 지역의 군사력이 보강되었다. 기존의 6진 중 부령을 제외한 5진과 갑산을 더해 총 6개의 독진이 설치되었다. 함길도에도 국경과 접하지 않는 안변과 영흥에도 진관을 설치함으로써 내륙의 군사력도 강화되었다. 여진족의 침입이 있은 후 1461년(세조 7)에 삼수의 혜산진, 온성의 유원진과 미전진, 종성의 동관진, 경원의 훈융진, 회령의 고령진을 독진으로 만들어 만포와 같이 첨절제사를 파견했다. 이로써 평안도와 함길도의 국경 지역은 여전히 군사적으로 중요한 지역으로 인식되었다.

3) 진관체제의 조직체계

1457년(세조 3)에 만들어진 진관체제는 약간의 수정을 거쳐 『경국대전』에 수록되었다. 다만 1466년(세조 12)에 있었던 관제개혁에서 병마도절제사는 병마절도사로, 병마도절제사도진무는 병마우후兵馬虞候로, 병마단련사兵馬團鍊使는 병마절제사로, 병마단련부사兵馬團鍊副使는 병마동첨절제사兵馬同僉節制使로, 병마단련판관兵馬團鍊判官은 병마절제도위兵馬節制都尉로 바뀌었다.

진관체제는 전국을 주진 – 거진 – 제진으로 편성한 체제였다. 각 도에는 병마절도사(종2품)를 두어 도내의 군정을 책임지도록 하였다. 병마절도사(이를 줄여 병사兵使라고도 함)가 있는 병마절도사영(이를 줄여 병영兵營)은 곧 주진이 되었다. 주진은 각도에 1개소씩 설치하였는데 경상도는 좌·우로, 함길도는 남·북으로 2개소를 두었다. 또한 도의 관찰사는 모두 병마절도사를 겸하도록 하여 경기, 강원도, 황해도에는 병마절도사를 따로 두지 않고 관찰사가 겸하도록 했다. 따라서 국방상 중요시되는 경상도와 함길도에는 관찰사가 겸하는 병마절도사와 무관으로 임명되는 전임 병마절도사가 2명이었고, 충청도, 전라도, 평안도에는 관찰사가 겸하는 병마절도사와 전임 병마절도사가 있으며, 경기, 강원도, 황해도에는 전임 병마절도사가 없이 관찰사가 병마절도사를 겸하도록 되어 있었다.

당시 지방의 행정 체계는 전국을 8도道로 나누고, 도내의 모든 고을은 그 위상에 따라 목牧·도호부都護府·군郡·현縣으로 되어 있었다. 목에는 목사(정3품), 도호부에는 도호부사(종3품), 군에는 군수(종4품), 현에는 현령(종5품)이나 현감(종6품)이 파견되었다. 진관체제에 따라 이들 수령들은 군사 지휘관을 겸직하게 되었다. 이들 중 목사와 부사는 병마첨절제사를 겸직하여 거진의 진장鎭將이 되었고, 군수는 병마동첨절제사, 현령과 현감은 병마절제도위를 겸직하여 제진의 진장이 되었다. 이밖에 해안이나 국경 지역의 군사적 요충지에는 독진을 설치하여 전임 무관을 배치했다.

진관체제에 따라 수군도 체계를 갖추었다. 1466년(세조 12)의 관제개혁에 따라 수군의 직함이 바뀌어 수군도안무처치사水軍都安撫處置使는 수군절도사로, 수군도안무처치사도진무水軍都安撫處置使都鎭撫는 수군우후水軍虞候로, 수군도만호水軍都萬戶는 수군첨절제사가 되었다. 각도의 수군을 지휘하는 수군절도사(정3품)는 관찰사가 겸하도록 했으나, 해안 방어를 강화할 필요성이 충청도에는 1명, 경상도와 전라도에는 각 2명의 전임 수군절도사를 파견했으나, 나머지 경기, 황해도, 강원도, 평안도, 함길도는 관찰사가 수군절도사를 겸직하도록 했다. 수군절도사가 있는 곳이 주진이 되었고, 도내 해안 방어의 중심지를 거진으로 삼아 수군첨절제사(종3품)를 파견했으며, 수군이 배치된 해안의 포와 진에는 수군만호(종4품)가 파견되었다.

진관체제의 지휘 체계는 국왕으로부터 병조를 통하여 주진의 지휘관인 병마절도사에게 명령이 하달되면 병마절도사는 이를 거진의 지휘관인 병

수군 만호 노홍 선정비[진도 남도 석성 앞]

마첨절제사에게 하달하고, 병마첨절제사는 이를 다시 제진의 지휘관인 병마동첨절제사나 병마절제도위에게 하달했다. 밑으로부터의 보고 체계는 명령 체계의 역순이었다. 수군의 경우에도 국왕 – 병조 – 병마절도사 – 수군절도사 – 수군첨절제사 – 수군만호로 이어지는 체계였다.

4) 진관체제의 지방군

조선 초기에 군역 의무로 군인이 된 육군은 3종류가 있었다. 중앙에 번상하는 시위패와 남방의 영과 진에 부방하는 영진군, 그리고 북방의 익에 소속된 익속군이었다. 문종 대에 북방에 거주하는 시위패의 번상을 면제하고 익속군에 통합하여 익속정군翼屬正軍으로 만들었다. 진관체제가 성립된 후 1459년(세조 5)에는 시위패와 익속정군을 모두 정병으로 고쳤다. 이후 1464년(세조 10)에는 영진군과 수성군 등 지방에 부방하던 병종들도 정병으로 개칭했다. 이렇게 되어 중앙에 번상하는 정병과 북방과 남방의 진이나 영에 부방하는 정병이 모두 같은 명칭을 갖게 되었다. 정병은 양인으로 구성되어 있었지만 재력에 따라 기정병騎正兵과 보정병步正兵으로 구분되었다. 기정병이 양인 중에서 상층이라고 한다면 보정병은 하층 양인이라 할 수 있었다. 세조대에 제정된 보법保法에 의하면 기정병에게는 1보1정(3정), 보정병에게는 1보(2정)가 지급되었다.

이들 정병은 성종 대에 이르러 중앙군에 번상하는 번상정병番上正兵과 지방의 영과 진에 부방하는 유방정병留防正兵으로 구분되었다. 유방정병은 지방군의 핵심 전력이었다. 유방정병의 편성 단위는 려旅였다. 1려는 125명으로 5대隊로 구성되었다. 1대는 5오伍, 1오는 5명이 되는 진법 편제였다. 그런데 유방정병이 부방하는 진은 정해져 있었다. 군사적으로 중요한 지역에만 병력을 배치했던 것이다. 병력의 규모도 진에 따라 달랐다. 『경국대전』에서 각도에 유방정병이 배치되어 있는 진과 그 병력 규모를 보면 다음 〈표 3-3〉과 같다.

〈표 3-3〉 유방정병 규모

	4려	3려	2려	1려	계	병력수
충청도		주진	비인, 남포, 태안		9려	1,125
경상도	주진	동래, 웅천	영해, 김해, 사천, 영일	남해, 거제	20려	2,500
전라도		주진	옥구, 무장, 부안, 순천	흥양, 진도	13려	1,625
황해도			강령, 장연	황주, 수안, 풍천, 옹진	8려	1,000
강원도				강릉, 삼척	2려	250
계	1진	4진	13진	10진	52려	6,500

앞의 표에서 보면 유방정병의 규모는 6,500명으로 계산된다. 이는 각 진에 부방하는 정병의 정원이었다. 그런데 유방정병은 4번으로 나누어 1개월씩 교대로 부방했다. 그러므로 하번 중인 정병을 포함하면 유방정병의 수는 이의 4배인 26,000명이 되어야 했다. 1475년(성종 6)에 파악된 유방정병은 충청도 4,500명, 전라도 6,500명, 경상도 12,000명, 강원도 600명, 황해도 1,600명 등 총 25,200명인 것으로 되어 있다. 이를 4번으로 나눈다면 부방하는 유방정병의 수는 6,300명인 것으로 계산된다. 이는 유방정병의 정원과 큰 차이가 없었음을 보여주고 있다.

한편 양계 지역에는 정병 외에 양계 갑사도 부방하였다. 1475년(성종 6) 파악된 양계 지역의 병력을 보면, 정병은 평안도에 12,947명, 영안도(함경도)에 5,737명이었으며, 양계 갑사는 평안도와 영안도에 각각 3,400명이었다. 이들도 남방의 유방군과 같이 4번으로 나누어 부방하였으므로 양계 지역에서 부방하는 병력은 양계 갑사 1,700명과 정병 4,671명이었다. 이를 합하면 양계 지역에서 부방하는 병력은 6,371명이 되는 셈이다. 따라서 진관체제에서 전국의 지방군 병력은 정병이 43,884명, 양계갑사가 6,800명으로 총 50,684명이었으며, 이들도 4번으로 나누어 부방하였으므로 부방하고 있는 병력은 전국을 통틀어 12,671명이었다. 이는 성종 6년 당시의 병력수로서 시기에 따라 약간의 증감은 있었을 것이지만 이를 통해 대체적인 지방군의 규모를 알 수 있다.

제6절

해상 방어체제의 정비와 수군

1. 수군의 체제 정비와 제도적 발전

1) 조선 초기 수군의 확장

이성계는 위화도 회군을 통해 고려 정권을 장악한 뒤 북방에서 철수시킨 군사력을 왜구 토벌에 집중하였다. 조선 건국 후 강력한 중앙 집권 국가 건설을 통한 새 왕조의 기초를 튼튼하게 수립하기 위해서는 왜구 척결부터 시급히 해결해야 했다.

14세기 말 태조는 강온 양면책을 통해 대왜구 정책을 폈는데 '사대교린'의 외교 정책을 고수함으로써 일본 정부와 함께 왜구 소탕에 힘썼다. 다른 한편으론 적극적인 왜구 토벌 정책을 추진했는데 지방의 왜구 토벌 정책을 강화했고 왜구 토벌에 있어 장수들의 태도에 따른 신상필벌을 실시했다. 이러한 방침에도 왜구의 침입이 확대되고 장기화되자 조선은 고려 말에 이어 쓰시마 정벌을 단행하지만 이 결정이 알려진 후 왜구가 투항하면서 쓰시마 정벌은 실행되지 못했다. 이러한 태조대의 모습을 보면 수군이 체계적이고 조직적으로 발전되지는 않았지만 수군의 병력 모집과 유지를 위한 노력, 군선 건조를 위한 노력, 수군 조직 정비를 위한 노력 등 그 나름대로 강화하고 발전코자 노력한 것은 분명하다.

15세기 전반 태종과 세종에 의해 태조가 행한 국방 체제 유지 노력은 지속되었다.

이에 따라 조선 초기에는 국가적인 차원에서 수군 강화 정책이 실시되었다.

태조대의 수군 병력 규모를 자세히 알 수는 없지만, 태종대에는 시위패를 영진군이나 기선군에 편입시켰는데, 그 절반 이상을 기선군에 편입토록 하여 수군 병력이 증강되었음을 알 수 있다. 이는 왜구의 침입이 종식되지 않았다는 점과 이에 대한 방어대책으로 수군의 강화 정책이 지속되었기 때문이다. 태종대와 세종대의 수군확장 결과는 『세종실록지리지』 통해 확인된다. 『세종실록지리지』에 의하면 전국의 병력 규모는 96,259명이고, 그중 수군은 49,337명으로 절반을 넘는다. 수군은 시위군, 영진군, 익군 등 육수군에 비해 규모가 컸고, 각 도에 모두 수군이 편성되어 있었다. 각 도별 수군의 규모는 다음 표와 같다.[4]

〈표 3-4〉 조선 초기 수군 병력 규모

구분	경기	충청도	경상도	전라도	황해도	강원도	평안도	함길도	계
도별 병력 합계	3,876	7,858	15,934	11,793	3,997	1,384	3,490	969	49,337
진영별 병력 합계	5,792	8,414	16,622	10,600	3,239	1,103	3,490	1,069	50,442

도별 병력의 합계와 진영별 병력의 합계가 다른 것은 통계가 정밀하지 못했던 한계 외에도 장번 수군, 선직, 초공 등 8백여 명이 빠졌기 때문이다.

이후 『경국대전』이 편찬되는 성종 대에는 총병력이 15만에 약간 못 미치는 수준으로 증가했는데, 그 중 수군은 48,800명으로 기존보다 약간 줄어들었다. 한편 성종대에는 조운을 전담하는 조졸 5,960명이 별도로 편성되어 수군과는 별개로 운영했던 점을 고려하면 수군이 축소되었다고 보기는 어렵다.

결론적으로 조선 초기 수군은 크게 확장되어 세종대에 5만 명 수준이었고, 그 이후에도 비슷한 규모를 유지했다. 이 병력 숫자는 오늘날과 비교해도 결코 적지 않은 규모이고, 당시의 인구 수준에서 이 정도의 수군 병력을 유지하는 것은 쉽지 않은 일이었다.

---

4 이재룡, 「조선전기의 수군」 『한국사연구』 5, 1970, 116쪽의 표 참조.

수군력의 증강은 군선의 건조가 수반되어야 했다. 이미 태조 때부터 각 지방별로 군선의 건조를 분담시켰다. 그 결과는 1408년(태종 8)에 처음으로 군선의 척수가 확인된다. 이때 각 도별로 기존의 군선 수와 추가 건조 계획이 나타나는데, 그 규모는 다음 표와 같다.[5]

<표 3-5> 태종대의 군선 척수와 건조계획

구 분	경기	전라도	경상도	풍해도	강원도	충청도	평안도	함길도	합계
보유 척수	51	81	137	26	16	47	40	30	428
증가분	26	30	50	20	10	30	15	5	185
보유 목표	77	111	187	46	26	77	55	35	613

세종대에는 중국, 일본, 유구琉球 등의 조선 기술자를 초빙하여 각국 병선을 제작하고 우리 군선과의 장단점을 비교하여 성능 개선을 추진했다. 그 결과 세종대에 만들어진 군선은 대선大船, 맹선猛船, 무군선無軍船, 별선別船, 중대선中大船, 중선中船, 추왜별선追倭別船, 추왜별맹선追倭別猛船, 쾌선快船 등 10여 종류였고, 척수도 기존보다 훨씬 증가한 829척에 이르렀다. 수치는 조선 전 기간 중 가장 많은 척수에 해당한다.

2) 수군 제도의 정비

고려 말에 왜구의 대응책으로 마련된 임시적 수군 관직 체계는 조선이 건국되면서 점차 정비되었다. 조선 초기의 수군 관직 체계는 『경국대전』에 반영된 15세기 후반의 진관체제에 이르러 완성되기까지 시기별로 약간씩 변화했다. 태조 대에는 고려 말기 이래의 임시적인 명칭인 '수군도절제사' '수군절제사' '수군첨절제사' 등의 명칭이 한동안 혼용되었다. 그러다가 태종대에는 육군의 병마도절제사에 비견되는 '수군도절제사'라는 명칭이 주로 사용되었고, 수군도만호나 수군첨절제사 등의 명칭도 혼용되었다. 수군도절제사 이외에 수군만호와 수군천호 등의 명칭이 보이지만 지휘권 관계 등

---

5 『성종실록』 권59, 성종 6년 9월 갑인 ; 『경국대전』 「병전」, 수군.

자세한 내용은 알 수 없다. 이어서 세종대에는 수군도절제사를 고쳐 '수군도안무처치사水軍都按撫處置使'라는 명칭을 사용했다. 그러나 이 명칭으로 통일된 것은 아니었고, '전라도 수군처치사' '경기도 수군첨절제사' 등 기존의 명칭도 여전히 사용되었다.

이러한 관직 체계는 세조 때에 다시 한 번 정비되었다. 1466년(세조 12)에 대대적인 관제 개혁을 단행하는 과정에서 기존의 수군도안무처치사는 '수군절도사'로, 수군도안무처치사도진무는 '수군우후'로, '수군도만호'는 '수군첨절제사'로 각각 변경되었다. 이때에 이르러 『경국대전』에 반영된 '수군절도사' - '수군첨절제사' - '수군만호'의 일원적인 지휘 체계가 완성되었다.

한편, 고려 말 왜구로 인해 많은 연해안 백성들이 내륙으로 이주했는데 왜구 출현이 현저히 줄어든 15세기 전반에는 이들이 고향으로 돌아와 점차 연안 지역이 충실해지고 군선과 화기로 무장한 수군이 자리잡으면서 수군 진영이 확대되었다. 『세종실록지리지』와 『경국대전』에 수록된 전국의 수군진을 도별로 정리하면 다음 표와 같다.

〈표 3-6〉 『세종실록 지리지』와 『경국대전』의 수군 진영

구 분	경기	충청도	경상도	전라도	황해도	강원도	평안도	함길도	계
『세종실록 지리지』	6	8	21	16	7	6	3	2	69
『경국대전』	7	6	23	19	7	5	3	3	73

앞의 표에서 알 수 있는 바와 같이 세종대에는 전국에 69개의 수군 진영이 배치되었으며, 전라도와 경상도의 남해안에 집중되어 있다. 『경국대전』에는 세종대보다 4개의 수군 진영이 증가했는데 대부분이 전라도와 경상도의 남해안에 추가된 것이다.

요컨대 조선 전기의 진관체제가 완성되는 단계의 수군 진영은 이전보다 더욱 연해안 지역으로 전진배치 되었다. 특히 왜구의 이동로, 일본과의 통교 지역, 그리고 일본인의 어로와 관계된 지역까지 수군 진영이 설치되었다. 다만 조선 전기의 국방 전략인 진관체제 자체가 최대 도 단위를 넘지 않는 지역 방어 중심의 전략이었기 때문에 수군의 경우 지나치게 많은 요해처에 전력이 분산 배치되고 있었다. 소규모 왜구에 대한 방어에는 적절했겠지만, 국가 차원의 대규모 침략 전쟁에 대비하기에는 한계로 작용될 소지가 다분히 있었다.

2. 수군의 복무방식과 병력확보책

1) 수군의 복무방식

수군은 육군과는 달리 선상 생활을 한다는 근본적 차이점을 가졌는데 이러한 복무 방식에 따라 생활에 어려움이 있었다. 선상 근무로 인해 습기로 인한 질병, 군선이 더위와 추위에 노출되어 있다는 점, 해상 출동과 전투의 위험성 등이 대표적이다. 때문에 조정은 수군의 요역을 면제해 주고 연해의 전지에 대해서는 조세를 감면해주는 등 수군에게 여러 혜택을 베풀었다.

수군은 『경국대전』이 만들어지는 시기에 이미 '이번일삭상체二番一朔相遞' 즉, 상하 양번으로 나눠 한 달씩 교대로 근무하는 방식으로 규정화되었다. 때문에 수군은 1년을 기준으로 6개월을 근무해야 하는 부담을 졌다. 이는 영진군인 유방정병이 '사번이 삭상체四番二朔相遞' 즉, 2개월씩 4교대로 근무하는 방식에 비해 복무 부담이 훨씬 큰 것이었다.

2) 수군역의 변질과 세습화

수군의 부담이 점차 증가하면서 수군의 고역화가 진행되었다. 군량 확보를 위한 노역과 공물을 마련하는 데에 동원되었을 뿐 아니라 조운에 동원되기도 했고 토목 공사를 비롯 각종 잡역에 동원되는 등 수군의 부담이 증가된 것이다. 이에 따라 과중한 수군역에 대한 대책 논의는 있었지만 뚜렷한 개선책은 없었다. 이러한 수군의 부담은 문종대까지 계속되었는데 이러한 부담으로 인해 수군에 대한 기피 현상이 일어났다. 또한 이러한 수군 기피 현상은 대립과 방군수포로 나타났다.

수군은 본래 양인에게 부담되는 군역이었으나 신분이 불분명한 자의 수군 편입, 범죄자의 수군 충정, 보법의 폐단 등 몇 가지 원인으로 인해 지위가 하락하면서 천역화되었다. 이러한 상황들로 인해 수군역을 벗어나려는 다양한 시도가 발생했고 이를 차단하기 위해 성종대에 수군세전이 법제화되었다. 법제화 이후에도 수군 병력 충원이 어려움을 겪자 별도의 제도 보완 노력도 이어졌다. 하지만 수군은 여전히 요역에 동원되었고 대립과 방군수포가 일반화되면서 그 폐단이 심각한 지경에 이르렀다.

3. 병선과 화기의 발전

1) 병선 체제의 발전

조선 초기의 군선 건조 노력은 세조와 성종 때까지 계속되었다. 그 결과 『경국대전』에 나온 군선 종류와 척수를 정리하면 다음과 같다.

〈표 3-7〉 성종대의 군선 통계

도별 \ 종류	경기도	충청도	경상도	전라도	강원도	황해도	평안도	영안도	계
대맹선大猛船	16	11	20	22		7	4		80
중맹선中猛船	20	34	66	43		12	15	2	192
소맹선小猛船	14	24	105	33	14	10	4	12	216
무군無軍 대맹선							1		1
무군無軍 중맹선							3		3
무군無軍 소맹선	7	40	75	88	2	10	16	9	247
합 계	57	109	266	186	16	39	43	23	739

세종대에는 군선의 종류가 10여 종이었는데 성종대에는 크기에 따라 대·중·소맹선으로 구분했다. 병선의 배치는 수군 진영에 비례해서 전라도와 경상도에 집중되어 있었다. 15세기에는 수군의 주력 군선은 대·중·소맹선으로 구성된 맹선이었다.

그러던 것이 1544년(중종 39)에 발생한 사량진왜변을 계기로 왜구의 선박이 거대해지고 화기 사용으로 새로운 해전 전술이 나타나자 이에 대응할 수 있는 새로운 군선의 개발이 요구되었다. 드디어 1555년(명종 10)에 새로운 전선인 판옥선이 만들어졌다. 평저선형으로 된 판옥선은 120여 명이 승선하였고, 2층의 곁꾼과 3층의 전투원을 구분하는 구조와 선체가 높아서 적이 쉽게 오를 수 없는 특징을 가지고 있다. 명종 10년 이후 등장한 판옥선은 이후 10여 년 동안 대대적으로 건조되어 기존의 맹선을 대체하는 신형 군선으로 자리 잡음으로써 임진왜란 시기의 주력 군선이 되었던 것이다.

2) 화기의 발달

고려 말에 개발된 화약 무기는 조선왕조에 그대로 계승되었다. 특히 태종의 즉위와 함께 화기 개발을 위한 노력이 본격화되었다. 태종대의 화기 발전을 요약하자면 화기의 성능과 보유 규모가 배가된 시기였다고 볼 수 있다. 태종의 재위 말에는 군기감 내에 화약감조청이 새로 설립되었고 각처의 육상 방어 시설, 특히 서북 변경 지역까지 화기를 보급했다. 뒤를 이은 세종대에는 완구의 개량, 발화의 출현, 신포의 사용 등 화기의 개량 및 발명이 이어졌다. 이러한 과정을 거쳐 세종 27년(1445)에 이르면 화

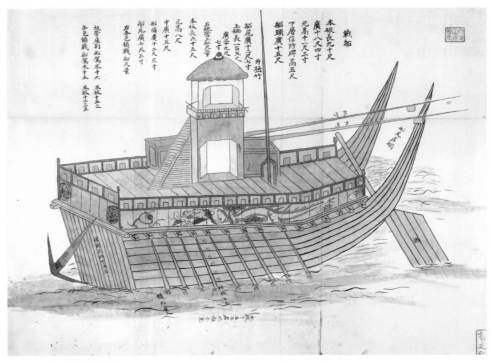

『각선도본』의 판옥선(규장각한국학연구원)

기 발달이 절정기에 도달한다. 이를 보
아 조선 초기의 화기는 고려 말에 이어
왜구 격퇴를 위해 국가적으로 중시되었
다는 것을 알 수 있다.

천자총통(진주박물관)

　15세기에 획기적인 발전이 있었던
화기 분야는 판옥선의 등장과 비슷한
시기에 한 차례 큰 변화를 갖는다. 왜구의 새로운 해전 전술로 인해 다시 한 번 총통
에 대한 관심이 제고된 것이다. 따라서 인종과 명종대에는 왜구의 변화에 대한 대응
책 마련에 부심했다. 이 과정에서 총통과 대장군전에 대한 논의가 있었는데 이후 조
선 조정은 총통 건조에 박차를 가했고 이때의 무기 체계는 임란 초기 조선 수군이 일
본 수군에 압도적 승리를 거둔 역사적 배경이 되었다.

제7절

병역제도와 신분제

1. 국역과 군역의 편성원리

1) 국역의 종류와 특성

조·용·조에 입각한 조선의 조세제도 가운데 용에 해당하는 역에는 직역, 신역, 요역, 군역이 있다. 직역은 지배층의 특권이라는 성격이 강했다. 오늘날과는 다르게 면제가 아닌 일정한 직무에 종사하는 것으로 국역을 대신해 신분제적 특권을 주었다. 신역은 하위 관리나 사역인의 직역인 성격이었다. 특수한 신분층이 특정 임무를 세습적으로 수행했고, 다른 국역 편성에서는 제외되었다.

양인이지만 천인층이 부담하는 천역과 장인 등 사회 운영에 필요한 임무를 담당하는 신량역천이 있었다. 요역은 국가나 지방관청에서 필요한 노동력을 징발하는 것이었다. 마지막으로 군역은 국방의 의무와 벼슬이 될 수 있는 사환권으로써의 기능을 했고, 부세의 성격을 지닌 경우도 있었다. 군역을 수행하는 개인과 호에 대해서는 요역을 면제해 주었지만 군역은 개인 단위, 요역은 호 단위로 징발해 서로 중복되는 경우가 발생해 나중에 큰 폐단이 되었다.

2) 군역 편성과 신분제

군역은 국방의 의무로써 원칙적으로 전 국민의 의무이나 사실 천인의 경우에는 지지 않았다. 드물게 장용대처럼 노비로 편성된 부대가 있었으나 신분적 제한을 주어 역할과 대우에서 차별을 가했다. 이렇게 군의 병종을 나누고 운영하는데 신분제적 논리를 적용해 구성했는데, 물론 이런 원리만으로 조선의 군역을 전부 판단 할 수는 없다. 군역의 상위 병종에 속하기 위해서는 뛰어난 무술 실력은 물론 말과 활, 갑옷 등의 장비를 구매할 수 있어야 했으며, 복무 중 자신과 하인의 생활비를 조달할 수 있는 경제력이 필요했다. 그러므로 경제력을 보유한 사족이거나 부유한 양인이 주로 입속했다. 아울러 군복무의 성격, 반대 급부로서의 사환권이 주어지는 의미가 중시되었다. 물론 상위 병종에서도 관직에 준하는 지위를 받은 경우는 일부에 불과했다. 또한 고위 관료 자제들의 군역 수행을 위해 만든 특수 병종도 존재해 군역 복무의 고통을 감해주는 등 차별적 특혜를 부여했다.

한편 가장 핵심적 비중을 차지하는 갑사와 정병은 상당수가 기병이어서 경제적 부담이 적지 않았다. 갑사의 경우는 비교적 상층의 양인이 입속했고, 사역에도 동원되지 않았다. 반면 정병의 경우는 16세기 이후 평화가 지속되면서 전투력을 상실하고 사역화되었다. 수군의 경우도 정병보다 심하게 사역에 동원되었지만 임진왜란 때까지도 뛰어난 기능의 전투력을 보유하였다.

2. 군역의 수행방식

1) 봉족제의 도입과 시행

조선의 군제는 국가가 군인에게 토지를 지급하고 그 군인은 대가로 군역을 부담하는 병농일치의 부병제를 표방했다. 그러나 조선은 군인에게 토지를 지급하지 않았고, 자신의 토지를 이용해 군역을 부담해야 했다. 이로 인해 여러 호와 인정人丁을 묶어 그 중 한 명이 군역을 부담하는 호수가 되고, 나머지는 그를 지원하는 봉족·조정·보인이 되는 방식을 사용하게 되었다. 물론 군역 부담자를 지원하는 것도 군역 수행으로 인정했다. 이 제도의 특징은 먼저 가족, 친족공동체 단위로 군역을 부담하도록 해 사역 면제를 보장하기 위함이고 다음은 같은 마병이라도 품관과 무직자에 따라 차등을 두는 신분별 차등이다.

1404년(태종 4) 봉족 지급대상 확대와 소유토지에 비례해 봉족을 지급시킨다는 개정안을 시작으로 여러 차례 봉족법을 개정했다. 그러나 봉족제는 호수와 봉족을 호 단위로 나누었기 때문에 호와 그 안의 불안정한 인정의 수에 대해 여러 가지 부조리가 발생했고, 대립제로 인한 불공정한 징발이 나타나게 되었다. 또한 자비로 군역을 담당하는 상황에서 이정도의 경제적 보장으로는 군역을 감당하기 힘들었다.

2) 보법

세종대에 들어서 늘어난 병력 수요를 위해 호구 파악을 실시해야 했고, 1459년(세조 5) 호패법을 시행했다. 이로 인해 기존 호 단위의 봉족제를 대체하는 인정 단위의 보법이 시행되었다. 보법은 호 안에 남은 인정을 정확하게 파악해 모두 다른 사람의 보인으로 차출할 수 있게 했다. 이는 형평성의 관점에서 바람직하고 이상적 형태이지만 개인의 경제적 독립성과 능력이 충분하지 않았던 당시 사회에서 개인 단위의 군역 대상을 파악하고 부과시키기에는 난점이 많았다. 그래서 처음 세조는 숨어있는 인정을 찾아 군역을 부과하기 위해서임을 스스로 인정했다. 그러나 경제적 능력이 부족해 숨어있는 이들을 찾아 일정한 군정을 제공한 후 군역을 감당하라는 발상은 당시 성숙하지 않은 사회적 조건 하에서는 이상론에 불과했다. 또한 1명에 군역 부담자에게 지원자를 겨우 두 명 밖에 주지 않은 2정1보 또한 상당히 각박했다는 비판을 받고 있다. 그리고 일반 농민가를 보호하기 위한 과다한 예외 조건을 달았지만 실제로는 전혀 반대의 결과를 가져오는 등 법의 기본적 원리와 속성을 무시했다는 비판을 피하기 어려웠고, 결국 1467년(세조 13) 이시애의 난으로 폭발했다.

그 후 성종대에 와서 보법이 수정되어 지나치게 늘어난 군액을 감축하고 군액의 부과 기준을 간결하게 했다. 그러나 이때의 병력 수요는 진관체제 편성에 의해 산출된 필요 병력이었기 때문에 큰 병력 감축은 불가능 했다. 그래서 군역 부과 대상자를 보인이나 솔정으로 편제해 기존 군사들의 경제적 지원을 든든하게 했다. 또한 2정1보를 폐지하는 대신에 가내 솔정의 인정한도를 완화시키고 전5결을 1정으로 산정하는 규정도 폐지했다. 그러나 군역 부담의 공평성의 목적 달성은 실패했다.

3) 군적의 작성과 병력 파악

군적은 병종별로 군역 대상자의 명부를 기록해 관리하는 문서이다. 여기에는 군사뿐만 아니라 국역을 면제받는 사족의 자제, 향리, 역리 등 국역자도 기재되었다. 군적은 호적을 토대로 추려져 작성되었는데 군적은 초기 호적과 같이 3년마다 작성했다가 나중에는 6년마다 작성하도록 했다. 군적 작성 시 관찰사에서 수령으로 이어지는 행정망을 사용하거나 정차관을 파견하기도 했다.

태조 2년 양계를 제외한 6도 지역을 중심으로 조선 최초의 군적이 작성되었다. 그러나 호적이 부실했기 때문에 군적 또한 부실해 질 수 밖에 없었다. 그 후 군적의 개정이 제대로 이루어지지 않아 여러 상황을 제 때에 반영할 수 없었다. 결국 군적과 현실의 차이로 군역을 공정하게 부과하거나 운영할 수 없었고 각종 부조리의 원인이 되었다.

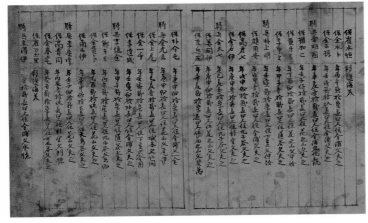

군적(육군박물관)

3. 군역제의 동요

1) 16세기 사회·경제적 변동과 군역제의 변화

경제력을 갖춘 양인 농민들로 15세기까지 군사제도와 군역제를 유지시켰지만 16세기에 들어와서는 지주제의 급속한 성장과 상업, 무역의 발달 등 사회경제적 변화로 그 기반이 흔들리기 시작했다. 특히 지방의 특산물을 국가 기관에 현물로 납입하는 공물제도에서 생긴 불편으로 인해 대리인이 물품을 관청에 납부해 대가를 징수 받는 방납제가 생겼고, 이로 인한 이익이 커지자 거대한 청부 산업으로 변했다. 얼마 후 청부업자에게 특산물을 화폐의 대용인 면포로 값을 지불하는 포납화까지 진행되었다.

공물 대납으로 다양한 층이 이익을 챙겼지만 그 중 왕실과 권세가들이 최대의 이익을 보았고, 그 이익을 가지고 토지 겸병과 개간 사업에 투자했다. 이들은 개간을 통해 지주 경영보다 수익성이 더 좋은 농장을 설치하고 재산을 증식시키려고 했다. 그러나 이런 발달은 자영농의 몰락과 감소를 낳았고 조선은 이들을 보호하기 위해 애썼지만 쉽지 않았다. 결국 양민과 군역 자원의 감소는 심각한 수준에 이르렀고, 국가의 만성적 재정 적자로 인한 수탈로 양인 농민의 감소와 몰락이 더욱 급속히 진행되었다.

2) 피역과 군역자원의 감소

불법적으로 군역을 벗어나는 피역은 15세기 말부터 더욱 심각하게 진행되었다. 특히 군역의 중추인 양인층의 감소가 컸는데, 이들은 피역을 통해 군역을 면제받았다. 먼저 노비가 되거나 노비로 위장하는 투탁을 했는데, 심지어 농장주들은 이런 상황을 이용해 몰락 양인들을 자신들의 농장으로 흡수했다. 또한 투탁의 종류 중 장인호라는 방법도 있는데 군역 면제를 받는 대신 일정 생산물을 제공하거나 생산역에 종사하는 것이었다. 정부의 대책에도 불구하고 결국 이를 막을 수 없어 16세기 양인이 감소하고 노비가 급증했다. 다음으로 부유한 양인들이 천인이 되지는 않지만 권세가의 반당·반인이 되는 투탁의 일종도 성행했다. 또한 권세가들이 반당을 사점하는 방식과 비슷하게 관청에서도 직할의 사역인을 사점하는 현상도 증가했다. 이런 사역인들은 고된 역종들로 대립도 일찍 발생해 관청, 관원에서는 이들을 이용해 대립가를 받기 시작했다. 마지막으로 고전적인 방법인 출가해서 승려가 되는 방법이 있었다. 게다가 『경국대전』에서 승도가 낳은 자식을 천인으로 한다는 규정이 있었지만 역효과가 발생해 피역 승도와 함께 천인까지 급증하는 사태가 초래되었다.

원래 조선에서는 사족이라는 이유로 군역을 면제받을 수 없었지만 이들은 조선시대 군 전투력의 핵심이었고, 이들을 군 복무시키기 위해서는 보상보다 신분적 특혜가 중요했다. 하지만 정부는 군전도 지급하지 않았고, 신분적 특권을 주지도 않았다. 결국 이들은 군역에서 대거 이탈하는 사태를 빚었다. 이들의 군역 면제는 불법이기 때문에 관직을 받아 면제를 받으려했다. 관직을 획득하기란 쉽지 않아서 이들은 녹사와 같은 성중관직이나 서리 등을 애용했다. 그러나 관직으로 진출하는 길이 어려워지자 녹사들은 관직 진출을 포기하고 낙향했고, 아예 군역 면제를 위해 녹사가 되었다가 바로 낙향하는 경우도 생겼다.

서리의 경우는 잉사서리라는 명분을 가지고 군역 면제를 받았다. 잉사서리는 16세기 관직이 부족해져 서리들이 근무 연한을 채워도 더 이상 승진이 불가능해지자 나타났다. 이로 인해 정부에서는 잉사서리의 정원을 정하는 등 규제를 두었지만 근절되지는 않았다. 녹사와 서리는 자기 당대에만 군역 면제를 받을 수 있었기 때문에 자제들까지 군역 면제를 주기 위해 서울의 4부학당, 지방 향교의 학생이 되었다. 그래서 오직 선조 중 관직을 역임한 자가 있다는 이유로 글도 모르는 이들이 훈도직을 받아 군역을 면제받았다. 또한 피역은 아니지만 좀 더 쉬운 역으로 옮겨가는 일이 발생했으며 보인과 자리를 바꾸는 보인화 현상도 나타났는데, 특히 사족들이 군역을 피하기 위한 방법으로 널리 이용되었다. 이들은 보다 쉬운, 상급 병종의 보인으로 옮겨가는 것을 선호했다. 이러한 현상으로 하급병종의 열악한 군사들과 그들의 보인들의 군역 부담이 더 커져갔다.

3) 군역의 대립화(代立化)

군사가 아닌 다른 사람이 군역을 대신하고 그 대가를 지급하는 대립제로 인해 조선 군사력의 질적 저하에 결정적인 타격이 되었다. 처음 대립제는 거래 형식으로 이루어졌지만 나중에는 국가의 공인에 의해 복무지에 포를 납부하고 대립자를 고용하는 방식으로 발전했다. 대립제는 군역뿐만 아니라 신역을 지는 모든 업종에서 발생했는데, 신분이 낮고 역이 고된 곳부터 발생했다.

맨 처음 대립은 봉족제 하에서 가족, 친척 구성원 내부에서 필요에 의해 역을 서로 대신해 주는 구조였지만 보법의 시행으로 대립제가 군역 대행, 영업 행위로서의 양상을 지니게 되었다. 그 일차적 이유는 군역의 사역화 때문이다. 진관체제 이전 장정들을 일원적으로 파악하지 못해 동원할 장정이 없으면 요역 대상이 되는 호의 하급 병종의 병사들을 징발했던 것이 원인이 되었다. 그러나 16세기 이후 군사직이 신분, 지위 상승에 도움을 주지 못하자 상위 병종에서도 대립이 성행하게 됐다. 또한 군사들의 도망과 군적의 부실도 대립의 원인이 되었다. 군사가 군역을 복무하기 위해 사용하는 비용을 보인이 지출하는 조역가의 높은 책정도 대립제를 심화시켰다.

군역의 고달픔과 군역 자원의 부족으로 대립가가 상승해 이윤이 증가하자 대립을 알선하고 강요하는 현상이 생겨났다. 또한 이로 인해 대립가가 상승하는 등 악순환이 반복되면서 정부는 대립을 인정하고, 대립가를 공정하게 정하고자 했지만 정부의 용인으로 대립은 더 성행하게 되었다. 정부는 처음 전가사변형이라는 강경책을 사용해 대립을 막으려 했으나 성공하지 못했고, 결국 대립의 양성화로 정책을 전환했다. 대립가를 안정시키기 위해 대립의 절차를 개선했고 일정한 효과를 보았다. 그러나 이미 많은 군인과 보인이 도주했고, 남아있는 군사와 보인이 부담해야하는 대립가도 엄청난 액수가 되어있었다. 게다가 지방에서 복무하는 병사와 수군에게는 허용되지 않는 한계가 있었다. 결국 대립의 성행으로 군사제도는 거의 제 기능을 하지 못했다.

제8절

병역관리와 군수·통신체계

1. 군기와 군율

1) 기강의 확립과 군법 운영 체계의 개편

위화도 회군 이후 정국을 주도했던 급진개혁파들은 통수 체제 등의 개편과 연계시키면서 군법의 운영과 관련하여 일어난 혼란 및 그에 따른 폐해를 제거하는 작업을 시도하였다.

첫째로 군법의 내용을 정리하고자 했다. 군법을 정리하는 일에는 당시 정해진 법이 없었기 때문에 형법의 조문을 통일하는 것이 중요했다 이에 개혁파들은 『대명률』에 입각하여 우리 식으로 군법의 내용을 정리하려 하였다. 일단 『대명률』로 형법 조문을 통일하고 그에 입각하여 군법 내용을 정리하는 방법을 채택했다.

둘째로 외적과 직접 전투해야 하는 지방군에게 적용하는 문제를 거론했다. 일단 도별로 일원적 지휘 체계를 확립시킬 것을 주장했고, 그런 위에서 기존의 안렴사 대신 도안렴출척대사로 격을 높여 파견하였다. 이는 안렴사의 품계가 관할 지역내의 방진의 군관보다 낮았기 때문에 제대로 다스릴 수 없었던 데에서 발생했던 심각한 문제를 해소하려는 것이다. 또 방진의 군관도 수령과 마찬가지로 5사 성적에 따라 근무 평가 기준을 새롭게 마련하면서 보다 합리적인 근거에 의해 마련된 표준안에 따라 집행하고자 했다.

하지만 군법 운용과 관련된 사항들이 지방에 집중되었던 것에 비해 중앙에 대해서는 직접적인 언급이 상대적으로 적었다. 즉, 외방의 군사 해결에 비해 중앙에서의 개혁이 이루어지지 못한 채 왕조교체가 이루어졌다. 그만큼 당시 외적의 방어와 관련하여 외방의 군사 문제 해결의 개편이 시급했음을 반증하는 것이다.

조선에 들어와 서는 정도전의 주도로 군법이 개편되었다. 정도전은 『대명률』의 적용을 강조하여 군법의 운영 체계에도 곧 바로 반영되게 하였고 전투 위주 군법 운영에서 탈피해 군인 위생과 구호에 관여하는 등 실질적인 변모의 계기를 부여하려 했다. 이러한 원칙이 마침내 『경제육전』에 수록되어 적용되었다. 그리고 민관과 군관을 엄격히 통제할 수 있는 관찰사를 파견해 도절제사들을 감독하였고 관찰사의 감독 아래 있는 도절제사들은 자의로 군법을 적용하지 못하게 했다.

특별히 왕조 초창기에는 중앙군의 사병적인 통솔 체계를 제거하는 숙제가 남아있었다. 이를 완전히 제거하기 위해 이들을 국가의 공병으로 전환하는 것과 더불어 군법 운영 체계를 개편하려 했다. 먼저 중앙 권력자의 사병적인 지휘 체계로 특수한 대우를 받았던 군사들에게 부위지법을 마련하여 처리하고자 했다. 이는 중앙에 소속된 군사들이 국가의 명을 거역할 경우 처벌을 받을 수 있음을 의미했다. 이것은 곧 『경제육전』에 법제화되어 확고한 시행 발판이 마련되었다.

2) 군령의 운용과 군법의 적용

최초의 성문 법전인 『경제육전』에 수록된 군법 관련 규정들은 수세적인 성격이 강했다. 하지만 세종대에 들어와 쓰시마 정벌, 파저야인 정벌 이후로 공세적인 자세로 바뀌어 갔으며 이에 군법의 운영 방식도 변모하지 않으면 안되었다. 그것은 파저야인 정벌 당시 16개조로 된 군령에서 수정되기 시작하였다. 이는 대장에서 일반 병사에 이르기 까지의 군법이 세밀하게 규정되어 전체적으로 운영하는데 지장이 생기지 않게 했다. 특히 파저야인의 정벌에서 얻었던 성과들은 곧 바로 재정리되어 조금 뒤 편찬된 『계축진설』의 군령편에 수록된 것으로 파악된다. 이는 훈련시, 유사시를 막론하고 일반적으로 적용되는 군법 운영 체계가 어느 정도 틀을 갖추었음을 의미했다. 그 뒤 보강, 부분 수정 작업이 진행되었고 문종때의 오위 조직으로의 지휘 체계의 개편과 연결되어 『(오위)진법』의 군령편에 포함되게 되었다. 결과적으로 이는 법적인 구속력을 지녀 유사시 군령 운용 체계의 근간으로써 군법 적용의 실체적 근거가 되었다.

『경국대전』의 반포와 더불어 군법 운영 체계에 대한 정리 작업도 병행하였는데 국지적인 전투 따위에 적용할 군법의 수정이 필요했다. 전시가 아닌 때에도 『(오위)진법』의 군령조로 처리한다는 것은 상당한 무리가 있었다.

새로 편찬된 『경국대전』의 용형조에서는 중벌을 부과하고자 할 때에는 중앙에 보고하게 하여서 장수의 군법 적용의 남용을 방지하고자 했다. 하지만 그렇다고 해서 장수의 권한이 마구 흔들려도 안되었다. 이를 위해 장수의 지휘 아래 효율적으로 군대를 통솔할 수 있도록 유사시에는 장수들이 최고위층에게도 군법을 적용할 수 있도록 했다. 즉 적과 대치했을 때에는 장수들로 하여금 군령을 범한 자들에 대해서는 그 누구라도 군법을 적용하여 처단할 수 있음을 뜻했다.

3) 계급법의 실시

건국 초기에는 사병적 요소로 인해 군들의 출신이 달라 군인들을 일관된 기율 체계에 의거해 일사불란하게 통솔하는 것이 어려웠다. 이의 해결 방안의 하나로 계급법의 도입 및 재정비가 필요했다. 군제 개혁을 주도했던 정도전은 일관된 통솔을 위해 먼저 무직계급의 호칭 정리를 주장하여 고려적인 명칭에서 탈피하여 종래 사병적 색채를 약화시키려 했다. 이어서 신분이나 배경에 상관없이 계급을 강조하여 명확한 상하 관계를 확립시키려 했다.

왕자의 난 등으로 집권세력의 교체가 일어나면서 이직의 건의에 따라 고려의 무직 계급제도인 호군방이 복구되었다. 이는 신분과 배경이 중시됨을 뜻하는 것이었다. 하지만 계급을 강조했던 『경제육전』의 원전과 서로 상충되었고 참알·회좌례의 폐지로 복구된 호군방 체제는 사실상 재구실을 하기 어려워 졌다. 그것이 실력뿐만 아니고 신분과 출신 배경 등도 고려해서 서열을 매기는 작업의 상징적인 의미를 지니고 있었기 때문이다. 이로 인해 계급법 체제가 다시 새롭게 논의 될 수밖에 없었다.

호군방 혁파 뒤 각위 별로 호군이 책임지고 하급자들을 다스리는 방식으로 변하면서 지휘관으로서의 능력과 자질의 검증이 중요하게 되었다. 위를 단위로 운용하는 체계가 한층 중요해 졌음을 의미했고 위와 영을 기준으로 상하 관계를 표시해 지위는 소속의 위, 영의 위치에 따라 달라지게 되었다. 또 무직계급제도가 고려때 보다 복잡해졌다.

1430년 병조의 건의에 따라 계급법이 또 다시 정비되었다. 첫째는 무관들은 본위에서는 산관이 아닌 직사에 의거하여 예의를 표하게 했다. 이것은 업부 중심, 재능 중심의 체제로 운용하고자 했음을 알 수 있다. 하지만 다른 위에 대해서는 산관에 의거하도록 하였다. 둘째는 삼군경력·도사는 비록 무관이기는 하지만 다르게 취급하도록 했고 처벌의 경우 사전에 병조에 보고하도록 해 어떤 경우라도 일원적 체계로 움직이게 했다. 이로서 세종 때의 재정비 작업과 태종 때의 운용 방식이 절충되어 조선 초기 계급법의 근간은 형성하게 되었다.

5위 25부로 중앙군의 조직 체제가 크게 변모하면서 5위에 의해 실제로 움직이는 일이 잦았다. 5위 체제의 직사자들로부터 명을 받고 어기면 처벌하게 하였고 처벌 과정이 오장에서부터 단계적으로 올라가 임금에게 보고 하게 하여 상하관계를 분명하게 하려 했다.

2. 훈련

1) 대열

대열大閱은 국왕 참관 아래 이루어지는 훈련으로 국왕이 군대를 직접 지휘한다는 정치적 상징을 보여주는 의식이었다. 대열은 세종 때부터 실시되었으며 다수의 신료층을 동원하여 행했기 때문에 군주의 위신을 실질적으로 높이는 일이었다. 하지만 대열의 대상은 모든 관사와 관원이 아닌 반드시 동원되어야 하는 부서 관리들만이 대상이었다. 1421년 대열의가 공포되면서 대열이 국가 의식으로 승격되었다. 하지만 이는 각종 부담과 부작용 등으로 개최하기 힘든 요소로 작용했다.

태종 때 이르러 대열 속 진법 훈련에서 가장 중요한 것인 교범이 곧이어 나오고 대열에 필요한 모든 요소들을 구비하게 되었다. 하지만 다시 대열의주가 공포되어 대열의 의식 자체를 가장 중요시하게 되었다. 이후 대열에 많은 관심을 기울여 『경제육전』에도 법제화했으나 제대로 시행되지 못했는데 그것은 대열이 상당한 재정 지출에도 불구하고 실질적으로 도움이 되지 못했기 때문이다.

대열의 실용성에 대한 문제 해결을 위해 새롭게 정비될 필요가 있었고 무엇보다도 의식적인 면모가 줄어들고 효용성이 높아지도록 해야 했다. 이는 『(오위)진법』의 간행과 연계시켜 추진되었고 대열의주를 독립된 것이 아닌 진법 훈련을 하면서 자연스럽게 실시하도록 했다. 형식적이고 의례적인 요소들을 배제시켜 효용성을 높이려 했다.

다시 대열의 개편이 세조의 주도로 실시되었지만 의례적인 것을 축소하고자 했던 본래의 의도와는 달리 그대로 실천되지 않았다. 또한 세조는 대열을 훈련에서만 그치는게 아니라 발탁의 계기로 삼고자 했다. 하지만 참여 강도를 높이기 위해 군사들의 내년의 잡요를 면제하게 해 재정상의 문제는 물론 형평성에서도 맞지 않았고 대열의 제도화된 실시에 부담을 주는 요소로 작용하였다.

성종 때 대열에서 반드시 포상해야 할 대상자에게 국한해서 실시했다. 이것은 대열이 원래의 기능에 충실한 쪽으로 나아가고 있음을 의미했다. 이후 대열은 『(오위)진법』의 대열의주에 따라 실시되었고 그 밖에 실시에 필요한 규정들은 『경국대전』에 실어놓았다. 이로써 대열이 실질적인 기능을 할 수 있게 되었고 의례적인 측면에서 벗어나 실용성을 강화하려는 방향으로 나가게 되었다.

2) 진법 훈련

고려에는 군정에 체통이 없어 크고 작은 전쟁마다 커다란 손실을 입었다. 그 배경에는 훈련 체계의 혼란도 한몫했다. 위화도 회군 이후 정권을 잡은 급진개혁파의 주도로 훈련 체계가 개혁되기 시작했다. 우선 무반 등용 시험인 강무법과 훈련관을 설치하여 군사 훈련을 관장하는 최고의 기구가 설립되어 그에 관련된 여러 사항을 관장하도록 했다. 또 진법陳法 훈련을 통해 사졸들과 지휘관들의 신뢰를 바탕으로 일체감을 쌓는, 즉 중심을 하나로 묶는 훈련 체계의 수립에도 박차를 가했다.

특히, 태조 때 정도전은 『오행진출기도』, 『강무도』를 지었고 이를 바탕으로 진법 훈련을 실시하여 진법의 규모와 격식이 이전보다 커지게 되었다. 또한 『수수도』, 『진도』를 간행하여 능통한 사람을 각도에 파견시켜 훈도관을 두어 가르쳤다. 이렇게 해서 정형화되고 표준화된 진법 훈련이 전국에 걸쳐 실시될 수 있었다.

왕자의 난 등으로 권력을 장악한 태종계열은 정도전이 중심이 되어 만든 진법 훈련 체계를 대폭 수정했다. 더불어 병서습독제조와 진도훈도관 등을 설치하여 이론과 실습의 체계적 습득이 가능하게 만들었다. 하지만 태종 때의 진법 훈련은 중앙 중심으로 이루어졌다는 한계가 있었다. 이런 문제점을 해소하고 전국적으로 확대하기 위한 조치가 세종 때 추진되었다. 이를 위해 먼저 교범이 재편찬되었다. 변계량에게 맡겨 진법 훈련의 교범부터 새롭게 편찬하는 작업을 시작했고 1421년 7월 『진도법』이 보고되어 여러 도에 진법을 가르칠 사목을 보내게 되었다. 이로서 외방에도 진법 훈련이 체계적으로 실시되게 되었다. 이후 파저강 전투를 계기로 『진도법』의 내용을 실제 야전에 적용될 수 있도록 보완하여 『계축진설』이 간행되었다.

문종은 중앙군을 5사로 개편하여 진법 체제와 부합되도록 하였다. 그것과 동시에 『(오위)진법』을 간행하여 5위 아래 5부를 두는 구조를 두어 대규모 부대를 운영하기 위한 교범이 가능하도록 했다. 나아가 『(오위)진법』은 『계축진설』의 내용을 종합적으로 체계화 한 것으로 초선 초기 진법의 완성을 의미하는 것이었다. 이후 진법 훈련은 『(오위)진법』에 의해 이루어졌고 한편 지방군의 경우에는 단종 때부터 『(오위)진법』의 내용을 간추린 『약초진서』에 의하여 훈련하게 되었다. 이 뒤 진법 훈련에 군사의 범위와 장소 및 일시는 세조 때 진관체제를 편성하는 과정에서 『경국대전』의 규정으로 정착되기에 이르렀다. 이렇게 해서 중앙과 외방에 걸친 진법 훈련 체계가 확립되었다.

3) 강무

강무講武란 농한기를 이용하여 왕의 친림 하에 사냥을 통해 군사를 훈련시키는 행사였다. 조선 초기 사병적인 요소의 철폐와 중앙집권적 통수 체제의 확립을 위한 여러 조치를 취했는데 그중에는 군사 훈련도 포함되었다. 군제 개편을 주도했던 정도전은 강무가 징병의 번거로움이 없는 군사 훈련이기 때문에 이를 도입하기 위한 상당한 노력을 기울였다. 1396년 의흥삼군부에 정식으로 강무제의 도입을 건의했지만 태조 때에는 아직 제도화 되지 못했다.

태종 때에는 강무의 실시가 다시 논의되어 강무가 여러 차례 실시되었다. 하지만 태종의 의지에 좌우되어 실시되었기 때문에 강무가 본래 목적에서 벗어난 경우가 많았고 그것은 현실과 제도의 괴리 현상을 낳게 되어 강무제 실시의 의의를 약화시키는 요소로 작용했다. 이를 위해 강무에서의 법규를 더욱 엄격하게 위해 병조의 건의로 강무사의를 제정해서 공포해서 참가자들의 기강이 흐트러지지 않게 했다.

이후 세종도 꾸준하게 강무를 실시했다. 하지만 세종 때의 강무는 대군들을 위한 강무라는 비난이 있어 상층을 중심으로 하는 훈련의 성격을 부각시키는 역할을 수행하였을 뿐이다.

문종 이후 강무가 위축되는 경향을 보였다. 다른 부문과 달리 강무의 실시가 위축되었던 이유가 중요한 데 문종 때 완성된 진법으로 인해 군사 훈련의 방식이 전환된 점과 강무에 대한 인식의 문제가 크게 작용했다. 사냥을 통하여 군사 훈련을 실시하는 것보다 대열을 통한 진법 훈련 쪽에 더 큰 비중을 두었고 강무가 중요한 제도이긴 하나 실용성에 대한 의구심으로 강무의 실시는 점차 위축되어져 갔다.

강무도(세종대왕기념사업회)

3. 무기개발과 제작

1) 무기 제작 기관

(1) 군기감

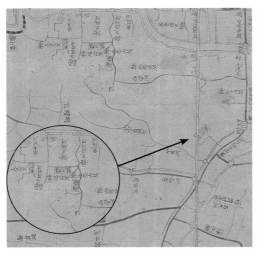

군기시터 병기 깃발 등 군수물자를 제조하던 관아.

무기 제작은 국가에서 설립한 군기감에서 사역한 장인들에 의해 무기의 제조와 생산이 이루어졌다. 지방에서는 계수관과 영진이 무기 제조의 중심지였지만 군기감에서 무기 생산을 관리, 관할했다. 이는 무기의 표준을 유지하기 위해서였다. 무기의 표준화는 필요한 재료와 노동력, 생산 기간과 수량을 정확히 산정해 생산의 효율성을 높일 뿐 아니라 부정을 방지하고 백성의 부담을 경감하는 의미도 갖는다. 이외에도 군기감에선 생산과 납품을 감독했고 무기 제조 상황과 관리들의 근무 태도, 생산품의 품질을 파견된 관리에 의해 감독당하기도 했다.

태종대에는 사병혁파를 위해 사적인 무기 제조를 막고 외방에서 제련한 철물은 모두 군기감에 집중시키도록 했다.

지방에서는 고을에 거주하는 장인들이 무기 생산에 종사하였는데 이들 대부분은 겸업 농민이었다. 그러다 보니 동원 사역이 큰 부담이었고 월과군기제를 중지하거나 사역중인 농민을 놓아주자는 건의가 자주 발생했다. 이에 1415년, 월과군기의 양을 줄이고 군사에게 무기를 다시 자비하게 했다. 이것은 민간 수공업이 발달하는 계기가 되었다.

이후 지방에서의 무기 제작은 자비제, 도회제 등으로 변화하다가 세조대에 진관체제를 시행하면서 거진 중심의 제작 체제가 형성되었다. 모든 무기를 생산, 공급하지 않고 자비제도를 병행했다.

외공장들이 제작한 무기는 대부분 전투용 무기였다. 화살, 화살촉과 같은 소모품은 자비할 수 없으므로 지방에서 제작해 군영으로 보급했다. 외공장이 무기 생산을 담당하기엔 수가 너무 적었으므로 농민들이 담당하였을 가능성이 높다. 외공장은 외공장 안에 등록해 경공장과 따로 관리했다.

(2) 군기서

평양과 영흥이 포함된 양계 지역은 군사적 특수성으로 인해 군기서를 두었다. 특히 평양은 개경의 관서를 본 딴 분사가 세워졌다. 이러한 분사제도는 조선의 토관제도로 이어졌다. 개경에는 군기감의 분사가 설치되었다. 이곳에서 제작된 무기는 양계 지방으로 수송되었다.

2) 무기 제조 방식과 현황

군기감은 무기 제조와 수리에 필요한 장인을 확보하고 무기와 방어구, 통신 장비까지 군사 장비 일체를 대상으로 제작했다. 군기감은 무기 제작 뿐 아니라 무기의 시험, 신무기 연구와 개발 등을 관장했다.

이렇게 생산된 무기는 경군에게 지급되었다. 세종 때까지 지방군은 군기와 군복 등을 자비화했지만 경군은 군기감에서 그것들을 지급받고 퇴근할 때 반납했다. 경군의 중요한 임무 중 하나가 군대의 외형을 멋있게 보이게 하는 의장이었기 때문에 국가에서 특별히 의장용 갑옷과 복식을 제작하기도 했다.

제품의 생산을 담당한 사람은 대부분 공노비의 신분인 경공장이었다. 이들은 일정 기간 동안 교대로 군기감에 나와 근무하면서 생산 활동에 종사했다. 생산력을 늘리기 위해 선공감과 다른 관서에 속한 장인 중 확보해야 하는 정수를 제외하고 모든 장인을 군기시에 이속시켰다. 하지만 군기감의 복무 조건이 좋지 않고, 일이 많아서 도망치는 노비가 많았다. 이에 양인, 공천, 외거노비를 가리지 않고 재주 있는 자는 모두 징발해 군기감에 소속시켰다.

장인의 수는 늘었지만 종류는 더 줄었다. 이전에는 공정에 따라 세분화되어 있던 장인 명칭을 간소화했기 때문이다. 반면에 활과 화살을 제작하는 장인의 수는 세종대 이후로 꾸준히 늘었다.

작업장은 생산 물품에 따라 구분되었다. 공장의 총수는 많지만 장인은 많지 않았기 때문에 별군과 지방에서 징발한 선상노비로 충당된 조역 등의 지원을 받았다.

제품의 생산 관리는 월과제를 이용했다. 이것은 고려 말에 왜구를 방어하기 위해 설치한 방어도감에서부터 시작되었고, 조선시대에도 국초부터 시작되었다.

공장의 근무 조건은 신분에 따라 달랐다. 군기감의 장인은 궁중의 모든 장인 중에서 업무가 가장 고되었다. 이들은 군기감의 일 뿐 아니라 궁중의 영선 사업, 군영 건설, 성벽 수축 등에 동원되었다. 공장에 대한 대우는 열악했다. 군기감 장인에게는 체아직으로 부사직 1명을 배당했다. 하지만 이것은 양인만 임명하고, 천인은 임용하지 않았다.

3) 화약무기의 개발과 제작

화약 무기는 조선의 군사 기술과 전술체제에 혁신적인 변화를 초래했다. 고려 말에 제작한 화약 무기는 주로 해전에서 사용된 것이었고, 발사 무기의 수준은 상당히 낮고 비효율적이었다. 화기를 육전에서 사용하기 위해서는 화기의 발사력과 파괴력을 개선하고 육전에서 필요한 기능을 확보할 필요가 있었다. 이에 조선은 건국 초부터 화기의 성능 개선과 개발을 위해 노력했다. 이후 세종대까지 화기 개발은 지속되었고 이때의 화기 개발 목표는 화포의 위력 강화, 대형 화포의 개발, 한국의 지형과 전술에 적합한 화기의 개발로 압축된다. 이런 노력의 결과 태종~세종 대에 조선은 직접 제조하는 화포의 종류가 다양화되었다. 이렇게 개발한 화포는 기능에 맞추어 실전에 배치되었다. 하지만 화기 개발에는 막대한 자금과 특별한 기술이 필요했는데 이는 국가의 지원과 전담 관청의 설치가 요구되었다.

고려말 화통도감이 군기시로 병합된 이후로 화약과 화기제조 역시 군기감이 주도했다. 군기감 내에 화약감조청이 별도로 설치되었는데 화약 제조 기관을 별설함으로써

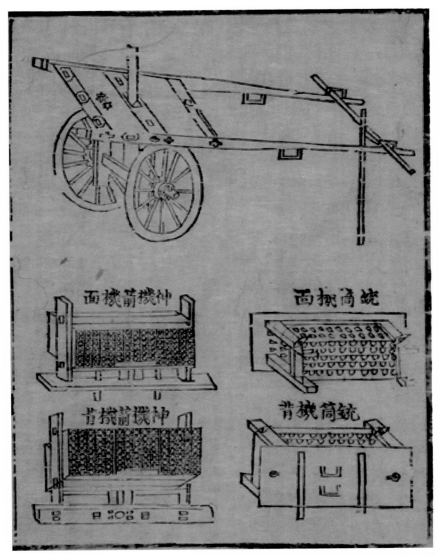

국조오례의 「병기도설」의 화차(火車)(규장각한국학연구원)

화약과 화기 제조량도 크게 증가했다. 화약고도 소격동으로 옮겨서 별도로 세웠다.

화약감조청과 화기 제조 과정은 군기감의 다른 작업장과는 다른 체제를 지녔다. 화약과 화기 제작과정을 철저히 감독하기 위해 관리의 자제 중 10명을 선발해 겸군기로 임명했지만 대부분의 작업은 조역노자와 별군, 총통위라는 별도의 노동력을 동원했다. 하지만 천인에게 중요한 화기를 맡기는 것은 적당치 않다는 의견도 있어서 별군을 창설했다.

세종 27년 군기감에서 독점하던 화기 제조를 지방에서도 제조하는 양산 체제를 갖추었다. 지방에서는 화기 생산을 감독하기 위해 감련관 제도를 도입했다. 화약 생산에서 절대적 비중을 차지하는 것이 화약 성분의 절반을 차지하는 염초의 조달과 제조였다. 염초의 원료인 염초토는 지방별로 조달했는데, 중앙에서 지방에 관원을 파견해 도회소를 설치해 관원이 감독하여 염초를 생산하여 납품하거나 군현별로 염초를 공물로 할당해 수납하는 방법이 있었다. 염초토는 원이나 관에서만 채취할 수 있었다.

그러나 조선은 만성적인 화약 부족에 시달렸다. 이를 해소하기 위해 필요한 노동력과 원료는 도회소별로 할당한 군현에서 제공받아 염초를 제조했고 이를 굽는 일에는 군사를 동원했다. 1452년에 정부는 농민의 부담이 크다고 하여 도회소 제조 방식을 포기하고 군현에 염초를 공물로 할당하게 된다.

4. 군량과 군수

1) 군량의 규모와 운영방식

군량은 군의 유지와 전술 운용에 절대적 요소였고 조선 정부는 군자와 군량의 확보를 위해 다양한 정책을 시행했다. 군자전을 마련하고 군사 재정을 확보하였다. 1445년 군자전은 폐지되고 국용전제로 전환되었다. 국용전제의 시행으로 국가 재정이 일원화되고 군자전의 전세만이 아니라 각종 재정 수입을 군자로 충당할 수 있게 되었다. 이 외에도 둔전을 시행했는데 병사들이 군에 복무하면서 농사를 지어 식량을 조달하는 방식이다.

비축분이 부족하면 군현의 전세를 중앙에 상납하는 것을 면제하고 모두 해당 고을이나 특정 군현, 영진의 군량으로 그곳에 납부하게 했다. 관무곡이라고 해서 군현에서 전세로 거둔 면포를 팔아 쌀을 구매하는 방법도 있었다.

군량 조달을 위해 회환제를 시행했는데 이는 환미법이라고도 하고 양계 지방에서 제한적으로 실행되었다. 하지만 이것은 상인이 부당 이익을 취한다는 이유로 16세기 이후엔 시행되지 않는다.

군수의 관리는 군자감에서 담당했고 군자감에서는 군차창을 세워 전세로 거두는 군자곡과 군수품을 관리했지만 저장과 관리는 크게 중앙, 지방, 양계 지역의 3계통으로 나뉜다.

수도로 운송되는 전세는 용도에 따라 군자창, 풍저창, 광흥창으로 납부되었다. 이것들은 각각 군자, 관리의 녹봉, 기타 국용으로 사용할 곡식을 저장했다.

양계를 제외한 6도 지역에서는 중앙에 상납하는 전세를 제외하고 나머지는 주창에 보관했다. 이와는 별도로 영진과 산성과 같은 군사요충지에 창고를 설치하고 병기와 군량을 보관했다.

양계 지역에서 거두는 전세는 모두 군자로 충당되어 현지의 주창에 납부되었다. 양계의 군량 수요를 조달하기 위한 방법으로는 회환제가 있고 거진에 주변 군현의 군량을 이속해 모아서 집중하는 방법과 중앙이나 6도 지역의 비축분을 이급하는 방법도 있었다.

군량은 전시와 흉년을 대비해 비축하는 분량이 있고, 평상시에 군사들의 식량으로 사용되는 부분과 국역자들의 식량으로 제공되는 부분이 있다. 본래 군사들은 자신의 식량을 자비로 감당하는 것이 원칙이지만 경우에 따라서 식량을 제공하는 경우가 있었다. 전시에는 군량이 지급하는 것이 원칙이었지만 배급량이 명확하지 않다.

중앙과 지방의 군자곡은 수량이 제일 많았다. 군자곡은 의창이나 구제용으로 전용하기도 했는데 이는 군호와 보인을 보호하고 군역 자원을 확보하는 기능을 했다. 군자곡은 관리의 녹봉으로 전용하기도 했다.

군자곡의 전용은 군자곡의 감소와 중간부정을 야기했다. 많은 빈민들의 환곡으로 전용된 군자곡을 갚지 못했고 상대적으로 높은 이율로 인해 향리의 중간 부정이 증가했다. 또한 군량을 노적하는 경우가 흔할 정도로 보관 시설이 좋지 않았다. 이 같은 모습 때문에 16세기에 군자곡의 부족이 심각한 수준으로 저하되었다.

2) 군자 비축분의 감소와 그 대책

16세기 초반에는 급격한 재정 악화 사태가 나타났는데 근본적 원인은 특권 세력의 공신전과 농장의 확대, 양인의 감소에서 찾을 수 있다. 재정 부족분이 군자곡으로 충당되면서 16세기 초반에는 조정의 경비를 모두 군자에 의존한다고 할 정도였다. 16세기 후반이 되면 국고의 저축이 1년분도 되지 않을 정도로 감소했다.

군자곡의 감소는 재정 수입에서 전세의 비중이 낮아진 것과 의창, 환곡으로 전용한 군자곡의 미수분이 많아진 것도 원인이다. 하지만 근본적인 원인은 양인 농민의 몰락과 궁핍화, 군역과 부세의 과중에 있었다.

이 같은 군자곡의 부족 상황을 타파하기 위해 정부는 여러 가지 대책을 모색했다. 15세기부터 시행했던 고식적인 방안은 미포를 사용하여 민간의 곡식을 매입하는 방안, 회환제, 소금이나 수산물의 매매, 노비 신공을 주현의 군자로 충당하는 것, 납속 등이었다. 15세기에 비해 무곡에 의한 군량 마련 방식의 빈도와 비중이 높아졌다. 이것은 장시의 발달과 상공업의 성장 등 16세기의 사회경제적 변화가 반영된 결과였다. 군자곡 부족 상황을 타개하려는 노력은 별다른 성과를 보지 못했고 16세기 중반 이후로 군사 재정은 더욱 열악해졌다. 군량이 부족하므로 인해 병사들의 훈련, 축성 사업도 강력하게 추진할 수 없었고 군사 요충이나 국경 지역에 보충병을 투입하기도 곤란해졌다. 결국 의창, 진대, 환곡 정책도 축소되었다. 이는 양인층의 몰락을 재촉하는 요인이 되었다.

5. 마정

1) 마정의 개요와 배경

마정이란 국가에서 국가 행정 조직을 이용해 말을 생산하고 관리하는 정책을 말한다. 마정이 필요한 근거는 말의 군사적 용도에 있다. 뿐만 아니라 중국에서 요구하는

진헌 품목이며 교역품이라는 사실도 이유의
하나로 취급되었다.

군사적 관점에서 마정의 1차적 목표는 우
수한 군마의 생산, 확보였다. 조선시대에 시
행되었던 진관체제의 생명은 신속성인데, 신
속성은 기병의 임무였다. 기병의 전술적 기능
이 이처럼 중요했지만 기병 전력의 핵심인 군
마의 양성과 조달하는 일은 쉽지 않았다.

중앙에서 마정을 담당한 관서는 사복시였
다. 하지만 마정은 국가의 주요 사업이었으므
로 마정의 주요 정책은 의정부와 병조에서 의
논해 결정하고 사복시는 실무를 담당했다. 마

태조 이성계가 탔던 준마
(『팔준도첩』, 국립중앙박물관)

정의 중요성은 조선 후기까지 이어졌다. 조선 후기에 많은 기관과 제도가 없어지거나
약화되었지만 마정의 담당 기구는 오히려 강화되었다.

2) 말의 사육과 목장 경영

목장의 수는 시대에 따라 달라졌다. 목장은 전기에는 계속 증가하다가 17세기를 기
점으로 감소해서 50-60개 정도가 유지되었다. 목장은 대부분 섬이나 곶에 설치되었
는데 섬에 설치되었다. 목장의 설치 목적은 가축의 사육만이 아니라 초지를 조성해
서 군마의 사료로 사용할 꼴을 예비하는 것도 있었다. 목장의 설치 지역은 전라도가
제일 많았지만 마정의 중심지는 제주도였다. 조선 후기엔 많은 목장이 폐지되었는데,
주로 개간으로 인해 농토로 불하하면서 발생한 것이었다.

말의 사육과 관리를 위해 조선은 국영 목장을 설치하고 운영했다. 목장은 관찰사를
최고 책임자로 해서 목장마다 감목관을 두었다. 감목관 제도는 1425년에 전임 감목
관제에서 역승의 겸임제도 1431년 전임관제로 변화한다. 1433년부터는 만호, 천호
가 감목관을 겸하게 했다. 이는 후에 점마별감이 제도로 정착한다.

목장에는 목자를 두어 관리와 운영을 맡겼다. 목자는 양인 중에서 선발해 임명하였다. 이는 세습역으로 다른 역에 충당하지 못했다.

3) 군마의 조달과 마정

마정의 목적은 군마의 조달만이 아니라 국용, 수송용, 역마 등 여러 분야의 말을 공급하는 목적이 있었다. 기병에게 제일 중요한 장비는 말이었다. 군사로 합격한 후에도 주기적으로 말의 보유 상태에 대한 검열을 받아야 했는데 이를 점고라 한다. 점고할 때는 말의 유무, 상태를 점검했다. 하지만 점고 방식은 결국 군마의 부담을 철저하게 개인에게 전가한다는 비판을 피하기 어렵다. 기병의 말을 엄하게 단속, 관리한다고 해도 그것만으로 군마 문제를 해결할 수는 없었다. 그러므로 전시나 비상시, 전쟁의 위험이 있는 시기에는 별도의 대책이 필요했다. 전마의 경우는 목장에서 좋은 말을 골라 무상으로 지원하거나 약한 말을 좋은 말로 교환해 주었다. 하지만 전마는 우수한 말이어야 했으므로 목장의 사육마 중에도 많지 않았다.

조선 후기에는 목장이 줄고, 품종도 좋지 않아서 목장의 말을 나누어 주는 방식을 잘 시행되지 않았다. 대신 유통 경제의 발달에 힘입어 전마나 수송용 말 모두 임대하거나 매득하는 비중이 늘었는데 전마도 지방 재정을 이용해 여진과 무역해 호마를 구입하는 경우가 일반적이었다. 또는 군사와 보인이 내야할 세를 면제해 주고 대신 그 돈으로 말을 구입하도록 하는 방법도 사용되었다.

6. 봉수

1) 봉수제의 정비

봉수는 햇불과 연기로 변방의 긴급한 사안을 중앙에 알리는 군사 통신의 하나로써 봉화라고도 했다. 조선 변방에 이민족의 침입이 빈번하게 계속되자 조선 건국 초기 비변 대책의 일환으로서 국가의 존립과 직결되는 중대사로 인식되었고 이에 봉수의 설치를 촉구하는 대책이 태종 6년(1406)에 거론되었다. 이때에는 북방의 봉수 설치에 관한 의견이 제기되었고 이후 실지로 봉수에 대한 구체적인 규정이 마련된 것은 세종대에 들어서였다. 당시에 봉수에 관한 세부적인 규정이 이루어졌던 것은 앞서 왜구들의 침입이 빈번했기 때문이었다고 생각된다. 세종 1년 5월 쓰시마 정벌이 논의되어 실행 된 직후 세부적인 거화 규정이 마련되었다.

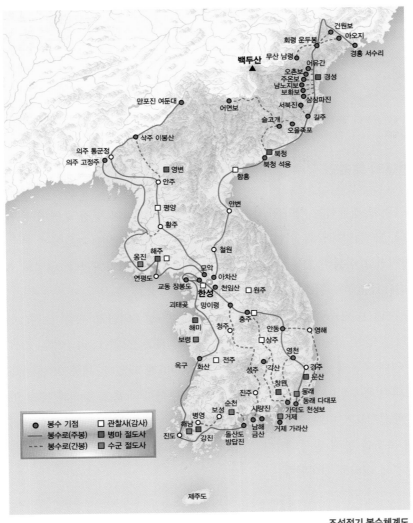

조선전기 봉수체계도

협자 연대(제주 서귀포) 연대는 대개 해안의 구릉에 위치하고 있다.

2) 연대의 축조와 봉수망의 완성

세종 1년에 세부적인 거화 규정이 정비된 이후 점차 남북 변경의 연변 봉수대가 증설되었다. 먼저 남해안의 연변 봉수대를 축조했다. 세종 4년(1422)에는 봉수제가 새로이 정해졌고 이듬해 2월 서울 남산에 봉수대 5곳이 설치되었다. 남방의 경우에는 세종 9년(1427) 7월 전라도 고흥에 연대가 설치되었다.

세종 14년(1432) 6월 함길도에 연대 17개소가 설치되었고 세종 19년(1437) 2월 봉수대의 운영에 관한 규정이 정해지게 되었다. 세종 22년(1440) 이후 조선 전기에 북방의 연대 축조를 본격적이고 체계적으로 추진하게 되었다. 세종 28년(1446) 10월에는 드디어 봉수법이 상세하게 정해졌고 이듬해 연대의 축조 방식과 내지 또는 복리 봉수의 배설제도가 마련되었다. 이처럼 조선전기의 봉수제는 세종대에 이르러 남북방의 연대 축조를 통해 완성되었다. 남방의 연대는 왜구에 대비한 것이었고, 북방의 연대는 여진에 대비한 것이었다.

3) 봉수체계의 재정비

세종대에 확립된 봉수제는 세종 사후 변화의 과정을 거쳤다. 북방 지역의 경우 기존의 연대 신설, 이설 혹은 혁파함으로써 연변의 봉수 체계가 재정비되었다. 세조대에 들어서도 기존의 봉수 체계의 변화는 계속되었다. 세종 사후 봉수 체계가 변화를 갖는 것은 국방 체제의 변화와 맞물리며 나타난 것이다. 세조대에 이르러 국방 체제가 변화하면서 세종대에 확립된 봉수 체계는 당연히 세조대의 그것에 맞추어 변화하지 않을 수 없었다.

제9절

국방체제의 변화와 외침의 빈발

1. 군역의 문란과 진관체제의 약화

1) 군사의 자질저하와 전술능력의 약화

진관체제의 성립으로 전국의 군현이 빠짐없이 하나의 군진을 형성하게 되었다. 이로 말미암아 전국의 요충지와 도로에도 예외없이 병력을 동원, 배치할 수 있게 되었다. 하지만 전국의 군현 하나하나가 방어 단위가 되면서 병력 수요가 급증하여 문제가 발생했다. 또한 보법을 통한 병력 증강 조치로 인해 일반 백성과 군사들의 희생이 발생되었다.

15세기의 호수-보인 체제는 외형적으로는 개인과 개인을 연결하는 것이지만 실제로는 1명이 군사가 되면 다른 가족, 친척들이 보인이 되는 방식이었다. 그러나 피역자와 도망자가 증가함에 따라 군역 자원이 부족해지면서 원칙을 유지하지 못하고 토지 소유와 가구의 구성을 가리지 않고 다른 가호의 장정을 보인으로 편제하게 되었다. 16세기에는 군적의 수와 실제 군역 자원 사이에 심한 괴리가 있었고 군사가 보인에게 역가로 받는 면필을 규정 이상으로 징수하는 등의 부작용이 나타나, 결국 군사 스스로가 군역 자원을 찾아 신고하는 방법을 도입하게 되었다. 그럼에도 차도가 없자 이웃과 친척에게 도망친 사람의 군역을 전가하는 인징·족징을 도입하기도 했다.

군역 부담이 계속 증가하자 군사와 보인이 급속히 감소하게 되어 정부에서는 중앙 군과 지방군을 합쳐서 운영하고 군사의 교대 횟수를 늘려 한 번에 복무하는 기간을 축소해줌으로서 군 복무의 부담을 줄여주려고 했다. 하지만 많은 시간과 비용이 소모 되었기 때문에 경제적 부담의 감소 효과는 크지 않았다.

이러한 정부의 조치는 군사 기능적으로 손실을 가져왔다. 때문에 습사 제도를 마련 하여 장병을 평가하고 포상하는 제도를 마련했다. 지휘관의 포상과 처벌 규정을 제정 하여 최소한의 전투력을 유지하기 위한 노력을 기울였다. 하지만 이러한 정부의 조치 는 군사 개개인을 위한 훈련에 불과했기 때문에 전면전을 대비한 군사력을 향상시키 지는 못하는 취약점을 가지고 있었다.

2) 지휘체제의 약화

조선 건국 후 군현제 정비시 군현의 지정학적 위치에 따라 문반 수령을 파견하는 지역과 무반 수령을 파견하는 지역을 나누었다. 때문에 군사적으로 중요한 해안 지역 과 4군 6진과 같은 곳에는 무반 수령이 파견되었다. 하지만 전반적인 추세는 문반 수 령의 파견 지역을 늘려가는 것이었다. 문반 수령이 늘어나자 민사와 군사가 분리되면 서 군사적 기능을 진을 관할하는 첨절제사와 만호의 비중이 확대되었다.

15세기 후반부터 민정과 군사 행정망이 통합되면서 문관 수령의 비율이 높아지자 진관체제의 지휘 능력·운영 능력이 현저하게 저하되었다. 문관 수령의 파견이 늘어나 심지어 무반 수령이 꼭 필요한 지역에까지 영향을 미쳤다. 이러한 경향이 나타나게 된 원인은 16세기 이후 성리학의 이념과 문치주의의 영향에서 찾을 수 있다. 실질적 인 이유는 군역 제도의 문란으로 군정이 복잡해졌기 때문에 군사적 재능보다는 군대 를 경영하는 행정적 능력에 중심을 두어졌던 것에서 기인했다. 이러한 추세가 계속되 자 정부는 만약에 사태에 대비해서 젊고 유능한 무관을 선정하여 양성해 두었다가 유 사시 이들로 수령을 교체하는 방법을 사용했다. 하지만 이러한 방법으로는 유사시에 확실하게 대처하지 못하는 단점들이 노출되었고, 결국 진관체제의 비효율성으로 나타 나게 되었다.

2. 금군의 증설과 군사력 보강 시도

1) 내금위의 증설

내금위(內禁衛)는 왕실의 시위 부대로 최정예의 무사로 구성되었다. 내금위보다 더 국왕의 측근에서 근무했던 부대는 겸사복이며, 선발·대우 규정은 내금위와 같았다. 두 부대는 국왕과 왕실의 시위를 맡았음으로 5위에도 소속되지 않고 원칙적으로 왕성을 떠나 지방으로 파견될 수 없었다. 하지만 전쟁이 발발할 경우에는 정예 무사가 필요하기 때문에 최고의 정예 무사로 이루어져 있는 내금위를 파견했다.

내금위의 격을 보여주는 사례로 만호 임명이 있는데, 만호로의 임명에서 강서 시험을 거치지 않고 바로 임명을 해주었다. 이러한 임명은 우수한 자원을 임명하여 방어를 강화한다는 의미 외에도 내금위의 구성원인 명문가의 자제들에게 관로를 열어준다는 의미와, 지속적인 수준 유지를 위한 유인책이라는 의미도 지녔다.

내금위의 지방 파견이 잦아지면서 내금위의 운영과 정원을 조정할 필요가 발생해, 예차내금위 제도가 생겼다. 이들은 이미 시험에 합격하고 발령을 받지 못한 인원으로 군관이나 만호의 결원이 생겼을 경우 바로 충원하는데 이용되어, 내금위의 이직과 충원을 원활하게 만들었다. 예차내금위가 상설 정규 부대로 편성된 것은 연산군때 독립된 병종으로 편제되고 녹봉을 지급하면서였다.

예차내금위의 증설은 연산군의 왕권 강화와 맞물린 것이기도 하지만, 군제사적으로 보면 갑사와 별시위 등 경군의 체아직을 예차내금위로 옮겨 경군이 감당해야할 군사적 역할을 금군을 통해 수행하게 되었다는 것을 인정하는 의미도 가지고 있다.

연산군 11년 5월에 금군의 체제를 개편하고 내금위를 충철위로 개칭하고 정원을 늘렸고 예차내금위는 소적위로 만들었다. 하지만 중종반정 이후 충철위와 소적위는 폐지되고 예전의 이름으로 돌아왔다. 이후 삼포왜란이 발생하여 지방에 내금위를 파견하고 상주시킬 필요가 증가하자, 지방의 한량 출신을 예차내금위로 선발해 두었다가 지방에 거주하는 내금위를 바로 파송하는 방안을 구상하였다. 이러한 변화로 인해 내금위 내의 서울의 관료 자제·지방 한량이라는 이원화가 일어났다. 이것은 나중에 정로위로 설치로 계승되었다. 또한 예차내금위를 지방에서 선발함에 따라 근무 방식을 상근제에서 교대 근무제로 변화시켰으며 이것은 내금위에까지 도입되었다.

2) 우림위

우림위羽林衛는 1492년에 처음 설치되었다. 우림위는 최초로 서얼을 대상으로 한 병종이었다. 설치 목적은 서얼에 대한 차별을 완화하고 국왕에게 충성하는 특수 집단을 양성하려는 의도와 군사적인 목적이 있었다. 군사적인 목적은 성종 22년 여진 정벌을 계기로 일류 무사가 필요했고, 이러한 무사들을 내금위와 겸사복에서 충당하기에는 무리가 있어 국왕의 시위를 보강하고 변방에 파견할 무사를 증원하기 위한 목적으로 새로운 금군을 창설한 것이다. 또한 파견 당시의 비율을 통해서 우림위의 창설 목적이 전시 파견도 있지만 국왕 호위에 더 많은 비중이 두어졌다는 것을 알 수 있다.

우림위는 연산군 10년(1504)에 갑자기 혁파되었는데, 내관을 양성해 금군의 역할을 이양하려는 시도를 했던 것으로 보인다. 하지만 중종 원년에 정예무사의 중요성을 강조하고, 신분제적 발상이 가미되어 부활했으며, 이때는 시위 보다는 국방상의 기능이 좀 더 보강되었다. 또한 정로위와 연계하여 지방의 한량들에게도 기회를 열어주었다. 선조 26년에는 공사천과를 만들어 공사천 중에서 무재가 뛰어난 자를 군인으로 입속하게 해서 양인으로 승격시켰으며 이 중에서 큰 공을 세운 자는 우림위에 속하게 했다. 이러한 조치는 전시에 행해진 것으로 임진왜란 이후에 폐지되었다.

우림위는 관청인 우림위청을 설립하고 지휘관은 종2품의 우림위장으로 3명을 두었다. 모두 겸임이었고 충좌위에 속하였다. 이들은 상시 근무인 장번제를 택했고, 국왕의 전문적인 시위 무사였다. 시험을 통하여 선발했으며 선발 기준은 내금위와 동일한 수준이었으며 체아직의 관직을 주었다. 하지만 내금위와 다른 점은 보인 1보를 주었다는 것이다. 조선 후기에는 내금위·겸사복과 함께 금군청에 소속되어 병조판서의 통솔을 받았다. 영조 21년에 금군청은 용호영으로 개칭되었다. 우림위는 조선 후기까지 금군으로 확고한 위치에 있었다. 하지만 다른 금군과 비교해서 녹봉을 수령할 기회도 적고 혜택도 적어 사람들이 기피하게 되었다. 때문에 우림위의 대우를 높여주고 다른 금군과의 차별성을 줄였다.

우림위는 금군의 증설과 국방 기능의 수행이라는 측면에서는 의미 있는 병종이었다. 하지만 신분 차별의 개선이라는 점에서는 별다른 효과가 없었다. 왜냐하면 적서의 분간이 중요시되는 주장에 힘입어 내금위·겸사복에는 서얼출신의 가입을 허락하지 않았으므로 모든 서얼을 우림위에 소속시키는 조치가 단행되었다. 이로 인해 오히려 우림위는 서얼 차별의 징표가 되었다.

3) 청로대

청로대青虜隊는 성종 15년(1484년) 10월에 설치했다. 임무는 국왕이 행차할 때 호종을 맡은 부대로, 왕이 행차할 때는 붉은 막대기를 들고 가마 앞에서 걸었다. 청로대를 설치한 계기는 왕이 행차할 때 단속이 엄하지 않아 군중이 의장에 부딪히는 사건이 발생한 것이 계기가 되었다고 한다. 그러나 청로대의 신분이 낮다 보니 시중의 무뢰배가 들어오게 되는 폐단이 발생했다. 이에 새로 규정을 만들어 시험을 거쳐 선발하게 했다. 청로대의 임무는 국왕의 호종이었지만 평소에는 금군의 지휘를 받는 사병의 역할을 하기도 했다. 청로대는 이후에도 계속 존속했다.

그러나 청로대는 병력도 적고 임무도 제한적이어서 국방상의 의미는 없었다. 이 외에도 국왕의 시위를 보강하기 위해 영별군장을 만들어 국왕 행차시 기병 50명과 보병 50명을 좌위에 거느리고 청로대의 바깥쪽에서 호종하게 했다.

4) 정로위

정로위定虜衛는 중종 7년 6월에 신설한 병종이다. 정로위는 지방의 한량을 선발하여 충원하는 병종이었다. 정로위 명칭이 최초로 등장한 때는 성종 11년이었다. 시위군의 보강을 목표로 만들어진 것인데 이때의 정로위는 금군의 개념이었다. 하지만 창설 초기 실험적 단계에서 포기되었던 것 같다. 이후 삼포왜란이 발생하고 정부는 국방력 강화를 위해 기존의 방식과 다른 방법으로 병종 신설을 시도했다. 그 결과 특수한 형태의 정로위가 탄생했다. 기능은 예차내금위와 같은 기능을 하는 별도의 부대를 편성하여 별시위·갑사의 기능을 대체했다.

정로위의 입속 대상은 지방의 한량이었으며 시험을 통해 선발했다. 시험 규정은 내금위보다 낮았지만 일반 정병보다는 높은 전투력을 자랑했다. 또한 독자의 지휘 체제를 갖추지 못하고 겸사복장이 최고 지휘관을 겸임했다. 1년에 2달씩 근무했으며, 이것은 정로위의 본래 목적인 사변에 대응하기 위해 현지에 살고 있는 정로위의 수를 유지하기 위함이었다. 근무지는 서울과 양계 지방이었다.

지방에 비번 중인 정로위가 많았기 때문에 전시에 유용하게 동원되었다. 때문에 사변 발생 시 현지에서 정예 무사를 선발하여 복무할 수 있게 되었으며 금군 파견을 자제함으로써 국왕의 시위가 허술해질 염려도 없었다. 또한 서울과 지방의 왕래를 줄여 군량을 절약하고 대규모 사변에 보다 강력한 금군을 효과적으로 파견할 수 있다는 장점을 가졌다.

정로위가 기존의 경군과 다른 점은 보인과 체아직이 없다는 점이다. 유일한 보상 체제는 가자와 내금위·겸사복·우림위 응시에 혜택을 주는 것이었다. 때문에 유일한 특혜는 승진 규정이다. 이러한 대우 조건은 정로위의 성격과 군제사적 의의를 파악하는데 중요한 단서가 된다.

보법의 한계로 정부가 더 이상 보인을 지급할 수 없게 된 상황에서 새로운 군사를 동원하는 길은 보인을 필요로 하지 않을 정도로 경제적 여유가 있는 계층에서 군사를 모집하는 것이었는데, 한량은 그 조건을 모두 만족시켰다. 때문에 관계 제공이라는 보상을 통해서 한량을 끌어들였다. 그러므로 각 지방의 한량층을 무장시킴으로서 국방력의 증진을 꾀했다는데 설치 목적이 있는 것이다.

정로위 선발에서의 유력한 대상자는 양계의 군사들이었다. 정로위는 왜구보다는 여진족의 위험을 염두에 두고 설치한 부대로 무사층이 강고히 형성되어 있는 양계의 군사들에게 상위 병종으로 갈 수 있는 과정으로 여겨졌다. 왜냐하면 상대적으로 다른 지역에 비해 무사가 많다 보니 재능을 지닌 인물과 취재에 합격한 인물도 임명을 받지 못하고 대기하는 경우가 많았기 때문이다.

정로위의 해체 과정은 명확하지 않다. 정로위의 소멸 과정에 대해 기능을 상실하고 금군청, 용호영으로 변천하는 과정에서 없어진 것으로 보기도 하지만 이것은 정로위가 금군에 해당했을 때 가능한 이야기이다. 하지만 정로위는 법전에 기재되지 않았기 때문에 정식 병종으로 보기는 어렵다. 따라서 해체 과정이 모호한 것은 정로위가 금군이기 보다는 임시적인 병종에 가까웠기 때문이라고 보는 것이 정확하다.

정로위 설치의 본래 목적은 한량을 무장시키려는 것이었다. 그러나 막상 한량이 빠져나가면서 퇴색되자 소멸된 것으로 보인다. 또한 장기적으로 보았을 때 경제적 보상은 없고 관직 개방이 어려운 정로위의 매력은 감소하기 마련이고, 별시위·갑사 등의 후원이 되어 주던 경제력 있는 한량을 군사로 차출해 버리는 결과로 인해 오히려 악영향을 가져왔다.

3. 왜변의 빈발과 방어체제의 변동

1) 삼포의 상황과 방위체제

쓰시마 정벌 이후 조선 정부는 합법적인 교류의 필요성을 인정하고 왜인을 회유할 목적으로 삼포를 개항하고 왕래를 허용했다. 하지만 왜인들은 제한적인 생활을 해야 했으며 조선인과의 교류는 금지되었다. 이후에 쓰시마로부터 정착 제의가 들어왔으며 조선에서는 이를 수용하여 14명을 정착하게 했다. 이러한 관용적인 조치로 삼포의 거주민이 증가했다. 또한 1443년에는 조선·쓰시마도주 간에 무역선과 교역 조건에 대한 협약인 계해조약이 체결되었다.

삼포에 거주하는 왜인이 증가함에 따라 조선 정부는 삼포의 치안과 만일의 사태를 대비한 방어 태세를 강구하게 되었다. 이러한 조치는 삼포를 개항한 직후부터 시작되어 꾸준히 지속되었다. 또한 왜구의 증가는 일본과의 전면전 가능성에 대한 경각심을 높였고 방어 체제를 구축하게 했다. 삼포의 방어 체제는 조선 전체의 국방 체제의 핵심으로 생각되었으며, 군사제도의 정비와 개편 때마다 삼포를 언급하게 되었다.

1937년 조선 정부는 각도의 병마도절제사를 파하고 첨절제사를 설치했다. 이것은 주 거점별로 첨절제사가 상주하는 군진을 설치하고서 이 군진을 거점으로 지역 방어를 추진하는 방식이었다. 이때 경상도에 설치한 4개의 진이 부산포, 합포, 강주, 영해였다. 웅신에 진이 설치되지 않은 이유는 매우 작은 현이었기 때문이다.

삼포 개항이후 방어 태세를 강화하기 위한 방법으로 현지 방어력을 강화하는 방안과 신속한 지원 체제가 대두되었다. 현지 방어력은 육상·해상에서 강화되었다. 먼저 해상 방어의 강화는 만호를 도만호로 격상시켜 병력수의 변동을 통해 이루고, 삼포에 순찰보다 항상적으로 병선을 정박하여 위용을 과시했다. 육상 방어 능력의 강화는 삼포의 군사력을 강화하고, 축성과 병력 증강을 통해 이루었다. 하지만 이때 축성 문제는 간단히 해결되었지만 병력 보강은 쉽지 않았다. 때문에 부사와 첨절제사의 겸임으로 해결하려 노력했다. 이것은 유사시에 수령의 격이 낮은 주변 군현의 통합 부대를 직접 운영할 수 있다는 것에서 장점을 가졌지만 현지 대응 태세의 측면에서는 약점이 있었다. 때문에 군관을 선발해 도진무로 임명해 상주하는 것으로 보안 조치를 취했다. 이후에 겸임체제의 장점을 살리고 현지 방어력과 긴급 대응 태세를 유지하기 위하여 정부는 양계 지방 구자에 파견하는 만호와 천호 제도를 도입하기로 했다.

조선 초기의 군제의 정비 과정은 크게 2기로 나누어진다. 세종 때를 기점으로 한번 정비가 되었고, 다시 세조 때에 군익도와 진관체제, 보법 시행 등을 통해 『경국대전』체제로 정립되었다. 이러한 제도의 변화와 개편은 삼포 방어 체제의 변동과 동일하게 나타나는데 그 과정을 살펴보고자 한다.

우선 진관의 합속 사례는 웅신현과 웅신진에서 찾을 수 있다. 1451년 웅신현과 웅신진을 합쳐서 웅천현을 만들고 첨절제사가 현령을 겸임하게 했다. 이것은 첨절제사가 수령을 겸임하지 않을 경우 진 밖의 민간인들에게 대해 명령권이 없기 때문에 성곽의 수축·기계 보수 등을 제대로 시행하지 못해 문제가 발생하기 때문에 그것을 해소하고, 사별 발생 시 주민들을 성안으로 입보시키고 그들을 조직하여 저항 체제를 구축하기 위한 방법이었다.

문제점은 삼포의 상주 병사가 적어 단위 방어력이 약하며, 주변의 영진과 군현변의 상호 지원 체제도 거리가 멀고, 절제사영 외에는 상주 병력이 없어 실효성이 떨어진다는 것이다. 이것의 핵심은 읍성을 이용한 군민의 합동 방어, 육군진과 수군진 간의 협력 방어, 인접 군현의 지원 체제가 모두 실효성이 떨어진다는 것이다. 때문에 이것을 해결하기 위해서는 정예병에 의한 군사적 대응력을 높이는 수밖에 없었다. 그래서 진병을 증원하고 근접 지역에 제3의 군진을 추가로 설치하는 방안을 주장했다. 이것은 받아들여져 삼포의 전력을 보강하는 결과를 나았다.

하지만 남계에 군익도체제, 진관체제가 시행되면서 삼포의 수비대 병력이 약화되었다. 왜냐하면 전국토를 망라하는 방어 체제를 구축하는 과정에서 병력 수요가 증가하여 각읍 단위로 방어 대책을 마련하다 보니 방어가 필요한 교통로와 요해지가 증가하고 필요에 의해 기존에 배치되어있던 병력이 차출되는 일이 발생했기 때문이다.

결과적으로 보면 진관체제는 1-3선을 불문하고, 전체적으로 거진의 단위군사력을 약화시키고, 상호 지원 체제에 의한 방어의 비중을 높이는 결과가 되어 버렸다. 그 결과 삼포의 방위 체제는 삼포의 수비대를 강화하여 방어 일선에서의 직접적 대응력을 높인다는 방침이 철회되고, 주변 군현의 지원 체제에 대한 의존도가 높아지는 방어 시스템이 되었다.

삼포의 방어력을 회복하기 위해서는 당장 군액의 증강이 필요했다. 그러나 군액의 증강을 목표로 한 1460년(세조 10)의 보법은 결국 실패로 끝났다. 과중한 군액 증강은 전국적으로 커다란 불만을 낳았고, 군역 회피와 방군수포, 대납제와 같은 폐단을 촉진했다. 정부는 이 문제를 해결하기 위해 군액의 정원을 다시 축소, 조정하게 되었다. 이 조치에 따라 삼포의 군액은 다시 축소되었다가 『경국대전』 규정으로 확립되었다.

삼포의 방어 체제는 이 상태에서 더 이상 개선되지 않았다. 반대로 15세기 후반부터 피역이 증가하고 군액이 감소함에 따라 삼포의 방어 체제는 더욱 허약해졌다. 그러나 삼포의 경우를 보면 삼포왜란 당시에도 성에 100여 명 정도의 병력을 유지하고 있었다. 적어도 병력수라는 기준에서 보면 삼포왜란까지도 조선의 군제는 적어도 외형적으로는 현상을 유지하고 있었다.

2) 삼포왜란의 발발과 진압과정

1510년(중종 5) 쓰시마의 왜구와 삼포 거주민이 합세하여 삼포의 관원을 살해하고 주변을 침공하는 사건이 발생했다. 이를 삼포왜란이라고 한다. 거주인이 늘고 조선의 사정에 익숙해지자 왜인들이 불법 행동, 조선과 왜인간의 갈등도 심해졌다. 반대로 왜인에 대한 조선 관리의 침해 행위도 증가했다. 삼포왜란의 근본적인 원인은 조선의 삼포 무역 체제에 대한 왜인들의 불만에서 찾아야 할 것이다.

조선의 경우에는 삼포 무역에 경직된 자세를 보였으며 대외 무역으로 인한 상업 발달은 농본사회에 악영향을 미칠 것이라는 인식을 가지고 있었다. 또한 왜인의 국내 거주 상황 자체도 잠재적 위협이라고 판단하고 있었다. 이러한 시점에서 조선인과 왜인 간의 갈등이 증가하고 밀무역과 각종 사건·분쟁이 증가했다.

쓰시마 원정 이후 왜구는 크게 감소했지만, 소규모의 습격·강탈 사건은 간간히 발생하고 있었다. 때문에 정부는 15세기 후반부터 어업을 금지시키거나, 사무역을 더욱 단속하고, 교역선에 대한 식량 지급 등을 규정대로 실시하게 하는 등의 조치를 시행했다. 이 과정에서 왜인의 불만은 증가했고 쓰시마의 경제가 곤란하게 되었다. 이에 삼포 거주 왜인과 쓰시마의 왜인 집단은 무장 폭동을 기획하게 되었다. 이러한 무력 시위가 가능했던 것은 조선 방어 체제의 약점을 간파하고 왜인들에게 군사적 자신감을 불어넣어준 것에 있었다.

1510년 4월 4일 쓰시마인이 주축이 된 왜선 함대가 거제도의 영등포와 제포, 웅천, 부산포를 거의 동시에 공격했다. 이들은 삼포에 살고 있는 정착 왜인들과도 사전에 충분한 교감을 나누었는지 이들과 협동 작전을 수행했다. 왜군은 병력을 나누어 거의 동시에 삼포와 주변의 포구를 공격하는 각개 격파 전술을 사용했다.

공격 당일로 제포성이 함락되었으며, 왜인들은 병선을 소각하고 민가를 약탈했다. 또한 웅천성은 4월 5일까지 왜군의 공세를 막아내고 지원군도 있었지만 결국 왜구의 5일 야습에서 웅천현감의 도망으로 함락되었다. 영등포는 소규모 병력으로 두 차례의 공격을 막아냈지만 제포성 함락 후 추가된 왜구 병력에 의해 함락되었다. 부산포를 점령한 왜군은 동평진을 향해 진격하며 마을을 약탈하고 조라포를 약탈했고, 17일부터 제포로 병력을 집결하고 약탈한 물건과 거주민을 가덕도와 같은 주변의 섬으로 분산하거나 쓰시마로 이송하면서 조선군의 공격에 대비했다.

삼포왜란이 조정에 보고된 것은 이미 부산포, 제포, 웅포, 영등포가 함락된 다음인

유순정 초상(개인소장)

4월 8일이었다. 정부는 4월 13일에 방어청을 설치하고 토벌 계획을 논의했다. 4월 8일 황형을 경상좌도 방어사, 유담년은 우도방어사로 삼아 각각 종사관 2인과 군관 30명을 대동하고 현지로 달려가게 했다. 유순정을 도원수로 임명했고, 안윤덕을 부원수로 임명함으로써 토벌군의 지휘 체제를 갖추었다.

17일 안윤덕의 지휘아래 웅천성 공격 계획을 세우고 수륙에서 동시에 협공했다. 또한 19일 육군은 세 방향으로 진군하였고 수군은 동서 양쪽에서 진격했다. 때문에 왜군은 성을 버리고 도망가다가 조선군에 의해 체포되었다. 결국 왜군은 살해되거나 사로잡혔다. 이것은 철저하게 왜군의 돌격을 차단하고, 활과 총통을 사용한 장병 전술로 일관한 덕분이었다.

삼포왜란은 삼포 무역 체제의 모순과 진관체제에 기초한 조선의 군사제도와 동원 체제가 실전에서 어떠한 문제가 있는지를 여실히 보여준 사건이었다. 삼포무역 체제에 대해서는 일본에 대한 경제적 제재를 더욱 강화하게 되었다. 1512년 조선은 일본과 임신약조를 맺어 통상 조건을 개정하였다. 이 조약은 삼포의 왜인 거주를 금지하며, 포구는 제포 1포만을 개항한다. 세견선은 50척에서 절반인 25척으로 줄이고, 세사미두도 삭감한다는 내용이었다.

그러나 삼포왜란이 남긴 군사적 교훈에 대해서는 적절한 분석과 조치가 행해지지 않았다. 삼포왜란 발발 당시 왜군의 전술은 부산포, 제포와 주변의 군사 기지를 동시에 공격해서 각개 격파로 단숨에 공략하는 것이었다. 이것은 왜군이 조선군의 방어 체제의 문제와 약점을 정확히 알고 있었음을 말해준다. 이것을 해결하기 위해서는 삼포에 병력을 증강하고, 동평, 웅천성보 등을 신설하여 독자적 방어 능력을 강화해야만 했다. 하지만 그러나 진관체제가 시행되면서 각읍자수의 원칙에 따라 삼포에 증강

배치되었던 주변 군현의 병력이 본읍 방어로 환속되었다. 이 바람에 1선 기지의 독자 방어 능력이 다시 약화되었다. 때문에 적의 공격 시 불리했다.

반면에 일단 편제를 확보하자 조선군은 의외로 쉽게 왜군을 제압했다. 이것은 당시 조선군의 전력이 결코 허약하지 않았음을 반증한다. 그러나 군사 동원 체제가 매우 느린 편이었으며, 군사 동원 및 방어 체제가 제 기능을 하기까지 많은 시간이 소요되었다. 때문에 이 사건은 제1선의 진관의 전투 능력 강화가 절실한 과제임을 상기시켜 준 전쟁이었다. 그러나 이상하게도 조선 정부는 이 사실을 인지하지도 인정하지도 않았다. 침공 초기 부산포, 제포같은 거진이 허무하게 함락된 사태가 논의되었지만, 그 원인이 각 진의 방어 능력의 문제가 아니라 평소에 전쟁 준비와 훈련을 소홀히 하고, 군령이 엄하지 않은 탓으로 간주했다.

즉 조선은 삼포왜란 초기의 참변을 진관체제의 구조적 문제가 아닌 운영상의 문제로 치부함으로써 이 문제를 개선하려고 하지 않았다. 이것이 을묘왜변 초기 패전을 낳은 원인이 되었다.

3) 을묘왜란과 방어체제의 변동

삼포왜란 이후 조선은 임신조약을 맺었다. 하지만 조선의 강경한 태도와 진압으로 사태가 진정되었다고 해도 결과적으로 보면 교역이 더욱 축소된 상황에서 왜인들의 불만은 증가할 수밖에 없었다.

반면 조선의 방어 태세는 취약점을 더욱 노출하게 되었다. 삼포왜란에서 드러난 방어 체제의 약점은 개선되지 않았다. 오히려 국가의 군비와 전시 대비 태세도 삼포왜란 때에 비해 현저히 약해졌다. 무기도 제대로 구비되지 않고 전시 물자의 비축이 극도로 줄었다. 을묘왜변 때에는 국가가 지급할 말이 없어 군관들이 개인 전마를 가지고 출정할 정도였다.

을묘왜변이 발생하기 10년 전에 발발한 사량진 왜변은 당시 조선군의 실상을 정확하게 노출시켰다. 조금 느슨해진 단속 행위를 다시 강화하자 여기에 불만을 품은 왜구가 사량진성을 파괴하고 습격한 사건인데, 이때 만호 유택이 지휘하는 사량진 장병

해남 수성(守城)송
을묘왜란으로 강진과 영암 등이 함락되었으나, 해남의 경우 현감 변협의 지휘하에 왜구를 물리쳤다. 이를 기념하기 위해 심은 나무로, 해남군청 앞에 있다.

이 잘싸워 성을 지켜냈다. 하지만 이를 통해 상주병력이 부족하고 조선군의 본격 출동과 편성이 오래 걸린다는 약점을 다시 노출했다. 또한 이러한 징조를 조선 정부는 무시하고 개선하지 않고, 오히려 왜인에 대한 강경책을 통해 왜인의 불만을 더욱 증폭시켰다.

1555년(명종 10) 5월 11일, 전라남도 영암의 이진포에서 달량포 사이의 해안에 왜선 11척이 출현했다. 달량에 성이 있었지만 상주 병력은 20명 뿐이었다. 인근에 있던 병마절도사는 이것을 보고받고 동원령을 내리고 달량성을 도왔다. 하지만 왜구는 이것을 간파하고 있었기 때문에 주변 진관의 병력이 오는 중간에 매복하여 습격하여 대패시켰다. 이후 협상을 제의했지만 오히려 약점 노출로 인해 성이 함락되고 병마절도사가 피살되고 많은 이가 포로가 되었다. 이는 병마절도사가 왜구에게 피살된 최초의 사건이었다.

병마절도사와 전라 우도 수군절도사, 진도, 장흥, 영암, 해남의 군대가 한순간에 괴멸되자 전남 해안 일대의 조선군의 방어 체제가 붕괴되어 버렸다. 이것은 우연한 패전이 아니라 왜구의 치밀한 사전 계획에 따른 것이다. 이 구상이 성공하자 왜구는 부대를 나누어 무방비 상태가 된 주변의 군현을 마음 껏 약탈하기 시작했다.

이후 왜구는 남도항과 금갑항을 함락시키고 전라도 병영과 장흥부에 침입해 병영에 비축해 둔 병기와 군량을 모두 털어갔다. 유일한 조선군의 승리는 나로도를 습격한 왜구를 격퇴한 것 뿐이었다. 왜구는 영암향교를 점령하고 영암성을 포위 공격하였다.

영암성에 남은 왜구는 토벌군이 오기 전에 영암을 탈취하기 위해 동문에 모여 맹렬하게 공격했다. 그러나 영암성의 장병과 주민은 굴하지 않고 맹렬하게 싸워 왜구를 격퇴했다. 뿐만 아니라 왜구의 세력이 약해진 것을 알고 적극적인 공세로 나갔다. 이윤경은 전주에서 선발한 정예 무사 15명을 적절히 활용했다. 성 안에서 왜군의 공격에 향해 활로 응사하다가 화전까지 쏘았는데, 마침 서풍이 강하게 불어 왜구의 진영을 불태웠다. 왜군이 동요하자 이윤경은 효용군 10여 명을 앞장세워 성문을 열고 적진으로 돌격했다. 조선군을 너무 얕보고 병력을 분산시킨 것이 왜구의 실수였다. 왜구는 패해서 달아났는데, 성 주변에 남긴 시체만 110여구였다. 나주에서 돌아온 왜구의 분견대도 영암성의 패전 상황을 보자 바로 철수했다. 이로써 약 반 개월가량 진행된 을묘왜변이 종식되었다.

을묘왜변은 쓰시마 원정 이후에 가장 조직적이고 대규모적인 왜구의 침공이었다. 군사적으로 보면 조선 방어 체제의 약점이 고스란히 노출된 사건이었다. 진관체제의 협력 방어 체제는 대응 태세가 느리다는 약점 외에 조선군의 집결지와 진로가 적군에게 완전히 예측된다는 또 하나의 치명적인 약점을 노출했다. 그것은 한순간에 전라도의 방어 체제를 붕괴시켜 군사력의 진공 상태를 낳았다.

16세기 이후 군제의 이완과 피역자의 증가로 군 전력이 확연히 떨어졌다는 사실도 새로이 드러났다. 정규군을 편성해도 전투력과 군비, 군량, 훈련이 절대적으로 부족했다. 결국 조선은 진관체제의 문제를 인정하고, 을묘왜변 이후 새로운 병력 동원 체제와 방어 전술을 구상하게 된다. 그렇게 해서 등장한 전술이 제승방략이다. 그러나 피역과 군비 부족, 전력의 전반적 하락에 대해서는 마땅한 방안을 찾지 못했다. 그 결과 이런 상황이 이어지다가 임진왜란을 맞이하게 된다.

한편, 수군 전력에서는 을묘왜란이 중요한 변화의 자극제가 되었다. 14세기 이래 조선 수군은 왜군과의 전면전에서 대함을 선호했다. 왜군의 돌격 전술에 대한 방어력을 높이고, 병력과 총통을 집중시켜 조선군의 장기인 장병 전술의 효율성을 높일 수 있었기 때문이다. 또한 조선은 전함을 보다 대형화하고, 왜군의 등선 육박 전술에 대체할 신형 전함을 모색하게 된다. 이에 을묘왜란 후 새로운 전함을 만들기 위해 고심했는데, 그 결과물이 조선 수군에게 승리를 안겨 준 판옥선과 거북선이었다.

4. 여진사회의 변화와 조선의 대응

1) 1479년(성종 10)의 건주여진 정벌

세조대 말 두만강과 압록강 너머의 건주 여진 세력이 점차 강성해지면서 여진족은 변화를 시도하였고, 이들의 세력이 확장됨에 따라 요동을 공격하는 횟수가 잦아졌다. 때문에 명은 조선에 군사를 요청했고, 이를 받아들여 건주위 정벌을 단행하여 승리했다. 이때 건주위의 추장인 이만주가 사망했다.

이후 건주위는 명의 요동 정책에 영향을 받아 압록강 중류의 위화도까지 영향력을 미치게 되었다. 또한 조선의 평안도 변경을 침범해 인물을 노략질했다. 때문에 조선 조정은 조전장과 경군을 파견하고, 농민을 입보토록 했다. 이처럼 성종대 초반까지 조선은 건주본위와 계속된 갈등 관계를 유지하고 있었다. 반면에 건주좌·우위는 조선과 유화 관계를 유지하고 있었다.

성종 9년에 명은 건주위와의 전투를 위해서 조선에 군사를 요청했고, 조선은 이에 응하여 정벌을 단행했다. 하지만 건주 여진 정벌 과정에서 어유소가 군사들의 고통 등과 같은 이유를 들어 군대 해산을 주장했다. 이에 성종은 날쌘 유방 군사를 뽑아 여진 땅에 보내기로 결정했다. 이런 과정을 거쳐 기해서정이 이루어졌다. 기해서정을 통해 조선은 비록 중국의 요청에 응한 것이지만 여진 사회에 그 위엄을 확인시킬 수 있었다. 하지만 건주본위와의 관계는 또다시 악화되었다.

2) 1491년(성종 22)의 우디캐 정벌

우디캐는 송화강과 흑룡강 일대에 광범위하게 분포하여 살았던 여진 종족중의 하나였다. 이들의 동향은 조선과 여진 관계에 큰 영향을 끼쳤다. 때문에 단종 3년의 두만강 유역의 야인 실태에 대한 보고서 작성에서, 우디캐 족류 중에서는 골간만이 알타리, 오랑캐와 더불어 조사 대상에 포함되었다. 우디캐는 조선과 직접적인 원수 관계는 아니었으므로, 그들에 대해서 기미책을 사용했다. 하지만 자신들의 요구가 충족되지 않은 경우에는 조선의 변경을 침범했다. 마침내 성종대 후반에는 조선을 직접 침범하여 변장에게 상해를 입히고 백성들에게 위해를 가했다.

뿐만 아니라 성종 22년에는 우디캐 1천여 인이 조산보를 에워싸고 사람을 사살하고 부상을 입혔다. 때문에 성종은 우디캐 정벌을 결정했다. 이것이 신해북정이다. 이를 통해서 조선의 군사가 약해서 우디캐에 대항하지 못한다고 여겼던 알타리의 인식을 바꿀 수 있게 되었다. 그리고 알타리로 하여금 조선에 더욱 복종하도록 만들었던 계기가 되었다. 하지만 정벌 이후에 우디캐 관련 문제가 모두 해결된 것이 아니었기 때문에 경계를 늦추지 않았다.

3) 1524년(중종 19)의 야인 정벌

성종대 서정과 북정이 단행되었지만 조선과 여진의 갈등은 일거에 해결될 수 있는 성질의 것이 아니었다. 왜냐하면 강토의 경계가 맞닿아 있거나, 여러 가지 방법을 통하여서 지속적인 침범이 있었기 때문이다. 본래 압록강을 경계로 하여 평안도와 인접해 있는 땅은 고구려의 땅이었고 그곳에 거주하는 인민도 모두 조선인이었다. 한편 명에서는 동녕위를 설치하여 왕래를 용인했다. 이때의 주민들은 요동팔참에 흩어져 농사를 지으며 살았고 여진인의 침입을 받았다.

때문에 평안도의 지속적인 침입에 대해서 대책이 필요했다. 평안도와 유사하게 두만강 근처의 함경도 근경에서도 여진의 침입으로 많은 문제가 발생하고 있는 상황이었다. 이것에 대한 해결책으로 조선은 육진 근처에 거주하는 여진들을 자극하지 않았고, 귀순하겠다는 사람들은 위무하여 울타리로 삼았다. 조선이 이러한 태도를 취한 것은 그들과의 화호를 원했기 때문만은 아니었다. 여진들은 6진이 설치된 후에도 여전히 옛 땅을 떠나지 못했고, 조선은 그들을 그대로 6진에 살도록 허가를 받고 그 댓가로 여진의 정세를 탐지하여 알렸다. 그러므로 거주가 허용되었다.

하지만 올적합의 거주 요구는 받아들여지지 않았다. 왜냐하면 오도리와 원수 관계인 올접합을 받아줄 경우 종래 조선과 화호 관계에 있는 오도리와의 분쟁을 초래할 가능성이 있었기 때문이다.

이러한 가운데, 1504년 1월 그동안 적대 관계에 있던 여러 여진 종족들이 화해하는 움직임을 보였다. 때문에 오히려 이것에 의해 우환을 입을까 두려워하여 조정에서는 성곽과 진지를 수축하면서 군사와 말도 정비했다. 아울러 양자 사이를 이간시키는 계교를 써서 서로 화호하지 못하도록 했다.

여진들이 본격적으로 조선의 영역으로 들어와 거주하게 된 일이 중종대에 이르러 폐사군 지역에서 일어났다. 당시 조정에서는 조선의 국경에 그들이 가까이 사는 것이 바람직한 일은 아니지만, 이미 6년 이상을 살았고, 그들의 거주 지역이 조선의 방어가 미치는 곳이 아니니 그냥 살게 하면서 타이르는 것이 나을 것이라고 했다. 그러나 다른 여진까지 몰려와 피해입을 것을 걱정하여 논의한 결과 평안·함경 두 도의 군사가 함경남도와 평안도 방면에서 각각 출발하여 여연과 무창 사이의 여진 모두 쫓아내기로 결정했다. 하지만 오히려 보복의 씨앗만 제공하고 실패했다.

4) 이탕개의 난

당시 북도의 오랑캐로서 강 건너 변보 가까이 살며 무역을 하고 공물을 바치는 자들을 번호라고 했다. 이들은 본래 정부에 우호적인 존재였으나 관리가 소홀해지자 오히려 북쪽 변방의 정세를 불안하게 만드는 원인이 되었다. 이때 이탕개尼湯介이와 같은 번호들이 난을 일으켰으며 군수품에 속하는 물품들이 번호의 수중에 들게 되었다.

경성과 종성, 회령의 번호들이 반란을 일으키자 선조와 대신, 비변사에서는 그에 대한 대비를 위한 논의를 했다. 선조는 호인을 울타리로 삼은 것이 문제라고 생각하고 반란을 일으킨 번호를 토벌·징계해야한다고 주장했다. 때문에 군졸을 정비하고 군량을 확보하기 위해서 우선적으로 순찰사를 파견해 함경북도의 병력과 군자를 점검하자고 했다. 또한 비변사에서는 공을 세운 사람에게는 포상을 실시했다.

5. 병력동원체제의 개선-제승방략

1) 제승방략 성립의 배경과 남도 제승방략

제승방략은 16세기 중반 을묘왜변의 경험을 바탕으로 기존의 진관체제의 한계와 약점을 깨닫고 새롭게 구상한 방어 체제이다. 을묘왜변이 일어나자 제주목사로 있던 김수문이 거점을 지정하고 장수를 파견해 전투를 실시하여 큰 성과를 얻었다. 이어 경상도·평안도에 근무하며 제승방략을 보급했다.

진관체제의 약점은 군현과 순사 단위인 진을 일치시키다 보니 군진이 많아져 병력이 군현별로 분산되어 상비 병력이 적어진다는 것이다. 상비 병력이 적기 때문에 적의 기습을 받았을 경우 주변 군현의 도움이 필요했다. 하지만 지원 병력은 한계가 있었고, 병력을 갖추려면 시간이 오래 걸렸다. 이밖에도 병력이 각기 다른 지휘 아래에 있었기 때문에 통일적인 지휘 체제 형성에 문제가 있었다.

이러한 진관체제의 전술적 약점을 보완하기 위해서 제승방략이라는 분군법을 사용하여 한 도의 군병을 미리 순변사·방어사·조방장·병사·수사에게 분속시켜두었다.

제주 읍성 모형(제주박물관)

도원수·순변사·방어사·조방장은 중앙에서 파견하는 지휘관이었고, 이들의 지휘를 받기로 약정된 군대는 지정된 거점에 집결하여 장수를 기다렸다. 또한 중앙의 지휘관들이 도착하기 전까지는 현지의 병사·수사가 담당했다. 병사·수사에게 집결하는 군현 병력은 병영·수영에 집결하지 않고 중간에 미리 지정해놓은 거점에 모였기 때문에 적군이 집결지와 이동로를 예측할 수 없어 적군에게 미리 요격당하는 사태를 방지할 수 있는 장점이 있었다.

2) 북도 제승방략

제승방략이 공식적인 체제로 자리 잡은 것은 을묘왜변 때였지만, 고안된 것은 김수문이 북방에서 근무하면서 진관체제의 한계를 경험한 이후에 그 대안을 강구했던 것에서 비롯된다. 제승방략의 실체를 보여주는 유일한 사료인 이일의 『제승방략』은 전시에 사용하는 지침서로 성의 수비·동원·편제·진법 훈련·정찰·교련·군기·비상 식량·출동 태세 등에 대한 상세한 지침이 적혀있다.

조선 건국 이후로 4군 6진 지역에서는 많은 충돌이 발생했고, 조선의 여진정벌을 제외하고는 대부분 여진족의 기습에 대한 조선군의 방어 전투였다. 이때 신속한 지원 체제와 적을 요격하거나 추격할 지점으로 바로 이동하는 것이 중요했다. 남도와 달리 북도 제승방략에서 지원군이 바로 요격지와 추격지로 이동하도록 하는 방식은 이 지역의 군대가 그만한 전투력을 보존하고 있었기 때문에 가능한 것이었다. 또한 군기·군량의 보유 상황도 상대적으로 우수했기 때문에 전술에 유리했다.

제승방략의 핵심은 분군법으로, 6진 전체를 동원하는 대분군과 함경도 남부 지역의 군을 동원하는 삼분군으로 나누어진다. 대분군은 조선의 정벌군이 두만강을 건너가 오랑캐가 살고 있는 내지 지역을 공격할 때 사용하는 군사 편제이고, 삼분군은 정벌군이 만주에 투입되었을 때 전방의 정벌군을 지원하기 위하여 또는 두만강 남쪽을 방어하기 위해 조직하는 후방의 군사 편제로 이해하는 경우도 있다. 하지만 도 단위의 병력 동원이 필요할 상황을 상정한 편제법으로 이해하는 것이 옳다.

북방 제승방략의 특징은 현지의 군관·무사 자원과 장점을 최대한 활용하는데 있어 현지의 군관·권관을 돌격장이나 전부장 등 위험하고 중요한 위치에 집중 배치하고 있다는 점이다. 이것은 남방 제승방략이 사변 발생 시 병사·수사에게 병력을 모아 주고, 해안에서 떨어진 내지 지역은 가능한 북쪽으로 이동해서 중앙에서 파견한 도원수 이하 신임 지휘관들과 만나는 편제 방식과는 차이가 있다.

3) 제승방략의 전술적 의미

유성룡은 임진왜란 초기 제승방략에 의해서 분군법을 시행했을 때 거점이 북쪽에 치우쳐 왜군이 진격하기 쉬운 조건을 만들어 주어 패배의 원인이 되었다는 것을 지적하며 제승방략을 비판했다. 때문에 진관체제로의 복구를 주장했는데, 이때 진관체제 복구에 회의적인 인물들도 존재했다. 왜냐하면 제승방략은 진관체제를 대체하는 새로운 방어 체제가 아니라 진관체제 안에서의 개량적인 군사 체제였다고 이해했기 때문이다. 한편 북방 제승방략의 경우에는 4군 6진의 상황과 여진족과의 전투에서 유용성이 있다고 판단되었다. 반면에 남방에서의 제승방략은 장점을 발휘하지 못했기 때문에 비판되었다.

6. 비변사의 설치와 변천

1) '지변사재상'의 등장과 축성사의 파견

지변사재상知邊事宰相은 조선 성종대 구체화된 재상급 국방 전문가를 지칭한다. 조선은 지리상 남북방의 이민족과 국경을 맞대고 있어서 외적에 의한 백성들의 피해가 자주 있었다. 이는 곧장 국가적 위기와 직결되었으므로 대비책이 시급했다. 그래서 마련된 내용이 비변 대책이었다. 본래 초기의 비변 대책은 단순한 방어에 있었으나 점차 영역이 확대되어 북방의 변경 지대를 조선의 행정력이 미칠 수 있도록 정비하는 것까지 포함했다.

신숙주 초상(고령신씨문중)

이러한 내용은 태조부터 시작되었고, 정도전이 주도했다. 정도전은 북방의 동북면을 조선의 행정구역으로 편입해 해당 지역에도 지방관을 파견하고 북방의 축성책을 주장하는 등 비변 대책의 핵심 인물이었다. 이들의 공통점은 조선 정부의 고위직을 차지하고 있는 재상급 관원들이라는 것이다. 또한 이들은 직접 변경 지역까지 나갈 수 없는 왕을 대신해서 해당 지역을 방문, 조사하는 실무자 역할도 겸하고 있었다.

재상급 국방 전문가가 지변사재상으로 구체화된 것은 성종대 중반에 이르러서였다. 성종 초반부터 북방 관련 문제들은 직접 경험했던 원상들과 논의를 거쳐 처리하기 시작했고 원상제 폐지 이후 이것이 변화하여 관찰사·절도사·수령을 지닌 경험 있는 인물들을 논의에 참여시키기 시작했다. 이후 성종 13년을 전후하여 이러한 논의 석상에 참석한 인물들에게 지변사재상이라는 호칭이 붙기 시작했다.

지변사재상을 양성하고자 하는 시도는 성종대 중반 이후 구체화되었다. 이는 변방 경험이 많은 사람들로 하여금 직접 천거토록 했으며, 당시 승정원에서는 직질의 높낮이를 헤아리지 않고 능력 있는 사람에게 맡겨 변방 사무를 능숙하게 익히게 하자고 주장했다.

성종대 지변사재상은 조선의 국정 운영 파악에 있어 중요하다. 초기에는 실제 경험 있는 자들이 주가 되었기 때문에 그들로만 이루어졌었다. 하지만 성종 중반 이후 국가 중대사로서의 비변 대책은 정책의 실효성을 얻기 위해 많은 인물을 참여시키기 시작했고 이것은 결국 국가의 고위 관료들 거의 대부분이 관여하게 되는 문제로 변화하게 되었다. 결국 조선의 비변 대책이 지속적이고 항상적인 관심을 가져야 하는 국가의 중요 분야였음을 파악하게 되었다.

축성사築城使는 지방의 축성을 감독하기 위해 파견된 임시의 봉명재상이었다. 축성은 적으로부터 방어하기 위한 국가의 중요한 일이었기 때문에 재상급 관료의 파견을 통해 처결되었다. 때문에 태종대 후반에 축성업무를 관장하기 위해 도체찰사를 파견한 것은 축성을 겨냥한 재상급 복명사진으로서 체찰사의 파견이 본격화되었음을 보여준다.

세종대 축성 사업이 본격 추진되었고, 체찰사를 중심으로 체계적으로 이루어졌다. 세조대에는 하삼도의 읍성을 축조하거나 수리·개축했다. 하지만 신숙주의 지휘 아래 여진 정벌을 한 이후에는 이전 시기보다 소극적으로 변했다. 이후 성종대 다시 주목하기 시작했고 예종 원년에 명에 대비하여 사신들이 왕래하는 지역을 중심으로 축성이 재개되었으며, 붕괴된 여러 성을 보수했다. 또한 명이 동팔참지역을 점검하면서 축성이 더욱 적극화되었다.

축성사는 축성의 업무를 전담하기 위해 성종대 후반 중앙에 임시로 설치된 관서였다. 이는 성종대에 각 분야별 일을 전담하는 기구를 중앙에 설치하는 풍조를 통해 시작되었다. 축성사는 축성도감으로 불렸으며 축성을 추진하는 중심으로서의 기능을 담당하게 되었다.

축성사 조직은 낭청조직과 제조로 이루어져있었으며 현지에서 직접 해당 사안을 처리한 경험을 가지고 있던 인물들이 체찰사로 임명되었다.

2) 도체찰사제의 형성과 전개

조선 초기에 도체찰사제는 도제가 강화되어 도의 장관으로 관찰사가 확립되어가는 과정에서 중앙의 통치력을 지방 현장에 구현하는 별도의 체제로 형성되었다. 본래 도체찰사는 외적에 대비하기 위해서 파견된 군사적 성격의 사신으로 출정군의 최고 지휘관으로서의 역할을 담당하기도 하고 지휘관에 대한 감찰 임무를 담당하기도 했다.

도제편성 이후에는 관찰사만으로 해결할 수 없는 외교·조운선 건조등과 같은 특수한 임무를 수행하기 위해서 관찰사 보다 상위의 재상급이 파견되어야 했기 때문에 특별히 도체찰사를 파견하기 시작했고, 이것이 제도로 확립된 것은 새종대였다. 결국 중앙의 고관을 지방에 파견하여 국가 중대사를 처결하는 새로운 국정 운영방식으로 자리 잡게 되었다.

도체찰사제는 세조대에 이르면서 매년 전국 8도에 파견되면서 더욱 활발히 운영되었다. 이 시기에는 국가적으로 추진되어야 할 사업이 국토 전역에서 추진되면서 도체찰사가 전역으로 파견된 것인데 이들은 군액을 확장하거나 호구 장부를 토대로 군적을 작성하는 일과 하삼도민의 북방 이주와 관련된 활동을 주도하는 등의 업무를 수행하였다. 이외에도 외적에 대한 무력정벌에서 총사령관의 임무를 수행하거나 지휘관에 대한 처벌권을 행사하고, 후방의 방어를 담당하는 역할을 수행했다. 성종대에는 세조대의 군사·국방의 기능을 수행했던 것과 달리 백성에 대한 진휼이나 제언등의 문제를 담당했다. 또한 세조대와 달리 지방을 통제할 필요성이 없었기 때문에 감시·통제를 목적의 체찰사는 파견되지 않았다.

이러한 도체찰사제의 운영은 국가의 중대사가 현장에서 처결될 수 있었다는 장점이 있었다. 이 밖에도 민생 안정에도 큰 역할을 차지했고, 국가 운영 방식에서 정책 집행의 효율성을 높이고 정치에 대한 신뢰성을 증대시켜 중앙집권을 강화하는데 큰 역할을 했다. 하지만 도체찰사의 임기가 짧았기 때문에 큰 사업에 종신토록 담당자를 배정할 수 없다는 단점을 가지고 있었다.

도체찰사제는 성종대 두 가지 방향에서 변화가 이루어졌다. 첫 번째는 도체찰사가 담당했던 특정 업무를 중앙에 별도로 임시 관서를 설치해 전담토록 하고 그 관서의 제조직을 체찰사가 겸대하게 하는 것이었다. 이 변화는 육조에서 속아문을 통해 모든 행정 업무를 담당했던 기존 체제에 변화를 가져왔다.

두 번째는 도체찰사의 군사 활동과 관련하여 도체찰사와 도원수의 임무가 분리되었다는 것이다. 본래 도체찰사는 외적을 격퇴하기 위해 군사를 동원할 때 총 사령관직의 임무를 부여받았었다. 하지만 건주야인을 정벌하는 과정에서 기존의 도체찰사가 하였던 실제 정벌임무는 도원수에게 맡겨졌고, 후방에서 조치를 총책임하는 임무를 도체찰사가 맡게 되었다.

이것은 삼포왜란 이후 다시 변화했다. 본래 도체찰사는 해당지역에 파견되어 업무를 담당했으나 삼포왜란 당시에는 해당 지역으로 파견되지 않고 수도인 한성에 남아서 일을 조치하였다.

3) 비변사 체제의 성립

비변사는 일본과의 관계 변동에 영향을 받아 중종대에 변방의 일을 대비하기 위해 설치된 임시 기관이다. 비변사는 중종대 삼포왜란을 겪으면서 변방의 일을 대책하기 위해 설치된 임시 기관이었다. 비변사의 명칭이 들어나는 것은 남방의 삼포왜란을 틈타 북방의 야인이 소요할 것을 걱정하여 관질이 높은 문신을 비변사 종사관으로 함경도에 파견하면서부터였다.

이러한 비변사재상의 출현은 성종대 지변사재상이 대두되었던 것에 영향을 받았는데, 지변사재상은 왜구와 야인의 대책을 의논하기 위해 논의에 참여하도록 했던 지변사자에서 유래되었다. 또 다른 배경은 성종대에 이르러 군정·군령체계에 모순이 드러난 것이다. 본래 병조가 군정을 담당하고 오위도총부가 군령을 담당하는 것으로 이원화되어 있었지만, 이때는 오위도총부의 군령 업무는 경군에만 국한되었고, 지방군을 해당 지역의 관찰사와 절도사에 의해 운영되고 있었다. 때문에 실제적인 필요에 의해 규정된 군령·군정 체제를 지키지 않고 비변사라는 새로운 합의기관을 설치했다고 볼 수 있다. 이러한 비변사의 설치는 진관체제의 붕괴와도 연관되어 있는데, 결국 진관체제에서 제승방략체제로의 전환이 비변사의 탄생으로 이어졌다고 볼 수 있다.

중종 11년 6월 의정부 서사제가 부활되었다. 중종대에는 북방 야인들의 소란으로 매우 분주한 형편이었고 대신 중에는 변방의 일에 정통한 자가 적어 왕명과 의정부의 요청으로 지변사재상이 계속 논의에 참가하는 것이 현실이었다. 때문에 변방의 일을 처결하기 위해서 의정부 서사제가 부활한 것이다.

하지만 이해의 북방의 상황은 더욱 악화되었고, 남방에서도 왜선이 연이어 출몰하는 하는 현실이었다. 지속적으로 국가의 상황이 좋지 않자 영의정의 주장에 의해 축성사가 설치되었다. 본래 축성사는 축성의 업무를 담당하기 위한 것이었지만, 민심의 동요를 방지하기 위해서 축성 업무를 가장하고 방어의 기능을 수행했다. 하지만 축성 활동을 하지 않는 상황에서 명칭을 축성사로 하는 것이 부당하다는 의견이 사헌부에

비변사 터 현 창덕궁 돈화문 앞에 있다.

의해 제시되어, 축성의 명칭을 폐지하고 비변사로 개칭했다.

임시 기구였던 비변사는 명종대 거의 상설 기구화되었다. 비변사 설치 이후 존폐에 관한 논란이 지속적으로 있었지만, 명종 9년에 왜인과 관련한 일이 발생하자 비변사에서 긴급한 변방의 일을 처리하기 위해서 번거롭게 궐내에서 회의하기 보다는 비변사 모여 회의하고 계문하겠다고 청해 허락을 얻은 이후에 독립하게 되었다.

비변사가 청사를 마련하고 정식 관서가 된 것은 명종 10년 달량포 왜변을 통해서였다. 이때 따로 청사가 마련되었지만 직무는 여전히 변방의 일에 국한되어 의정부에 비할 바는 되지 못하는 형편이었다.

4) 비변사의 운영

설치 초창기의 비변사는 대신의 감령 아래 지변사재상 중심의 협의체였다. 또한 임시로 설치되었기 때문에 도제조·제조·낭청의 간단한 조직만 갖추었다. 지속적인 존폐 논란이 있었지만 명종대에 변방에 긴급한 일들이 연속되면서 대책을 마련하기 위한 비변사의 활동이 증가했다. 비변사의 청사 설치 이후에는 의정부 기능이 약화되는 상황이 초래된다는 이유로 삼공을 중심으로 혁파가 주장된 적이 있었다. 하지만 임진왜란을 계기로 국가 최고의 정치기관으로 발전했다.

비변사는 임진왜란을 거치면서 기구의 확대가 이루어졌다. 먼저 제조의 수가 확대되었다. 제조 중에서도 예겸제조의 수가 증가하였다. 이러한 예겸제조의 증가는 변방을 대비하기 위해서라기보다는 왕기를 보장하고 중앙의 군권을 장악하는 데 더 중요한 의미가 있었다.

또한 유사당상의 기능이 강화되었다. 유사당상은 비변사의 사무를 상임으로 삼아 전적으로 관장했으며 정책을 의정하는데 있어 중간 역할을 수행했다. 때문에 예겸제조의 증원보다 더욱 중요한 의미를 가졌다.

본래 비변사는 변방 관련 업무를 논의하고 정책을 마련하기 위한 회의체로 창설되었는데, 인조반정 이후 정치적인 기구로 성격이 변화했다. 또한 숙종대에 팔도구관당상제를 시행하면서 지방을 통제하는 기구로서의 성격도 가지게 되었다. 팔도구관당상제의 운영으로 중앙에서는 지방의 군정·행정을 관할 통제할 수 있게 되었으며, 감사의 기능도 가지게 되어 부정기적인 암행어사 제도 외에도 정기적으로 지방을 감찰할 수 있게 되었다. 이로써 비변사는 조선의 내외정을 주관하는 주요 기관의 성격을 가지게 되었다.

비변사는 제조-낭청으로 조직되고 위계 임무에 따라 도제조-제조-낭청-이서로 구분되었다. 비변사의 제조는 품질과 임무에 따라 도제조와 제조, 그리고 부제조로 구분되었다. 차출 형식에 따라 예겸제조와 계차제조로 분류되었다. 예겸제조는 계차제조를 보완했으며, 계차제조는 정무를 협의하는데 중심 역할을 했다.

유사당상은 비변사의 상위 구성원이며 임무는 대부분의 기무를 전적으로 맡아 처리하는 일이었으며, 병무를 잘 아는 자가 맡았다. 또한 긴급 공사를 처리해야 할 상황에 대신이 없으면 직접 찾아가 수의해 처리하는 역할을 수행했다. 구관당상은 군정, 재정, 지방 행정 등의 문제를 전적으로 담당했다. 구관당상제를 특징적으로 드러내는 것이 팔도구관당상제이다. 또한 숙종대에는 군사·재정뿐만 아니라 대동·전폐·시전·무역 등을 광범위하게 관할했다.

비변사 낭청은 비변사의 사무를 보조하는 실무원으로 종6품이며, 문文낭청 4명, 무武낭청 8명으로 구성된다. 임무는 실무를 담당하고, 계문초기·등록·작성·수의·구관당상의 사무 보좌 등이었다. 회의 시에는 회의 내용을 기록하고 의견을 정리하여 계문을 작성하는 등의 일을 담당했다. 이외에도 변사를 정탐하거나 표류인을 심문하거나 전황을 파악하는 군정 업무에도 종사했고 지방의 사건을 조사하고 실상을 파악하는 등의 일에도 종사했다.

제4장

조선후기 외침과 국방체제

제1절

조선-일본 전쟁(임진왜란·정유재란)과 군사제도의 변화

1. 16세기 동아시아 군사적 상황의 변화

1) 16세기 동아시아 국제 상황의 변화

농업생산력의 증가와 농촌시장의 발달을 바탕으로 16세기 중반에 들어서면서 안정적이었던 동아시아의 기존 국제질서를 근본적으로 무너뜨린 두 요소가 출현하게 된다. 하나는 명의 은 사용의 확대이고 다른 하나는 동아시아 해상 교역의 급격한 활성화를 들 수 있다.

명나라의 지정은제 시행으로 인해 은의 수요가 높아짐에 따라 조선과 일본에서도 은의 생산을 확대하기 시작했다. 또 조선과 일본뿐만 아니라 신항로 개척에 따라 대량생산된 신대륙의 은이 중국으로 유입되었다. 이렇게 해서 중국은 완전히 은본위제 경제체제가 확립되었고 도시경제의 활성화를 이루는 등의 큰 변화가 나타났다. 또 중국과의 교역으로 일본을 포함한 주변국 또한 경제 활성화를 이루었고 명나라의 통제가 완전하지 못했던 명나라의 외곽지역인 요동지역과 연해지역도 경제적 성장과 정치권력의 출현을 이루게 되었다. 하지만 이러한 16세기 국제상황의 변화에 적합한 새로운 교역체제는 나타나지 않았다. 이것은 결국 정치세력간의 격렬한 격동으로 표출되어 국제질서의 변화에 능동적으로 대처하지 못하게 되었다.

2) 일본의 조총 도입과 전술의 변화

16세기 중반 이후 일본에 신형 화승총인 조총 제작 기술이 전해졌다. 조총이 일본에 전해진 것은 큐슈 남단 타네가시마種子島에 표류한 포르투갈인으로부터였다고 알려져 있다. 이것은 당시 동아시아 세계에서 군사적 균형을 깨는 출발점이었다. 조총은 근접 전투가 중심이었던 일본의 전투방식을 근본적으로 변화시키는 계기가 되었다. 조선은 전통적으로 화기와 궁시 등 전통적인 장병기長兵器를 주무기로 삼아 원격전에서부터 적을 제압하는 전술을 주로 구사하였다. 이에 비해 일본은 창검과 같은 단병기短兵器를 주무기로 하여 근접전에 치중하는 전술을 사용하였으므로 조선은 일본에 비해 전술적으로 우세하였다.

이러한 전통적인 전술상의 우열관계는 일본의 조총의 도입으로 깨어졌다. 일본의 신무기 소지는 단지 같은 장병기를 압도하는데 그치지 않고 일본의 전통적 장기인 단병 전술의 장점을 충분히 발휘하게 하였다. 또 전쟁의 승리를 위해서는 과거 조그만 산성은 방기되고 정치·경제적 역량을 집중시켜 요새와 일상 거주지가 결합된 새로운 종류의 대규모 도시가 평지에 위치하였다. 이렇게 조총의 도입으로 일본의 사회체제와 군사상에 적지 않은 변화가 나타났다.

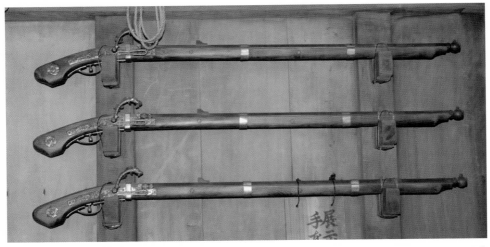

조총

3) 명의 왜구 대응전술

명나라는 16세기 중반 왜구 토벌과정에서 조총을 최초로 접하고 곧바로 조총을 입수하여 다량의 조총을 제조 장비하였다. 또 이의 영향으로 새로운 서양의 신식 화포인 불랑기도 도입되어 명군의 전술과 무기체계에 적지 않은 영향을 미쳤다. 왜구 토벌에 큰 공을 세운 장수 척계광戚繼光은 기존의 전술에 조총을 결합하는 차원이 아닌 새로운 체제의 군대편성과 전술인 절강병법을 개발하여 조총으로 무장한 왜구에 효과적으로 대응하였다.

이 전술은 왜구의 단병 전술에 대응하기 위해 창검을 제압하는 신형 근접전 무기인 낭선, 당파 등을 개발하고 이를 운용하기 위한 군사 편제를 새로이 고안하였다. 그리고 각 대隊(12명) 마다 방패수 2명을 두고 조총 탄환을 막을 수 있는 솜옷을 개발하는 등 조총에 대응하기 편하도록 하였을 뿐 아니라 습지가 많은 남방 지형에 대응하고자 기병을 전혀 쓰지 않고 보병으로만 편성하는 등 독특한 체제를 갖추었다. 아울러 군사편성 내에 조총병을 편성하고 전통적인 화기인 화전火箭, 신식 화기인 불랑기 등을 활용하여 조총과 장도長刀 등으로 무장한 왜구에 효과적으로 대응할 수 있었다. 척계광의 새로운 전술은 그의 저서인 『기효신서』에 정리되어 있다. 이렇게 조총과 불랑기 같은 신식무기는 명나라의 군사제도에 큰 영향을 미쳤다.

4) 조선의 국방체제 조정과 화기 개발

국제 정세 변화의 여파는 조선에도 미쳤다. 15세기 초 조선은 일본과 부산포, 내이포, 염포의 3포에 왜관을 설치해 제한된 범위의 교역만을 허락하였다. 하지만 점차 일본은 일본에서 생산되지 않는 면포획득을 위해 규칙을 어기며 교역을 시도하기 시작했고 이로 인해 왜관에 거주하는 항거왜인이 급격히 증가하게 되었다. 항거왜인의 증가는 여러 가지 정치, 사회적 문제를 초래했다. 이에 조선이 3포 통제책을 가하자 왜인들은 화약 무기를 바탕으로 한 군사적 위협을 가해 왔다. 이들은 명종대 들어서 더욱 위협적으로 변하였고 북방의 여진족들도 조선의 북변을 침입하는 등 조선은 남북

으로 위협을 받았다. 화기가 전투의 주요변수가 됨에 따라 새로운 전법이 필요했고 이는 새로운 병서 간행의 요구로 나타나 『진법』에 나타난 전술 이외의 새로운 전법이 요구되기도 하였다.

16세기 후반 동아시아 국제교역의 여파로 요동 지역이 성장하면서 잠시 소강되었던 여진족들의 침입이 다시 시작되었다. 이러한 침입에 효과적으로 대처하기 위해 여진족을 물리치는데 공을 세운 이일은 『제승방략』을 저술하였다. 『제승방략』에서는 화승총인 승자총통을 이용한 전법이 최초로 도입되어 기존의 궁시를 중심으로 한 장병 전술을 보다 강화하는 계기가 되었다. 하지만 이 『제승방략』의 전법은 화총이 없는 여진족을 처리하기에는 쉬웠지만 앞으로 전개될 전쟁에는 적합하지 않았다. 이는 조선-일본 전쟁(임진왜란) 초기 패전의 주요한 원인이 되었고 이후 급속히 새로운 전술로 대체되는 군사사적 배경이 되었다.

2. 제1차 조선-일본 전쟁(임진왜란)의 전황과 조선군의 대응

1) 일본의 조선 침략과 전황의 전개

(1) 전쟁 직전 동아시아 국제정세

조선-일본 전쟁이 일어난 16세기 후반 동아시아 정세는 매우 유동적이었다. 먼저 조선은 새로운 정치 비판세력인 사림파 등장에 따른 과도기적 정국 상황으로 동아시아 지역정세에 적절히 대응하지 못하였다. 중국의 경우에는 몽골세력이 성장하여 북경을 공격하고 연해지역에 밀무역거점이 생겨나는 등 국제질서의 변화에 따른 영향을 많이 받고 있었다. 한편 일본은 삼포왜란을 계기로 조선과 교역량이 절반으로 줄어들고 영파의 난을 계기로 명나라가 일본과의 감합무역을 폐쇄함에 따라 동아시아 국제교역상 불리한 위치에 있었다. 일본은 이러한 불리를 전쟁을 통해 타파해보려 했을 것이다.

도요토미 히데요시[豊臣秀吉]는 조선과 명나라에 대한 정복 구상을 본격화하였고 우선 조선 공격을 위해 선조에게 알현하고 통신사 파견을 요청하였다. 그리고 통신사를 통해 일본이 조선의 길을 빌려 명나라로 쳐들어간다는 이른바 '정명가도征明假道'를 통보하였다.

(2) 조선의 전쟁 준비와 한계

일본의 '정명가도' 통보로 일본의 침공가능성을 느낀 조선은 보다 강화된 군사 대비책을 강구하였다. 호남과 영남의 큰 읍성을 증축하고 수리하였으며 경상도 지역 일대에 성곽을 증축하고 참호를 설치하였다. 하지만 이는 성곽 수축에 동원된 백성들의 원성만 샀을 뿐 성곽의 높이는 2~3장에 불과했기 때문에 군사적인 측면에서 한계가 분명하였다. 또 전시 국방체제 확립을 위해 진관체제 복구를 강구하였지만 실제 군사 운용은 제승방략 체계에 의해 이루어졌다. 하지만 중앙의 장수 중심으로 운영되는 제승방략체제 또한 대규모 전쟁에는 한계가 있었다. 그리고 무신 중 재질이 있는 자를 서열에 구애받지 않고 발탁하여 전쟁에 대비하였다.

이와 같은 조선의 방어 전략은 전통적 수준에 머물렀다. 소규모의 왜구 침입이 아닌 통일된 일본 국력의 침입을 상상하기 어려웠기 때문이다. 또 전쟁규모가 크지 않을 것이라 생각하여 육지에서 일본군을 제압한다는 방왜육전론과 같은 수세적인 전략을 갖추었다. 그리하여 조선의 여러 전쟁 준비에도 불구하고 조선-일본 전쟁(임진왜란) 중 그 성과는 나타나지 않았다.

(3) 전쟁의 발발과 초기 전황

도요토미 히데요시는 나고야에 전쟁 지휘 본부인 대본영을 설치하고, 조선으로 출병할 병력을 1번대에서 9번대까지 총 15만 8천 7백 명으로 편성하였다. 그리고 해상 작전 및 엄호 등을 담당할 수군 4개대 9천 2백 명을 편성하였다. 이외에 11만 8천 3백여 병력을 나고야를 비롯한 일본 국내에 대기하도록 하였다. 일본군의 부대 편성과 병력은 다음과 같다.

제1군(고니시 유키나가小西行長)   - 18,700명
제2군(가토 기요마사加藤淸正)   - 22,800명
제3군(구로다 나가마사黑田長政)   - 11,000명
제4군(모리 가쓰노부毛利吉成)   - 14,000명
제5군(후쿠시마 마사노리福島正則)   - 25,100명
제6군(고바야카와 다카카게小早川隆景) - 15,700명
제7군(모리 데루모토毛利輝元)   - 30,000명
제8군(우키타 히데이에宇喜多秀家)   - 10,000명(쓰시마 대기)
제9군(하시바 히데카스羽紫秀勝)   - 11,500명(이키도 대기)

1592년(선조 25) 3월 13일(양 4월 24일) 도요토미 히데요시는 조선 공격 명령을 하달하였다. 나고야를 출발한 일본군은 쓰시마에 도착하여 1개월간 전열을 정비하였다. 4월 13일(양 5월 23일) 고니시 유키나가[小西行長]의 제1군을 선두로 쓰시마를 출발한 일본군은 그날 오후 5시경에 부산 앞바다에 도착하였다. 부산진을 지키고 있던 부산진첨사 정발의 결사적인 항전에도 불구하고 다음날 아침 부산진이 함락되었다. 부산진을 함락시킨 일본군은 15일(양 5월 25일) 오전 동래성을 포위 공격하였다. 동래부사 송상현의 지휘 하에 조선군이 3시간 동안 일본군을 저지하였으나 성은 함락되고 5천여 명의 조선군이 전사하였다. 그후 일본군 제1군은 좌수영-기장-양산-청도-대구-인동으로 진격하였다.

부산진순절도(육군박물관)

일본군의 후속 부대도 계속 상륙하여 왔다. 가토 기요마사[加藤淸正]의 제2군은 4월 18일(양 5월 28일) 부산에 상륙하여 양산-언양-경주 방면으로 진격하여 울산의 경상좌병영으로 전진하였다. 좌병영과 경주를 함락시킨 제2군은 영천-군위 방면으로 계속 북상하여 4월 29일(양 6월 8일) 충주에서 제1군과 합류하였다. 한편 4월 19일(양 5월 29일)에는 구로다 나가마사[黑田長政]의 일본군 제3군이 낙동강 하구의 김해 죽도竹島에 상륙하여 20일(양 5월 30일) 새벽 김해성을 함락시켰다. 이후 제3군은 창원 방면으로 진격하고 이어 북상하여 낙동강을 도하한 후 영산-창녕-현풍으로 낙동강 동안을 따라 북상하였다가 다시 경상우도로 침입하였다. 이외에도 제4, 5, 6군도 차례로 상륙하여 경상도와 충청도의 주요 성을 함락시켰다.

(4) 조선군의 동원체계와 대응양상

일본군의 침입 소식과 부산진 전투 소식은 부산포 일대의 봉수를 통해 주변 지역으로 전파되었다. 일본군의 침입 소식은 다음날 새벽 경상우수사 원균에게 보고되었고, 오전에는 경상도관찰사 김수에게도 보고되었다. 김수는 급히 경상도 좌우도의 군사를 징발하여 일본군의 진격을 막도록 조치하였다. 그 다음날 밤에는 전라좌수사 이순신에게도 보고되었다. 이처럼 경상도 일대에서는 신속한 보고와 군사 징발이 이루어졌다. 이러한 사실은 전쟁이 발발한 시기에 봉수와 파발을 이용한 조선군의 군사통신체계가 적절히 가동되고 있었음을 의미한다.

일본군의 침입을 보고받은 조정에서는 바로 이일을 순변사로 삼아 중로에, 좌방어사 성응길을 경상좌도에, 우방어사 조경을 서로西路에 내려보내고, 조방장 유극량과 변기로 하여금 죽령과 조령을 지키게 하였다. 이어 4월 20일(양 5월 30일)에는 좌의정 유성룡을 도체찰사, 병조판서 김응남을 부체찰사로 삼고, 한성판윤 신립申砬을 3도 도순변사都巡邊使로 임명하여 이일의 뒤를 따라 중로로 내려가 전체 조선군을 지휘하여 일본군을 저지하도록 하였다.

조선의 최초 방어 계획은 순변사 이일이 대구에 집결한 경상도 군사를 지휘하여 북상하는 일본군의 주력을 저지하는 동안 배후인 조령 일대에 방어선을 구축할 시간적 여유를 얻어 추풍령과 죽령을 연결한 횡적 방어체계를 구축한다는 것이다. 그러나 일본군의 빠른 진격으로 대구에 모인 조선군이 흩어졌고, 상주에서 이일이 주변에 흩어져 있는 군사 6천여 명을 급히 모아 대응하고자 했지만 역부족이었다. 이일의 상주 패배는 최초 방어계획의 실행을 어렵게 하였고, 이어서 신립의 탄금대 패배로 이어졌다.

2) 일본군의 편성과 전술

도요토미 히데요시에 의해 일본 군사체제는 다소 통일을 기하게 되었다. 도요토미는 대합검지라는 토지 면적 및 곡물 수확량을 쌀로 환산하여 고쿠다카를 제정하는 사업을 실시하고 곡물 총량을 병력 동원의 기준으로 삼았다. 그리고 무사의 경우는 촌락으로부터 분리하여 병농을 분리하였다. 병농의 분리와 함께 군사편성도 개편하였는데 평상시의 구성은 기병·보병으로 이루어 졌다가 병력 부족시 농공민을 징집하였다. 그리고 총 인원 3,000명 중 전투원 1,400명 비전투원 1,600명을 지정했다.

일본군은 5진 3첩진으로 일컬어지는 진법을 즐겨 사용하였다. 또한 깃발을 때에 맞춰 현란하게 사용해 군사들의 대형을 유동적으로 만들었다. 또 조총의 장점을 극대화시킨 '삼단제사전술'을 사용하여 전투력을 극대화시켰다. 조선-일본 전쟁초기 조선의 여러 성곽이 일본군의 공격에 쉽사리 함락되었던 것은 이와 같은 이유들 때문이다.

3) 충주전투를 통한 조선군의 편성과 전술

일본의 조총 보급에 따라 조선의 전술적 우위는 상쇄되기 시작하였다. 16세기 전국시대를 통해 다양한 전술체계와 편제, 새로운 무기 체계를 갖추었던 일본에 비해 조선은 여전히 궁시 위주의 장병기 중심에서 큰 변화가 나타나지 않았다. 그러므로 조선의 전술은 앞으로 전개될 새로운 전쟁 상황에 적절히 대응하기는 어려웠다. 그것을 보여주는 대표적인 사례가 충주 탄금대 전투이다.

신립은 최초 기병 1천으로 일본군의 중앙에 돌격하게 하여 일본군을 저지하고, 이어 1천 기병을 돌격하게 하여 일본군의 중앙 부분을 분단하였으나, 뒤이어 나타난 좌, 우익의 일본군 공격으로 조선군은 괴멸되었다. 이는 조선의 기병에 의한 일제 돌진 전법이 근거리에서 이루어진 일본군의 집중적인 조총 사격과 장검大刀에 의한 장병과 단병 배합 전법에 적절히 대적하지 못하였음을 보여준다. 게다가 일본군은 전열에 깃발을 나부끼며 혼란을 가하는 기만전술도 아울러 구사하고 있었다.

충주 탄금대(충북 충주) 팔천 고혼 위령탑.
탄금대 전투에서 전사한 병사들을 위해 세운 탑이다.

신립의 탄금대 패전은 조총과 검술, 장창 등을 배합하고 포위기동 등을 수행한 일본군에 대해 활과 화살(궁시)을 중심으로 한 기존의 기병 돌격 중심의 전술을 무리하게 적용한 전법상의 한계에 기인하고 있다.

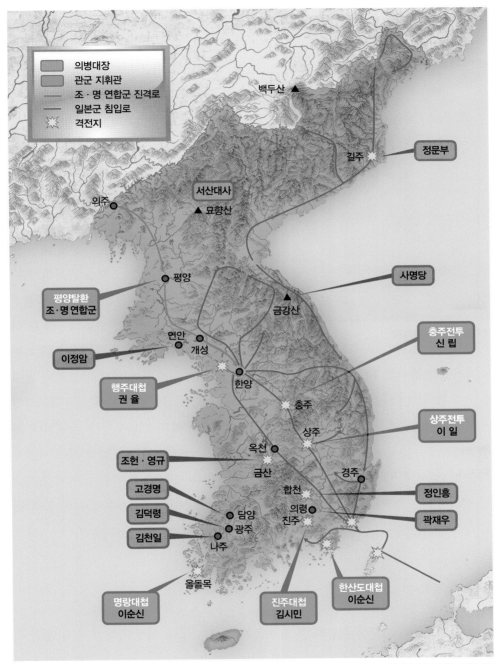

범례

- 의병대장
- 관군 지휘관
- 조·명 연합군 진격로
- 일본군 침입로
- 격전지

백두산 ▲

길주 — 정문부

서산대사 ▲ 묘향산

의주

평양탈환 조·명 연합군 — 평양

사명당

금강산 ▲

이정암 — 연안 개성

행주대첩 권 율 — 한양

충주전투 신 립 — 충주

상주전투 이 일 — 상주

조헌·영규 — 옥천 금산

경주

정인홍 — 합천

고경명 김덕령 김천일 — 담양 광주 나주

의령 진주 곽재우

올돌목

명량대첩 이순신

진주대첩 김시민

한산도대첩 이순신

조선-일본의 전쟁과 의병활동

4) 의병의 봉기와 전술적 성과

곽재우(경북 의령 충익사)

일본군의 침공으로 관군이 여러 곳에서 패배하고 한성이 함락되는 등 위기를 겪자 각 지역에서 의병이 일어나기 시작했다. 곽재우가 의령에서 의병을 조직한 것을 시초로 전국 각지에서 많은 의병부대가 조직되어 일본군에 큰 타격을 입혔다.

일본은 한성함락 이후 조선에 대한 통제력 확보를 우선적으로 고려하기 시작하였다. 그리하여 일본의 지역 경략이 본격화 되었고 이에 의병과의 전투도 격렬해졌다. 의병 부대들은 이에 대응하여 조직적이고 광역화 되는 양상을 보였다. 또 단순한 소규모 유격전에만 그치지 않고 관군과 합세하여 국가적 차원의 방어전에도 적극적으로 참여하였다.

의병 중에는 기존의 관군출신으로 낙오된 이른바 산졸이 대다수였다. 그리하여 활과 화살(궁시)을 다루는 데에는 상당히 숙달되어 있었고 실제로 험한 지세에 매복해 기습적으로 사격하여 일본군을 효과적으로 공격할 수 있었다. 이러한 의병의 효과적인 궁시작전은 조선군의 삼수병 체제에서 새로운 병종인 포수, 살수와 함께 활과 화살(궁시)을 다루는 사수가 적지 않게 편성되는 것에 강하게 영향을 미쳤다.

5) 명의 파병과 조·명연합군의 편성

명은 일본군이 조선을 침공하면 그 여파가 곧바로 명에 미칠 것이란 점에 대해 인식하고 방어책 마련에 부심하였다. 처음 일본군의 조선 침공으로 조선군은 명에게 원병파병을 요청했지만 명은 향도설에 기인한 여러 의구심을 가지고 요청을 거절했다.

평양성 탈환도(고려대박물관)

하지만 이후 향도설이 허구임이 밝혀지고 명은 본격적으로 파병 논의에 착수한 끝에 요동지역의 군병을 평양성으로 파견하였다. 하지만 평양성 전투에서 요동군과 조선군의 조·명 연합군은 일본의 조총공격에 패배하고 말았다.

평양성 전투 이후 명나라가 본격적으로 전쟁에 참여하게 되면서 일본의 명 진공이 어려워졌다. 명 또한 일본에 대한 위기의식이 더욱 커졌으며 이에 왜구 토벌에 많은 성과를 얻은 남병의 파견을 고려하였다. 이후 명의 재정 압박으로 지연되었던 파병이 다시 시작되었고 조·명 연합군을 바탕으로 한 제2차 평양성 전투가 일어났다. 이때 명군은 대량의 화전공격과 남병에 의한 근접전을 통해 일본군을 완전히 제압하였다. 그리고 개성, 평양, 황해, 경기, 강원 등 4도를 아울러 회복하게 되었다.

제2차 평양성 전투는 전쟁국면을 조선과 명의 연합군 쪽으로 바꾸었다. 또 명군의 새로운 무력기술은 조선의 군사제도 변화에 많은 영향을 미쳤으며 일본 또한 외성을 축조하는 등 전술적인 변화를 보였다.

6) 조·명연합군의 반격과 일본군의 남부 지역 철수

(1) 조·명연합군의 반격과 벽제관 전투

1593년 1월 초 제2차 평양성 전투를 계기로 큰 타격을 입은 일본군은 한성으로 철수하였다. 한편 이여송의 명군과 3천여 조선 기병은 평양을 출발하여 개성에 입성하였다. 이에 일본군의 평양에서의 패배를 만회하려고 개성방면으로 진군하였다.

일본군 주력은 파주의 여석령礪石嶺 일대에 진을 치고 남하 중인 조·명 연합군을 맞아 싸울 준비를 하였다. 이때 조·명 연합군은 기병 3천여 명을 선봉으로 하여 한성으로 향하고 있었다. 이들은 소수의 화기 이외에는 대부분 검劒과 활로 경무장한 상태였다. 조·명 연합군 선봉대와 일본군은 벽제관에서 조우했다. 이 지역은 동서로는 구릉 지역이 펼쳐져 있고 남북으로 길고 좁은 길이 나있는 곳으로 기병의 기동력을 충분히 확보하기 어려울 뿐만 아니라 당시에는 진흙탕으로 인해 보병인 일본군에 비해 상당히 불리한 상황이었다. 먼저 조·명 연합군 선봉대가 일본군 전위 부대를 공격하였으나 상황은 점차 불리하게 전개되었다. 뒤따라오던 조·명 연합군 본대는 일본군의 급습을 받아 큰 피해를 입고 이여송은 구사일생으로 포위망을 벗어났다.

벽제관 전투는 전술적인 측면에서는 좁고 긴 지형을 적절히 활용하여 기병의 기동력을 저하시키고 조총과 장창, 장검으로 무장한 보병의 활용을 통해 큰 성과를 낸 전투 사례라고 할 수 있다. 전략적인 측면에서도 많은 영향을 미쳤다. 한성 이북의 일본군 병력을 집중 운용하여 조·명 연합군을 공격한 벽제관 전투를 통해 조·명 연합군은 큰 피해를 입었을 뿐만 아니라 평양성 전투 이후의 신속한 남진이 저지되었다. 특히 벽제관 전투 이후 이여송은 더 이상 일본군과의 전투를 기피하고 주 병력을 평양으로 철수시킴에 따라 군사력에 의한 한성 수복은 어려워졌다. 대신 명나라는 군사력 사용과 함께 강화를 통해 일본군의 한성 철수를 달성한다는 화전和戰 양면 전략으로 전환하였다.

(2) 행주산성 전투와 일본군의 한성 철수

조·명 연합군은 대규모 반격작전인 평양성 전투의 승리를 계기로 그 여세를 몰아 일본군을 한성 이북까지 압박하였다. 이에 호응하여 경기도 일대에 진출해있던 조선의 여러 부대들도 한성 탈환을 목표로 거점을 이동하기 시작하였다. 그러나 벽제관 전투로 인해 조·명 연합군의 남하가 저지되고 이여송이 개성으로 철수함에 따라 일본군은 한성 일대 고수가 가능하게 되었다. 이러한 상황에서 행주산성 주둔 조선군의 존재는 한강을 통하여 한성의 일본군 배후를 위협할 수 있는 것이었다.

이에 일본군은 우키타 히데이에宇喜多秀家를 대장으로 한성에 주둔하던 군사 3만

명을 동원하여 2월 12일(양 3월 14일) 새벽부터 행주산성을 공격하였다. 행주산성의 조선군은 7대隊로 편성된 일본군의 7차례의 파상 공격을 각종 화기火器와 화차火車, 궁시 사격으로 모두 저지하고 방어에 성공하였다. 행주산성 전투 이후 권율은 2월 16일(양 3월 18일) 파주산성으로 군대를 이동시켰다. 이곳을 근거지로 조선군은 일본군의 북상을 견제하는 동시에 적극적인 유격전을 전개하여 일본군을 압박하였다.

일본군은 행주산성 패배 이후 계속되는 조선군의 압박과 봉쇄, 추위, 군량 부족, 역병疫病의 유행 등으로 인해 사기가 크게 떨어져 한성의 확보가 현실적으로 어려운 상황이었다. 결국 2월 말 한성의 일본군 지휘부는 회의를 열어 일본군의 한성으로부터의 철수와 남해안 지역으로의 재배치를 도요토미 히데요시에게 건의하였다. 즉 행주산성 전투와 이후의 조선군의 적극적인 압박 작전은 일본군의 한성 철수를 앞당기게 되었다.

행주산성 행주대첩비(경기 고양)

(3) 일본군의 한성 철수와 진주성 전투

행주산성 전투 이후 일본군은 수개월 간의 전투와 질병으로 인해 많은 병력의 손실을 입었고, 부산에서 한성에 이르는 보급이 어려워져 한성 철수는 불가피한 상황이었다. 일본군은 철수할 때 조·명 연합군의 추격을 피하기 위해서 명군과의 교섭을 통해 안전한 철수를 보장받고자 하였다.

한편, 명나라도 일본군의 요동 진출을 저지하고 일본군을 한성 이북 지역까지 몰아 냈으므로 출병의 일차적인 목적은 달성한 상태였다. 게다가 벽제관 전투에서 적지 않은 피해를 입은 이후 명군은 전투 의지를 상당히 상실한 상태였다. 이로 인해 명군 진영에서는 일본군과의 화의 교섭을 재개하여 전쟁을 종결하자는 의견이 대두하기 시작하였다. 아울러 명나라는 조선 원정군에 들어가는 막대한 전비도 부담이었다. 이에 명군과 일본군의 강화가 시작되어 일본군은 한성에서 철수하였다. 한성에서 철수하는 일본군에 대해 명군의 이여송은 이들을 추격하지 않았을 뿐 아니라 조선군의 일본군 추격을 방해하기도 하였다. 따라서 일본군은 큰 피해를 입지 않고 남해안으로 철수할 수 있었다.

남해안으로 철수한 일본군은 도요토미 히데요시의 지시에 의해 전열을 재정비하고 군량을 확보한 다음 진주성을 공격하였다. 당시 진주성에는 3천 5백여 명의 군사와 6만여 명의 주민이 입성하여 창의사 김천일과 경상우병사 최경회를 도절제사로 삼아 방어 준비를 갖추었다. 일본군은 진주의 외곽인 함안과 의령을 먼저 점령하고 진주를 향해 공격하기 시작하였다. 압도적인 일본군의 군세에 조선군들이 모두 전라도 지역으로 철수하였고 거창, 남원 등지에 주둔하고 있던 명군도 진주를 구원하지 않고 방관하고 있어서 진주성은 외부로부터의 지원을 받을 수 없는 상

순천 왜성(전남 순천)

황이었다. 진주성은 일본군에게 포위되어 8일 동안 주야로 공격해오는 일본군에 대항하였으나 6월 29일(양 7월 27일) 마침내 함락되고 말았다. 이 전투로 진주의 수성군과 주민 6만 명이 전멸하였다.

일본군은 진주성을 철저히 유린한 후 호남 지역을 점령하고자 하였으나 조선군의 저항과 명군의 군사적, 외교적인 견제로 인해 구례, 곡성 등 섬진강 일대까지만 진출한 후 다시 남해안 일대로 돌아와 여러 왜성倭城에 분산 주둔하였다. 이후 일본과 명나라 사이에는 조선을 배제한 채 1596년(선조 29)까지 지리한 강화 협상이 진행되었다. 강화 기간 중 일본은 남해안 일대에 장기간 주둔하면서 갖은 약탈을 자행하였고 명군도 그들과 대치하며 시간을 보냄에 따라 조선의 피해는 계속되었다.

3. 절강병법의 도입과 훈련도감의 창설

1) 평양성 전투와 절강병법의 도입

충주전투 이후 조선은 명나라에 원병을 요청하였지만 명나라는 조선을 계속 의심하면서 조선의 전황과 함께 일본군의 동향을 살폈다. 하지만 평양성 함락을 계기로 조선에 대한 오해를 풀고 조선 파병문제를 본격적으로 거론하기 시작하였다. 처음 명나라 요동지방 수비군 파견에도 불구하고 조총의 공격에 큰 피해를 입었다. 이에 왜구토벌에 큰 성과를 얻었던 남병을 파견하기로 결정하였다. 이들은 근접전을 중시하며 포수와 검수로 이루어져 있고 일본의 보병전법과 유사한 전법을 가지고 있었다. 이듬해 남병 중심의 명나라군과 조선군의 연합군은 평양성을 다시 포위해 큰 승리를 거두었다.

이 전투를 지켜본 조선은 남병과 그 전법에 대단한 관심을 가지게 되었고 이를 습득하고자 하였다. 특히 이 전술이 명나라 장수 척계광의 『기효신서』에 수록되어 있음을 확인하고 이 책의 습득을 위해 다양한 노력을 기울였다. 마침내 『기효신서』를 입수하게 되었고 이후 조선군의 훈련과 편성은 『기효신서』에 의해 급속히 이루어지게 되었다.

2) 훈련도감의 창설과 제도의 변화

조선-일본 전쟁 이후 조선의 전술 체계는 근본적인 변화를 맞게 되었다. 그중에서
도『기효신서』의 절강병법의 도입에 따라 새로운 정예군영의 필요성이 제기되고 화
기의 중요성에 대해 보다 적극적으로 인식하기 시작했다. 그리하여 일본의 조총에 대
항하기 위해 포수 양성에 힘을 기울이고 조총제작 기술을 습득했다. 또 절강병법을
완전히 습득하기 위한 노력도 계속되었다. 이와 같이 포수의 중요성이 부각되고 절강
병법을 바탕으로 한 새로운 군사제도 창설 필요성이 요구되었다. 또한 도체찰사 유성
룡은 군졸훈련과 화포를 제조할 것은 건의하였고 이것은 곧 훈련도감 설치의 주요 계
기가 되었다. 훈련도감은 공식적으로 1593년(선조 26) 10월 선조가 한성으로 환도한
직후 설치되었다. 훈련도감의 설치로 인해 조선의 군사제도사는 큰 변화를 겪게 되는
데 첫째로는 국가의 급료를 바탕으로 양성되는 전문적 직업 군인이 등장하게 된다는
것이다. 그리고 조선의 전술이 기존 활(궁시) 중심에서 조총 등의 화약무기 중심으로
체계가 변화하게 되었다.

훈련도감에는 포수와 살수에 이어 사수가 훈련도감에 편입되었고 이 시기에는 훈
련도감 중 일부가 남쪽으로 내려가 도성의 수비 군병이 부족한 문제가 나타났다. 이
에 수문장, 부장, 내금위, 겸사복 등의 직임자들 중에 정원 이외에 인원을 모두 훈련
도감으로 포함시켰다. 또『기효신서』의 5영편제 방식에 입각해 군사 모집을 확대 편
성시켰고 국왕숙위에서 탈피해 도성 방위를 전담하는 역할을 맡았으며 지방군에 대
한 조련을 담당하기도 하였다. 이렇게 훈련도감의 역할은 점차 확대되었고 선조 후대
에 와서는『기효신서』의 기본적인 군사편제에 입각한 군영으로 확장되었다.

4. 전쟁 중 지방군 정비와 속오군의 창설

1) 지방군 정비

중앙군 정비가 이루어진 후 절강병법에 따라 지방군 재건이 진행되었다. 일단 각 고을에서 포수가 되고 싶은 사람을 모집해 훈련하였고 『기효신서』를 내려 보내고 교관을 파견할 것을 결정하였다. 조총의 확보가 어려워 포수양성이 지연되었지만 항복한 일본군인 항왜를 훈련도감 등에 소속시켜 조총 사격법과 도창 등의 기예를 익히도록 하는 등의 다양한 노력을 기울인 결과 포수와 살수의 수준은 높아져서 본격적인 전투에 참여할 수 있는 수준이 되었다. 또 조선의 지방군도 조선-일본 전쟁을 계기로 종래의 사수 중심의 군사 편제에서 새로운 병

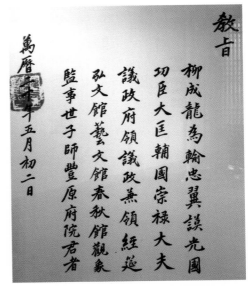

유성룡 영의정 교지
1592년 파천시 선조가 개성에서
유성룡을 영의정에 임명할 때의 사령장.

종인 포수와 살수 중심의 편성으로 급격히 바뀌어 가고 있었다.

1594년(선조 27) 영의정 유성룡은 조선-일본 전쟁 초기 조선군이 패하게 된 원인이 제승방략에 따른 문제라고 인식하여 진관체제의 복구를 주장하였다. 진관체제에 따른 일원적 지휘체계를 확립하자는 것이 큰 의도였다. 하지만 유성룡이 전통적인 진관체제의 복구를 원한 것은 아니었다. 경기도의 지방군 재편을 통해 절강병법에 따른 군사편제를 바탕으로 전국적인 단위의 진관체제를 복구하고 일원적인 통일적 지휘체계를 구축하고자 하였다.

이런 유성룡의 진관체제 복구 노력은 그가 1595년(선조 28) 경기, 황해, 평안, 함경도 4도 도체찰사 직임을 겸하면서 적용되었고, 제2차 조선-일본 전쟁(정유재란)에서

일본군의 북상을 저지하는 데 큰 힘으로 작용하여 지방군 체제 정비의 효과를 확인할 수 있었다.

2) 속오군의 창설과 조직

포수와 살수의 비중이 높아지면서 절강병법의 훈련 필요성이 높아졌지만 이에 맞는 군사체제와 훈련체제는 확고하게 정착되지 못하였다. 이를 위해 유성룡은 진관체제의 복구와 함께 『기효신서』의 속오법에 맞게 지방군을 편성하여 「연병규식」을 반포하였다. 이 「연병규식」 반포를 계기로 북부 4도의 군대는 『기효신서』의 군사 편제에 따라 영 이하 가장 말단의 편제인 대까지 일원적으로 편성하게 되었다. 또 이와 같은 군제가 확립됨으로 인해 이제 조선은 이에 따른 전법 체계인 절강병법을 제대로 운용할 수 있는 토대가 마련되었다.

평안도 각 진관의 병력 현황을 살펴보면 다수의 취타수와 기수의 존재를 확인할 수 있다. 이는 상황별로 다양한 신호 체계 확립의 필요성과 전쟁소음으로 인해 시각적 신호 수단인 깃발의 사용이 불가피함을 반영한 것이다. 그리고 평안도 4개 진관의 편성을 살펴보면 효과적으로 군대를 운영하기 위해 포수와 살수, 포수와 사수를 조합하였다. 하지만 살수와 사수는 활과 화살(궁시)을 근접전에서도 효과적으로 사용했기 때문에 이들의 조합은 이루어지지 않았다.

또 삼수병의 기예별 배치를 살수-포수-사수 순서대로 절강병법의 전수에 따라 배치하였다. 하지만 당시 현실적인 측면에서 절강병법 체제로의 완전한 전환은 이루어지지 않았다. 16세기 중반에 편찬된 『기효신서』에 비해 변화된 전쟁 양상에 대응하지 않으면 안되었기 때문이다. 이를 위해 전통적 장기인 활(궁시)도 완전히 폐기하지 않고 근사법, 질사법 등 새로운

충청도 속오군적(토지주택박물관)

전술 운용을 통해 그 역할을 새로이 확보하였다. 이를 통해 삼수병 제도에 입각하여 변형된 형태의 절강병법상의 전술 체계를 적용하고자 하였다.

5. 제1차 조선-일본 전쟁(임진왜란) 초기 수군의 활약과 전술

1) 1592년 조선 수군의 활약

(1) 개전 초기 양국 수군의 동향

제1차 조선-일본 전쟁(임진왜란)은 전쟁이 발발하기 이전에 어느 정도 전쟁을 예견할 수 있는 상황들이 전개되었다. 이 때문에 조선 조정은 제1차 조선-일본 전쟁 직전 시기에 남쪽 변경의 수비태세 강화를 위해 새로운 인재들을 발탁하였다.

한편, 4월 13일(양 5월 23일) 개전 이후 4월 말까지 해전이 벌어지지 않았는데, 그 이유는 일본의 해양 전략에서 찾을 수

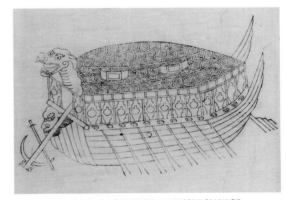

거북선도(이충무공전서, 규장각한국학연구원)

있다. 일본 수군의 역할은 상대의 보급로 차단이나 병력 및 군수품 수송 목적으로만 제한되었다. 따라서 해전을 통해 조선 수군을 공격하고 제해권을 장악하는 것은 처음부터 목표로 하지 않았다. 일본은 당초 침략 계획에서부터 상륙과 축성을 통해 교두보를 마련하고 조선 내지를 탈취하려는 육전의 개념만 존재했던 것이다.

(2) 제1차 출전과 옥포해전

1592년(선조 25) 5월 3일(양 6월 12일), 전라좌도 수군 이순신 함대는 경상도 해역 출전이 최종 결정 되었고 5월 4일(양 6월 13일) 새벽에 단독으로 제1차 출전을 시작하였다.

먼저 첫 번째 출전 중 최초의 해전인 옥포해전이 벌어졌다. 이순신 함대는 5월 6일 (양 6월 15일) 원균이 이끄는 경상우도 수군과 합류하였고 거제도 송미포에 이르러 정박하였다. 5월 7일(양 6월 16일) 새벽에 출발한 이순신 함대는 당시 거제도의 옥포만 일대에 상륙해 주변 지역을 약탈 중이던 일본 수군을 총통 공격에 의한 당파전술로 격파하였다. 이날 승리를 거둔 이순신 함대는 거제도 북단에 위치한 영등포로 이동했는데 일본 선단을 발견했다는 보고를 받고 곧바로 추격해 두 번째 해전인 합포해전을 치렀다. 일본 수군은 배를 버리고 상륙해 도망갔고 조선 수군은 이들의 배를 모두 태워버렸다. 5월 8일(양 6월 17일) 새벽, 진해 땅에 일본 배들이 머물고 있다는 첩보를 받고 출발해 고성 땅 적진포에 이르러 일본 군선을 발견하고 전투를 시작하였다. 이 것이 세 번째 전투인 적진포 해전이다.

결과적으로 조선 수군은 제1차 출전을 통해 많은 일본 군선을 분멸하였다. 이와 함께 해전에서의 승리에 대한 자신감을 갖게 되었다.

(3) 제2차 출전과 연합함대의 형성

1592년(선조 25) 5월 29일(양 7월 8일) 새벽 노량으로 출발해 원균과 합류하면서 제2차 출전이 시작되었다. 제2차 출전의 첫 번째 해전인 사천해전은 사천 선창에서 일본 군선 12척을 발견하면서 시작되었다. 조선 수군은 유인작전을 펼쳤지만 일본 수군은 유인 작전에 빠지지 않고 조총 공격을 계속해 왔다. 이에 거북선을 출격시켜 판옥선이 함께 공격하자 일본 수군이 후퇴하였다. 거북선은 이 해전에서 처음 등장하였다. 이 해전은 일본 수군에 많은 사상자를 냈지만 조선 수군도 부상자가 여러 명 발생했다.

6월 2일(양 7월 10일)에는 당포해전이 시작되었다. 이순신 함대는 거북선으로 돌진하였고 일본 장수의 머리를 베자 일본 수군은 더 이상 대항하지 못하고 부산으로 도주하였다. 6월 4일(양 7월 12일), 전라우도 이억기 함대가 처음으로 합류하였다. 6월 5일(양 7월 13일), 일본 함대가 당항포에 머물고 있다는 소식을 듣고 일본 군선을 바깥 바다로 유인할 계책을 세웠다. 이순신의 유인책에 일본 수군은 모든 배들을 바다로 이끌었다. 이에 거북선을 중심으로 공격을 퍼부었고 이틀 동안 일본 군선은 모두 불태워졌다. 6월 7일(양 7월 15일), 조선 연합함대는 다시 출항하여 율포에서 부산으로 도망하는 일본 대선을 발견하고 쫓아가 수급 30여개를 베고 군선을 모두 불태워 없앴다. 6월 10일(양 7월 18일)에는 연합함대를 해체하고 각각 본영으로 돌아갔다.

제1, 2차 출전의 일곱 차례의 해전에서 조선 수군이 일본 수군을 압도한 것은 화기와 판옥선의 성능, 그리고 이순신의 뛰어난 전략전술에 기인한 것이다. 한편으론 일본 수군이 지방 다이묘에 소속된 소규모 함대였다는 점을 간과할 수 없다.

(4) 한산대첩과 제해권 장악

주요 해전에서 연패한 소식을 들은 도요토미 히데요시는 당시 육전에 참가 중이던 휘하의 정예 수군을 남해로 내려 보냈다. 7월 6일(양 8월 12일), 와키자카 야스하루가 단독으로 김해를 떠나 출전하였다. 한편 조선 수군은 각기 본영에서 다음 해전을 위해 준비를 갖추며 있었는데, 거제도와 가덕도 등지에 일본 선박이 출몰하고 있다는 첩보와 전라도 금산 지경에 일본군이 다가온다는 정보를 얻어 이를 공격하기 위해 7월 4일(양 8월 10일) 전라좌수영으로 합류하였다. 7월 8일(양 8월 14일) 아침 일찍 연합함대는 일본 함대가 있는 고성과 거제도의 경계인 견내량으로 출발하였다. 이순신은 와키자카의 함대를 넓은 바다로 유인하였다. 이 때 학익진鶴翼陳을 형성하여 일본

제승당 앞 한산대첩지

함대를 공격하였는데 일본 함대는 엄청난 병력 손실을 입게 된다. 7월 9일(양 8월 15일)에는 안골포에 일본 군선이 있다는 정보를 듣고 7월 10일(양 8월 16일), 안골포에 도착하니 도요토미 히데요시 직속의 정예 수군의 함대가 있었다. 이 날 벌어진 안골포해전에서 일본 함대는 해전을 회피하였다. 이에 이순신은 정박해 있는 군선을 공격하였고 절반 이상을 불태워 없앴다. 하지만 밤새 일본함대가 도주해 버렸고 이를 추격하지 못하였다.

제3차 출전의 결과와 역사적 의의는 연합함대가 일본 수군의 정예함대 세력을 괴멸시키고 대승을 거두었다는 것이다. 그리고 전라도와 충청도가 보전됨으로써 이를 바탕으로 조선이 중흥을 이룰 수 있었던 것과 남해의 제해권을 완전히 장악함으로써 일본 수군이 해전을 나서지 못하도록 제압하였다는 것이다.

(5) 제4차 출전과 부산포해전

8월 1일(양 9월 6일)부터 전라우도 수군은 연합함대의 훈련을 위해 좌수영에 미리 합류해있었다. 이후 일본군이 양산과 김해 등지로 내려와 도망치려한다는 정보를 받고 8월 24일(양 9월 29일) 제4차 출전을 시작하였다. 25일(양 9월 30일)에는 원균과 합세하였고 26일(양 10월 1일)부터 일본 수군을 수색하였지만 찾지 못했다.

8월 29일(양 10월 4일)과 9월 1일(양 10월 5일), 각각 장림포와 화준구미에서 만난 일본의 함선을 모두 불태워 버렸다. 이후 부산포를 정탐해 일본군을 발견하고 이곳에서 연합함대는 부산포해전을 치른다. 이 전투는 큰 전과를 거두지만 25명이라는 인명 피해를 입기도 했다. 부산포해전은 일본 수군의 근거지인 부산포를 공격했다는 것과 참전 규모와 그 전과 역시 매우 컸다는 점에서 의의를 갖고, 일본 수군의 해전회피 전술을 고착화시킨다. 또한 육전에서의 고전을 설욕한 의미도 갖는다.

2) 강화교섭기 조선 수군의 체제 정비와 전략전술

(1) 강화교섭의 배경과 조선 수군의 피해

제1차 조선-일본 전쟁 초기 조선은 일본의 정예 병력과 조총을 이용한 새로운 전술에 밀려 패전을 거듭하였으나 이러한 전황은 개전 이후 시작된 의병 활동과 조선 수군의 일방적 승리, 명군의 소규모 파병 등으로 변화하였다.

명나라는 6월 17일(양 7월 25일) 조선에 3천여 병력을 파병해 평양성수복에 나섰지만 패퇴하고 만다. 명군은 일본군의 막강한 전력에 놀라고 일본군은 예상보다 빠른 명군의 참전에 당황했다. 명나라의 실질적인 원군 파병은 '영하의 변' 등의 내부의 이유로 늦게 이뤄졌다. 일본의 경우 명의 빠른 파견에 대한 대응방식이 내부에서 의견이 나누어졌다는 점, 후방의 병참선이 불안해졌다는 점 등의 이유로 현 상황의 타개를 위한 대응책과 전력의 재정비의 필요성을 느꼈다. 명과 일본은 이러한 이유로 9월 1일(양 10월 5일)부터 50일간 휴전을 합의한다. 조선도 전쟁을 주도해 나갈 전략과 전력이 부재한 상황이었다. 때문에 명 원군의 신속한 파병을 위한 외교적 노력을 지속하였다.

1592년(선조 25년) 12월 말경 4만여 명의 명군이 파병되었지만 '영하의 변' 이후라 파병할 원군이 모집되지 않아서 절반이 노약자였다. 또한 명나라는 지휘계통상의 불화, 남 북병의 혼재로 인한 갈등, 긴 출병 여정 등으로 병력은 좋지 못한 상황에 있었다.

1593년(선조 26년) 명군의 파병사실은 기밀을 유지하여 일본군에게 알려지지 않았다. 그 결과 1월 8일(양 2월 8일)에 조·명 연합군이 평양성을 수복하였다. 이 전투를 계기로 전세가 역전되었고 일본군은 큰 병력 손실과 함께 요충지인 평양을 잃게 되었다.

명군은 평양성 전투와 벽제관 전투에서 병력을 잃어 전력에 손실을 입었고, 내부의 갈등, 마초의 부족 등으로 더 이상 전쟁을 진행할 수 없었기 때문에 일본과의 강화교섭에 적극적으로 임하게 되었다. 한편 일본군은 군량 부족에 시달렸고 조선의 추운 날씨와 전염병의 발생, 평양성 전투와 행주산성 전투의 대패로 인한 큰 병력손실로 인해 상황이 좋지 않아 전투가 불가능했다. 조선도 전쟁을 이어가기 힘든 상황이었다. 군량부족, 전염병의 대유행과 이로 인한 흉년이 발생하였다. 이렇듯 삼국 모두 전쟁을 더 이상 진행할 수 없었다.

(2) 조선 수군의 체제 정비와 전략전술

전염병이 크게 유행하는 상황에서 공동생활을 하는 수군이 상대적으로 전염 가능성이 높았다. 강화교섭기에 수군은 정예 병력이 전염병으로 사망하는 것과 군량의 부족이라는 양대 과제를 갖게 되었지만 조정의 명령에 따라 해상 작전을 계속하였다. 이순신과 조선 수군은 이러한 악조건 속에서도 수군의 전력 재정비를 위해 노력하였다. 먼저 병력 충원, 군량확보 그리고 전선 건조와 화포 제작 등 무기 제조에 주력하였고 군사 훈련을 병행하였다.

강화교섭이 진행 중인 상황에서 조선 조정과 이순신은 전략적 견해 차이로 갈등을 빚었다. 전력 유지가 불가능한 상황에서 한산도에 주둔해 일본군이 반드시 거쳐야할 견내량을 지키려 했던 이순신과 달리 믿을 전력이 수군 밖에 없었던 선조와 조정은 적극적으로 부산에 진출해 일본군을 공략하라는 전략을 견지했다. 결국 선조는 이순신의 직책을 원균으로 교체하였다. 하지만 원균 또한 이순신과 같은 이유로 부산으로의 진격을 거부하자 선조는 도원수를 군령권자로 명하여 수군의 출전을 강요했고 그 결과 수군은 칠천량해전에서 참패한다.

한편, 강화교섭 시기, 일본은 해전에서의 패전 원인을 반성하며 야간 기습, 포위협격, 등선육박, 수륙합동의 전술을 마련했다.

6. 제2차 조선-일본 전쟁(정유재란)과 조선 수군의 위기 극복

1) 칠천량해전 패전의 경과와 영향

제2차 조선-일본 전쟁은 4년여에 걸친 명·일 간의 교섭이 결렬되면서 도요토미 히데요시가 재침을 선언한 예고된 전쟁이었고 일본의 전쟁 전략은 이미 조선과 명에 알려졌다. 일본 수군은 전력 강화차원에서 병력 증강과 군선 건조를 추진하였다. 그 결과 초기보다 전력이 강화되었고 이는 칠천량전투의 결과로 전모가 드러난다.

같은 해 11월 황신의 비밀 보고서가 도착하면서 일본이 전라도를 공략하고 수륙병진으로 재침할 것이 확실해지고 전략이 알려지면서 조선 조정은 육상의 '청야전술'과 해상의 '해로 차단 전술'을 구체화한다. 실제로 조정은 '해로 차단 전술'을 실행하기 위해 수군 병력의 증원, 거제도 공략을 추진하였고, 이순신을 원균으로 교체하는 인사조치를 단행하였다. 그런데 원균은 통제사가 된 이후에 선조와 조정이 주장한 해로 차단 전술과는 다른 전술을 제시하였고 이에 선조와 조정은 기존의 주장을 거듭하며 원균에게 출전할 것을 종용하였다.

조선은 이순신과 원균의 통제사 교체 시에 군량과 화기 등 군수품은 어느 정도 준비된 상태였다. 그러나 강화교섭기 동안 전염병의 피해 등으로 격감된 수군 병력 충원이 해결되지 않았다.

1597년(선조 30) 원균은 부산의 지형을 지적하며 수륙합동작전을 다시 한 번 주장하지만 조정은 수군을 반으로 나누어 반은 부산 앞바다로 출전하고 나머지는 한산도에 대기하라는 기존의 입장을 되풀이하였다. 본격적인 칠천량해전은 7월 14일(양 8월 26일) 원균이 전체 세력을 이끌고 출전하면서 시작되었다. 원균 함대는 부산 앞바다에서 이르러 일본 수군과의 해전을 시도했지만 일본 수군은 해전을 벌이지 않았고 이에 원균 함대는 가덕도로 퇴각하였다. 배고픔과 목마름에 시달리던 원균의 함대는 가덕도에 상륙했지만 매복해있던 일본군에게 공격을 받았다. 다시 원균 함대는 거제도 북단의 영등포로 이동하였다.

이튿날 15일(양 8월 27일)에는 비가 내렸는데 날씨가 잠깐 좋아지자 원균은 거제도와 칠천도 사이인 칠천량으로 이동하였다. 이곳에서 피로와 허기, 갈증에 지친 원균 함대는 경계에 실패하고 일본 수군에 야간기습 및 포위협격을 당해 대패하였다.

칠천량

이후에 조선 수군은 계속 퇴로를 찾았으나 실패하고 결국 통제사 원균을 비롯해 조선 수군의 지휘부가 전사하고, 10여척의 전선을 제외한 조선 수군의 전 세력이 궤멸되었다.

조선 수군이 이와 같은 참패를 당한 것은 수군에 대한 군령권을 도원수가 행사한 것, 장병의 도망, 원균의 지휘책임 등이 그 원인이다.

칠천량해전 패전이 전해진 7월 22일(양 9월 3일) 조정은 이순신을 삼도수군통제사로 임명하였다. 당시 칠천량에서 대승한 일본 수군이 조선 수군을 소탕하려 하지 않았다는 것과 육전에 참여했다는 것은 이순신이 조선 수군을 수습하고 조직을 재건하는 시간을 벌게 해주었다. 칠천량해전 결과 남해의 제해권은 일본에게 넘어갔고 이를 계기로 명나라 본토 침입의 가능성이 높아지자 명은 파병을 실행하였다.

2) 조선 수군의 재건과 명량해전 승리

통제사에 재임된 이순신은 8월 4일(양 9월 14일) 곡성을 거쳐 이후 옥과, 순천, 보성과 강진 등지를 거치는 동안 그동안 각지에 흩어졌던 병력이 모여들었고 무기를 수집하는 등 전투력을 증강시켰다. 이순신은 8월 19일(양 9월 29일) 회령포에서 12척의 전선을 인수받고 이후 이진, 어란포, 진도의 벽파진을 거쳤고 그 중 벽파진에서는 명량해전 전날인 9월 15일(양 10월 24일)까지 보름 동안 머물렀다. 명량해전 직전까지 조선 수군은 판옥선 13척과 초탐선 32척이 전부였지만 이순신은 망군을 활용한 정보전을 노렸고 이를 위해 적의 동향을 주시하였다. 9월 14일(양 10월 23일) 일본 함대가 어란포에 도착한 사실이 보고되자 이순신은 즉시 주변의 피난 선박들에게 대피 명령을 내리고 이튿날 진영을 전라우수영으로 옮겼다.

명량해전은 9월 16일(양 10월 25일) 아침에 일본 군선이 명량해협을 통과해 우리 수군 진영으로 다가오고 있다는 보고를 받으며 시작되었다. 이순신은 해전 장소로 명량해협을 택하였는데 이곳은 물살이 빠르고 수심이 얕아 항해하기 위험한 좁은 수로였다. 이러한 환경 때문에 일본 함대는 대형군선을 사용하지 않고 중소형 군선을 이용해 좁은 수로를 통과하였다. 9월 16일(양 10월 25일) 명량해협의 조류는 일본 함대가 진행하기 용이한 방향으로 흘렀다. 이러한 움직임을 포착한 이순신은 휘하의 장수들을 소집해 작전을 숙의하고 결전을 준비하였다. 133척이나 되는 일본의 함선에 포위되어있던 이순신 함대는 조류가 바뀌자 순식간에 31척을 격파하는 전과를 올린다. 이후로 양측이 한동안 대치하다가 일본 함대가 물러나고 이순신은 일단 후퇴를 단행하였다.

명랑대첩비(전남 해남, 충무사)

명량해전의 승리 원인은 먼저 작지만 강력한 함대 전력을 들 수 있다. 다음으로 이순신의 뛰어난 전략전술과 리더십을 들 수 있다. 또한 현지 백성의 적극적인 전투 참여와 군수 지원도 원인으로 꼽힌다.

칠천량해전 패전으로부터 두 달 만에 펼쳐진 명량해전에서 통제사 이순신이 이끈 조선 수군은 10배가 넘는 일본 함대를 맞아 기적과 같은 승리를 이끌어냈다. 그렇기에 명량해전은 역사적으로도 중요한 의의를 갖는다. 제해권을 되찾기 시작했다는 것, 조선 수군의 존재를 알리는 동시에 수군력 재건의 계기가 마련됐다는 것이다. 이렇듯 역사적으로 중요한 명량해전은 극적인 승리를 거두었기에 후대로 오면서 설화적 요소가 가미되어 쟁점을 갖는다. 첫째로 명량해전의 승인과 관련해 철쇄를 가설했다는 설, 둘째로 해전 장소문제, 셋째로 거북선의 참전 여부이다. 이런 쟁점이 남겨진 원인은 훗날 많은 사람들의 관심을 끌었던 것에 비해 남겨진 문헌자료가 부족하기 때문이다.

명량해전 후 일본 함대는 물러나 다시 공격해 오지 못했지만 바로 후퇴한 것은 아니다. 이는 양측의 명량해전 이후의 움직임을 통해 알 수 있다. 이순신 함대는 당사도, 어외도, 법성포, 홍농 앞바다, 위도, 고군산도 그리고 다시 법성포와 어외도를 거쳐 10월 9일(양 11월 17일) 우수영으로 되돌아갔다. 이렇게 움직인 이유는 서남해안 일대의 일본군을 견제하고 피난선들을 규합해 수군을 재건하고 월동장소를 물색하고 자 함이었다. 10월 초에는 호남 대부분 지역에서 일본군이 물러났고 그들은 남해안 지역에서 축성하여 살게 된다. 이에 호남지역에 일본군이 없음을 확인한 이순신의 수 군은 월동을 위해 목포 앞바다 고하도로 집결한다. 이곳에서 이순신은 가옥과 군량 창고를 짓고 전선 건조와 군량 모집을 위해 노력하였다.

3) 노량해전의 경과와 역사적 의의

1598년(선조 31) 2월 이순신은 통제영을 고금도로 이전하였다. 이는 사회·경제적 배경이 양호해진 것을 의미하고 또한 일본 수군의 작전에 대응할 수 있는 전략적 위 치를 확보한 것을 의미한다. 그 후 조선 수군의 본격적인 재건 작업을 추진하는데 그 내용은 강화교섭기의 수군 재건 노력과 같을 것으로 추정된다.

1598년(선조 31) 10월 초순, 사로병진정책에 의해 서로군을 지휘한 유정이 예교성 공략작전을 중단하였고 이에 수로군의 진린과 통제사 이순신은 수군 단독으로 예교 성을 공략하였다. 하지만 수군 단독으로 이를 함락시킬 순 없었기에 고니시 군의 퇴 로를 차단하는 봉쇄작전에 돌입하였다. 고니시 군은 조·명 연합수군에 의해 철군이 힘들어지자 진린과 이순신에게 각각 뇌물을 썼지만 이것이 성사되지 않자 구원병을 요청하려했다. 이에 이순신은 구원병부터 공략하기로 작전을 세웠고 진린은 이순신과 함께 노량해전에 나서게 된다. 이순신은 일본 함대가 노량해협을 통과해 올 것을 예 측하고 해협을 막아 일본 구원 함대를 요격하는 작전을 계획하였다.

11월 19일(양 12월 16일) 새벽 2시, 연합함대와 일본 함대가 노량해협 입구에서 정 면으로 마주치며 노량해전이 시작되었다. 노량해전의 초반에 조·명 연합수군이 화 공을 펴자 큰 타격을 입은 일본 함대는 전투를 하며 퇴로를 찾아 남해안을 따라가다 가 관음포 포구 안으로 함대를 이동하는데 이는 해로로 착각하고 진입한 것이다. 이 후 연합수군은 격렬한 전투를 벌여 일본군에게 큰 타격을 가했다. 이 해전은 11월 19 일(양 12월 16일) 정오까지 계속되었는데 결국 연합수군의 대승으로 끝났다. 노량해 전은 격렬한 혼전 양상을 띠었기에 조선 수군은 통제사 이순신을 비롯하여 휘하 장수

현충사(충남 아산) 이순신 장군을 모신 사당이다.

10여 명이 전사하는 등 적지 않은 피해를 입었다.

노량해전은 유일하게 조·명 연합작전이 성공을 거두었을 뿐 아니라, 조선 수군이 승리에 결정적 역할을 했기에 큰 역사적 의의를 갖는다. 노량해전은 조선-일본 전쟁 마지막 전투로서 일본군에 일격을 가한 쾌승이자 대승이었다. 이 해전은 조선-일본 전쟁이 결코 패배한 전쟁이 아니라는 인식을 갖게 하고 명과 일본에게 조선은 수군이 강한 나라라는 인식을 갖게 한다. 또한 수군의 승리는 조선 후기의 국가 방위 체제에도 영향을 끼쳐 17~18세기까지 해양방위체제가 강화, 유지되는데 영향을 끼쳤다.

제2절

조선-청 전쟁(정묘·병자호란)과 군사제도의 정비

1. 광해군대 군사제도의 정비

1) 여진족의 대두와 조선의 군사적 정비

16세기 후반부터 명나라 중심의 국제질서는 그 주변지역을 중심으로 점차 요동치기 시작했다. 이 과정에서 남만주 일대의 여진의 여러 세력들이 점차 독자적인 세력을 형성하였다. 그 중 건주좌위의 실권자인 누르하치가 특히 주목되었는데, 부조의 원수를 갚는다는 명분으로 멀리 떨어진 부족과는 화친하되 가까운 부족은 무력으로 정복했다. 이들은 주변 세력과의 전쟁에서 계속적으로 승리하면서 점차 군사 원정까지 수행할 수 있는 노동력과 군사력을 가지게 되었고, 명과 조선에 직접적인 위협이 되기 시작했다.

이 당시 여진에 대한 조선의 방어 전략은 이들 특유의 공정전술에 대비해 주요 지역부터 성곽을 수축하고 각종 화기를 사용해 저지하는 단순하고 소극적 방법이었다. 그리고 화기를 중시한 수성 위주의 전법이 채택되었는데 이는 일본과 대치중인 상황에서 여진에 대해 공격적인 전략을 할 수 없었고 여진족들은 아직 화기를 보유하지 않았기 때문이었다. 또한 조선은 요해지인 평안도와 함경도를 시작으로 수도권까지 방어 체계를 정비하였다. 요동 지역으로 세력을 확장한 건주위는 1616년(광해군 8)

국호를 대금으로 정하고 5년 후 명의 무순을 함락시켜 세력이 압록강 하류까지 확장 되었다. 따라서 평안도 주변의 방어 대책이 강구되었고, 강화도와 남한산성, 파주산성 을 중심으로 한강과 임진강 일대 방어 체계 정비도 본격적으로 착수되었다.

조선-일본 전쟁 후 조선은 점차 세력이 커지는 건주여진에 대해 보다 적극적 방어 책을 강구했다. 그리고 새로운 기병 대응 전술인 척계광의 『연병실기』가 조선에 소개 되었다. 이는 북방의 기병에 대항하기 위해 전차를 중심으로 보병과 기병을 동시에 활용하는 전술을 수록한 병서였다. 먼 거리에서부터 적의 기병을 막을 수 있고, 여러 가지 종류의 화기를 사용해 다양한 단병기로 무장하고 화력을 보강한 특징을 가지고 있었다. 이로 인해 조선은 기존의 절강병법을 보완한 기병 전법을 고려할 수 있게 되 었다. 선조가 이 전법의 도입에 대한 훈련도감의 제안을 윤허하여 북쪽의 네 도에서 이에 따른 군사 편성과 훈련이 이루어졌다. 또한 『연병지남』을 간행해 『연병실기』를 바탕으로 조선에 적합하게 수정하였다.

2) 심하 전투 패배와 광해군 후반기 군사제도 개편

화기를 이용한 수성전략이 기본적 방어 전략으로 채택되면서 조선의 군사제도는 화기 위주로 급속히 변하기 시작했고, 신형 수성용 화기 제작에 힘을 기울이면서 화 약 무기의 제조와 보급이 매우 활발히 이루어졌다. 또한 화기수의 양성 또한 급속히 이루어지게 되면서 우수한 개인 화기인 조총의 확대 보급에도 힘을 기울였다. 이러한 노력으로 각 도에 수천 명의 포수가 확보되었고, 조총 운용을 고려한 적극적인 전법 을 고려하기 시작했다. 이들의 능력이 나날이 향상되자 결국 포수를 중심으로 군사제 도가 변하는 계기가 마련되었다.

1619년(광해군 11) 명나라와 후금 사이에 일어난 '사르후[薩爾滸] 전투'에서 조선 은 명에게 군사를 파병하였다. 조선군은 심하 지역에서 후금 기병과 전투를 했는데, 포수대의 전방에 기병 장애물인 거마작을 설치해 일제히 사격했다. 후금 기병들의 첫 돌진은 저지했지만 그 다음 장전까지 시간을 벌어줄 수단을 가지고 있지 못했기 때문 에 그 사이 후금군의 돌격에 전멸했다. 또한 조선군은 조총에만 의존하는 전술을 펼쳤다. 하지만 당시 조총은 이전의 화기보다 우수했지만 발사속도, 안정성에서는 이전 화승총보다 한계가 많았다. 이 전투로 인해 조선군의 편성과 전술의 한계가 잘 드러나게 되었다.

많은 병력을 잃은 조선은 후금에 대한 유화책을 지속시키고 가능한 자극을 주지 않도록 하여 국제정세를 안정적으로 유지하였다. 또한 후금의 전면적 공격에 대비하기 위해 기존 북방 방어체계 정비와 함께 도성에서 가까운 강화도와 수원의 방비를 강화했다. 게다가 공성 전술이 높은 후금을 상대로 화기를 중심으로 한 전술과 수성 전술로는 공격을 막기 어렵다고 인식하고, 살수와 사수의 존재와 융통성 높은 기병의 중요성이 부각되었다.

2. 인조 초기 대청방어체제의 재정비

1) 대 후금 방어전략과 이괄의 난

인조반정 이후 서인중심의 새 정권은 친명배금 정책을 대외적으로 표방하였기 때문에 후금과의 군사적 충돌의 가능성이 높았다. 조선은 이를 대비해 서북방지역과 도성일대의 방어체계를 튼튼히 했다. 또한 평안도와 황해도에 도원수와 부원수를 파견해 두 도의 군사를 통합·지휘했고 평안도 지역에 병력을 집중적으로 보강했다. 군사력의 부족으로 수세적 방어 전략이 주로 이루어졌지만 후금세력이 잠시 주춤했던 시기를 틈타 명나라 장수인 모문룡을 지원하며 요동 지역에 조선군을 투입하는 것도 염두에 두었다.

그러나 1624년(인조 2) 후금 방어체계의 적절성을 검토하는 계기가 되는 이괄의 난이 일어났다. 이 난은 이괄의 아들을 잡으러 영변과 구성으로 간 선전관과 금부도사가 피살되면서 시작되었다. 이괄은 군사들을 모아 노략질로 식량과 무기를 보충하며 4일 이동 후 하루 휴식하는 방식으로 남하했다. 안주방어사 정충신은 이괄 군의 이동경로에 따라 개천과 함께 대 후금 주 방어 거점인 평양과 안주에도 방어 태세를

진충사(충남 서산) 정충신을 모신 사당이다.

갖추었다. 그러나 이괄 군은 이들을 피해서 신속하게 남하했고 조정도 매우 다급하게 대응했다. 체찰부사 이시발이 군병들을 통합해 지휘하도록 했고, 일본의 침입을 우려해 경상도 군병을 제외한 모든 지역의 군병을 반란군 제압에 동원했다. 인조는 어영 군의 호위를 받아 공주로 피난했지만 다음 날 이괄 군은 한성에 입성했다. 그러나 이 괄은 안현에서 도원수 장만의 군대에 패하고 이천으로 가던 중 기익헌 등에게 살해되어 내란은 끝났다. 이 사건으로 군사력 강화의 필요성을 느끼고, 서북지역 방어체계가 약해지면서 대응책인 수도권 방어체계 강화가 중시되었다.

2) 중앙 군영의 창설

인조반정은 광해군과 대북정권의 취약점과 숙위체제의 문제점이 드러난 결과이기 때문에 서인 정권은 무너진 숙위체제를 한층 강화된 형태로 재건해야했다. 먼저 기존 훈련도감에 집중되었던 궁궐 숙위임무를 새로 전담할 군영 창설을 모색하여 인조반정에 동원된 사모군 중 자원자를 바탕으로 호위청을 창설했다. 이괄의 난 이후 규모도 확대되고 면모도 일신되었지만 이들은 반정공신들과 사적으로 연결되어 있었기 때문에 후에 어영청, 총융청의 기간요원으로 활용되었다.

인조 정권은 북쪽의 변방지역보다는 수도 방위를 우선시했기 때문에 경기군의 재편에 힘을 썼다. 먼저 도성과 경기의 군병을 통일적 지휘체계하에 편성하고, 강화와 남한산성의 방비를 강화했다. 또한 총융청을 창설해 경기군을 체계적으로 정비하였고 결국 총융청은 수도권 방어의 중심 군영으로 자리매김했다. 또한 이들에게 군사 훈련법 등을 가르쳐 정예화 된 군영이 될 수 있게 하는 등 이들이 필요한 군기 마련을 위해 힘썼다.

또한 인조는 즉위 초부터 친정과 요동에 대한 연합 공격을 공언하여 국왕의 호위군이 필요했다. 그래서 개성일대의 정예병들을 모집해 어영군이라 칭했고, 속오군과 별개인 독립 군영으로서 체계를 갖추었다. 이괄의 난 이후 확대된 어영청은 일단 호위청에 소속되어 국왕의 호위를 맡도록 했다가 1624년(인조 2년) 국왕 호위의 주요 군영으로 승격되어 훈련도감과 함께 좌, 우영으로 짝을 이루었다.

3. 조선-후금 전쟁(정묘호란)과 군사체제의 정비

1) 조선의 대후금 방어체계

총 3차의 방어기점을 만들고 의주부터 시작해 평양으로 내려오는 서북지역 방어체계는 이괄의 난으로 인해 차질이 생겼다. 그래서 안주를 중심으로 청천강 이남 지역 방어를 강화했다. 또한 이 지역의 군사력 확충에도 적극적으로 나서 1625년(인조 3년)에는 1만 명이 넘는 방어군을 확보했다. 그 외 지역 중 교통의 요충지인 구성에는 읍성이 축조되지 않아 평안 병영을 설치하기 어려웠다. 그래서 안주에 병영을 유지하고 구성에 별장을 파견하도록 했다. 이와 함께 압록강변과 청천강 이북 지역의 방어체계도 점차 강화되었다.

1627년(인조 5) 누르하치가 죽고 태종인 홍타이지가 왕위에 올랐다. 그는 조선에 대해 적대적이었다. 결국 후금 내부의 갈등과 자연재해 문제 등이 복잡하게 얽히면서 조선-후금 전쟁이 발발했다. 하지만 조선은 아직 충분히 방어태세를 갖추지 못한 상태였고, 결국 후금은 조선의 관문인 의주를 시작으로 능한산성, 안주, 황주를 함락시켰다. 위기를 느낀 조선은 서북지역의 방어를 다시 정비해 도원수 장만의 총괄하에 후금군이 남하하는 것을 막으려 했다.

총융사 이서는 하삼도의 군인들을 남한산성으로 집결시켜 한강을 방어하도록 했고, 국왕의 피난처인 강화도의 방어를 위해 한강 남안의 방어선을 구축하고, 경기의 수군을 통합했다. 그러나 전쟁의 장기화를 걱정하던 후금군은 조선과 화친을 하는 것이 더 이익이라고 판단했다. 이에 조선의 대신들은 침공 연유를 추궁하고 철병을 요구하였고 정묘화의가 성립되었다.

2) 전쟁 이후 중앙 군영과 수도권 방어 강화

조선-후금 전쟁으로 남한산성의 전략적 중요성을 확인한 조선은 전쟁(호란) 후 광주목사를 수어장으로 삼고 광주의 군사들과 백성들로 하여금 남한산성을 지키도록 했다. 이들은 전담 군영이 아닌 총융청의 지휘하에 광주부에서 관리 책임을 부여받았다. 그러나 1631년(인조 10) 남한산성 방어사가 수어사가 되고, 산성별장의 설립과 함께 수어사-별장 체제가 갖추어졌다. 수어사가 독립되고 총융사 이서가 사임하면서 경기 총융군의 통솔과 남한산성의 사무를 나누어 맡게 되었다. 이 계기로 수어사의 군영인 수어청이 독립되고 수어청 중심의 남한산성 방어 체제가 갖추어지기 시작했다.

또한 어영청의 중요성도 조선-후금 전쟁 이후 커지게 되었고, 어영군의 강화가 시급해졌다. 사포수로 구성된 부대를 어영청에 소속시키고 무사를 선발하는 등 장정들을 뽑아 어영군의 규모를 대폭 증가시켰다. 또한 훈련도감의 병력 일부를 증강시키고, 도망간 도감군을 충원시키기 위해 각 지방에 군액을 할당해 서울로 올라오게 하는 승호제를 채택하였다. 또한 삼수병 체제로 편성된 훈련도감을 보완하기 위해 편곤을 사용하는 편곤군을 설치하고, 포수의 증원과 함께 『연병실기』의 체제를 도입해 마병을 좌·우령 체제가 아닌 보병과 동일한 체제로 추가 설치했다.

마지막으로 조선-후금 전쟁 때 국왕의 피난처 역할을 제대로 했던 강도, 강화도를 재정비했다. 전쟁시 훈련도감과 어영청 군사들을 포함해 경기도와 전라·경상도, 강릉의 병력 그리고 삼도의 수군을 집결시키도록 했다. 그리고 남양만 중심의 경기 해안방어 체제를 강화도 중심으로 전환했다. 그리고 경기 수영을 통어영으로 승격해 경기, 충청, 황해도의 수군들이 강도를 보호할 수 있게 했다. 이렇게 조선-청 전쟁 전까지 강도의 군사적 거점을 정돈하고 군사시설을 개축하는 등 방어시설 정비를 본격적으로 했지만 그 외의 방어체제 정비는 충분히 이루어지지 못했다.

3) 전쟁 전후 지방군의 정비

(1) 인조 초 군액 확보

조선-일본 전쟁 이후 5위 체제에 바탕을 둔 군사체제가 무너져 일원적 군사제도의 통일성이 무너졌다. 이러한 상황에서 17세기 전반 필요한 군병의 수가 늘자 군병의 확보를 위해 호패법을 실시하고 군적을 재정비 했다. 그러나 조선 초 이후로 군적의 기초가 되는 호적의 정리는 제대로 이루어지지 않았다. 결국 1610년(광해군 2)「호패도목거안」을 작성하고 호패법을 실시 한 후, 호패착용을 의무화하는 규정을 반포했다. 그러나 당시 양인들의 반발이 컸고 위조호패를 둘러싼 김직재 역모사건을 계기로 폐지되었다. 하지만 인조반정 이후 후금에 대비한 군 정비에 필요한 군정 확보가 절실했기 때문에 결국 호패법을 시행했고「호패사목」의 엄격한 규정을 통해 호패를 착용하지 않거나, 위조하는 자들을 벌로 다스렸다.

그 결과 1626년(인조 4년) 200만이 넘는 남정이 확보되었다. 그러나 조선-후금 전쟁 때 호패의 문적들이 한강변에서 불태워졌고 전쟁 후 민심 수습을 위해 호패법을 강행시킬 수 없었다. 1634년(인조 12)에는 군호를 편성하는 호수와 봉족이 채워지지 않은 공호를 채워 넣기 위해 군적을 작성하려 했지만 계속되는 흉년과 조선-청 전쟁(병자호란)으로 중단되었다.

(2) 인조대 전임 영장제의 설치와 속오군 정비

제1차 조선-일본 전쟁(임진왜란) 중 지방에 속오군을 창설하면서 영장 이하의 장관을 두어 지휘하도록 했다. 지역에 따라 다르긴 했으나 이를 계기로 진관체제에 의해 수령이 갖던 지방 군사 지휘권이 영장에게 위임되었다. 그러나 지휘와 훈련이 일률적이지 않아 선조 후반기부터는 수령이 영장을 겸하는 겸영장제의 형태로 유지하도록 했다. 이러한 영장제營將制는 다시 광해군대부터 다양하게 시도되었지만 속오군에 대한 체계적 훈련은 이루어지지 못했다. 그러나 광해군 후반 후금의 위협이 강해지자 속오군의 확대와 함께 체계적 훈련과 정비가 필요해졌고, 인조대에 들어서 경기군을 중심으로 정비를 시작했다. 하지만 경기군 외의 지방군에서는 여전히 수령들이 군사 지휘권을 가지고 있어 제대로 된 훈련을 하지 못했다.

조선-후금 전쟁 패배 후 속오군의 정예화와 훈련이 중요하게 되었고, 「영장절목」이 반포되어 전임 영장제가 정식으로 시행되었다. 이를 통해 지방의 행정권과 군사권이 구분되어졌고, 군사력 강화의 중요한 계기가 마련되었다. 그러나 전임 영장제는 진관체제의 복구를 원하는 사람들에 의한 반대가 만만치 않았다. 그럼에도 불구하고 조선-청 전쟁에서 적지 않은 역할을 하였지만 결국 1637년(인조 15) 재정문제와 청의 강요로 갑작스럽게 혁파되었다.

(3) 속오군 이외의 지방군

조선-일본 전쟁 후 지방군의 강화책이 꾸준히 강조되어 여러 지방 병종이 창설되었다. 그 중 대표적으로 아병은 영장 휘하에 편성되는 군사들과는 달리 도에 남아서 방어할 감사들의 직할 병력이었다. 그러나 17세기부터는 정식 병종으로 정착되었다. 영장 휘하의 병종인 별대는 출신, 무학 중 새로 뽑은 자와 사포수, 산척, 재인 그리고 일본에 포로로 잡혀갔다 온 자 중 포술과 검술에 뛰어난 자로 편성되었다.

이러한 지방 병종들이 창설된 이유는 먼저 일원적 국방체제가 붕괴되고 절강병법에 따라 도 자체적으로 포수와 살수를 양성해야 했기 때문이었다. 그래서 독자적 군병 편성과 훈련을 할 수 있도록 정병과 다르게 새로 편성해 계속 유지되게 하였다. 그리고 후금의 위협이 나날이 가중되어 시급히 지방에 정예군병을 확보하여 전쟁에 대비하기 위해서였다. 지방군은 군역 부담에 대해 각종 혜택이 주어지는 경우가 대부분이어서 짧은 기간 내에 편성할 수 있었고, 증가세도 매우 빨랐다. 그러나 조선-청 전쟁(병자호란) 이후 군사들의 역할이 약화되면서 해체되거나 지방의 군영, 진영의 재정 확보의 일환으로 전락하게 되었다.

4. 조선-청 전쟁(병자호란)과 조선의 군사적 대응

1) 조선-후금 전쟁(정묘호란) 이후 대후금 관계와 대북방 군사체제의 정비

(1) 조선-후금 전쟁(정묘호란) 이후 대후금 관계의 추이

조선-후금 전쟁 이후 대후금 관계 악화의 원인은 정묘화약의 내용에서도 살필 수 있다. 조선이 이후에도 명나라에 적대하지 않는다는 것은 이후 명나라와 후금 사이의 군사적 충돌이 계속됨에 따라 그 여파가 조선에 미칠 수 있음을 의미한다. 형제관계에 대한 양국의 상반된 해석과 입장 차이는 크고 작은 갈등을 야기하였다.

후금의 명에 대한 압박으로 인한 명의 조선에 대한 원군요청과 조선의 방어체계 강화는 후금을 자극하기에 충분하였다. 또한 유흥치 반란 사건과 명나라 장수의 후금 귀순 사건의 처리과정에서 후금은 여전히 친명배금의 노선을 취하는 조선의 입장을 확인하였다. 조선은 후금이 황제국에 오름에 따라 명과의 사대관계를 포기할 수 없어 후금과 척화하기로 한다.

(2) 조선-청 전쟁(병자호란) 직전 조선의 북방 방어체계 정비

인조는 후금의 침략에 대비하여 의주와 창성을 1차 방어선으로 하고 안주와 평양을 내륙 거점 방어의 중심으로 삼았었다. 그러나 이괄의 난으로 평안도 군병의 수효가 급감하여 청천강 이북 지역에 대한 방어를 포기하고 안주를 중심으로 청천강 이남 지역 방어를 강화하였다. 조선-후금 전쟁 후에는 후금의 공성전 능력이 향상되고 화포 수준과 포병의 능력이 향상되어 평지성 방어보다 산성을 중심으로 한 방어 전략을 취하였다.

이 전략은 여러 가지 이점이 있었으나 청나라 기병이 산성을 지나쳐 그대로 한성으

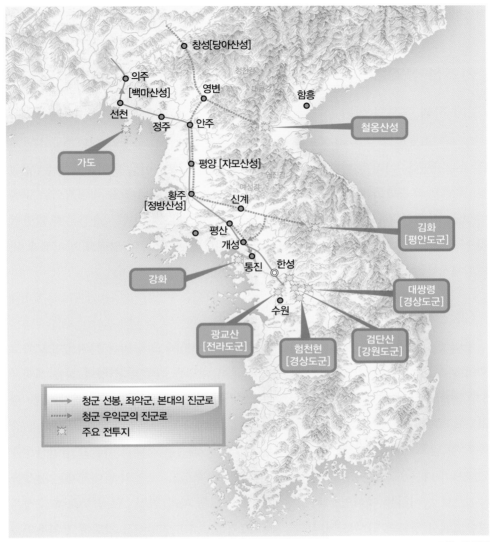

조선-청 전쟁

로 남하할 경우 적절히 대처할 수 있는 수단이 거의 없었다. 실제로 청나라는 조선-청 전쟁(병자호란) 시 신속히 남하하여 인조의 강화도 피난길을 차단하였다. 서북 지역 방어에 비해 함경도 방어의 중요성은 다소 낮았다. 그 이유는 압록강 중, 상류의 후금이 하류까지 세력을 확장했으며 명나라와의 결전을 위해 주력 대부분이 요서로 이동했기 때문에 함경도를 통한 대규모 침공 가능성이 낮았기 때문이다.

2) 조선–청 전쟁(병자호란)의 발발과 전개

(1) 전쟁 직전의 상황

후금은 국호를 청으로 바꾸고 조선과 형제의 맹약을 군신의 맹약으로 격상시킬 것을 요구하였다. 이것은 명과의 단절을 의미하므로 조선이 이를 받아들일 수는 없었다. 조선은 후금과의 관계 단절을 결심하고 청의 침략에 대비했다. 대비책으로 군병의 확보와 동원태세의 정비가 우선적으로 고려되었으나 그 성과는 충분하지 않았던 것으로 보인다. 그러나 조선–청 전쟁 직전 조선군의 평안도 및 황해도 방어체계 및 지휘체계를 보면 상당한 정비가 되었음을 알 수 있다.

(2) 전쟁 초기의 전황

청의 침략이 임박할 즈음 서북 지역 방어태세가 충분치 않아 일단 화친을 도모하고 후일을 도모하자는 온건론도 있었지만 척화론이 대세를 이루었다. 청의 침공 계획은 3개 군으로 나눠 먼저 우익군은 영변으로 내려가 함경도와 평안도 군사가 합세할 수 없도록 차단하고, 좌익군은 수도권으로 곧바로 남하하여 한성을 포위하고 인조의 강화도 및 남쪽으로의 퇴로를 차단하는 것이었다. 청 태종은 본대를 이끌고 남한산성을 고립시켜 다른 도의 근왕병들과 합세할 수 없도록 하였다. 조선의 방어체계는 산성을 중심으로 방어하는 것이었으나 청은 곧바로 대로를 따라 한성으로 남하하여 조정은 평안도에서 청군의 남하를 저지하는 것을 포기하고 수도권방어를 강화하고 지구전을 전개하면서 각 도의 근왕병으로 반격하는 계획을 수립하였다. 그래서 조선–청 전쟁 후반은 남한산성에 포위된 인조를 구하려는 조선 근왕병과 이를 막는 청군 간의 전투가 주를 이루게 되었다.

(3) 조선 근왕병의 동향

각 도의 조선군은 남한산성으로 이동하면서 남한산성 주변의 경기, 강원 일대에서

남한산성 성벽(북문 부근)

청군과 여러 차례 전투를 치르게 된다. 이는 전쟁 발발시 사전에 하삼도 및 강원도의 근왕병을 경기 일대에 집결시키는 방어 전략이 이미 갖추어졌음을 보여준다. 각 도의 근왕병이 치른 전투를 통해 당시 조선군의 동원 체계와 야전 전술의 양상을 짐작할 수 있다.

조선군은 대체로 보병 위주로 평지나 구릉지에서 1,2,3선의 방진을 펴고 방진 외곽에 목책을 설치하고 포수, 살수, 사수의 이른바 삼수병을 배치하는 전술을 구사하고 있음을 알 수 있다. 그러나 이 전술은 청의 기병 공격에 다소 취약점을 드러내게 되어 조선 후기에 전술 및 군사제도에 대한 다양한 논의와 새로운 전술 개발 및 병종의 창설 움직임으로 나타나게 된다. 그러므로 이 시기 근왕병의 전투는 적지 않은 의미가 있다.

3) 인조대 조선의 전술 변화

(1) 인조 초 전술 논의

인조 초반 북방 방어 전략은 서북방 지역의 방어를 튼튼히 하면서 서북 지역에서 방어하지 못할 경우를 대비하여 수도권 일대를 확보하고 지구전을 전개한다는 것이다. 이에 강화도와 남한산성의 방어시설 정비와 함께 수원, 개성 등 한성을 둘러싼 지역의 주요 요충지에 대한 정비에도 힘을 기울였다.

이어 후금 기병과의 전투를 고려하여 전차와 포차를 활용하는 방안이 고려되었으며 기동력이 뛰어난 기병을 확보하려는 노력도 나타났다. 이는 화약 무기도 없이 궁시를 위주로 한 재래식 병기를 가진 후금군이 기병 특유의 충격력을 이용하여 조총을 중심으로 무장된 조선군을 섬멸한 것을 계기로 조선이 기병 강화의 필요성을 절감했기 때문이다.

(2) 이괄의 난과 조선의 전술 변화

이괄의 난은 기동성 있는 기병의 능력과 그 전술적 중요성을 일깨운 사건이었다. 이괄의 난으로 평안도의 후금방어체계가 상당히 약화되어 이후 새로운 방어체계 정비와 함께 조선군 전술의 변화에도 영향을 미쳤다. 가장 중요한 전술적 변화는 기병의 전술적 우수함을 확인함에 따라 기병 강화에 본격 착수하면서 기병과 보병을 아울러 운용하는 전술의 필요성이 높아진 것이다.

그리고 이괄의 난에서 치른 야전 전투를 통해 근접전의 중요성이 새롭게 강조되면서 단순한 포수의 엄호가 아닌 단병기를 이용하는 살수의 비중이 높아졌다. 이러한 마병과 살수의 중요성 인식과 함께 포수와 사수의 충실화도 나타났다.

(3) 조선-후금 전쟁(정묘호란) 이후 조선군의 전술 변화

인조 초 조선은 대후금 방어 전략으로 서북방면의 거점 방어와 수도권 방어를 중심으로 보장처 확보, 요동 진출 및 반격전략 등을 다양하게 고려하였다. 그러나 조선-후금 전쟁 당시는 이괄의 난으로 서북지역 군사력이 급속히 약화되었고 후금의 신속한 남하로 반격전은 이루어지지 못한다. 전투는 요충지 방어와 관련된 경우가 대부분이었다. 조선-후금 전쟁에서 후금군의 능력을 확인한 조선은 군사편제 개편과 전술 변화에 적극적으로 나서게 된다. 가장 먼저 나타난 것이 기병 강화였다.

기병의 효율적인 육성을 위해서 전마의 확보와 함께 기병 무예에 익숙하도록 이들을 훈련시키는 것이었다. 다음으로 전투에서 근접전의 중요성이 재인식되었다. 후금 군과의 전투를 통해 후금군이 야간 습격과 근접전의 경우 약점이 있음이 확인되었다. 국왕 인조도 상대적으로 소홀했던 단병 무예의 확립과 살수의 육성에도 깊은 관심을 나타내어 다양한 단병기 등을 이용한 근접전 전문 군사의 육성과 함께 검술 능력에도 힘을 기울였다. 아울러 포수의 내실화에도 노력하였다. 조총은 야전과 수성에서 편리 하게 사용할 수 있고 궁시에 비해 배우기도 쉬워 군사 양성에 유리하였기 때문이다. 이러한 이유로 살수와 마병의 육성과 함께 포수 양성이 인조대에 활발히 이루어졌다. 다양한 병종의 충실화는 이를 통합하여 운용하는 전술의 창안으로도 이어졌다. 즉, 포수를 중심으로 사수와 살수, 그리고 마병이 균형 있게 편성된 조선군은 포대→사 대→살수→편군→기사의 순서로 차례로 나아가 적을 공격하는 형태의 전술을 채택 하였다.

(4) 조선-청 전쟁(병자호란)의 주요 전투와 전술 운용

주요 야전 전투의 경우 조선의 각 도 군병들은 포수, 사수, 살수를 균형 있게 편성 하였으며 대체로 보병을 위주로 평지나 구릉지에서 1, 2, 3선의 방진을 펴고 방진 외 곽에 목책을 설치하고 포수, 살수, 사수의 이른바 삼수병을 배치하는 전술을 구사하 였다.

그러나 이 전술은 청의 기병 공격에 다소 취약점을 드러내었다. 이 시기 다양한 전 투를 통해 조선은 기존 전술의 장단점이 여실히 드러났으며 이는 이후 조선의 군사 편제 및 전술 변화의 중요한 경험으로 의미가 적지 않다.

(5) 조선-청 전쟁(병자호란) 이후 조선의 전술 양상

조선-청 전쟁의 패배 원인 중에서 군사 전략적 측면에서 가장 중요하게 지적된 점 은 산성 위주의 수세적 방어 전략 채택이었다. 산성을 우회하여 곧바로 도성을 향해 이동한 청의 기병을 견제할 장치를 가지지 못하였기 때문이다. 그러나 기병 강화 노 력에도 전마가 부족한 당시 현실에서 산성 위주의 방어 전략은 부득이한 것이었다.

전술적 측면에서 패배 원인을 살펴보면 조선의 방어 전략은 다양한 화포를 이용

화포와 완구(모형, 천안 독립기념관)

하여 수성에 치중하면서 청 기병의 예봉을 피한 후에 반격한다는 것이었는데 청은 이미 1631년 초부터 화약 무기를 제조하여 주요한 병기로 채택하였다는 점이다. 조선의 의도를 파악하고 있던 청은 소규모 정예 기병이 한성으로 곧바로 직행하여 인조의 강화도 피난을 막아 남한산성으로 몰아 놓고 서양식 대포로 강화도를 함락하고 남한산성에도 큰 피해를 입혔다. 이에 화포를 이용한 기존의 수성 전법도 청의 공격에 효과적으로 대항할 수 없음이 분명해졌다. 따라서 수성 전술의 측면에서 적의 화포 공격에 대응하기 위해 대포의 제작과 대포 사격에 편리한 성곽 시설의 확보를 지향하였다.

또한 청이 산성을 우회하여 남하할 경우 이를 저지할 수단이 없었으므로 야전의 중요성이 매우 커져 조총의 중요성을 강조하는 경향이 나타나게 되었다. 야전에서 기병 저지를 위해서는 관통력이 높은 조총의 적극적인 활용을 모색할 필요성이 높아졌기 때문이다. 그리고 근접전이 시작될 경우 조총은 다시 사격하기 어려운 한계가 있어 근접전 전문 군사인 살수의 전방 엄호의 중요성이 다시금 부각되었다. 포수를 위주로 한 전술의 모색은 포수 위주의 군사 편제 모색으로 나타났으며 이러한 포수의 강화와 사수의 감축 양상은 효종대에도 계속되었다.

제3절

북벌론과 군사제도

1. 명청교체와 북벌론

1) 명청교체와 국제정세

조선-청 전쟁을 계기로 청나라는 조선이란 배후 위협을 완전히 제거할 수 있었을 뿐 아니라 명나라를 대외적으로 고립 상태에 빠뜨리고 본격적으로 공략하기 시작하였다. 이에 더하여 명나라는 내부적으로 농민 반란 문제가 점점 더 심각해졌으며 특히 이자성이 이끈 반란군이 북경을 함락시키자 명의 마지막 황제인 숭정제가 자살함으로써 명나라는 멸망하였다.

이에 청군은 북경에 진입하였고 청의 순치제가 북경으로 천도하여 명을 이은 새로운 왕조를 자임하였다. 이후부터 대소 반란군은 청군의 정벌 대상이 되면서 남명 정권과 연합하여 청조에 대항하였다. 그리고 남명 정권을 완전히 소탕한 후에도 삼번의 난이 9년 동안 계속되는 등 명청明淸교체에 따른 여진은 계속되었다. 17세기 중엽 이후 나온 조선의 북벌론은 이런 유동적인 국제관계를 배경으로 전개되었다.

2) 효종 초기 정세와 효종의 북벌 구상

조선-청 전쟁(병자호란) 이후 청은 조선을 확실히 장악하고 명과의 결전에 집중하기 위해 다양한 방법으로 조선을 통제 감시하였으나 북경을 함락한 이후부터 다소 완화하는 조짐을 보였다. 그러나 조선에 대한 통제나 감시가 완전히 사라진 것은 아니었으며 조정에 친청 세력을 심어 청에 반대하는 움직임을 미연에 차단하고자 했다. 그러나 효종 즉위 후 조선에 강경 정책을 폈던 섭정왕 도르곤이 돌연 사망하고 친정을 시작한 순치제가 온건정책을 취함으로 효종은 친청 성향의 훈구세력을 몰아내고 반청 세력을 요직에 발탁하였으며 북벌을 위한 군사력 정비에 적극 나설 수 있게 되었다. 그리고 남중국 일대의 반란으로 청나라의 감시와 압박이 느슨해지고 국제적 환경이 조선에게 유리하게 전개되고 있었다.

효종의 구상은 10만의 포수를 육성하여 조선-청 전쟁을 통해 요동으로 끌려간 조선인 포로의 호응을 받아 청에 바쳤던 세폐가 보관되어 군수물자가 풍부한 요동을 먼저 확보한 후, 중국의 남명 세력과 합세하여 청을 양면 협격하여 명을 재건하는 것이었다. 이런 효종의 북벌 구상은 즉위 후 20년 내에 달성한다는 장기 전략이었으나 재

영릉(경기 여주) 북벌을 계획한 효종의 능이다.

위 기간 중의 군사력 건설의 양상은 공세적인 북벌의 구상과는 일부 차이가 있는 양상을 보인다. 그러나 효종이 10년간 재위한 점과 당시의 열악한 재정 상황을 고려해서 효종의 북벌을 평가하여야 할 것이다.

2. 효종대 중앙 군영의 정비와 증강

1) 어영청의 정비

1651년(효종 2) 말 친청 세력의 숙청과 함께 어영대장 이완의 주도하에 우선 어영청의 정비에 본격적으로 착수하였다. 어영군은 조선-청 전쟁에서 활약하였고 청의 명나라 금주 공격전에 파병되는 등 그 역할과 중요성을 인정받아 인조대 후반부터 그 규모가 꾸준히 증가하였다. 어영청의 정비 방안은 군병이 상번하는데 필요한 경비를 보인을 지정하여 이들에게 받게 하였으며 겨울에만 도성에 상번하는 체제에서 1년 내내 상주하는 체제로 번상제도를 변경하였으며 군영에 도제조를 두어 훈련도감과 같은 체제로 개편하였다. 그리고 청의 기병에 대응하기 위하여 기병인 별마대와 대형 화포병인 별파진 등 새로운 병종을 추가하였다.

2) 금군의 확장과 개편

효종은 국왕의 경호병인 금군의 3 부대를 개편하여 좌, 우 별장 두 사람이 맡도록 했으며 이들은 다른 관직을 겸직하지 못하게 하여 금군직에 전념토록 하였다. 그리고 금군의 전원 기병화를 꾀했으며 그 인원도 600여 명에서 1천으로 확장하였다.

3) 훈련도감의 증강

어영청과 금군에 이어 이번에는 훈련도감을 강화했다. 효종은 3년마다 정기적으로 충원하던 방식 말고도 비정기적으로도 인원을 충당해서 훈련도감의 군인 수를 증가시키려 했다. 하지만 훈련도감은 어영청과는 달리 국가에서 봉급을 지급해 줘야 했기 때문에 사실상 갑작스런 대규모의 증원은 어려웠다. 그러자 효종은 군사재정을 마련하기 위해서 노비추쇄사업을 추진해 약 12만 명의 노비를 추가로 확보했다. 또한 기존의 2부 체제의 보군을 3부 체제로 개편했다.

효종은 중앙 군영을 정비해서 군사력을 확보하려 노력했다. 하지만 연이은 전국적인 기근과 수확량이 좋지 못해 재정마련이 어려운 상태에서 군사력의 증강은 쉬운 일이 아니었다.

3. 효종대 수도권 방어체제 개편

1) 수어청 정비와 남한산성 방어체제 강화

효종은 장기적으로 북벌을 추진하는 한편 단기적으로 강화도와 남한산성 등 수도권 지역의 왕실 대피소인 보장처 정비에 들어갔다. 물론 청이 탐탁지 않아 했지만 남방 일본의 위협을 구실로 해서 남한산성부터 정비했다. 남한산성은 북방에서 침입할 경우 적군의 남하를 견제할 뿐만 아니라 하삼도의 동원 병력이 이곳에 집중되는 거점 지역이었기 때문에 포기할 수가 없었다.

남한산성의 수비 병력 조정과 함께 남한산성에 설치된 중앙군영인 수어청도 조정되었다. 우선 지휘체계가 군사 책임자인 수어사와 행정 책임자인 광주부윤 간에 겹치는 부분이 있어 원활한 소통이 이루어지지 못하는 경향이 있었다. 이에 광주부윤을 수어부사로 삼는 일원적인 체제를 시도하기도 했으나 결국 수어사-종사관 체제로 정비되었다. 또한 수어청 소속 군사들을 병종별로 한곳에 묶지 않고 포수와 사수를 각각 절반씩 편성하도록 조치해 화포가 외부환경에 상관없이 작동할 수 있도록 했다. 이외에는 강릉영 군사를 양주영 군사로 교체한 것을 제외하면 특별한 정비는 이루어지지 않았다. 이는 효종이 강화도 방어체제를 완성하려던 것과 밀접한 관련이 있다.

남한산성 수어장대(경기 광주)

2) 강화도 중심의 방어체제 강화

강화도는 지리적으로 방어에 유리한 조건을 갖추고 있었다. 하여 인조대에는 강화도의 군사적 중요성을 인식하여 교동에 삼도통어영을 설치하는 등 군사체제를 정비하기 시작하였으나 조선-청 전쟁(병자호란) 당시 청에게 함락되어 보장처로써 충분한 방어능력을 갖추지 못한 상태였다.

그러다 효종 때에는 두 가지 방향으로 정비가 되었다. 하나는 기존에 있던 시설을 옮기거나 새로 지어서 방어력을 높이는 것. 다른 하나는 강화도를 지원할 수 있는 군사지역을 확보하는 것으로 서남부 해안 일대가 채택되었다. 거점 군사지역을 확보하는데 우선순위를 둔 효종은 비교적 청의 감시가 미치지 않는 경기, 충청, 전라도를 잇는 서남부 해안 일대를 거점지역으로 정한 것이다. 또한 해안선을 따라 진보를 설치해 해안선 방어도 소홀히 하지 않았다.

4. 전임 영장제 복구와 지방군의 정비

1) 전임 영장제 복구

1627년(인조 5) 전국적으로 전임 영장이 파견되어 지방군의 훈련과 동원, 지휘 등을 담당하였으나 폐단으로 인해 조선-청 전쟁 직후 폐지되었다. 이후 지방군이 약화되자 1654년(효종 5)에 삼남의 16영에 영장 파견이 전격적으로 결정되었다. 16영은 다음과 같다.

> 충청도(5곳) : 홍주, 청주, 공주, 충주, 해미
> 전라도(5곳) : 순천, 전주, 나주, 남원, 여산
> 경상도(6곳) : 안동, 상주, 대구, 김해, 진주, 경주

영장 파견을 통한 하삼도 지역의 군사력 강화는 일본의 침략에 대비하는 측면과 청과의 전쟁 시 남한산성 등 수도권에 집결하여 반격하는 군사력 확보라는 측면에서 의미가 있었다.

2) 속오군 보인지급과 잡역 면제 조치

속오군은 다른 병종들과 달리 급료가 지급되지 않아 스스로 경비를 충당해야 했다. 또한 속오군 말고도 다른 역을 겸하고 있다 보니 병행에 따른 어려움을 겪고 있었다. 이러한 상황에서는 속오군의 이탈 가능성이 높았다. 따라서 속오군에게 보인保人을 지급하거나 각종 잡역을 면제하자는 제안이 나왔다. 이 제안은 곧 「경상도속오봉족정급절목」으로 제도화되었다. 군사비용에서 안정을 찾아 속오군의 훈련 성과는 수직상승했고 이것은 효종의 북벌론에 힘을 실어주는 결과를 가져왔다.

3) 지방 관방의 정비

효종은 나선정벌을 계기로 함경도 지역의 군사체제를 정비하였다. 평안도와 황해도 지역은 청의 사신이 왕래하는 길목이므로 군사체제를 크게 강화하지는 못했으나 대청 방어책의 일환으로 남한산성, 강화도 일대의 관방을 정비하고 동시에 남방의 방어체제 정비에도 관심을 가졌다. 이러한 효종대 북벌 구상을 위한 군비 확충과 계획은 조선 후기 군사력 건설의 큰 방향을 제시하였다는 점에서 이후 적지 않은 영향을 미쳤다고 평가할 수 있다.

제4절

중앙 5군영의 확립

1. 5군영제의 확립과 군영 체제의 정비

1) 현종대 군사체제 정비의 배경

효종이 서거하고, 국가 안팎의 상황이 변하면서 현종은 군사체제 정비에 대한 필요성을 느꼈다. 우선 안으로는 선대왕인 효종의 북벌정책에서 문제점이 드러났다. 북벌을 위해 군사력 강화에 힘썼던 효종은 막대한 군사비를 지출하며 국가 재정 상황을 어렵게 했다. 또한 연이은 흉년은 조선 정부의 재정적 어려움을 가속화했다. 더불어 대외적으로는 시기가 청이 중국을 안정적으로 지배하고 있을 때였다. 이러한 상황에서 반청 세력과 결탁해 북벌을 추진하려던 조선 정부에게는 청의 안정기가 반갑지 않은 소식이었다. 북벌을 지탱하는 가장 기본적인 힘이 소멸될 가능성은 더욱 높아졌기 때문이다.

결국 정세가 이렇다보니 현종대는 북벌 정책이 힘을 잃을 수밖에 없었다. 대신 청이 몰락해 조선과 전

현종실록(규장각한국학연구원)

면전을 하게 된다는 '영고탑회귀설'에 따라 지방 방어체제 정비 등 방어적 군사전략을 추구했다. 또한 군대의 규모가 커져 정상적인 운영이 힘들어진 과제를 해결하려 노력했다.

2) 현종대 중앙 군영의 정비

현종대 중앙 군영의 정비는 현실적인 청의 위협도 축소되고 북벌의 추진이 어려워진 상황에서 기병의 역할을 축소하고 적절한 규모의 군사력을 유지하려는 목적을 가진 것이다. 중앙 군영 정비의 가장 큰 쟁점은 훈련도감 군액의 감축이었다. 이는 호조의 1년 재정 중 2/3가 훈련도감의 급료로 소요되고 번상할 때만 급료를 지급하면서도 정예병을 확보할 수 있는 어영청이 이상적인 군사제도로 인식되었기 때문이다. 그래서 결원이 되는 훈련도감 군병의 충원을 조절함으로써 훈련도감의 축소를 시도하였다. 금군의 경우도 2명의 별장에 1천명에서 1명의 별장에 700명으로 감축되었다. 군영 개편의 본격적 논의는 군영의 주요 재정적 기반이었던 둔전의 혁파로 시작되었다. 둔전 혁파는 기본적으로 군비 감축을 의미하는 것으로 둔전이 없어지면 자연히 군영이 축소될 수밖에 없었다. 여러 군영 중에서 특히 훈련도감의 많은 둔전이 혁파되어 훈련도감 축소의 공백을 메우기 위해 호조의 지원을 받는 새로운 번상 군영인 훈련별대가 창설되었다.

이러한 훈련도감의 부분 감축과 훈련별대의 창설, 그리고 유민 모집을 통한 훈련별대의 확대는 당시 강추위로 인한 기근과 인구 감소에 따른 재정 위기를 극복하는 방안이었다. 그리고 청나라의 요구로 어영군이 청에 파병감에 따라 약해진 도성 방어를 위해 만들어진 정초군

김석주 초상

은 현종대에 대폭적인 증강이 이루어진다. 이는 중앙군을 군영 중심으로 재편하려는 의도로 이러한 정초군과 훈련별대 등의 급격한 확대는 기존의 옛 군제가 군영 중심의 새 군제로 점차 전환되고 있음을 보여준다는 점에서 군사제도의 역사상 의미가 있다.

3) 숙종 초 북벌 추진과 금위영의 창설

중국 삼번의 난으로 중국 남부 지역이 혼란에 빠지자 조선에서는 영고탑회귀설에 따른 청과의 전쟁 가능성으로 북방의 침입에 대비하여 평안도 지역 방어체제의 정비 착수와 함께 삼번의 난에 호응하여 청을 공격하자는 북벌론이 크게 일어났다. 이러한 분위기에서 청과의 전쟁에 대비하기 위해 군권의 중추기관으로서 도체찰사부의 설립이 추진되었다. 도체찰사는 전란 시 전쟁 수행의 최고위 군령권자로서 정승 중에서 임명하여 해당 지역에 파견하는 특별 관직이었다. 도체찰사부의 설립은 단순히 도체찰사 임명에 그치지 않고 도체찰사부에 속한 군병의 확보와 전국의 군권 장악과도 밀접한 관련이 있었다. 실제로 도체찰사에게 중앙과 지방의 모든 군권을 위임하여 훈련도감과 어영청까지도 그 지휘를 받도록 하여 도체찰사가 조선의 모든 군권을 장악하도록 하였다. 그러나 도체찰사부를 통해 남인의 군권이 비대해짐에 따라 수어청, 총융청 등의 군권을 장악하고 있던 서인과 수어청을 맡고 있던 종친인 김석주의 반발로 어영청, 훈련도감 등은 평시에는 도체찰사부의 통제를 받지 않도록 하였다.

북벌 추진을 염두에 두고 설립된 도체찰사부는 삼번의 난이 진정되면서 존립의 의미가 상당히 약화되었다. 이에 1677년(숙종 3) 도체찰사부 혁파 및 호위청, 정초청, 수어청, 총융총 등의 군병 감축과 어영청과 훈련별대의 정원 고정 등 군사력 감축 조치가 이루어졌다. 그러나 이듬해 중국의 형세가 반란군에게 유리하다는 보고로 허적을 다시금 도체찰사로 임명하였으나 도체찰사부의 재설치는 곧바로 이루어지지는 못했다. 허적과 윤휴 등은 중국 삼번의 난을 계기로 도체찰사부를 재설치하고 이를 중심으로 군령체계를 일원적으로 조정하여 군사력을 체계적으로 정비, 확보하고자 하였다. 그러나 타 정파의 견제 속에 1680년(숙종 6) 유악사건을 계기로 남인이 실각한 후 도체찰사부도 얼마 뒤 혁파되었다.

남인의 실각은 명목상 유악사건과 허견의 역모가 원인이었지만 도체찰사부를 앞세운 남인의 군권 장악에 대한 숙종과 척신세력의 우려에 따른 것이며 이는 정권 유지를 위해 군권의 필요성을 인식하게 만들었다. 이는 금위영의 창설로 이어지게 되며 금위영의 대장은 병조판서가 겸하도록 하여 이미 지휘하고 있던 금군과 짝하도록 하였다. 결과적으로 금군의 강화로 귀결된 것으로 왕권 강화를 뒷받침할 군사력 강화의 양상을 반영한다고

금위영 터(서울 종로)

할 수 있다. 금위영 창설로 5군영제가 확립되었다. 이는 조선 전기 5위를 대신할 새로운 조선 후기의 군영 중심의 군사제도 외형이 갖추어진 것을 의미한다. 그러나 금위영 창설이 5군영 체제의 완비를 의미하는 것은 아니었으므로 통일적 군영체제 확립을 위한 군영의 일원적인 체제 정비의 필요성이 다시금 제시되었다.

2. 도성수비체제의 확립과 지휘체계의 조정

1) 숙종대 도성수비체제의 성립과 방위시설 정비

(1) 도성수비체제의 성립 배경과 도성방위론

조선은 전기에는 중앙과 지방에 차별을 두지 않는 중앙집권적 국방체계를 지향했으나 17세기에는 수도 중심의 방위체제를 채택했다. 17세기 전반기에는 보장처의 강화가 있었다. 한편 17세기 후반기에는 숙종대를 거치면서 수도 외곽지역의 방위 체계가 도성 중심으로 변했다. 17세기 후반에서 18세기 전반에 경제적 변화가 있었기 때문이었다. 경제적 변화는 인구의 증가를 가져왔고 이는 도시공간의 확대를 의미했다.

17세기 후반에 대규모로 발생한 유민들이 한꺼번에 수도로 몰리면서 더 급격해진 인구의 증가는 왕이 위급한 상황에 직면했을 때 도성을 버리고 보장처인 강화도나 남한산성으로 피신하여 도성을 폐쇄한다는 지금까지의 군사전략을 섣불리 실행하지 못하도록 했다.

도시공간의 확대는 경강지역에 신생 촌락이 들어서는 결과를 가져와 행정구역의 변화에도 영향을 미쳤다. 이렇듯 인구 증가와 도시 공간의 확대는 수도를 정치 중심에서 상업 중심으로 바꿔 놓았고 도시화를 이루어냈다. 도시화 되는 과정에서는 혜택을 받고 성장한 계층도 나타나기 마련이었는데 이들은 자신들의 재산과 생명을 보호받기 위해 도성의 수비를 강화하라는 목소리를 점차 크게 내기 시작했다.

조선 정부에서는 이들의 요구를 받아들여 도성방위체제를 구축했다. 그래서 나온 것이 삼군문 도성수비체제였다. 숙종은 선대왕들과는 다르게 도성을 끝까지 지킨다는 의지를 나타냈다. 숙종이 이처럼 말한 이유는 도성방위체제가 외적의 침입에 대비한 것이라기보다는 내부 반란에 대처하기 위한 것이었기 때문이다. 한 쪽으로 치우치지 않고 고르게 등용한다는 탕평책을 사용해 왕권 강화를 도모한 것도 같은 이유에서였다.

(2) 5군영제의 정비와 도성수비체제의 성립

숙종대 금위영의 설치로 5군영체제가 완비되었다. 그러나 5군영은 장기적인 계획을 두고 설치된 것이 아니기 때문에 정비할 필요가 있었다. 5군영의 정비는 양역변통론의 제시와 함께 이루어졌다. 여기에서 양역은 양반층이 빠져나간 군복무대상자에 일반 양민층만 남은 상태를 일컫는다. 그런 양역이 폐단을 가져와 정부는 양역변통론을 통해 해결하려 했고 그 결과 「양역변통절목」이 제정되었다.

한편, 도성수비체제는 「양역변통절목」 중에서도 「오군문개군제절목」에 삼군문 도성수비체제로 명시되어 있다. 삼군문 도성수비체제는 훈련도감을 중심으로 금위영과 어영청을 좌우로 하는 체제였다. 특히 금위영의 성립은 경기지역 방위를 담당했던 2군영에서 벗어나 삼군문의 도성수비체제로 전환하게 되는 계기가 되어 의의가 있다. 한편 총융청과 수어청은 각각 1,818명이 증가하고, 7,239명이 감소했는데 공통적으로는 군인 수가 대폭 감소했고 보인의 규모는 약 6천여 명을 유지하는 선으로 증가했

다. 여기서 보인의 증가는 양역의 축소와 천역의 증가에서 비롯되었다는 점을 주목해야 한다. 여기에는 양역에 대한 부담을 덜어주려는 정부의 의도가 들어있다. 그러나 천역의 증가는 상대적으로 군사적 기능 약화라는 단점을 지니고 있었다.

어영청과 금위영의 편제도 통일했다. 어영청은 19,317명을, 금위영은 6,422명을 감축하면서 다소 산만했던 이전에서 벗어나 5부로 개편했다. 반면 훈련도감에 대해서는 별다른 조치가 없는데 그 이유는 도성 수비를 담당하는 어영청과 금위영이 수도로 올라오지 못하는 상황이 자주 발생했기 때문이었다. 번상해야 할 군대가 도착하지 않았으니 남은 공백을 메우는 게 훈련도감의 몫임은 당연했다. 군사들 사이에 동요와 혼란이 있어서는 안 되므로 쉽게 개편을 단행하지 못했던 것이다.

(3) 도성 수축과 북한산성의 축성

「양역변통절목」을 통해서 삼군문 도성수비체제가 수립되는 것과 함께, 도성 정비와 북한산성 축성이라는 방위시설의 정비가 함께 추진되었다. 먼저 도성은 태조 대 완성되고 세종대에 부분적으로 수축이 이루어졌는데, 시간이 지나 숙종 대에 들어서 다시 수축이 이루어졌다. 공사는 동·서쪽에서 먼저 시작했는데 어려운 여건에도 불구하고 계속 강행되어 이후 남·북쪽까지 공사 지역이 확대되었다. 공사는 재정상태가 취약했던 총융청과 수어청을 제외하고 훈련도감, 어영청, 금위영의 삼군문을 중심으로 각 군영에 일을 고르게 나누어 추진되었다. 도성 수축은 또한 성 안에 살고 있는 백성들이 직접 성을 지키자는 진일보한 이광적의 의견이 나올 수 있는 여건을 만들어 주었다는 의미도 지니게 되었다.

숙종대에 수도 방위차원에서 도성 수축과 함께 주목할 것이 북한산성의 축성이다. 북한산성의 축성은 본래 창의문 밖의 탕춘대 지역을 주장한 신완의 의견에서 자연스럽게 나온 의견이었다. 창의문이 도성에서 북한산성으로 들어가는 가장 가까운 경로였기 때문이다. 하지만 찬반론이 끊이지 않았고 조선-청 전쟁 때 청나라와의 조약 내용이 있었기에 쉽게 축성을 밀고 나가지는 못했다. 그러던 중 '해적에 대비한 방비에 힘쓰라'는 청나라에서 보내온 외교문서가 축성을 가능하게 할 구실을 주었고 숙종은 최종 후보지였던 홍복산과 북한산 중에서 북한산을 선택했다. 그 후 북한산성 안에 남북으로 중성을 추가로 쌓아 방어벽을 더 견고하게 했다. 완성된 북한산성은 삼군문 군사들이 나누어 수비했다. 조선 정부는 만일의 사태에 대비하기 위해 날로 중요성이

북한산성(ⓒ 유수)

부각되고 있었던 총포류를 절대적으로 다량 배치해 관리했다.

한편 도성 방위에 있어서 경강 지역도 관리 대상에 들어갔다. 이것은 조선 전기에는 국가 차원에서 쓰던 경강을 후기에 들어서면서 운송업자들을 중심으로 교통의 요지로 활용하던 것과 관련이 있다. 교통로인 경강 지역의 발달은 수도의 발달과 직접적인 관계를 가지고 있었으므로 각 나루를 군에서 관리할 필요성이 제기되었던 것이다. 이와 관련해 한강 일대의 나루를 각 군에 소속시키면서 삼전도는 총융청, 한강진은 훈련도감, 양화도는 어영청, 노량진은 금위영이 맡았다. 이후 부분적인 조정이 있었으나 큰 틀은 바뀌지 않았다.

2) 영조대 도성방위체제의 확립과 지휘체계 변화

(1) 수성절목의 제정과 도성방위체제의 확립

숙종대 성립된 삼군문도성수비체제는 영조대에 발생한 무신란으로 시험 무대에 오르게 된다. 반란군이 도성을 향해 올라올 때 영조는 도성민의 의사를 빌어서 자신의 도성 사수에 대한 의지를 천명하였다. 영의정 이하 대신들이 도성 수비가 불가함을 주장하였으나 무신란은 영조로 하여금 도성 사수에 대한 의지를 확고하게 다지는 계기가 되었다. 이후 이를 바탕으로 1747년 수성절목을 반포하였고 이것이 이후 보완되어 1751년 수성책자로 간행되었다.

수성절목의 주요 내용은 군민편제와 관리조항, 성곽 수비처 명시, 유사시 동원인력의 파악과 지휘, 군사 명령체계 규정 그리고 유사시 총동원령을 표방한 것이다. 유사시에는 전현직 관료를 막론하고 도성내 모든 거주자들은 신분에 관계없이 도성 수비에 참여하도록 규정하였다. 영조대 수성책자의 간행은 숙종대 이후 논의되기 시작하던 도성수비체제가 확립됨을 의미한다. 나아가 숙종대 제한적이었던 총동원령을 전현직 양반들까지 포함시킴으로써 전통적 신분제 사회에서 국가 방위관에 일대 전환점을 제공하였다. 즉 국가 방위에 있어서 공동체적 세계관을 형성시켜 주는 계기가 되었다.

(2) 용호영의 설립과 지휘체계의 변화

영조대 도성수비체제 확립과 함께 군제상에도 중요한 변화가 있었다. 다름 아닌 금군의 강화이며 그 결과로 용호영이 설립되었다. 조선후기 금군에 대한 정비는 이미 효종대 이루어졌으며 숙종 때 금위영의 창설은 기존 금군제도 운영에 중대한 변화를 초래하였는데 금위영 중군이 단별장인 금군별장을 겸하도록 하는 체제를 갖추었다. 그러나 영조대 본격적인 금군에 대한 개혁은 무신란이 계기가 되었다. 무신란에 금군별장이 연루된 것에 대해 영조는 금군에 대한 처우가 좋지 못하였기 때문이라고 인식하고 이에 대한 조치를 강구하도록 하였다. 그 결과로 금군의 처우에 대한 개선이 이루어졌으며 이것이 발판이 되어 1754년 분영 조치가 취해지고 용호용이 설립되었다.

여기서 분영 조치란 금위대장을 병조판서가 겸하던 관례를 혁파하고 금위대장을 따로 임명하여 병조판서와 금위영을 분리시킨 것을 말한다. 이런 분영 조치는 병조판서를 5군문대장의 서열에서 대사마 지위로 상승시키는 것을 전제로 하는 것이며 영조의 왕권 강화를 위한 물리력 확보 차원에서 중요한 조치였다. 이때의 분영 조치로 인해 병조판서에게 막강한 군사권이 주어지게 되었으며 5군문 열무 시에 병조판서는 금군을 장악하여 왕의 측근에서 5군문을 통령하는 위치가 되었다. 이와 같은 조치는 영조대에 이루어진 국정의 일원화와 맥락을 같이 하는 것으로 재정을 호조로 일원화하려는 정책이라든지, 군령을 병조판서에게 일원화하려는 조치 등이 이를 말하는 것이다.

3. 화성축조와 장용영 창설

1) 유수부 체제와 수도방위

(1) 유수부의 기능과 구조

조선왕조는 지방 관직을 편성하면서 부, 목, 군, 현의 일반적인 행정체계와 별도로 유수제라는 특수한 행정체계를 두었다.『경국대전』에 의하면 고려의 수도인 개성부에 유수부留守府를 설치해 유수 2명을 둔 것에서 유수부의 역사가 시작된다. 조선전기에 단 한 곳이었던 개성의 유수제는 사실 전신인 유후사를 개칭한 것으로 고려 왕조의 구세력에 대한 회유와 견제, 감시 차원에서 설치되었다. 또한 이곳에 있는 이성계의 사저를 관리해야 했고, 명나라 사신들이 이곳에서 머물렀기에 유수의 관품을 올려주고 둔전을 줘 경제적 기반을 마련해주었다. 유수부의 설치 목적에 있어서 군사적 의도는 없었던 조선전기와 달리, 조선후기에는 개성부, 강화부, 수원부, 광주부의 4부를 완성해 도성 방어의 강화를 목표로 했다. 정약용 등 신료들의 반대에도 4부를 구성한 이유는 조선-일본 전쟁)과 조선-후금 전쟁(정묘호란), 조선-청 전쟁(병자호란)을 겪으면서 조선군의 약점을 깨달았기 때문이었다. 게다가 왕이 도성을 버리고 피난을 가는 장면이 백성들의 눈에는 좋게 보일리가 없었으므로 도성 주변을 방어하는 체제가 대두되었다. 그래서 등장한 것이 유수부체제였던 것이다.

유수부 방어체제에 가장 많이 거론된 곳은 강화도였다. 그러나 강화도는 육군을 막

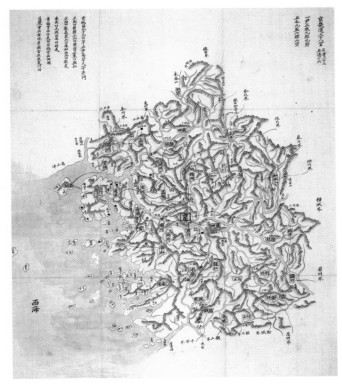

도성 주변의 4개 유수부
(문화재청, 『한국의 옛지도』, 2008)

는 데에는 탁월했으나 수군에는 무력했던 지역이었다. 그렇기에 남한산성이 대안으로 나오기도 했으나 둘 다 완벽한 방어 체제를 실현할 수 없었기에 개성과 수원이 유수부 방어 대상 지역으로 떠올랐다. 이후 강화도는 인조대에, 광주는 숙종 대에 유수부로 추가되었다. 하지만 광주는 담당 관직의 잦은 교체로 폐단이 일어나 정조 초반까지 부윤체제로 운영되었다. 광주가 유수부로 승격된 시기는 정조 중반인 1795년으로 수원에 화성이 건설된 후였다. 이는 정조가 친위세력을 양성하려는 과정 중에 하나였다고 볼 수 있다. 정조 집권 시기는 국왕 아래 병조판서가 군권을 잡고 있는 일원화된 지휘체계가 아니었기 때문이었다.

정조는 수어청과 총융청을 통합시켜 경기병마영으로 전환시키고자 했으며 이러한 맥락에서 수어청의 경청을 폐지해 광주부를 유수화했다. 이에 따라 수어청은 광주유수부의 직속 기관이 되었다. 이는 재정 규모 축소와 지휘 체계 일원화를 목적으로 한 정조의 의도였다. 이외에 정조는 수원 유수부도 설치해 4부 유수제를 확립했다. 정조는 수원에 장용영의 외영을 설치하며 수원을 화성이라 바꿨는데 교통의 요지인 특징도 있지만 정조의 생부인 사도세자를 성묘하면서 국왕 친위세력을 구축하려는 생각에 유수부를 설치했다는 의견도 설득력이 있다. 조선 전기와 달리 수도방위체제 구축, 왕권 강화를 목표로 유수부를 설치한 조선 후기에는 지역에 따라 구성과 담당 기능이 달랐다. 유수부는 기본적으로 행정조직과 군사조직의 이원체계로 구성되었다. 조선 전기의 유수부에는 유수가 경력, 도사, 교수 등의 낭관들을 지휘했다. 낭관들은 행정 실무를 주관했고 낭관의 선임자인 경력은 유수부의 행정을 실질적으로 처리했다. 도사는 아전들의 불법을 감시하고 지방민의 풍속을 단속했다. 하지만 모든 유수부가 이러한 구성으로 이루어지는 것은 아니었다. 수원과 광주 유수부에는 경력과 도사를 대신해 판관을 새로이 임명하는 등 지역마다 약간씩 차이가 있었다.

한편 각 유수부는 행정조직 이외에 군사조직도 별도로 운영했다. 여기서도 군사조직이라는 것은 동일하나 각 군대와 지휘관의 명칭이 달랐다. 구성에 대해서 광주유수부의 군사관련사항을 예로 살펴보면 중군을 변방에서 근무한 경력이 있는 자를 임명하고, 수어청 경청의 조직과 기능을 없애는 것에서 특징을 찾을 수 있다. 이것은 유수부의 군사력을 강화시키기 위한 정책 중 하나였다. 또한 유수부의 군사조직은 단순히

군사력 증강에만 영향을 준 것이 아니라 나아가서 수도권 공간의 사회경제적 발전에
도 이바지했다.

(2) 4도 유수부 체제의 성립

유수부체제는 도성방어체제만으로는 안심할 수 없는 상황에서 나온 일종의 해결책
이었다. 당시 외부의 침입을 겪으면서 군제 개편의 절실함을 느끼고 있었던 조선 정
부는 도성방어체제에도 힘쓰기 시작했다. 하지만 수도인 한양은 둘레가 넓고 인구가
많은 것에 비해 저장된 식량과 보급품이 적을 뿐만 아니라 일부 지역은 장애물이 없
어 적이 쉽게 침입 할 수 있다는 약점을 가지고 있었다. 이에 도성만으로는 온전한 방
어체제 구축이 어렵다고 판단, 그 해결책으로 유수부체제가 제시되었다. 유수부 중에
서도 군사적 기능을 강화해 도성을 방어하는 곳은 강화도와 남한산성이 위치한 광주,
그리고 화성 행궁이 있는 수원이었다.

정조는 광주와 수원을 추가하면서 도성 중심의 4도 유수부체제를 만들었다. 이 중
에서도 정조가 핵심지역으로 두고 있었던 곳은 수원(화성)유수부였다. 이곳은 사도세
자가 묘가 있었고 화성이 건설되었으며 도성의 궁을 제외하고는 제일 성대한 행궁이

있는 곳이었다. 정조가 이런 계획을 구상한 까닭은 선대부터 군 권력이 왕에게만 집중되지 못하고 유력 가문 및 신료들에게 나누어지는 상황에서 각종 폐해가 발생했기 때문이었다. 수원(화성)유수부를 가장 잘 갖추어 놓은 것도 이러한 맥락에서였다. 즉, 유수부체제를 신설하고 정비한다는 명분으로 정조는 군사력을 장악하려 했던 것이다.

2) 장용영의 창설과 화성축조

(1) 정국의 동향과 장용영의 창설

정조는 사도세자의 친아들이라는 이유로 등극과 동시에 신하들과의 마찰을 피할 수 없는 상태에 처했다. 게다가 심복이라고 믿고 있었던 홍국영에게 배신을 당하는 경험 속에서 친위부대를 직접 조직해야 할 필요성을 느꼈다. 뿐만 아니라 정조 집권 당시에 왕의 호위군인 금군의 질적 저하도 개혁의 이유가 되었다. 이에 정조는 훈련도감의 별기군에서 선발한 무예별감 가운데 무과에 합격한 정예병들을 선출해 장용위를 만들었다. 이후 정조 12년인 1788년에 장용위는 장용영으로 확대 개편되었다. 그렇다고 장용영壯勇營이 아예 새롭게 구성된 군대는 아니었다. 장용영의 군사조직은 기존의 체제와 흡사하며 군인도 기존에 있던 군영에서 차출했다. 그러다보니 장용영으로 군인을 내보낸 각 5군영은 자연스럽게 군사력이 약화되었다. 또한 정조가 장용영에 보내는 지지는 훈련도감보다 상위 군영으로 대우할 정도였다. 물론 정조의 행동에 신하들은 반대를 했지만 정조는 사재를 털어가면서까지 친위부대를 형성하기 위해 노력했다.

장용영이 설치된 이후 정조 17년(1793)에 수원이 화성유수부로 승격되면서 장용영의 외영이 이곳에 들어섰다. 이로써 화성에 장용영 외영이, 도성에 내영이 존재하는 2군영체제로 운영되기 시작했다. 장용영의 특징은 절강병법을 차용한다거나 중군을 두지 않는 등 적합한 제도라고 판단하면 시대에 구애받지 않고 사용했다는 점이다. 또한 사도세자와 관계된 지역이 장용영과 밀접하게 관련되어 있다는 점에서 장용영은 왕권 강화를 위한다는 목적도 있지만 생부인 사도세자를 공공연하게 인식시키려는 목적도 있었다고 볼 수 있다.

장용영의 내영이 위치했던 곳은 창경궁으로 진입하는 연화방 이현에 있던 별궁이었다. 이 별궁은 광해군부터 시작해서 대한제국기까지 다양한 목적으로 사용되었는데 정조의 장용영은 기존에 있었던 바로 이 왕실 건물에 자리 잡았다.

장용영의 내영은 기존의 5군영에서 병력을 이동시켜 구성했기 때문에 직업군인과 상번군의 입직으로 이루어졌다. 장용영은 정조의 신뢰를 받고 있었던 만큼 군율도 엄격해서 융령 10조라는 항목을 수시로 암송해 잊지 않도록 했고, 만약 군율을 어길 시에는 연좌제를 적용해 대장에게 책임을 물었다. 장용영은 문이 사방으로 있었는데 실질적으로 사용하는 문은 북문과 동문을 제외한 서문과 남문이었다. 이곳에 출입하기 위해서는 초군번소에서 요패를 통해 신원을 확인받아야 했으며 서쪽과 남쪽 문은 정면에 담을 쌓아서 내영의 업무를 보안했다.

장용영 내영은 1만평에 가까운 구역을 차지하고 있었다. 내부는 대장이 거주하는 북쪽의 내대청, 주요 지휘관인 초관과 지구관이 머무는 중앙의 외대청, 군기청이 있는 남쪽과 훈련장, 군수품 보관창고가 있는 동쪽으로 분류된다. 각 구역은 담장과 대문으로 구분되어 지휘체계에 따라 일정 공간을 확보해서 생활했음을 알 수 있다. 향군의 경우에는 장용영의 동북쪽에 있는 향군입접소에서 생활했는데 특별히 생활방식에 있어서 차별이 있었던 것은 아니었지만 이들은 장용영 내영에 속하면서도 외부에 따로 마련된 건물에서 생활했다. 내영은 서쪽에 주요 건물들을 두었고, 동쪽에 군사들의 막사와 집결처가 있었다. 앞서 언급했듯이 장용영은 부지에 신축 공사를 하지 않고 별궁으로 쓰던 곳을 개량해서 사용했기 때문에 정방형으로 가로, 세로가 반듯한 지형이 아니다.

장용영 내영의 군기물을 제작하는 곳은 종로 쪽인 남쪽 담장 부근에 위치한 군기대청이었다. 이곳에는 각종 군기물을 제작하고 수리하는 장인들이 배치되었다. 이렇게 만들어진 군기물들은 주로 누상고라는 이층 구조의 건물에 보관되었다. 누상고의 2층에는 문서와 장부 등 습기에 약하고 비교적 가벼운 물품을 놓았고, 1층에는 총기, 화약류처럼 외부 압력에 쉽게 영향을 받지 않아야 하는 무기류들이 공간을 차지했다.

군기물의 관리는 다른 군영과 마찬가지로 엄격했다. 총과 도검은 장부를 만들어 궁궐, 대장소, 군기물 보관 창고에 각 1부씩 보냈다. 조총과 환도에는 장용영의 것임을

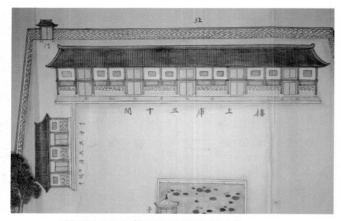

장용 내영의 군기고(한국학중앙연구원, 장서각)

의미하는 표식과 제조일자를 새겼다. 한편 무기들을 개인이 소지, 관리하게 했는데 여기서도 보관시 주의하지 않아 파손시키면 정해진 군율에 따라 벌을 받아야 했다.

정조는 왕권 강화를 위해 장용외영을 설치했다. 수원이 화성으로 개칭되고 유수부로 승격되는 과정에서 설치된 장용외영은 사도세자의 묘소 보호와 화성 행궁의 안전 확보를 목적으로 하였다. 그러나 정조는 같은 유수라도 화성 유수에게는 한 등급을 높여서 관직을 내리는 등 특별한 관심을 보냈다. 정조가 이렇게 관심을 보이고 있는 지역에 설치된 자용외영이었으니 왕이 뜻한 바가 있었을 것이고 그것은 다름 아닌 왕권 강화였다. 기존 군영의 병력과 물자를 빼서 장용외영에 공급한 것은 앞서 말한 왕권 강화를 의도한 것으로 다른 군영의 힘이 약해지도록 하는 데에 목적이 있었다. 또한 정조는 군대에서 높은 지위에 오르려면 반드시 장용외영을 거쳐 가도록 했으며 노론과 연결고리가 있던 총융청을 장용외영에 흡수시켰다. 때문에 정조 사후, 신하들은 평소에 위협을 느끼고 있던 장용외영을 당장 없앨 정도로 장용외영이 미친 영향력은 컸다.

장용외영의 군제 편성은 화성의 건설과 동시에 진행되었다. 화성 건설이 임박한 1793년(정조 17) 9월에 좌군, 우군 각 100명씩 구성된 친군위가 등장하며 다음 달인 10월에 비변사에서 장용외영 군제 절목을 정비해 1차 군제가 갖춰졌다. 이 군제 절목에는 보병이정절목, 보병유방절목, 친군위유방절목, 친구위도시절목, 유수영별군관절목 등 5개가 있었다. 특히 주목할 점은 총융청 소속 병사들 중에서 성정군을 선발했다는 것이다. 또한 병력의 부족한 부분을 천인으로 보충하고, 훈련도감의 예에 따라 전투복은 스스로 마련할 것, 그러나 무기는 국가에서 지급하고 상번군과 하번군이 동시에 훈련에 임한다는 내용 등이 나와 있다.

장용외영의 군제는 2년 뒤인 1795년(정조 19)에 성곽 건설이 본격화되면서 거론되었다. 그리고 화성의 외곽에서 성을 수비하는 협수군이 신설되고 입방군과 성정군이 확립되었다. 그 뒤, 1797년(정조 21)에 화성의 성곽이 완성되면서 용인을 비롯한 5개 읍을 화성 소속으로 편입시켜 군대를 배치하도록 결정했다. 이로써 1년 후인 1798년(정조 22)에는 마침내 5위 체제가 완성되었다.

정조가 개편한 군제의 특징은 조선전기의 5위 체제를 도입했다는 점이다. 과거에 사용했던 5위 체제를 도입한다는 게 시대를 역류한다고 볼 수 있지만 5위 체제를 통해서 일원화된 지휘체제를 실현했던 왕들처럼 정조도 왕권을 강화함과 동시에 국가 재정의 악화도 막아보려는 의도에서 이런 선택을 했을 것이다.

(2) 화성의 축조

화성華城 축성은 1793년(정조 17)부터 본격적으로 시작되었다. 정조는 화성축조가 사도세자의 묘소를 보호하기 위함이라고 언급했다. 하지만 정조가 현륭원의 수호를 위해 장용외영을 설치하는 것에서 왕권 강화라는 목적이 깔려 있음을 알 수 있다. 이는 정조가 백성들을 화성으로 이주시키려는 것에서도 단순히 효도를 하기 위해서 화성에 성을 쌓는 게 아님을 드러냈다.

당연히 신하들, 특히 사도세자를 죽음으로 몰고 간 노론 벽파는 다분히 드러나는 정조의 정치적 의도를 알아차리고 지속적으로 반대했다. 그러나 정조는 계속되는 반대에도 불구하고 축성을 강행했다. 현륭원은 그런 화성 축성 이전 단계에 이뤄진 공사였다. 사도세자를 기리기 위한 현륭원은 공사 과정 내내 정조의 세심한 손길이 미친 곳이었다. 정조는 잔디와 묘목까지 하나씩 점검할 정도로 현륭원 조성에 열성적이었다. 장차 화성에 신도시를 세울 계획까지 가지고 있었기 때문에 그 첫걸음이나 마찬가지였던 현륭원에 애착을 가지는 건 당연했다. 이후 현륭원의 완공은 그 다음 단계였던 화성 축조를 할 수 있게 하는 디딤돌이 되었다.

정조는 현륭원의 완성과 영우원의 천장 이후에 본격적인 화성 축조를 시작했다. 그리고 28개월 만에 화성이 완공되었다. 화성의 완성으로 정조는 이곳을 자급자족이 가능한 상공업 도시로 만들려 노력했다. 우선 신도시였기에 새로운 행정구역을 만들었다. 또한 동서남북 성문을 기준으로 십자로를 조성해서 경기 남부의 전 지역과 연결되는 교통의 중심지로 거듭나게 했다. 이밖에 도시를 만들기 위해서는 백성들의 이주도 있어야 했다. 단순히 이주시키는 게 아니라 생업까지 보장해주는 방법을 택했다. 먼저 상업의 발달을 위해서는 시전 설치를 장려하고 일정 금액을 이자 없이 원금만 받는 대출을 시행했다. 뿐만 아니라 상설시장인 8개의 시전과 남북 장시를 설치했으며 안성의 종이 제조자를 유치했다. 그리고 부자들에게는 화성에 이주하는 조건으로 인삼의 무역, 판매 독점권을 주겠다는 약속을 했다. 농경정책으로는 황무지를 개간해 둔전을 만들고 저수지를 조성했으며 학문적으로는 화성 근처에 별시를 시행해 양반 유생 층의 유입을 적극 장려했다.

화성은 조선시대 축성술을 계승하면서 새로운 방어시설을 도입한 성곽이었다. 이전까지는 주로 산지에 축성을 하는 방식이었기에 도성 방비에 대한 건의는 끊임없이 올라 왔었으니 새롭다고 하는 이유가 여기에 있었다. 그래서 화성은 전통적인 방식에 따라 팔달산과 수원천의 자연 지세를 이용해 성벽을 만들었다. 팔달문과 장안문의 옹성, 공심돈, 포루, 현안, 누조 등을 조직적으로 연결한 것은 새로운 방식이었다. 이러한 방식은 조선 성곽에 처음 도입된 것으로 평지에서의 방어에 소극적이었던 과거 방어체제에서 벗어날 수 있는 발판이 되었다.

화성 축조 과정에서 보이는 특징은 기존의 공사들이 백성들을 강제로 동원했던 것

화성성역의궤
(규장각한국학연구원)

과는 달리 임금을 지급했다는 것이다. 또한 공사자재도 기와나 벽돌은 성역소에 가마를 설치하고 기둥이나 대들보로 쓰이는 목재 등 일부는 관청에서 직접 조달했지만 대부분 민간 업자에게 비용을 지불하고 조달하는 방식으로 이루어졌다. 구조상으로도 어렵고 복잡한 문양으로 장식하지 않고 단순화해서 최대한 공사 기간을 짧게 했으며 공사에 참여한 기술자들은 국가사업에 자주 참여한 경험이 있는 숙련자들로 구성해서 더욱 빠른 일처리가 가능했다.

화성 동북 공심돈

    화성 구조에서 눈여겨 볼 곳은 성곽이다. 화성은 산성이 아닌 평지성이라서 성벽의 안쪽에 흙을 채워 병사들이 성벽 방어를 쉽게 할 수 있도록 도왔는데 이전에는 없던 기법이었다. 그리고 이 성곽을 벽돌로 쌓았다는 점도 주목해야 한다. 벽돌은 접착력이 강해서 화포로 맞아도 그 부분만 피해가 갔고 섬세한 건축을 하는데 용이했기에 많이 사용한 것으로 보인다. 게다가 망루 역할을 하는 돈대와 여러 개의 화살을 동시에 발사할 수 있는 노대와 같은 벽돌과 화강암을 적절히 사용한 새로운 양식의 건축물도 화성에서 찾을 수 있다. 화성에서 가장 많은 벽돌을 소모한 건축물은 봉돈이다. 이 봉돈은 봉수라는 통신 기능뿐만 아니라 화기 발사구로도 사용되어 쓰임새가 여러 가지였다. 이외에도 화성은 모든 방어시설에 조총과 화포 등 화기가 중심이 되는 무기를 설치했다. 그리고 서북, 동북, 동남, 서남인 모서리 4곳에 누각을 세운 것도 특징이었다.

제5절

지방군의 개편과
지역방어체제의 정비

1. 지방군의 개편과 정비

1) 영장제의 실시

조선의 방어 체계는 진관체제를 바탕으로 제승방략을 거쳐 속오군과 영장제營將制로 변화하는 과정을 거쳤다. 지역방어의 실효성을 높이기 위한 속오군 5개 영의 총책임자가 영장이었는데 진관체제에서의 거진의 장, 첨절제사와 비슷한 존재였다. 이들은 평상시에 속오군의 훈련에 힘쓰고 유사시에는 그대로 군사를 이끌고 출전할 수 있도록 운영되었다. 그리고 지방의 주요 거점을 영으로 나누어 방어해 진관체제와 유사했다. 영장은 행정권과 구별되는 군사적 권한을 가진 책임자였지만 초기에는 수령이 겸하거나 수령의 통제 아래 놓여있는 경우가 대부분이었다. 인조반정 이후 후금에 대한 강경책으로 결국 조선-청 전쟁을 초래한 인조는 더욱 강화된 영장제를 실시했고, 운영세칙은 이정귀의 「영장절목」에 구체적으로 담겨있다.

하지만 인조 대에는 오래가지 못했고, 효종 대에 들어 북벌사업의 착수와 함께 다시 실시되었다. 전임영장을 파견해 업무를 전담시키게 했고 영장이 한 곳에 오래 머물지 않도록 하고 임기도 24개월로 줄여 그 동안은 다른 직임으로 옮기지 못하도록 했다. 또한 긴 임기에 대한 불만을 막기 위해 불시에 이들을 점검하도록 했다. 또한 군관에 대한 규정도 구체화되어 대상자를 신중히 선발 할 수 있게 했다. 이전보다 더욱 영장의 권위를 강력하게 하여 수령과 충돌이 일어나지 않도록 하였고 영장의 권력남용에 대해서도 경계하였다. 더불어 병사의 개인정보를 담은 성책成冊을 거두어 직임을 기피하거나 엉뚱한 사람을 보내는 폐단을 방지하도록 했다. 1654년(효종 5)의 「영장절목」은 몇 차례 조정을 거치면서 능력이 부족하고 향상하지 않는 군병들에 대한 처벌에 관한 문제와 상급관청에 올리는 첩정을 영장에게 시행할 것인지에 대해서 조정되었다. 그리고 어사를 파견해 군비실태를 살피도록 했던 조항이 적절하지 않다고 제외되었다. 더불어 군비강화를 위한 각종 조치가 이루어졌다.

영조대로 접어들면서 청을 의식한 조선은 일본을 핑계 삼아 삼남을 중심으로 전임영장제를 실시했으나 18세기에 접어들면서 이런 명분도 약화되었다. 수도권에서도 겸영장제를 채택해 경기속오군에 대한 지휘권은 경기병사와 함께 총융사와 수어사에게도 중첩되어 나타난다. 이들은 수도 방어에 대한 긴급 사항 발생 시 총융사와 수어사에 배속되어 작전을 수행하도록 했다. 전임영장이 파견된 지역은 다른 지역에 비해 속오군의 주력인 마군과 보군 중심으로 역종별 액수가 많이 배정되었다. 일반적으로 진영의 병력은 군사 목적의 속오장졸과 치안목적의 토포장졸로 나뉘는데, 일반적 명목과는 달리 수포를 목적으로 설치하는 경우가 많았다. 17세기 후반 이후 영장은 수령이 겸했던 토포사를 겸하며 지방의 치안업무에 중요한 역할을 담당했다. 그랬기 때문에 전임영장이 파견되었던 삼남지역의 수령은 영장에게 군사와 치안에 대한 권한을 빼앗기게 되었다.

영장 이인하 거사비(경주 상주 왕산공원)
조선후기 무신으로 상주진 영장을 지낸 이인하 비이다.
상주진 최초로 영장으로 부임하였다.

각 지역에서 징발된 병력은 대부분 진영 소재 읍에서 조련을 실시했다. 일반적 진영은 기마병이나 보병을 중심으로 부대가 이루어져 있는데, 이러한 주력병종 외에는 대체로 일반 병종과 표하군이 균질적인 모습으로 존재하고 있었다. 훈련과 작전의 독자적 단위인 진영을 운영하기 위한 재원 조달 또한 진영을 중심으로 이루어졌다. 병영과 수영은 소재 읍의 인근 군현을 중심으로 도 전체에서 재원을 조달받지만 진영은 소속 군현이 재원조달의 단위였다. 부담형태는 현물납과 화폐납이 있는데, 충청도 진영의 경우 병영은 현물납이 많았고, 수영은 화폐납이 많았다. 대부분의 진영은 미곡형태의 현물납을 고수했다. 또한 진영은 평균 9~10칸짜리의 독자적인 건물을 지니고 여기에 딸린 인력도 한 건물 당 한두 명 정도 확보하고 있었다.

2) 속오군제의 정비와 운영

조선-일본 전쟁기 창설된 속오군은 『기효신서』의 속오법에 따라 거주지 단위로 부대를 편성, 작전 훈련을 하도록 하여 지역방어의 극대화를 기대했다. 속오군에는 천인을 비롯한 다양한 신분이 속해 있었는데, 그 중에서도 사노층을 중심으로 채워졌다. 특히 노비층을 군졸로 징발해 15세기 이후 꾸준히 늘어 국역자원의 감축을 초래했던 이들을 징발했다는 것에 큰 의의를 가지고 있다. 그러나 잡다한 과외잡역으로 점차 고역이 되어갔고 피역현상 또한 증가했다. 결국 17세기 후반 속오군의 구성이 사천으로 급격히 채워지는 현상이 발생했고, 결국 급보 급복 등의 조치를 통해 속오군의 역 수행에 대한 반대급부를 제공함으로써 이들의 부담을 줄이고자 했다. 이는 시행 직후부터 강한 반대에 부딪혔으나, 1656년(효종 7)에는 삼남지역 속오군에 대한 급보, 급복 및 신역면제 조치가 단행되었다. 그러나 잡역면제 조치인 복호의 혜택을 부여하는 급복의 경우, 각 아문의 조총제조 증가로 조총을 나누어주는 것이 가능해져 급복이 필요 없어짐에 따라 1693년(숙종 9) 폐지되었다.

보인을 배정하는 급보는 흉년과 함께 보인의 확보가 어려워지면서 궐액이 생겨도 채워 넣지 않는 방식을 사용해 1664년(현종 5)부터 점차적으로 폐지되었으나 18세기 다시 시행되었다. 그러나 속오군의 문제를 근본적으로 해결할 방법은 겸역의 문제를 해결하는 것이었다. 속오군의 주역인 사노층은 노비로서의 본역이 있는데도 속오군에 편입이 되면서 그들이 수행해야 할 역은 두 개로 증가했고 이에 대한 부담도 커질 수밖에 없었다. 결국 국역을 중심으로 민을 파악하는 원칙을 투영한 겸역의 단역화로 인해 18세기 후반으로 갈수록 겸역자가 감소하는 모습을 보였다. 그럼에도 사노겸역이 속오군의 주를 차지하는 현상이 계속 되면서 속오군의 기피와 질적 저하도 가속화되었다. 이러한 실정으로 도망자가 늘지 않도록 『도고성책』을 기록해 납부하도록 했고, 속오군의 징발에서도 건장한 남성을 등용하도록 했다. 그리고 보인에게도 혜택과 책임을 주는 등 다양한 조치를 강구했다.

한편, 속오군의 훈련은 먼저 병사에 의해 진영이 합동으로 실시하거나 각 영별로 실시하는 합동조련이 있다. 그리고 병사나 영장이 각읍을 돌아다니며 점검하거나 시재·열무 등을 시행하는 순력이 있다. 마지막으로 수령이 군현 내에서 3일 정도 실시하는 사습·사조 등의 형태가 있다. 이러한 조련이나 순력은 자연재해로 정지되는 것이 일반적이지만, 현종~정조대에 이르러서는 지속된 평화로 인한 정부의 군사문제에 대한 관심저하가 조련이나 순력 정지의 원인이 되었다. 그리고 삼남, 경상도 속오군의 급보 폐지로 인한 부담 증가와, 특히 감·병사, 영장의 접대에 소요되는 어마어마한 비용으로 인한 농민들의 부담도 큰 원인이 되었다. 순력도 마찬가지였지만 특히 합동조련의 경우 거의 조련이 이루어지지 않았다. 결국 관문에서는 수령이, 진문에서는 각진의 변장이 군병을 통제하는 '관문취점'이 이를 대체했고, 지방 병권은 다시 수령에게로 넘어가게 되었다.

2. 진영의 구조와 지역방어체제의 정비

1) 진영의 편제와 병력배치

(1) 충청도

충청도는 겸병사 1인과 전임병사 1인의 휘하에 각급 장교와 병력이 배속되었다. 겸병사 휘하에는 직할 병력 357명과 각읍 병력 41초 1,994명의 군사가 배속되었고, 전임병사 휘하에는 직할 병력 86명과 각읍 병력 29초, 592명이 배속되어 충청도의 총 병력은 4,298명이었다. 진영편제는 5영의 형태인데, 전영은 홍주, 좌영은 해미, 중영은 청주, 우영은 공주, 후영은 충주로 진관체제의 거진과 위치가 동일하다. 다만 해미 진영이 새로 창설되어 홍주진관에서 분리되었다.

(2) 전라도

전라도는 겸병사 1인과 전임병사 1인의 휘하에 각급 장교와 병력이 배속되었다. 겸병사 휘하에는 직할 병력 416명과 각읍 병력 37초 1,384명의 군사가 배속되었고, 전임병사 휘하에는 직할 병력 393명과 각읍 병력 66초, 1,990명이 배속되어 전라도의 총 병력은 3,374명이었다. 진영편제는 기본 5영 형태로 전영은 순천, 좌영은 운봉, 중영은 전주, 우영은 나주, 후영은 여산에 있었다. 이 중 전·중·우영에만 전임영장이 파견되었고 그 외는 겸영장의 형태였다.

조선-일본 전쟁 이후 전체적으로 진관체제의 틀을 유지하면서 소재지의 변동을 가져오거나 여산의 경우처럼 진영이 새롭게 편성되는 변화가 있었다. 한편 전라도에는

위봉산성(전북 완주)

입암산성(장성), 금성산성(순창), 적상산성(무주), 위봉산성(전주), 교룡산성(남원) 등 5 개의 산성진이 설치되었다.

(3) 경상도

경상도는 감사 휘하에 직할 병력 295명의 병력이 배속되었고, 감사 관할 각읍에도 2,873명의 병력이 편제되었다. 또한 좌 우도에도 각 1명의 병사가 있는데 좌도 병사 휘하에는 직할 병력 364명과 각읍 병력 61초 1,048명이 편제되었고, 우도 병사 휘하에는 1,049명의 직할 병력과 각읍 병력 30초 725명이 배속되었다. 이로써 경상도의 총 병력은 6,354명이었다.

경상도의 진영편제는 좌도에 전영(안동), 중영(대구), 후영(경주)이 속해있고, 우도에 좌영(상주)과 우영(김해)이 속해 있었다. 5영 모두 전임영장이 파견되었다. 여기에 우도에 김해 별중영과 좌도에 동래수성장이 추가되었는데 김해부사와 동래부사가 각각 겸임하였다. 동래수성장은 조선-일본 전쟁기 전략적 중요성이 부각되어 독립했고, 김해진관이 별중영으로 변한 것 외에 조선 초 진관체제를 따르고 있다. 한편 경상도에는 가산산성(칠곡), 금오산성(선산), 조령산성(문경), 촉석산성(진주) 등 4개의 산성진이 설치되었다.

(4) 강원도

병사의 직임을 두지 않는 강원도의 지휘권은 감사에게 있었다고 추측되고 있다. 감사의 휘하에는 1,102명이 있었고, 각읍에는 27초, 1,366명이 편제되었다. 다른 지역에 비해 중요성이 낮아서 좌·중·우의 3영체제이고 이를 보완하기위해 요충지인 철원에 방어영이 설치되었다. 전임영장은 삼척우영에만 파견되었고 나머지는 겸영장의 형태로 운영되었다.

강원도는 방어영의 설치와 첨절제사진(진영소재지)의 변화 외에 진관체제의 틀을 거의 유지했다. 한편 중앙군을 보완하는 역할을 해 시기에 따라 원주·철원진이 수어청에 소속되었다. 또한 도적에 대비해 춘천에 있던 방어영을 철원으로 옮기고 좌영을 설치했다.

(5) 황해도

감사와 병사 각 1명으로 구성된 황해도는 감사 휘하에 1,019명이 소속되었으며 각 읍에도 57초의 군대와 2,347명의 군사가 편제되었다. 병사의 휘하에는 896명이 소속되었으며 54초, 1,416명이 편제되었다. 진영편제는 기본 5영과 산산진에 별중영이 설치되어 총 6영으로 구성되었으며 전임영장은 파견되지 않았다. 2개의 진관으로 구성되었던 진관체제와는 다르게 6개로 확대 개편되고 첨사진과 만호진도 함께 편제되었다. 한편 황해도에는 6개의 산성진이 설치되었다.

(6) 평안도

평안도는 각 1명의 감사와 병사로 구성되었으며 감사 휘하에 341명이 있고, 각읍에는 135초의 군대와 3,938명의 군사가 편제되었다. 감사 밑에는 중군이 겸임하는 관성장이 있었다. 병사 휘하에는 244명이 편제되었으며 각읍에는 244초, 1,803명이 있었다. 국방상 요충지답게 진영편제도 복잡하게 나타났다. 기본 5영에 전·좌·우·후에 4개의 별영이 추가로 설치되었고, 5개의 방어영과 7개의 독진이 포진해 있다. 모든 진영은 겸영장제로 운영되었고, 조선 초 19개의 진관으로 편제되었던 것과는 판이한 구성을 보이고 있다. 한편 평안도에는 8개의 산성진이 설치되었다.

(7) 함경도

함경도는 1명의 감사의 휘하에 157명이 배속되었으며 여기에는 함흥부 소속의 세진(鎭)과 각읍의 71초의 군대와 4,064명의 군사가 소속되었다. 진영편제는 남 북병영으로 나뉘었고 모두 겸영장제를 취하고 있다. 남병영에는 기본 5영에 추가로 단천에 별중영이 속해있으며 북병영에는 5위제를 적용해 남전·남좌·남중·남우위와 겸방어영인 길주에 남후위가 추가되었고 또한 북전·북좌·북중·북우·북후위까지 총 10위가 속해있다. 또한 영장제와 함께 5위제가 적용되는 특이한 형태를 가지고 있다

2) 지역방어체제 정비와 개편의 방향

18세기 청이 대륙의 중심이 되었지만 삼번의 난 등 명조부흥이 일어나는 국제정세에 조선도 동요하는 상황이었다. 이러한 상황에서 지방군의 핵심인 속오군의 운영은 갈수록 부실해져갔다. 양란 이후 지속된 평화로 조련이 거의 정지했고, 군졸들도 둑을 수축하는 등 부역에 동원되었고, 도망가는 군병들도 많았다. 이로 인해 새로운 병종이나 부대편제의 필요성이 끊임없이 제기되었다. 결국 이러한 상황에서 청의 기병에 대항하고 해안의 적을 격퇴하기 위해 숙종대를 시작으로 기병을 계속적으로 창설하게 되었다. 이는 이전의 보병 위주의 절강병법에서 기병위주의 전법이 대두하기 시작했음을 의미한다.

또한 조총도 급속히 보급되어 궁시를 대체하게 되는 등 다양한 화포가 제작되었다. 실제 기병부대를 보면 15개의 번으로 나눠 1번에 2개월을 번상하여 숙위하는 해서별효위와, 함경도에 창설된 친기위와 평안도의 별무사가 있었다. 친기위와 별무사의 경우는 자금 부담이 큰 부대였지만 변장으로 진출이 가능했고 무과 출신 자격을 인정해 주었기 때문에 19세기까지도 일정한 전력을 유지했다. 하지만 장기간 지속된 평화로 18세기 후반에서 19세기 초반에 기병부대도 점차 부실화의 길을 걷게 되었다. 또한 문사층의 위상의 높아지자 상류층 인사들이 무예를 익혀 친기위나 별무사에 입속되기를 꺼려하는 상황도 한 몫을 했다.

정부는 기존에 휘하에 군졸이 없었던 감사나 수령에게도 부대를 편성하여 유사시에 병력으로 활용할 수 있도록 개편했다. 기존에는 감사가 병사의 위에 있었지만 실제 군사지휘권은 병사에게 있었기 때문에 지휘체계에서 소외되었다. 이런 사정으로 생긴 병종이 아병인데 기존에는 각도 감영에 주로 설치되었으나 이후에 병영·수영진, 심지어 총융청과 수어청 등에도 설치되었다. 속오군의 전투능력은 나날이 저하되었지만 아병은 전투능력이 상대적으로 우수한 병력으로 평가받았고, 중앙군문의 병력 충원 대상으로 활용되기도 했다. 아병의 운영은 병력의 일정수를 입번의 방식으로 군역에 징발하고 나머지는 포와 쌀을 통해 지원하는 입번제와 정기적으로 습조를 실시하도록 한 조련제를 통해 이루어졌다. 한편 1728년(영조 4) 무신란 이후 수령의 휘하에 이노작대가 생겨 인리나 관노 등이 부대로 편성되었고, 지방관이 정기적으로 훈련을 하게 해 병력으로 활용했다. 또한 납포 납미를 하면서도 속오군 편성에서 제외된 보인도 부대로 편제해 수령이 활용하는 병력으로 삼았다. 이노작대는 외적보다는 내부반란·도적들에 대한 방비가 주된 목적이었고, 정부는 이들에 대한 지원을 아끼지 않았다. 이노작대는 향촌사회 내부의 다양한 관계가 반영된 복잡한 형태였기 때문에 지역사회에 일정한 기반을 가진 인사들이 주도해 운영하는 방식으로 이루어졌다. 또한 천총·파총 경력자를 임명해 이들의 경험을 작대군의 조직과 운영에 활용했고, 이들 중에는 여러 차례 이노작대의 장관직을 역임한 자들도 있었다.

이 외에도 지방군은 지역별로 지리적 요건과 전략개념에 따라 다양한 역종이 나타났다. 특히, 조선후기 군제개편의 주요 흐름을 잘 담아내고 있는 강화를 예로 보면, 먼저 중요한 비중을 차지했던 무학군과 속오군이 지역의 특성을 보여주는 대표적 병종이었다. 무학군은 포병이나 전어를 속히 전달하는 특수임무를 수행하기도 했고, 마병의 임무도 수행했었다. 그 외에 아병과 이노작대난후친병좌우초군이 있었고, 대년군과 잡색군은 다른 병종에 비해 비중이 낮았다. 결국 17세기 지방군 개편 이후에는 다양한 부대와 병종들이 지역별로 독자적 운영시스템을 구축해가고 있었다.

3. 파발제

1) 파발제 설립과 파발군

(1) 조선-일본 전쟁 때 명군의 파발제 전래와 운영

기록상 삼국시대에 이미 봉수와 우역이 설치되고 고려시대에 크게 발달하였다. 봉수제는 4거화법을 제정하여 초비상시에는 4개로 시작해 평시에는 1개를 올리도록 하였다. 역전제는 긴급 시 가죽부대에 문서를 넣어 방울을 달아 전하는 현령전송과 피각대에 넣어 체송한 피각전송으로 전달하도록 했다. 조선시대에 이르러 549개의 봉수대가 설치되고 537개의 역전이 설치되었다. 그러나 성종 이후 기울어가던 봉수제는 1592년(선조 25년) 조선-일본 전쟁 때 봉수제와 역전제 모두 제 기능을 다하지 못해 왜군이 2주 만에 서울을 함락시키고 평양을 위협했다.

명은 대군을 파견하기 전에 조선에 파발 설치를 요청했고 최초로 의주와 평양 사이에 발참이 설치되었다. 이듬해에는 명 제독 이여송이 평양에서 서울까지 발참을 설치해 의주~한성 간 파발로가 연결되었다. 명군에 의해 설치된 파발조직은 명의 발장과 파발아(파발군)로 구성되고 발마가 배치되었으나 점차 조선의 발군과 발마가 배속되어 그 운영책임을 맡아가게 되었다.

발참 경비는 소재지 읍(부·목·군·현)이 담당하였고 부족할 때는 병조·호조가 지원하기도 했다. 파발군은 조선-일본전쟁 중 최전선 후방 교통 요지에 배치되어 왜군에 효과적으로 대처, 격퇴할 수 있게 하였다. 또한 선조는 파발을 이용해 척계광의 『기효신서』를 구입하여 전략에 활용하고 군사를 모집해 군사조직을 개혁했다. 명군을 지원하면서 파발제에 대해서는 과중한 운영비용을 담당했다. 선조의 노력으로 조선-일본 전쟁 중 파발은 왜군을 격퇴시키는 수단으로 이용되어 큰 성과를 얻었지만 왜적이나 도적의 습격으로 파발전달이 중도 단절되거나, 파발아들의 부정부패 등으로 인한 부담 가중과 해당 도민들의 부담 가중으로 인한 문제점을 안고 있었다.

(2) 파발제의 설치

1597년(선조 30) 제2차 조선-일본 전쟁이 일어나자 당시 제 역할을 하지 못했던 봉수제를 대신해 파발제를 현실에 맞게 보완하여 정식 군사통신기관으로 확장하자는 건의가 나오게 되었다. 조선의 파발조직은 병조가 총괄하되 감사 및 병사가 실물을 맡아 205개 참을 관리하였다. 파발조직망에 중요한 간선로인 3개 노선의 직로와 5개 노선의 간로가 연결되었으며 말을 타고 채송하는 기발은 25리, 도보로 전하는 보발은 30리마다 배치하였다. 그 후 파발제의 보완책이 쉴 새 없이 강구되었고 서발, 남발, 북발의 3대로를 근간으로 유지되었다.

(3) 파발군

변경 및 국내외 긴급문서를 "주야를 헤아리지 않고 성화같이 전달하는 것"을 임무로 한 파발군은 발장과 발군으로 구성되었다. 발장은 밑에 발군을 두어 업무를 지휘 감독하였으며, 무술과 함께 문자를 아는 성실한 자로 임명했다. 발군은 양인 출신의 정병으로 젊고 실질적인 무예를 갖춘 자로 임명하였으나 거듭된 전란으로 잡색군, 속 오군, 방군 등이 배치되었다. 그러나 과중한 군역과 요역을 견디지 못하고 도산하는 자가 속출했다.

이에 1652년(효종 3) 이조 좌랑 조한영이 번상포를 감면해 줄 것을 건의했지만 실 시되지 못했다. 파발군에게도 보인이 배정되었으나 이들에게도 무거운 군역, 잡역이 부과되어 납포할 수 없는 지경에 이르렀고 결국 파발군과 보인 모두 패가하기 일 수 였다. 이러한 폐단을 시정하기 위해 여러 가지 대안을 세웠지만 근본적인 해결책이 못되어 파발군의 생활문제는 계속되었다.

2) 파발로 정비와 파발속도

(1) 파발로의 정비

조선-일본 전쟁 초 기존역로를 중심으로 신설되어 1597년(선조 30)에 정비된 조선 후기 파발로는 서·북·남발의 3발로 205참이 나뉘어 조직되었다. 이는 기발과 보발 로 구성되고 직발, 간발로 나뉘었다.

『대동지지』의 파발 3대로에 따르면 서발은 기발로 직발은 한성에서 의주까지 41참 의 서북로로 총 1,050리이다. 간발은 먼저 영번, 회천, 강계의 강계일로와 운산, 초산, 위원의 위원일로, 구성, 삭주, 벽동의 벽동일로가 있다. 북발은 보발로 직발은 한성에 서 경흥에 이르는 동북로 보발로 64참에 2,300리이다. 간발은 북청, 갑산, 삼수의 후 주일로와 회녕, 은성, 경원, 종성의 무산일로가 있다. 남발은 한성에서 동래에 이르는 보발로 31참의 920리이다.

(2) 파발속도 및 체송방법

파발제에서는 보발과 기발의 속도가 가장 중요한데 실제 사례를 토대로 보아 조선 시대 파발의 속도는 1일 주야 약 300리 내외 정도로 추정되고 있다. 『대동지지』의 3로 거리를 이 속도로 나누면 서발은 약 3일, 북발은 약 6일, 남발은 약 3일이 소요되었다. 그리고 보발은 주야를 구분하지 않고 릴레이식으로 교체하여 달렸고 기발은 특별한 경우를 제외하고는 주간만 이용하였기 때문에 보발이 기발보다 빠른 일도 있었다.

발참의 시설로는 사무를 보는 청사와 마구간, 왕래인들이 쉬고 가는 객사가 설치됐고 해시계와 무기 등이 비치되었다. 체송은 1주야에 300리를 가도록 하였고 관문서의 체송은 기밀을 요하였기 때문에 봉인 후 관인을 찍고 피각대에 넣어 체송해 피각전송이라 하였다. 또한 도난 방지를 위해 곤봉, 창, 방울을 갖추고 배달하게 하였다. 방울 개수의 따라 중요도가 나뉘었고, 또한 도착시각을 알기위해 대력과 소력으로 구분된 회력迴曆을 갖추게 했다. 대력은 도착의 지체여부와 뜯어보고 잃어버렸는지의 유무를 검사하고 소력은 발군 스스로 지체 여부를 표시하는 증거로 삼았다. 전송을 지체하거나 문서를 파손, 절취하거나 잃어버린 자는 법규에 따라 처벌하였다.

3) 파발의 입역 문제와 파발실태

파발제는 해당 병영에서 부담해야하는 어려움으로 발군, 발마의 수를 채우는 것이 힘들어지자 발군의 입역立役과 발마의 입발마 문제가 백성에게 부담이 되었다. 조선-청 전쟁(병자호란) 후 발군과 발마의 감소로 가난한 군졸들이 발군에 입역하게 되었는데 지방 감영, 병영의 군관·군졸들이 발마를 사사로운 일이나 급하지 않은 공문전달에 함부로 이용해 발군과 발마를 힘들게 하였다. 또한 이들의 생활이 곤궁해 빚을 지고 제대로 갚지 못해 도산하여 사회문제가 되는 경우도 많았다.

이러한 사정으로 인조 대부터 이들의 부담을 덜어주기 위한 노력이 지속되었고, 국가기밀의 누설과 근무태만 등의 폐단을 막기 위한 노력도 지속되었으며, 영·정조 시대에 이르러 부분적 개혁이 이루어지기도 했다. 파발제는 1895년(고종 32), 현대식 전화통신제의 설치로 폐지되었다. 그러나 파발제는 조선시대 관민이 합심해 긴급한 군사기밀, 문서를 신속히 전달해 국토 보전과 중앙집권적 통치체제의 확립 등에 기여해 의의가 크다.

제6절

수군의 통제·통어 양영체제

1. 양영체제의 정비와 수군 진보의 개편

1) 양영체제의 정비

(1) 통영의 설립과 수군 재건

통영은 통제사가 주둔한 진영을 줄여 부른 명칭이다. 설치된 지역은 경남 서남부 해안의 고성반도 중남부와 거제도 중간 지점에 위치해 있다. 통영의 설치배경은 첫째, 조선–일본 전쟁의 해전 승리경험과 해전의 주요 전장이 경상도 해역이었다는 사실과 당면한 국방 과제의 해결책으로 수군을 선택하였다는 것이다. 둘째, 삼도 수군 전체를 통솔하는 지휘체계의 확립차원에서 이루어진 것으로 수군의 효율적인 운영을 위한 체제정비의 과정이었다.

통제영의 변천경과를 살펴보면, 우선 전쟁이 종료된 이후 4대 통제사 때까지 고금도에 있다가 5대 때 거제도 오아포로 옮겼다. 이후에는 임시적인 성격을 띠다가 1604년에 진영을 옮겨가며 주둔하는 것이 위험할 수 있다는 의견이 제기되어 고성의 두룡포로 통제영을 옮기고 머물며 지키게 하였다.

통영창설과 운영이 갖는 군사적 중요성은 첫째, 통영이 삼도 수군을 총괄하는 해상 방어의 핵심으로써 지휘체계가 확립된 것을 들 수 있다. 이로 인해 지휘체계상 조선

통영 세병관 내부(좌)와 전경(우)

수군 전체를 통솔할 최고 지휘관이 마련되었다. 둘째, 중심지에 위치한 통영이 남해 수군을 총괄함으로써 전략적인 면에서 전력의 집중이 용이해졌다는 의미를 갖는다. 셋째, 군선 건조와 각종 군기 제조 면에서 중요한 역할을 담당하였다는 것이다.

(2) 통어영(統禦營) 창설과 경기 해방체제(海防體制)

조선-일본 전쟁 이후 북방의 위협이 고조되자 조선 조정은 강화도를 중심으로 방어체제를 구축하였다. 광해군은 주사청을 설치하고 전선을 건조하고 주변의 수군을 강화하였다. 하지만 여러 가지 문제로 폐지되었고 인조반정 이후 인조가 실시한 도성과 강화도의 수비체제 강화를 통해서 수군의 정비가 다시 이루어졌다. 또한 1633년(인조 11)에는 경기수사를 삼도수군통어사로 승격시켜 삼도의 수군을 총괄하도록 하였다.

통어영은 통제영에 비해 40여년 늦게 창설되었다. 통어영이 황해·경기·충청 삼도 수군을 관할하게 되자 황해도는 지휘체계상 문제가 없으나 충청도는 통제영에 소속되어 관할 문제가 발생하였다. 때문에 충청도 수군은 왜군 침략시에는 통제영에 배속시키고 북방의 침입에는 통어영의 지휘를 받도록 결정하였다. 결국 경기·서해의 해상

방어체제의 중심인 통어영은 강화도를 중심으로 운영되었으며, 경기 수군은 왕의 피난을 돕고, 황해·충청 수군은 이를 지원하는 체계를 갖추게 되었다.

2) 17세기 수군 진보의 개편

조선-일본 전쟁(임진왜란) 이후 17세기에는 수군 진보 증강과 개편을 통해 남해의 해방강화가 추진되었다. 17세기 동안 통영을 중심으로 한 남해의 수군 진보 개편에 대해 살펴보면 우선 진관체제의 기본 틀을 유지하면서 각 지역별로 수군 진보의 개편과 증강이 이루어졌다. 첫째 경상좌수군의 경우에 수군진보를 주변해역으로 이동 집결시켰고, 둘째 소규모 수군 진영을 설치하여 전략적으로 중요한 위치를 보강하였다. 셋째 대일관계가 안정되고 북방의 정세가 복잡해지자 해상방어체제를 일부 수정·보완하였다.

다음으로 호남 해역의 수군 진보 개편은 남중국해를 중심으로 제해권을 장악하고 있던 정금세력에 대한 방비책으로써 해상방어를 강화하고, 황당선의 출현에 대비하기 위해서 수군을 개편하고 증강하게 되었다. 때문에 호남 해상방어가 중요해지자 수준 진보를 추가로 6곳 더 설치하게 되었다.

결국 통영의 관할을 받는 남해의 해방체제는 17세기 전반에는 왜군의 위협에 대비하기 위해 영남의 수군진보가 강화되다가, 후반에는 국제정세의 변동에 맞춰 호남의 수군진보가 증강되었다고 정리할 수 있다.

인조대 통어영을 중심으로 수도권과 강화도를 방어하는 체제가 조선-청 전쟁 당시 별다른 활약을 하지 못하자, 방어체제의 재정비가 문제로 떠오르게 되었다. 효종은 개편에 많은 노력을 기울였으며 그 결과 경기지역의 수군 진보가 강화도 내부로 대부분 이동하였고 염하를 중심으로 재배치되었다. 또한 이때 강화도 내부의 육군과 수군의 진보가 혼재되어 지휘체계의 정리가 필요해 월곶·덕포·정포·용진 4개의 수군진보의 지휘권이 통어사에서 강화유수로 전환되었다. 하지만 여러 가지 문제가 제기되어 결국 최종적으로는 기존에 육군진보로 개편된 월곶진 등은 그대로 유지하고 덕포진을 제외한 철곶과 정포진은 다시 강화도 내부로 이동하는 절충안을 선택하게 되었다.

이후 17세기 후반에는 통어영 중심의 경기해방체제가 새로운 변화를 겪어 강화도에 진보와 돈대를 건설하고 1678년(숙종 4)에 진무영이 창설되면서 육군 방어체제가 점차 강화되고 해방체제도 개편되기 시작하였다. 17세기 말부터 18세기 초까지 많은 해방체제의 변화가 있었지만 결국 강화도 자체 방어는 육군중심으로 하고, 수군은 강화도 외곽의 해방체제를 강화하여 외침에 대비하는 체제로 결론짓게 되었다.

2. 영·정조 시대 수군체제의 재정비

1) 수군의 조직 정비와 수조(水操) 시행

조선후기의 해상방어체제는 양란의 영향과 국제정세가 어수선해지면서 강화되었다. 이것은 수군병력 군선의 척수 등 조직규모를 통해서 알 수 있다. 군석의 척수는 전선을 포함하여 135척으로 증가했고 정세가 안정된 18세기 초반에도 전선 121척과 거북선 5척을 비슷하게 유지했던 것을 통해 해상방어체제가 강화되었다는 것을 알 수 있다. 이후 18세기 중반에도 수군은 거북선을 포함한 전선이 130척, 방선 병선을 모두 포함하면 440척의 군선을 보유하였다. 병력수를 살펴보면 18세기 조선의 수군 총 병력은 대략 7만 여명 이상으로 추정이 되는데 이것은 전기에 비해 약 1.5배 이상 증가한 것이다.

통영체제의 성숙과 발전과정을 보면 통영은 삼도 수군의 지휘부로 건설되었기 때문에 상당한 규모로 출발한 특징이 있으며, 발전기에도 많은 공해가 건설되었다. 하지만 조선-일본 전쟁에 이어 조선-청 전쟁까지 겪었기 때문에 더 이상의 발전은 없었다. 이후 완숙기는 획기적인 발전의 시기로, 공해건설과 함께 통영성 축조·중영 관아건설·직위별 관아 건립 등 규모 면에서 통제영의 완성기로 볼 수 있다. 유지기에는 방영창설이 두드러진 변화였고 필요에 따라 개보수 작업이 이루어진 시기였다. 결국 통영은 명실 공히 영남의 해방체제를 대표하는 수군 군영으로 확대 발전하였다.

수조란 수군조련·수군습조의 줄임말로, 육조·성조와 함께 조선시대에 시행된 군사훈련의 한 종류이다. 수조라는 용어는 광해군대 처음 등장하였으며, 조선-일본 전쟁 (임진왜란) 직후부터 시행되어 도 단위의 군선 전체를 동원하는 대규모 훈련으로 군사적 중요성을 띠고 있었다. 수조는 이후에도 춘추에 2회에 걸쳐 시행되었으며 통제영 합조에는 경상·전라·충청 등 삼도 수군이 예외 없이 참가하는 것이 원칙이었다.

수조의 시행은 매년 1월과 7월에 각도의 수사가 습조 시행여부를 비변사에 보고하

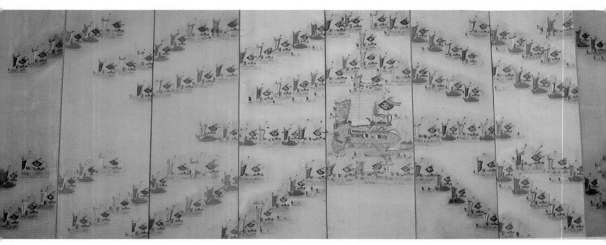

수군조련도

고 왕의 재가를 받은 후 다시 각도의 수사에게 명령을 하달하여 계획에 따라 조련을 실시하였다. 수조는 육조와 달리 군선이 각지에서 동원되어야 했고 기후 변화에 민감하여 시기를 놓치면 불가능했기 때문에 시행 시기가 매년 비슷한 특징이 있었다.

수조는 영조시대에도 그대로 이어졌는데 다른 시대와 달리 상대적으로 빈도가 높았다 이것은 사회경제적 안정과 함께 해상방어 강화의 의지가 반영된 것으로 보인다. 또한 정조시대에는 부득이한 천재지변을 제외하고는 시행하였고, 정조대에는 시행여부를 결정하기 위한 논의도 이루어졌으며, 그 결과로 『병학통』이 완성되었다.

2) 진보의 이설과 해방체제의 정비

서남해 도서 지방의 해방체제를 정비하기 위한 설진 논의는 숙종대에 시작되었다. 논의 결과 고금도 덕동 일대에 첨사진을 설치하여 주변의 도서를 관장하고 청산도에 별장진을 설치하게 되었다. 17~18세기 서남해의 수군 진보는 도서지역을 중심으로 증설되는 추세였는데 이것은 황당선과 서남해 도서 지역의 인구·호구 증가에 대한 대비였다. 조선후기의 서남해에 증설되거나 이동한 수군진의 역할을 살펴보면, 해방의 기능이외에도 대민행정업무, 즉 인구·호구·민역·잡역·수세·송산·봉산·조선·조운로 등의 다양한 기능을 병행하였다.

설진논의에 이어 영조대에는 도서지역에 대한 설읍 논의가 진행되었다. 설읍 논의는 섬들의 땅이 비옥하고 백성도 많으니 독립적인 읍을 설치하여 직접통치하자는 주장이다. 영조가 이에 대해 부정적인 반응을 보임에 따라 결국 결론을 짓지 못하고 정조대에 이르러 시행하지 않는 것으로 결론 내리게 되었다. 18세기 전후의 경기 지역 해상방어체제의 변화양상을 살펴보면 우선 숙종대에는 수군체제 정비를 위한 노력을 하였으며 그것이 영조·정조대까지 그대로 이어졌다. 이러한 노력은 강화도의 수군을 강화하여 도성수비체제를 강화하는 결과로 나타났다.

하지만 이러한 해방체제 강화 논의와 수군 제도 개선 노력은 안타깝게도 세계사적 흐름에는 뒤쳐진 것이었다. 즉 서양의 대형범선건조와 화약무기 발달과정에 무지한 것이 조선 수군의 한계점이 되었다.

제7절

균역법의 실시와 균역제 운영

1. 군역문제와 균역법의 실시

1) 군역문제와 정부의 대책

(1) 군역의 모순과 피역의 전개

군역은 군사제도를 운영하는 실질적 주체인 병력을 확보하고 동원하기 위한 제도이다. 이는 시대에 따라 변화하는 군사제도에 맞추어 복잡한 양상을 띠고 있었다. 군역은 국가가 필요로 하는 병력을 징발하고 노동력을 동원하는 기제로 운영되어왔다. 하지만 이는 대다수의 농민의 생계를 위협하는 중대한 요소로 작용했다.

조선후기 군제 변동은 세 시기로 구분된다. 먼저 조선-일본 전쟁 이후부터 숙종 중기까지의 시기, 둘째 시기는 숙종 중기 이후부터 균역법 실시까지의 시기, 셋째 시기는 균역법 실시 이후 중앙 및 지방의 균역제가 운영되는 시기이다. 17세기 조선사회는 대내외적으로 불안한 상황에서 국방체제를 쇄신하고 군사력을 강화하는 다양한 시책을 추진하였다. 중앙군의 경우, 조선-일본 전쟁 시기 만들어진 훈련도감을 필두로 17세기 전 기간에 걸쳐 총융청·수어청·어영청·금위영 등의 군문이 속속 창설되었다. 이 5군영은 필요에 따라 그때그때 창설되어 제도나 규정, 지휘체계가 통일되지 못하였다. 지방군의 경우 속오군을 중심으로 재편되었는데 다양한 신분계층을 망라하여 조직되었다. 중앙과 지방의 군제는 양인개병을 원칙으로 운영되었다. 군역부과는 군호를 대상으로 봉족제를 시행하였다.

16세기 지주제의 발달을 배경으로 특권화한 지주·사족세력이 새로이 대두하고 있었는데 이들의 군역이탈이 가속화되면서 양인개병제 원칙을 무너뜨리게 되었다. 17세기 이후 양반이나 이에 준하는 계층이 군역부담에서 이탈함에 따라 부담층이 크게 축소되었고 양인층에 집중되었다. 군역이 양역으로 변모함에 따라 신분제에 입각한 특권적 국역체제이자 부세제도로서 성격은 더욱 노골화하였다. 군역복무자는 입역기간 중 갖가지 고통과 어려움을 견뎌내야만 했는데 이는 지방 차원에서 훈련을 실시할 때에도 마찬가지였다. 군역의 문제는 부과방식에 대한 것도 있었다.

15세기 이래 군역부담에 있어 필요한 제반 경비는 스스로 부담하는 것이 원칙이었지만 일본, 청과의 전쟁(양란)을 거치면서 국가에서 급료와 보를 지급하는 형태의 복무방식이 포함되었다. 구군제와 신군제가 얽힌 상황에서 군역의 부과는 원칙없이 자의적으로 이뤄지는 경우가 많았는데, 이는 각급 군사기관의 독자적 군역수취로 인한 문제였다. 지역 사회 내부의 군역부과 과정에서의 문제도 적지 않았다. 세초과정에서 색리가 뇌물을 받고 역에서 제외시켜주는 관행이 묵인되고 있었다. 군문 간에도 군역자 징발에 대한 상호협의나 원칙이 없어서 동일한 지역에서 일어난 '첩역'의 폐단은 지역사회를 위협하는 중요한 요소가 되었다. 이처럼 국방강화책 추진을 배경으로 이루어진 군문의 증설과 통제되지 않은 군역부과는 많은 사회적 문제를 가져왔던 것이다.

현종과 숙종 재위 기간 사이의 5군영 군액을 비교해보면 숙종 때에 더 증가한다. 속오군의 군액도 증가하는데 군액수는 재정충당을 위한 수포군인 경우가 대부분이었다. 한편, 각급기관이 만들어낸 무수한 역종의 부담 또한 균질적이지 않았다. 군역의 부담에는 다양한 역가가 병존하고 있었다. 역가의 차이는 심각한 문제를 가져왔고 가벼운 역에는 몰리고 무거운 역은 기피하는 현상이 발생했다. 정규 군액 외에 새로 역종이 창설되기도 하였다. 이는 대부분 전포를 수취하여 재정에 보태기 위한 목적으로 만들어낸 역종이었다. 역가의 불균형은 헐역으로 몰리는 결과를 초래해 역가가 높거나 고역인 경우 정해진 액수조차 채워 넣지 못하는 실정이었다.

각 기관의 통제되지 않은 군역운영으로 초래된 각종 폐단은 민생을 위협하는 중대한 요인이 되었다. 이에 농민들은 다양하고 광범위한 형태의 피역으로 대응하였다. 피역은 크게 군역을 부담하지 않는 신분으로 이동하거나 군역을 부담하되 보다 가벼운 역으로 투속하는 것으로 나눌 수 있다. 군역부담 자체를 피하기 위해 군역이 면제되는 직역이나 신분을 획득하는 방식에 사용된 대표적 직역으로는 유학을 들 수 있다. 유학은 사족의 직역으로 가장 상위에 속하는 유력한 사회 집단의 일원임을 표상하였고 과거시험을 준비한다는 이유로 군역부담에서 제외되는 존재였다. 이러한 이유로 양인 농민들이 쏠리게 되었다.

한편, 향교의 교생과 서원의 원생도 피역의 수단이 되었다. 군역에서 벗어나는 또 하나의 방법은 납속이었다. 납속은 조선-일본 전쟁을 거치면서 부족해진 국가재정 확보의 필요성과 군역을 피하고 신분상승을 꾀하는 부민층의 이해관계가 맞아떨어져 본격적으로 실시되었다. 현종, 숙종, 영조대를 거치며 그간 하락된 납속가를 크게 올리는 한편 납속의 주 대상을 부민층으로 설정한 것이다. 부민층 입장에서는 이를 통해 군역을 면제 받고자 했다. 이는 합법적 군역면제의 혜택으로 이로 인한 군정의 감축은 필연적이었다. 피역은 상위신분으로의 이동만이 아닌 양인이 노비가 되길 원한다거나 외방노비들이 호적에 노주의 이름을 함께 기재함으로서 자신의 사천을 분명하게 내세워 군역에서 빠지고자 했다.

지방관청은 헐역이나 각종 혜택을 부여해 양정을 모집하는데 혈안이 되어있었다. 이에 한정된 군역자원의 상당수가 헐역으로 빠져나가면서 정규 군역이 난맥상을 띠는 것은 당연했다.

(2) 양정(良丁)의 사괄(査括)과 감수정액책(減數定額策)의 추진

격화되는 군역의 문제에 직면하여 정부는 대책을 강구하지 않으면 안 되었다. 우선 정부는 공적 지배체제의 정비를 통하여 중앙 군문을 비롯한 각급 군사기관의 할거적 군역수취에 대한 규제를 꾀하였다. 각급 군사기관의 사적인 군역징발과 군포수취를 규제하여 이에 대비되는 군현제에 입각한 공적인 지배체제를 강화하는 형태로 진행되었다. 왕조정부는 보다 세분화된 향촌조직과 기구의 정비를 통해 국가권력의 직접적인 통제하에 향촌사회를 장악하고자 하였다. 17~18세기 거의 전 기간에 걸쳐 논의된 호패, 군적, 오가통제 등이 바로 그것이었다. 숙종 원년(1675)에 반포된 오가통사목은 이러한 논의의 흐름 속에서 나온 것이다. 이를 어기는 사람을 처벌하기로 했지만 실제로는 이것은 잘 지켜지지 않았다. 조선-일본 전쟁 이후 다양하게 제기되던 향촌통제책, 즉 호패법과 향약 또는 오가작통 등의 구체적인 장점을 수렴하고 있는 왕조의 종합적이고 최종적인 향촌지배의 기본원리를 제시하고 있었다. 이러한 강력한 통제책은 지역의 민호에 대한 철저한 파악을 통한 군역 자원의 확보가 일차적 목적이었다. 하지만 백성들이 법령을 두려워하지 않고 도주하는 등 그 실효는 미지수였다.

조선-일본 전쟁 직후부터 17세기말까지 호구수는 신속하게 증가한다. 18세기 전 기간 동안 소폭의 등락을 거듭하면서 커다란 변동 없이 유지되었다. 이같이 호구를 파악한 이유는 군역자원 확보라는 현실적 목적 때문이었다. 17세기 후반 취해진 다양한 방식의 향촌통제책과 양정수괄책은 군역징발과 군포징수의 근거로써 호구파악의 신속한 증가를 가져왔고 이후 군역정책에 규정되면서 일정수준을 유지하는 양상을 보인 것이다. 이와 별도로 농지에선 유리되어 떠도는 계층을 모아 안집시키고 그들로 하여금 둔전을 매개로 개간시킴으로서 자립도를 높이고 이들을 병력으로 활용하는 유민작대제를 실시했다.

한편, 군역을 현물로 납부하는 경우에도 문제가 있었다. 농형에 따른 미가의 차이는 동일한 역가의 군역이라도 상황에 따라 부담액이 달라졌다. 부민은 감색에게 뇌물을 써서 부담을 덜고자 했고 빈민은 어쩔 수 없이 납포를 할 수 밖에 없었다. 이러한 상황에서 군문의 조직 개편과 소속 군액을 적절한 수준으로 줄여 액수를 확정하는 작업은 정부시책의 중요한 내용을 구성했다. 사실 이에 대한 논의는 일찍부터 시작되었지만 본격적으로 이뤄진 것은 숙종대에 접어들어서였다. 숙종 15년(1689) 반포된 '각아문군병직정금단사목'(이하 '사목')을 살펴보면 군액증가의 계기를 제공한 각 군문의 독자적인 군역수취권, 즉 직정에 대한 규제를 골자로 했다.

주요 군문은 독자적인 군역징발권을 행사하면서 소요 군액을 자의적으로 늘려가고 있었던 반면 군역자원의 실질적인 관리자인 지방관은 중앙군문의 위세에 눌려 직정의 방식이 불법적인 행위인줄 알면서도 감수할 수밖에 없었던 것이다. 금령 이후에도 직정이 반복되는 것으로 보아 이 조치는 여러 가지 한계를 가진 것이 분명하고 병조의 관할 하에 일률적인 군역통제의 단계까지 이르지는 못했지만 개별 군문 아문의 군사력 노동력 수취의 자의성과 개별성은 일단 제동이 걸렸음을 볼 수 있다. 또한 인적자원에 대한 수취의 일원화라는 방향으로 정책이 계속되고 있음을 보여준다. 정부는 군액의 감수정액 작업에 중점을 두고 추진하였다. 이는 경각사역과 수어청, 총융청의 군관을 대상으로 한 기묘정액(1699, 숙종 25), 5군영을 대상으로 한 갑신정액(1704, 숙종 30), 이정법(1711, 숙종 37) 등을 말한다.

양역사정사업은 숙종 28년(1702) 양역변통을 전담할 이정청이 설치되고 양역변통 논의가 본격화 되면서 더욱 활기를 띠었다. 왕조정부는 이러한 타개책을 당시 가장 절박했던 문제였던 양역문제의 해결에서 찾으려 했고 그것이 이정청의 창설 등 일련의 시책으로 나타났다. 이정청은 무질서한 편제·군액 및 입번제도 등을 정리하여 통일성을 부여하는 중요한 과제를 갖고 그 결과 각 군영의 규모를 조금씩 축소시키고 군영간에 통일성을 부여하는 형태를 취하여 훈련도감 금위영 어영청 삼군문 체제라는 새로운 수비체제를 갖추게 되었다. 이러한 이정청의 모습은 조선-일본 전쟁 이후 무질서했던 군문에 통일성과 균제성을 부여했다는 면에서 종전의 이정책에서 찾아볼 수 없는 중요한 성과로 평가되며 18세기 중반 균역법은 여기에서 시작됐다고 할 수 있다.

숙종 30년(1704)에 이뤄진 5군문군액의 정액은 점차 줄어들었다. 갑신정액은 조선-일본 전쟁 이후 새로이 증설된 군문의 계속되는 군액증가에 제동을 걸었고 이에 대한 전면적 사정과 조정 감액을 통하여 군액의 정수를 확정했다는 의미가 있다. 이후 군액의 운영도 갑신정액의 액수가 한동안 기준으로 자리 잡게 된다. 당시엔 군액 삭감과 정액조치를 취하면서 주요 군문은 조직과 편제상의 대대적인 변화를 겪게 된다. 우선 훈련도감은 조직개편 없이 일부 역종의 감액조정만 이루어졌다. 어영청과 수어청은 각각 군액이 줄어들고 조직을 개편하였다. 총융청의 경우 군액을 감액하고 군제의 편제를 변경하였다. 다음으로 수군에 대한 조치를 취했다.

17세기 이후 수군의 선박 규모가 대형화되고 이에 따른 병력의 소요가 늘어났다. 수군의 소요 인력은 늘어났으나 지역의 토졸을 어렵게 채워 넣는 실정이라 여러 가지

문제가 제기되기도 했다. 납포군화한 군역에 대한 문제는 당시 군역제 운영에 있어 많은 부정과 수탈이 야기되는 중대한 문제였다. 이에 신포의 규격을 일정하게 확정하여 이를 둘러싼 문제의 소지를 없애고자 하였다. 다음으로는 군역문제의 적지 않은 부분이 교생이나 이에 준하는 직역을 얻어 군역을 면제받는 피역행위에서 기인하였다. 이에 피역의 목적으로 교생이 된 이들을 색출하기 위해 교생절목이 마련되었다. 이렇게 숙종 30~31년에 걸친 이정청의 사업의 결과 확정된 각종 규정은 중앙 5군문의 군제개편과 군액삭감, 수군의 감필과 편제정비·급대규정, 그리고 교생에 대한 규제책 등을 망라하고 있다. 이는 전에 보기 힘든 대규모 사업으로 5군영과 수군은 통일된 편제를 통해 합리적 운영을 기할 수 있었고 군액의 전반적 파악을 기반으로 역총의 적절한 통제를 가능하게 하는 토대가 되었다.

숙종 37년(1711)에는 이정법의 시행을 골자로 '양역변통적목'이 반포되었다. 지방의 군역 부과와 수취과정에 촌락 단위의 연대책임을 강조하여 보다 강력한 군역자원 확보를 꾀한 것이었다. 영조 즉위 이후에도 이 같은 정책기조는 계속 이어졌다.

2) 양역변통론과 균역법의 실시

(1) 양역변통론의 전개

17세기 이래 청의 위협과 일본의 재침우려로 조성된 긴장된 국제관계는 조선의 군비확충을 가져왔고 병력확보를 위한 군역수취가 광범위하게 이루어졌다. 군역의 문제는 민생을 파탄에 빠뜨리고 국가재정에 심각한 부담을 초래하는 당대의 현안 중 하나였다. 이에 조선 정부는 군역문제에 본격적으로 손을 대기 시작했다. 정부는 효종~현종 연간 양정획득에 주력해 세초 등의 강제적 수괄을 통해 양역부담자를 늘리려는 시책을 채택하였고 이에 수반한 군제변통도 이루어졌다. 17세기 후반 최고조에 달한 역총의 부과 대상을 확대하는 문제가 논의의 주안점이 되었다. 이에 대한 조치로 강구되었던 것이 현종 말~숙종에 걸친 기간에 활발히 제기된 양역변통론이다.

그 중, 군제변통에 대한 본격적인 주장이 시작된 것은 17세기 중엽을 거치면서부터였다. 이때의 논의는 군역의 문제보다는 무질서하게 편성된 군영체제의 재정비라는 측면에 주안점을 두었다. 양역의 문제와 관련한 조치는 숙종 28년(1702) 양역이정청을 설치하면서부터이다. 숙종 29년(1703) 1월에는 양정부족 현상을 타개하기 위해 5 군문 중 1개 군문을 혁파하거나 각군문의 군액 감축을 요구하는 주장이 제기되었다. 양역이정청은 무질서한 편제·군액 및 입번제도 등을 정리하여 이에 대한 통일성을 부과하는 한편 새로운 수비체제를 갖추게 되었다. 또한 이정청은 과다한 군액을 감축해 도망·물고자로 인한 궐액을 채우는 작업도 추진하였다.

유포론遊布論은 양인이나 양인 외곽에서 군역에 응하지 않는 자들을 색출하여 납포하게 함으로써 군역부과 대상자를 넓히자는 주장이었다. 여기에는 유학이나 교원생 등 면역이 허용되는 직역을 획득하거나 갖가지 형태의 피역을 통해 군역을 지지 않는 부류가 주대상이었다. 이들이 차지하는 비중이 전체 군역부담의 근간을 흔들 정도로 막대한 것이었고 시간이 지날수록 더욱 높아져가기만 했다. 왕조정부는 교원생들에게 고강을 실시해 이를 통과하지 못한 자를 군역에 집어넣거나 벌포를 징수하기도 했지만 이러한 조치가 군역의 문제를 완화하지 못한 채 민폐만 불러왔다. 결국 원액이나 모록자를 따지지 않고 유생에 해당하는 한가로이 노는 한유자에 대해 일률적으로 수포하는 유포론이 대두되었다. 하지만 유포론은 양반들의 이해와 충돌되어 결국 논의가 중단되고 말았다.

호포戶布란 '위로는 공경대부에서 아래로는 서민에 이르기까지 모두 포를 내는 것'으로서 호포론은 양반층이 출포를 거부하는 이유를 당시의 양역이 신분관계를 반영한 인정을 대상으로 하였기 때문에 특권집단인 양반층이 일반민들과 동일하게 군포를 부담하는 것을 거부하고 있다고 전제하고 포의 부과 단위를 인정人丁에서 가호家戶로 전환시키자는 주장이다. 인조대에 제기된 호포론은 효종대에 접어들어 양반호포론이 제기되면서 본격화되었으며, 숙종대부터 본격적으로 거론되기 시작하였다. 호포론은 당시 다양한 형태의 군역대책이 추진되고 실제 시책으로 옮겨졌지만 이들 대책이 대단히 미흡한 데서 비롯되었다.

호포론은 논리적으로나 명분상으로 나름대로 정교한 논리를 갖추고 있었음에도 조야의 반발이 매우 격렬했다. 호포 반대의 첫 번째 논리는 양반이 상민들과 동일하게 군포를 부담할 수 없다는 명분론이었다. 두 번째 반대 논리는 운영상의 문제였다. 호포제의 운영은 일단 출포의 단위로 호의 편제가 중요하며 호적제가 어느 정도 기능을 유지한다는 것을 전제로 했다. 그러나 호포론이 본격적으로 주장되던 시기 왕조의 호적제도는 이미 전시기와 다른 형태로 운영되고 있어서 이는 여러 가지 문제를 일으킬 소지가 다분했다. 더구나 호 자체가 균질적인 것이 아니어서 경제력에 따라 일정한 등급을 나누어 호포를 차등 부과할 수밖에 없는데 당시 호적대장에는 가호의 재산상태를 보여줄 수 있는 근거가 없었다. 따라서 호포주장자들은 대부분 호를 호내 구수를 기준으로 분등할 것을 주장할 수밖에 없었는데 이 또한 문제를 안고 있었다.

구전론口錢論과 구포론口布論은 문자 그대로 개별 인정을 단위로 전·포를 거두는 것으로서 기존에 수포대상에서 제외되었던 양반사족층까지 범위를 확대하여 양역으로 인한 문제를 해결하려는 목적으로 제기되었다. 구포·구전이 가호 단위로 징수되던 호포와 달리 계구수포計口收布를 채택한 것은 호포제의 약점 때문이었다. 구전론은 수포 단위를 가호에서 인정으로 변화시켰을 뿐 새로운 부담층으로 양반 사족층을 겨냥하고 있다는 점에서 호포와 다를 바가 없었다. 인정에 대한 직접 수취라는 점은 호포보다 더 급진적인 측면이 있었다.

결포結布는 수포 대상을 기존의 인신단위에서 토지단위로 전환시키자는 주장이다. 호나 인정 단위의 호포·구포론 등이 부담자의 경제적 능력에 대한 고려가 거의 없었기 때문이었다. 결포론은 숙종 말년 호포론이 점차 힘을 잃고 경종대에 새로이 감필론이 힘을 얻게 되자 구체적으로 논의되기 시작하였다. 한편, 군역의 토지부과는 국초의 조용조적 국역편성에 부합하는 것으로 정당화되기도 했다. 하지만 결포론은 양역에 해당하는 수포분 전체를 토지에 부과하는 것이 아니라 양역의 부담을 줄이고 이로 발생하는 재정 결손분을 토지에서 충당하는 방식이 대세를 이루었다.

결포제結布制는 호포제에 비해 당시 사회현실이나 운영 논리면에서 몇 가지 유리한 면이 있었다. 첫째, 장기간 논의되면서도 실행에 옮겨지지 못한 호포제에 비해 결포제는 신분제적 이해관계의 장벽이 낮았다. 둘째, 결포는 고정되고 노출된 토지에 부과하는 것이다. 양역이나 호포와 같이 유동성이 크고 은닉이 용이한 세원에 부과되는 것이 아니므로 보다 안정적인 재정수입과 운영을 보장받을 수 있었다. 셋째, 결포는 토지에 부과되는 것이므로 담세자의 경제력을 고려한 부세였다는 점이다. 그러나 결포는 대동미의 부과 등으로 토지에 이미 적지 않은 부세가 부과된 상태에서 이는 지나친 부담이라는 비판을 받고 있었다. 이를 극복하기 위해 강구된 것이 감필결포론 이래 지속적으로 주장되었던 잡역가의 활용이었다. 결포가 감필론과 결합하면서 나타난 이점은 양역의 일부가 토지세로 변하면서 일부나마 경제적 능력에 기초한 과세가 가능해지고 또 감필을 통하여 양역의 부담이 크게 가벼워지면서 농민생활의 안정을 꾀할 수 있다는 점이었다.

이에 대한 반론도 제기되었으나 영조 26년(1750) 감필과 영조 27년(1751)년 결미절목의 제정으로 결국 관찰되었다. 결포론은 문자 그대로 양역수포를 폐기하고 토지에 재원을 수취하는 형태는 아니었지만 감필론과 결합하는 균역법의 급대방안으로 추진되면서 실현을 보게 된 것이다. 그것은 신역身役의 토지세로의 전환이라는 점에서 대동법이 잡다한 요역을 토지로 흡수한 것에 비견할 수 있는 획기적인 변화임에 틀림없었다.

(2) 균역법의 실시와 군사재정의 변화

영조 26년(1750)에는 역질이 돌기 시작했고 이에 전국적인 재난상황이 연출되었다. 민심 수습 차원에서 정부는 그간 미루어왔던 양역문제를 전향적으로 검토하였다. 영조는 백성에게 직접 호포와 결포에 대한 의견 수렴을 하게 하였는데 호전戶錢에 대한 반대는 여전하였다. 더구나 호전부과를 통해 충당할 수 있는 액수도 크지 않았고 이를 늘리면 호전의 부담이 과중해지는 문제도 뒤따랐다. 또한 호적제도 운영이나 호분등의 공정성 문제도 호전 시행을 가로막는 걸림돌이었다. 그러던 와중에 감필론이 전면에 떠오르게 되었지만 영조는 호전에 대한 미련을 버리지 못하고 감필호전론을 강구하도록 지시했다.

하지만 조정의 신하들과 유생들이 모두 호전에 반대하자 결국 영조는 호전을 포기하고 만다. 이러한 상황에서 남은 방법은 감필뿐이었는데 일단 감필을 결정하였음에도 균역법均役法의 시행에는 많은 문제가 있었다. 이른바 '급대'로 불리는 감필에 대한 대체재원의 확보가 용이하지 않았기 때문이다. 감필 결정 이후 급대재원 마련 논의가 시작되었다. 이러한 과정에서 나온 방법들은 급대재원 부족에 시달리던 지방관청의 격렬한 반대로 마침내 이를 폐지하자는 주장이 대두된다. 영조의 균역법에 대한 집념은 대단했다. 그래서 그 시행주체들의 역할이 특히 강조되었다. 균역청이 바로 급대업무를 전담하는 기관이었는데 감필 결정 이틀 후 설치되었다. 후

균역청 터(서울 종로)

에 균역청은 선혜청과 합설해 선혜청 당상이 균역청의 업무를 겸관토록 했다.

결미 또는 결전은 이미 숙종조 이래 양역변통논의에서 여러 차례 제기된 결포론과 관련이 있다. 이미 대동법으로 토지에 대한 정규세가 더욱 늘어나는 상황에서 급대재원을 토지에 부과하는 것이 부담이기도 했으나 획기적인 재원 창출 방안이 없는 가운데 결미는 가장 안전하게 재원을 확보할 수 있는 길이었던 것이다. 결포론은 이제 급대재원을 마련하는 과정에서 제한적이나마 결미의 형태로 실현된 것이다. 결미는 새로운 지세로서 결미의 부과는 결세 수취 과정에서의 각종 중간수탈이나 추가 부담을 통제하는 조치가 수반되어야했고 양호방결의 엄금와 방납행위에 대한 처벌조항의 명시는 바로 그러한 취지였다. 결세를 작인에게 전가하는 관행이 확산됨에 따라 결미도 상당부분 작인의 부담으로 귀착되었을 확률이 크다.

은결과 여결은 시기결時起結 가운데 각읍의 수조안에 누락된 상태로 지방차원의 각종 민역이나 재정 충당에 활용되었다. 균역법은 일종의 비공식 재정부문이던 은여결을 공식화하여 수세대상에 편입시키는 계기가 되었다.

삼면이 바다로 둘러싸인 한반도의 특성상 바다로부터 창출된 경제적 잉여에 대한 수취권은 막대한 이권으로 인식되었다. 해세는 주로 어업, 염업, 선박업 등과 관련된 시설과 생산물에 부과하는 세를 총칭한다.

균역법 실시 직전까지 논란이 되었던 호전이 좌절된 후 감필 급대재원을 확보하는 과정에서 제한적으로나마 수포대상의 확대가 이루어졌는데 이것이 선무군관포이다.

영조 어진(국립 고궁박물관)

이들은 주로 부유한 농민이나 서얼층이었는데 피역민으로 역이 부과되지 않았다. 이 때문에 유포론이 제기되기도 하였다.

이획은 선혜청의 비축재원 일부를 매년 군역청에 넘겨 급대재원으로 활용하고자 한 것이었다. 회록은 급대과정에서 흉년으로 수입이 줄어들 경우를 대비해서 각도의 비축미를 균역청의 회계장부에 올리는 것을 말한다.

균역법 이후 군사재정의 운영은 중앙재정과 지방재정이 비슷한 비율의 수입을 냈고 중앙재정의 중심은 호조와 선혜청, 균역청의 3대 재정아문의 비중이 압도적이었는데 이를 통해 균역청의 위상을 분명히 알 수 있다. 급대의 형식으로 균역청과 군문·각사 간에 막대한 재정물류가 존재했는데 이는 각급기관의 기능과 특성에 따른 재원수요는 물론 급대재원이 균역세로 통칭되어 단일한 기구에 의해 부과·운영된 데 따른 것이었다. 급대의 형태로 재정지원을 받지 않으면 안되는 군문·각사의 입장에서 본다면 결과적으로 종래 자신들이 누려왔던 독자적 신역수취권과 재정운영권이 균역청에 의해 크게 제약당하는 결과를 가져왔다. 하지만 균역법의 급대가 넉넉한 것이 아니었기 때문에 시행초기부터 많은 문제점이 불거졌고 그러한 문제는 지방기관의 경우 특히 심했다. 이 때문에 균역법 이후 상당수의 지방의 군사·행정기관은 재정적 어려움에 봉착하지 않을 수 없었다.

균역법은 17세기 이래 많은 사회문제를 야기했던 군역문제에 대한 일단락이라는 점에 의의가 있었다. 더구나 균역법의 감필은 단순히 부담의 경감 차원이 아니라 다종다양한 역가를 표준역으로 통일함으로써 군역부담의 불균등 현상을 타개하려 했다. 군사재정 측면에서 평가한다면 종래 군문별로 이루어지던 독자적 군역수취의 상당부분이 다른 형태의 재원을 통해 충당되었다는 점을 들 수 있다. 하지만 급대를 통한 재정지원이 가지는 문제도 적지 않았는데 특히 문제가 된 것은 중앙의 군문과 각사를 중심으로 이루어졌다는 점이다. 지방차원에서 각종 군사기관에 대한 급대가 거의 이뤄지지 않았던 것이다.

2. 균역법 이후 군역제의 운영

1) 군총제의 운영과 사모속의 증가

균역법의 실시와 함께 18세기 중엽 군역제 운영에서 나타난 중요한 특징 가운데 빠뜨릴 수 없는 것이 『양역실총』의 간행이다. 1748년(영조 24) 간행된 『양역실총』은 숙종조 이래 꾸준히 진행된 군액 감수정액책의 완결로서 역총운영의 통일적 원칙을 제시하고 있다. 『양역실총』은 숙종 25년(1699)의 기묘정액, 숙종 30년(1704)의 갑신정액, 숙종 37년(1711)의 이정법, 숙종 39년(1713)의 계사정액, 숙종 40년(1714)의 갑오정액 등 숙종조 이래 진행된 일련의 사정 및 군액 조정 작업을 각급기관의 재정상태를 고려하면서 최종적으로 마무리한 것이다. 『양역실총』의 군액배정 원칙은 호구수를 기준으로 남구수가 양역 액수의 2/3을 넘으면 유지하고 1/2 이하일 때는 감액하는 것이었다. 양역이 편중된 읍은 이를 줄여주고 사정작업을 통해 확보한 액외군액으로 보충하게 해주었다.

『양역실총』에는 주요 역종에 대한 감액의 내력을 소상히 밝혀놓아 역종별 액수의 추이를 살필 수 있다. 군역에 대한 내용도 있는데 군액은 도별로 분배내역이 다르고 각 기관 별로 다른 비중을 차지한다. 외안부 군역의 경우 경안부에 비해 통일성이 떨어진다. 감영의 경우 6개도 모두 정액을 시도했지만 병영은 도별로 상당한 차이를 보이며 정액은 지역단위 방어체제인 진영까지 책정되었다. 이같이 『양역실총』 외안부의 정액작업은 주요 군사기관을 중심으로 이루어졌으며 소규모 진보나 일반 군현의 양역까지는 미치지 못하고 있음을 확인할 수 있다.

한편, 평안도와 함경도 지역은 외교·국방상의 요충지로서 지역의 부세·재정을 중앙으로 상납하지 않고 본도에 유치해 자체비용으로 충당했는데 영조의 『양역실총』의

양역실총(규장각한국학연구원)

정액화 사업이 실시되었음에도 두 도는 제외되어 있다. 평안도에 소속된 모든 군현과 진영을 포괄한 것은 아니었지만 『관서양역실총』을 통해 평안도 역총에 대해서 파악할 수 있다. 『양역실총』을 통한 역총의 정액화에도 불구하고, 현실적으로는 과도한 군액 부과와 역호의 부족을 호소하는 '군다민소' 현상은 결코 해소되지 않았다.

『양역실총』의 정액은 경안부에 소속된 중앙의 군문·아문의 역에 집중되었고 지방역에 대한 조처는 미흡한 상태였다. 이는 숙종조 이래 사정 및 군액조정 작업이 중앙 중심으로 진행되었던데 근본적인 요인이 있었다. 균역법의 급대 또한 철저하게 중앙 중심으로 이루어졌다. 지방의 영진이나 관청에 대해 급대가 극히 제한적이었기 때문에 지방재정은 구조적 어려움에 봉착하지 않으면 안되었다.

결국 지역의 하부통치단위를 담당하는 각군현에서는 독자적으로 각종 명색을 만들어 내어 지방재정에 보용하였다. 그 가운데에는 노역을 징발하거나 신역가를 거두어 재정을 보용하는 방식이 적지않은 비중을 차지했다. 이러한 역종은 대부분 중앙정부와 무관하게 군현차원에서 자체적으로 모집해 들인 것이기 때문에 '사모속'이라고 통칭했다. 『양역실총』에서도 사모속에 대한 규정이 있었는데 그 속성이 유동적이었기 때문에 일률적으로 액수를 정하지는 못했다. 사모속은 대부분 다른 역에 비하여 역가가 낮았는데 이러한 점은 농민들을 사모속으로 몰리게 하는 강력한 유인으로 작용하였다.

2) 동포(洞布)·호포제(戶布制)의 정착과 운영

18세기 중엽 이래 거의 전국적으로 확산된 이정법은 농민층의 유망과 광범위하게 전개된 피역을 촌락내부의 공동체적 규율에 의해 방지하고 이를 바탕으로 안정적 군포수입을 피하기 위해 취한 시책이었다. 이와 비슷한 시기 향촌사회내부에서도 새로운 변화가 싹트고 있었다. 이른바 '사족지배체제'가 서서히 동요하고 있었던 것이다. 심지어 지방자치의 상징이었던 향약마저 관권에 예속되면서 사족은 이제 그러한 향약의 일원으로 수동적으로 참여하거나 동원되는 양상이 나타났다.

종래 이들이 향회로 대표되는 권력기구와 이에 수반한 각종 장치를 통해 관권과 협상함으로써 하층민을 지배해나가던 관행은 더 이상 유지되기 힘들었다. 새롭게 대두하고 있었던 신향층이 관주도 향촌통제책의 새로운 동반자로 등장함에 따라 이제 지방사회의 권력구조는 수령, 향리 그리고 신향층이 연결된 구도로 변모했다. 사족지배체제의 중요한 권력장치였던 향회가 사실상 수령 부세정책의 자문기구로 전락하게 된 것도 이 시기에 접어들어서였다. 18세기 중엽을 거쳐 19세기에 접어들면서 향촌사회 내부의 군역운영도 많은 문제점을 드러내고 있었다. 그중에서도 특히 지역별로 궐액·허액으로 인한 문제는 대단히 심각한 상태였다. 이 시기 계방의 문제도 심각했다.

촌락단위로 설정된 계방은 촌락단위의 공동납의 진전으로 신분에 기초한 개별 인신파악이 사실상 관철되지 않고 있던 점과 관련이 있다. 계방을 각읍에서 설정한 사모속과 비교할 때 지방재정의 수입원으로 설정하여 공식적인 역 부담에서 제외된다는 점에서 중앙정부가 피역으로 인식하고 있었다는 점에서는 일치한다. 계방촌을 비롯한 지방차원의 사모속의 증가는 18세기 중엽 이후 취해진 중앙재정 강화책과 관련이 있다. 중앙재정 강화책은 결국 지방재정의 고갈을 가져왔고 지방관청은 이에 대한 대책을 강구해야만 했다. 그 첫 번째는 18세기 후반 이후 비약적으로 증가한 환곡에 의한 수입이었고 두 번째는 각읍 단위의 사모속과 계방이라는 형태의 수취였다.

이 시기 군역의 운영은 개별 인신에 대한 지배는 사실상 허구화되어서 군적에 기재된 이름과 역명은 사실상 무의미한 상태였다. 실제로 18세기 후반 이후 군역의 납포화·금납화는 이미 전면적으로 진전되어서 역으로서 의미는 크게 퇴색되었고 전정田政·군정軍政·환정還政이라는 삼정 부문의 일각을 이루는 부세로서의 의미가 더욱 강화되었다. 궐액이나 부족분을 매우는 방식은 여러 가지였지만 가장 일반적인 방식은

면과 리의 단위로 공동 부담하는 형태였다. 헐역투속歇役投屬, 피역避役, 유망流亡 등으로 양정의 수가 리별里別로 균등하지 못하게 되어 부촌과 빈촌간의 한정 확보를 둘러싸고 상호 대립하는 경우까지 발생하였는데 결국 군역부담자층의 익명성이 두드러지게 하는 결과를 초래했다. 이에 군역을 담당할 자원이 있음에도 군포는 리에서 공동부담을 하게 된 것이다. 이러한 현상은 양인에 대한 개별 인신 지배라는 군역제의 원칙이 점차 허물어 져가고 있음을 보여준다.

군역의 궐액·허액이 늘어나자 왕조정부는 '면리분징面里分徵'의 금지를 표방하면서 대정代定을 재차 강조했지만 각종 피역이나 유리유망으로 인해 군역호가 부족한 상황에서 실효를 갖기 어려웠다. 평안도 지역에서는 일찍이 '면리분징'이 정착되었는데 이는 호포라는 이름은 없지만 호포와 같은 것으로 평가받고 있다. 이 같은 평안도의 관행은 홍경래의 난 이후 사모속을 수괄하는 방안과 지역별로 호포법을 시행하는 방안 모두 여의치 않자 제시된 것이었다. 이러한 군역방식의 변화를 꾀한 평안도는 사족세가 강한 남부지역에 비해 큰 역동성을 가졌다. 왕조정부의 소극적인 태도에도 불구하고 19세기에 접어들면서 평안도 지방을 중심으로 관행화된 초기적인 동포·호포의 방식이 전국적으로 확산되었다. 한편, 호적의 운영도 전과 다른 비총체적 방식으로 이루어졌고 이는 군역의 배정과 관계된 것이다.

당시 군역을 지지 않던 사족이나 이에 준하는 부류에서 동포·호포 형태의 군포부담은 어려운 선택이었다. 동포·호포의 형태로 군역의 공동납을 논의하는 과정에서 지역에 따라 분쟁사례가 보고되는 것도 이 때문이다. 19세기를 전후하여 본격적으로 확산되기 시작한 동포·호포의 군역수취방법은 이제 향촌사회 내부의 수취·응세방식으로 자리잡게 된다. 철종 13년(1862) 삼남을 중심으로 폭발한 농민항쟁은 동포·호포제의 확산에 결정적인 계기가 되었다. 동포·호포제는 고종 8년(1871) 대원군 분부의 형태로 법제화된다.

이때의 호포제는 '반호는 노명으로 포를 내고 소민은 몸으로 군인을 내'도록 하는 형식이었다. 이는 '노명출포'의 형식으로 법제화되었는데 양반이 노비의 이름으로 군포를 낸다는 형태를 취해 양반사족층의 반발을 누그러뜨리고자 하였다. 당시 운영된 동포·호포제는 지역의 특성에 따라 다르게 운영되었고 지역의 사회경제적 조건의 차이, 향촌내 제세력의 편제와 역관계 등 복잡한 요인이 작용했다. 동포의 산정과 부과 과정에서는 지역사회의 각종 조직이 매개가 되어있었는데 향촌민의 군역문제를 해결하기 위해 향촌민의 의견을 수렴하는 기구 중 '향회'가 있었다.

향회의 논의를 통해 형성된 '공의'는 향촌 내 군역문제에 대해 대응방향을 결정하였다. 호포제는 군총제하에 운영되던 공동납의 진전을 토대로 제도화될 수 있었다. 이는 촌락의 자기보존책의 일환으로 강구되었는데 그 과정에서 향촌사회내부의 다양한 촌락조직의 역할이 두드러졌고 향촌민은 이를 통해 다양한 형태의 재원을 조성하거나 동포, 호포 등의 수취방법을 결정할 수 있었다.

제8절

세도정치기 국방체제의 변화

1. 장용영 혁파와 국왕근위부대

1) 장용영 혁파와 금위영 어영청의 개편

(1) 장용영 혁파와 정국의 추이

정조와 대립각을 세우던 정순왕후 김씨는 정조 승하 후 정조가 기획했던 정책들을 반전시키려고 하였으며 그 중 대표적인 반격이 장용영의 혁파였다. 정순왕후는 정조의 유지를 받든다는 억지스러운 정치적인 공세를 이용하여 장용영의 혁파를 진행하였고 장용영의 재정을 정부로 이전시켜 결국에는 혁파하는 방법을 시도하였다.

그 중 가장 큰 부분을 차지한 것은 내사노비 혁파에 필요한 급대를 장용영으로 하여금 지원하도록 하는 것이었다. 이렇게 장용영의 재정은 노비급대를 비롯해 정부에 흡수되고 2개월만에 장용영은 철폐되는 결말에 이른다. 하지만 노론벽파와 정순왕후는 장용영의 재물처리를 두고 대립을 펼쳤다. 이는 정순왕후와 노론벽파들이 주도한 장용영 혁파가 치밀한 계획과 대안을 가지고 진행한 것이 아니라 정조 서거이후 변화된 정국에 따라 자신들의 정치적 목적을 위해 추진된 것임을 보여준다.

(2) 금위영과 어영청의 개편

정순왕후의 철렴과 우의정 김달순의 옥
사로 정국이 벽파에서 시파로 반전되면서
안동김씨가 국정을 장악하는 양상으로 나
아갔다. 즉 안동김씨를 중심으로 하는 세
도정치가 자리 잡는 한편 군영 체제도 개
편하였다. 이들은 훈련도감의 군액을 원래
대로 증액하여 세도정권기의 대표적 군영
으로 그 위상을 갖게 하였다.

그러나 금위영과 어영청은 상번군의 정
번停番이 오로지 국가 재정의 확보를 위한
수단으로만 이루어짐에 따라 군사력은 약
화되었다. 이러한 문제를 해결하기 위해
어영대장 이요헌의 보고에 따라 정번수포
를 이용하여 군사를 유지하는 방안이 논의
되었다.

정조어진(화성 행궁)

결국 금위영와 어영청은 상번군으로 운
영되는 전례를 벗어나 훈련도감과 같이 경군 1초를 상시적으로 군영에 주둔시키게
되었다. 이는 상번군을 정지시키고 중앙군 강화에만 치중한 부정적인 군제개편이라는
결과를 낳았지만 상품화폐 경제가 발달하던 당시에는 사실상 상번제가 더 이상 존재
하기 어려웠기 때문에 의무병제와 같은 상번제보다는 급료를 지불하는 직업 군인체
제로 전환하는 일환으로 어영청과 금위영의 상번제가 폐지되고 경군이 창설되었다고
할 수 있겠다.

2) 무예청의 강화와 총위영의 설치

(1) 친위군의 강화와 무예청(武藝廳)의 개편

순조는 세도정치 아래 약화된 왕권을 가지고 있었다. 이를 극복하기 위해 순조는 정조대와 같이 친위 관료와 군병을 양성하는 방안을 추진하였고 군권 장악을 위해서는 오위도총제를 부활시키려 하였다. 또 왕실과 도성을 호위하는 군사로 호위청와 용호영을 두었다. 하지만 이들의 통제가 쉽게 이루어지지 않자 독자적인 군사력 확보의 핵심적인 군사력으로 무예별감을 선택하였다.

오위도총부를 실질적 군사지휘부로 재건하고 무예별기군을 가설하여 오위도총부의 기능을 복구하는데 활용하고자 했다. 하지만 이와 같은 순조의 군권장악 노력은 안동 김씨 가문을 중심으로 한 반대세력으로 인해 실행되지 못하였고 극심한 흉년과 평안도 지역의 농민반란으로 인해 실현되지 못하였다.

(2) 총위영의(武擖衛營) 설치와 기능

군권장악노력은 헌종 때에도 계속되어 궁궐을 숙위하는 총위영 설치가 시도되었다. 총위영은 장용영의 기능을 이어가는 것을 목적으로 하였고 장용영의 예처럼 국왕의 호위를 강화하고 친위세력을 양성하고자 했다. 또한, 총위영의 내영은 장용영 터에 설치되었고 국방의 행행에도 동원되었다. 또 총위영의 군병, 군율, 전술도 모두 장용영의 규정을 거의 답습하는 형태였다.

하지만 총위영은 헌종의 서거 후 2년 만에 혁파되었다. 군제사에 있어 총위영의 존재는 미미할 수 있지만 세도정치기에도 국왕들이 왕권을 강화하고 친위세력을 유지하기 위해 군영을 개편하고, 창설하는 정책을 지속했다는 것을 증빙해주는 면에서 총위영의 역사적 성격을 규정할 수 있다.

2. 변란, 민란의 형세

1) 국가 조세 수취의 모순과 향촌 지배 질서의 개편

(1) 삼정(三政)의 혼란과 군역의 문란

조선후기에는 자연재해라는 외적 요인과 함께 구시대적 수취체제가 향촌사회의 전근대적 지배체제와 더불어 농민층을 몰락시키는 내부적 요인으로 작용하였다. 또 상품 화폐 경제 발달로 인해 자영농이 몰락하고 지주와 소작농이 중심인 양극화 연상이 두드러졌다. 이로 인해 조세부담에 대한 저항은 자연스럽게 발생할 수밖에 없었다.

수취체제에서 가장 사회적 문제로 대두되었던 것은 군역의 폐해이다. 군역세에 황구첨정黃口添丁, 백골징포白骨徵布, 인징隣徵과 족징族徵 등이 횡횡하여 한사람이 4~5명의 군역을 담당하기까지 하였다. 환곡에서도 관리들은 질이 나쁜 미곡을 구입해서 빌려주고는 양질의 미곡으로 받아드려 미곡 장사를 하거나 잡곡이나 모래 등의 잡물을 섞어 주고는 두 배로 수거하는 등의 부정을 일삼았다. 또 순조대 이후에는 조세의 대부분을 차지하던 전세, 대동세, 군역세가 총액제로 부과되었는데 이것은 조선후기로 갈수록 전 국토의 인민과 토지의 정확한 수치 파악이 되지 않았기 때문이다. 이후 농민들의 조세부담은 중앙재정의 규모가 확대되어 지방의 상납분이 증가됨과 동시에 지방 수령과 아전들의 침탈이 늘어나서 증가하는 추세였다. 이로 인해 정부에 반감을 가진 농민들이 민란에 나가는 경우가 많아지게 되었다.

하지만 정부는 이와 같은 수취제도의 모순은 해결하지 못했다. 세도 정치기에 접어들면서 세도가문들에 의해 국정이 전횡되면서 왕권이 약화되어 민생에 대한 대책이 제대로 시행되지 못했기 때문이다.

(2) 향촌 사회 체제의 분화

세도정치기에는 권력이 중앙에 집중되면서 지방 정치세력이 몰락하는 현상이 발생하였다. 또 조세수취 구조는 총액제라는 중세적 형태에서 벗어나지 못하였고 지배층은 신분적 지배체계를 유지하기 위해 유교 이념을 논리적으로 강화하려 했다. 반면 농민층은 농법의 발달과 상공업 발전에 따른 새로운 부의 축적, 유통경제와 교통발달로 인해 신분적 질서의 모순을 조금씩 파악하고 있었으며 조세 수취체계의 부당함은 누구나 인지하고 있을 정도로 바뀌고 있었다. 이로 인해 농민들의 민란은 더욱 적극적으로 이루어졌다.

이러한 농민층의 변화는 조세 부담이 가장 큰 원인으로 작용하였고 그 중에서도 농민층을 비롯한 사회구성원에게 불만의 대상이 된 것은 군역이었다. 이와 같은 모순으로 몰락하는 농민이 많아졌고 이들의 대부분은 소작인으로 전락하였다. 몰락한 소작인들도 병작반수로 인해 지주와 소작인의 관계가 점차 양극화로 치달았다.

이때 등장한 지대 수취법이 일정한 액수를 정해놓고 수취하는 정액제 지대인 도조법이었다. 그러나 이 또한 후에 농민의 부담을 가중시키는 결과를 가져왔다. 결국 사회적인 변화와 농민층의 욕구를 소화하지 못하는 상황에서 농촌은 점점 피폐해졌고 그에 따라 지대를 반대하는 항조에서 난으로 발전하는 위기의 시기로 들어가게 되었다.

2) 민란과 변란의 시대

농민들은 국가체제의 모순에 여러 형태로 대응하였다. 또 순조 때의 세도정치로 인해 언관들의 역할이 사라진 동시에 정치 비판세력인 산림의 기능도 약화되어 세도정권의 전횡에 대해 비판은 커녕 침묵으로 일관했다.

이러한 중앙정부의 폐쇄적 정치 운영에 맞추어 지방관의 탐학은 일반적인 현상으로 확대되는 추세였다. 순조 또한 관리들의 탐학이 도를 넘어선 상황임에도 구태의연하게 넘어가고 있었다. 이러한 순조의 인식은 홍경래 난까지 지속되어 농민들의 봉기를 일시적인 불만의 표출이나 회유와 협박에 동조한 무리가 모여서 발생한 것으로 보았다. 중앙정부의 민란에 대한 근시적인 반응은 민란을 더욱 더 폭력적이게 만들었고 19세기 전반기는 민란의 시대로 나아갔다.

세도정권의 통치체제는 하부 통치체제가 부정을 저질러도 통제할 수 없었다. 이러한 사회 체제의 모순은 대량의 유민을 발생시켰고 이들의 발생은 사회를 극도로 혼란

회령

백두산

함흥

영변

덕원

중화

황주

장연

토산

철원

고성

동 해

개성

한성

울릉도

독도

광주

여주

원주

수원

청안

정선

예천

함창

상주

안동

영해

공주

희덕

은진

연산

선산

군위

개령민란
김규진(1862)

고주민란
(1894)

익산

고산

개령

성주

전주

거창

밀양

울산

부안

함양

창원

동래

단성

황 해

광양

진주

함평

순천

남해

진주민란
이계열(1862)

장흥

제주민란
(1863)

제주

19세기 농민 항쟁

홍경래군의 진군로

스럽게 하여 위험을 조장하는 분위기로 몰기 시작했으며 그 결과 무력을 동반한 항쟁
이 나타나기 시작하였다. 특히 이런 현상은 홍경래 난 이후 조직적으로 폭넓은 지역
으로 확대되어 발전하였으며 그 대표적인 것이 1862년의 임술민란이다. 임술민란은
조세수탈을 집행하던 지방관청과 징세담당자들을 주요 공격대상으로 삼았다. 이러한
현상은 주변 인근으로 신속하게 퍼져 거창에서도 민란이 일어났다.

임술민란은 대체로 비체계적이고 산발적이며 국지적인 양상을 보였고 지도자들의
역량부족과 농민들의 낮은 정치의식을 보여주는 등의 한계를 가졌지만 거창 봉기는
임술민란의 한계를 벗어난 양상을 보였다. 또 한번 변란을 주동한 인물은 연속성을
가지고 변란을 주동하는 현상을 보였으며 『정감록』과 같은 예언서를 이용해 여론을
호도하였다.

이러한 19세기의 민란은 사회경제상의 변화와 그에 따른 민중의식의 성장과 관련
이 있는 것이다. 이러한 민란은 조정에서도 큰 충격이었고 정부로서는 농민들의 요구
를 일정 부분 수용하는 자세를 보이지 않을 수 없었다. 또한 민란의 근본적인 원인이

었던 조세 수취방법을 다소 개정하였지만 근본적인 치유책이 되지 못하였다. 부정을 저지른 관리들의 근본적인 원인이 고정수입이 없었다는 것에 대한 대책이 없었기 때문이었다. 결국 왕조체제의 근본적인 문제이기도 한 향촌 지배 체제는 농민들의 지속적인 저항을 받게 되었으며 그 저항은 정부와 전면전을 펼쳐 새로운 체제로 나아가고자 하는 양상으로 발전하게 된다.

3. 홍경래난의 진압

1) 홍경래난과 관서지방의 민란

홍경래는 관서지방 출신으로 과거에 낙방 후 풍수를 논하며 각지를 유랑하였다. 그리고 이를 통해 거사 동지인 우군칙과 이희저를 만나며 인맥을 관리하였다. 이렇게 홍경래가 자신의 세력을 쉽게 규합할 수 있었던 것은 평안도 지역이 당시에 중앙 정부로부터 홀대는 물론 수탈의 대상이 되었기 때문이었다. 평안도는 황해도와 더불어 청국을 오가는 외교 사행의 준비와 기거에 이르는 뒷바라지를 담당하였음에도 중앙정부에서 그에 상응하는 대책이 없어서 지역민에게는 수탈로 인식되고 있었다. 또한 서북 지역민이 대과에 합격하지 못하는 것도 한 배경이 되었다.

또한 도성에도 내응 세력을 만들었고 반란의 근거지를 다복동으로 삼았다. 홍경래는 1811년(순조 11) 12월 20일(양 1812년 2월 2일) 거사하기로 작정하였으나 12월 15일(양 1812년 1월 28일) 대동관을 전소시키려는 계획이 폭탄 설비의 오류로 16일에 폭발하여 봉기 계획이 사전에 노출되어 12월 18(양 1812년 1월 31일)일 봉기를 일으키게 된다. 홍경래를 비롯한 봉기군은 격문을 발표하여 난의 당위성을 설명하고 본격적으로 관서지방을 접수하기 시작했다. 홍경래 군대가 지나가는 고을에서는 관아를 점령하면 죄수를 석방하고 곡식을 인근 주민에게 모두 나누어 주어 농민 수백 명을 합류시켰다. 그리하여 지역민의 비난이 대상이었던 지역의 지방관들은 속수무책으로 봉기군의 침입을 받았고 인신을 빼앗기거나 죽임을 당하는 수순까지 벌어졌다.

2) 진압군의 동원과 정주성 공략

홍경래 군은 안주성 점령을 앞두고 내분에 쌓였다. 이로 인해 더 이상의 진군은 하지 못했다. 이러한 내분은 난의 기조를 일변시키는 일이었고 관군의 진압이 이루어지기 전에 중요 거점을 확보하기 위해 신속하게 작전을 진행해야 하는 시기에 오히려 시간을 낭비하고 정부군과 마주치는 결과를 낳았다. 중앙에서는 훈련도감 중심의 중앙군을 현지에 파견하였고 12월 29일(양 1812년 2월 11일) 안주성 밖의 송림에서 홍경래군 1,500명과 정부군 2,000여 명이 접전하게 되었다. 초반 정부군과 홍경래 군은 팽팽한 전세를 유지했으나 시간이 흐를수록 중앙군의 위력을 당할 수 없었다. 그리하여 송림 전투는 홍경래군의 기세를 꺾는 것은 물론 이후 전세를 관군에게 유리하게 전개하는 기점이 되었다.

순무영진도(규장각한국학연구원)
관군이 정주성에 있는 홍경래군을
포위 공격하는 모습이다.

홍경래 군은 정주성으로 후퇴하면서 주변의 곡식을 모두 수거하고 민가들을 소각시켜 관군이 의지할 거점과 군량을 모두 제거하는 청야전술을 펼쳤다. 또 1월 5일(양 2월 17일) 전투에서는 관군이 성벽에서 발사하는 총탄과 화살을 피하기 위해 갑옷과 무기를 버리고 도망갈 지경에 이르렀고 이에 따라 관군의 사기는 저하되어 그 분풀이로 주변 인가에 대한 약탈을 자행하였다. 관군의 약탈은 지역민심의 이반을 가져와서 정부를 비난하는 양산으로 확산되었다.

관군의 성을 함락시키려는 공격이 실패하고 선봉장들이 총탄에 사망하자 관군의 사기는 저하되고 군기는 문란해졌다. 반면 홍경래군은 지역민의 정보제공에 도움을 받아 관군 방어를 성공적으로 이루었다. 그러나 홍경래군의 처지도 급박하게 되었고 결국 4월 19일(양 5월 29일) 관군의 기습공격으로 홍경래를 비롯한 수뇌부와 2천명에 달하는 장정이 죽음에 이르게 되었다.

홍경래난이 관군에 의해 진압되고 봉기군은 모두 죽임을 당했지만 사실 이것은 19세기 민란의 전초전이었다. 이 홍경래난을 시작으로 조선사회는 민란과 변란의 시대로 빨려들어갔다. 고변, 작변, 민요 등 농민이 사회적 불만을 표출하는 행위는 지속적으로 나타났는데 진주 백동원에 대한 고변, 제주도 양제해의 고변, 전주 김맹억의 고변으로 이어졌다. 또 1853년(철종 4)에는 영천 출신의 김수정이 도성에서 변란을 모의할 정도로 19세기 전반은 민란의 시기였고 결국 1862년(철종 13) 진주를 중심으로 전국적으로 봉기가 발생하는 상황으로 발전하였다.

홍경래난은 사회의 모순을 제거하고 새로운 사회로 나아가기 위해서는 봉기 이외의 방법은 없었음을 보여주는 일이었다. 이들이 신분적 한계를 넘어 연계를 맺는 조직적인 형태로 발전하지 못한 것이 한계이지만, 이후 개항기에 의병으로 이어지는 에너지로 재차 사회개혁을 요구하는 세력으로 나타나는 긍정적인 요인이 되었다.

제5장

근·현대 군대와 국가

제1절

서양 열강의
동아시아 진출과 해방론

1. 국제정세의 변화와 해방론의 대두

1) 19세기 동아시아 국제정세

산업혁명을 거치면서 급속한 자본주의적 성장을 달성한 서구 열강은 축적된 잉여 자본을 해외에 수출하고 자국 산업 발전에 필요한 원료를 공급받고 자국 상품을 소비할 시장이 절실히 필요했다. 이러한 자국 이익을 관철하기 위해 서구 열강은 동아시아 삼국의 문호개방을 강하게 압박하였다. 19세기 중반 이후 동아시아 사회는 강력한 군사력으로 무장한 서구 열강의 도전에 직면하여 격심한 사회 변동을 겪게 되었다.

가장 이른 시점에 문호개방 압박을 받은 것은 동아시아 최대의 시장이었던 중국이었다. 영국은 아편전쟁을 일으켜 중국을 제압하고 1842년 불평등조약인 난징조약[南京條約]을 체결하는 데 성공하였다. 미국은 1854년 페리 함대를 일본에 보내 무력시위를 통해 막부를 굴복시켜 미일화친조약(가나가와 조약)을 체결하였다.

조선에 대한 서구 열강의 통상 요구는 양국과 거의 비슷한 시기에 나타나지만, 무력을 수반한 본격적인 개방 압력은 1866년 프랑스의 침공, 1871년 미국의 침공으로 나타났다. 그러나 프랑스와 미국이 군사력까지 동원하여 압박했지만 조선의 문호개방을 이끌어내는 데는 실패하고 말았다. 그 결과는 오히려 대원군 정권이 전국 곳곳에 척화비를 세우면서 쇄국정책을 한층 강화하는 것으로 귀결되고 말았다.

2) 해방론의 대두

19세기에 접어들어 동아시아 삼국의 지식인들은 바다를 통해 이루어지는 양이洋夷, 즉 서양 오랑캐의 침범에 효과적으로 대처하기 위한 방책으로 해안 방어를 강화할 것을 주장하는 해방론海防論을 제기하였다.

중국 지식인들은 '해방서海防書'라 불리는 서적들을 간행하기 시작하였다. 린저수의 『사주지四洲志』, 웨이유안魏源의 『경제문편經世文編』·『성무기聖武記』·『해국도지海國圖志』, 쉬지위[徐繼畬]의 『영환지략瀛環志略』 등이 그 대표적인 예다. 이들 서적은 전쟁 패배를 경험한 중국 지식인들의 반성이 담겨 있다는 점에서 서양에 대한 위기의식 속에 대책 마련에 부심하였던 조선과 일본의 지식인들에게 큰 영향을 주었다. 중국의 해방론을 대표하며 조선과 일본의 해방론에 가장 큰 영향을 끼친 서적은 웨이유안의 『해국도지』이다.

일본의 해방론은 1842년 아편전쟁에서 중국이 패했다는 소식이 전해지면서 본격적으로 대두하였다. 이 시기 해방론을 대변하는 것은 1842년 11월 사쿠마 쇼잔[佐久間象山]의 건백서 「해방에 관한 번주 앞으로의 상서」이다.

쇼잔은 해방론의 진정한 완성을 위해서는 서양의 강성함과 그들이 보유하고 있는 기술의 탁월함을 상세히 알아야 한다고 하였다. 또한 쇼잔은 19세기 중반 닥친 대외적 위기 극복은 신분적인 장벽이나 계급적인 차이를 뛰어넘어 일본의 모든 국민의 몫이 되어야 한다고 주장하였다. 이는 쇼잔의 해방론이 내셔널리즘의 논리로 귀결되고 있음을 보여준다.

쇼잔의 해방론은 페리 내항 이후 그의 제자이며 존왕양이파尊王攘夷派였던 요시다 쇼인[吉田松陰]에 의해 적극적인 대외 팽창론으로 변화된다. 쇼인이 대외 팽창을 생각하고 있었던 근린 지역 중 가장 중심적 위치를 점하고 있었던 나라가 조선이었다. 쇼인의 논리는 그의 문하에서 수학했던 기도 다카요시[木戶孝允]에 의해 메이지 유신 이후에 정한론征韓論으로 발현되기에 이르렀다.

2. 조선의 해방론

1) 조선후기 실학자들의 해방론

조선에서 서양 세력을 주적主敵으로 상정한 해방론이 제기되는 시점은 아편전쟁의 소식이 전해진 19세기 중반 이후이다. 하지만 일부 실학자들 사이에서 이미 18세기 후반부터 서양세력에 대한 대비가 필요하다는 인식이 나타나고 있었다.

안정복은 일본이 새로운 무기와 기술을 도입하기 위해 활발하게 교섭하고 있는 네덜란드를 우려하였다. 신무기와 기술을 제공하는 간접적인 형태이기는 했지만, 조선에 위협이 될 잠재적 서양국으로서 네덜란드가 인식되고 있었던 것이다. 이덕무도 일본과 교류하고 있는 네덜란드에 대해 언급하였다. 강력한 무력을 소유하고 있으면서 일본을 지원하는 네덜란드가 일본에 대한 전통적인 경계심과 결합되어 조선이 대비해야 할 새로운 대상으로 지목되었다. 유득공은 서양 무기의 위력에 대해 큰 관심을 보이고 있었다. 특히 영국의 풍창風槍에 대한 관심이 컸다.

19세기에 들어 이들의 해방론적 인식을 계승한 것은 정약용이었다. 그는 서양의 침략적 본질에 대해서 어렴풋하게나마 이해하고 있었다. 하지만 정약용은 서양 세력이 당장 조선에 위협 요소가 될 것이라고 생각하지는 않았다.

2) 해방론의 새로운 전개

아편전쟁 이후 조선에서는 서양 세력의 침입에 효과적으로 대처하기 위해 해안 방어를 강화해야 한다는 주장이 나타나기 시작하였다. 이들 해방론은 척사론 계열의 해방론과 개화론 계열의 해방론으로 구분할 수 있다.

척사론 계열의 해방론은 동도東道에 대한 확고한 신뢰를 바탕으로 내수內修에 힘쓰며 천주교의 확산 방지에 힘쓴다는 수준을 벗어나지 못했다. 훈련천총 윤섭은 북경 함락 소식이 전해진 직후인 1861년 초에 어양책을 담은 상소를 올렸다. 이 상소에서 주목되는 점은 서양의 침략에 대한 해방책과 함께 중원에서 밀려난 청의 침략 및 비적匪賊들의 발호에 대비한 육방책陸防策이 제시되어 있다는 것이다. 윤섭의 기본구상은 거험청야전술據險淸野戰術에 의거한 육전에 있었지만 해방의 중요성이 완전히 무시되었던 것은 아니다.

박규수 초상(실학박물관)

전 헌납 박주운은 1866년 프랑스군이 강화도를 침공하여 교전이 벌어지기 직전에 상소를 올렸다. 이 상소에서 주목할 점은 서양의 물리력을 대수롭지 않게 평가하고 있다는 사실이다. 박주운도 조선의 장점을 최대한 살려 거험청야전술에 의거한 지구전을 방어책으로 제시하였다. 그의 구상은 해방으로부터 시작하여 차츰 내지內地에 이르기까지 민보를 설치하여 거험청야전법으로 대응한다는 전통적 전술에 치우쳐 있었다.

개화론 계열의 해방론을 주장한 대표적 인물로는 박규수와 강위를 꼽을 수 있다. 박규수는 1866년 제너럴 셔먼호 사건 직후에 장계를 올려 대동강 입구인 급수문急水門 양안, 즉 평안도 용강현 동진과 황해도 황주목 철도에 진을 신설할 것을 건의했다.

강위는 1866년 하순 프랑스 선박이 한강의 양화진에까지 침입하는 사태가 벌어진 후 방어대책을 담은 「청권설민보증수강방소請勸設民堡增修江防疏」를 지은 바 있다. 강위는 이 상소에서 조선 재래의 해방책과는 완전히 다른 전술개념을 제시하고 있다. 바다로부터 침입해오는 적을 내하 깊숙이 끌어들여 격파하는 개념, 즉 '강방江防'을 말하였던 것이다. 강위의 해방책은 분명 진전된 것이었지만, 무비의 근대화를 배제한 채 전술 운용의 변화만을 꾀한 것이었으므로 근대적 무기로 무장한 서양 세력을 맞아 실효를 거두기는 어려운 것이었다.

제2절

서양 세력의 도전과
대원군집권기의 군비강화 정책

1. 서양세력의 도전과 흥선대원군의 배외정책

1) 이양선의 출몰과 조선정부의 대응

1800년대 들어 조선 연안에 이양선의 출몰 빈도가 증가하였고, 1840년대 이후에는 그 출현 빈도가 비약적으로 증가하였다. 1839년 프랑스 신부를 포함하여 천주교도들에 대한 대대적인 박해를 감행한 바 있는 조선 정부로서는 서양 선박의 빈번한 출몰에 촉각을 곤두세울 수밖에 없었다.

흥선 대원군

1860년에는 북경이 함락되고 함풍제가 열하로 피신했다는 소식이 전해지면서 조선은 큰 충격에 빠졌다. 12세의 어린 아들을 왕위에 즉위시키고 스스로 대원군이 되어 권력을 장악한 이하응은 왕권 강화를 통해 대내외적 위기를 극복하고자 하였다.

밖으로의 도전에 대한 대원군 정권의 대응책은 천주교에 대한 탄압 강화로 나타났다. 대원군은 1865년부터 약 3년 동안 8천여 명의 교도를 처형하고 미국·영국 등의 통상요구를 모두 거절하였다. 대원군 정권의 이러한 강경책은 결과적으로 프랑스와 미국의 군사적 침략을 불러오게 되었다.

2) 러시아의 남하와 대비책

조선과 러시아의 본격적인 접촉은 1860년 양국이 국경을 접하게 되면서부터 이루어졌다. 이후 육로 혹은 해로를 통해 러시아의 통상요구와 군사적 압박이 거듭되자 러시아의 위협에 대한 방어책 수립이 시급한 당면과제로 대두되었다.

대원군은 제3의 서구세력과의 연계를 통해 러시아의 침략 위험에 대처하고자 하였다. 대원군은 이를 위해 천주교 조선교구장이었던 베르뇌Berneux 주교와의 접촉을 시도했다. 베르뇌 주교와의 접촉을 시도하는 과정은 조선인 천주교도들의 관여가 전혀 없이 대원군의 자발적인 의지에 의해 이루어졌다.

대원군이 천주교회 측과 개인적인 접촉을 시도하는 것은 커다란 정치적 부담을 안는 일이었다. 반대원군 세력들이 그의 천주교회 측과의 접촉에 심한 의혹을 품고 도전해 오는 상황이 나타났다. 이렇게 되자 대원군은 천주교에 대한 종래의 자세를 바꾸어 박해 정책으로 전환하게 되었다.

러시아인들의 국경 침입 사건은 이후로도 계속 일어났다. 대원군은 러시아인들의 월경越境 및 통상 요구를 번번히 거절하면서도 변경지대를 넘나드는 양국 백성들 사이에 발생하는 문제들에 대해서는 가급적 분쟁을 회피하려 노력하였다.

시메옹 베르뇌 : 대원군 집권기
천주교 조선교구장

2. 프랑스·미국의 강화도 침공과 삼군부

1) 1866년 프랑스 함대의 강화도 침공(병인양요)

조선과 프랑스는 정부 차원의 공적인 접촉에 앞서 천주교 포교를 둘러싼 문제로 접촉하게 되었다. 1839년 기해박해로 3인의 프랑스 성직자가 희생당하였다. 1846년에는 청나라 주재 프랑스 함대사령관 세실, 1847년에는 해군대령 라피에르가 조선 정부에 프랑스 성직자 처형에 대한 해명을 요구하는 한편 통교를 모색한 바 있었다.

조선 정부는 1866년 천주교 금압령을 선포하고 약 한 달 동안 천주교에 대한 탄압이 집중적으로 진행되었다. 이때 리델 신부가 조선을 극적으로 탈출하여 프랑스 극동함대사령관 로즈 해군소장과 북경 주재 프랑스 대리공사 벨로네Bellonet에게 구원을 요청하였다.

로즈 사령관의 조선 원정은 두 단계로 진행되었다. 1866년 9월 18일 남양만에 도착한 프랑스 함대는 9월 26일 염창항에서 조선군을 격퇴하고 양화진을 거쳐 서강 어귀에까지 항진하였다가 9월 27일 아침 퇴각하였다. 후속 작전을 위해 귀환을 서둘러야 한다고 판단한 로즈 사령관은 10월 1일 작약도를 떠나 3일 치부항으로 귀환하였다.

10월 11일 시작된 제2차 조선원정에는 청나라 주재 프랑스 함대의 전 함정과 병력 그리고 요코하마 주둔군까지 총동원되었다. 10월 14일 갑곶진을 점령하였고, 16일에는 강화읍으로 진격하여 강화부성을 점령하였다. 같은 날 염하해협을 건너 서울에 이르는 육로상의 요지인 통진부를 습격하였다. 10월 26일 벌어진 문수산성 전투에서 조선군은 화력과 병력의 현격한 열세로 패퇴하였다. 그러나 11월 9일 정족산성 전투에서는 조선군이 승리하였다. 다음날인 11월 10일 로즈는 즉각적인 부대 철수를 결정하였다.

조선군은 프랑스 함대의 철수로 외형적인 승리를 거두었지만, 정족산성 전투 이외의 모든 전투에서 패전하였다. 프랑스군이 보유하고 있었던 군함과 함포, 소총 등이 조선군과 비교도 되지 않을 정도로 우수했기 때문이다.

2) 1871년 미국 함대의 강화도 침공(신미양요)

1871년 미국 함대의 강화도 침공은 1866년 제너럴 셔먼호 사건이 직접적인 계기가 되어 일어났다. 제너럴 셔먼호가 1866년 8월 통상을 요구하면서 대동강 상류로 거슬러 올라왔다. 셔먼호 선원들은 지나가는 상선을 약탈하는가 하면, 대포와 총을 마구 쏘아 평양 군민 7명을 죽게 하고 5명에게 부상을 입혔다. 평양감사 박규수는 사흘 동안 화선火船을 활용한 섬멸작전을 실시하여 셔먼호를 불태우고 선원들은 모두 피살되었다.

1867년 미국은 셔먼호 사건의 진상을 조사하기 위해 와추세트Wachusett호의 함장 슈펠트를 파견하였고, 1년 후에도 재차 진상 조사를 위해 군함 셰난도어Shenandoah호를 파견하였다. 두 차례에 걸친 탐문 항행을 벌이는 가운데 미국 정부는 제너럴 셔먼호 사건이 조선을 개국시켜 새로운 교역 상대국을 확보할 수 있는 절호의 기회라고 판단하고 조선 원정 계획을 수립했다.

로우 공사와 로저스 제독이 인솔한 미국 함대는 1871년 6월 1일 2척의 포함과 4척의 소형 기정으로 탐사대를 구성하여 강화해협 입구에 이르렀다. 조선군은 탐사대가 강화해협에 위치한 손돌목을 통과하자 광성보와 덕포진에서 일제히 대포를 발사했으나 별다른 피해를 주지는 못했다.

6월 10일 미군 상륙부대는 초지진을 점령하였고, 강화해협을 따라 북상하여 6월 11일 덕진진을 점령한 후에는 광성보도 점령하였다. 11일 밤 광성보 일대에서 숙영한 미군은 당초 계획대로 강화해협에서 철수하였다. 약 20일간 작약도 일대에 머물며 조선 측과 협상을 시도하던 로

초지진(인천 강화)

우 공사는 조선 정부로부터 아무런 소식이 없자 철수를 결정하였다.

　미국의 조선 원정은 실패였다. 미 함대는 압도적인 군사력으로 조선을 굴복시켜 조선 대표를 협상 테이블로 나오게 하려고 하였다. 하지만 조선은 각지에 척화비를 세워 서양에 대한 항전 의지를 강하게 천명함으로써 결과는 정반대로 나타났다.

3) 삼군부의 설치

　대원군은 집정 초기 자신의 권력 기반을 확대하기 위해서는 외척 세력의 근거인 비변사의 권한을 약화시킬 필요가 있었다. 1865년 비변사를 의정부에 편입시켰고, 이후 3년 동안 의정부가 군사 업무를 포함한 모든 국정을 총괄하도록 하였다. 1868년에는 삼군부를 설치하고 정1품아문으로 발족시켜 군사업무를 관장하게 하였다.

　대원군은 삼군부에 전통적 무반 가문 출신의 장신將臣들을 등용하여 권한을 확대시켜 주었다. 이들 장신들에 의해 삼군부는 실질적으로 의정부와 분리되어 명실상부한 '무부武府'로 확립되었고, 대원군은 이 무부를 통해 자신이 의도하는 정책을 추진할 수 있었다. 삼군부는 무반직 전반에 관한 인사권이 아닌 변방 주요 지휘관에 대한

삼군부 청헌당(노원 육군사관학교)

인사권만 제한적으로 행사하였다. 또한 삼군부는 각 지방의 군사훈련과 군 편제 개편 등에 대한 권한을 갖고 있었으며, 군사적 위기상황에 대응하여 군사를 운용할 수 있는 작전통제권을 갖고 있었고, 군자 마련과 군기 지원을 총괄하고 있었다.

또한 삼군부는 대원군의 의도와 맞물려 정치적인 성격도 강하게 띠고 있었다. 의정부의 관할 업무였던 궁성 호위가 삼군부의 소관으로 이관되었고, 좌우포청과 좌우순청을 그 속사로 둠으로써 수도 서울의 치안도 장악하게 되었다. 주교사舟橋司에 대한 관할권을 삼군부로 이관한 것도, 경강상인의 장악을 통해 권력 유지에 필요한 재원의 조달을 원했던 대원군의 의지가 반영된 것이었다.

3. 중앙군영의 정비와 군자·무기의 정비

1) 중앙군영의 정비와 강화

대원군 집권 당시 중앙군은 총병력 1만 6천여 명이었다. 그러나 그 반수가 노약자로 훈련이 부족하고 군기가 해이하여 군대 본연의 임무를 다하지 못하고 있었다. 특히 1866년 프랑스의 강화도 침공을 겪은 뒤에는 중앙 군제 개혁의 필요성이 강하게 대두되었다. 당시 단행된 중앙 군제 개편에서 두드러진 특징은 군대의 정예화와 화포군의 강화였다. 먼저 훈련도감은 협련군을 비롯한 약 800여 명의 여러 잡색군을 정병으로 대체하여 정예병 위주의 부대로 개편되었다. 1866년 어영청과 금위영은 포군 4초씩을 신설하여 각각 전·후·좌·우·중의 5초씩의 포군을 갖추게 되었다. 1869년에는 정번하는 대신 신포를 거두는 기한을 연장시키면서 두 군영의 포군을 늘리도록 하였다. 총융청도 포군 중심으로 정예화하려고 세 차례의 시험을 거쳐 선방포수善放砲手 가운데 우수한 자 125명을 선발하여 난후아병攔後牙兵 1개 초를 편성하였다.

이러한 개편에 따라 훈련도감과 금위영·어영청·총융청 등 중앙 군영은 상비군적 성격을 띠는 급료병으로 이뤄진 포군 9개 초와 마군 20명 등 1,145명이 증원됨으로써 정예화가 이루어졌다. 국왕의 친위병인 용호영도 병력을 300명 정도 증원함과 동시에 책임자인 금군별장의 지위와 권한을 강화하였다. 결국 대원군 집권기 중앙 군제의 개편으로 도성에는 번상하는 향군들 대신 급료를 받는 장번병으로 채워졌고, 그 편제 방식도 삼수병三手兵 체제에서 포군 중심 체제로 바뀌었다.

2) 군자의 증액과 무기의 정비

대원군은 기존 세제의 개혁과 새로운 세원의 개발 등 다양한 방법을 통해서 군사 비용을 안정적으로 확보하고자 하였다. 먼저 호포법 시행을 통해 군비 확장 비용을 마련하고자 하였다. 다음으로 진무영의 군량 확보를 위해 심도포량미沁都砲糧米를 신설하여 징수하였다. 상품 유통에 대한 과세를 통해서도 군사비를 충당하고자 하였는데, 대표적인 것이 도성문세都城門稅의 부과이다. 대외무역에 대한 과세액의 일부도 군비 증강의 재원으로 충당되었다. 이외에 당백전 주조, 원납전 징수를 통해서도 재원이 조달되고 있었다.

하지만 대원군 집권기에 이뤄진 군사 재정 확충은 낡은 군사시설을 보수한다거나 포수군 운영에 필요한 급료 등에 투입할 수 있는 정도에 그칠 뿐 군비의 근대화를 이뤄내기에는 턱없이 부족하였다. 또한 군사 재정의 확충도 새로운 세원을 확보하기 보다는 기존의 세원을 군사 재정으로 전용한다거나, 결세 징수액을 늘린다거나, 새로운 잡세를 징수하는 등의 방법에 의존하였다는 점에서 한계가 분명했다.

대원군은 무기 수선과 무기 제작에도 관심을 가졌다. 본격적인 무기 수선과 확충은 프랑스의 강화도 침공을 겪고 난 이후에 이루어졌다. 무기 수선에 필요한 자금을 훈련도감, 총융청, 금위영, 군기시에 지원하였다. 또한 중앙의 군영과 각 도에 검열관을 파견하여 무비를 점검토록 하였고, 각 병영·수영에서 인근 읍진의 무비를 관할하고 점검토록 조치하는 등 재래식 무기의 제조와 수선에 힘을 기울였다. 새로운 무기의 개발에도 박차를 가하였는데, 서양의 증기선을 모방한 것으로 추정되는 선박 개발, 수뢰포 제작, 화포 및 화약 개발, 새로운 개인 화기 제작 시도 등이 그것이다.

4. 지방군제 정비와 수군의 강화

1) 지방군제의 정비

대원군은 집권 초기부터 해방의 중요성을 강조하였고, 프랑스군 침략 이전에도 해방을 위한 진영의 신설과 군비 강화를 꾀하였다. 1866년 프랑스 함대의 침입 이후 해방의 요충과 변방의 여해지에 진영 설치를 서둘렀고, 군사적으로 중요한 지역은 방어영으로 승격하여 해당 지역의 수군·육군을 강화하였다.

대원군은 연해 및 북방 방어를 위해 진영을 신설·정비하면서 이들 진영이 조속히 자리잡을 수 있도록 지원하였다. 아울러 각 지방의 군물軍物과 군사 지휘관에 대한 점검에 나서 병영과 수영에서 관할하는 고을과 진영에 대해 순영과 상의하여 폐단을 적발하여 보고하도록 하였다. 이외에도 각 지방의 성첩, 문루, 관청의 신축과 개축 때 감독한 관리와 의연금을 낸 민간인에게 관직을 제공하는 등 지방 진영의 군비를 강화하기 위한 다양한 정책이 시행되었다.

대원군은 프랑스군의 강화도 침공을 물리친 후 강화도의 군비 강화에 집중했다. 진무사에게 삼도수군통어사를 겸임하도록 하였고, 종래 종2품 아문이었던 진무영이 정2품 아문으로 승격되었다. 진무영의 병력도 크게 증강되었다. 증강된 진무영의 총병력은 대략 3,000~4,000명 규모였던 것으로 보인다. 진무영 강화 이전 병력이 속오군 약 400~500명에 불과했다는 점을 감안하면 군비 강화가 비약적으로 이루어졌음을 알 수 있다.

2) 포군의 설치와 수군의 강화

대원군 집권기 새로 설치된 병종은 대부분 조총을 사용하는 포군이었다. 프랑스군의 침공 이후 서양 세력에게 효과적으로 대항할 수 있는 병종은 포군뿐이라고 인식했기 때문이다. 종래 포수砲手-사수射手-살수殺手의 삼수병 체제로 운영되던 조선의 군사들이 포수 중심 체제로 재편되고 있었던 것이다.

덕포진 포대(경기 김포) 강화해협을 바라보고 있다.

　포군의 설치는 해안 지역에서부터 시작되었지만 점차 내륙 지방으로 확대되어 거의 전국적으로 이루어졌다. 신설 포군은 지역별로 차이가 있었지만 대체로 7~10두락 정도의 둔전을 지급받거나 매달 대략 6~8두의 요미料米나 1~5냥의 요전料錢을 받고 있었다. 전통적인 지방군이나 포군에 비해 신설된 포군은 지방군이 단일 병종인 포군을 중심으로 정예화되고, 사실상 급료병·상비군으로 변해가고 있었음을 보여준다.

　통영을 비롯한 전국 각지의 연해 방어체계가 공고화되고 있었다. 1865년 삼도 수군을 통솔하는 통영의 통제사를 총융사의 예에 따라 외등단外登壇으로 시행하여 그 지위를 격상시키고 임기도 경영대장京營大將과 같게 하였다. 1866년 프랑스군의 강화도 침공 후에는 전선의 보수 및 건조, 각 수영의 병력 증강과 조련의 강화, 포군 설치 등이 이루어졌다.

　수군의 병력 증강도 이뤄지고 있었다. 1870년 전라좌수영에 별포위別砲衛라 불리는 포군 100명을 설치하도록 하였는데, 해당 수영에서는 100명 이외에 추가로 100명을 더 선발하여 3기-9대로 편성하여 병력을 보충하였다. 또한 전라좌수영은 논

1,150두락을 구입하여 포군의 식량을 마련하고, 무기와 병영 수선, 기타 군장을 마련하였다. 1871년에는 충청수영에 별포위사 25명이 증설되었고, 보령부를 충청수영에 합속시켜 충청수사가 보령부사를 겸하게 하여 권한을 강화시켰다.

제3절

고종 친정기의 군사근대화 정책과 친군영 체제

1. 고종의 친정체제 구축과 군영제 개편

1) 무위소의 설치

1873년 11월 고종의 친정 선포 이후 초기의 군사정책에서 가장 두드러진 특징은 궁궐 친위병을 강화한 것이었다. 친위병 강화와 관련하여 가장 먼저 나타나는 군제상의 변화는 1894년 무위소武衛所의 설치였다. 새로운 군영 창설을 통해 대원군의 권력 기반이었던 기존 군영을 약화시킴으로써 친정체제를 안정적으로 구축하려는 고종의 의지가 반영되어 무위소는 독립된 군영으로 격상되었다.

무위소의 강화는 병력의 증강과 기능과 권한의 확대로 나타났다. 무위소의 총병력은 무위영으로 확대 개편되기 직전인 1880년 무렵 4,399명에 이르렀다. 무위소의 기능과 권한도 확대되어, 무위소에 사실상 최고 군영의 지위를 부여하였다.

당시 무위소는 단순한 파수군을 넘어서 전체 군무를 통할하면서 대원군 집권기의 삼군부에 버금가는 기능과 권한을 행사하는 최고의 군사기관이 되었다. 그러나 무위소 강화로 표현되는 고종 친정 초기의 군사정책은 군사력 강화와는 거리가 있었다. 대원군이 군비 강화 정책을 적극적으로 추진했던 반면 고종은 자신의 친정체제를 확고히 하기 위해 대원군 집권기에 이뤄진 각종 정책이나 규례를 혁파하였는데 머물렀다.

2) 군비 근대화와 군제 개편

문호개방 이후 조선 정부의 당면한 과제는 무엇보다 '부국강병' 그 중에서도 무비武備의 근대화였다. 특히 근대적 무기의 생산과 도입에 대한 고종의 관심은 대단히 높았고, 그러한 관심은 수신사와 조사시찰단, 영선사의 파견으로 나타났다.

강화도조약이 체결된 해인 1876년 김기수가 수신사로 일본에 파견되었다. 그로부터 4년 후인 1880년 김홍집이 제2차 수신사로 파견되었다. 이듬해인 1881년에는 조사시찰단을 파견하여 근대화된 일본의 무기 체계와 군제를 시찰하였으며, 일부 조사들과 수행원들은 일본에서 무기 개발에 필요한 기술을 배우기도 하였다. 또한 1881년에는 신식 군기 제조법을 익히기 위해 청으로 영선사를 파견하였다.

1880년 통리기무아문 설치 이후 군의 근대화를 위한 군제 개편이 추진되었다. 이는 신식 군대인 교련병대의 창설과 5군영의 양영제로의 개편으로 나타났다. 창설 당시 무위소 소속이었던 교련병대는 통리기무아문 군무사 직속으로 이속되었다. 교련병대는 임오군란으로 인해 창설된 지 1년 2개월만에 해체되었다.

1881년 5군영으로 되어 있는 종래의 중앙군을 개편하여 양영제로 바꾸었다. 무위소·훈련도감·용호영·호위청을 합하여 무위영武衛營이라 칭하고, 금위영·어영청·

고종 친정 후 설치된 교련병대는 별기군으로도 불렸다

총융청을 합하여 장어영壯禦營이라 칭하였다. 그러나 양영제로의 개편은 중앙 군영의 군사들이나 신료들의 반대를 무마하려는 임시방편적 조처였다. 결국 실제적인 통합이 아니라 명목상의 통합에 그친 양영체제로의 개편은 오히려 무위소와 여타 군영 간의 갈등을 온존시킴으로써 임오군란이 야기되는 원인을 제공하였다.

2. 임오군란 후 군제개편과 친군영 체제의 성립

1) 청의 군사개입과 친군 좌·우영의 창설

1882년 임오군란은 구식 군인들이 13개월 동안이나 봉급을 받지 못하고 있던 상태에서 일어났다. 군란의 소식을 접한 청과 일본 두 나라는 서둘러 조선에 군대를 파견하였다. 일본은 임오군란 당시 일본공사관을 공격하고 일본인을 살해한 것에 대한 사죄와 처벌 그리고 일본인의 보호를 내세우면서 군대를 보냈다. 청 역시 난을 일으킨 범인들을 규명하여 징벌한다는 명분으로 병력 3,000여 명을 급파하여 대원군을 납치하여 청으로 압송하고 임오군란을 진압하였다.

청군이 진주한 이후 서울의 치안은 오장경 휘하의 청군이 담당하였고, 청군은 궁궐의 파수까지도 일부 담당하였다. 이에 반하여 조선군은 임오군란을 거치면서 사실상 와해되고 있었다. 청은 조선 정부의 군대 재건에 적극적으로 간여하였다.

고종은 1882년 9월 원세개에게 부대의 편성과 훈련을 요청하였다. 500명씩 2개 부대를 편성하여 '신건친군新建親軍'이라는 명칭을 붙이고, 제1부대는 삼군부 자리에서, 제2부대는 동영에서 훈련을 받았다. 이때 삼군부에서 훈련받고 있던 부대를 '신건친군좌영'이라 하고, 동영에서 훈련받고 있던 부대는 '신건친군우영'이라고 하여 정식 군영으로 발족시켰다. 친군 좌·우영이 설치되면서 중앙 군제는 용호영·금위영·어영청·총융청 등 전통적 조선군 체제와 청의 영향력 아래 신설된 친군 좌·우영이 병존하는 이원체제가 되었다.

2) 친군영 및 친군 전·후영의 설치

1883년 6월 양향청이 친군영으로 개칭되었다. 친군영은 과거 훈련도감 또는 무위영을 지원하던 양향청이 동일한 재원을 가지고 신설된 친군 좌·우영을 지원하던 순수한 군수지원부대였다.

교련병대와 남한산성의 병력 등도 모두 친군으로 편제해 나갔다. 남한산성의 병력을 위한 새로운 교련 장소를 '친군전영親軍前營'이라 하였다. 친군전영에 이어 친군후영도 신설되었다. 1884년 평창의 영융대에 주둔하고 있는 부대의 명칭을 친군후영으로 하고 경복궁 옆의 옥동으로 옮겨오도록 하였다.

친군전·후영은 그 명칭이 청국식인 '친군'이었지만, 그 구성원은 일본식으로 훈련시킨 병력과 일본에서 교육받고 돌아온 사관생도로 이루어져 있었기 때문에 일본식 색채가 강한 군대였다.

이처럼 친군 좌·우영과 전·후영이 설치되어 청군식과 일본군식 훈련이 실시되고 있었으나 종래의 병영인 용호영·금위영·어영청·총융청 등도 계속 운영되고 있었다. 임오군란 이후 2년 동안 조선의 중앙 군제는 전통적인 조선 군영인 경4영京四營이 있으면서 청군식 친군 좌·우영에다 일본군식 전·후영이 공존하는 3원 체제였다.

친군 각영은 모두 청군식 혹은 일본군식의 근대적 훈련을 받게 되었다는 점에서는 진일보한 제도였다. 그러나 친군영 내부는 청식 훈련을 받은 부대와 일본식 훈련을 받은 부대로 나뉘어져 갈등과 대립이 심각하였다. 게다가 친군 각영은 숙위를 목적으로 하여 설치되었던 만큼 근본적으로 국가 방위와 거리가 먼 군사제도의 개편이었다.

3. 갑신정변 후 친군영 체제의 강화

1) 갑신정변과 친군별영의 설치

1884년 10월 17일 갑신정변을 일으킨 세력들은 빠른 속도로 권력을 장악하여 인

우정 총국(서울 종로) 갑신정변이 일어났던 장소이다.

사를 단행하고 자신들의 개혁 구상이 담긴 정령을 반포하는 등 계획한 일들을 일사천리로 단행하였다. 그러나 일본군의 세력을 믿고 진행된 갑신정변은 청나라의 개입으로 삼일천하로 끝났다.

조선 정부는 갑신정변 후에 친군영을 강화하는 조치를 취했다. 4영에 나뉘어 배속되었던 금위영과 어영청의 병사들을 따로 모아 '친군별영親軍別營'을 만들었다. 친군별영은 과거 금위영과 어영청의 병력이었으므로 전통적인 조선군이었다. 친군별영이 창설되면서 친군 5영 체제가 되었다.

이렇게 친군 5영의 체제가 성립되었지만, 청나라의 영향 하에 훈련이나 군제는 청군식으로 통일되었다. 그러나 군의 구성은 조선군계(별영), 청군계(좌·우영), 일본군계(전·후영)로 분열되었으며, 갑신정변 때의 충돌로 말미암아 각 계열의 적대관계는 더욱 골이 깊어졌다.

2) 친군영 체제

갑신정변으로 조선 내에서 무력으로 충돌한 청·일 양국은 조선 문제를 놓고 텐진

조약을 체결하였다. 이 조약에 따르면 청·일 양국은 4개월 이내에 철군하도록 되어 있다. 임오군란을 전후하여 2년여 동안 청·일 양국의 군사적 영향을 받아온 조선군은 비로소 독자적인 노선을 확보할 수 있게 되었다.

고종은 국정 운영권을 회복하고자 노력하였다. 우선 톈진조약이 체결된 직후인 1885년 3월 고종은 마군소를 다시 용호영으로 개칭하고 종전의 임무를 수행하게 하였다. 마군소는 구래의 중앙 군영을 친군 4영에 분속하면서 국왕의 호위를 위하여 존치시켰던 군사조직이었다.

1885년 5월에는 내무부를 신설하였다. 내무부는 의정부와 동격의 관서였다. 내무부를 설치한 시기를 전후로 하여 고종은 친군영 체제를 강화·확대하는 한편 적극적으로 병권을 장악하고자 하였다. 고종의 친군영 강화와 병권 장악 정책은 전통적인 조선군의 후신으로 다른 4영에 비하여 청·일의 영향력이 약했던 친군별영을 중심으로 이루어졌다.

중앙군이 친군영 체제로 재편되는 동안 지방군은 전혀 관심을 받지 못한 채 방치되고 있었다. 지방 군제는 전반적으로 진군 체제가 유지되었으나, 일부 지방의 경우 친군영 체제로 전환되었다. 1887년 강화영이 친군심영으로 개칭된 이래, 평양군영은 친군서영, 경상감영은 친군남영, 전라감영은 친군무남영으로 불렀으며, 함경북영인 안무영을 친군북영으로, 그리고 춘천병대를 친군진어영으로 불러 지방 병영을 친군화하였다.

3) 3영 체제의 성립

1886년 7월 17일 제2차 조러밀약 사건은 청나라의 지나친 간섭과 이에 대한 고종의 반발로 조선·청의 갈등이 고조되고 있었던 상황에서 벌어졌다. 제2차 조러밀약 사건 이후에 청은 고종의 폐위까지 주장하였다. 고종은 한성 주둔 군영에 대한 청의 영향력을 제거하고 숙위 기능을 강화하는 방향으로 적극 대처하였다.

고종은 연무공원을 창설하여 내무부가 주관하도록 하는 한편, 이후 변정辨正, 외무, 군무에 관한 보고는 내무부를 통해 재가한다고 하여 외교와 국방에 관한 일체의 사

경상감영 선화당(대구)

항을 직접 장악하고자 하였다. 또한 미국에 파견을 요청하였던 군사교관이 도임하자, 이를 계기로 민씨 척족들에게 병권을 집중시켰다.

1888년에는 친군 5영을 통위영·장위영·총어영의 3영으로 개편하였다. 통위영을 중영으로, 장위영은 좌영으로, 총어영은 우영으로 하여 일체의 군제 업무를 중·좌·우영이 집행하도록 하였다. 1891년에는 탕춘대와 북한산성의 방비를 전담하기 위하여 통위영에 예속시킨 총융청의 병력을 빼내어 경리청을 다시 설치하도록하였다. 이에 따라 도성 방위를 담당하는 군영은 통위영, 장위영, 총어영 3군영과 궁궐 숙위를 전담하는 용호영, 북한산성을 담당하는 경리청으로 변화하였다. 1892년에는 용호영, 총어영과 함께 경리청에도 '친군' 칭호를 붙임으로써 중앙군영의 편제는 사실상 임오군란 이전의 편제와 유사하게 5영으로 복구되었다.

4. 군사교관 초빙과 연무공원 설치

1) 군사교관의 초빙

갑신정변 이후 청의 내정 간섭이 노골화되고 있을 때 고종은 일본 이외에 다른 열강을 끌어들여 청의 간섭을 견제하고자 하였다. 조선 정부에서는 미국으로부터 군사적 협조를 받는 것이 상책이라는 의견이 팽배하였다. 이는 당시 조선에 대한 미국의 호의적인 태도에서 기인한 바가 컸다. 다른 나라에 비해 아시아 진출이 늦었던 미국은 아시아의 여러 나라들을 분할하려던 열강들과는 조선이 독립을 유지하여 강대국의 독점물이 되지 않는 편이 유리한 입장이었다.

고종은 1883년 주한미국공사 푸트를 접견하면서 미국 정부에서 외교 고문과 군사 고문을 보내줄 것을 요청하였다. 그러나 군사 교관의 파견은 쉽게 이루어지지 않았다. 군사 교관의 파견은 1888년 1월 최초의 주미 사절인 박정양과 그의 참찬관 알렌이 워싱턴에 도착한 이후에야 현실화되었다.

미국 정부는 다이Dye를 수석교관으로 천거하였다. 다이는 커민스Cummins와 리

푸트 공사의 등청(1883)
최초의 주한미국공사인 푸트가 출근하고 있다.

Lee를 보조 교관으로 택하였다. 이들의 발탁과 동시에 주한미국공사 딘스모어의 주선으로 일본 고베로부터 닌스테드Nienstead가 보조 교관으로 추가 선발되었다. 1888년 4월 네 명의 미국군사교관단이 서울에 도착함으로써 5년을 끌었던 미국인 군사교관의 용빙이 실현되었다.

2) 연무공원의 설치

고종은 미국인 교관이 도착하면 곧바로 훈련에 착수할 수 있도록 이미 무관의 자제들 가운데서 학생을 천거하고 연무공원을 설치하도록 하였다. 연무공원의 체제가 마련되면서 40명의 학생이 선발되어 1888년 6월부터 미국인 교관에 의한 교육이 시행되었다. 그러나 미국인 교관들은 사관생도뿐만 아니라 한성에 있는 약 4,000명의 군대 훈련까지 담당하였기 때문에 제대로 된 훈련을 하기에는 무리가 있었다.

1890년대에 들어 연무공원은 쇠퇴의 길을 밟고 있었다. 커민스와 리는 조선에 적응하지 못하고 되돌아가야 했다. 닌스테드는 계약이 종료되었지만 조선 정부로부터 육영공원의 교사직을 맡아 달라는 부탁을 받고 조선에 남았다. 결국 다이만이 교관으로 연무공원과 중앙군의 훈련을 담당하게 되었다.

5. 해안방어 군영과 해군학교 설립

1) 해방방어 군영의 창설

임오군란 이후 조선연안의 방어는 사실상 청이 담당하게 되었다. 해방권이 청에 넘어가자 고종은 이를 회복하기 위해 1883년 기연해방영畿沿海防營을 창설하였다.

기연해방영은 경기 연안 지방을 관할 구역으로 하고, 육군과 수군으로 편성되었으며, 해서와 호서의 수군을 관할하는 군영이었다. 즉 기연해방영은 경기 병영 예하 진의 일부와 강화영을 통합하여 신설한 영이고, 육군과 수군을 동시에 보유하며, 특히 수군에 대한 작전통제권은 경기 연해는 물론 충청, 황해 지역을 포함하고 있었다.

1884년에는 해방총관이 강화유수까지 겸임하게 되면서 진무영과 진무사는 없어지게 되었다. 용호영, 금위영, 어영청, 총융청의 병력을 친군 4영에 분속시킬때, 총융청에서 관할하던 파주, 남양주, 장단 등 3개 진의 속오군을 해방아문으로 이속시키는 등 해안 방어를 위한 기연해방영의 중요도는 점차 커졌다.

제1차 조러밀약 직후인 1885년 3월 고종은 해방영을 부평에서 용산 만리창 터로 옮겼다. 이어 해방아문을 옮겨버려 경기 연안의 방비가 취약해졌다. 국왕의 행행시에 해방영사가 도성에 머물도록 하였으며, 해방총관에 민영환을 임명하였다.

1886년 청나라가 〈병선장정兵船章程〉의 체결을 조선에 강요하자, 해방경아문을 용산에서 남별영으로 옮겼다. 해방영도 친군의 칭호를 붙여 친군기연해방영으로 개칭하고 총관기연해방사무의 직함도 기연해방사로 바꾸었으며, 해관총관 민영환을 해방사에 임명하였다.

이후 제2차 조러밀약 사건이 일어나고 원세개의 고종 폐위 음모 사건이 일어나는 등 시국이 불안해지자 고종은 친군해방영의 병사들도 동가動駕, 동여動輿할 때 각 영과 같이 시위하도록 하였고, 해방영의 병사들도 다른 숙위군들과 함께 입직하도록 하였다.

1888년 미국인 군사 고문의 내한으로 자신감을 얻은 고종은 친군 내에 청의 영향력을 제거하기 위하여 군제 개혁을 시도하였다. 그러나 이에 따라 기존의 친군영들이 3개의 영으로 통폐합되면서 해방영이 친군 전영·우영과 함께 통위영으로 통합되어 버렸다. 애초에 경기 연해의 해방을 담당하기 위해 창설되었던 해방영이 군영의 통폐합으로 도성 방위와 궁궐 수비에 투입됨으로써 해방을 위한 조선의 군사력은 사실상 없어지고 만 것이다.

2) 해군학교 설립

고종은 1893년에 이르러서야 연안의 방어에 다시 관심을 기울였다. 고종은 연해 요충지 방비가 소홀하기 때문에 청주에 있었던 통어영을 남양부로 옮겨서 해연총제

1894년 6월 말경 강화 해군사관생도들의 군사훈련

사라고 칭하도록 하였다. 해연총제영을 설치하고 이를 강화하기 위한 일련의 조치들이 취해지면서 해연총제영은 이전의 해방영과 마찬가지로 진무영과 강화유수를 포괄하는 해방영으로서의 면모를 갖추게 되었다.

총제영의 설치는 장차 독자적인 해군을 육성하고 총괄하기 위한 포석이었다. 이를 위해 총제영을 설치하기 한 달 전부터 조선 정부는 영국에서 수군 교관을 고빙하려 하였다. 이때의 영국인 해군 교관의 영입은 단순히 총제영의 수병 몇 개 소대를 훈련시키기 위한 것이 아니라 해군 사관을 양성하고 군함을 구입하여 근대적인 해군을 육성하기 위해서였다.

조선 정부에서는 총제영 학당을 설립하여 생도 50명과 수병 500명을 모집하여 훈련시킬 계획이었다. 그러나 영국인 교관들이 도착할 무렵에는 겨우 160명만 강화도에 있었고, 동학농민전쟁과 청일전쟁 등으로 정국이 매우 어수선해서 군사 교육은 효과적으로 이루어지지 못했다. 더욱이 일본군이 경복궁을 점령한 후인 1894년 6월 총제영이 혁파되자 자연스레 총제영 학당도 폐지되었다.

제4절

동학농민군 봉기,
청일전쟁과 군제의 변화

1. 동학농민군의 봉기와 청일전쟁

1) 농민군의 제1차 봉기

동학농민군은 고부군수 조병갑의 탐학에 못이겨 1894년 1월 고부관아를 습격하면서 봉기하였다. 전봉준이 이끄는 농민군은 부안군아를 점령한 후 정읍 황토현에서 관군과 전투를 벌였고, 정읍과 인근 고을을 점령한데 이어 함평을 점령하였다.

전봉준의 주력부대는 전주를 점령하기 위해 장성 황룡촌을 중심으로 경군과 전투를 벌여 참패시켰다. 농민군이 전주성을 함락하자 전라감사 김문현은 도망하였다. 초토사 홍계훈은 전주성을 공격하였으나 전주성 함락에 실패하였다.

동학농민군의 봉기를 빌미로 한 청·일본의 조선 출병은 농민전쟁의 판도를 크게 변화시켰다. 농민군 지도부는 일본군이 조선에 들어온 1894년 5월 전주

장성 황룡 전적지
전봉준이 이끄는 농민군이 관군과
전투를 벌인 지역이다.

에서 정부군과 강화를 체결하였다. 곧바로 전주성에서 철수한 농민군은 이후 전라도를 중심으로 각처에 집강소를 설치하였다.

전주화약이 성립된 데는 두 가지 배경이 작용하였다. 먼저 농민군은 예상되는 청군의 진압을 두려워하여 수만의 군사가 왔다는 소식에 전력의 열세를 고려하였다. 다음으로 농민군은 청·일 양국군의 출동으로 인한 국제 분쟁과 그것으로 인해 초래될 조선의 국가적 위기를 막고자 하였다.

2) 청·일 양군의 파병과 개전

농민군에 의한 전주 점령 직후부터 정부의 차병 논의가 본격화되었다. 1894년 4월 30일 조선 정부는 청에 차병 공문을 보냈고, 청은 곧바로 군함을 조선에 파견하여 안산만에 도착하였다. 일본 역시 청측에 일본군의 조선 출병을 통지하였고, 5월 6일 일본군은 인천항에 상륙하였다.

6월 21일 일본의 경복궁 침입을 전후로 청·일 양군의 동향을 보면, 다수의 청군은 평양을 중심으로 조선 북부 지역에 포진하고 있었다. 반면 왕궁을 점령한 일본군은 이후 교전을 위해 청군 주력이 주둔하고 있던 아산 지역으로 전함을 대거 급파하였다.

6월 23일 일본 해군은 아산 앞바다 풍도 일원에 있던 청 함대를 기습적으로 선제 공격함으로서 청일전쟁은 본격화되었다. 7월 4일 성환이 일본군에게 함락되면서 청군은 조선 남부에서 축출되었다.

전쟁의 대세는 일본으로 기울어지고 있었다. 일본군은 평양을 공략하여 8월 17일 전 병력이 평양성에 진입하였다. 평양을 탈출한 청군 주력은 압록강 방면으로 향하였다. 일본군은 8월 18일 세계 역사상 처음으로 증기선 함대의 해전이라 할 수 있는 황해 해전에서의 승리를 통해 청의 북양함대를 궤멸시켰다.

일본군의 평양 점령과 서해안 제해권 획득 결과 청군의 전투력은 복구될 수 없을 정도로 약화되었다. 반면 일본군은 자유로이 조선 연안을 항해하면서 병력과 군수물자 수송을 할 수 있었다. 평양 전투와 황해 해전에서 승리한 일본군의 일부는 대청전쟁을 위해 계속 북상하였고 다른 일부는 농민군 진압을 위해 남하하고 있었다.

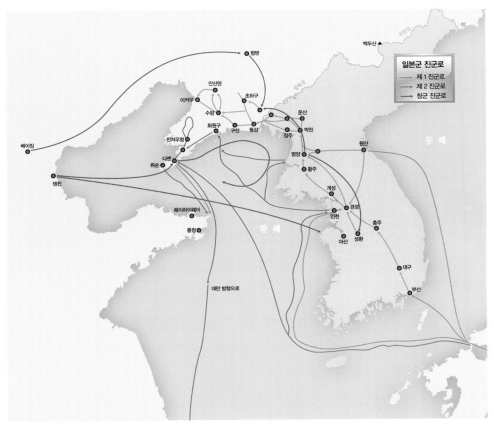

청일전쟁 지도

3) 농민군 제2차 봉기와 조·일 연합군의 진압

농민군의 재봉기의 시점은 일본군이 청 영토로 진입하는 시기와 같다. 평양 전투 이전까지 일본의 조선 지배는 안정된 것도 아니었고 당시 전황도 예측하기 어려운 상황이었다. 평양에서의 청군 후퇴는 일본군이 동학농민군과 전면전을 전개할 수 있게 되는 계기가 되었다.

조선 정부도 농민군 토벌에 강력한 입장을 취하였다. 평양 전투 한 달여 후 농민군 초토를 위해 일본은 새로 구성된 갑오개화파 정부와 결탁하였다.

농민군의 남북접 연합군은 10월 20일 논산을 출발하여 본격적인 공주 공격을 시작

청일전쟁 제물포에 상륙하는 일본군.

하였다. 10월 25일 농민군은 충청도 웅치에서 관군과 일대 접전을 벌였으나 승부를 가리지 못했다. 다시 논산 일대에 결집한 동학농민군은 2만여 명에 이르렀고, 일본군과 관군은 3개의 부대로 나누어 대치하고 있었다.

11월 8일 동학농민군은 두 부대로 나누어 한 부대는 이인으로 진격했고, 다른 부대는 판치와 효포를 공격하였다. 이인으로 진격한 동학농민군은 관군을 우금치까지 후퇴시키며 공세를 펼쳤다. 11월 9일 동학농민군은 우금치에서 일본군·조선관군의 연합군과 치열한 공방전을 펼쳤으나 패배하였다. 이제 남은 것은 정부군과 민보군 등 반농민군, 그리고 일본군이 자행하는 패잔 농민군에 대한 잔혹한 살상 행위뿐이었다. 전국 각처에서 패잔 농민군에 대한 대대적인 체포와 색출이 진행되었다.

2. 갑오개혁과 근대식 군제의 도입

1) 군국기무처의 근대식 개혁

청일전쟁 중인 1894년 6월 21일 일본
군의 경복궁 점령 하에 갑오개혁이 시행
되었다. 쿠데타를 통하여 친청 민씨정권을
뒤엎고 친일 개화파 정부 수립을 구상하고
있던 일본은 청과의 개전이라는 급박한 사
안에 효율적으로 대처하기 위해 조선정부
에 내정개혁을 강요했다.

일본의 원조를 받고 수립된 갑오정권은
내정개혁을 위한 최고 의결기구로 군국기
무처를 설치하였다. 군국기무처는 의정부
이하 각 아문의 관제를 개정하였는데, 군
무아문이 전국의 육군과 해군에 관한 업무
를 관할하며 군인, 군속을 감독하고 관하
각 부대를 감독 통솔하도록 하였다.

군국기무처 회의 모습

군무아문은 하사관 교육과 양성의 중요성을 인식하고, 건장한 장정 200인을 선발
한 후 교관을 초빙하여 훈련시키고자 하였다. 각도에서 별도로 시행되던 도시都試와
취재取才를 일체 혁파하도록 하고, 군무아문에서 따로 군인을 선발하는 규례를 정하
였다. 또한 다시 따로 설치한 친군영 외에는 각 군영을 통합하여 대장 1명을 두어 지
휘체계를 단일화하도록 하였다.

이 시기 군무아문은 일본에 의해 강요된 군제 개혁의 한계성을 명징적으로 보여주
고 있었다. 군무아문은 실제 장악할 군대가 없었을 뿐만 아니라 모든 권한은 일본군
이 장악하고 있었다. 군국기무처 설치 직후 군무아문이 장악할 수 있었던 군대는 구
식인 영초제營哨制의 군대로 군부로 개정될 때까지도 그 편제를 그대로 가지고 있었

다. 이때 반포된 군무아문 군제는 일본의 군사제도를 이식시켜 놓은 것에 지나지 않았다.

2) 중앙·지방군제의 정비·개혁과 일본의 영향

군국기무처를 중심으로 한 일본의 군제 개편은 청일전쟁에서 일본의 승리가 확실시되는 시기인 1895년 초 이후에야 실제적으로 다시 이루어졌다. 이때의 군제 개혁의 방향은 훈련대를 중심으로 새로운 근대적 군사조직을 설치하여 기존 군조직을 해체하는 것에 있었다.

먼저 군무아문을 폐지하고 군부 관제가 새롭게 정해졌다. 군부대신이 군정을 관리하고 군인, 군속을 통제 감독하며 군대와 관하 각 관청, 요새를 감독하도록 하였다. 각도 외영外營 병정은 모두 해방시켰고, 각처의 봉수대와 봉수군을 폐지하였다. 이것은 지방의 구식 군인의 해산령이나 마찬가지였다.

1894~1895년 군제 개혁은 일본의 물리력에 의존하고 있었다는 점에서 일본에 대한 군사적 예속의 실마리를 열었다. 이와는 달리 고종은 시위대를 신설하였다. 약 500명으로 구성된 시위대는 고종이 신임하던 군대로, 퇴역 군인인 다이Dye 장군 등 미국인 군사 교관에 의해 주도되는 군대였다. 일본은 국왕이 신임하던 시위대를 훈련대로 교체하여 조선의 독자적 군제 개편을 막으려 했지만 국왕의 강력한 반대로 중지되었다

그러나 중앙군의 편제는 훈련대에 준하여 조직되었고 각도 외영 병정은 폐지되기 시작하였다. 지방군의 무력화는 여러 면에서 전개되었고, 결국 지방 각도에 있는 통제영·병영·수영·진영은 모두 폐지되었다.

3. 아관파천 전후 군제의 변화

1) 훈련대의 폐지와 지방군 개혁

이른바 '을미사변'은 1895년 10월 8일 일본군의 경복궁 무장난입에 의해 왕후가 살해되는 전대미문의 사건이었다. 이 사건에 훈련대 대대장 이하 지휘관 및 병사들이 일본에 협조하여 왕후 살해에 가담한 혐의가 드러났고, 훈련대는 폐지되었다.

친위대

훈련대가 폐지된 후 친위대·진위대의 편제로 바뀌었다. 친위대는 도성 수비를, 진위대는 지방 진무와 변경 수비를 전담케 하였다. 친일적인 훈련대는 폐지되었으나 군제 개혁은 여전히 친일 관료들에 의해 좌우되었다. 따라서 명목상 친위대라는 편제가 마련되었지만 병사들은 과거 훈련대 소속 그대로였고 왕실 호위는 구 훈련대의 인원들이 담당하였다.

1896년 2월 아관파천은 중앙 권력에 일대 변화를 가져왔다. 친일 세력들은 살해되거나 일본으로 망명하였고, 군제 역시 대대적 개편이 요구되었다. 정부에서는 그해 5월부터 중앙의 친위대를 증강하는 한편, 갑오개혁 때 폐지한 과거의 구액병舊額兵을 모아 지방대라 칭하였다.

지방대는 친위대·진위대 편제를 모방하여 편성하였다. 지방대의 증강은 의병과 각 지방에서 발생하는 민란에 대처하기 위해서였지만, 다른 한편으로는 당시 위약한 군주권을 강화시킬 수 있는 계기가 되었다. 또한 지방대의 설치로 갑오·을미년간 해산된 군인들이 다시 등장할 수 있었다.

2) 러시아 군사교관의 고빙

고종은 친위 세력을 강화하기 위해 러시아 군사교관단을 초빙하였다. 일본식 군제에 대신한 러시아식 군제의 도입은 아관파천 이후 특명전권공사 민영환이 러시아 황제 대관식 참석을 계기로 본격화되었다. 1896년 10월 푸챠타Putiata 대령 등 3명의 러시아 군사교관단이 민영환과 함께 조선으로 들어왔다.

러시아 군사교관에 의한 훈련은 국왕과 궁궐의 호위병을 양성하는 데 우선적인 목적이 있었다. 군사 중에서 기예가 숙달된 1,000명 내외를 선발하고, 이 가운데서 다시 가려내어 800명을 합격시켰다. 1897년 3월 일시 훈련대에 편입되었던 시위대가 정식으로 창설되었다.

이때의 군제 개편으로 중앙군은 수도 방어를 전담하는 친위대와 국왕을 직접 호위하는 시위대로 편성되었다. 지방군은 진위대 혹은 지방대라는 이름으로 재편성되었다. 그러나 당시 군제 개편은 일본과 러시아의 영향이 혼재되었고, 구 해산군인들을 재소집하여 재편하는 과정에서 왕후 시해, 아관파천, 의병 항쟁 등 혼란을 겪으면서 치안 불안과 국방력 약화라는 문제점을 안게 되었다.

제5절

대한제국의
체제 확립과 군비강화

1. 대한제국의 수립과 자주적 군제개편

1) 황제권 강화와 군비강화책

아관파천으로 국왕이 러시아 공사관에 있는 동안 국가의 품격을 높임과 동시에 대외적으로 자주적 의지를 표명하기 위해 칭제를 적극 추진하게 되었다. 1897년 10월 13일, 1392년 왕조 개창 이래 사용해오던 '조선'이라는 국호를 '대한'으로 개정·반포함으로써 대한제국이 성립하였다.

1898년 대한제국은 황제권을 강화하기 위한 군제 개혁을 추진하였다. 무관학교 설립이 결정되었고, 군법 제정을 담당하는 위원들이 임명되었다. 각국 대원수 예에 의거하여 황제가 친히 육·해군을 총관하고 황태자로 원수를 삼아 일체를 통솔케 하되 출정할 때가 아니고서는 비록 황자·황손이라도 대장을 삼을 수 없도록 하여 황제 중심의 군사 편제를 마련하였다.

러시아 공사관(서울 정동)

대한제국은 상비군 준비, 육군 10개 대대 증설, 해군 편제 및 그 경비 확충에 관한 제도적 기반을 마련하여 명목상으로 유지되어 오던 황제의 군사통수권을 계통적으로 확립하고자 하였다. 그러나 군제 개편과 군비 확충에 필요한 재정 마련이 난관에 부딪치고 있었다.

대한제국의 군사정책에서 새로운 특징은 병역제도의 개혁이다. 1903년 17세 이상 40세 이하의 장정을 선비·후비·예비·국민병으로 모집하는 「징병조례」가 반포되었다. 상비군을 마련하려는 조치였다. 상비군 제도가 어느 정도 이루어져야 근대 국가 수립에 필요한 물리적 기반을 갖출 수 있었다. 그러나 이듬해 초 러일전쟁이 일어나면서 미해결 과제로 남게 되었다.

대한제국 시기 해양 방위나 수군 문제는 대원군 집권 시절의 그것에도 미치지 못하였다. 1903년 일본 미츠이三井물산으로부터 3천여 톤 규모의 군함 양무호揚武號를 구입하고, 기존에 폐지되었던 해군영과 통제영을 고쳐 해군을 창설하고자 하였다. 그러나 양무호 구입은 재정 파탄을 노린 일본의 간계와 대한제국 위정자들의 허세가 결부된 해프닝이었다. 해군 기예에 통달한 사람이 한 명도 없었던 현실에서 근대적 군함 마련과 해군 창설 계획은 유야무야될 수밖에 없었다.

2) 원수부의 설치와 운용

대한제국 군제 개혁의 목적은 황제 중심의 강력한 군대 육성에 있었다. 과거 군부 대신이 가지고 있었던 권한을 대폭 축소시켜 군령권보다는 일반 사무행정의 권한을 주었고, 군령권은 황제에게 귀속시켜 칙령이나 조칙을 통하지 않고서는 어느 누구도 명령을 발할 수 없게 하였다. 그것은 1899년 원수부의 설치로 나타난다.

원수부는 국방 및 작전계획, 군대 편성, 군대 교육, 부대 검열, 군인 상벌, 회계 등에 걸치는 광범위한 권한을 가졌다. 원수부의 권한이 강화된 반면 상대적으로 군부의 권한은 대폭 축소되었다. 1900년 원수부 관제가 다시 개정되면서 원수부의 권한은 더욱 강화되었다. 원수부 휘하 각 국장의 칭호가 총장으로 격상되었고, 대한제국 시기 정계의 실력자이자 황제의 측근세력들이 총장으로 임명되었다.

이들 각 총장은 직접 의정대신에게 청의할 수 있었으며 칙지를 받아 각 부 대신에게 지령할 수 있었다. 이는 원수부가 각 부에 우선하는 것이므로 정부 회의를 거칠 필요 없이 독자적인 집행구조를 가지게 된 것이다. 지방관에 대한 명령 지휘계통도 원수부 → 군부 → 관찰사 → 군수의 순서로 이루어지게 되었다. 이처럼 황제 친위세력으로서의 원수부의 위상은 일반적인 행정 관부의 범위를 넘어서는 독자적인 것이었다.

대원수보(100년의 기억, 174쪽, 대한제국)
원수부에서 황제가 사용한 인장.

3) 중앙군·지방군의 편제와 운용

대한제국 시기 중앙군의 개편이 상당 부분 진행되었다. 서울에서는 궁중 숙위와 도성 경비를 위하여 시위대와 친위대가 개편 증강되었다. 민왕후 시해사건 때 훈련대에 강제 편입되었던 시위대는, 아관파천 이후인 1897년 다시 창설되었고 대한제국이 성립된 이후인 1898년에는 시위연대로 확대 편제되었다.

친위대도 더욱 증강되어 1898년에 3개 대대 총 3천여 명으로 편성되었다. 이후 시위·친위 양 연대를 1개 여단으로 편성하였다. 황제 주변과 거둥시의 호위는 호위대가 담당하였다. 갑오개혁 시기 해체된 공병대원을 뽑아 호위군이라 하였는데, 이 호위군을 개편하여 1897년 호위대를 창설했던 것이다.

대한제국은 지방군을 계속 증강하였고, 이 시기 확충된 군사는 주로 지방의 치안 유지에 집중되었다. 처음 을미년간 지방군은 평양·전주에 진위대 1개 대대씩 있었을 뿐이지만 이듬해인 1896년에는 15개 지방대가 있었다. 1899년 진위대·지방대 편제가 개정되면서 춘천지방대가 폐지되어 지방군은 2개 진위대대 및 14개 지방대대로

강화진위대

편제되었다. 그러나 지방대는 진위대의 편제가 도입, 실시될 때까지만 존재하는 임시적인 성격의 것이었다. 따라서 군제가 어느 정도 완비되어 가는 가운데 '진위대-지방대 병렬체제'는 '진위대 체제'로 흡수되었다. 1900년 7월 원수부에서는 지방대의 호칭을 폐지하고 모두 진위대로만 편성하였다.

2. 근대적 군사양성 제도와 군비 강화

1) 무관학교 운영과 사관 양성제도

1898년 5월 근대적 장교를 양성하기 위해 무관학교가 설치되었다. 무관학교는 학도 200명 모집에 지원자가 1,700여 명에 이를 정도로, 인기 있는 학교였다. 무관학교 학도의 교육은 차질 없이 진행되어 무관학도 중 우등생 20여 명을 선택하여 원수부 위관에 보임하였다.

무관학교 설치와 더불어 현직 장교들도 근대적 학문 습득이 요구되었다. 정부에서는 우수한 사관의 일본 육사 유학을 추진하여 1900년 당시 일본유학생 가운데 육군사관학교 졸업자는 30여 명에 이르렀고, 무관학교 출신으로 유학 중인 학생은 21명에 달했다.

근대적 군사훈련을 체계적으로 하기 위해 무관학교에서는 이론서로『보병조전步兵操典』을 비롯한 많은 서적을 간행하여 서구 열강의 근대적 군사교리를 수용하였다. 이외에도『전술학교정』,『군제학교정』,『병기학교정』,『축성학교정』,『육군위생학교정』,『마학교정』,『체조교정』등 다양한 교범류가 발간되었다.

또한 원수부 산하에 육군헌병사령부와 육군법원 등을 두어 엄정한 군사법률 체계를 강화하였다. 그 구체안으로서 1900년 「육군헌병조례」, 「군대 내무서」, 「육군법률」 등을 제정하였다.

2) 근대적 군사장비의 구축

근대적 군사장비를 구축하기 위한 대한제국의 노력은 자체적인 무기 제작과 외국으로부터의 무기 수입으로 나타났다. 1898년 5월 당시 군부 포공국은 겨우 고로박(크루프) 총 12개, 사륜포 4개, 회선포 6개, 대포 11개를 소유하고 있을 뿐이었다.

대한제국은 1900년 중국의 의화단 사건 이래 각국으로부터 무기를 구입하고 노력하였다. 프랑스가 무기 수출을 시도하였고, 일본도 30년식 연발 소총 1만 정과 탄약 100만 발 및 부속품에 대한 수출계약을 조인하였다. 자체적인 총포 생산도 준비되고 있었다. 북일영에서 17발총을 제조하였고 개천기원절에는 제조한 대포를 포대영에서 시험하기도 하였다.

1903년 군부 포공국에서는 70여 만원으로 미츠이 물산으로부터 주총鑄銃 기계 1대를 구입하고 용산에 기계소를 설치하였다. 그러나 이듬해 군부는 기계소의 러시아인과 프랑스인 기사를 계약 만기와 동시에 해고하였다. 이는 러일전쟁 직전 전운이 감도는 상황에서 이루어진 조치였다.

제6절

일본의 군사주권
침탈과 군대해산

1. 러일전쟁 발발과 일본의 군사기지화

1) 러일전쟁의 배경

1895년 청일전쟁에서 승리한 일본은 청으로부터 랴오둥 반도·타이완·펑후열도의 영구 할양 및 2억 냥이라는 거액의 배상금까지 얻게 되었다. 그러나 러시아를 비롯한 프랑스·독일의 이른바 삼국간섭으로 일본은 전리품을 청에 되돌려줄 수밖에 없었다. 이후 일본은 러시아를 '숙명의 적'으로 삼고 10여 년간 절치부심하였다.

대한제국 초기를 제외하고 러시아는 한국보다는 오히려 만주 경략에 주력하고 있었다. 1898년 「로젠-니시 협정」 후 대한제국은 대외적으로 어느 정도 독자성을 유지하고 황실 중심의 개혁을 추진해 나갈 수 있었다. 그러나 1902년 「제1차 영일동맹」을 통해 영국이 한국에서의 일본의 특수 이익을 인정해 줌으로써 대한제국에서 일본의 발언권은 결정적으로 커졌다.

1903년 러일 간의 전쟁이 임박하자 일본 정부는 한국 침략 방침을 정하였다. 일본이 한국 지배정책을 계획대로 추진해 나갈 수 있었던 것은 열강 간의 식민지 영토 분할 담합에 의해 가능했다. 즉, 1905년 7월 「카츠라-테프트 밀약」에 의해 일본은 미국으로부터 한국 지배를 약속받았다. 8월에는 「제2차 영일동맹」을 맺었다. 결과적으로 일본은 영국과 미국의 도움으로 러일전쟁을 일으켜 러시아를 제압하고 전쟁을 유리하게 끝냈으며, 두 나라의 승인을 받아 대한제국을 식민지로 만들 수 있게 되었다.

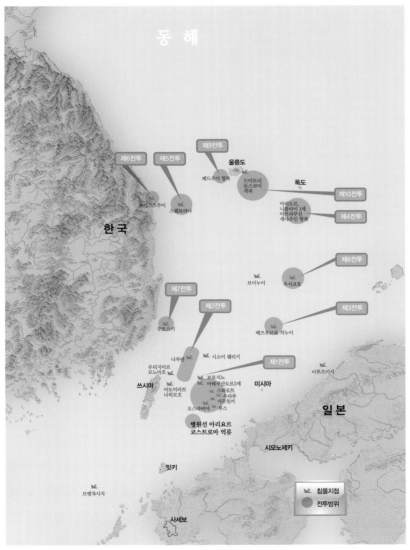

동해안의 러시아와 일본의 해전도

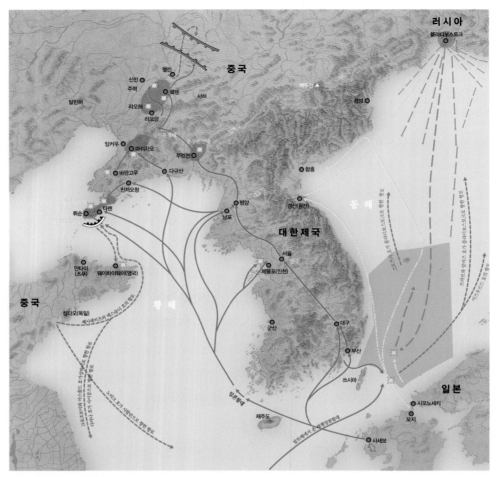

한반도와 만주를 둘러싼 러일전쟁 전투 전도

2) 「한일의정서」 강요와 전쟁의 전개

1904년 2월 8일 일본군이 인천항에 정박중인 러시아 군함 2척, 중국 뤼순항의 러시아 군함 2척을 공격하면서 러일전쟁이 발발하였다. 일본군이 서울을 완전히 점령한 가운데 일본은 한국 정부에 「한일의정서」를 강제 체결시켰다. 일본은 「한일의정서」를 근거로 러일전쟁에서 군사행동은 물론 토지의 강제 수용도 임의로 행할 수 있게 되었다.

러일 간의 전투가 본격적으로 시작되는 것은 3월 말부터였다. 전투는 한반도의 북부에서 치열하게 전개되었다. 일본이 러일전쟁에서 확실한 승리를 굳히는 것은 1905년 1월 초 일본군이 뤼순항을 함락한 이후부터였다. 3월 10일 펑톈을 점령함으로써 육상에서의 대규모 전투는 모두 끝이 났다.

5월 27일과 28일에는 대한해협 스시마해전에서 일본 연합함대가 러시아의 발틱함대를 격파하였다. 러시아는 발틱함

러일전쟁 풍자화

대의 궤멸 이후 급히 강화조약을 체결하게 되었다. 러일 간의 「포츠머스 강화조약」을 통해 일본은 열강으로부터 한국에서 배타적 우월권을 승인받게 되었다. 그 여세를 몰아 일본은 1905년 11월 17일 '을사늑약'(「제2차 한일협약」)을 강제하였다.

3) 일제의 한국주차군 배치와 국권침탈

일본은 러일전쟁 수행을 위해 배후 치안의 안정을 확보해야 했다. 일본 정부는 1904년 3월 한국임시파견대를 한국주차군으로 개칭하고 주차군사령부를 서울에 두었다. 한국주차군은 한국주차군사령부, 한국주차군수비대, 한국주차헌병대, 주차군사령부 예하 각 부대로 구성되었다. 을사늑약 이후 통감부가 설치되자 한국주차군의 병력 지휘권은 통감이 갖도록 하였다.

러일전쟁 도발 이후 1904년 말까지 일제가 행한 국권 침탈은 군사적 측면에도 크게 작용하고 있었다. 1904년 10월에 일본은 함경도 내 일본군 점령 구역을 덕원 이남과 이북 두 곳으로 나누어 군정軍政을 시행하여 관리 인사권, 사업 승인권, 군령권 등 거의 전 부문에 관여하였다.

1905년에는 서울에 군사경찰을 시행하여 전시 개념의 '군령'을 적용시켰다. 한국

정부의 경찰권을 배제하면서 시행된 이 조치는 적용 범위가 매우 광범위했으며 군사 작전보다는 서울의 치안 확보와 관련이 있었다. 이 기간 동안 대도시를 중심으로 전개된 항일운동에 대한 탄압을 더욱 강화하려는 목적에서 취해진 조처였기 때문이다.

2. 일본에 의한 군사력 감축과 군대해산

1) 군제개편과 군사력 감축

러일전쟁을 구실로 한국에 주차군을 설치한 일본은 그동안 대한제국이 추진해 온 군비 증강 계획을 무산시키고 군사주권 침탈을 본격적으로 시작하였다. 1904년 8월 원수부의 군령권을 모두 폐지하였다. 대신 참모부를 설치, 군제에 관한 실질적인 권한은 일본에 의해 조종되는 참모관을 통하여 수행토록 하였다. 1905년 2월에는 군령권을 원수부 총장에서 군부대신으로 변경하여 원수부의 기능을 군부로 이관하였다.

일본의 강압 아래 1907년「군대해산조칙」이 선포되었다. 중앙의 시위대는 1907년 8월 해산시켰고, 지방의 진위대는 9월 초에 해산시켰다. 이어 군부 및 무관학교를 폐지하였다. 황실 경호 및 의장대의 기능만 수행하던 친위부의 감독 또한 일본군 장교들이 담당하였고, 병기와 탄약의 처분은 한국주차 일본군사령관이 맡았고, 군인·군속의 범죄에 대한 처리는 주차일본군 군법회의가 맡았다. 이로서 대한제국의 실질적인 군사력은 모두 해체되었다.

2) 군대해산과 시위대·진위대의 항쟁

훈련원에서 군대 해산식이 거행되던 날, 군대 해산에 분개한 시위대 제1연대 제1대 대장 박승환이 비장한 유서를 남기고 권총으로 자결하였다. 대대장 자살 소식을 접한 병사들은 울분하였다. 시위 제1연대 제1, 제2대대의 병사들은 탄약고의 탄약을 탈취하고 무기를 휴대하여 영외로 빠져 나와 일본군과 격렬한 시가전을 벌였다.

일본은 무력으로 시위대를 강제 해산시킨 직후 지방 진위대의 해산에 착수하여 1개월간에 걸쳐 강제 해산을 완료하였다. 진위대 군사들은 제각기 흩어지지 않을 수 없었다. 서울의 시위대 해산 소식과 군인들의 무장 폭동 소식을 접한 원주진위대가 의병부대를 편성하였다. 여주분견대의 병사들도 소식을 듣고 원주에서 합류하였다. 그 뒤를 이어 수원진위대 산하의 강화분견대를 비롯한 수많은 해산 군인들도 의병진에 합류하였다.

1907년 고종황제의 강제 퇴위와 군대 해산 이후 의병항쟁은 전쟁의 규모로 치열하게 전개되었다. 해산된 진위대원들은 각기 지방에 돌아가 의병항쟁에 참여하였다. 또한 경기도의 허위나 충청도의 이강년 등을 비롯한 많은 관료, 유생의병장들도 이에 호응하여 새로운 의병진을 형성하여 지속적인 전투에 돌입하였다.

제7절

만주지역 독립군과
항일독립운동

1. 1910년대 '독립전쟁론'과 만주독립군기지 건설

1) 만주지역 한인사회의 형성과 '독립전쟁론'

서·북간도로 더 익숙한 만주 지역에 한인 사회가 형성되기 시작한 것은 19세기 중반 이후부터이지만, 19세기 후반 청이 만주 지역에 대한 봉금령을 철회한 후부터 한인들의 간도 이주는 급격히 늘어났다. 만주 지역으로 이주한 한인의 수는 1894년에 6만 5천 명이었던 것이 1904년에는 7만 8천 명으로, 1910년에는 10만 9천 명으로 늘어났다.

1905년 을사늑약 체결을 전후하여 한인의 간도 이주에 상당한 변화가 일어났다. 이전 간도 이주는 경제적 이유에서 비롯되었지만 을사늑약 체결 전후에는 국권회복을 꾀하고 일제의 탄압을 피하기 위한 정치적 망명자, 곧 민족운동가의 이주가 급격히 늘어났다. 이들에게 서·북간도는 독립운동의 최적지로 떠올랐다. 이 지역이 압록강과 두만강만 건너면 언제든지 국내 진입이 가능했을 뿐만 아니라 역사적으로 인연 깊은 민족의 옛 땅이라는 애착심도 있었다.

'독립전쟁론'이란 일본으로부터 민족해방과 조국독립을 달성하기 위한 가장 확실한 방법은 한민족이 적기에 일제와 독립전쟁을 결행하는 것이라는 독립운동의 이론

체계이다. 이를 위해 나라 밖에 독립운동기지를 설치하여 독립군을 양성하려는 일이 1908년 이후 국내 일부 의병들의 북상 망명에 의해 간도와 연해주를 중심으로 추진되고 있었다.

북상 망명한 의병인 홍범도, 박장호, 이진룡, 김정규, 전덕원, 백삼규 등이 1919년 3·1운동 이후 독립군 단체의 지도자로 등장하듯이 의병의 북상 망명은 의병이 독립군으로 전환해 가는 과정이었다. 의병의 북상 망명에 이어 1910년 신민회 계열이 간도 지역 독립군기지 건설운동에 나서면서 한말에 의병전쟁과 계몽운동으로 전개된 구국운동이 독립전쟁론을 매개로 결합되어 갔다.

2) 만주지역 독립군기지 건설과 민족운동

1910년 8월 29일 일제의 강제 병합 선언 이후 신민회 간부들은 서간도 독립군기지 건설을 구체화시켰다. 망명객들은 유허현 삼원보 추가가에 민단적 성격을 띤 자치

서전 서숙 옛터(중국 용정)

기관으로 경학사를 조직했다. 아울러 무관학교를 세워 독립군을 양성한다는 애초 계획에 따라 신흥강습소를 설립했다. 경학사는 얼마 되지 못하여 활동이 사실상 정지되었고, 1916년 무렵 부민단이 조직되었다.

부민단과 신흥강습소 졸업생들이 조직한 신흥학우단은 1914년 가을부터 1915년 초까지 수천의 병력을 수용할 수 있는 군영인 백서농장을 완성했다. 서간도 독립군영을 대표하는 백서농장은 장주 김동삼을 비롯하여 훈독·총무·의감·경리·수품·외무·농감 등의 부서를 두고, 교관·교도대장·규율대장 및 제1·2·3중대와 각 소대로 구성된 편제를 두었다.

북간도에서는 이상설이 1906년 10월경 서전서숙을 세운 이래 기독교·천주교·대종교 등 종교 단체들이 동포 사회를 대상으로 많은 사립학교를 세웠다. 독립운동기지 건설운동은 북만주로 확대되었다. 러시아와 중국의 국경 지대에 있는 흥개호 부근의 중국령 밀산부 봉밀산 부근이 독립운동기지로 선정되었고, 동북만주 왕청현 나자구에서도 독립운동기지 건설이 진행되었다.

이런 가운데 1909년 9월 일본과 청이 맺은 간도협약에 반발하여 간민자치회가 조직되었다. 그러나 일제의 항의로 중국 당국은 간민자치회의 해산을 명령했다. 대신 이듬해 중국 관헌의 지지를 얻어 간민교육회를 조직했다. 1911년 신해혁명 후 간도 한인의 자치 운동도 활기를 띠어 간민교육회를 계승, 발전시킨 간민회가 조직되었다. 간민회는 한인의 복리 증진을 도모하고 한인의 생명·재산의 보호청구권을 확보하기 위해 노력했다.

2. 1920년대 만주독립군의 항일독립전쟁

1) 중·일의 재만 한인정책

일제는 이미 1915년 만몽조약을 통해 남만주에서 치외법권을 획득한 바 있었다. 여기서 문제는 중국과 일본이 간도 한인에 대한 관리권 문제로 충돌하게 되었다는 것

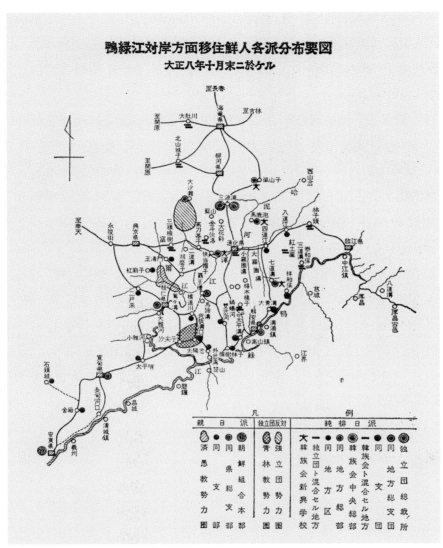

1919년 10월 경 압록강 남만지역 각파의 분포도(金正明, 『朝鮮獨立運動』, 原書房, 1967, 922쪽)

이다. 만몽조약 이후 중국과 일본 사이에 쟁점이 된 간도 한인의 관리권 문제의 본질은 한인 보호 내지 단속을 구실로 만주로 진출하려는 일제와 이를 저지하려는 중국의 대립에 있었고 그 대립이 깊어질수록 간도 한인의 위치는 그만큼 더 위태로워졌다.

1920년에 들어 서·북간도 독립군의 국내진공작전에 위기의식을 느낀 일제는 대규모 일본군의 간도 출병의 기회를 엿보고 있었다. 1920년 10월 '훈춘사건'은 일제가 일본군의 간도 출병을 목적으로 조작한 사건이었다. 일제가 간도 한인의 보호 및 '불령선인 단속'을 구실로 만주로 진출해오자 중국은 간도 한인을 일제 침략의 선구로 간주하게 되었다.

1924년 경비선을 타고 국경을 순시하던 사이토 마코토 조선총독 일행이 강변에 매복해 있던 독립군에게 기습 공격을 당하는 사건이 일어났다. 일제는 이 사건을 구실로 중국 당국에게 '이주한인단속령'을 발포토록 했다. 1925년에는 조선총독부 경무국장 미츠야 미야마츠[三矢宮松]와 펑톈성[奉天省] 경무국장 우진于珍 사이에 '미츠야[三矢]협정'을 체결하였다. 이 협정의 핵심은 중국 군경이 한인 독립운동자들을 체포하여 일제에 넘긴다는 것이었다.

일제는 1927년 산둥반도에 다시 출병을 단행하고 1928년 만주 군벌 장쭤린[張作林]을 열차 폭발사고로 위장하여 암살하는 등 중국인의 배일감정을 자극했다. 이런 일련의 사건은 중국 당국의 한인 축출 정책을 더욱 강화하게 만들었다. 이와 같이 1920년대 간도 한인들은 중국과 일본의 다툼 속에서 이중적 고통을 겪어야 했다. 간도 한인의 위기는 이들을 인적·물적 기반으로 활동할 수밖에 없는 독립군 단체들도 어려움에 처하게 했다.

2) 독립군 단체의 편제

서간도의 민족운동가들은 3·1운동 후 무장독립군단을 편성하기 시작했다. 부민단은 1919년 4월 자신계·교육회를 통합하여 한족회를 결성했다. 한족회는 독립군을 편성, 훈련시켜 독립전쟁을 결행할 기관으로 군정부를 건립했다. 1919년 4월 대한민국임시정부가 수립되면서 군정부 명칭이 문제가 되자 군정부는 서로군정서로 명칭을 바꾸었다. 이외에 서간도 독립군 단체로는 유허현에서 조직된 대한독립단, 창바이현에서 결성된 대한독립군비단, 남만주 단둥현에서 조직된 대한광복군총영이 있었다.

3·1운동 후 북간도에서 조직된 대표적인 독립군 단체는 대한군정서다. 대한군정서는 김좌진을 군사령관으로 맞이했고 무관학교인 사관연성소까지 설치하여 그 군사력

이 북간도에서 단연 두각을 나타냈다. 이외에 북간
도 독립군 단체로는 대한국민회가 있었다. 대한국
민회는 지방조직이 북간도 전역에 걸쳐 가장 잘 정
비된 한인 민정기관으로, 신하에 대한국민군을 편
성했다. 대한군무도독부는 최진동이 거느린 독립
군단이었다. 대한북로독군부는 1920년 5월 홍범
도의 대한독립군과 대한국민군 그리고 대한군무도
독부가 연합부대를 결성한 군단이다. 1920년 6월
의 봉오동전투를 승리로 이끈 독립군이 바로 이 군
단이었다.

김좌진

3) 봉오동전투와 청산리전투

봉오동전투는 3·1운동 이후 서북간도 및 연해주 일대의 독립군들이 활발히 벌였
던 소규모 국내진공작전에서 비롯되었다. 국내진공작전이 활발해지면서 보다 효과적
인 항일전을 수행하려면 독립군들이 각지에서 흩어져 활동하기보다는 연합작전 내지
는 독립군 단체의 통합이 절실히 필요했다. 그리하여 독립군 부대 사이에 군사 통일
이 적극적으로 추진되어 대한북로독군부가 결성되었다.

왕칭현 춘화향 봉오동에 군영을 둔 대한북로독군부의 병력은 총 1,200명 정도였
다. 1920년 6월 7일에 벌어진 봉오동전투는 삼둔자전투로 시작되어 일본군 추격대
거의 전원을 살상할 정도로 대승을 거두었다. 1910년 국권 침탈 이래 10년 동안 숙
원이었던 '독립전쟁'의 제1회전으로 평가되는 봉오동전투는 일본군에게 큰 충격을
주었다.

독립군은 일본군에게 이미 노출된 독립기지를 떠나 새로운 기지를 확보해야 했다.
북간도 각지에 본영을 둔 여러 독립군은 1920년 8월 하순부터 대이동을 시작하여 백
두산록에 자리잡은 안투현과의 접경지대인 이도구와 삼도구 방면으로 모여 들었다.

삼도구 청산리 일대와 이도구 어랑촌 일대에 주둔한 김좌진의 대한군정서와 홍범

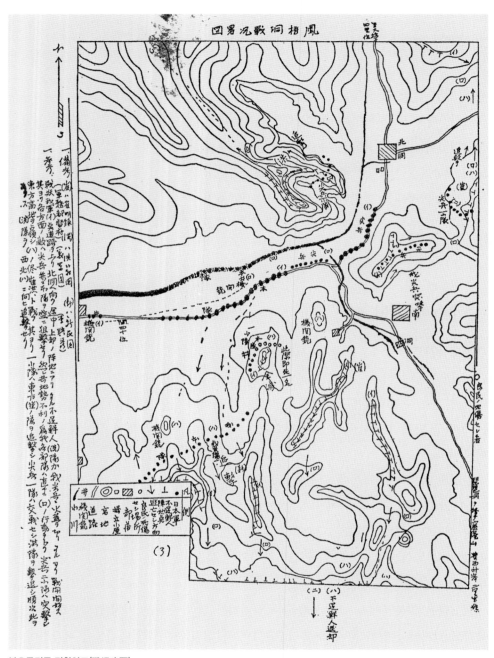

봉오동전투 전황약도(戰況略圖)

청산리 전투의 항일 영웅들 이범석·홍범도·김좌진·서일

도 휘하의 독립군 연합부대는 일본군 토벌대와의 일전에 대비하고 있었다. 10월 20일 청산리 골짜기에서 시작된 청산리전투는 대한군정서 600명과 홍범도의 연합부대 1,500여 명이 합세하여 병력과 화력이 월등히 우세한 일본군 5,000여 명을 격퇴시켰다.

봉오동전투와 청산리전투는 3·1운동에서 분출된 우리 민족의 독립의지를 무장투쟁으로 국내외에 과시함으로써 향후 민족운동의 발전에 커다란 영향을 미쳤다.

4) 남북만주 독립군 단체의 이동과 자유시사변

청산리전투의 승리 후 일본의 무차별적인 보복행위가 이어졌다. 일본군들은 한인 사회의 단체, 학교, 교회 등을 대상으로 초토화 작전을 실시하여 '경신참변'의 대참상을 야기했다. 1920년 10월부터 3~4개월 동안 수만 명에 이르는 한인들의 학살된 것으로 알려져 있다. 경신참변을 전후하여 독립군단의 주력은 창바이현의 백두산록 서쪽과 남만 지역으로 이동하였다.

청산리전투를 승리로 이끌었던 동만주의 독립군단들도 일본군의 집중 공격을 피해 밀산을 향해 북정을 시작하였다. 그러나 밀산은 한인 촌락이 많지 않고 군량 보급의 어려움도 있어 많은 독립군을 장기간 수용할 수 없었다. 밀산에 집결한 독립군단들은 러시아 연해주로 월경할 것을 결정하고, 하나의 독립군단으로 진군하기 위해 대한독립군단을 편성했다. 대한독립군단은 1921년 1월 초 러시아 이만으로 진군하여 자유시로 향하는 새로운 장정을 시작했다.

1921년 3월 자유시에 도착한 대한독립군단의 총병력은 1,900명 정도였다. 이보다 앞선 1921년 1월에서 3월 사이 자유시에는 이미 러시아령에서 빨치산 활동을 하던 부대들이 도착해 있었다. 만주 독립군과 노령의 빨치산 부대는 통합하여 대한의용군 총사령부를 편성했다.

그런데 대한의용군 총사령부 지휘부는 통수권 문제를 두고 상하이파와 이르쿠츠크 파가 대립하였다. 이르쿠츠크파의 고려혁명군정의회가 관할하는 자유시에는 자유대 대, 이르쿠츠크 합동민족군대, 홍범도군대, 안무군대 등이 주둔해 있었다. 이들은 고 려혁명군으로 통합되었다. 상하이파의 전한군사위원회가 관할하는 마사노프에는 니 항군대, 총군부군대, 독립단군대, 다반군대, 이만군대 등이 대한의용군 이름 아래 주 둔하고 있었다.

고려혁명군정의회는 6월 9일 마자노프에 주둔중인 대한의용군에게 자유시로 이동 할 것을 명령했지만 대한의용군은 북간도로 돌아가기로 결정하였다. 이 소식을 접한 고려혁명군정의회는 북간도로 이동하려는 대한의용군을 공격하여 무장해제시켰다. 이를 '자유시사변'이라 한다. 자유시사변을 거치면서 상하이파와 이르쿠츠크파 두 고 려공산당의 분열은 화해할 수 없는 상태로 악화되었고 재만 독립군의 전력에도 막대 한 타격을 주었다.

3. 독립군 세력의 분열과 통합운동

1) 삼부의 정립과 군정 활동

경신참변 후 새로운 근거지를 구축하여 진영을 정비한 남·북만주의 독립군단 사이 에 통합 논의가 활발히 이루어졌다. 1922년 봄 남만주 일대에서는 서로군정서를 중 심으로 군정부인 대한통군부를 결성했다. 이후 대한통군부는 대한통의부로 조직되었 고, 산하에는 의용군이 편성되었다.

그러나 대한통의부는 조직된 지 얼마 되지 않아 구성원들 사이에 갈등이 일어났다.

대한통의부의 의용군 일부가 1924년 6월 임시정부 군무부 직할의 남만군정부로서 참의부를 조직하였다. 이로써 남만주에는 참의부와 대한통의부가 양립하게 되었다. 참의부는 만주 내에서도 적지 않은 활동을 했지만 의용군을 한중 국경인 압록강변에 집중 배치하여 국내진입전을 벌이는데 주력했다.

대한통의부는 심각한 분열 위기에 직면하자 전만통일의회全滿統一議會를 열고 1924년 11월 정의부를 조직했다. 정의부 성립 초기 군사조직은 대한통의부 의용군의 조직과 병력을 이전하여 조직했고 이후 다른 단체의 군사력과 자발적으로 참여한 의용군을 보충하여 무장력을 강화해 나갔다.

자유시사변 이후 북만주에는 독립군 부대가 속속 모여들면서 독립군의 재편 활동이 활발히 일어났다. 대한군정서의 김좌진·이완범을 중심으로 대한독립군단이 결성되었다. 1925년 3월에 대한독립군단이 중심이 되어 신민부를 창립했다.

신민부는 1927년부터 국내진입전을 위한 예비공작을 추진했다. 군사부위원장 김좌진은 이중삼 등 특수공작대를 국내에 파견하여 함경도·경상도·전라도 지역의 작전지도를 작성하게 하고 헌병주재소의 위치 등도 파악하게 했다. 신민부의 군사활동 가운데 특기할 만한 것은 북만주 일대에서 암약하던 친일파의 처단이었다.

2) 민족유일당운동과 삼부통합운동

1920년대 중반 이후 국내외에서는 항일전선의 통일을 요구하는 움직임이 거세게 일어났고, 정의부·참의부·신민부의 삼부로 정립된 만주에서도 예외는 아니었다. 만주 지역에서 민족유일당을 조직하기 위한 '전민족유일당조직촉성회'가 1928년 5월에 민족주의계와 사회주의계가 참가한 가운데 열렸다. 그러나 회의는 '재만운동단체협의회'에 대한 명칭과 민족유일당 조직방법 문제로 삐걱거렸다.

'협의회'란 명칭에 반대하고 개인본위조직론을 주장했던 단체는 '전민족유일당촉성회'(약칭 촉성회)를 결성했고, 단체본위론을 주장했던 단체는 '전민족유일당협의회'(약칭 협의회)를 조직함으로써 재만 독립운동계는 민족유일당운동을 계기로 '협의회파'와 '촉성회파'로 양분되었다.

민족유일당운동이 협의회파와 촉성회파로 나뉘자 협의회를 실질적으로 이끌었던 정의부는 참의부와 신민부를 결속하여 삼부 통일을 이루기 위해 1928년 9월 삼부통일회의를 개최했다. 그러나 결국 의견을 좁히지 못하고 결렬되었다.

삼부통일회의가 결렬된 뒤 이념과 노선을 같이하는 인사들끼리 헤쳐 모이는 식의 분열과 화합을 시작했다. 1928년 12월 정의부 일부 인사 가운데 촉성회를 지지하는 측과 신민부의 군정파 및 참의부의 일부가 연합하여 혁신의회를 조직했다. 반면 협의회측 인사들은 1929년 4월 국민부를 성립시켰다. 국민부가 남만주 지역을 관할 지역으로 정하자 혁신의회는 북만주 지역을 주 활동 근거지로 하여 조직을 재편하게 되었다.

4. 일제의 만주침략과 한·중연합 항일투쟁

1) 국민부와 조선혁명군

삼부통합운동의 결과 남만주의 대표기관으로 성립한 국민부가 한인 사회의 자치 활동과 항일독립운동을 벌였다. 정의부를 중심으로 국민부가 조직됨에 따라 정의부 소속 독립군 부대를 주축으로 하여 조선혁명군이 1929년 12월 새롭게 편성되었다. 창립 당시 조선혁명군은 남만주의 거의 전 지역에 세력을 확장하고 있었다.

조선혁명군은 일제의 만주 침략과 괴뢰국 만주국 성립에 항거하여 중국 각지에서 봉기한 옛 동북군벌계의 동북의용군은 물론 마적, 대도회大刀會, 홍창회紅槍會 등 종교 계통의 각종 항일부대와 연합했다. 1932년 조선혁명군은 중국의용군과 함께 랴오닝 농민자위단이라는 한중연합군을 결성하여 만주와 국내에서 200여 차례에 걸쳐 크고 작은 전투를 치루었다.

그러나 조선혁명군 사령관 양세봉이 일본군에게 살해당하는 사건이 일어나, 조선혁명군의 군세는 크게 약화되었다. 게다가 일제는 1935년에 '추계 대토벌작전'을 벌인데 이어 1936년에는 '제3기 치안숙정계획'을 세워 반만항일세력을 일소하고자 했다. 조선혁명군을 비롯한 남만주 지역의 무장세력은 더욱 움츠러들 수밖에 없었고, 결국 많은 독립군들이 산하이관을 넘어 중국 관내로 이동했다. 그러나 중국 관내로 이동하지 않고 남만주에 남은 조선혁명군 대원들은 1930년대 후반까지 군단의 체제를 유지하며 재만독립군으로서 무장투쟁을 펼쳤다.

2) 한국독립당과 한국독립군

1920년대 중반 이후 북만주에서 공산주의 조직의 확대는 신민부를 비롯한 민족주의 진영의 세력 기반을 크게 위협했다. 1930년 북만주 지역의 민족주의 지도자들은 분열된 민족주의 진영을 재정비하여 한국독립당을 창당했다. 한국독립당은 한국독립군 창설을 서두르는 한편, 북만주 각지의 대소 독립군 부대를 총집결시켜 대규모 항일전을 계획했다.

1931년 일제가 만주사변을 도발하자 한국독립당은 한중연합군 합작에 노력했다. 한중연합에 합의한 한국독립군은 1932년 초부터 북만주 일대에서 크게 세력을 떨친 지린자위군과 연합하여 항일투쟁을 벌였다. 1932년 9월 한국독립군은 쌍성보를 기습 공격하여 점령하는 큰 승리를 거두었다. 그러나 11월 제2차 쌍성보전투에서 일본군과 만주군의 대대적인 반격으로 큰 타격을 입은 한국독립군은 북만주에서 동만주로 옮겼고, 그곳에서 지린자위군과 다시 연합하였다.

그러나 1933년 일본군으로부터 노획한 전리품 분배 문제로 지린자위군과 갈등이 있었다. 이는 한국독립군이 지린자위군과 결별하고 사실상 해체되는 계기가 되었다. 이 무렵 중국 국민당 정부가 한국독립군의 군사적 이동을 요구해 왔다. 대한민국 임시정부는 국민당 정부의 협조를 얻어 중앙육군군관학교 뤄양분교에 '한국청년군사간부 특별훈련반'을 설치하고 만주 독립군의 주요 간부들과 청년들을 중국 관내로 이동시켰다. 이는 동북만주에서 한국독립군의 활동이 종식된 것을 의미했다.

3) 반일유격대와 동북항일연군

하나의 나라에는 하나의 공산당만 인정될 수 있다는 일국일당주의에 따라 1929
년 말부터 재만 한인공산주의자들은 중국공산당에 가입하기 시작했다. 1930년 간도
5·30폭동 등 일련의 대중투쟁을 계기로 재만 한인들이 대거 중국공산당에 입당하자
중국공산당 만주 조직의 영향력은 크게 확대되었다.

농민들의 대중투쟁은 점차 무장투쟁으로 발전하여 농민무장대가 간도 곳곳에서 결
성되기 시작했다. 1933년 동만주 4개 현 유격대의 대원은 360여 명이었는데 이 가운
데 90% 가량이 한인이었다. 각지에 유격대가 결성되자 중국공산당은 유격대를 발전
시켜 동북인민혁명군으로 편성했고, 1936년에는 동북인민혁명군을 바탕으로 동북항
일연군이 조직되었다.

조선혁명군의 대원들이 1937~1938년경 동북항일연군에 합류했다. 이로써 ‘조선
독립’을 표방한 만주 최후의 민족주의계 독립군인 조선혁명군도 사라지게 되었다. 동
북항일연군에 대한 일본 군경과 만주국군의 토벌이 강화되면서 1940년 2월 동북항

동북항일연군

일연군 제1로군 사령관 양정우가 전사하고 만주 지역의 잔존 항일연군도 거의 소멸되고 말았다. 남아 있던 동북항일연군이 1940년 겨울부터 소련령으로 이동함으로써 기나긴 만주 지역에서의 항일투쟁도 사실상 종말을 고했다.

제8절

상해 대한민국임시정부와 군사정책

1. 상해 임시정부의 수립과 '독립전쟁' 선언

1) 상해 임시정부의 수립과 '독립전쟁' 선언

1919년 3·1운동이 일어난 뒤 국내와 간도·연해주 등지에서 독립운동 인사들이 상하이에 모였다. 1919년 4월 11일 국호를 대한민국으로 하는 임시정부가 수립되었다. 상하이에서 임시정부가 수립되는 시기를 전후하여 나라 안팎의 여러 곳에서 임시 정부가 수립되었다. 그러나 이렇게 여러 개의 정부가 있을 수는 없었다. 상해 임시정 부는 1919년 5월부터 정부로서 실체를 가진 러시아령의 대한국민의회와 통합 논의 를 진행하여 통합정부가 성립되기에 이르렀다.

1919년 11월 독립전쟁론자인 이동휘가 통합정부의 국무총리로 취임하면서 독립전 쟁론이 강화되었다. 1919년 말에 이르러 통합정부는 서·북간도의 대다수 독립운동 단체의 지지를 받음으로써 독립운동의 최고기관으로서의 권위를 가지게 되었다. 임시 정부가 1920년을 '독립전쟁의 원년'으로 선포한 것은 이러한 내외 정세의 변화에 따 른 산물이었다.

상해 임시정부의 독립전쟁 방침은 국무총리 이동휘가 임시의정원에서 밝힌 정부의 시정방침에서 구체화되었다. 군사적 수양과 경험이 있는 인물을 조사·소집하여 군사회의를 열고, 러시아령·중국령 각지에서 10만 이상의 의용병을 모집 훈련하며, 이미 성립한 군사기관을 조사하여 군무부에 예속케 하고, 중국령·러시아령과 정부 소재지에 사관학교를 설립하고, 미국·소련 기타 외국과 군수물자 수입을 교섭하는 것 등을 내용으로 하고 있었다.

그러나 파리강화회의에서의 임시정부 노력이 아무런 성과도 없이 끝나자 임시정부 안팎에서는 정부 활동을 비판하는 움직임이 일기 시작했다. 특히 임시정부의 독립운동 노선 문제를 두고 '외교론'과 '독립전쟁론'이 뜨거운 논쟁을 벌였다.

독립전쟁론자들은 외교론자와 문제의식을 달리하였다. 외교론자들이 미국을 비롯한 열강을 '정의'와 '인도'의 나라로 인식한 데 반해, 독립전쟁론자들은 제국주의 국가로 인식했다. 또한 독립전쟁론자들은 외교는 독립운동의 전부가 아니라 부분적 활동에 그쳐야 한다고 했다. 반면 외교론자들이 독립전쟁을 반대하는 이유는 군사적 준비가 되지 않았다는 실력부족론에 있었다.

외교론자와 독립전쟁론자의 논쟁은 상해 임시정부가 1920년을 '독립전쟁의 원년'으로 선포함으로써 일단락되었다. 그러나 그해 10월 이후 임시정부가 태평양회의에 한국 문제를 상정하기 위해 활동하면서 1920년을 '독립전쟁의 원년'으로 선언했던

대한민국임시정부 요인들(모형, 독립기념관)

시정방침은 아무런 성과를 거두지 못하고 말았다.

2) 상해 임시정부의 군사정책

임시정부는 1919년 11월 군의 통수체제와 중앙군사제도의 기본 골격을 마련했다. 이때 마련된 임시정부의 군대는 육군과 해군으로 편성하고 이에 대한 지휘·통솔 체제는 임시대통령의 직할기관인 대본영과 정부의 실무기관인 군무부로 체계화했다. 그러나 임시관제에서 편성하기로 한 해군은 현실성이 없었다. 실질적으로 편성이 가능한 것은 독립군 즉 육군이었고 그 대상도 중국과 러시아에 있는 한인 동포였다.

독립전쟁을 하려면 무엇보다도 군대를 편성할 인적 자원을 확인할 수 있는 군적 등록이 필요했다. 1920년부터 임시정부는 군적 등록 사업과 함께 육군임시군제에 규정된 국민군 편성을 시작했다. 그러나 군사지식을 갖기 위한 교육·훈련은 제대로 이루어지지 못했다.

임시육군무관학교도 설치되었다. 임시정부는 두 차례 임시육군무관학교의 졸업생을 배출했지만 대한민국 임시정부 직속의 육군이 없었기 때문에 이들 졸업생들은 실제 군부대에 배치되어 활동하지는 못했다.

1920년 2월에는 '대한민국 육군임시군구제'를 마련했다. 임시군구제는 서·북간도와 러시아령 등지에 있는 독립군 단체들을 임시정부 산하의 지방사령부로 편성하려는데 목적이 있었다. 임시정부는 서·북간도와 러시아령 일대를 세 군구로 나누었다. 즉 하얼빈 이남 지린성 부근과 펑톈성 전부를 서간도군구로, 연길부 일대는 북간도군구로, 러시아령 일대는 강동군구로 칭하였다. 이처럼 임시정부는 군무부 관할 각 군구에 거주하는 한인들을 군적에 편입시켜 독립군으로 편제하여 지방사령부를 건설하려고 했으나 북간도군구의 북로사령부를 제외하고는 별다른 성과를 거두지 못했다.

2. 상해 임시정부와 재만독립군 및 국내와의 관계

1) 상해 임시정부와 서·북간도 독립군

1919년 9월 상하이에서 통합정부가 수립된 후 서·북간도의 독립군단들이 잇따라 '임정 지지' 내지 '봉대'를 선언해 왔다. 그러나 이들 독립군단들이 임시정부를 지지한다 해도 임시정부가 이들을 완전하게 지휘 통합할 수 있는 상태는 아니었다. 1920년대 초 서간도의 유력 단체인 한족회와 서로군정서는 임시정부 내부의 준비론과 독립전쟁 비용 공동부담과 같은 재정 문제의 타협 실패로 임시정부와의 연대를 거부했다. 이와 함께 서간도 내 독립군단의 통일도 실패했다.

임시정부와 북간도 독립군단 사이의 정치적·군사적 연대는 북간도 독립군단의 통일 문제와 함께 추진되었다. 북간도 독립군단 사이의 갈등이 표면화한 것은 1919년 11월 대한국민회가 임시정부가 승인한 북간도의 유일 단체임을 내세워 북간도 최고기관임을 자처하면서였다.

북간도에서 대한국민회와 대한군정서 두 단체를 중심으로 갈등과 대립이 깊어지자 임시정부는 정부위원을 북간도로 파견했다. 각 단체 대표자회의와 정부위원의 중재로 분열·대립했던 북간도의 독립군단은 서간도와는 달리 임시정부 산하의 민사·군사 두 기관으로 통일하는 성과를 거두었다.

상해 대한민국임시정부 청사

그러나 이 같은 성과는 얼마가지 못했다. 1920년 10월 훈춘사건과 뒤이은 경신참변으로 북간도의 주요 독립군단들이 근거지를 떠나 러시아령으로 이동했고 그 와중에 자유시사변을 겪으면서 다시 분산되어 결국 임시정부와 북간도 독립군단의 연대는 사실상 중단되었다.

2) 지방선전부와 국내 비밀결사 운동

임시정부는 1920년 시정방침에서 선전사업을 내정통일과 외교 두 분야로 나누었다. 임시정부의 선전사업은 처음부터 안창호가 구상하고 주도했다. 선전위원장에 선출된 안창호는 선전부에 참가할 선전원 및 내지선전대원을 인선하는 한편 선전부 조직에 필요한 규정을 마련하였다.

안창호의 주도로 조직된 지방선전부는 임시정부의 입장을 국내 동포에게 선전하여 일제의 식민 지배를 무력화시키기 위해 노력하였다. 그러나 선전사업이 다양한 강온의 방법을 병행하여 그 효과를 극대화시키기보다는 '문자 보급'을 통한 인심격발이라는 소극적 방법에 제한됨으로써 안창호의 준비론에서 벗어나지 못했다. 또 국내 선전대는 주로 평안도 및 황해도에 조직되어 전국적으로 발전하지 못했다.

3·1운동 뒤 높아진 국내의 독립운동 열기는 비밀결사 운동으로 계승·확산되었고, 이 운동이 국내 기반을 마련하려던 임시정부의 노력과 결합되었다. 임시정부와 직·간접적 관계를 맺게 된 국내 비밀결사들은 독립자금을 모아 상해로 보내 임시정부를 재정적으로 지원했다. 그러나 국내 비밀결사 운동은 1920년 말에서 1921년 사이 거의 자취를 감추었다. 비밀결사 운동의 급격한 퇴조는 일제의 강화된 감시와 거듭되는 탄압에 원인이 있었지만, 다른 한편으로는 3·1운동 뒤 점차 영향력을 확대한 사회주의 운동과 노동·농민 등 민중운동의 발전에 따른 것이기도 했다.

3. 상해 임시정부의 쇠락과 외곽 군사단체

1) 상해 임시정부의 쇠락

상해 임시정부가 안으로 내부 분열과 밖으로 지지 기반의 상실이라는 이중적 어려움에 처하게 되자 1923년 1월 국민대표회의가 소집되었다. 1923년 6월 초까지 진행된 국민대표회의는 임시정부 존폐 문제를 둘러싼 입장 차이를 좁히지 못하고 결렬되었다. 국민대표회의가 결렬되면서 상해 임시정부는 독립운동의 최고기관으로서의 위상에 큰 타격을 입었다.

국민대표회의가 결렬된 뒤 국민대표회의를 통해 임시정부의 대표성을 보완하자고 주장했던 개조파는 임시헌법 개정과 이승만의 탄핵이라는 정국쇄신운동을 성공적으로 마무리했다. 그러나 분열된 독립운동계를 다시 임시정부를 중심으로 통합하는 데는 한계가 있었다. 개조파는 정국쇄신 후 서·북간도의 주요 독립군단체인 정의부·참의부·신민부 인물들로 내각을 구성하여 중국 관내와 서·북간도를 통합한 임시정부를 구성하려고 했으나 실패했다.

1924년 중국국민당이 중국공산당과 제1차 국공합작을 성사시키자 상하이를 중심한 중국 관내에서는 독립운동계를 통일하려는 노력이 다시 일어났다. 중국 관내에서 민족유일당운동이 구체적으로 모색되기 시작한 때는 1926년 5월 이후였다. 민족유일당운동에는 임시정부 측도 적극 참여했다.

그러나 1927년 장제스의 반공쿠데타에 따른 중국 정세의 급격한 변화는 출발 단계에 있던 민족유일당운동에 부정적인 영향을 미쳤다. 좌우 대립이 점차 심화되면서 결국 민족유일당운동은 무산되고 말았다. 민족유일당운동이 좌절되고 1930년 이후 일제가 상하이를 침략하고 재정적 지원마저 거의 중단되면서 임시정부는 사실상 정부 명의마저 유지하기 어려운 상황이 되었다.

2) 상해 임시정부의 외곽 군사단체와 의열투쟁

한국노병회는 1922년 상하이에서 창립되었다. 한국노병회는 10년을 장기 목표로 한 독립전쟁 준비론의 일환이었다. 한국노병회는 임시정부 스스로 군대를 양성할 재정적 능력이 없는 현실을 감안하여 스스로 노동 기술을 갖고 생계를 유지하다가 유사시 군인으로 전환하려고 하였다. 한국노병회는 기대한 성과를 거두지 못했다. 1923년 국민대표회의가 결렬된 뒤 이에 실망한 많은 독립운동가들이 임시정부를 떠났기 때문이다. 더구나 상하이에 거주하는 한인이 절대적으로 부족한 상태에서 군사력을 확보한다는 것은 현실적으로 불가능한 일이었다.

1926년 상하이에서는 한국노병회를 바탕으로 비밀결사체인 병인의용대丙寅義勇隊가 조직되었다. 이들은 의열 투쟁을 목적으로 하는 비밀결사체였다. 결성 직후부터 의열 투쟁을 벌인 병인의용대는 상하이 일본총영사관을 폭파하려는 공작을 세 번이나 시도했다.

1930년 임시정부는 특무공작을 통하여 임시정부와 독립운동의 활성화를 꾀하기로 하고 그 전권을 김구에게 일임했다. 김구는 비밀결사 한인애국단을 결성하였다. 애국

윤봉길의거 직후 홍커우 공원

단원 이봉창은 1932년 1월 8일 일본 왕을 향하여 사쿠라다몬[櫻田門] 밖에서 폭탄을 투척했다. 같은 해 4월 29일 홍커우공원에서는 일본군 장교와 상하이총영사 등 수 명이 살해당하거나 중상을 입힌 윤봉길 의거가 있었다. 윤봉길 의거를 비롯한 한인애국단의 일련의 의열 투쟁은 만주사변과 상하이 침략으로 고조된 중국인의 반일 분위기에 영향을 미쳐 이후 한중항일연대에 크게 기여했다.

윤봉길

제9절

중경 임시정부와 한국광복군

1. 임시정부의 고난과 군사정책

1) 임시정부의 재건과 군사정책

1931년 만주사변을 계기로 높아진 중국 내의 반일 기운에 영향을 받은 독립운동가들을 1934년 중앙집권적인 통일정당을 결성하기로 했다. 그런데 중앙집권적인 통일정당은 당연히 중국 관내 민족운동의 최고기관이 될 것이어서 임시정부와 충돌하지 않을 수 없었기 때문에 '임시정부 해소론'이 다시 제기되었다.

신당 창당을 주장하는 김원봉 등에 의해 1935년 조선민족혁명당이 창당되자 임시정부는 큰 위기에 빠지게 되었다. 조선민족혁명당의 창당에 반발한 김구는 자파 세력의 규합에 적극 나섰다. 반조선민족혁명당 세력인 임시정부 재건 세력은 임시의정원 회의를 열어 내각을 새롭게 구성했고, 1935년 항저우에서 한국국민당을 창당했다.

한국국민당과 조선민족혁명당으로 양분된 중국 관내 민족운동은 1937년 7월 중일전쟁이 발발하자 각 진영의 통일에 노력했다. 그 결과 한국국민당 계열은 한국광복운동단체연합을 결성했고, 이에 대응하여 조선민족혁명당은 무정부주의 계열 단체를 연합하여 조선민족전선연맹을 창립했다. 이렇게 중국 관내 민족운동은 좌우 양 진영으로 분리, 대립되었다.

임시정부의 독립전쟁 노선에 군사 활동을 촉진시킨 것은 1937년 7월 중일전쟁의 발발이었다. 중일전쟁이 일어나자 임시정부는 전시체제에 대한 대비와 적극적인 군사 활동의 필요성을 절감하고 군무부 하에 군사위원회를 설치했다. 군사위원회를 설치한 이후 임시정부는 속성 군관학교를 설립하여 최단 기간 내에 초급장교 2백 명을 양성하기 위해 예산의 97~98%인 37만 원을 책정, 군사·특무사업에 배당한다는 계획을 세웠다. 그러나 중일전쟁 지역이 확대되고 일본군의 공격으로 중국군이 항저우에서 총퇴각하면서 임시정부의 군사계획은 무산되고 말았다.

2) 중국 관내의 독립군 양성

1932년 윤봉길 의거는 중국민의 한인 독립운동에 대한 생각을 우호적으로 바꾸는 계기였다. 1933년 김구는 장제스를 만나 중앙육군군관학교 뤄양분교에 한인특별반 개설에 합의했다. 김구의 초청으로 이청천, 오광선 등이 만주에서 중국 관내로 이동하여 한인특별반 교관으로 부임했고 한국독립군 소속 청년들은 한인특별반에 입교했다.

김원봉

중일전쟁 발발 후 조선민족혁명당 총서기 김원봉은 중국 관내에서 모은 한인 청년 83명을 장시성 싱쯔현에 있는 중국 중앙육군군관학교 특별훈련반에 입교시켰다. 김원봉의 제안에 의해 1938년 조선의용대가 성립되었다. 조선의용대는 중국 관내 독립운동 진영에서 조직된 최초의 한인 군사조직이 되었다.

김원봉을 대장으로 한 조선의용대는 창설 당시 1백여 명으로 2개 구대로 편제되어 있었다. 창설 후 대원이 증가하여 1939년에는 3개 구대로 조직이 확대 개편되었다. 그렇지만 조선의용대는 중국군사위원회 정치부에 편제되어 이들의 지휘를 받았기 때문에 그 대외적 공식 지위는 국제지원군이었다.

이러한 문제점을 개선하기 위해 조선의용대는 독자적인 활동영역을 확보하기로 했다. 1940년부터 각지에 분산 배치되어 있던 조선의용대 대원들이 뤄양으로 집결했고

조선의용대 창립 기념

이들은 중국군의 눈을 피해 북상하여 화북 지역으로 진출했다. 화북으로 이동한 조선
의용대는 1942년 조선의용군으로 개편되었다.

2. 중경 임시정부와 군사정책

1) 임시정부의 대일선전포고

임시정부는 1939년 제2차 세계대전이 발발하자 한국 독립에 좋은 기회라고 판단
하고 전시체제로의 재편을 서둘렀다. 임시정부는 한국국민당, '재건' 한국독립당, 조
선혁명당 등 3당 합당을 추진하여 1940년 한국독립당을 창당했다. 또한 임시정부는
기존의 국무위원 집단지도체제를 전시체제 적응을 위해 보다 강력한 주석체제로 헌
법을 개정했다.

이렇게 중국 관내 우익진영은 임시정부를 중심으로 통합되었지만 여전히 조선민족
혁명당이 주도하는 조선민족전선연맹 등 좌익진영과 분열되어 있어 중국 관내 민족
운동의 통일은 시급한 과제였다. 이런 가운데 조선민족전선연맹 단체인 조선민족해
방동맹이 1941년 임시정부에 참가했고, 이어서 조선민족혁명당도 임시정부에 참여
했다.

태평양전쟁이 발발하자 임시정부는 즉각 일본에 대해 선전포고를 했다. 이후 임시정부는 선전활동의 범위를 벗어나 연합국으로부터 교전단체 승인을 얻기 위한 외교활동에 적극 나섰다. 이것은 임시정부가 연합국의 일원으로서 대일전쟁에 참여하여 교전단체 승인을 받게 되면 자연스럽게 독립을 획득하고 정부 자격을 승인받을 수 있다는 판단에서였다. 그러나 임시정부의 '승인 외교'는 전후 동아시아 질서 재편에 대한 미국과 중국의 구상과 맞물려 성과를 얻지 못했다.

2) 임시정부의 군사활동

제2차 세계대전 발발 후 임시정부의 독립전쟁 방략은 임시정부가 연합국의 일원으로 참전하여 교전단체로서 승인을 받겠다는 것이었다. 그러나 이 계획은 인적 자원과 재정이 현실적으로 뒷받침될 수 없는 '이상적' 계획에 지나지 않았다.

그러나 임시정부의 군사 활동 노력은 다방면으로 계속되었다. 1939년 2월 류저우에서 한국광복진선 청년공작대가 조직되었다. 한국광복진선 청년공작대는 중국인을 대상으로 항일의식을 고취하는 선전활동을 하던 부대였다. 1939년 11월에 임시정부는 군사특파단을 시안으로 파견하였다. 군사특파단의 주요 임무는 시안에 군사거점을 확보하는 한편 일본군 점령지역인 화북으로 진출, 그곳의 한인 동포를 대상으로 한 선전·초모 활동에 있었다.

한국광복전선 청년공작대 대원들이 충칭에서 조직한 한국청년전지공작대도 1939년 11월 시안으로 이동했다. 한국청년전지공작대 역시 임시정부의 군사특파단처럼 시안에 본부를 두고 이곳을 거점으로 적 후방에 들어가 선전·초모 등의 공작을 벌였다. 이후 한국청년전지공작대는 광복군이 창설되고 총사령부가 시안으로 옮겨오면서 광복군 제5지대로 편입되었다.

3. 한국광복군의 창설과 활동

1) 한국광복군의 창설

임시정부의 창군 계획은 1940년 한국독립당을 결성하면서 본격적으로 추진되었다. 한국독립당은 중국 국민당 정부를 상대로 광복군 창군 교섭을 벌였다. 그러나 중국의 원조를 받아 광복군을 창설하려던 계획이 광복군을 예속시키려는 중국군사위원회의 입장과 부딪히자 임시정부는 독자적으로 광복군을 건립하기로 하였다.

1940년 9월 임시정부는 내외에 광복군 창설을 알리는 '한국광복군선언문'을 공포했다. 이 선언문을 통해 광복군 창군 주체는 한국독립당에서 임시정부로 바뀌었다. 이로써 광복군은 당군黨軍이 아니라 국군으로서의 위상을 갖게 되었다. 그러나 애초 광복군의 예속을 주장했던 중국군사위원회는 광복군을 인정하지 않았다.

광복군의 중국군사위원회에의 예속은 뜻하지 않던 조선의용대의 북상사건으로 급속히 진행되었다. 1941년 임시정부와 중국 사이에 '한국광복군행동준승9개항'(이하 9준승)이 체결되어 광복군은 중국군사위원회에 예속되어 중국군 참모총장의 지휘를 받게 되었다. 9개준승을 취소 내지 개정해야 한다는 주장이 강력하게 제기되었다.

임시정부는 9개준승 수정안을 가지고 중국 측과 교섭하였고 1944년 중국은 9개준승을 취소했다. 그러나 동시에 중국의 광복군에 대한 원조도 중단되었다. 임시정부는 중국 측에 군사협정 체결을 요구하여 1945년 3월 양국 사이에 군사협정이 체결되었다. 군사협정의 체결로 광복군은 임시정부의 국군이 되었고 중국의 원조도 차관 형식으로 제공받게 되었다.

2) 한국광복군의 부대편제

1941년 이후 광복군의 편성과 활동이 본격적으로 진행되었다. 충칭에서 시안으로 본부를 옮긴 총사령부는 예하부대의 편성에 착수하여 4개 지대를 갖추게 되었다. 태평양전쟁이 발발하고 임시정부가 대일선전포고를 하는 정세 변화가 있자 1942년 조

한국 광복군 훈련 모습

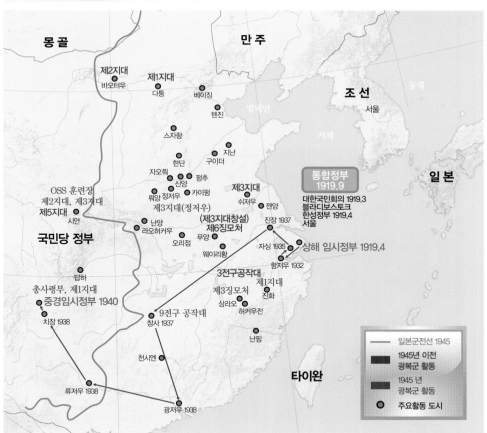

한국광복군의 활동 지역과 지대

선의용대가 광복군 제1지대로 편입되면서 중국 관내에서 활동하던 무장 세력이 모두 광복군으로 통일되었다.

조선의용대가 광복군 제1지대로 편입되면서 광복군은 초기 4개 지대에서 2개 지대로 개편되었다가 최종적으로 3개 지대로 정리되었다. 조선의용대가 제1지대, 기존의 광복군 지대를 통합하여 제2지대, 안휘성에서 초모활동을 하던 징모 6분처가 제3지대로 편성되었다.

광복군에는 이밖에도 정식 부대는 아니지만 제3전구공작대, 제9전구공작대, 토교대 등과 같은 부대가 활동하고 있었다.

3) 한국광복군과 연합군의 공동 군사활동

1942년 인도에 주둔하고 있던 영국군총사령부에서 공작인원의 파견을 요청하자 광복군 총사령부에서는 9명의 인도파견공작대를 편성했다. 영국군에 배속된 공작대는 1944년 임펄Impal전선에 투입되었다. 임펄은 일본군이 점령하고 있던 미얀마와

한국광복군 인면전구공작대 대원

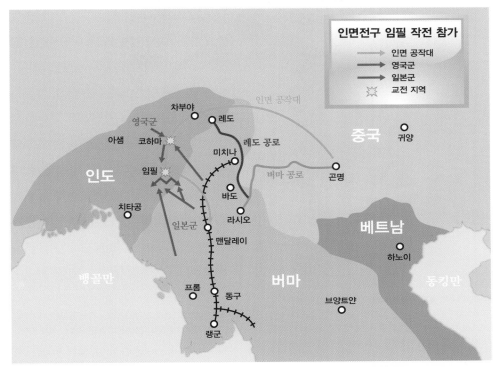

인도파견공작대의 인면전구 작전참가도

접경지역으로 영국군과 일본군이 대접전을 벌이고 있었다. 광복군 공작대는 최전선에 투입되어 주로 일본군을 향한 대적 방송·적문서 번역·전단 제작·포로 심문 등을 담당했다. 광복군 공작대는 임펄전선에 이어 미얀마 탈환작전에도 참여했다. 미얀마 탈환작전이 완료된 뒤 광복군 공작대는 인도 캘커타로 철수하여 대기하던 중 일제가 항복했다.

광복군은 중국에 파견되어 있던 미국의 OSS(Office of Strategic Services)와 협약을 맺고 특무공작훈련을 실시하였다. 광복군 제2지대와 제3지대를 중심으로 실시된 OSS 훈련은 이들을 한반도에 침투시켜 첩보 및 적후방 공작을 목적으로 하고 있었다. 1945년 8월 4일 3개월 과정의 훈련을 마친 제1기생들이 배출되었다.

임시정부 주석 김구와 미국의 OSS 책임자는 한미공동작전을 협의하여 제1기생들의 국내침투 작전이 확정되었다. 그러나 광복군의 국내진공작전은 예상치 못하게 빨

한국광복군의 활동 지역과 지대
일제가 패망의 길로 접어든 1945년 임시정부는 미군과 손잡고 한반도 상륙작전을 펴기로 하고 학도병 출신 광복군들을 전략사무국(OSS)에 보내 정예요원으로 훈련시켰다. 사진은 OSS 훈련을 마친 광복군 제3지대 대원들로, 맨 가운데 미군 왼쪽이 백파 김학규 지대장(광복군 참장), 오른쪽은 미숙 이복원 선생(광복군 정령)이다.

랐던 일본의 항복으로 실행 직전에 좌절되고 말았다. 국내진공작전이 무산되자 임시정부는 곧바로 국내에 정진대를 파견했다.

광복군 정진대와 미군사절단은 일본이 항복을 선언한 다음날인 8월 16일 새벽 4시 30분에 시안을 출발했다. 그러나 비행기가 산둥반도에 이르렀을 때 아직 여러 지역에서 전투가 벌어지고 있다는 보고를 받고 시안으로 되돌아갔다. 이들은 8월 18일 다시 국내 진입을 시도했다. 12시경 여의도 비행장에 착륙했지만, 일본군의 완강한 거부와 위협으로 정진대와 미군 일행은 다시 되돌아갈 수밖에 없었다.

한국광복군은 일제에 의해 강제 해산된 대한제국의 군대 그리고 항일의병과 이들을 뒤이은 남북만주의 독립군을 역사적으로 계승한 "대한민국의 건국군이요 약소민족의 전위대"였다. 그러나 광복군은 임시정부가 연합국 어느 나라로부터도 끝내 정부 승인을 받지 못하고 1945년 11월 임시정부 요인들이 개인 자격으로 귀국했듯이 임시정부의 직속 국군인 광복군 역시 조국의 광복과 함께 사실상 해체되고 말았다.

찾아보기

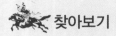
찾아보기

『한국군사사』권별 집필진

구분	집필진		구분	집필진	
고대 I	이 태 진	국사편찬위원장	조선 후기 II	송 양 섭	충남대 교수
	송 호 정	한국교원대 교수		남 상 호	경기대 교수
	임 기 환	서울교대 교수		이 민 웅	해군사관학교 교수
	서 영 교	중원대 박물관장		이 왕 무	한국학중앙연구원 연구원
	김 태 식	홍익대 교수	근현대 I	이 헌 주	국사편찬위원회 편사연구사
	이 문 기	경북대 교수		조 재 곤	동국대 연구교수
고대 II	임 기 환	서울교대 교수	근현대 II	윤 대 원	서울대 규장각 HK교수
	서 영 교	중원대 박물관장	강역	박 영 길	한국해양수산개발원 책임연구원
	이 문 기	경북대 교수		송 호 정	한국교원대 교수
	임 상 선	동북아역사재단 연구위원		임 상 선	동북아역사재단 연구위원
	강 성 봉	한국미래문제연구원 연구원		신 안 식	숙명여대 연구교수
고려 I	최 종 석	동덕여대 교수		이 왕 무	한국학중앙연구원 연구원
	김 인 호	광운대 교수		김 병 렬	국방대 교수
	임 용 한	충북대 연구교수	군사 사상	임 기 환	서울교대 교수
고려 II	김 인 호	광운대 교수		정 해 은	한국학중앙연구원 선임연구원
	홍 영 의	숙명여대 연구교수		윤 대 원	서울대 규장각 HK교수
조선 전기 I	윤 훈 표	연세대 연구교수	군사 통신·무기	조 병 로	경기대 교수
	김 순 남	고려대 초빙교수		남 상 호	경기대 교수
	이 민 웅	해군사관학교 교수		박 재 광	전쟁기념관 학예연구관
	임 용 한	충북대 연구교수	성곽	서 영 일	단국대 교수
조선 전기 II	윤 훈 표	연세대 연구교수		여 호 규	한국외국어대 교수
	임 용 한	충북대 연구교수		박 성 현	연세대 국학연구원
	김 순 남	고려대 초빙교수		최 종 석	동덕여대 교수
	김 일 환	순천향대 연구교수		유 재 춘	강원대 교수
조선 후기 I	노 영 구	국방대 교수	연표		한국미래문제연구원
	이 민 웅	해군사관학교 교수	개설	이 태 진	국사편찬위원장
	이 근 호	국민대 강사		이 현 수	육군사관학교 명예교수
	이 왕 무	한국학중앙연구원 연구원		이 영 화	한국학중앙연구원 연구원

『한국군사사』간행위원

1. 주간

준장 오상택 (현 육군 군사연구소장)

준장 이필헌 (62대 육군 군사연구소장)

준장 정대현 (61대 육군 군사연구소장)

준장 신석현 (60대 육군 군사연구소장)

준장 이웅희 (59대 육군 군사연구소장)

2. 사업관리

대령 하보철 (현 한국전쟁연구과장)

대령 신기철 (전 한국전쟁연구과장)

대령 김규빈 (전 군사관리과장)

대령 이동욱 (전 군사관리과장)

대령 임방순 (전 군사관리과장)

대령 유인운 (전 군사관리과장)

대령 김상원 (전 세계전쟁연구과장)

중령 김재종 (전 군사기획장교)

소령 조상현 (전 세계현대전사연구장교)

연구원 조진열 (현 한국고대전사연구사)

연구원 박재용 (현 역사편찬사)

연구원 이재훈 (전 한국고대전사연구사)

연구원 김자현 (전 한국고대전사연구사)

3. 연구용역기관

사단법인 한국미래문제연구 (원장 안주섭)

편찬위원장 이태진 (국사편찬위원장)

교열 감수위원 채웅석 (가톨릭대 교수)

책임연구원 임용한 (충북대 연구교수)

연구원 오정섭, 이창섭, 심철기, 강성봉

4. 평가위원

김태준 (국방대 교수)

김　홍 (3사관학교 교수)

민현구 (고려대 교수)

백기인 (국방부 군사편찬연구소 선임연구원)

서인한 (국방부 군사편찬연구소 부장)

석영준 (육군대학 교수)

안병우 (한신대 교수)

오수창 (서울대 교수)

이기동 (동국대 교수)

임재찬 (위덕대 교수)

한명기 (명지대 교수)

허남성 (국방대 교수)

5. 자문위원

강석화 (경인교대 교수)

권영국 (숭실대 교수)

김우철 (한중대 교수)

노중국 (계명대 교수)

박경철 (강남대 교수)

배우성 (서울시립대 교수)

배항섭 (성균관대 교수)

서태원 (목원대 교수)

오종록 (성신여대 교수)

이민원 (동아역사연구소 소장)

이진한 (고려대 교수)

장득진 (국사편찬위원회 편사연구관)

한희숙 (숙명여대 교수)

집필자

- 이태진(국사편찬위원장) 총설
- 이영화(한국학중앙연구원 연구원) 제1 · 2 · 5장
- 이현수(육군사관학교 명예교수) 제3 · 4장

한국군사사 **개설**

초판 인쇄 2012년 10월 15일
초판 발행 2012년 10월 31일

발 행 처 육군본부(군사연구소)
주   소 충청남도 계룡시 신도안면 부남리 계룡대로 663 사서함 501-22호
전   화 042) 550 - 3630~4
홈페이지 http://www.army.mil.kr

출   판 경인문화사
등록번호 제10-18호(1973년 11월 8일)
주   소 서울시 마포구 마포대로4다길 8 경인빌딩(마포동 324-3)
대표전화 02-718-4831~2   팩스 02-703-9711
홈페이지 http://www.kyunginp.co.kr
이 메 일 kyunginp@chol.com

ISBN 978-89-499-0874-8 94910 세트
      978-89-499-0875-5 94910
육군발간등록번호 36-1580001-008412-01
값 39,000원